Pflegeinnovationen in der Praxis

Tobias Krick · Jürgen Zerth
Heinz Rothgang · Ronny Klawunn
Stefan Walzer · Tobias Kley
Hrsg.

Pflegeinnovationen in der Praxis

Erfahrungen und Empfehlungen aus dem
„Cluster Zukunft der Pflege"

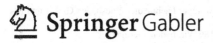 Springer Gabler

Hrsg.
Tobias Krick
SOCIUM Forschungszentrum
Universität Bremen
Bremen, Deutschland

Heinz Rothgang
Institut für Soziologie
Universität Bremen
Bremen, Deutschland

Stefan Walzer
Hochschule Furtwangen
Furtwangen, Deutschland

Jürgen Zerth
Fakultät Soziale Arbeit
KU Eichstätt-Ingolstadt
Eichstätt, Deutschland

Ronny Klawunn
Medizinische Hochschule Hannover
Hannover, Deutschland

Tobias Kley
Haus 48
Evangelisches Johannesstift Berlin
Berlin, Deutschland

GEFÖRDERT VOM

Bundesministerium
für Bildung
und Forschung

ISBN 978-3-658-39301-4   ISBN 978-3-658-39302-1 (eBook)
https://doi.org/10.1007/978-3-658-39302-1

Die Deutsche Nationalbibliothek verzeichnet diese Publikation in der Deutschen Nationalbibliografie; detaillierte bibliografische Daten sind im Internet über http://dnb.d-nb.de abrufbar.

Planung/Lektorat: Margit Schlomski
Springer Gabler ist ein Imprint der eingetragenen Gesellschaft Springer Fachmedien Wiesbaden GmbH und ist ein Teil von Springer Nature.
Die Anschrift der Gesellschaft ist: Abraham-Lincoln-Str. 46, 65189 Wiesbaden, Germany

Grußwort

Foto ©

Täglich sind mehrere Millionen Menschen in Deutschland auf informelle oder professionelle Pflege angewiesen. Nicht zuletzt bedingt durch den demografischen Wandel wächst die Anzahl der Pflegebedürftigen stetig. Die langfristige Versorgung der Menschen ist daher eine zentrale Herausforderung für unsere Gesellschaft und für unser Gesundheitssystem. Dies betrifft gleichermaßen die berufliche Pflege in Akutkrankenhäusern wie Reha-Einrichtungen, die stationäre und ambulante Altenpflege sowie die Pflege im eigenen Haushalt.

Die Pandemie hat uns nochmal eindrücklich vor Augen geführt, welch großen Einsatz beruflich und informell Pflegende täglich erbringen. Über Nacht rückte informelle und professionelle Pflege in den Fokus der Aufmerksamkeit. Wir haben gesehen, wie schnell wir besonders in der Intensiv- und Altenpflege an unsere Grenzen stoßen. Gleichzeitig waren Pflegende durch die erhöhte Ansteckungsgefahr sehr hohen Risiken ausgesetzt. Wir brauchen also dringend neue Wege in der Pflege – und das nicht nur für solche Ausnahmesituationen.

Maßgeblich für gute Pflege ist es, die Würde jedes einzelnen Menschen, seine individuellen Möglichkeiten und seine Selbstbestimmung zu achten. Das Ziel sollte stets eine

Verbesserung der Lebensqualität sein – von Pflegebedürftigen und von Pflegenden. Interaktive Technologien können hier einen wichtigen Beitrag leisten, indem sie Pflegende im Alltag fachlich sowie physisch und psychisch unterstützen und so auch zu Entlastung beitragen. Im Blickfeld ist das gesamte Sorgenetzwerk: Neben den beruflich Pflegenden besteht es aus pflegenden An- und Zugehörigen wie Familie, Nachbarinnen, Nachbarn, Freundinnen oder Freunden.

Das Bundesministerium für Bildung und Forschung (BMBF) fördert im Rahmen des Forschungsprogramms „Miteinander durch Innovation" die Entwicklung und Erforschung von Pflegeinnovationen im Themenfeld „Digital unterstützte Gesundheit und Pflege". Die Forschungsförderung verfolgt das Ziel, interaktive Technologien wie Sensorik, Robotik und virtuelle Realität für den Einsatz in der Pflege weiterzuentwickeln und gemeinsam mit pflegebedürftigen Personen, ihren Angehörigen und den Pflegefachpersonen zu erproben.

Im Rahmen dieser Förderung entstand das Cluster „Zukunft der Pflege". Seit 2017 werden hier soziale und technische Innovationen zusammengebracht: Forschung, Wirtschaft und Pflegepraxis arbeiten gemeinsam an neuen Produkten, die den Pflegealltag mittel- und langfristig verbessern sollen. Im Pflegeinnovationszentrum (PIZ) in Oldenburg erforschen Ingenieurinnen und Ingenieure gemeinsam mit Pflegewissenschaftlerinnen und Pflegewissenschaftlern neue Technologien. In den Pflegepraxiszentren (PPZ) in Berlin, Freiburg, Hannover und Nürnberg sind zudem neue Pflegetechnologien im pflegerischen Alltag erprobt worden.

Mit seiner Arbeit hat das Cluster „Zukunft der Pflege" dazu beigetragen, Technologie für den Einsatz in der Pflege bedarfsgerecht zu entwickeln und somit die Lebensqualität der Pflegebedürftigen und der Pflegenden nachhaltig zu verbessern. Pflegeinnovationen müssen sicher, hilfreich und vertrauenswürdig sein, damit sie akzeptiert und gern genutzt werden. Forschung muss dabei Hand in Hand gehen mit sozialen Innovationen, also neuen Modellen für die Gesellschaft und Lösungen in Form von Produkten, Dienstleistungen, Handlungsweisen oder Vereinbarungen für unser gemeinsames Leben.

Wie der vorliegende Sammelband eindrucksvoll unterstreicht, hat das Cluster „Zukunft der Pflege" eine Vorbildfunktion übernommen: Interdisziplinäre Forschungsteams haben an der Erforschung und Entwicklung von Technologien gearbeitet, deren Anwendung auch ethischen, rechtlichen und sozialen Grundsätzen folgt.

Ich wünsche Ihnen eine spannende Lektüre

Leiterin Abteilung 6 „Lebenswissenschaften"   Prof. Dr. Veronika von Messling
Bundesministerium für Bildung und Forschung
Berlin, Deutschland

Vorwort

Foto © Reiner Freese

Sehr geehrte Lesende und Interessierte,

es liegen viele Hoffnungen in der Digitalisierung und den neuen Technologien. Sie sollen der Gesundheitsversorgung im Allgemeinen dienen, die Patientinnen/Patienten und Pflegebedürftigen unterstützen und irgendwie auch den Fachkräftemangel durch zum Beispiel unterstützende Angebote im Bereich der Dokumentation abmildern. Gleichzeitig soll es finanzierbar sein, anwendungsfreundlich, selbsterklärend und vor allem sinn- und nutzstiftend.

Parallel entstehen viele Start-ups; Gründerinnen und Gründer beginnen mit Entwicklungen und große Unternehmen richten den Blick, auch mit hohem wirtschaftlichen Interesse, auf den Gesundheitsmarkt.

In der Pflege- und Gesundheitsversorgung finden wir bis heute wenig neue Technologien, die sich konsequent durchgesetzt haben. Wie wird es also weitergehen? Welche Technologien und Strategien werden wir anwenden? Werden sich die Entwicklungen automatisch durchsetzen und die Fach- und Versorgungskräfte in der Gesundheitsbranche akzeptieren sie einfach so? Wie werden die neuen Innovationen die Gesundheitsversorgung verändern, wie die Berufsbilder und Arbeitsbedingungen der Ärztinnen und Ärzte, Therapeutinnen und Therapeuten und Pflegenden?

Und vor allem – wer entscheidet was entwickelt wird und woher wissen wir überhaupt, was wir entwickeln müssen?

Als Deutscher Pflegerat beschäftigen wir uns bereits seit Jahren mit den digitalen Entwicklungen und sind im Bündnis „Digitalisierung in der Pflege" aktiv. Die Forderungen nach einer Einrichtung eines „Nationalen Kompetenzzentrums Digitale Pflege", einem geeinten Strategieplan, digitaler Teilhabe und assistiver Technologien über DiGAs beziehungsweise DiPAs hinaus und auch die Refinanzierung der Digitalisierungskosten sind Kernpunkte einer gemeinsamen Einigung.

Es stecken viele Chancen in der Ausgestaltung der Gesundheitsversorgung 4.0.

Damit die technischen und digitalen Entwicklungen sich nicht an der Versorgungslandschaft und den Pflegebedürftigen vorbei entwickeln, braucht es den Einbezug der Betroffenen, Transparenz und Öffentlichkeitsarbeit über die geförderten Projekte und Innovationen.

Dieses Buch bietet eine solche Diskursmöglichkeit an. Die Autorinnen und Autoren des „Clusters Zukunft der Pflege" stellen Entwicklungen vor und zeigen auf, was in Zukunft möglich sein kann und was es braucht, um voran zu gehen.

Möge dieses Buch ein Baustein sein, die Herausforderungen der Zukunft im Gesundheitswesen zu bewältigen.

Ich wünsche uns allen eine anregende Lektüre und den Mut, sich in die Diskussion mit einzubringen.

Präsidentin Deutscher Pflegerat   Christine Vogler
Berlin, Deutschland
15.05.2022

Inhaltsverzeichnis

Über die Herausgeber

Tobias Krick Tobias Krick ist wissenschaftlicher Mitarbeiter in dem vom BMBF geförderten Verbundprojekt Pflegeinnovationszentrum an der Universität Bremen. Er hat einen Abschluss in Public Health – Gesundheitsversorgung, -ökonomie und -management, M. A., und promoviert aktuell zum Thema „Evaluation und Bewertung von digitalen technologischen Innovationen in der Pflege". Außerdem ist er Gründer und Geschäftsführer der Firma Healthcare Innovations Network. Dort vernetzt er Startups, Krankenhäuser, Krankenkassen, Forschung und Wissenschaft sowie Investorinnen und Investoren. Darüber hinaus ist er Gastgeber des Podcasts „Healthcare out-of-the-box", Speaker, Autor in verschiedenen Fachzeitschriften und Büchern und aktiver Teil der Healthcare-Community in verschiedenen Social-Media-Kanälen. Tobias Krick setzt sich auf allen Ebenen aktiv für mehr sinnvolle Innovation im Gesundheitssektor ein und fordert insbesondere ein „out-of-the-box"-Denken und mehr gegenseitige Wertschätzung.

Jürgen Zerth Prof. Dr. Jürgen Zerth studierte Volkswirtschaftslehre mit den Schwerpunkten Gesundheitsökonomie und Sozialpolitik. Er war von 2000 bis 2010 Geschäftsführer der Forschungsstelle für Sozialrecht und Gesundheitsökonomie an der Universität Bayreuth sowie u. al Lehrbeauftragter etwa an den Universitäten Jena, Bern sowie im WS 2009/2010 Lehrstuhlvertretung an der FAU Erlangen-Nürnberg. Von 2010 bis 2012 leitete Jürgen Zerth das Forschungsinstitut der Diakonie Neuendettelsau (jetzt Diakoneo). Ab 2012 bis September 2022 übernahm er die Professur für Wirtschaftswissenschaften (Gesundheitsökonomie) an der SRH Wilhelm Löhe Hochschule in Fürth. Zum 1. Oktober 2022 hat er eine Professur für Sozialmanagement (Management für Einrichtungen des Sozial- und Gesundheitswesens) an der Katholischen Universität Eichstätt-Ingolstadt inne. Forschungsschwerpunkte liegen in Fragen angewandter Gesundheitsökonomik, Aspekten der Evaluation und Wirkungsanalyse, sowie Technikbewertung und -evaluation in der Pflege.

Heinz Rothgang Prof. Dr. Heinz Rothgang ist Professor für Gesundheitsökonomie und Leiter der Abteilung Gesundheit, Pflege und Alterssicherung am SOCIUM Forschungszentrum Ungleichheit und Sozialpolitik der Universität Bremen. Seit Januar 2018 leitet er zwei Teilprojekte im von der Deutschen Forschungsgemeinschaft finanzierten Sonderforschungsbereich 1342 „Globale Entwicklungsdynamiken von Sozialpolitik", dessen stellvertretender Sprecher er ist. Er ist Mitglied im Wissenschaftlichen Beirat des Deutschen Zentrums für Altersfragen e.V., im Hauptausschuss des Deutschen Vereins für öffentliche und private Fürsorge, im Wissenschaftlichen Beirat des Wissenschaftlichen Instituts der AOK, sowie Mitglied des Fachbeirats für die Sozial- und Gesundheitsbranche bei der Evangelischen Bank. Von 2006–2017 war er in den Beiräten des Bundesgesundheitsministeriums zur Überprüfung, zur Ausgestaltung und zur Einführung des neuen Pflegebedürftigkeitsbegriffs.

Ronny Klawunn Ronny Klawunn, M. Sc., hat an der Martin-Luther-Universität Halle-Wittenberg und der Berlin School of Public Health die Fächer Ethnologie, Politikwissenschaften und Public Health studiert. Seit 2019 arbeitet er als wissenschaftlicher Mitarbeiter im Institut für Epidemiologie, Sozialmedizin und Gesundheitssystemforschung der Medizinischen Hochschule Hannover. Dort forscht er auf der Projektstation des Pflegepraxiszentrums Hannover und erstellt durch regelmäßigen Austausch mit Pflegefachpersonen sowie Patientinnen und Patienten eine ethnografische Feldstudie zur Einführung von Technik im Pflegealltag. Daneben lehrt er Grundlagen sozialwissenschaftlicher Theorie sowie qualitative Methodik und leitet eine Qualitative Methoden- und Forschungswerkstatt. Zuvor arbeitete Herr Klawunn als studentischer Mitarbeiter am Max-Planck-Institut für ethnologische Forschung, am Robert Koch-Institut sowie der Charité Universitätsmedizin Berlin.

Stefan Walzer Stefan Walzer, M. Sc., ist ausgebildeter Gesundheits- und Krankenpfleger. Nach der Ausbildung 2012 arbeitete er in unterschiedlichen Pflegesettings. Es folgte ein Studium in Wirtschaftswissenschaften (B.Sc.) sowie Public and Non-Profit Management (M.Sc.) in Freiburg und Warschau. Seit 2018 ist er als wissenschaftlicher Mitarbeiter im Verbundprojekt Pflegepraxiszentrum Freiburg tätig, welches Teil des vom BMBF geförderten bundesweiten „Cluster Zukunft der Pflege" ist. Seine Forschungs- und Arbeitsschwerpunkte liegen auf der Technikakquise, Konzeptualisierung und Evaluation innovativer Pflegetechnologien im Krankenhaus und der Technikakzeptanz von professionell Pflegenden und zu Pflegenden. Am Institut für Mensch, Technik und Teilhabe (IMTT) der Hochschule Furtwangen übernimmt er Aufgaben als Dozent und in der Betreuung von studentischen Qualifizierungsarbeiten des Studienganges Angewandte Gesundheitswissenschaften.

Tobias Kley Tobias Kley, Jg.1979, ist evang. Diakon, Dipl. Sozialpädagoge/Sozial-arbeiter, Dipl. Marketing-Betriebswirt und PR-Berater. Er leitete viele Jahre die Unter-nehmenskommunikation des Evangelischen Johannesstifts mit Hauptsitz Berlin. Als PR-Thema befasste er sich seit 2013 mit der Frage von Digitalisierung in der Pflege. Seit 2017 ist er in die Praxis gewechselt und begleitet seitdem in unterschiedlichen Positionen Digitalisierungsprojekte überwiegend in der stationären Langzeitpflege. Er ist Prokurist mehrerer Gesellschaften der Sparte Pflege und Wohnen – Region Berlin Brandenburg der Johannesstift Diakonie gAG und unter anderem Verbundkoordinator des Pflegepraxis-zentrum Berlin, einem vom BMBF geförderten Verbundprojekt.

Pflegeinnovationen in der Praxis: Erfahrungen und Empfehlungen aus dem „Cluster Zukunft der Pflege", Einführung und Orientierung

Tobias Krick, Jürgen Zerth und Ronny Klawunn

Zusammenfassung

Pflegetechnologien verändern Sorgebeziehungen im Gesundheits- und Pflegebereich. Diese Veränderungen finden in einem komplexen soziotechnischen System statt. Sowohl angebotsseitige Faktoren (technology-push) als auch nachfrageseitige Aspekte (demand-pull) machen eine kontinuierliche Auseinandersetzung mit dem potenziellen Nutzen von Pflegetechnologien und den damit im Zusammenhang stehenden Wirkfaktoren notwendig, um Informationen für pflegerelevantes Handlungswissen zu generieren. Der vorliegende Sammelband aus dem „Cluster Zukunft der Pflege" dient zur Aufarbeitung der verfügbaren Informationen zu diesen Herausforderungen.

T. Krick (✉)
SOCIUM Forschungszentrum, Universität Bremen, Bremen, Deutschland
E-Mail: tkrick@uni-bremen.de

J. Zerth
Professur für Management in Einrichtungen des Sozial- und Gesundheitswesen, Katholische Universität Eichstätt-Ingolstadt, Eichstätt, Deutschland
E-Mail: Juergen.Zerth@ku.de

R. Klawunn
Medizinische Hochschule Hannover, Hannover, Deutschland
E-Mail: klawunn.ronny@mh-hannover.de

1.1   Pflegetechnologien als Pflegeinnovationen – Einordnung und Bedingungskonstellationen: ein Aufriss

Veränderungen in der Morbiditätsstruktur und sich kontinuierlich verbessernde Diagnose- und Therapiemöglichkeiten durch technologische Entwicklungen in der Medizin beeinflussen den demografischen Prozess nachdrücklich und stellen die Gesundheits- und Pflegesysteme in den Industrieländern vor wachsende Herausforderungen. So hat die Wahrscheinlichkeit, Hochaltrigkeit (Motel-Klingebiel et al., 2013) zu erleben, für einen größeren Teil der europäischen Bevölkerung deutlich zugenommen (European Commission, 2021).

Der wachsende Anteil von hochaltrigen Menschen (ab 80 Jahren) führt unmittelbar zu der Frage, wie sich die Sorgestrukturen und -kapazitäten im Rahmen sich entwickelnder pflegerischer Bedarfslagen ausgestalten lassen (Hajek et al., 2017).

Eine pflegerische Bedarfslage besteht beim Verlust von individuellen Kompetenzen wie der Fähigkeit des Einzelnen, seine Lebensführung selbstständig zu bewältigen (vgl. etwa Becka et al., 2016). Sie umfasst die medizinische Behandlungspflege, die Pflege im Sinne der Grund- und Behandlungspflege und soziale Dienste (vgl. hierzu Zerth, 2021b, S. 63–65). In diesem Kontext setzt jede systemische Diskussion, die den Blick auf pflegerische Betreuungspfade und deren Entwicklung mit Veränderung von Bedarfslagen ausrichtet, am Akteurs-Mix zwischen professionellen Pflegenden (formale Pflege) und den Familienpflegenden oder ehrenamtlich Pflegenden (informelle Pflege) an (Siciliani, 2014, S. 345).

Pflegebedarfe können somit durch verschiedene Formen von Assistenzen abgebildet werden: Es gibt die personale Assistenz durch Pflegende, organisatorische Formen der Assistenz, etwa Pflegeeinrichtungen, und letztendlich gibt es technische Assistenzen, etwa Hilfsmittel (Menning & Hoffmann, 2009).

In letztgenannter Kategorie werden auch Pflegetechnologien im weiteren Sinne eingeordnet, wobei festzuhalten ist, dass Pflege als Sorge- und Interaktionsarbeit durch das Zusammenspiel zwischen den zu Pflegenden, den Pflegenden, den organisatorischen Kontexten sowie den technologischen Assistenzen geprägt ist beziehungsweise geprägt sein kann. Dieses Zusammenspiel bezeichnen wir im Folgenden als soziotechnisches System.

Mit einem gezielten Einsatz von Pflegetechnologien in der Langzeit- und Akutpflege sind hohe Erwartungen verknüpft, die Pflege zu stärken und insbesondere für Pflegende und zu Pflegende nachhaltige Verbesserungspotenziale zu eröffnen, die aus den häufig formulierten Herausforderungen, wie dem Pflegepersonalmangel und der drohenden pflegerischen Unterversorgung, resultieren (Rösler et al., 2018; Hülsken-Giesler et al., 2017; Weiß et al., 2017).

Der Einsatz von Technik[1] in der Pflege findet immer im Rahmen eines soziotechnischen Systems statt. Veränderungen in diesem soziotechnischen System, etwa durch die

---

[1] Die Begriffe „Technik" und „Technologie" werden in diesem Einleitungstext synonym betrachtet und meinen Software- und/oder Hardwarelösungen.

Einführung einer neuen Technologie, adressieren Fragestellungen aus dem Bereich der Evaluation komplexer Interventionen (Shiell et al., 2008). Das bedeutet, dass sich eine präzise Ursache-Wirkungs-Beziehung von Technologien, die in der Beziehungsebene zwischen diversen pflegerischen Bedarfen agieren und auf ein heterogenes Verhalten von unterschiedlichen Nutzerinnen und Nutzern treffen, nur schwer bestimmen lässt (Mähs, 2021, S. 323–324).

Mit Blick auf die in der Literatur diskutierten Lösungsbeiträge von Technik in der Pflege lassen sich nur sehr kursorisch Hinweise auf Wirkfaktoren und -ebenen von Technik im soziotechnischen System Pflege wiedergeben (Huter et al., 2020; Zerth, 2021a). Der Blick auf die Kombination von pflegepraktischem Ziel und passender Akteurskonstellation kann als grobe Näherung dienen: So kann Technik beispielsweise bei Dokumentationsaufgaben zur Wirkung kommen und parallel datengestützt die Pflegeplanung fördern; Technik assistiert in diesem Beispiel der pflegerischen Arbeit. Technik, die direkter am Pflegekontext ansetzt, kann Wirkmechanismen umfassen, die in erster Linie den professionell Pflegenden betreffen. Andere pflegerische Technologien greifen wiederum unmittelbar am Pflegeprozess an und es werden die Sorgebeziehungen zwischen Pflegenden und zu Pflegenden alternativ gestaltet.

Im Folgenden soll dies anhand des Beispiels der Einführung eines sensorgestützten Monitoring-Systems als Teil des Dekubitusmonitorings verdeutlicht werden: Hier wird das Monitoring, das durch direkte physische Anwesenheit von der Pflegekraft umgesetzt wird, nun durch eine Sensorik ergänzt oder gar ersetzt. Somit wird direkt das soziotechnische System mit Blick auf das pflegepraktische Problem des Monitorings verändert. Die erhoffte pflegepraktische Veränderung wird allerdings allein durch die Einführung des Monitoring-Systems noch nicht wirksam. Erst durch das Zusammenspiel im Rahmen des soziotechnischen Systems entsteht die Wirkung der Technologie.

Ergänzend lassen sich Pflegetechnologien aufführen, bei denen beispielsweise KI-gestützt nicht nur sensorbezogene Monitoring-Daten erfasst werden, sondern unterschiedliche Datenquellen zu einem Datenfluss fusioniert und ein Lernen aus (strukturierten) Daten das Ziel ist. Technik kann hier eine höhere Potenzialität von Wirkungen über das formulierte Monitoring-Beispiel hinaus erlangen, da die Zusammenführung verschiedener Datenquellen neue Pflegeinterventionen auslösen, was aus einzelnen Daten heraus nicht möglich gewesen wäre. Die Fragen nach einer Umsetzungsstrategie etwa bei sogenannter Pflegerobotik sowohl in technischer, aber insbesondere auch in personaler und organisatorischer Sicht sind aber noch weitgehend unbeantwortet (vgl. Hasseler & Mink, 2022, S. 300–302).

Grundsätzlich mag vielen Pflegetechnologien bei ihrer Integration in ein soziotechnisches System eine Doppelfunktion zugeschrieben werden, nämlich ein wirksamer Einfluss auf den pflegerischen Nutzen als auch mögliche Entlastungseffekte bei Pflegenden (Klawunn et al., 2021, 39;61). In einem erweiterten Sinn können hier gegebenenfalls noch Effektivitäts- und Effizienzerwartungen auf der Makroebene ergänzt werden (Mähs, 2021).

Ein wesentlicher Lösungsbeitrag mit Blick auf die Gestaltung von soziotechnischen Systemen von Pflege fällt zusammen mit der alternativen Gestaltung der pflegerischen

Aufgaben und der korrespondierenden Prozesse durch Technologien. Zeit als Ausdruck von Pflegearbeit nimmt dabei eine wichtige Rolle ein. Gerade hier verbinden sich gegebenenfalls Wirkungsfaktoren aus der Digitalisierungsdebatte in der Hoffnung, zielgenauere Information aus dem Kontext von Daten zu erzielen oder die Ableitung von pflegerelevanten Verhaltensmustern durch den Einsatz von KI nutzen zu können (Jungtäubl, 2021).

Die Beschreibung der Anwendungsfelder von Pflegetechnologien legt einerseits einen Blick auf die Heraus- und Anforderungen an den Handlungsraum „Pflege" offen. Andererseits richtet sich der Fokus auf die kritische Auseinandersetzung damit, wie wirkungsvoll Pflegetechnologien letztendlich sind. Damit stellt sich die Frage, in welcher Weise damit Pflegeinnovationen unterstützt werden oder technologische Ansätze selbst Teil oder Treiber von Pflegeinnovationen sind.

> ▶ In der Ausschreibung zum „Cluster Zukunft der Pflege" 2016 heißt es exemplarisch, dass „[die] Integration [von] technologischen Entwicklungen in den pflegerischen Alltag bislang nur punktuell [erfolgt sei]. Somit sind sowohl der Nutzen als auch die Herausforderungen [von] MTI-Lösungen [Mensch-Technik-Interaktion] in der pflegerischen Praxis gegenwärtig kaum wissenschaftlich untersucht" (Bundesministerium für Bildung und Forschung, 2016).

Allgemein gilt es zu klären, wo der Innovationsdiskurs im Bereich der Pflegetechnologien ansetzt. Innovationen können aus einer Kombination von unter anderem neuen Eigenschaften, Produkten, Prozessen, Verfahren beziehungsweise einer neuen Kombination bisheriger Eigenschaften, das heißt einem veränderten Design oder einer Architektur, beschrieben werden. Diese noch allgemeingültige Herangehensweise greift aber schon die Bedeutung von soziotechnischen Systemen auf, wie sie oben für pflegerische Beziehungen charakterisiert worden ist.

Innovation in diesem Sinn ist somit ein rahmender Begriff für unterschiedliche Strategien und Herangehensweisen, die zunächst durch (1) technologische Veränderungen getrieben sind und/oder (2) eine Veränderung einer Bedarfs- oder Wirkungsbeziehung zum Ziel haben (Verganti & Dell'era, 2015, S. 146–147).

Der erste Begriff, mit dem der Impuls für die Einführung von Pflegetechnologien der Hersteller- oder Angebotsseite zugeordnet wird, lässt sich in der Regel als „Technology-Push-Innovation" bezeichnen, der zweite Begriff, nämlich die induzierte Technologieentwicklung aus Bedarfslagen von Nachfragern, kann mit „Demand-" oder „Market-Pull-Innovation" beschrieben werden. Wie aber Verganti und Dell'era (2015) betonen, vermischen sich beide Perspektiven mit stärkerem Wunsch von Akteurinnen und Akteuren nach wirksameren (im innovationstheoretischen Sinne „radikalen") Veränderungen. Hier mag exemplarisch eine weitgehend umgestaltete Struktur eines Dekubitus-Monitorings wie oben dargestellt als Beispiel dienen.

Die Zielbeziehungen, die mit Technologien im Bereich der Pflege auch eingangs skizziert worden sind, greifen daher sowohl inkrementelle Technologie- und Lösungserwartungen auf als auch durchaus radikale Innovationserwartungen. Letztgenannte Innovati-

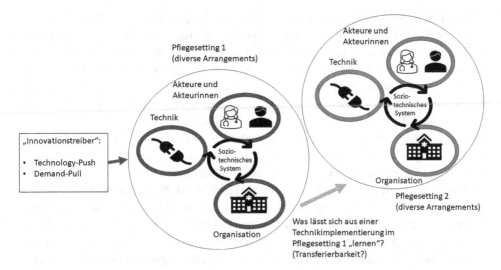

Abb. 1.1 Pflegeinnovation im Sinne eines soziotechnischen Systems. (Quelle: Eigene Darstellung in Anlehnung an Verganti & Dell'era, 2015, S. 147 und Zerth, 2021a, S. 347)

onswirkungen könnten beispielsweise nicht nur eine Technologie in einem bestehenden Pflegeprozess integrieren, sondern diesen Prozess gänzlich verändern. Abb. 1.1 zeigt eine Darstellung der Zusammenhänge von Pflegetechnologien und den durch ihre Einführung entstehenden soziotechnischen Systemen. Diese Darstellung kann als Grundlage zur Interpretation der Beiträge in diesem Herausgeberwerk herangezogen werden.

Veränderungen können sowohl technologiegetrieben sein (Technology-Push) als auch aus einer nachfrageseitigen Perspektive herrühren (Demand-Pull). Sie können isoliert die zu Pflegenden und Pflegenden oder beide im Interaktionsprozess adressieren oder auch die durch eine Technologie veränderten rahmenden Faktoren der beteiligten Akteure, etwa mit Blick auf Bildungs- und Ausbildungsfragestellungen, beeinflussen. Hier gilt es, festzuhalten, dass Kombinationen von Pflegetechnologien sowie personale und organisatorische Veränderungen in der Pflegearbeit als gemeinsame Klammer betrachtet werden. Dabei sollten sowohl Lösungsbeiträge für die Pflege analysiert werden, die durch Pflegetechnologien ausgelöst werden, als auch dadurch veränderte Aufgaben und Aufgabenzuschnitte in der Pflegearbeit in den Blick genommen werden.

Eine gelingende Implementierung von Pflegetechnologien, die Möglichkeit, dass eine nutzenstiftende Wirkung durch diese bei den Nutzenden und Nutznießenden erzielt wird, als auch die Erkenntnisse, die eine wissenschaftliche Evaluation erzeugen kann, werden durch das Zusammenspiel von Technik, Akteuren und Organisation im soziotechnischen System beeinflusst (Pflegesetting 1). Somit bleibt festzuhalten, dass eine Technologie als Veränderungsimpuls in ein soziotechnisches System eingefügt kaum aus sich heraus wirksam wird. Die erfolgreiche Wirkung einer Technologie wird erst in der Kombination mit den akteursbezogenen Reaktionen, diesbezüglichem Lernen und Qualifizieren der Akteurinnen und Akteure und der Integration in den organisatorischen Kontext beschreibbar und wirksam.

Davon zu trennen und im Sinne einer erweiterten Fragestellung kann betrachtet werden, ob die Beschreibung und Analyse einer gelungenen Implementierung in ein definiertes Pflegesetting auch eine Blaupause für die gleiche Pflegetechnologie in einem alternativen Setting oder für eine vergleichbare Technologie in einem ähnlichen Setting sein kann. Dieses Lernen für andere Settings ist somit eng mit dem Aspekt der Transferierbarkeit der Ergebnisse verbunden (Schloemer & Schröder-Back, 2018). Hier könnte exemplarisch eine systematische Evaluation von Technologieeinführung und -bewertung ansetzen. Die zugehörige Fragestellung wäre, ob die Ergebnisse einer Evaluation von Technologieimplementierung im Rahmen eines beispielhaften Pflegesettings 1 als Musterbeschreibung für ein pflegerisch ähnliches Pflegesetting 2 übertragbar sind.

Der vorliegende Band will sich, initiiert und organisiert durch Akteurinnen und Akteure des („Clusters Zukunft der Pflege") mit Perspektiven von Pflege, Pflegeinnovation und Technologien auseinandersetzen, die sich in unterschiedlichen Settings und Akteurskonstellationen und korrespondierenden institutionell-organisatorischen Rahmenbedingungen abspielen und sich dadurch in einzelnen soziotechnischen Systemen wiederfinden. Das Ziel des Sammelbandes ist es – vornehmlich mit dem Blick auf die Settings professioneller Pflege – bisherige Ergebnisse, vor allem aber auch weiterführende Fragen zum Zusammenspiel von „Pflegeinnovationen in der Praxis" in den Blick zu nehmen und den Raum für einen weiterführenden wissenschaftlichen und pflegepraktischen Diskurs zu eröffnen.

Um relevante, mit der Arbeit im „Cluster Zukunft der Pflege" konnotierte Innovationsperspektiven greifen zu können, folgt der Band im Sinne eines Kaleidoskops dem Vorgehen, Pflegetechnologien als Teil der in der Abb. 1.1 angedeuteten soziotechnischen Sorgebeziehungen zu beschreiben und hier den Innovationsbegriff sachgerecht in verschiedene Settings und Pflegearrangements zu integrieren (Autio & Thomas, 2015 sowie in Analogie Zerth, 2021a). Es gilt aber auch, festzuhalten, dass während der Projektlaufzeit des „Clusters Zukunft der Pflege" nicht alle pflegerischen Settings in gleicher Weise adressiert werden konnten. So bleiben exemplarisch Aspekte der Transferierbarkeit von Implementierungsergebnissen aus organisatorischen, stationären Pflegesettings auf ambulante Kontexte eine offene Fragestellung.

Es gilt aber festzuhalten, dass es nicht der Anspruch des vorliegenden Sammelbandes sein kann, in umfänglicher Weise Innovationen in der Pflege diskutieren zu wollen. Zu viele Dimensionen, die über den Faktor technisch-getriebener Pflegeinnovationen hinausgehen, müssten dann integriert werden (Salter & Alexy, 2015). Im Fokus und durchaus in Verengung zur allgemeinen Diskussion um Pflegeinnovationen steht daher ein hardware- und softwarebezogener Technikbegriff, der sich von einem Technikbegriff im Sinne von Fertigkeiten und Können unterscheidet (Lenzen, 2020, S. 27–59). Dabei soll nicht außer Acht gelassen werden, dass die Implementierung einer Technologie in das soziotechnische System Pflege Implikationen für die Kompetenzen und Fertigkeiten der Akteurinnen und Akteure haben kann, etwa mit Blick auf die Beiträge im Kontext Qualifikation und Ausbildung. In dieser Weise verdeutlicht sich der Erfahrungsgegenstand des „Clusters Zukunft der Pflege" im Allgemeinen und dieses Bandes im Speziellen unmittelbar, nämlich die Auseinandersetzung mit Pflegetechnologien in den Mittelpunkt zu nehmen, die als technische Neuerung oder Veränderung in den Kontext von Pflegebeziehungen integriert werden.

Die Beiträge im vorliegenden Band können weitgehend vor dem Hintergrund interpretiert werden, dass ein soziotechnisches System Pflege, unterschieden in differenzierte pflegerische Arrangements sowie unterschiedliche organisatorische Settings, dadurch gestaltet wird, dass sich die Technikkomponente des soziotechnischen Systems verändert und dadurch verschiedenartige akteurs-, organisations- und systembezogene Reaktionen hervorrufen kann.

Die in diesem Band zu findenden Beiträge widmen sich daher dem Innovationsbegriff Pflege zwar im technologiebezogenen Sinne, wie oben beschrieben, betrachten aber auch die sozioökonomische Perspektive mit Bezug zum Akteursraum, die für die Implementierung und auch Diffusion von Pflegetechnologien relevanten organisatorischen und institutionellen Rahmenbedingungen als auch die korrespondierende Seite der Produktentwicklung, Markteinführung und Skalierung von Produkt-Dienstleistungsstrategien.

Im folgenden Abschnitt wird das „Cluster Zukunft der Pflege" genauer beschrieben, welches mit seinen unterschiedlichen Pflegearrangements und Pflegesettings den Rahmen für die inhaltlichen Erkenntnisse zum Thema Pflegeinnovation in diesem Herausgeberwerk abbildet.

1.2   Das „Cluster Zukunft der Pflege" – Handlungsraum und Experimentierfeld für die Pflege

Das „Cluster Zukunft der Pflege" wird durch das Bundesministerium für Bildung und Forschung gefördert und hat die Entwicklung, Einführung und Erforschung von digitalen Pflegetechnologien in unterschiedlichsten Settings zum Ziel.

Teil des Clusters sind die vier Pflegepraxiszentren (PPZ) Berlin, Hannover, Freiburg, Nürnberg sowie das Pflegeinnovationszentrum (PIZ), in denen Akteurinnen und Akteure aus der Forschung, Wirtschaft und Pflegepraxis an diesem wichtigen Thema zusammenarbeiten. Alle Teile des Clusters bilden unterschiedliche Schwerpunkte und Settings ab.

Im PIZ werden von Ingenieurinnen und Ingenieuren gemeinsam mit Pflegewissenschaftlerinnen und -wissenschaftlern neue Technologien entwickelt und erforscht. Außerdem werden Bedarfsanalysen durchgeführt, Aspekte der Qualifizierung betrachtet und Konzepte für die Aus-, Fort- und Weiterbildung von Pflegefachpersonen entwickelt, die eine erfolgreiche Implementation neuer Pflegetechniken ermöglichen sollen. Auf der Meta-Ebene beschäftigt sich das PIZ auch mit der ELSI-Forschung (Ethical, Legal and Social Implications) und neuen Konzepten zur Evaluation von digitalen Technologien und nimmt somit die oben beschriebenen soziotechnischen Systeme in den Fokus.

In den PPZ sollen insbesondere am Markt vorhandene Technologien in Einrichtungen der Pflegepraxis getestet und wissenschaftlich evaluiert werden:

Im PPZ Berlin sind bislang insbesondere die Funktionalität und Relevanz von Technologien in der stationären Langzeitpflege erforscht sowie Veränderungen im Pflegeprozess durch die Einführung der Technologien analysiert worden. Das PPZ Hannover hat zum Ziel, eine „Station der Zukunft" in der Medizinischen Hochschule Hannover aufzubauen, auf der innovative Technologien zur Verbesserung der Versorgungssituation der Patientinnen und Patienten und Entlastung von Pflegefachpersonen eingesetzt werden sollen.

Das PPZ Freiburg untersucht technische Hilfsmittel in der klinischen Akutpflege. Die Forschung auf den klinischen Normal- und Intensivstationen wird dabei unter anderem mit Blick auf den Wissenstransfer, das Innovationsmanagement und die ELSI-Kriterien durchgeführt. Im PPZ Nürnberg werden innovative digitale Produkte in der ambulanten und stationären Langzeitpflege sowie in der stationären Krankenversorgung erprobt und evaluiert.

Die Settingvielfalt, die Interdisziplinarität und die Unterschiedlichkeit der Fragestellungen der einzelnen Partnerinnen und Partner im „Cluster Zukunft der Pflege" macht es zu einer der bedeutendsten und größten Wissensvereinigungen für das Thema Digitalisierung in der Pflege im deutschsprachigen Raum. Eine wichtige, wenn nicht sogar die wichtigste Aufgabe der PPZ ist es daher, ihre Erfahrungen, das gesammelte Knowhow und strategische Überlegungen in die Pflegepraxis zu transportieren. Dazu werden unter anderem Konzepte für die pflegerische Aus-, Fort- und Weiterbildung entwickelt und Case Studies zur Implementierung von neuen Technologien veröffentlicht.

Wichtige Informationen zu den Akteurinnen, Akteuren und Publikationen des Clusters finden sich auf der Website https://www.cluster-zukunft-der-pflege.de.

Die Dissemination von (pflegerelevantem) Wissen ist ein zentrales Thema im „Cluster Zukunft der Pflege". Sowohl der interne Wissenstransfer als auch der Wissenstransfer in die Pflegepraxis werden auf verschiedene Weise vorangetrieben:

Für den Wissenstransfer innerhalb des Clusters wurden unter den Projektpartnern Arbeitsgruppen (AG)-Strukturen etabliert, die es ermöglichen, neue Ergebnisse auf Arbeitsebene in digitalen und physischen AG-Treffen bestmöglich weiterzuleiten. Die AGs beschäftigen sich mit den Themen Öffentlichkeitsarbeit (AG 1), ELSI (AG 2), Evaluation (AG 3), Technologische Innovation (AG 4) und Wissenstransfer und Qualifizierung in der Pflege (AG 5). Die Arbeit der AGs und der einzelnen Projekte mündete in den vergangenen Jahren in einem erheblichen Forschungsoutput in der wissenschaftlichen Fachliteratur.

Neben der Veröffentlichung in Forschungspublikationen werden die im Cluster gesammelten Erfahrungen und Studien im Rahmen einer jährlich stattfindenden Clusterkonferenz präsentiert. Dort kommen Vertreterinnen und Vertreter der Wissenschaft, der Pflegepraxis, der Industrie als auch pflegende Angehörige zusammen, um die neusten Erkenntnisse in Workshops zu diskutieren oder mehr darüber im Rahmen von Vorträgen zu erfahren.

Der vorliegende Herausgeberband „Pflegeinnovationen in der Pflegepraxis" greift das Disseminationsziel unmittelbar auf und zeichnet, orientiert am Bild soziotechnischer Systeme, die durch Pflegetechnologien verändert werden, ein Bild sowohl über den Status quo als auch die Herausforderungen für die Pflegepraxis. In den zwanzig Beiträgen spiegeln sich die Attribute von Pflegeinnovationen wider, wie sie zu Beginn dieses Kapitel skizziert wurden.

1.3   Herausgeberband „Pflegeinnovationen" – der Blick auf die Beiträge

Die Innovationsperspektiven, die in Abb. 1.1 eingeführt wurden, strukturieren diesen Sammelband. Der zugrundeliegende hardware- und softwarebezogene Technikbegriff, der eine Reihe technischer Produkte und Lösungen und deren Überführung in die Pflegepraxis in den Fokus stellt, dient dabei als Orientierungspunkt, von dem aus die Innovationsperspektiven ausgeleuchtet werden. Hierzu wird in verschiedenen Abschnitten des Sammelbands der Weg einer Pflegetechnologie in die Praxis verfolgt: Zunächst beginnt diese Verkettung mit der *Entwicklung* einer neuen Technologie, die wiederum in Praxiszusammenhänge/ Pflegearrangements *eingeführt* wird. Dort wird sie im Sinne eines sich initialisierenden soziotechnischen Systems *angewendet* und der *Nutzen* von den Anwendenden *bewertet*. Zwar stellt diese Verkettung zeitgleich zentrale Innovationsperspektiven sowie den roten Faden durch den Band dar, sie wird jedoch durch zwei weitere Perspektiven erweitert: In einer weiteren Perspektiven werden die *Kompetenzentwicklung und Ausbildung* von Pflegenden als Nutzende neuer Pflegetechnologien als eine zentrale Voraussetzung sowie Bestandteil eines sich entfaltenden soziotechnischen Systems thematisiert. Die für diesen Band abschließende Perspektive stellt die *Innovations- und Forschungsförderung* dar, die dem konkreten Innovationsprozess zwar übergeordnet ist, diesen jedoch zugleich initialisieren, strukturieren und begleiten kann. Somit finden die Lesenden die zwanzig Beiträge dieses Sammelbandes angeordnet nach fünf Perspektiven wieder, die jedoch nicht als voneinander abzugrenzende Kapitel verstanden werden sollen. Vielmehr beinhalten diese Perspektiven eine Vielzahl verschiedener Akteurinnen und Akteuren, Settings, Pflegearrangements, Praxisprobleme und Lösungspotenziale, Interessen und Handlungslogiken, die sich überschneiden, miteinander in Wechselwirkung stehen oder sich gegenseitig ausschließen. Akteurinnen und Akteure bilden Konflikte oder Synergien im Verlauf des Innovationsprozesses und verhandeln diese miteinander. Die Reihenfolge des Bandes hat somit das Ziel, den Innovationsprozess der Entwicklung, der Einführung, des Erlernens, der Anwendung und des Förderns von Pflegetechnologien durch die Interdependenzen seiner Schritte verständlich zu machen.

Bevor sich die Beiträge des Bandes den einzelnen Innovationsperspektiven annähern, erfolgt im Kap. 2 eine weiterführende Einführung in das Themenfeld Pflegetechnologien. Hierzu übersetzen **Walzer et al.** einen im englischsprachigen Raum etablierten praxisorientierten Leitfaden zum Umgang mit Komplexität im Einführungsprozess von Gesundheitstechnologien („NASSS-CAT"-Modell) ins Deutsche und machen ihn somit für lokale Zusammenhänge nutzbar. Dabei widmen sich die Autoren nicht nur der Aufgabe einer rein sprachlichen Übersetzung. Vielmehr versuchen sie sich daran, die Übertragung des praxisorientierten Leitfadens zwischen verschiedenen institutionellen Kulturen, wie sie zwischen englischsprachigen und deutschsprachigen Gesundheitssystemen bestehen können, zu leisten. Im Zuge dessen entwickeln die Autoren nicht nur einen leichten Zugang zum Instrument, der für die Einführung von Technologien in die Pflegepraxis hilfreichen sein kann. Sie geben zugleich durch die Beschäftigung mit dem Leitfaden eine

Gesamtübersicht, die zu einem tieferen Verständnis des Innovationsprozesses von Pflege-technologien verhelfen kann, wie er im Band begriffen wird.

Mit der *Innovationsperspektive Entwicklung* von Pflegetechnologien beschäftigen sich die Kap. 3, 4 und 5 und fokussieren dabei unterschiedliche Aspekte in der Phase der Pro-duktentwicklung. Gemein ist den Beiträgen, dass sie die Relevanz des Einbezugs von Pflegenden und zu Pflegenden in der Entwicklung technischer Lösungen fokussieren, da diese als zukünftige Nutzende oder Nutznießende nicht nur eine Anwendungsrolle einneh-men, sondern Lösungen auch in ihren Pflegealltag integrieren und in diesem Prozess eine wichtige Kritikfunktion einnehmen. **Öhl et al.** beschäftigen sich aus einer technologie-übergreifenden Perspektive mit dem Einbezug und den Einstellungen potenzieller Nutze-rinnen und Nutzer einer Technologie. Hierzu präsentieren sie die Konzepte Gebrauchs-tauglichkeit (Usability) und Nutzungserlebnis (User Experience) und vergleichen sie unter dem Aspekt, welche Informationen Hersteller von Pflegetechnologien durch die Erhebung dieser Konstrukte erhalten und wie sie dazu beitragen können, die Perspektive von Nut-zenden stärker in die Entwicklung einfließen zu lassen. Dazu fokussieren sich die Autorin-nen und Autoren vor allem auf die Perspektiven von Pflegebedürftigen, deren Angehöri-gen sowie Pflegenden. Mit einem stärkeren Blick auf die Entwicklungspotenziale eines bestimmten Technologiezweigs, der Pflegerobotik, beschäftigen sich **Kowalski et al.** Sie diskutieren die Relevanz des Einsatzes von Robotik in der Pflege und dessen Potenzial, körperlicher Belastung im pflegerischen Prozess entgegenzuwirken. Dazu geben sie einen Überblick aktuell bereits technisch realisierbarer Möglichkeiten und präsentieren For-schungsaktivitäten, die im Rahmen des PIZ unter anderem zur Unterstützung der Mobili-sation von zu Pflegenden entwickelt und erprobt wurden. Wiederum mit einem anderen Technologiezweig beschäftigen sich **Weiß et al.** Sie definieren und unterscheiden Szena-rien für den Einsatz von virtueller, augmentierter sowie gemischter Realität (VR, AR so-wie MR) in die Pflegepraxis sowie Aus- und Fortbildung von Pflegefachpersonen. Auch sie stellen bisherige Forschungsaktivitäten aus dem PIZ vor und diskutieren Einsatzmög-lichkeiten und -grenzen.

Wenn innovative Pflegetechnologien in den pflegerischen Versorgungsalltag eingeführt werden, gilt es, eine Vielzahl verschiedenster Faktoren zu berücksichtigen. Damit beschäf-tigt sich die *Innovationsperspektive der Einführung* in den Kap. 6, 7, 8, 9 und 10. Um auch hier zunächst eine Übersicht über die verschiedenen Faktoren einer erfolgreichen oder hemmenden Einführung innovativer Pflegetechnologien zu erhalten, präsentieren **Immig et al.** die Ergebnisse einer Literaturrecherche mit dem Ziel, solche Faktoren zu identifizie-ren. Dabei beschreiben die Autorinnen Erfahrungen aus der eigenen Projektpraxis im PPZ Nürnberg. Indem sie diese Faktoren und Erfahrungen zusammentragen, möchten die Au-torinnen eine Orientierungshilfe liefern, um den Transfer theoretischer Überlegungen und gemachter Erfahrungen in die pflegepraktische Umsetzung während der Einführung der Technologien zu erleichtern. Ebenfalls aus dem PPZ Nürnberg beleuchten **Deitmerg et al.** die Einführung zweier Technologien zum Dekubitusmanagement und werfen dabei einen speziellen Blick auf die institutionellen und organisatorischen Faktoren, die in einer stati-onären Langzeitversorgung für eine erfolgreiche Produkteinführung gegeben sein sollten.

Insbesondere beachten die Autorinnen und Autoren (Re-)Finanzierungsbedingungen und Anreize, denen sie eine hohe Bedeutung für die Entscheidungsvorgänge in Pflegeeinrichtungen zuweisen. Als im Einführungsprozess ebenfalls entscheidend ordnen **Hohndorf und Premer** die Offenheit technischer Schnittstellen zwischen Technologien und Systemen ein. Aus einer erfahrungsbasierten Perspektive berichten die Autoren über Stolpersteine beim Entwicklungs- und Einführungsprozess von Produkten. Deren Vernetzung mit umliegenden Systemen muss zwar ein zentraler Bestandteil ihrer Funktionalität sein; diese Schnittstellenherstellung scheitert jedoch in der Praxis häufig an Inkompatibilitätsproblemen. Anhand von Produkttests und begleitender Forschung untersuchen **Lahmann et al.** einen Scanner zur Ermittlung des Dekubitusrisikos von zu Pflegenden. Dabei stellen sie die Testserie vor, die sie im PPZ Berlin durchgeführt haben, präsentieren Ergebnisse und leiten Konsequenzen aus Erhebungen zur Gerätenutzung und der Erfahrung der Nutzenden für den praktischen Einsatz des Scanners ab. Die Beiträge zur Innovationsperspektive der Einführung schließen **Krückeberg et al.** ab. In ihrem Beitrag stellen sie zwei zentrale Schritte des Technikeinführungsprozesses im PPZ Hannover dar: Zum einen wird innerhalb des wissenschaftlichen Projektteams eine Vorentscheidung herbeigeführt, ob Pflegetechnologien für den Einsatz auf der PPZ Hannover-Projektstation potenziell einsatzbar sind. Zum anderen stellt das Projektteam die vorausgewählten Produkte den Pflegefachpersonen der Projektstation in Innovationsworkshops vor, um partizipativ eine gemeinsame Entscheidung für eine Anschaffung des Produktes herzuleiten.

Die Innovationskraft vieler Pflegetechnologien, die auf dem Markt erscheinen, erfordert mitunter eine Aktualisierung von Qualifikationsanforderungen von Pflegenden als die Nutzenden neuer Technologien. So müssen bereits erlernte pflegerische Handlungskompetenzen mit erweiterten Prinzipien der Nutzung gerade auch digitaler Technologie verknüpft werden. Weiterhin gerät hier auch die curriculare Ausgestaltung der pflegerischen Ausbildung in den Blick – hiermit beschäftigt sich die *Innovationsperspektive Aus-, Fort- und Weiterbildung* in den Kap. 11, 12 und 13. **Strube-Lahmann und Kuntz** liefern für diese Innovationsperspektive zunächst den Kontext: Sie führten im PPZ Berlin eine schriftliche Befragung mit Lernenden der Gesundheits- und Krankenpflege durch und erhoben Informationen zu Technikerfahrungen und zur Einschätzung der Befragten zur Relevanz von Pflegetechnologien für ihren zukünftigen Arbeitsalltag. Somit bieten uns die Autorinnen einen Einblick in eine technisch interessierte und aufgeschlossene Zielgruppe, die der Einführung von Pflegetechnologien offen gegenübersteht und die Notwendigkeit der Verankerung technologiebezogener Lehrinhalte in der pflegerischen Ausbildung betont. Die Autorinnen heben dazu die besondere Rolle einer akademischen Pflegeausbildung hervor. In den Beiträgen von **Landherr et al.** sowie **Schmeer et al.** wurden jeweils vom PIZ (Beitrag Landherr et al.) beziehungsweise PPZ Hannover (Beitrag Schmeer et al.) Bildungsangebote entwickelt. Im PIZ wurden Angebote für die Aus- und Weiterbildung von Pflegefachpersonen sowie ein Masterstudiengang erstellt. Im PPZ Hannover wurde ein Schulungsmodul für Pflegefachpersonen entwickelt, in dem der technische, pflegerische sowie ethisch, sozial und rechtlich reflektierte Umgang mit emotionaler Robotik sowie mit der Technologie zur Mobilisationsunterstützung von Patientinnen und

Patienten thematisiert wird. In beiden Beiträgen werden die entwickelten Angebote vorgestellt sowie Erfahrungen zu den Erprobungen der Angebote innerhalb der Projekte berichtet und diskutiert.

Mit der Nutzung, die auf eine erfolgreiche Einführung folgt, beschäftigt sich die *Innovationsperspektive der Anwendungskontexte*, die in diesem Band in den Kap. 14, 15, 16, 17, 18 und 19 behandelt wird. Die Anwendung von in die Praxis implementierten Technologien hängt nicht nur von den einzelnen Pflegesettings und -arrangements ab. Die Anwendung selber kann aus forschungs- sowie praxisbezogener Sichtweise unterschiedliche Aspekte fokussieren. Dies verdeutlicht die Menge der Themen, die in den sechs Beiträgen zusammengetragen werden. Hierzu zählen Evaluation und Nutzennachweise, Nutzungsverhalten von Anwendenden, Forschungsethik und Ethik im pflegerischen Handeln oder die gesundheitsökonomische Betrachtung von Pflegeprozessen während des Technikeinsatzes. Die ersten beiden Beiträge in dieser Innovationsperspektive liefern einen Überblick über die verschiedenen Möglichkeiten, wie der Nutzen einer Pflegetechnologie verstanden und erfasst werden kann. **Forster et al.** beschäftigen sich – inspiriert durch die Debatte zur Umsetzung digitaler Pflegeanwendungen (DiPAs) – mit der Frage, wie eine Nutzenermittlung und ein -nachweis bei Pflegetechnologien methodisch greif- und umsetzbar ist. Ausgehend von einer diagnostizierten Unschärfe des Nutzungsverständnisses präsentieren die Autorinnen und Autoren zur Annäherung an eine allgemeine Definition des pflegerischen Nutzens die Evaluationsansätze und -erfahrungen aus den Projekten des „Cluster Zukunft der Pflege" und ordnen diese entlang der Frage an, welche Implikationen für einen pflegerischen Nutzen aus individueller, organisationaler sowie gesellschaftlicher Perspektive geschlussfolgert werden können. Im Beitrag von **Lutze** hingegen wird der Blick in erster Linie auf die Pflegebedürftigen gelegt und gefragt, wie diese stärker bei Entscheidungsfindungen und Nutzenbewertungen im Pflegewesen berücksichtigt werden können. Dazu skizziert die Autorin zunächst den Stand der Beteiligung Pflegebedürftiger in Deutschland, welchen Stellen- und Mehrwert sie für Nutzenbewertungsprozesse haben und wie ihr Einbezug gelingen kann. Einen Blick auf Pflegefachpersonen als Anwendende von Pflegetechnologie werfen die drei darauffolgenden Beiträge: **Matsuzaki** interviewte für seinen Beitrag Pflegefachpersonen im Rahmen des PIZ und stellt fest, dass die Befragten kein grundlegendes Misstrauen gegenüber neuen, technischen Lösungen im Pflegealltag haben. Jedoch können Technologien, die als Zusatzbelastung oder als Widerspruch zu pflegerisch-ethischen Prinzipien der Pflegenden wahrgenommen werden, abgelehnt werden. Die Pflegenden ordnen diese abgelehnten Technologien (oder die Vorstellungen dazu) in einen dystopischen Interpretationsrahmen einer Pflege der Zukunft ein, der aus Sicht der Pflegenden zu vermeiden sein sollte. Sowohl Pfeil et al. als auch Loevskaya et al. beschäftigen sich mit der ethischen Reflexion von und durch Pflegende, die im Einsatz innovativer Technologien in der Praxis ausgelöst oder gefördert werden sollten. **Pfeil et al.** zeigen im Rahmen der Produkttestung eines audiovisuellen Projektionssystems im PPZ Freiburg Vorgehensweisen zur Wahrung ethischen Handelns auf und geben aus Projekterfahrungen und -reflexionen Auskunft über mögliche Herausforderungen in diesem Vorgehen. Im PPZ Berlin entwickelten **Loevskaya et al.** das Instrument FreTiP (Fragen zur ethischen Reflexion von digitalen Technologien in der Pflegepraxis), das gemeinsam mit Pflegenden entwickelt wurde und das auch im stark strukturierten und zeitlich limitierten Arbeitsalltag der Pflege genutzt werden kann. Es soll dabei helfen, schwierige Situationen beim Einsatz von Pflegetechnologie zu identifizieren, zu explizieren und somit bearbeitbar und lösbar zu machen. Die Autorinnen und Autoren berichten über die Entwicklungsschritte, Einsatzmöglichkeiten und Inhalte des Instruments. Die Innovationsperspektive der Anwendungskontexte schließen **Bettig et al.** ab. Sie entwickelten im Rahmen des PPZ Berlin das kePP-Model zur Bewertung von Veränderungen im Pflegekernprozess vor und nach Technologieeinführung, um diese Veränderung beurteilbar zu machen. Dabei beziehen die Autorin und der Autor unterschiedliche Aspekte mit ein, wie die Arbeitszufriedenheit und Expertise der Nutzenden oder die Prozesszeit, -kosten und -qualität. Im Beitrag stellen sie die Entwicklung des Modells und das Modell selbst sowie Methoden zur Erfassung notwendiger Kenngrößen und -zahlen zur Beurteilung der Prozessveränderung dar.

Die letzte Innovationsperspektive, die sowohl am Innovationsprozess beteiligt ist als auch diesen fördern und strukturieren kann, ist die der *Innovations- und Forschungsförderung*, mit denen sich die nächsten beiden Kapitel (Kap. 20 und 21.) beschäftigen. **Wallner et al.** attestieren eine, im Vergleich zu anderen Branchen geringere Aktivität übergeordneter Innovationsnetzwerke, die das Ziel der Identifikation und nachhaltigen Umsetzung von potenziellen Technologien in die Praxis verfolgen. Die Autorinnen und der Autor begeben sich in ihrem Betrag auf die Suche nach Ursachen für diese Situation, untersuchen Rahmenbedingungen digitaler Transformationen in der Pflege und vergleichen Ansätze von Innovationsnetzwerken anderer Bereiche und deren mögliche Übertragbarkeit auf die Pflege. Konkrete Forschungsvorhaben nehmen **Domhoff et al.** in den Blick, indem sie untersuchen, welche Voraussetzungen sowie Gelingensfaktoren zu berücksichtigen sind, um erfolgreich Forschungsprojekte im Bereich Künstliche Intelligenz in der Pflege zu planen, durchzuführen und zu verstetigen.

Den Abschluss des Sammelbandes bildet eine von den Herausgebern formulierte Zusammenschau und Zukunftsperspektive (Kap. 22), die im Schlussteil zu finden ist. In diesem Abschnitt werden die Inhalte des Sammelbandes sowie die Arbeit im „Clusters Zukunft der Pflege" resümiert und mit den in diesem Band dargestellten Beiträgen im Sinne eines Arbeits(zwischen)ergebnisses ins Verhältnis gesetzt. Hieraus können zukünftige Arbeitsfelder für den Bereich Digitalisierung in der Pflege abgeleitet werden, die aus der Arbeit des „Cluster Zukunft der Pflege" hervorgegangen sind.

Zum Abschluss gilt unser Dank als Herausgebergruppe noch Wegbegleiterinnen und Wegbegleitern des „Clusters Zukunft der Pflege", welche die Aktivitäten des Clusters möglich gemacht haben und auch in den schwierigen Zeiten der Coronapandemie an den Zielen und Werten des Clusters festgehalten haben. Hierzu möchten wir zunächst besonders allen Akteurinnen und Akteuren der Forschungs- und Praxiseinrichtungen des Clusters für die tägliche Arbeit danken, auf dessen Grundlage dieser Sammelband entstanden ist. Viele dieser Personen sind Autorinnen und Autoren dieses Bandes. Unser Dank gilt darüber hinaus allen anderen Autorinnen und Autoren, die diesen Sammelband mit dem Blick von außen auf die Themen des Clusters bereichert haben. Wir danken dem Bundesministerium für Bildung und Forschung für den Weitblick, ein so wichtiges Thema durch die Zusammenführung eines deutschlandweit einzigartigen Forschungsclusters zu ermöglichen, sowie dem Projektträger, dem VDI/VDE Innovation + Technik, für die lang-jährige gute Kooperation und Begleitung der Clusteraktivitäten; insbesondere bedanken wir uns bei Lutz Gros, Maxie Lutze, Catherine Naujoks und Benedikt Krieger. Unsere hervorragende und produktive Zusammenarbeit mit dem Springer-Verlag möchten wir hier ebenso hervorheben und uns an dieser Stelle bei Margit Schlomski und Merle Kam-mann bedanken. Außerdem möchten wir uns bei den zahlreichen Herstellern und Start-ups, die im Bereich der Pflegetechnologie tätig sind und mit dem Cluster zusammengear-beitet haben, bedanken, denn ohne deren Arbeit würden keine Pflegetechnologien zur Einführung und Testung im Cluster zur Verfügung stehen. Außerdem danken wir unserer Lektorin dieses Bandes Dr. Katharina van Treeck.

Zuletzt gilt unser tiefer Dank allen Pflegefachpersonen und Pflegehilfskräften, Patien-tinnen und Patienten, Bewohnerinnen und Bewohnern und allen an der Versorgung von zu Pflegenden Beteiligten, die im Rahmen der Forschungs- und Arbeitsaktivitäten im „Clus-ter Zukunft der Pflege" eingebunden waren. Ohne ihre Kooperation und Partizipation, die oft neben den täglichen anspruchsvollen Aufgaben der pflegerischen Versorgung stattfin-det, wären die Aktivitäten des Clusters nicht möglich.

Wir danken auch Ihnen, liebe Leserinnen und Leser, dass Sie sich für dieses wichtige Themenfeld interessieren und sich als Grundlage für Ihre Weiterbildung für diesen Sam-melband entschieden haben. Nun wünschen wir Ihnen viel Vergnügen und wertvolle Ein-sichten bei der Lektüre des Sammelbandes.

Literatur

Autio, E., & Thomas, L. (2015). Innovation ecosystems. In M. Dodgson, D. Gann, & N. Phillips (Hrsg.), *The Oxford handbook of innovation management* (S. 204–228). Oxford University Press.

Becka, D., Borchers, U., & Evans, M. (2016). Pflegen, Kümmern und Begleiten: Berufspolitische Entwicklungspfade zur Sorgearbeit vor Ort. In: K. Jacobs, A. Kuhlmey, S. Greß, J. Klauber, & A. Schwinger (Hrsg.), *Pflege-Report 2016. Schwerpunkt: Die Pflegenden im Fokus* (S. 151–167). Schattauer.

Bundesministerium für Bildung und Forschung. (2016). Bekanntmachung. Richtlinien zur Durch-führung des Wettbewerbs „Zukunft der Pflege: Mensch-Technik-Interaktion für die Praxis". Bundesanzeiger vom 24.08.2016. Hrsg. von Bundesanzeiger vom 24.08.2016. https://www.bmbf.de/bmbf/shareddocs/bekanntmachungen/de/2016/08/1237_bekanntmachung.html. Zuge-griffen am 12.03.2022.

European Commission. (2021). *The 2021 ageing report. Economic & budgetary projections for the EU member states (2019–2070).* Institutional paper 148. https://ec.europa.eu/info/business-economy-euro/economy-finance-and-euro-publications_en. Zugegriffen am 13.03.2022.

Hajek, A., Brettschneider, C., Ernst, A., Posselt, T., Mamone, S., Wiese, B., et al. (2017). Eiinflussfaktoren auf die Pflegebedürftigkeit im Längsschnitt. Longitudinal Predictors of the Need for Care. *Gesundheitswesen, 79,* 73–79.

Hasseler, M., & Mink, J. (2022). Unterstützung in der Pflege. In E.-W. Luthe, S. Müller, & I. Schiering (Hrsg.), *Assistive Technologien im Sozial- und Gesundheitssektor* (S. 289–309). Springer VS.

Hülsken-Giesler, M., Zelt, T., & Weidner, F. (Hrsg.). (2017). *ePflege. Informations- und Kommunikationstechnologie für die Pflege.* Studie im Auftrag des Bundesministeriums für Gesundheit. Berlin, Vallendar, Köln.

Huter, K., Krick, T., Domhoff, D., Seibert, K., Wolf-Ostermann, K., & Rothgang, H. (2020). Effectiveness of digital technologies to support nursing care: Result of a scoping review. *Journal of Multidisciplinary Healthcare, 13,* 1905–1926.

Jungtäubl, M. (2021). Gestaltung von Interaktionsarbeit udn professionellem Handeln bei personenbezogener Dienstleistungsarbeit zwischen (digitalisierter) Formalisierung und Selbstorganisation. In C. Freier, J. König, A. Manzeschke, & B. Städtler-Mach (Hrsg.), *Gegenwart und Zukunft sozialer Dienstleistungsarbeit* (S. 29–48). Springer Die multiple Identität der TechniNature.

Klawunn, R., Walzer, S., Zerth, J., Heimann-Steinert, A., Schepputat, A., Forster, C., et al. (2021). Auswahl und Einführung von Pflegetechnologien in Einrichtungen der Pflegepraxis. In U. Bettig, M. Frommelt, H. Maucher, R. Schmidt, & G. Thiele (Hrsg.), *Digitalisierung in der Pflege. Auswahl und Einsatz innovativer Pflegetechnologien in der geriatrischen Praxis* (S. 37–70). medhochzwei.

Lenzen, K. (2020). *Die multiple Identität der Technik. Eine Innovationsbiographie der Augmented Reality-Technologie.* zugl. Berlin, Technische Universität, Diss. 2019. transcript.

Mähs, M. (2021). Anforderungen an die Evaluation von altersgerechten Assistenztechnologien aus gesundheitsökonomischer Sicht. In D. Frommeld, U. Scorna, S. Haug, & K. Weber (Hrsg.), *Gute Technik für ein gutes Leben im Alter? Akzeptanz, Chance und Herausforderungen altersgerechter Assistenzsysteme* (S. 317–339). transcript.

Menning, S., & Hoffmann, E. (2009). Funktionale Gesundheit und Pflegebedürftigkeit. In: K. Böhm, C. Tesch-Römer, & T. Ziese (Hrsg.), *Gesundheit und Krankheit im Alter* (S. 62–78). Eine gemeinsame Veröffentlichung des Statistischen Bundesamtes, des Deutschen Zentrums für Altersfraen und des Robert-Koch-Instituts.

Motel-Klingebiel, A., Ziegelmann, J. P., & Wiest, M. (2013). Hochaltrigkeit in der Gesellschaft des langen Lebens: Theoretische Herausforderung, empirisches Problem und sozialpolitische Aufgabe. *Zeitschrift für Gerontologie und Geriatrie, 46,* 5–9.

Rösler, U., Schmidt, K., Merda, M., & Melzer, M. (2018). *Digitalisierung in der Pflege. Wie intelligente Technologien die Arbeit professionell Pflegender verändern. Geschäftsstelle der Initiative Neue Qualität der Arbeit.* Bundesanstalt für Arbeitsschutz und Arbeitsmedizin.

Salter, A., & Alexy, O. (2015). The nature of innovation. In M. Dodgson, D. Gann, & N. Phillips (Hrsg.), *The Oxford handbook of innovation management* (S. 26–49). Oxford University Press.

Schloemer, T., & Schröder-Back, P. (2018). Criteria for evaluating transferability of health interventions: A systematic review and thematic synthesis. *Implementation Science, 13,* 88.

Shiell, A., Hawe, P., & Gold, L. (2008). Complex interventions or complex systems? Implications for health economic evaluation. *BMJ, 336,* 1281–1283.

Siciliani, L. (2014). The economics of long-term care. *BEJEAP, 14*(2), 343–375.

Verganti, R., & Dell'era, C. (2015). Design-driven innovation. Meaning as a source of innovation. In M. Dodgson, D. Gann, & N. Phillips (Hrsg.), *The Oxford handbook of innovation management* (S. 139–162). Oxford University Press.

Weiß, C., Lutze, M., Gissendanner, S., & Peters, V. (2017). Nutzen und Finanzierung technischer Assistenz-systeme aus Sicht der Pflegeversicherung und weiterer Akteure der Verantwortungsgemeinschaft am Beispiel der Quartiersvernetzung – Abschlussbericht. gefördert vom Bundesministerium für Gesundheit (BMG). Berlin. https://www.iit-berlin.de/de/publikationen/nutzen-und-finanzierung-technischer-assistenzsysteme-aus-sicht-der-pflegeversicherung-und-weiterer-akteure-der-verantwortungsgemeinschaft-am-beispiel-der-quartiersvernetzung. Zugegriffen am 27.09.2020.

Zerth, J. (2021a). Technikimplementierung in der Pflege: die Bedeutung der soziotechnischen Innovationsbewertung aus gesundheitsökonomischer Sicht. In D. Frommeld, U. Scorna, S. Haug, & K. Weber (Hrsg.), *Gute Technik für ein gutes Leben im Alter? Akzeptanz, Chance und Herausforderungen altersgerechter Assistenzsysteme* (S. 341–365). transcript.

Zerth, J. (2021b). Weiterentwicklung der Pflege in einem sektorübergreifenden Kontext – integrierende Pflegeinfrastrukturen. In S. Spitzer & V. Ulrich (Hrsg.), *Intersektorale Versorgung im deutschen Gesundheitswesen. Gegenwart und Zukunft – Analysen und Perspektiven* (S. 62–74). Kohlhammer.

Tobias Krick Tobias Krick ist wissenschaftlicher Mitarbeiter in dem vom BMBF geförderten Verbundprojekt Pflegeinnovationszentrum an der Universität Bremen. Er hat einen Abschluss in Public Health – Gesundheitsversorgung, -ökonomie und -management, M. A., und promoviert aktuell zum Thema „Evaluation und Bewertung von digitalen technologischen Innovationen in der Pflege". Außerdem ist er Gründer und Geschäftsführer der Firma Healthcare Innovations Network (Healthcare iNNK). Dort vernetzt er Startups, Krankenhäuser, Krankenkassen, Forschung und Wissenschaft sowie Investorinnen und Investoren. Darüber hinaus ist er Gründer des digitalen Magazins Unboxing Healthcare, Gastgeber des Podcasts „Healthcare out-of-the-box", Speaker, Autor in verschiedenen Fachzeitschriften und Büchern und aktiver Teil der Healthcare-Community in verschiedenen Social-Media-Kanälen. Mehr „Out-of-the-box"-Denken und mehr Wertschätzung sind seine Themen.

Jürgen Zerth Prof. Dr. Jürgen Zerth hat seit Oktober 2022 die Professur für Management in Einrichtungen des Sozial- und Gesundheitswesens an der Katholischen Universität Eichstätt-Ingolstadt inne. Von 2012 bis 2022 war er Professor für Wirtschaftswissenschaften (Gesundheitsökonomie) sowie Leiter des Forschungsinstituts IDC der Wilhelm Löhe Hochschule für angewandte Wissenschaften Fürth (ab 2021 SRH Wilhelm Löhe Hochschule), das sich schwerpunktmäßig mit der Bewertung und Implementierungsbegleitung sowie Evaluation von Technologien in der Pflege befasst. Er war von 2000 bis 2010 Geschäftsführer der Forschungsstelle für Sozialrecht und Gesundheitsökonomie an der Universität Bayreuth sowie Lehrbeauftragter etwa an den Universitäten Jena, Bern sowie im Wintersemester 2009/2010 Lehrstuhlvertretung an der FAU Erlangen-Nürnberg. Forschungsschwerpunkte liegen in Fragen angewandter Gesundheitsökonomik, in Aspekten der Evaluation und Wirkungsanalyse sowie in der Technikbewertung und -evaluation in der Pflege.

Ronny Klawunn Ronny Klawunn, M. Sc. in Public Health, ist seit 2019 wissenschaftlicher Mitarbeiter im Institut für Epidemiologie, Sozialmedizin und Gesundheitssystemforschung an der Medizinischen Hochschule Hannover. Er arbeitet unter anderem im Forschungsprojekt Pflegepraxiszentrum Hannover, indem er ethnografisch untersucht, wie technische Erneuerungen in der stationären Krankenhauspflege genutzt und bewertet werden. Darüber hinaus unterrichtet er in verschiedenen Masterstudiengängen die Grundlagen sozialwissenschaftlicher Theorie sowie qualitative Methoden empirischer Sozialforschung. Herr Klawunn hat an der Martin-Luther-Universität Halle-Wittenberg und der Berlin School of Public Health die Fächer Ethnologie, Politikwissenschaften und Public Health studiert.

NASSS-CAT-D: Komplexität bei der Einführung von Gesundheitstechnologien erkennen, verstehen und beherrschen

2

Stefan Walzer, Christoph Armbruster, Christophe Kunze und Erik Farin-Glattacker

Zusammenfassung

Der Einsatz von (digitalen) Gesundheitstechnologien ist ein vielversprechender Ansatz, um dem Versorgungsbedarf sowohl im medizinischen als auch rehabilitativen Sektor des deutschen Gesundheitsversorgungssystems zu begegnen. Allerdings lässt sich in Projekten zur Einführung und Erprobung solcher Technologien eine hohe Misserfolgsquote identifizieren. Bereits verfügbare technische Hilfsmittel werden daher häufig als „Insellösungen" und wenig nachhaltig eingesetzt. Im englischsprachigen Raum gibt es bereits praxisorientierten Leitfäden (NASSS-CAT), die dabei helfen sollen, potenzielle Komplexitäten frühzeitig zu identifizieren, um entsprechend darauf reagieren zu können. In Deutschland existieren bisher keine Leitfäden mit einer derartigen Zielsetzung. Vor diesem Hintergrund wurde erstmalig eine deutschsprachige Version erarbeitet (NASSS-CAT-D). Berichtet wird zum einen über die Inhalte und Zielsetzung, zum anderen über die Entwicklung sowie erste Erprobungen der deutschen Version des Leitfadens.

S. Walzer (✉)
Hochschule Furtwangen, Furtwangen, Deutschland
E-Mail: stefan.walzer@hs-furtwangen.de

C. Armbruster
Universitätsklinikum Freiburg, Freiburg, Deutschland
E-Mail: christoph.armbruster@uniklinik-freiburg.de

C. Kunze
Hochschule Furtwangen/Furtwangen University (HFU), Furtwangen, Deutschland
E-Mail: christophe.kunze@hs-furtwangen.de

E. Farin-Glattacker
Universitätsklinikum Freiburg, Freiburg, Deutschland
E-Mail: erik.farin@uniklinik-freiburg.de

© Der/die Autor(en), exklusiv lizenziert an Springer Fachmedien Wiesbaden GmbH, ein Teil von Springer Nature 2023
T. Krick et al. (Hrsg.), *Pflegeinnovationen in der Praxis*,
https://doi.org/10.1007/978-3-658-39302-1_2

17

2.1 Hinführung: Komplexität von Technologieprojekten in Gesundheit und Pflege

2.1.1 Ausgangslage

(Digitale) Technologien werden im Gesundheitsversorgungssystem zunehmend als ein Bestandteil zur Verbesserung von Gesundheitsdienstleistungen eingeführt. Technologieprojekte (hier definiert als aktive und geplante Bemühungen zur Implementierung einer Technologie und der potenziell damit verbundenen Änderungen von Versorgungsprozessen und -strukturen) entfalten aber in der Versorgungspraxis häufig nicht die intendierte Wirkung (Cresswell & Sheikh, 2013). Dem können vielfältige Ursachen zugrunde liegen, etwa ein nicht ausreichender Reifegrad der technischen Systeme, fehlende Akzeptanz auf Seiten der Anwendenden, Barrieren bei der Einbettung in den Versorgungsprozess oder fehlende Refinanzierungsmechanismen. Dies gilt insbesondere, wenn Technologieprojekte umfangreich und komplex sind (Cresswell & Sheikh, 2013; Mair et al., 2012; Sligo et al., 2017; Standing et al., 2018). Technologieprojekte bestehen nicht allein aus technischen Lösungen; vielmehr sind diese immer zusammen mit ihren Anwendungskontexten zu betrachten, die in der Regel nur unvollständig beschrieben sind und sich dynamisch verändern. Dazu gehören unter anderem soziale Praktiken, institutionelle Prozesse und Strukturen sowie kulturelle und gesundheitspolitische Rahmenbedingungen (Lilford et al., 2009). Die Implementierung von Gesundheitstechnologien ist dabei als Veränderungsprozess zu verstehen, in dem Beziehungen, Aushandlungsprozesse zwischen den einzelnen Interessensgruppen und ein gemeinsames Zielverständnis von entscheidender Bedeutung sind (Cicmil et al., 2009; Greenhalgh & Russell, 2010; Hodgson & Cicmil, 2007; May & Finch, 2009).

2.1.2 Konzepte und Begriffe

Das in Abschn. 2.1.3 vorgestellte NASSS-Framework baut auf einigen Grundannahmen auf, die hier in aller Kürze vorgestellt werden sollen:

Innovation im Gesundheitsversorgungssystem wird nach Greenhalgh et al. (2020) definiert als

a. Praktiken, Routinen und Prozesse im Kontext der Gesundheitsversorgung (und damit verbundene Technologien), die als neu wahrgenommen werden,
b. mit der Behandlung einer Erkrankung oder der Erbringung von Gesundheitsdienstleistungen in Zusammenhang stehen,
c. auf die Verbesserung der Behandlungsqualität (zum Beispiel für die zu Versorgenden im Krankenhaus) und/oder der Arbeitsbedingungen (zum Beispiel der Pflegefachpersonen) abzielen und
d. durch geplante und koordinierte Maßnahmen umgesetzt werden.

Die **(Nicht-)Übernahme** (englisch: (non-)adoption) einer Innovation ist nach Rogers (2010) die bewusste Entscheidung eines Individuums, diese langfristig und in vollem Umfang zu nutzen beziehungsweise nicht zu nutzen. Die Entscheidung wird nicht ad hoc getroffen, sondern gestaltet sich vielmehr als sozialer Prozess über einen bestimmten Zeitraum. In allen Stufen des Prozesses kann es zu einem Abbruch (englisch: abandonment) der Übernahme kommen, sofern die bestehenden Unsicherheiten nicht ausreichend reduziert werden. Der Begriff **Implementierung** bezeichnet die Umsetzung oder Integration bestimmter Innovationen in einem spezifischen Setting (Vollmar et al., 2017). Unter **Dissemination** wird die Verbreitung (englisch: scale-up, spread) einer Innovation verstanden sowie aktive und geplante Bemühungen, die Zielgruppe von der Anwendung zu überzeugen. **Nachhaltigkeit** (englisch: sustainability) beschreibt in diesem Kontext die langfristige Etablierung neuer beziehungsweise die Veränderung bestehender Arbeitsroutinen durch die Übernahme einer Innovation (Cohn et al., 2013).

Akteurinnen und Akteure innerhalb eines **komplexen Systems** arbeiten auf der Grundlage interner Regeln, die dynamisch und nicht immer vorhersehbar sind. Gleichzeitig sind sie in der Lage, sich an Veränderungen anzupassen und interagieren beziehungsweise entwickeln sich weiter (Plsek & Greenhalgh, 2001). Das Gesundheitsversorgungssystem mit seinen unterschiedlichsten Institutionen (zum Beispiel Krankenhäusern oder Pflegeheimen) sowie Akteurinnen und Akteuren (zum Beispiel Patientinnen und Patienten, Heil- und Pflegeberufen), die wiederrum auf unterschiedlichsten Ebenen interagieren, kann als ein komplexes System beschrieben werden (siehe hierzu auch beispielsweise Hower et al., 2021). Unabhängig davon, ob ein Technologieprojekt einfach oder komplex ist, muss das „System" beziehungsweise der Anwendungskontext fast immer in irgendeiner Weise angepasst werden. Technologieprojekte in der Gesundheitsversorgung (zum Beispiel die Einführung eines Bed-Exit-Systems, das ein frühzeitiges Erkennen von Bettausstiegen bei Betroffenen mit kognitiven Beeinträchtigungen unterstützen soll (Walzer et al., 2021)) und der Kontext, in dem sie sich auswirken (zum Beispiel Patientinnen und Patienten mit geringer Gesundheitskompetenz und Compliance sowie Krankenhäuser, die nicht auf die spezifischen Bedürfnisse dieser Gruppe eingestellt sind), sind unweigerlich miteinander verbunden und stehen in gegenseitiger Wechselwirkung (Greenhalgh et al., 2017). **Komplexität** wird demnach in diesem Beitrag definiert als „eine dynamische und sich kontinuierlich verändernde Menge von Prozessen und Objekten, die nicht nur miteinander interagieren, sondern durch diese Interaktionen auch definiert werden" (Shaw et al., 2019).

2.1.3   NASSS-Framework und NASSS-CAT

Das von Greenhalgh et al. (2017) entwickelte NASSS (nonadoption, abandonment, and challenges to the scale-up, spread, and sustainability of health and care technologies)-Framework ist ein theoretisches Modell zur Erklärung von Innovationsbarrieren für die Nutzung, Verbreitung und nachhaltige Implementierung von Technologien im Gesundheitswesen. Seit der Publikation im Jahr 2017 hat das Modell viel Beachtung erfahren und wurde inzwischen mehrfach empirisch erprobt (Greenhalgh et al., 2020). Eine deutsche Übersetzung des Frameworks steht seit 2020 zur Verfügung (Kunze, 2020). Das Ziel dieses Frameworks ist es, ein evidenzbasiertes, theoriegestütztes und zugleich pragmatisches Modell zu bieten, um den Erfolg eines Technologieprojektes retrospektiv erklären und die Erfolgschancen von Technologieprojekten prospektiv vorhersagen und bewerten zu können. Die Entwicklung umfasste zwei parallele Komponenten: (1) Literaturrecherche zur Identifizierung von Schlüsselbereichen und (2) empirische Fallstudien zur Technologieimplementierung, um die eingeschlossenen Bereiche zu untersuchen, zu testen und zu adaptieren. Im Rahmen der Literaturrecherche wurden 28 bestehende Frameworks für die Implementierung von Technologien erfasst, von denen 14 einen dynamischen Systemansatz verfolgten. Der empirische Datensatz besteht aus über 400 Stunden ethnografischer Beobachtung, 165 halbstrukturierten Interviews und 200 Dokumenten. Das daraus entwickelte NASSS-Framework umfasst sieben Bereiche, in denen Komplexitäten auftreten können (Abb. 2.1): die Gesundheitssituation oder der Anwendungsbereich, die Technologie, das Nutzenversprechen, das System der Anwendenden (bestehend aus Fachpersonal,[1] zu Versorgenden und Laien), die Institution(en), die Makro-Ebene sowie die langfristige

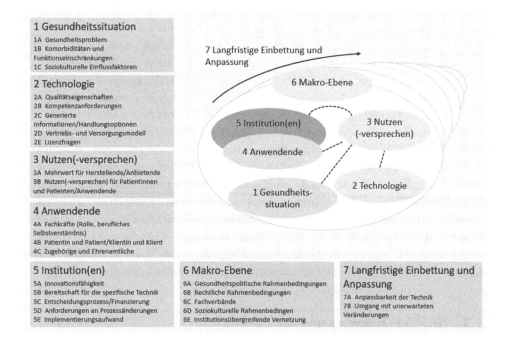

Abb. 2.1 Komplexitätsbereiche des NASSS-Frameworks. (Adaptiert nach Kunze, 2020)

---

[1] Professionell Aus- und Fortgebildete in den innerhalb des Gesundheitsversorgungssystems agierenden Berufsgruppen. Beispielsweise können hier Pflegefachpersonen und Mitarbeitende aus dem medizinischen oder sozialpädagogischen Tätigkeitsfeld genannt werden.

Einbettung und Anpassung innerhalb all dieser Komplexitätsbereiche. Aus den empirischen Fallstudien zeichneten sich eine Vielzahl von Herausforderungen in allen sieben Komplexitätsbereiche ab (Greenhalgh et al., 2017; Kunze, 2020).

Das Framework hat sich in vielen Studien als nützlich erwiesen, um die (Teil-)Erfolge und Misserfolge von Technologieprojekten zu untersuchen und zu erklären. Da es für die wissenschaftliche Analyse konzipiert wurde (Greenhalgh et al., 2020), ist es aber nicht einfach als praktisches Werkzeug für die Planung oder das Management von Technologieprojekten anzuwenden, da Instrumente oder Hinweise für eine Operationalisierung fehlen. Zum Umgang mit Komplexität gibt es außerhalb des Gesundheitswesens aber etablierte Ansätze, die sich auf das Modell übertragen lassen. Für das Anwendungsfeld Projektmanagement wurde bereits 2013 von Maylor et al. (2013) ein anwenderorientiertes Instrument zur Bewertung von Komplexität entwickelt. Sie begründeten die Entwicklung des Leitfadens (Complexity Assessment Tool; kurz: CAT) damit, dass Komplexität oft reduziert oder aktiv gemanagt werden kann, sobald sie von den Projektteilnehmenden besser verstanden wird. Das CAT, das in 43 Workshops mit über 1100 Managerinnen und Managern erprobt wurde, orientiert sich an einem dreistufigen Prozess: Verstehen, Reduzieren und Reagieren. Diese Stufen konnten mit Hilfe des CAT als Selbstbewertungs- und Orientierungsinstrument operationalisiert werden (Maylor & Turner, 2017). Die Autorinnen und Autoren stellten fest, dass die Managerinnen und Manager in den meisten Fällen in der Lage waren, Strategien zu entwickeln, die es ihnen ermöglichten, den Großteil der Komplexität, mit der sie konfrontiert waren, zu reduzieren. Die Entwicklung des NASSS-Frameworks von Greenhalgh et al. (2017) und des CAT von Maylor et al. (2013) erfolgten unabhängig voneinander sowie in unterschiedlichen Anwendungsfeldern (das NASSS-Framework im Setting der Versorgungsforschung, das CAT im Projektmanagement), weisen aber deutliche konzeptionelle Überschneidungen auf. Beide Arbeiten befassen sich mit der Erforschung von Komplexität (zum Beispiel Identifizierung von Herausforderungen, Unsicherheiten und gegenseitigen Abhängigkeiten) in Technologieprojekten. Beide Arbeiten enthalten Fragen zu psychologischen, sozialen und politischen Aspekten von Projekten, und beide enthalten einen übergreifenden (Komplexitäts-)Bereich zur zeitlichen Veränderung. Diese Arbeiten wurden in einem nächsten Schritt miteinander kombiniert (Greenhalgh et al., 2020). Aufbauend auf dem NASSS-Framework und dem CAT wurden auf Basis von sieben Workshops unter Beteiligung diverser Interessensgruppen die NASSS-CAT-Leitfäden entwickelt und in einem Aktionsforschungsansatz prospektiv an einer Reihe von Fallstudien getestet. Insgesamt wurden vier Leitfäden entwickelt:

1. NASSS-CAT short: Dieser Leitfaden dient dazu, die zentralen Konzepte des Modelles kennenzulernen und eine Einschätzung dazu zu ermöglichen, inwieweit die weitere Nutzung der Leitfäden für das eigene Projekt zielführend ist.
2. NASSS-CAT long: Mit diesem Leitfaden soll die prospektive Planung von Technologieprojekten umfassend unterstützt werden. NASSS-CAT long besteht aus zwei Teilen: Ein Fragebogen in Teil A soll unterschiedlichen Stakeholdern eines Innovationsprojekts dabei helfen, die potenziellen Komplexitäten und Herausforderungen bereits

vorab zu identifizieren. In Teil B sind, aufbauend auf den Ergebnissen des ersten Teils, Verweise auf praktische Hinweise und Ressourcen aufgeführt, mit welchen den identifizierten Komplexitäten begegnet werden kann.

3. NASSS-CAT Project: Mit diesem Leitfaden lässt sich analysieren, wie sich die Komplexität in einem Technologieprojekt im Laufe der Zeit verändert. Er ist als Werkzeug für das Projektmanagement gedacht.

4. NASSS-CAT Interview: Dieser Leitfaden dient als Grundlage für die Konzeption halbstrukturierter Forschungs- oder Evaluierungsinterviews (zum Beispiel formativer Evaluation im Rahmen des Implementierungsprozesses) und ist für die Nutzung in wissenschaftlichen Studien gedacht.

Eine deutschsprachige Version dieser Leitfäden existiert bisher nicht. Im Rahmen des Forschungsprojektes des Pflegepraxiszentrums Freiburg (PPZ-FR)[2] wurde das Ziel verfolgt, eine deutschsprachige Version des NASSS-CAT long (in der deutschen Bezeichnung: NASSS-CAT-D) zu erarbeiten. Zusätzlich soll überprüft werden, inwieweit der Leitfaden im Rahmen von Technologieprojekten sein intendiertes Nutzungsprofil erfüllen kann. Im Folgenden wird über die Entwicklung und Erprobung des NASSS-CAT-D berichtet. Dazu werden zunächst in Kap. 15 die konkreten methodischen Vorgehensweisen (das heißt der Übersetzungsprozess, die Interviews bei Expertinnen und Experten sowie die durchgeführten Fallstudien) dargestellt. Daraufhin werden in Kap. 2 die Ergebnisse beschrieben. In der Diskussion werden die Hauptergebnisse zusammenfassend hervorgehoben, die Erkenntnisse in einen höheren Kontext eingeordnet und über vorhandene Limitationen berichtet. Die abschließenden Schlussbemerkungen und der Ausblick beinhalten die wesentlichen Erkenntnisse dieses Beitrages sowie Hinweise über weitere zukünftige Vorhaben.

2.2   Methodik

2.2.1   Übersetzungsprozess

Die kulturübergreifende Anpassung eines Fragebogens erfordert die Anwendung einer spezifischen Methode, um die Gleichwertigkeit zwischen der ursprünglichen Ausgangs- und der Zielversion des Fragebogens zu erreichen. Es ist mittlerweile allgemein akzeptiert, dass die Items nicht nur sprachlich gut übersetzt, sondern auch kulturell angepasst werden müssen. Dies ist wichtig, um die Inhaltsvalidität des Instruments auf konzeptioneller

---

[2] Im PPZ Freiburg werden im Pflegesetting des Universitätsklinikums Freiburg innovative Technologien in der Akutpflege erprobt. Partner sind am Universitätsklinikum Freiburg die Pflegedirektion (Projektleitung), die Sektion Versorgungsforschung und Rehabilitationsforschung sowie das Zentrum für Klinische Studien, die Universität Freiburg (Institut für Pflegewissenschaft), die Hochschule Furtwangen (Institut Mensch, Technik, Teilhabe) und das Institut Alter, Gesellschaft, Partizipation an der Evangelischen Hochschule Freiburg.

Ebene über verschiedene Kulturen hinweg aufrechtzuerhalten – vor allem dann, wenn die Maßnahmen kulturübergreifend eingesetzt werden sollen (Ferraz, 1997; Guillemin et al., 1993). Beim NASSS-CAT long handelt es sich nicht um einen standardisierten und testmethodisch konstruierten Fragebogen, der eine skalierte Messung inklusive einer psychometrisch überprüfbaren Validität ermöglicht, sondern um einen Leitfaden, der zur kontinuierlichen Reflektion beitragen kann. Dennoch ist ein methodisch fundierter Prozess der Übersetzung und Prüfung von hoher Relevanz, um Verständnisfehler und Interpretationsspielräume zu vermeiden (Enzenhofer & Resch, 2011). Der Übersetzungsprozess (Abb. 2.2) orientierte sich an den standardisierten Übersetzungsprozess-Leitlinien nach Beaton et al. (2000).

Vor dem eigentlichen Übersetzungsprozess erfolgte eine Literaturrecherche und die Entscheidung für die Übersetzung des NASSS-CAT long. Anschließend erfolgte eine unabhängige Übersetzung durch Mitarbeitende der beiden Institutionen – der Hochschule Furtwangen (HFU) sowie der Sektion Versorgungsforschung und Rehabilitationsforschung des Universitätsklinikums Freiburg (SEVERA). Diese Konstellation ermöglicht, Perspektiven der Technologieforschung sowie der Versorgungsforschung und Rehabilitationsforschung zusammenzuführen. Innerhalb des Übersetzungsprozesses wurden von beiden Institutionen jeweils zwei Vorwärtsübersetzungen des Leitfadens von der Originalsprache (Englisch) in die Zielsprache (Deutsch) durchgeführt (Version1.1–1.4). Auf diese Weise konnten in einem ersten Schritt die Übersetzungen zwischen den Institutionen verglichen und Diskrepanzen festgestellt werden, die möglicherweise auf mehrdeutige Formulierungen im Original oder Unstimmigkeiten im Übersetzungsprozess zurückzuführen waren. Unpassende Formulierungen wurden identifiziert und in einer Diskussion zwischen

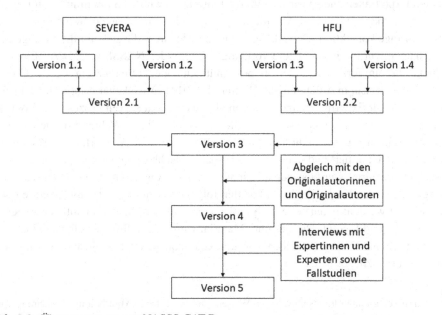

Abb. 2.2 Übersetzungsprozess NASSS-CAT-D

den Übersetzenden konsolidiert (Version 2.1 und 2.2). In einem zweiten Schritt wurden die jeweiligen Übersetzungen zwischen den Institutionen zusammengeführt. Unter Einbezug des Originalleitfadens sowie der zwei Übersetzungsversionen der beiden Institutionen wurde schließlich eine erste Synthese dieser Übersetzungen durchgeführt (Version 3). Im Rahmen dieses Schrittes wurden alle bestehenden Divergenzen identifiziert und deren entsprechenden Lösungsvorschläge sorgfältig dokumentiert. Im vierten Schritt wurden die bis dahin noch bestehenden begrifflichen Unklarheiten mit den Originalautorinnen und -autoren diskutiert und aufgelöst. Für die Übersetzung in Teil B wurde von Stefan Walzer (SW) und Christoph Armbruster (CA) initial nach adäquaten deutschsprachigen Hinweisen und Ressourcen recherchiert. Im Falle, dass keine geeignete deutschsprachige Quelle gefunden werden konnte, wurde die englischsprachige beibehalten. In diesem Zusammenhang wurden jedoch zusätzlich der Nutzen, die Anwendbarkeit und die Übertragbarkeit im Kontext des deutschen Gesundheitsversorgungssystems geprüft. Es wurden somit ausschließlich deutsch- und englischsprachige Hinweise und Ressourcen bereitgestellt, bei denen diese Kriterien gegeben sind. Im Anschluss an die Übersetzung wurde der Leitfaden auf Verständlichkeit, Stringenz und Anwendbarkeit überprüft. Auf Basis einer Testung des entwickelten Leitfadens mit erfahrenen Projektmanagerinnen und Projektmanagern sowie der Einbindung in drei Technologieprojekte entstand schließlich Version 5.

2.2.2 Interviews mit Expertinnen und Experten

Um tiefgreifende Sichtweisen bezüglich des NASSS-CAT-D zu explorieren, wurden Interviews mit Expertinnen und Experten[3] durchgeführt. Dazu wurden im Zeitraum von Juli bis August 2021 Akteurinnen und Akteure aus verschiedenen relevanten Berufsfeldern via E-Mail-Anfrage kontaktiert. Den Akteurinnen und Akteuren, die sich auf die Anfrage gemeldet haben, wurde im Voraus die vorläufige Version des NASSS-CAT-D zur Einsicht geschickt und ein Termin zu einer 30–60-minütigen Videokonferenz via webex (Cisco, 2021) vereinbart. Ein in Anlehnung an Helfferich (2014) entwickelter Gesprächsleitfaden für Interviews mit Expertinnen und Experten, der in einem iterativen Prozess von SW und CA an die Zielsetzung angepasst wurde, diente als Grundlage. Während der jeweiligen Videokonferenzen haben sich die Interviewer (SW und CA) die Antworten und Kommentare der Befragten notiert und in einer unmittelbaren Nachbesprechung konsentiert.

Das Datenmaterial wurde systematisch ausgewertet. Angelehnt an das inhaltsanalytische Verfahren nach Kuckartz (2014) konnten folgende thematische Hauptkategorien herausgearbeitet werden: potenzielle Zielgruppe, empfundener Nutzen, inhaltliche Aspekte sowie Sprache und Layout. Das gesamte Material wurde daraufhin im Rahmen einer gemeinsamen Konsentierung zwischen SW und CA sequenziell durchgearbeitet und den Hauptkategorien zugeordnet.

---

[3] Personen mit einem überdurchschnittlichen Wissen durch jahrelange Mitarbeit in und Leitung von Technologieprojekten im Gesundheitsversorgungssystem.

2.2.3 Fallstudien

Ergänzend zu den Interviews wurde mit drei verschiedenen Fallstudien das Ziel verfolgt, Erkenntnisse bezüglich der praktischen Anwendbarkeit des Leitfadens zu gewinnen. Zudem wurde dadurch ein Abgleich zwischen den im Leitfaden beschriebenen Komplexitätsbereichen und der Versorgungsrealität ermöglicht. Die jeweiligen Fallstudien (sowohl retro- als auch prospektiv) konnten alle auf Basis von Projekten des PPZ-FR durchgeführt werden:

1. Qwiek.up als innovativer Betreuungsansatz im Krankenhaus[4]
2. Evaluation des Implementierungsprozesses eines Bed-Exit-Systems
3. Lärmmanagement auf Intensivstationen

Fallstudie I: Qwiek.up als innovativer Betreuungsansatz im Krankenhaus
Die erste Fallstudie bezieht sich auf die Exploration der Anwendungsmöglichkeiten eines technischen Systems zur Aktivierung und Orientierungsgabe für Patientinnen und Patienten mit kognitiven Beeinträchtigungen im Krankenhaus. Laut der General Hospital Study sind rund 40 % der über 65-Jährigen Patientinnen und Patienten in deutschen Krankenhäusern von kognitiven Beeinträchtigungen betroffen (Bickel et al., 2018). Einerseits werden Patientinnen und Patienten bereits mit bestehenden kognitiven Beeinträchtigungen ins Klinikum eingewiesen, andererseits steigt mit zunehmendem Alter auch das Risiko, während eines stationären Aufenthaltes eine derartige Beeinträchtigung zu erlangen (Angerhausen, 2008). Mögliche Folgen sind die Verschlechterung des Gesundheitszustandes, höhere Belastungen der Pflegefachpersonen sowie damit verbundene negative ökonomische Konsequenzen für das Krankenhaus und Kostenträger (Bickel et al., 2018; Hendlmeier et al., 2018, 2019). Die kontinuierlich wachsenden technischen und digitalen Möglichkeiten können hier Potenziale zur Unterstützung dieser Betroffenengruppe bieten. Im Zeitraum von Juni bis Juli 2019 fand eine Probestellung des technischen Hilfsmittels Qwiek.up (ein spezieller Videoprojektor, der für die erlebnisorientierte Pflege im langzeitstationären Setting entwickelt wurde) auf Normal- und Intensivstationen des Universitätsklinikums Freiburg statt. Mithilfe dieser Funktionen sollen Unruhe, Anspannung, herausfordernde Verhaltensweisen und Desorientierung insbesondere bei Personen mit kognitiver Beeinträchtigung reduziert und das Wohlbefinden gesteigert werden.

Im Rahmen von Hospitationen, die während der Probestellung erfolgten, konnte ein Einblick in die Nutzung von Qwiek.up und die beeinflussenden Kontextfaktoren gewonnen werden. Die weitere Evaluation erfolgte mittels Interviews sowie eines abschließenden Workshops der beteiligten Personen (Mitarbeitende des PPZ-FR, Pflegefachpersonen). Das NASSS-Framework wurde verwendet, um wichtige Einflussfaktoren und deren

---

[4]In Fallstudie 1 wurde lediglich das NASSS Framework genutzt. In Anbetracht der inhaltlichen Übereinstimmung der insgesamt sieben Komplexitätsbereiche, sahen die Autoren in der Nutzung dieser vorhandenen Informationen dennoch einen Mehrwert.

Wechselwirkungen für die Nutzung der Technologie zu identifizieren. Dazu wurden die Erkenntnisse der qualitativen Datenerhebung anhand der ersten vier Komplexitätsbereiche (das heißt anhand der Gesundheitssituation oder des Anwendungsbereichs, der Technologie, des Nutzenversprechens und des Systems der Anwendenden) analysiert und bewertet.

Fallstudie II: Evaluation des Implementierungsprozesses eines Bed-Exit-Systems
In der zweiten Fallstudie geht es um den Einsatz eines Bed-Exit-Systems als Hilfsmittel in der pflegerischen Betreuung und die damit einhergehenden Auswirkungen auf Pflegefachpersonen. Die Versorgung kognitiv beeinträchtigter Patientinnen und Patienten in einem Krankenhaus ist häufig von Verhaltensweisen wie nächtlicher Unruhe und Verirren innerhalb der Station beziehungsweise innerhalb der Einrichtung gekennzeichnet (Schütz & Füsgen, 2013). Als problematisch beschreiben Pflegefachpersonen häufig unerwartete Verhaltensweisen (bezogen auf den strukturierten und vorwiegend standardisierten Versorgungskontext eines Krankenhauses), die auch andere Patientinnen und Patienten betreffen können (Kleina & Wingenfeld, 2007). Eine der in der Bevölkerung wie auch im pflegerischen Umfeld bekanntesten (und auch häufigsten) Verhaltensweise, die kognitiv beeinträchtige Personen entwickeln können, ist das „Wandering".[5] Bettausstiegstechnologien informieren Pflegefachpersonen zeitnah darüber, sobald die zu Versorgenden ihr Bett unbeobachtet verlassen (wollen). Durch die Alarmauslösung in Echtzeit wird den Pflegefachpersonen die Möglichkeit gegeben, eine Gefahrensituation rechtzeitig zu erkennen oder zu verhindern (Hilbe et al., 2009; Schepputat et al., 2020). Ob solche Systeme Pflegefachpersonen entlasten, ist bisher wenig erforscht. In einer sechsmonatigen Mixed-Methods-Studie im Prä-Post-Design wurde deshalb untersucht, welche Auswirkungen die Sensormatte „Actilog Basic S" auf das Belastungsempfinden von Pflegefachpersonen unterschiedlicher Normalstationen des Universitätsklinikums Freiburg (UKF) hat, in welchem Rahmen der Hilfsmitteleinsatz erfolgt und unter welchen Bedingungen das System an seine Grenzen stößt. Die Studie wurde retrospektiv anhand des NASSS-CAT-D evaluiert. Hierzu wurden multidisziplinäre Interviews bei Expertinnen und Experten durchgeführt. Zusätzlich konnte auf Transkripte mehrerer Gruppendiskussionen zurückgegriffen werden, die vor und nach der Implementierung von Actilog Basic S am UKF durchgeführt wurden. Die Daten der einzelnen Interviews und der Gruppendiskussionen wurden mit Hilfe der qualitativen Inhaltsanalyse nach Gläser und Laudel (2010) analysiert und im Anschluss interpretiert.

Fallstudie III: Lärmmanagement auf Intensivstationen
Die dritte Fallstudie bezieht sich auf die Implementierung eines Lärmmanagements und den Einsatz von Lärmampeln[6] auf Intensivstationen. In der stationären Versorgung und speziell im Bereich der Intensivstationen ist vermeidbarer Lärm ein häufiges Phänomen.

---

[5] Wandering gehört zu den häufigsten Verhaltensweisen bei kognitiv beeinträchtigten Patientinnen und Patienten und kann als ein scheinbar nicht orientiertes, repetitives Umherlaufen beschrieben werden (Rogers, 2010).

[6] Schallpegelmessung mit zusätzlicher Visualisierung des Lärms über Ampelsignale.

Da die Auswirkungen gravierend für Mitarbeitende sowie Patientinnen und Patienten sein können, wird sich dem vermehrt angenommen (Feuchtinger, 2020). In der ersten Hälfte des Jahres 2021 wurde im Rahmen der Qualitätssicherung ein Pilotversuch zur Implementierung von Lärmampeln auf zwei Intensivstationen des Universitätsklinikums Freiburg durchgeführt. Hierbei wurde mit der hier beschriebenen Arbeit die erste Phase der Implementierung der Lärmampeln im Versorgungsalltag auf den Stationen untersucht. Es wurde evaluiert, welche Faktoren von den Beschäftigten des Universitätsklinikums Freiburg als relevant angesehen werden und welche Schlüsse sich für einen umfassenderen Einsatz der Lärmampeln auf weiteren Stationen ziehen lassen. Zusätzlich wurde mit dem dargestellten Vorgehen eine Erprobung der Eignung des NASSS-CAT-D zur Evaluation des Einsatzes der Lärmampeln in der stationären Patientenversorgung mit besonderem Fokus auf die Intensivpflege durchgeführt. Zur Beantwortung der Forschungsfragen wurden auf den zwei ausgewählten Intensivstationen qualitative, leitfadengestützte Interviews mit Beteiligten rund um den Implementierungsprozess durchgeführt und in Anlehnung an das Vorgehen der Frameworkanalyse (Schnell, 2018) ausgewertet.

2.3 Ergebnisse

2.3.1 NASSS-CAT-D

Auf Basis der unterschiedlichen methodischen Vorgehensweisen ist eine vorläufige deutsche Version des Leitfadens entstanden. Dieser wird im Internet frei zugänglich zur Verfügung gestellt (https://nasss.hs-furtwangen.de/).

2.3.2 Interviews mit Expertinnen und Experten

Insgesamt wurden n = 3 Interviews mit Expertinnen und Experten durchgeführt. Die Auswahl der Teilnehmenden ist in Tab. 2.1 dargestellt.

Potentielle Zielgruppe
Bezüglich der potentiellen Zielgruppe, die für die Nutzung des NASSS-CAT-D vorgesehen ist, waren die Befragten unterschiedlicher Ansicht. So nannte ID 1 Personen, die noch

Tab. 2.1 Auswahl der Teilnehmenden

ID	Branche/Funktion
1	Führungskraft im Bereich Digitalisierung und Technologie im Krankenhauswesen
2	Führungskraft im Bereich Innovationen zur Digitalisierung in der Gesundheitsindustrie inklusive unterstützenden Beratungstätigkeiten
3	Wissenschaftliche Mitarbeiter(in) und Führungskraft im Bereich Innovationen im Gesundheitswesen

nicht auf einen großen Erfahrungsschatz im Bereich Projektmanagement und Technologieprojekte im Gesundheitsversorgungssystem zurückgreifen können, jedoch die nötige
Motivation mitbringen, sich der Thematik anzunähern. Demgegenüber schien der Leitfaden aus Sicht von ID 2 ausschließlich für erfahrene Projektmanagerinnen und
Projektmanager geeignet. Insgesamt fehle es noch an konkreten Informationen in der Einführung, auf welche potenziellen Anwendenden und Anwendungsfälle der Leitfaden letztendlich abziele (ID2; ID3).

Empfundener Nutzen

Ein ähnlich heterogenes Bild zeigte sich auch innerhalb der Kategorie bezüglich des empfundenen Nutzens des Leitfadens. Während aus Sicht von ID 3 der Mehrwert des Leitfadens nicht klar ersichtlich wurde, empfand ID 1 den Leitfaden vor allem im Bereich der
Digitalisierung von Krankenhäusern sehr hilfreich. Neutral zeigte sich dagegen ID 2, die
den Leitfaden als „eine Art umfassende Bedienungsanleitung" beschrieb. Ferner wurde
die Integration von sogenannten „Checklisten" genannt, die den Nutzen des Leitfadens
erhöhen könnten. Zum einen könnte eine Checkliste zu Beginn des Leitfadens sinnvoll
sein, um der/dem potenziell Anwendenden einen initialen Eindruck zu geben, inwieweit
der Leitfaden für das eigene Technologieprojekt infrage kommt (ID 2). Zum anderen
würde eine Checkliste am Ende des Leitfadens mit den relevantesten Hinweisen und Ressourcen gerade für weniger erfahrene Projektmanagerinnen und Projektmanager eine erste
Orientierung bieten (ID 1). Des Weiteren haben sich alle Befragten für eine zusätzliche
digitale Version ausgesprochen – gerade auch dahingehend, die identifizierten Komplexitäten innerhalb der Implementierungsprojekte mit allen Beteiligten effizienter kommunizieren zu können.

Inhaltliche Aspekte

Hinweise und Antworten der Expertinnen und Experten zu inhaltlichen Aspekten werden
im Folgenden in drei Bereiche eingeteilt: a) Einleitung und Hinführung sowie b) Teil 1
(Analysieren der Komplexität innerhalb des Projekts) und c) Teil 2 (Maßnahmenplanung
und Projektmanagement) des Leitfadens. Aus den Interviews resultierten primär inhaltliche Hinweise bezüglich der Einleitung und Hinführung. So war die Einleitung zwar insgesamt verständlich, jedoch sollte aus dem Text genauer hervorgehen, wer die Anwendenden sein sollten. Unterstützend könnte hier beispielsweise ein kurzer Abstract dienen,
damit die/der Anwendende eine erste Orientierung gewinnen kann (ID 2). Laut ID 1 zeichnet sich Teil 1 des Leitfadens vor allem dadurch aus, dass alle potenziellen Komplexitätsbereiche gebündelt abgedeckt werden. Dennoch sind nicht alle Bereiche für alle Technologieprojekte und damit einhergehende kontextuelle Unterschiede von Relevanz, so ID 1.
Teil 2 dagegen wurde von allen Befragten als hilfreich und sinnvoll angesehen (ID 1; ID
2; ID 3). Insgesamt bieten die darin enthaltenen Hinweise und Ressourcen eine umfassende Unterstützung, um auf die identifizierten Komplexitäten reagieren zu können
(ID1; ID 3).

Sprache und Layout

In der letzten Kategorie „Layout und Sprache" konnten weitere wertvolle Hinweise erfasst werden. Insgesamt existieren aus Sicht der Interviewten in der bestehenden Version mehrere Textstellen, die sich nicht flüssig lesen lassen (ID 1; ID 2; ID 3). Auch würden mehrere Begriffe nicht von allen potenziell Anwendenden und damit unterschiedlichen Berufsfeldern gleichermaßen verstanden werden (ID 3). Kritisch wurden auch die englischsprachigen Hinweise und Ressourcen im zweiten Teil des Leitfadens betrachtet, da diese für Personengruppen mit geringen Englischkenntnissen eher hemmend und abschreckend wirken könnten und somit ihren Zweck verfehlen (ID 1). Bezüglich des Layouts waren sich zudem alle Befragten darüber einig, dass eine grafische Überarbeitung und Anpassung des gesamten Leitfadens notwendig ist (ID 1; ID 2; ID 3).

2.3.3 Fallstudien

Im Rahmen der Hospitationen sowie der durchgeführten Interviews von Fallstudie I (Qwiek. up als innovativer Betreuungsansatz im Krankenhaus) konnte aufgezeigt werden, dass die Potenziale des Qwiek.up zwar vielfältig sind, sich diese jedoch im Krankenhaus auf sehr spezifische Gruppen der zu Versorgenden beschränken. Herausforderungen konnten in den Komplexitätsbereichen Institution(en), System der Anwendenden sowie Gesundheitssituation oder Anwendungsbereich identifiziert werden. Durch Unruhe, Hektik, störende Umgebungsgeräusche und Platzmangel stellt das spezifische Setting eine große Herausforderung im Zusammenhang mit der Nutzung von Qwiek.up dar. Darüber hinaus muss bedacht werden, dass viele unterschiedliche Berufsgruppen in die Behandlungspfade der zu Versorgenden integriert sind und bei schweren kognitiven Beeinträchtigungen die Auswirkungen des Qwiek. up schwer einzuschätzen sind. Störfaktoren wie Schmerzen oder Ermüdung können zu Fehlinterpretationen der einzelnen Reaktionen seitens der Patientinnen und Patienten führen.

Auf Basis der retrospektiven Analyse von Fallstudie II (Evaluation des Implementierungsprozesses eines Bed-Exit-Systems) zeigten sich in den ersten fünf Komplexitätsbereichen unterschiedliche Herausforderungen. Unter anderem stellen Patientinnen und Patienten mit kognitiven Beeinträchtigungen im Krankenhaus eine heterogene und schwer abzugrenzende Zielgruppe dar. Eine Operationalisierung dieser Gruppe ist einerseits durch unterschiedliche zugrundeliegende Erkrankungen und andererseits durch vielfältige Symptome schwierig. Daraus ergeben sich für Pflegefachpersonen Herausforderungen bei der Gestaltung eines klar definierten Nutzungsalgorithmus, das heißt in welchem Rahmen die Technologie von den Anwenderinnen und Anwendern mit dem größtmöglichen Nutzen eingesetzt werden kann (Gesundheitssituation oder Anwendungsbereich). Weitere wesentliche Kriterien für eine erfolgreiche Implementierung sind die Zuverlässigkeit der Technologie und deren Anbindung an die Rufanlage (Technologie).

Eine Herausforderung besteht demnach darin, Zielgruppen adäquat zu definieren, zu identifizieren und die Effekte der Technologien zu evaluieren. Eine zusätzliche Problematik stellt die fehlende Konkretisierung und Evaluation sinnvoller Anwendungskontexte dar.

Auch die Zwischenergebnisse der Fallstudie III (Begleitung von Lärmampeln auf Intensivstationen) lassen darauf schließen, dass die Nutzung des NASSS-CAT-D das Technologieprojekt in verschiedensten Phasen – von der Planung bis zur Evaluation – unterstützen kann. Eine weitere Erkenntnis ist jedoch auch, dass die Anwendung abhängig von der jeweiligen Technologie und den beteiligten Berufsgruppen einen nicht zu unterschätzenden Aufwand in Bezug auf die sprachliche und inhaltliche Anpassung des Leitfadens erfordert. In Summe wurde in allen drei Fallstudien ersichtlich, dass die frühzeitige Einbindung des Leitfadens dabei helfen kann, Komplexitäten und die damit verbundenen Herausforderungen bereits vorab (beziehungsweise während des Implementierungsprozesses) zu prognostizieren und entsprechend darauf reagieren zu können.

2.4   Diskussion

Vor dem Hintergrund, die Implementierung von Technologien im deutschen Gesundheitsversorgungssystem bestmöglich begleiten zu können, war das Ziel, eine erste deutschsprachige Version des NASSS-CAT long zu erarbeiten. In diesem Prozess zeigte sich, dass der NASSS-CAT long, unter der Berücksichtigung entsprechender Richtlinien für eine qualitativ hochwertige Übersetzung von Fragebögen (Beaton et al., 2000) in einem mehrstufigen Übersetzungsprozess, gut zu übersetzen war. Auch wenn es sich hier nicht um einen validierten und skaliert messbaren Fragebogen handelt, wurde primär eine möglichst wörtliche Übersetzung der einzelnen Beschreibungen, Hinweise und Ressourcen sowie der Items angestrebt, um Verständnisfehler und wiederum zu weite Interpretationsspielräume zu vermeiden. Zudem ermöglichte dieses Vorgehen einen in Zukunft durchführbaren Abgleich mit den noch laufenden Fallstudien der Autorinnen und Autoren des englischsprachigen Originals. Jedoch schien speziell für diesen Leitfaden, auf Basis der Erkenntnisse innerhalb des Übersetzungsprozesses und der Interviews mit Expertinnen und Experten, eine offene Übersetzung zielführender. Insbesondere erzeugte eine wörtliche Übersetzung häufig eine für die Zielgruppe (und damit häufig einhergehenden unterschiedlichen Berufsfeldern) unpassende Semantik und es entstanden aufgrund der kulturellen Sprachunterschiede bei einzelnen Items Interpretationsspielräume. Beide Übersetzungstendenzen mit ihren jeweiligen Vor- und Nachteilen zielführend miteinander zu vereinen, stellte sich somit als große Herausforderung dar. Gelöst werden konnte dies durch die durchgeführte Konsentierung der begrifflichen und inhaltlichen Unklarheiten mit den Autorinnen und Autoren des Originals, was zudem die Möglichkeit einer terminologischen Harmonisierung im Kontext des deutschen Gesundheitsversorgungssystems bot. Die Interviews mit Expertinnen und Experten eigneten sich sehr gut, um die grundsätzliche Anwendbarkeit im Praxisalltag eines solchen Leitfadens zu überprüfen. Diese Methode ermöglichte eine erste Inhalts- und Augenscheinvalidierung auf Verständlichkeit, Relevanz und inhaltliche Passung außerhalb des eigentlichen Übersetzungsprozesses. Die Ergebnisse der qualitativen Auswertung zeigten eine zufriedenstellende Akzeptanz des Leitfadens, bestätigten die Relevanz der entsprechenden Inhalte und betonten die Bedeutung dieses strukturierten Leitfadens für die Planung und Durchführung von Technologieprojekten im Gesundheitsversorgungssystem. Die Fallstudien ermöglichten darüber hinaus einen Abgleich mit den praktischen Einsatzmöglichkeiten außerhalb der theoretischen Überlegungen des Leitfadens. Sowohl das NASSS-Framework als auch der daraus entwickelte NASSS-CAT-D boten eine deutliche Hilfestellung, um potenzielle Herausforderungen frühzeitig zu identifizieren, aber auch retrospektiv zu kategorisieren und evaluieren zu können. Mit der Vielzahl an bereits vorhandenen Hinweisen und Ressourcen im zweiten Teil des Leitfadens werden Empfehlungen zur Strukturierung, Umsetzung und Evaluation an die Hand gegeben, sodass auch eine iterative Langzeitbetrachtung über den Prozess der Implementierung möglich ist.

Eine Schwäche des NASSS-Frameworks ist laut einer aktuellen Übersichtsarbeit von Krick (2021) zu unterschiedlichen Evaluationsframeworks für digitale Pflegetechnologien, dass es nicht klar definiert, in welchem Setting oder zu welcher Technologie es genutzt werden sollte. Zudem fehle es an einer genauen Anwendungsbeschreibung. Auch wenn die NASSS-CAT-Leitfäden eine Anwendung des Frameworks im Innovationsmanagement unterstützen sollen, bestätigen die Ergebnisse der qualitativen Interviews mit Expertinnen und Experten diese Problematik. Auch hier wurde das Fehlen einer Beschreibung, wie der Leitfaden konkret angewendet werden sollte, moniert. Ferner bestehe noch die Problematik, dass der/dem Anwendenden nicht klar ersichtlich wird, ob alle Komplexitätsbereiche in Bezug auf das Setting oder die Technologie relevant sind oder ob eine Anpassung des Leitfadens auf verschiedene Projektkontexte (tailoring) möglich ist.

Der Übersetzungsprozess verzichtete auf eine Rückübersetzung, da davon auszugehen war, dass dies aufgrund der Wahl eines offenen Übersetzungsprozesses nur zu einer geringen zusätzlichen inhaltlichen und qualitativen Verbesserung des Leitfadens beigetragen hätte. Eine weitere Limitation stellt die geringe Anzahl der durchgeführten Interviews mit Expertinnen und Experten dar. Es kann nicht davon ausgegangen werden, dass im qualitativen Analyseprozess eine inhaltliche Sättigung erreicht wurde. Auch die Ergebnisse der Einzelfallstudien unterliegen Limitationen. Naturgemäß beziehen sich diese auf konkrete Projekte und können daher nur vorläufige Hinweise auf die Passung des Leitfadens geben, die weder allgemein bestätigt noch widerlegt werden können. Zusätzlich ist anzumerken, dass die beschriebenen Projekte alle im Kontext der Akutpflege verortet sind und somit nur ein kleiner Ausschnitt des Gesundheitsversorgungssystems beleuchtet wurde. Da gleichfalls alle drei Projekte am Universitätsklinikum Freiburg durchgeführt wurden, gilt dies in besonderem Maße für den Komplexitätsbereich Institution(en).

2.5 Schlussbemerkungen und Ausblick

Im Rahmen dieser Arbeit wurde eine erste deutschsprachige Version des NASSS-CAT long erarbeitet und inhaltlich an die Gegebenheiten des deutschen Gesundheitsversorgungssystems adaptiert. Ziel war es, eine Lücke in der Literatur zur Implementierung von innovativen Technologien im Gesundheitsversorgungssystem zu schließen, und damit die potenziellen Herausforderungen zu adressieren, die mit dem Übergang von einer Pilotie-rung in die nachhaltige Anwendung der Technologie verbunden sind. Der Leitfaden kann dazu beitragen, Technologien in vollem Umfang und nachhaltig in den Praxisalltag zu integrieren. Er ist nicht als Vorgehensmodell oder als Handlungsempfehlung für eine er-folgreiche Implementierung zu verstehen, sondern als Hilfsmittel zur (Selbst-)Reflektion in Technologieprojekten. Wir gehen davon aus, dass der Leitfaden für vielfältige (digitale) Gesundheits- und Pflegetechnologien in allen Anwendungskontexten des Gesundheitsver-sorgungssystems anwendbar ist. Somit stellt die die deutsche Version eine Art umfassen-des Hilfsmittel dar, das jeweils bezüglich des individuellen Projektrahmens (Setting, Tech-nologie etc.) reflektiert werden muss.

Dabei bieten sich mehrere potenzielle Einsatzmöglichkeiten an:

1. Hilfestellung bei der Entwicklung neuer Technologien,
2. Identifizierung von Technologien, die nur eine begrenzte Aussicht auf eine erfolgreiche und nachhaltige Implementierung haben,
3. Planung der Implementierung einer Technologie (prospektiv) und
4. Erklärung von und Lernen aus Fehlern bei der Planung (retrospektiv).

Wir nehmen an, dass der Einsatz des Leitfadens zu einem höheren Implementierungser-folg von Technologien im deutschen Gesundheitsversorgungssystem beitragen kann. In einem nächsten Schritt soll der Leitfaden auf Basis der Erkenntnisse aus den Expertinnen- und Experteninterviews entsprechend weiterentwickelt und zusätzlich als digitale Version verfügbar gemacht werden.

Danksagung Die Autoren dieses Beitrags bedanken sich insbesondere bei den Kolleginnen und Kollegen sowie verantwortlichen Personen der einzelnen in diesem Beitrag genannten Fallstudien des Pflegepraxiszentrums Freiburg: Elena Biehler, Luis Meister und Tobias Roos.

Literatur

Angerhausen, S. (2008). Demenz – eine Nebendiagnose im Akutkrankenhaus oder mehr? Maßnah-men für eine bessere Versorgung demenzkranker Patienten im Krankenhaus. *Zeitschrift für Ge-rontologie und Geriatrie, 41*(6), 460–466.
Beaton, D. E., Bombardier, C., Guillemin, F., & Ferraz, M. B. (2000). Guidelines for the process of cross-cultural adaptation of self-report measures. *Spine, 25*(24), 3186–3191.
Bickel, H., Hendlmeier, I., Heßler, J. B., Junge, M. N., Leonhardt-Achilles, S., Weber, J., & Schäu-fele, M. (2018). The prevalence of dementia and cognitive impairment in hospitals: Results from the General Hospital Study (GHoSt). *Deutsches Ärzteblatt International, 115*(44), 733.
Cicmil, S., Hodgson, D., Lindgren, M., & Packendorff, J. (2009). Project management behind the façade. *Ephemera: Theory and Politics in Organization, 9*(2), 78–92.
Cisco. (2021). *Cisco Webex meetings [Computer software].* https://www.webex.com/de/index.html. Zugegriffen am 16.02.2023.

Cohn, S., Clinch, M., Bunn, C., & Stronge, P. (2013). Entangled complexity: Why complex interventions are just not complicated enough. *Journal of Health Services Research & Policy, 18*(1), 40–43.

Cresswell, K., & Sheikh, A. (2013). Organizational issues in the implementation and adoption of health information technology innovations: An interpretative review. *International Journal of Medical Informatics, 82*(5), e73–e86.

Enzenhofer, E., & Resch, K. (2011). Übersetzungsprozesse und deren Qualitätssicherung in der qualitativen Sozialforschung. *Forum Qualitative Sozialforschung, 12.* https://www.qualitative-research.net/index.php/fqs/article/download/1652/3177/0

Ferraz, M. B. (1997). Cross cultural adaptation of questionnaires: What is it and when should it be performed? *The Journal of Rheumatology, 24*(11), 2066–2068.

Feuchtinger, J. (2020). Innovative Technologien im Test. *Heilberufe, 72*(1), 51–52.

Gläser, J., & Laudel, G. (2010). *Experteninterviews und qualitative Inhaltsanalyse als Instrumente rekonstruierender Untersuchungen* (4. Aufl.). VS Verl. für Sozialwiss.

Greenhalgh, T., & Russell, J. (2010). Why do evaluations of eHealth programs fail? An alternative set of guiding principles. *PLoS Medicine, 7*(11), e1000360.

Greenhalgh, T., Wherton, J., Papoutsi, C., Lynch, J., Hughes, G., Hinder, S., Fahy, N., Procter, R., & Shaw, S. (2017). Beyond adoption: A new framework for theorizing and evaluating nonadoption, abandonment, and challenges to the scale-up, spread, and sustainability of health and care technologies. *Journal of Medical Internet Research, 19*(11), e367.

Greenhalgh, T., Maylor, H., Shaw, S., Wherton, J., Papoutsi, C., Betton, V., Nelissen, N., Gremyr, A., Rushforth, A., Koshkouei, M., & Taylor, J. (2020). The NASSS-CAT tools for understanding, guiding, monitoring, and researching technology implementation projects in health and social care: Protocol for an evaluation study in real-world settings. *JMIR Research Protocols, 9*(5), e16861. https://doi.org/10.2196/16861

Guillemin, F., Bombardier, C., & Beaton, D. (1993). Cross-cultural adaptation of health-related quality of life measures: Literature review and proposed guidelines. *Journal of Clinical Epidemiology, 46*(12), 1417–1432.

Helfferich, C. (2014). Leitfaden- und Experteninterviews. In N. Baur & J. Blasius (Hrsg.), *Handbuch Methoden der empirischen Sozialforschung.* Springer Fachmedien.

Hendlmeier, I., Bickel, H., Hessler, J. B., Weber, J., Junge, M. N., Leonhardt, S., & Schäufele, M. (2018). Demenzsensible Versorgungsangebote im Allgemeinkrankenhaus. *Zeitschrift für Gerontologie und Geriatrie, 51*(5), 509–516.

Hendlmeier, I., Bickel, H., Heßler-Kaufmann, J. B., & Schäufele, M. (2019). Care challenges in older general hospital patients. *Zeitschrift für Gerontologie und Geriatrie, 52*(4), 212–221.

Hilbe, J., Schulc, E., Linder, B., & Them, C. (2009). entwicklung eines bettenausstiegsalarm-Systems zur Sturzreduktion in institutionen. *ProCare, 14*(3), 9–14.

Hodgson, D., & Cicmil, S. (2007). The politics of standards in modern management: Making 'the project' a reality. *Journal of Management Studies, 44*(3), 431–450.

Hower, K., Pförtner, T.-K., Pfaff, H., Wensing, M., & Ansmann, L. (2021). Innovationen im Gesundheitswesen. In *Handbuch Innovationsforschung* (S. 629–648). Springer.

Kleina, T., & Wingenfeld, K. (2007). Die Versorgung demenzkranker älterer Menschen im Krankenhaus. *1435–408X.*

Krick, T. (2021). Evaluation frameworks for digital nursing technologies: Analysis, assessment, and guidance. An overview of the literature. *BMC Nursing, 20*(1), 1–19.

Kuckartz, U. (2014). *Qualitative Inhaltsanalyse. Methoden, Praxis, Computerunterstützung* (2. Aufl.). Beltz Juventa.

Kunze, C. (2020). *(Nicht-)Nutzung, Transfer, Verbreitung und Nachhaltigkeit von Gesundheitstechnologien: Deutsche Version des NASSS-Frameworks.* https://opus.hs-furtwangen.de/files/6230/kunze_2020_nasss_framework_deutsche_version.pdf. Zugegriffen am 09.10.2022.

Lilford, R. J., Foster, J., & Pringle, M. (2009). Evaluating eHealth: How to make evaluation more methodologically robust. *PLoS Medicine, 6*(11), e1000186.

Mair, F. S., May, C., O'Donnell, C., Finch, T., Sullivan, F., & Murray, E. (2012). Factors that promote or inhibit the implementation of e-health systems: An explanatory systematic review. *Bulletin of the World Health Organization, 90*, 357–364.

May, C., & Finch, T. (2009). Implementing, embedding, and integrating practices: An outline of normalization process theory. *Sociology, 43*(3), 535–554.

Maylor, H., & Turner, N. (2017). Understand, reduce, respond: Project complexity management theory and practice. *International Journal of Operations & Production Management., 37*(8), 1076–1093.

Maylor, H. R., Turner, N. W., & Murray-Webster, R. (2013). How hard can it be? Actively managing complexity in technology projects. *Research-Technology Management, 56*(4), 45–51.

Plsek, P. E., & Greenhalgh, T. (2001). The challenge of complexity in health care. *BMJ, 323*(7313), 625–628.

Rogers, E. M. (2010). *Diffusion of innovations.* Simon and Schuster.

Schepputat, A., Ziegler, S., Walzer, S., Pfeil, J., König, P., Kunze, C., Moeller-Bruker, C., Grotejohann, B., Schmoor, C., Takem, E., & Feuchtinger, J. (2020). Nutzen des Einsatzes eines Bettausstiegsinformationssystems in der Betreuung von Patient*innen mit kognitiven Beeinträchtigungen und Bettausstiegstendenz im Krankenhaus aus der Pflegeperspektive (ABaS). In *Konferenzband Teil 1, 3. Clusterkonferenz „Zukunft der Pflege"* (S. 62–66).

Schnell, M. W. (2018). Die Framework Analysis im Licht der Wissenschaftstheorie. In *30 Gedanken zum Tod* (S. 11–26). Springer.

Schütz, D., & Füsgen, I. (2013). Care situation for hospitalized patients with cognitive disorders. *Zeitschrift fur Gerontologie und Geriatrie, 46*(3), 203–207.

Shaw, S., Hughes, G., & Greenhalgh, T. (2019). Standardisation and its consequences in health care: A case study of Prince2 project management training. In *The projectification of the public sector* (S. 229–249). Routledge.

Sligo, J., Gauld, R., Roberts, V., & Villa, L. (2017). A literature review for large-scale health information system project planning, implementation and evaluation. *International Journal of Medical Informatics, 97*, 86–97.

Standing, C., Standing, S., McDermott, M.-L., Gururajan, R., & Kiani Mavi, R. (2018). The paradoxes of telehealth: A review of the literature 2000–2015. *Systems Research and Behavioral Science, 35*(1), 90–101.

Vollmar, H. C., Santos, S., de Jong, A., Meyer, G., & Wilm, S. (2017). Wie gelangt Wissen in die Versorgung. *Bundesgesundheitsblatt-Gesundheitsforschung-Gesundheitsschutz, 60*(10), 1139–1146.

Walzer, S., Ziegler, S., Feuchtinger, J., & Kunze, C. (2021). *Innovationsmanagement von Pflegetechnologien im Krankenhaus, 7.2.2,* S. 85–89.

Stefan Walzer Stefan Walzer, M. Sc., ist ausgebildeter Gesundheits- und Krankenpfleger. Nach der Ausbildung arbeitete er in unterschiedlichen Pflegesettings. Es folgte ein Studium in Wirtschaftswissenschaften (B.Sc.) sowie Public and Non-Profit Management (M.Sc.) in Freiburg und Warschau. Seit 2018 ist er als wissenschaftlicher Mitarbeiter im Verbundprojekt Pflegepraxiszentrum Freiburg tätig, welches Teil des vom BMBF geförderten bundesweiten „Cluster Zukunft der Pflege" ist. Seine Forschungs- und Arbeitsschwerpunkte liegen auf der Technikakquise, Konzeptualisierung und Evaluation innovativer Pflegetechnologien im Krankenhaus und der Technikakzeptanz von professionell Pflegenden und zu Pflegenden. Am Institut für Mensch, Technik und Teilhabe (IMTT) der

Hochschule Furtwangen übernimmt er Aufgaben als Dozent und in der Betreuung von studentischen Qualifizierungsarbeiten des Studienganges Angewandte Gesundheitswissenschaften.

Christoph Armbruster Christoph Armbruster, M. Sc., ist seit 2009 gelernter Gesundheits- und Krankenpfleger. Nach seiner Ausbildung vertiefte er seine Pflegekenntnisse im orthopädischen und intensivmedizinischen Bereich. Es folgte eine zusätzliche Ausbildung zum Physiotherapeuten mit parallelem Studium in Health Care (B. Sc.). Nach einer mehrjährigen Zeit in der Praxis studierte er Angewandte Gesundheitsförderung (M. Sc.) an der Hochschule Furtwangen. Seit 2020 ist er als wissenschaftlicher Mitarbeiter in der Sektion Versorgungsforschung und Rehabilitationsforschung des Universitätsklinikums Freiburg tätig und übernimmt evaluative Aufgaben im Kontext von Pflegetechnologien im Krankenhaus.

Christophe Kunze Prof. Dr. Christophe Kunze ist seit 2011 Professor für assistive Gesundheitstechnologien in der Fakultät Gesundheit, Sicherheit, Gesellschaft an der Hochschule Furtwangen (HFU). Dort baute er das „Future Care Lab" auf und gründete 2015 das interdisziplinäre Forschungsinstitut Mensch, Technik und Teilhabe (IMTT). Vor seiner Berufung an die HFU war Christophe Kunze als Leiter des Forschungsbereichs „Embedded Systems & Sensors Engineering" und der Abteilung Medizinische Informationstechnik am Forschungszentrum Informatik (FZI) in Karlsruhe tätig. Außerdem ist er Mitgründer des Health-IT-Unternehmens nubedian GmbH.

Erik Farin-Glattacker Prof. Dr. Erik Farin-Glattacker leitet die Sektion Versorgungsforschung und Rehabilitationsforschung am Universitätsklinikum Freiburg sowie die Koordinierungsstelle Versorgungsforschung der Medizinischen Fakultät der Universität. Er befasst sich seit mehr als zwanzig Jahren mit Versorgungsforschung, wobei in methodischer Hinsicht die Evaluation komplexer Interventionen und die Methodik von Patient-reported Outcomes Forschungsschwerpunkte darstellen. Inhaltlich stehen die Themen Patienten-Orientierung und Evaluation digitaler Gesundheitsanwendungen im Mittelpunkt seiner Forschungsaktivitäten.

Erhebung und Bewertung von User Experience und Usability technischer Pflegeinnovationen – Implikationen für die praktische Methodenanwendung

3

Natalie Öhl, Jenny Fischer, Robert Konrad und Christian Bauer

Zusammenfassung

Aufgrund demographischer Veränderungen und einer zunehmenden Diskrepanz zwischen Pflegeangebot und – nachfrage gewinnt der Einsatz technischer Produkte, Dienstleistungen und Systeme in verschiedenen Pflegesettings zunehmend an Bedeutung. Bei deren Entwicklung ist die Einbeziehung der Perspektive der Nutzenden erfolgsentscheidend. Während die Usability (UI) die Gebrauchstauglichkeit in einer konkreten Benutzungssituation analysiert, betrachtet die User Experience (UX) die gesamten Nutzungserlebnisse und die qualitativen Erfahrungen. Für die Erhebung und Bewertung von UI und UX gibt es verschiedene Methoden mit unterschiedlichen Ausrichtungen und Schwerpunkten. Anhand von Praxiserfahrungen wird die Methodenanwendung zur Erhebung und Bewertung von UI und UX technischer Pflegeinnovationen diskutiert. Hierbei wird auf die Perspektiven von Produktherstellern, Pflegeeinrichtungen und Gepflegten eingegangen und es werden auf dieser Basis Implikationen für die Methodenanwendung abgeleitet.

N. Öhl (✉)
Forschungsinstitut IREM, Technische Hochschule Würzburg-Schweinfurt,
Nürnberg, Deutschland

Palliativmedizinische Abteilung, Universitätsklinikum Erlangen, Erlangen, Deutschland
E-Mail: natalie.oehl@uk-erlangen.de

J. Fischer · R. Konrad · C. Bauer
Forschungsinstitut IREM, Technische Hochschule Würzburg-Schweinfurt,
Nürnberg, Deutschland
E-Mail: jenny.fischer@thws.de; robert.konrad@thws.de; christian.bauer@thws.de

T. Krick et al. (Hrsg.), *Pflegeinnovationen in der Praxis*,
https://doi.org/10.1007/978-3-658-39302-1_3

37

3.1   Bedeutung und Relevanz von Usability und User Experience

3.1.1   Hintergrund und Definition von Usability

Um ein grundlegendes Verständnis für die Bedeutung und Relevanz von Usability (UI) und User Experience (UX) zu erhalten, erfolgt zunächst eine Annäherung an die Begriffe aus einer allgemeinen Perspektive sowie die Darstellung relevanter Konzepte und Erhebungsmethoden. Anschließend werden die Bedeutung der Nutzungsorientierung technischer Produkte im Kontext der Pflege diskutiert und konkrete Praxiserfahrungen zur Methodenanwendung in der Pflege dargestellt. Hierbei werden die jeweiligen Perspektiven von Produktentwicklung, Pflegeeinrichtungen und Gepflegten aufgegriffen und Implikationen für deren Zusammenwirken aufgezeigt.

Für die Interaktion von Menschen mit technischen Systemen ist die Gestaltung des jeweiligen Produktes, der Dienstleistung oder des Systems sowie der Schnittstelle zwischen Nutzenden und Technik von zentraler Bedeutung, denn die Art und Weise, wie Produkte[1] aufgebaut und strukturiert sind, bestimmt maßgeblich das Vorgehen der Nutzenden sowie deren Zufriedenheit. Nur wenn Produkte einfach, verständlich und intuitiv zu benutzen sind und der vorgesehene Zweck effizient und effektiv erreicht werden kann, werden diese auch regelmäßig und andauernd eingesetzt (Richter & Flückiger, 2016). Produkte sind daher systematisch für die Personen zu entwickeln, die diese tatsächlich anwenden, und an deren Bedürfnissen und Anforderungen auszurichten. Ein falsches oder unvollständiges Verständnis der Bedürfnisse von Nutzenden ist eine der zentralen Ursachen für das Scheitern von Produkten, denn eine hohe Komplexität und ein unübersichtlicher Funktionsumfang führen zu Unzufriedenheit und dem vermehrten Auftreten von Benutzungsfehlern, was hohe Supportkosten und ein Sicherheitsrisiko nach sich zieht. Damit stellt eine hohe Gebrauchstauglichkeit einen bedeutenden Wettbewerbsvorteil gegenüber anderen Produkten oder Herstellern dar (Deutsches Institut für Normung e. V., 2018).

Vor dem Hintergrund der Gebrauchstauglichkeit wurde der Begriff der Usability (UI) geprägt und gewann zunehmend an Bedeutung für die Produktentwicklung und das Produktdesign. Während Ansätze zur Usability zunächst überwiegend in der Industrie verfolgt wurden, verbreitete sich der Begriff in der Vergangenheit über Branchengrenzen hinweg und kommt mittlerweile überall dort zum Einsatz, wo Produkte, Dienstleistungen und Systeme für die direkte Interaktion mit Menschen entwickelt werden. Die Relevanz von hoher Gebrauchstauglichkeit wird dadurch deutlich, dass die Internationale Organisation für Standards (ISO) im Fachgebiet Mensch-Maschine-Interaktion Standards und Normen zur Gestaltung von Nutzungsschnittstellen entwickelt hat, um die Entwicklung von nützlichen und barrierefreien Produkten zu fördern. So wird in der Richtlinie „Ergonomie der Mensch-System-Interaktion" eine Orientierungshilfe gegeben, wie eine hohe Gebrauchstauglichkeit sichergestellt werden kann und welche Faktoren hierfür relevant sind. In der DIN EN ISO 9241-11 wird der Begriff der Usability definiert als das „Ausmaß, in dem ein

---

[1] Die Bezeichnung Produkte umfasst im Folgenden auch technische Dienstleistungen und Systeme.

System, ein Produkt oder eine Dienstleistung durch bestimmte Benutzer in einem be- bestimmten Nutzungskontext genutzt werden kann, um bestimmte Ziele effektiv, effizient und zufriedenstellend zu erreichen" (Deutsches Institut für Normung e. V., 2018, S. 5). Anhand dieser Definition wird deutlich, dass die Usability eines Produktes ausschließlich im spezifischen Kontext der jeweiligen Nutzung beurteilt werden kann. So kann ein und dasselbe Produkt in unterschiedlichen Kontexten zu einer anderen Gebrauchstauglichkeit führen. Unter Usability ist daher „keine absolute Qualität" (Moser, 2012, S. 220) zu verstehen. Sie dient vielmehr als Maßstab dafür, wie erfolgreich ein Produkt in einem gewissen Kontext zur passgenauen Erledigung bestimmter Aufgaben eingesetzt werden kann (Richter & Flückiger, 2016). Der Nutzungskontext des betrachteten Produktes umfasst die Nutzenden, deren Umgebung, Ressourcen, Ziele und Aufgaben (Deutsches Institut für Normung e. V., 2018). Im Prozess von Produktentwicklungen und -gestaltungen ist es daher maßgeblich, den relevanten Nutzungskontext sowie die Merkmale, die Einfluss auf die Gebrauchstauglichkeit ausüben, zu identifizieren und zu definieren (Deutsches Institut für Normung e. V., 2018). Die erzielten Resultate im Entwicklungsprozess sind laufend gemeinsam mit den Endnutzenden zu überprüfen, zu evaluieren und weiterzuentwickeln (Richter & Flückiger, 2016).

3.1.2 Hintergrund und Definition von User Experience

Für eine erfolgreiche Mensch-Technik-Interaktion (MTI) ist die rein „funktionsbezogene Betrachtungsweise" (Richter & Flückiger, 2016, S. 12) der Usability jedoch nicht ausreichend. Vielmehr ist diese Perspektive um das subjektive Nutzungserleben bei der Interaktion mit einem Produkt zu erweitern (Gast, 2018). So kann ein Produkt zwar eine hohe Usability mit einer hohen Zielerreichung in einer konkreten Benutzungssituation gewährleisten und dennoch schlechte Nutzungserfahrungen erzeugen, da ästhetische und emotionale Faktoren nicht ausreichend berücksichtigt werden. Die User Experience (UX) erweitert daher die funktionale Betrachtungsweise der Usability und adressiert die emotionalen Bedürfnisse, individuellen Wahrnehmungen und persönlichen Wünsche der Nutzenden, die zum gesamten Nutzungserlebnis beitragen (Richter & Flückiger, 2016). In der DIN-Reihe „Ergonomie der Mensch-System-Interaktion" wird im Teil 210 „Menschzentrierte Gestaltung interaktiver Systeme" der Begriff der User Experience definiert und ein Ansatz für die Gestaltung gebrauchstauglicher interaktiver Systeme dargestellt. User Experience beziehungsweise das Anwendungserlebnis wird dort als die „Wahrnehmungen und Reaktionen einer Person, die aus der tatsächlichen und/oder der erwarteten Benutzung eines Systems, eines Produkts oder einer Dienstleistung resultieren" (Deutsches Institut für Normung e. V., 2019, S. 11) definiert. Dazu zählen „sämtliche Emotionen, Vorstellungen, Vorlieben, Wahrnehmung, Wohlbefinden oder Unbehagen, Verhaltensweisen und Leistungen" (Deutsches Institut für Normung e. V., 2019, S. 11) im Zusammenhang mit der Nutzung. Die User Experience bezieht sich damit auf die Gesamterfahrung im Umgang mit einem Produkt und erfasst sämtliche Effekte auf die Nutzenden vor, während und nach der Nutzung (Pietschmann, 2015; Richter & Flückiger, 2016). Um zu erklären, warum bestimmte Produkte anderen vorgezogen werden, sind diese emotionalen Faktoren ausschlaggebend (Thüring & Mahlke, 2007). Die Verfolgung eines menschzentrierten Ansatzes bei der Produktentwicklung hat damit konkrete wirtschaftliche und monetäre Vorteile zur Folge, die auf eine verbesserte Marktposition und eine höhere Zahlungsbereitschaft der Nutzenden zurückzuführen sind (Deutsches Institut für Normung e. V., 2019). Um den Begriff der User Experience zu beschreiben, existieren verschiedene Modelle. Ein vielbeachtetes Modell ist das Komponentenmodell des Nutzungserlebens (CUE-Model) von Thüring und Mahlke. Dieses beschreibt, dass Attribute der Nutzenden sowie Eigenschaften des Produktes die Interaktion zentral beeinflussen, sodass diese als Qualitätsmerkmale von Systemen gesehen werden. Aus diesen beiden Dimensionen kombiniert ergibt sich eine dritte Qualitätsdimension, die User Experience, welche die Emotionen beschreibt, die im Prozess auftreten (Thüring & Mahlke, 2007).

Auch für die User Experience ist die kontinuierliche Einbindung der Nutzenden in allen Phasen der Produktentwicklung und -gestaltung von hoher Relevanz, denn die Nutzenden dienen als zentrale und entscheidende Wissens- und Informationsquelle zu den Nutzungserfordernissen (Deutsches Institut für Normung e. V., 2018). Jede nutzende Person erlebt die Interaktion mit einem Produkt anders, wodurch eine hohe Dynamik und Individualität bei der User Experience gegeben ist (Roto et al., 2011). In den Entwicklungsprozessen sind dennoch die konkreten Anforderungen an das Produkt sowie die Erfordernisse der Nutzenden möglichst genau zu erfassen und bei der Produktentwicklung umzusetzen (zum Beispiel durch Konfigurationsoptionen und weitergehende Ansätze von Produktindividualisierung und -personalisierung).

3.1.3 Methodische Erhebung von Usability und User Experience

Für die Erhebung von Usability und User Experience existiert keine einheitliche Größe, vielmehr gibt es eine Vielzahl an Erhebungsmethoden mit unterschiedlichen Ausrichtungen und Herangehensweisen. Dies bedingt, dass Ergebnisse zu Usability und User Experience je nach angewandter Methode nur schwer vergleichbar sind (Gast, 2018). Die Wahl der Erhebungsmethode oder des Erhebungsinstruments hängt von verschiedenen Faktoren ab. Dazu zählen unter anderem der Nutzungskontext des Produktes, der Grund für die Erhebung sowie die zur Verfügung stehenden Ressourcen (Moser, 2012; Roto et al., 2011). Einen Überblick über gängige Methoden zur Erhebung von Usability und User Experience geben beispielsweise Roto et al. (2021), Petrie und Bevan (2009) oder Lim und Rogers (2008).

Roto et al. (2021) strukturieren verschiedene Methoden zur Erhebung von Usability und User Experience jeweils nach fünf Kriterien. Die Wahl einer Methodik ist demnach davon abhängig, in welcher *Entwicklungsphase* sich ein Produkt, eine Dienstleistung oder ein System befindet. Es ist zu unterscheiden zwischen Produkten in der Entwurf-Phase, frühen Prototypen, funktionsfähigen Prototypen sowie Produkten mit Marktreife (ebd.). Daneben variiert der *Erhebungszeitraum* der Nutzungserfahrung. So können die erwartete

User Experience und Usability vor der Nutzung erfasst werden, über Momentaufnahmen während der Nutzung oder über einen Rückblick nach einer Nutzungseinheit beziehungsweise über mehrere Nutzungen hinweg (Roto et al., 2011). Die Wahl der Methodik ist ferner auch vom *Setting* der Erhebung abhängig. So ist es möglich, Feldtestungen im tatsächlichen Nutzungssetting wie auch Laboruntersuchungen in einer Prüfumgebung durchzuführen (Roto et al., 2021; Deutsches Institut für Normung e. V., 2018). Außerdem können verschiedene *Datenquellen* herangezogen werden (Roto et al., 2021). Als Informationsquelle sind Daten und Aussagen von Expertinnen und Experten sowie Nutzenden möglich, aber auch Systemdaten eines Produktes. Bei Nutzenden ist es wiederum möglich, einzelne Nutzende heranzuziehen oder auch Gruppen. Ein Vorteil ist hierbei, dass ausschließlich tatsächliche Usability-Probleme genannt werden (Moser, 2012). Bei Expertentests geben Expertinnen und Experten Einschätzungen ab, wobei diese allerdings nur Hinweise auf potenzielle Usability-Probleme liefern können (Moser, 2012). Die Systemauswertung kann bei Online-Applikationen beispielsweise mithilfe von Tracking-Softwares erfolgen, die das Klickverhalten oder Mausbewegungen erfassen und auswerten, oder es werden Log-Files ausgewertet, die Rückschlüsse zum Nutzungsverhalten liefern. Schließlich ist es möglich, zwischen *qualitativen und quantitativen Methoden* zu wählen und je nach Forschungsdesign Befragungen, Beobachtungen oder Workshops einzusetzen (Roto et al., 2021; Pietschmann, 2015).

Zur Erhebung der User Experience und Usability eines Produktes wird methodisch häufig auf standardisierte Fragebögen zurückgegriffen. Die subjektiv empfundene Usability kann beispielsweise mit der *System Usability Scale (SUS)* erfasst werden (Brooke, 1996). Diese besteht aus einem Fragebogen mit zehn Items und einer fünfstufigen Likert-Skala von „stimme überhaupt nicht zu" bis „stimme voll und ganz zu". Der Fragebogen ermöglicht differenzierte Aussagen zur Bewertung der Gebrauchstauglichkeit eines getesteten Produktes. Der Score kann auch bei kleinen Gruppen verlässliche Ergebnisse liefern und effektiv zwischen gebrauchstauglichen und nicht gebrauchstauglichen Produkten unterscheiden. Bei der Auswertung ergibt sich eine Punktzahl zwischen 0 und 100, die Aufschluss über die Usability gibt. Für die Erfassung der subjektiven User Experience in mehreren Dimensionen wird oftmals auf den *User Experience Questionnaire (UEQ-S)* zurückgegriffen (Laugwitz et al., 2008). Dieser erfasst mit 26 Items die Faktoren Attraktivität, Durchschaubarkeit, Effizienz, Vorhersagbarkeit, Stimulation und Originalität eines Produktes. Mit dem *UEQ-S* liegt eine gekürzte und damit flexibler einsetzbare Version des Erhebungsinstruments vor. Für die Erhebung des nutzerzentrierten Erlebens interaktiver technischer Produkte wird oftmals der *meCUE-Fragebogen* eingesetzt (Thüring & Minge, 2014). Dieser basiert auf dem angeführten Komponentenmodell des Nutzungserlebens (CUE-Modell) nach Thüring und Mahlke und ermöglicht die modulare Evaluation zentraler Aspekte der User Experience.

Die Wahl geeigneter Methoden zur Erhebung der User Experience und Usability ist im Produktentwicklungsprozess von entscheidender Bedeutung. Das Entwicklungsteam muss fortlaufend für die verschiedenen Prozessschritte geeignete Methoden identifizieren und anwenden (Roto et al., 2011).

3.2   Anwendung von Technologien im Pflegebereich

Produkte, Systeme und Dienstleistungen zur Mensch-Technik-Interaktion nehmen insbesondere im Pflegebereich einen immer höheren Stellenwert ein und werden als eine Möglichkeit gesehen, um die zunehmende Diskrepanz zwischen Pflegebedarf und Fachkräfteangebot zu verringern. Bereits in der Entwicklung ist ein anwendungsorientiertes Vorgehen von hoher Relevanz. Dabei steht nicht nur der Diskurs im Fokus, wie Pflegekräfte durch technische Systeme unterstützt und entlastet werden können, sondern auch die Bedeutung neuer technischer Produkte für die Weiterentwicklung in Richtung aktivierender und rehabilitativer Pflege im Sinne der Ergänzung des menschlichen und pflegerischen Interaktionsgeschehens (Deutscher Ethikrat, 2020). „Seit den 1990er-Jahren haben sich die Technifizierungsschübe in der akutstationären und mit Verzögerung auch in der Langzeitpflege erheblich verstärkt" (Remmers, 2019, S. 413). Assistenzsysteme, wie Sturzdetektoren, Sensorsysteme zur Analyse von Bewegungsmustern im häuslichen Bereich, intelligente Matratzen oder automatische Beleuchtungssysteme zählen zu den innovativen Technologien, die heute bereits die Pflegearbeit unterstützen können. Softwarelösungen, die eigenständig Dokumentation und Pflegeplanung kombinieren, oder Serviceroboter, die Transportaufgaben übernehmen, sind weitere gegenwärtig anhaltende technische Entwicklungen für den Pflegekontext (Krings et al., 2012; BGW, 2017). Entsprechend gibt es bereits eine große Vielfalt an Produkten und Anwendungsmöglichkeiten in unterschiedlichen Entwicklungsstadien, die vielfältige Chancen für Pflegende und Pflegebedürftige bieten, sofern diese darauf ausgerichtet sind, den „Arbeitsalltag zu erleichtern, Belastungen zu verringern und eine hohe Qualität an Pflege zu sichern" (BGW, 2017, S. 5).

Die Politik fördert die Entwicklung entsprechender Techniken mit umfangreichen Programmen. Insbesondere das Bundesministerium für Bildung und Forschung (BMBF) und die Europäische Kommission bringen seit Jahren die Entwicklung durch vielfältige Förderungen im Bereich der Pflege und Digitalisierung voran. Seit 1998 wurden von der Europäischen Union mehr als 120 Projekte in Höhe von 400 Millionen Euro im Bereich der Forschung und Entwicklung finanziert (Jahn, 2013). Zwischen 2016 und 2020 wurden Projekte im Forschungsprogramm zur Mensch-Technik-Interaktion jährlich mit 70 Millionen Euro gefördert (BMBF, 2018). Ein aktuelles Beispiel ist die Initiative „Pflegeinnovation 2020", die das Ziel verfolgt, modellhafte Erprobungen rund um die Themen Digitalisierung und Mensch-Technik-Interaktion voranzutreiben (BGW, 2017). Im Rahmen des jüngsten Forschungsprogramms „Horizont 2020" werden insbesondere Projekte im Bereich Robotersysteme für Medizin und Pflege und deren Implementierung in die Versorgungsstrukturen gefördert (Deutsches Ärzteblatt, 2018; European Commission, 2015). Weitere Initiativen, wie das „Cluster Zukunft der Pflege" und „Robotische Systeme für die Pflege" des BMBF, zielen auf den Transfer neuer Assistenztechnologien in die Pflege mit Schwerpunkt auf die pflegerische Praxis ab (Lutze et al., 2019).

Daneben werden auch ethische und soziale Herausforderungen neuer Technologien in wissenschaftlichen Diskursen zunehmend thematisiert und entsprechend in Fachgremien sowie im Deutschen Ethikrat Maßstäbe erarbeitet. Dabei geht es insbesondere um Fragen einer möglichen Verletzung der Menschenwürde, den Erhalt der menschlichen Selbstbestimmung sowie die Zuschreibung von Verantwortung und rechtlichem Status (Stubbe et al., 2019; Deutscher Ethikrat, 2020). In diesem Zusammenhang wurden bereits etablierte Prinzipien der Medizinethik und Bewertungsinstrumente ausgearbeitet, wie beispielsweise das MEESTAR-Modell (Manzeschke et al., 2013).

Doch trotz dieser Bestrebungen vollzieht sich der Digitalisierungsprozess im Gesundheitswesen bislang noch in einem langsamen Tempo und ist im Branchenvergleich deutlich niedriger ausgeprägt. Dass sich ein nicht unerheblicher Teil der innovativen Produkte der Mensch-Technik-Interaktion auf dem Pflegemarkt nicht etabliert und nicht angenommen wird, liegt gegebenenfalls auch daran, dass ökonomische, technische und pflegepraktische Aspekte in Entwicklungsphasen bislang keine ausreichende Beachtung finden. Dabei fehlt es oftmals auch an geeigneten Möglichkeiten systematischer und praxisnaher Evaluation (Bauer et al., 2018).

Entsprechend gestaltet sich die Einführung neuer technischer Lösungen nach Abschluss von Projektförderphasen oft schwierig und mündet in mangelnder Kenntnis der potenziellen Nutzenden, Bedenken bezüglich der Kosten für Anschaffung und Nutzen sowie in Vorbehalten, insbesondere bei wenig technikaffinen Personen (Bauer et al., 2018). Wesentliche Hürden stellen die bislang zu seltene und zu wenig konkrete Einbindung von Nutzungsgruppen und somit zu geringe Ausrichtung an den tatsächlichen Problem- und Bedürfnislagen sowie die fehlende Multidisziplinarität in der Technikentwicklung dar. Ein erfolgreicher Einsatz neuer Technologien in der Pflege kann nur dann gelingen, wenn eine Einbettung in medizinische und pflegerische Versorgungsstrukturen stattfindet und ferner Bedarfe der Nutzenden konsequent berücksichtigt werden. Dabei mangelt es in der Praxis noch an notwendiger Kommunikation und Zusammenarbeit zwischen der Technikentwicklung, -verbreitung sowie den Technikkonsumierenden. Entsprechend stehen dem großen Marktpotenzial und der potenziell sehr großen Nachfrage bei Krankenhäusern, Alten- und Pflegeeinrichtungen Barrieren in der Pflegepraxis gegenüber (Becker et al., 2013; Künemund & Fachinger, 2018; Heinze, 2018).

Dabei kann eine Vielzahl von Faktoren Einfluss auf die Befürwortung und Nutzung potenzieller Zielgruppen haben. Becker et al. (2013) konstatieren Faktoren für die Anwendung von Technologien im Gesundheitswesen auf vier korrelierenden Ebenen und unterteilen diese in kulturelle, rechtliche und ethische, soziale und gesellschaftliche sowie individuelle und psychologische Aspekte. In ähnlicher Weise betonen Stubbe et al. (2019), dass neben technischer Funktionalität und äußerer Erscheinung in besonderem Maße auch die jeweiligen Anwendungskontexte und individuellen wie kulturellen Hintergründe der Gesellschaft zentrale Einflussfaktoren auf die Akzeptanz darstellen. Im Wesentlichen findet dabei eine Wechselwirkung zwischen Technik, Umwelt und Person statt, wobei Technik eher akzeptiert wird, wenn sie mit einem individuell erlebbaren Nutzen, zum Beispiel für die Gesundheit, einhergeht, wobei die Reaktion der Umwelt im Sinne von Stigmatisierung ebenso Einfluss nehmen kann wie Praktikabilität, Komplexität, Aussehen und Kosten (Stubbe et al., 2019).

Gerade die Erfassung und Bestimmung des Nutzungskontextes ist daher essenziell für die Ergonomie der Mensch-Technik-Interaktion sowie die Usability von Systemen und wird als Basis für die Technikentwicklung, insbesondere im sensiblen Bereich der Pflege, gesehen (Root et al., 2016). Die europäische Normenreihe EN ISO 9241 gilt auch für den Bereich der Medizin und Pflege als internationaler Standard zur Bewertung der Forderung nach Benutzerfreundlichkeit und legt die Kriterien für das Design ergonomischer Benutzerschnittstellen der Mensch-Technik-Interaktion fest. Anhand der Normenreihen ISO 9241-11 zur Gebrauchstauglichkeit und ISO 9241-110 zu Interaktionsprinzipien wird dabei der Maßstab für effiziente, effektive und zufriedenstellende Bedienung der Benutzerschnittstellen definiert (Kring, 2021). Die Normenreihe 9241-220 legt das Prozessmodell für die menschzentrierte Gestaltung interaktiver Systeme fest, wobei die erfolgreiche Evaluierung der Nutzungsanforderungen im Mittelpunkt steht (Deutsches Institut für Normung e. V., 2021). Auch bei der Entwicklung von Medizinprodukten wird die Anwendung des Usability-Engineering-Prozesses bereits per Norm (DIN 60601-1-6: 2007 und DIN EN 62366-1: 2010) vorgeschrieben. Dadurch sollen Gefährdungen durch Benutzungsfehler minimiert werden und die Gebrauchstauglichkeit sowie die Sicherheit und Wirksamkeit des jeweiligen Medizinprodukts gewährleistet werden. Dies macht es erforderlich, die Nutzenden von Beginn an mit in den Entwicklungsprozess einzubeziehen, Bedürfnisse zu identifizieren und Anforderungen abzuleiten und diese kontinuierlich bis zum Produktionsstart an repräsentativen Nutzenden zu überprüfen (Walke & Brau, 2011; seleon GmbH, 2018).

Neben Effektivität, Effizienz und Zufriedenheit ist die Vermeidung von Benutzungsfehlern das höchste Gebot von Usability:

> Mit dem richtigen Wissen über die Normen, Methoden und deren Anwendung kann dieses Risiko auf ein Minimum reduziert werden. Gerade in der frühen Phase der Vorentwicklung eines medizintechnischen (Neu-)Produkts liegt die Chance, kostenintensive Fehlentwicklungen mit sorgfältiger Planung zu vermeiden. (Walke & Jacobs, 2017, S. 5)

Dies impliziert unter anderem die Normenkonformität, das Risikomanagement, abgestimmte und dokumentierte Zusammenarbeit der Akteure sowie einen mehrstufige Nachweis über eine gute Gebrauchstauglichkeit und Benutzerfreundlichkeit (Walke & Jacobs, 2017; German UPA, 2021). Usability stellt somit, wie die gegenwärtige Studienlage bestätigt, einen großen Einflussfaktor im Hinblick auf die Steigerung der Gebrauchstauglichkeit dar und kann einen erheblichen Beitrag zur Effizienzsteigerung und zur Zufriedenheit des Pflegepersonals und Pflegebedürftiger leisten (Gräfe et al., 2017).

Werkzeug- und Methodenwissen zur Steigerung von Usability sowie Kenntnis über deren Vorteile fehlt gegenwärtig allerdings noch weitgehend. Der aktuelle Branchenreport „UX/Usability" der German UPA aus dem Jahr 2021 zeigt, dass die Verbreitung von UX/UI-Projekten im Bereich Medizin und Pflege mit 20 % noch deutlich hinter anderen Bereichen, wie Industrie und Logistik (33 %) und E-Commerce (30 %), liegt und im Vergleich zu den Vorjahren nicht gestiegen ist (Tretter et al., 2021). Das Schaffen von Bewusstsein und konkreten Handlungsempfehlungen zum Thema Usability in der Pflegebranche spielt derzeit noch eine untergeordnete Rolle. Insbesondere fehlt es an branchenspezifischen Methoden und Handlungsempfehlungen, sodass der Einsatz von Technik in der Pflegepraxis mit Unsicherheiten, Akzeptanzproblemen und negativen Einschätzungen hinsichtlich der Verfremdung des Pflege- und Beziehungsprozesses durch technische Hilfsmittel einhergeht. Gerade in kleinen und mittelständischen Unternehmen fehlen Strukturen für nutzerzentrierte Werkzeuge und Methoden und eine erfolgreiche Implementierung in bestehende organisatorische Prozesse. Der bisher geringfügige Einsatz von Usability-Methoden ist dabei in mangelnden Kapazitäten, eingeschränkten personellen Ressourcen und fehlendem Methodenwissen begründet (Gräfe et al., 2017; Root et al., 2016).

Entscheidungen zur Anschaffung digitaler Technologien werden primär auf Leitungsebene im Austausch mit den Technologieanbietern getroffen, eine transparente Beteiligung der Mitarbeitenden in diesem Prozess wird bislang vernachlässigt. Insbesondere Elemente der Bedarfsorientierung, Partizipation und strategischen Verankerung finden keine ausreichende Berücksichtigung. Was folgt sind skeptische Reaktionen auf die Sinnhaftigkeit der Anschaffung neuer Technologien und eine damit einhergehende geringe Nutzung (Kubek & Eierdanz, 2020).

Die internationalen Normen fordern zwar eine frühzeitige Verankerung von Ergonomie und Gebrauchstauglichkeit in der Entwicklung von Medizinprodukten, geben allerdings noch wenig konkrete und eher unspezifische Empfehlungen als Handlungsanweisungen. Büchel (2010) kommt in seiner Analyse zu dem Ergebnis, dass bislang keine zufriedenstellende Methode zur Bewertung der Gebrauchstauglichkeit medizinischer Produkte existiert. Als aussagekräftig und repräsentativ gilt, dem Autor zufolge, eine Gebrauchstauglichkeitsprüfung dann, wenn die tatsächlichen Nutzenden inkludiert und der Nutzungskontext ausreichend erfasst wird, wodurch Rückschlüsse auf die relevanten Gebrauchstauglichkeitsanforderungen ermittelt werden können. Als vielversprechend erweist sich dabei eine Kombination verschiedener Nutzungs- und Evaluationsmethoden (Büchel, 2010).

Im nachfolgenden Abschnitt wird basierend auf Praxiserfahrungen eine mögliche Herangehensweise aufgezeigt, um die in den internationalen Normen geforderten Verankerungen zu realisieren und der fehlenden Standardisierung entgegenzutreten.

3.3 Praxiserfahrungen zur Methodenanwendung

Nachdem die Bedeutung und Relevanz von Usability und User Experience dargestellt worden sind, wurde im vorherigen Abschnitt deren Anwendung bei Technologien im Pflegebereich aufgezeigt. Hierbei konnte festgestellt werden, dass eine stetige Entwicklung und zunehmende geplante Einführungen von Technologien im Pflegebereich stattfinden. Dies erfordert nicht nur auf Leitungs- und Entwicklungsebene, sondern auch bei Pflegenden neue Denkweisen und neue Herangehensweisen sowie ein Hinterfragen des persönlichen Berufsverständnisses zum Wohle des zu Pflegenden. Hierzu ist es erforderlich, dass bei den Beteiligten ein Verständnis von Usability und User Experience vorliegt.

Die Rahmenbedingungen in der Pflege unterscheiden sich in mehrfacher Hinsicht von denen in anderen Branchen, wie beispielsweise der Industrie. Bei der Anwendung von Methoden zur Erhebung von Usability und User Experience sind diese Besonderheiten zu berücksichtigen. Die nachfolgenden Praxiserfahrungen wurden aus verschiedenen Produkterprobungen innerhalb der beiden BMBF-geförderten Forschungsprojekte „Pflegepraxiszentrum Nürnberg (PPZ)" und „Personen-Transfer-Roboter-Assistent (PeTRA)" erarbeitet.

3.3.1 Zielgruppenspezifische und strukturelle Bedingungen

Zu Beginn eines Produktentwicklungsprozesses ist es erforderlich, einen Überblick über die Prozesse in der Pflegepraxis und die bereits eingesetzten Anwendungen in Pflegeeinrichtungen zu erhalten. Gerade im Pflegekontext müssen verschiedene Nutzungsgruppen und deren Perspektiven gleichzeitig berücksichtigt und mit in die Beurteilung einbezogen werden. Dazu zählen informell und professionell Pflegende, Pflegebedürftige sowie Angehörige. Je nach Entwicklungsstadium einer Pflegeinnovation beziehungsweise abhängig von der Fragestellung kann auch nur die Perspektive einer einzelnen Gruppe von Relevanz sein. Es ist zu bedenken, dass Pflegebedürftige als besonders vulnerable Gruppe von Nutzenden durch ihre teils beeinträchtigte Beurteilungs- und Sprachfähigkeit eingeschränkt oder gar nicht in der Lage sein können, Rückmeldungen zu geben. Des Weiteren benötigt eine technische Pflegeinnovation einen gewissen Reifegrad, sofern diese durch und bei vulnerablen Gruppen erprobt werden soll. Hier wird ein Einsatz erst ab einem Feldtest[2] empfohlen; es sei jedoch darauf hingewiesen, dass von Prototypen potenziell ausgehende Gefahren bedacht und minimiert werden müssen. Besonders im Pflegebereich entscheidet die Usability und User Experience über den Einsatz von Produkten in Stresssituationen, sodass der Sicherheitsaspekt als zentraler Faktor mitgedacht werden muss.

Bevor sich für eine zielgruppenspezifische Methode entschieden wird, müssen einige Fragestellungen als Arbeitsgrundlage geklärt sein. Es ist erforderlich, zu wissen, wer die tatsächlichen Anwendenden sind und welche Bedürfnisse sowie Anforderungen sie an die technische Innovation stellen. Es geht also nicht darum, bereits eine potenzielle Lösung zu finden, sondern die Nutzenden mit ihren Aufgaben, ihrer Motivation und ihrer Einstellung zu kennen. Wichtig ist auch eine Priorisierung der Probleme, sofern mehrere durch eine Technologie gelöst werden sollen. Um die entscheidenden Anforderungen ableiten zu können, muss der Nutzungskontext klar verstanden werden. Um alle „W"-Fragen[3] klären zu können, ist die aktive Einbindung der tatsächlichen Nutzenden zwingend erforderlich.

---

[2] Feldtest: Testung eines Produktes vor der Nullserie unter realen Bedingungen sowie mit den späteren Anwendungsgruppen.

[3] Wo, Wer, Wie, Was, Womit, Wofür, Wodurch, Weshalb?

3.3.2 Kombination von Erhebungsmethoden

Um die Usability und User Experience bei Pflegetechnologien zu erheben, wird die Kombination von verschiedenen Erhebungsmethoden als sinnvoll erachtet, da so die Aussagekraft gesteigert werden kann beziehungsweise Ergebnisse verifiziert werden können. Bei quantitativen Befragungen kann mit einem verhältnismäßig geringen Aufwand eine große Gruppe von Nutzenden befragt werden, gleichzeitig ist jedoch nur eine begrenzte Informationsbreite, beruhend auf den vorgegebenen Fragen, möglich. Wird zur Informations- und Datensammlung die qualitative Interviewmethode angewandt, so können Arbeits- und Nutzungsverhalten individueller abgebildet werden. Des Weiteren können bei Unklarheiten oder einem speziellen Anwendungsverhalten detaillierte Nachfragen gestellt werden, was bei einem Fragebogen nicht möglich ist. Neben Befragungen und Interviews können auch Beobachtungen Informationen zur Usability und User Experience liefern. Eine Beobachtung kann in unterschiedlichen Settings stattfinden, wie beispielsweise am Arbeitsplatz, in Testlaboren oder auf Fachmessen. Um die Datenqualität zu sichern, sollten Anwendende zu keiner Zeit das Gefühl einer Überwachung oder Kontrolle haben. Ebenso sollten die Anwendenden jeweilige persönliche Einschätzungen individuell widergeben können. Durch die Methode des Contextual Inquiry[4] können beispielsweise Beobachtungen und Befragungen kombiniert werden und implizit vorhandenes Wissen zugänglich gemacht werden (Richter & Flückiger, 2016). Eine weitere Methode, um die Usability bei Programm-/Plattformanwendungen zu erfassen oder mit den Befragungs- und Beobachtungsdaten abzugleichen, ist das Auswerten von System- beziehungsweise Log-File-Daten.

3.3.3 Reifegrad und Stakeholder

Je nachdem ob es sich um ein marktreifes Produkt oder um eine Produktentwicklung handelt, sind Ergebnisse unterschiedlich in ihrer Aussage zu bewerten. Praxiserfahrungen zeigen, dass der Begriff der Usability bei Produktentwicklungen oftmals ausschließlich in der Evaluationsphase verortet wird, obwohl er bereits in der Konzeptionsphase eine entscheidende Rolle spielt. Wichtig ist daher, dass Usability und User Experience von Beginn der Produktentwicklung an mitgedacht werden. Um ein gemeinsames Verständnis zu erreichen, bedarf es einer ausreichenden zeitlichen Planung bei der Aufklärung und Hinführung an das Thema. Einen nicht zu unterschätzenden Einfluss auf die Ergebnisqualität haben die Praxisrelevanz und alltagsrealistische Zielsetzungen. Auch müssen die notwendigen Ressourcen von allen Parteien bei der Zielumsetzung eingebracht werden können. Gerade während der Produktentwicklung ist es bedeutend, im Laufe der verschiedenen Prozessstufen alle betroffenen Ebenen mit einzubeziehen. Entsprechend müssen die Anforderungen aus Perspektive der Leitungsebenen, Technik, Entwicklenden, Nutznießenden sowie der Marktentwicklungen gesehen werden. Hierzu sind Datenerhebungen mehrmals durchzuführen und für jede Ebene unter-

---

[4] Kombinierte Erhebungen im Umfeld der Nutzenden.

schiedlich zu bewerten, um die Ergebnisse in Design Thinking,[5] Konzeption, Prototyping usw. einbinden zu können. Eine erfolgreiche Weiterentwicklung hängt entscheidend von der Qualität dieser erhobenen Ergebnisse ab. Bei der Lösungsfindung sollten verschiedene Alternativen überprüft und auf die festgestellten Anforderungen abgestimmt werden. Hier kann es erneut erforderlich sein, diesen Schritt mehrmals zu durchlaufen, sofern Wünsche der Anwendenden, bestimmte Funktionsanforderungen und eine konkret festgelegte Problemlösung zusammen berücksichtigt werden sollen. Hierfür ist zunächst jede Idee ohne Einschränkungen erlaubt und es sind alle Beteiligten anzuhören. Danach kann eine Fokussierung und Priorisierung erfolgen, um anhand dieser Daten einen Prototyp für das beabsichtigte Ziel zu erstellen. Dieser kann je nach Produkt und Zielstellung eine oder mehrere Zeichnungen, ein Papier- oder Modellbaukonstrukt oder ein interaktiver Prototyp sein. Es ist möglich, sich von jeder betroffenen Ebene eine aus ihrer Sicht beste Lösung erstellen zu lassen. Danach lassen sich die Ergebnisse aller Ebenen zu einem gemeinsamen Prototyp zusammenführen. Hier sollten bereits beabsichtigte Strukturen, Funktionalitäten, Design und auch erforderliche Inhalte berücksichtigt und mit abgebildet werden. Mit diesen gemeinsamen Prototypen können dann die für die Fragestellung erforderlichen Tests, wie Labor-Test, User-Experience-Test, Usability-Test, Praxistests, Nutzungsgruppentests usw., durchgeführt werden. Die Tests sollten anhand von einem oder auch mehreren festgelegten Szenarien und gemeinsam mit den tatsächlichen Anwenderinnen und Anwendern durchgeführt werden.

Sollen die Usability und User Experience für eine beabsichtigte Produkteinführung oder ein bereits marktreifes Produkt erhoben werden, stehen die entscheidenden Kriterien, wie Einsatzanforderungen, erforderlicher Inhalt, Design, Funktionsanforderungen, bereits im Vorfeld fest. Anhand dieser Kernkriterien wird dann ein geeignetes Produkt ausgewählt. Somit fallen zwar die Stufen der Prototypanfertigung und -anpassung weg, wie auch bei einer Produktentwicklung ist es aber dennoch essenziell, die Nutzenden und deren Bedarfe zu kennen. Daten können ebenfalls durch Befragung, Beobachtung, Log-Files, Workshops sowie den verschiedenen Tests (Praxistest, UX-Test, UI-Test etc.) erhoben werden. Auch hier gilt der Grundsatz des Einbeziehens aller betroffenen Ebenen sowie der tatsächlichen Anwendungsgruppen. Ergibt sich durch die Auswertung neben „Produkt geeignet/Produkt nicht geeignet" zusätzlich die Möglichkeit einer individuellen Produktanpassung, so ist eine Weiterentwicklungsphase möglich. Eine erfolgreiche Weiterentwicklung hängt entscheidend von der Qualität dieser erhobenen Ergebnisse ab. Durch die bereits gewonnenen Daten in der Vorerhebung bietet es sich an, auch eine Nacherhebung mit Datenvergleich durchzuführen.

3.3.4 Ethische, rechtliche, soziale Aspekte

Ob eine Technologie in die Pflegepraxis implementiert wird oder nicht, hängt von vielen Faktoren ab. Das Pflegepraxiszentrum Nürnberg (PPZ) verfolgt bei der Testung von Tech-

---

[5] Methode, Prozess, Ansatz zur Problemlösung oder Entwicklung neuer Ideen.

nologien auf Alltagstauglichkeit und Praktikabilität den ELSI+-Ansatz. In diesem konsequent partizipativ ausgerichteten Ansatz werden neue Technologien systematisch hinsichtlich ethischer, rechtlicher, sozialer und zusätzlich ökonomischer, pflegepraktischer sowie technischer Aspekte analysiert. Hierdurch soll eine adäquate und akzeptanzfördernde Technikentwicklung gewährleistet werden. Eine Förderung des ELSI+-Ansatzes könnte demnach auch die partizipative Forschung und Ausrichtung der Technologieentwicklung auf die Nutzungsgruppen vorantreiben. Entscheidende Faktoren wie Datenschutz, Haftung, Privatsphäre, Sicherheit und Kontrolle werden in Forschungsprojekten bislang nur wenig beleuchtet. Da insbesondere diese Aspekte mit Hemmnissen seitens der Nutzungsgruppen einhergehen, müssen diese in der Forschungspraxis vermehrt einbezogen werden.

Bei der Entwicklung neuer Technologien, insbesondere im Diskurs um den Einsatz in einem sensiblen Kontext wie der Pflege, muss die menschliche Beziehung stets im Mittelpunkt der Pflegearbeit bleiben. Dies gilt umso dringlicher, wenn es um die Frage nach einer erfolgreichen Einbindung der Nutzenden in entsprechende Forschungsprojekte geht. Des Weiteren erfordert dies die potenziellen Nutzungsgruppen als gleichberechtigte Forschungssubjekte zu verstehen und ihre Perspektiven und Expertisen innerhalb eines zirkulären und interaktiven Forschungsprozesses sowie eines gemeinsamen Lern- und Reflexionsprozesses zu berücksichtigen. Hierfür sind Übersetzungs- und Aushandlungsprozesse zwischen allen Beteiligten notwendig.

Zukünftig ist davon auszugehen, dass insbesondere die ambulante Pflege weiter an Bedeutung gewinnen wird und daher auch die Erhebung von Usability und User Experience mit den ELSI+-Kriterien bei Produkten in diesem Anwendungskontext zunehmend wichtiger wird. Die ambulante Pflege erfolgt nicht nur durch mobile Pflegedienste, sondern auch durch informell Pflegende, wodurch andere Voraussetzungen gegeben sind als in der vollstationären Pflege. Dies betrifft insbesondere den Ausbau der digitalen Gesundheitsanwendungen (DiGA) und digitalen Pflegeanwendungen (DiPA), welche von der breiten Bevölkerung genutzt werden können, und damit keine dauerhafte Anbindung an Fachkräfte und ein professionelles Setting gegeben ist, wie es beispielsweise in vollstationären oder klinischen Pflegeeinrichtungen der Fall ist. Daher ist die Sicherstellung einer hohen Usability und User Experience in diesen Kontexten besonders wichtig und es sind Methoden zu identifizieren, die insbesondere die speziellen Rahmenbedingungen der ambulanten Pflege adressieren.

3.4 Ausblick und Implikationen

Die Erhebung von Usability und User Experience in allen Phasen der Produktentwicklung und Produktimplementierung ist erfolgsentscheidend für den Einsatz von Technologien in der Pflege. Es zeigt sich, dass insbesondere eine tiefergehende Vernetzung und ein abgestimmtes Handeln zwischen Produktentwickelnden und Pflegepraxis erforderlich ist. Produktentwickelnde benötigen Rückmeldungen der Nutzenden sowie Praxiswissen aus dem konkreten Pflegesetting, um ein bedarfsgerechtes Produkt entwickeln zu können. Gleichzeitig profitieren Pflegeeinrichtungen von der Möglichkeit zur Einflussnahme auf die Entwicklung von Technologien. Die Wahl der Methoden zur Erhebung der Usability und User Experience muss an die dargestellten Besonderheiten und speziellen Rahmenbedingungen des Pflegesektors angepasst werden und fortlaufend zwischen Produktentwickelnden, Pflegepraxis und Wissenschaft abgestimmt werden sowie Erkenntnisse der jeweiligen Akteure zurückgespiegelt werden. Es ist zwingend erforderlich, den Prozess der fortlaufenden Erhebung der Usability und User Experience als Standard in Produktentwicklungen zu etablieren, um eine bedarfsgerechtere Entwicklung zu gewährleisten, und damit einen Grundstein zu legen, damit Pflegtechnologien in der Pflegepraxis nachhaltig in die Anwendung kommen.

Die Einführung von Technik in die Pflege ist komplex und kann nur adäquat in die Praxis überführt werden, wenn die Schnittstellen von Menschen in der Pflege, der Technikentwicklung und der Einbettung in die Organisationsstrukturen gemeinsam betrachtet werden. Vor allem die Pflegetätigen selbst müssen in diesen Prozess als relevante Stakeholder involviert werden, um ihre Rolle als Anwendungspartnerinnen und Anwendungspartner in Forschungsprojekten zu stärken und akzeptanzfähige und bedarfsorientierte Lösungen zu schaffen (Lutze, 2017). Usability- und User-Experience-Tests müssen auf Augenhöhe und mit Fokus auf die Anwenderinnen und Anwender stattfinden. Da deren Bedürfnisse und Charakteristika durchaus vielfältig sind, gilt es, diese in der Vorbereitungsphase durch die Projektverantwortlichen abzufragen und zu berücksichtigen. Wirksame Methoden zur Verbesserung der Usability und User Experience bilden schlussendlich nur partizipative Ansätze, an denen sowohl Betroffene als auch Entscheidungsträgerinnen und -träger aus Politik, Technik, Entwicklung und Wissenschaft beteiligt sind.

Literatur

Bauer, C., Bradl, P., & Loose, T. (2018). Entwicklung eines Organisationskonzepts zur praxisnahen Testung und Evaluation innovativer MTI-Lösungen in verschiedenen Pflegesettings. In S. Boll, A. Hein, W. Heuten, & K. Wolf-Ostermann (Hrsg.), *Zukunft der Pflege. Tagungsband der 1. Clusterkonferenz* (S. 51–56). BIS-Verlag.

Becker, H., Scheermesser, M., Früh, M., Treusch, Y., Auerbach, H., Hüppi, R. A., & Meier, F. (2013). *Robotik in Betreuung und Gesundheitsversorgung.* vdf Hochschulverlag.

Berufsgenossenschaft für Gesundheitsdienst und Wohlfahrtspflege (BGW). (2017). *Pflege 4.0 – Einsatz moderner Technologien aus der Sicht professionell Pflegender.* Forschungsbericht.

Brooke, J. (1996). SUS – A quick and dirty usability scale. In P. Jordan, B. Thomas, B. Weerdmeester, & A. McClelland (Hrsg.), *Usability evaluation in industry* (S. 189–194). Taylor and Francis.

Büchel, D. M. (2010). *Entwicklung einer allgemeingültigen Standardprozedur zur Überprüfung der Gebrauchstauglichkeit medizintechnischer Produkte.* Inaugural-Dissertation. Eberhard-Karls-Universität, Tübingen, Tübingen. Medizinische Fakultät.

Bundesministerium für Bildung und Forschung (BMBF). (2018). *Technik zum Menschen bringen. Forschungsprogramm zur Mensch-Technik-Interaktion.*

Deutscher Ethikrat. (2020). *Robotik für gute Pflege.* Stellungnahme.

Deutsches Ärzteblatt. (2018). EU-Kommission fördert Robotik im Gesundheitswesen. https://www. aerzteblatt.de/nachrichten/99966/EU-Kommission-foerdert-Robotik-im-Gesundheitswesen. Zugegriffen am 26.11.2021.

Deutsches Institut für Normung e.V. (2018). *Ergonomie der Mensch-System-Interaktion – Teil 11: Gebrauchstauglichkeit: Begriffe und Konzepte (ISO 9241-11:2018)*. Deutsche Fassung EN ISO 9241-11:2018. Berlin: Deutsche Norm.

Deutsches Institut für Normung e.V. (2019). *Ergonomie der Mensch-System-Interaktion – Teil 210: Menschzentrierte Gestaltung interaktiver Systeme (ISO 9241-210:2019)*. Deutsche Fassung EN ISO 9241-210:2019. Berlin: Deutsche Norm.

Deutsches Institut für Normung e. V. (2021). *Ergonomie der Mensch-System-Interaktion – Teil 220: Prozesse zur Ermöglichung, Durchführung und Bewertung menschzentrierter Gestaltung für interaktive Systeme in Hersteller- und Betreiberorganisationen (ISO 9241-220:2021)*. Deutsche Fassung EN ISO 9241-220:2021. Berlin: Deutsche Norm.

European Commission. (2015). Robotik im Aufschwung: 17 neue Projekte unter Horizont 2020. Belgien. https://cordis.europa.eu/article/id/116342-robotics-gets-celebrated-with-17-new-projects-under-h2020/de. Zugegriffen am 26.11.2021.

Gast, O. (2018). *User Experience im E-Commerce – Messung von Emotionen bei der Nutzung interaktiver Anwendungen*. Springer Gabler.

German UPA. (2021). Arbeitskreis Medizintechnik. https://www.germanupa.de/mitmachen/arbeitskreis-medizintechnik. Zugegriffen am 26.11.2021.

Gräfe, B., Rahner, S., Root, E., & Timmermanns, S. (2017). *UCARE – Entwicklung eines Usability-Kompetenzzentrums zur Unterstützung von klein- und mittelständischen Softwareherstellern in der Pflegebranche*. Abschlussbericht.

Heinze, R. G. (2018). Alter und Technik. In H. Künemund & U. Fachinger (Hrsg.), *Alter und Technik. Sozialwissenschaftliche Befunde und Perspektiven* (S. 15–32). Springer VS.

Jahn, E. (2013). *Akzeptanz von ‚Pflegerobotern'. Untersuchung eines Konzeptes für die Kranken- und Altenpflege in Deutschland*. Magisterarbeit zur Erlangung des akademischen Grades M. A. Friedrich-Schiller-Universität Jena, Jena. Fakultät für Sozial- und Verhaltenswissenschaften, Institut für Medienwissenschaften.

Kring, F. (2021). Die Grundsätze der Dialoggestaltung nach ISO 9241-110. https://www.weka-manager-ce.de/betriebsanleitung/grundsaetze-dialoggestaltung-iso-9241-110/. Zugegriffen am 26.11.2021.

Krings, B.-J., Böhle, K., Decker, M., Nierling, L., & Schneider, C. (2012). *ITA-Monitoring. Serviceroboter in Pflegearrangements*. Kurzstudie. Karlsruhe.

Kubek, V., & Eierdanz, F. (2020). Partizipative und bedarfsorientierte Strategien zur Digitalisierung in Pflegeeinrichtungen. In V. Kubek, S. Velten, F. Eierdanz, & A. Blaudszun-Lahm (Hrsg.), *Digitalisierung in der Pflege* (S. 21–30). Springer.

Künemund, H., & Fachinger, U. (2018). Einleitung. In H. Künemund & U. Fachinger (Hrsg.), *Alter und Technik. Sozialwissenschaftliche Befunde und Perspektiven* (S. 9–14). Springer VS.

Laugwitz, B., Held, T., & Schrepp, M. (2008). Construction and evaluation of a user experience questionnaire. In A. Holzinger (Hrsg.), *HCI and usability for education and work* (S. 63–76). Springer.

Lim, Y.-K., & Rogers, Y. (2008). A framework and an environment for collaborative analysis of user experience. *International Journal of Human-Computer Interaction, 24*(Nr. 6), 529–555.

Lutze, M. (2017). Digitalisierung: Wo steht die Pflege? *Heilberufe, 69*(Nr. 7), 45–47.

Lutze, M., Glock, G., Stubbe, J., & Paulicke, D. (2019). Digitalisierung und Pflegebedürftigkeit – Nutzen und Potenziale von Assistenztechnologien. In GKV-Spitzenverband (Hrsg.), *Modellprogramm zur Weiterentwicklung der Pflegeversicherung* (Bd. 15). CW Haarfeld GmbH.

Manzeschke, A., Weber, K., Rother, E., & Fangerau, H. (2013). *Ethische Fragen im Bereich Alters-gerechter Assistenzsysteme. Ergebnisse der Studie.* VDI/VDE.

Moser, C. (2012). *User Experience Design – Mit erlebniszentrierter Softwareentwicklung zu Produkten, die begeistern.* Springer Vieweg.

Petrie, H., & Bevan, N. (2009). The evaluation of accessibility, usability and user experience. In C. Stephanidis (Hrsg.), *The universal access handbook.* CRC Press.

Pietschmann, D. (2015). *Spatial Mapping in virtuellen Umgebungen – Relevanz räumlicher Informationen für die User Experience und Aufgabenleistung.* Springer Fachmedien.

Remmers, H. (2019). Pflege und Technik. Stand der Diskussion und zentrale ethische Fragen. *Ethik in der Medizin, 31,* 407–430.

Richter, M., & Flückiger, M. (2016). *Usability und UX kompakt – Produkte für Menschen* (4. Aufl.). Springer Vieweg.

Root, E., Timmermanns, S., Gräfe, B., Heuten, W., & Boll-Westermann, S. (2016). *UCARE-Cards: Schaffung von Usability-Bewusstsein für die Entwicklung von Software in der Pflege.* Mittelstand-Digital Wissenschaft trifft Praxis, Nr. 6, S. 44–49.

Roto, V., Law, E., Vermeeren, A., & Hoonhout, J. (2011). *User experience white paper – Bringing clarity to the concept of user experience.* http://www.allaboutux.org/files/UX-WhitePaper.pdf. Zugegriffen am 26.11.2021.

Roto, V., Lee, M., Pihkala, K., Castro, B., Vermeeren, A., Law, E., Väänänen-Vainio-Mattila, K., Hoonhout, J., & Obrist, M. (2021). *All about UX – Information for user experience professionals.* https://www.allaboutux.org. Zugegriffen am 26.11.2021.

seleon GmbH. (2018). Usability Engineering & die IEC 62366-1 für Medizinprodukte. https://www.regulatory-affairs.org/qualitaetsmanagement/artikelseite-qualitaetsmanagement/usability-engineering-die-iec-62366-1-fuer-medizinprodukte/. Zugegriffen am 26.11.2021.

Stubbe, J., Mock, J., & Wischmann, S. (2019). *Akzeptanz von Servicerobotern: Tools und Strategien für den erfolgreichen betrieblichen Einsatz.* Kurzstudie im Auftrag des Bundesministeriums für Wirtschaft und Energie (BMWi) im Rahmen der Begleitforschung zum Technologieprogramm PAiCE. Berlin.

Thüring, M., & Mahlke, S. (2007). Usability, aesthetics and emotions in human–technology interaction. *International Journal of Psychology, 42*(Nr. 4), 253–264.

Thüring, M., & Minge, M. (2014). *Nutzererleben messen – geht das überhaupt?* Mittelstand-Digital – Wissenschaft trifft Praxis, Nr. 1, S. 45–53.

Tretter, S., Ullrich, D., Diefenbach, S., & Gerber, N. (2021). Branchenreport UX/Usability 2021. In E. Ludewig & T. Jackstädt (Hrsg.), *Mensch und Computer 2021 – Usability Professionals.* Gesellschaft für Informatik e.V. und German UPA e.V.

Walke, T., & Brau, H. (2011). Das Usability Engineering File in der Medizintechnik – Ein Stapel Papier als Business Case. In H. Brau, A. Lehmann, K. Petrovic, & M. C. Schroeder (Hrsg.), *Tagungsband UP11* (S. 222–227). German UPA e.V.

Walke, T., & Jacobs, O. (2017). Usability in der Medizintechnik. German UPA. https://www.germanupa.de/mitmachen/arbeitskreis-medizintechnik. Zugegriffen am 26.11.2021.

Natalie Öhl Natalie Öhl, M. A., war als wissenschaftliche Mitarbeiterin am Forschungsinstitut IREM der Technischen Hochschule Würzburg-Schweinfurt tätig. Schwerpunkt ihrer Tätigkeit war die Erforschung ökonomischer, rechtlicher und ethischer Implikationen von Pflegetechnologien.

Jenny Fischer   Jenny Fischer, M. Sc., war als wissenschaftliche Mitarbeiterin am Forschungsinstitut IREM der Technischen Hochschule Würzburg-Schweinfurt tätig. Schwerpunkt ihrer Tätigkeit war die Forschung im Bereich Anforderungen an Robotik in der Pflege.

Robert Konrad   Robert Konrad, MPH, ist als wissenschaftlicher Mitarbeiter am Forschungsinstitut IREM der Technischen Hochschule Würzburg-Schweinfurt tätig. Im Rahmen seiner Tätigkeit beschäftigt er sich vertieft mit der Schnittstelle von Public Health und Rettungswesen.

Christian Bauer   Prof. Dr. Christian Bauer ist als stellvertretender Leiter des Forschungsinstituts IREM der Technischen Hochschule Würzburg-Schweinfurt tätig. Schwerpunkte in Forschung und Lehre umfassen Fragestellungen der Mensch-Technik-Interaktion sowie der organisatorischen Implikationen digitaler Innovationen.

Potenziale entlastender Assistenzrobotik in der Pflege

4

Christian Kowalski, Pascal Gliesche, Celia Nieto Agraz
und Andreas Hein

Zusammenfassung

Während Roboter in der Industrie nicht mehr wegzudenken sind und Aufgaben übernehmen, welche äußerst kräftezehrend, repetitiv oder zu gefährlich für die Durchführung von Menschen sind, ist diese robotische Assistenz in anderen Branchen noch nicht verbreitet. Die Komplexität und Unberechenbarkeit durch äußere Faktoren in anderen Sektoren erschwert die Bedingungen für den sicheren und effektiven Einsatz robotischer Systeme. Eine dieser Domänen ist die Pflege. Der vorherrschende Fachkräftemangel trägt zur Überbelastung des noch vorhandenen Personals bei, wodurch es im Schnitt schneller zu Muskel-Skelett-Erkrankungen kommt. Diese können zu einem verfrühten Ausstieg aus dem Beruf führen. An dieser Stelle können robotische Assistenzsysteme dazu beitragen, dem Überlastungsproblem entgegenzuwirken. In diesem Kapitel möchten wir einen Überblick darüber geben, in welchen Bereichen der Pflege die Assistenzrobotik schon heute aus Sicht der Forschung eingesetzt wird und wie Entlastung realisiert wird.

C. Kowalski (✉) · A. Hein
Carl von Ossietzky Universität Oldenburg, Oldenburg, Deutschland
E-Mail: christian.kowalski@uol.de; andreas.hein@uol.de

P. Gliesche · C. N. Agraz
OFFIS – Institut für Informatik, Oldenburg, Deutschland
E-Mail: pascal.gliesche@offis.de; celia.nietoagraz@offis.de

© Der/die Autor(en), exklusiv lizenziert an Springer Fachmedien Wiesbaden
GmbH, ein Teil von Springer Nature 2023
T. Krick et al. (Hrsg.), *Pflegeinnovationen in der Praxis*,
https://doi.org/10.1007/978-3-658-39302-1_4

4.1   Einleitung

Die Pflegebranche steht einer Problematik entgegen, die bereits 1992 beschrieben worden ist und als Pflegenotstand bekannt wurde (Sahmel, 2018). Prognosen zufolge stehen einer steigenden Anzahl pflegebedürftiger Menschen immer weniger informell und professionell Pflegende gegenüber. Die Pflegeprävalenz in Deutschland steigt von Jahr zu Jahr. In Prognosen wird die Anzahl der Pflegebedürftigen im Jahr 2030 auf 947.700 steigen und lag im Jahr 2015 bei 783.400, was zu einer Differenz von 21 % innerhalb dieser 15 Jahre führt (Blum et al., 2018). Die Anzahl an Vollzeitstellen betrug 2020 circa 590.000, im Jahr 2030 wird der Bedarf auf fast 720.000 Fachpersonen in der Langzeitpflege steigen, bis 2050 sogar auf 966.000 (Jacobs et al., 2020). Die bereits heute bestehenden Lücken in der Versorgung werden zukünftig demnach noch dramatischer, sofern der Trend bestehen bleibt. Außerdem hat nicht zuletzt die COVID-19-Pandemie gezeigt, dass unvorhersehbare Einflüsse zusätzlichen Druck auf das Gesundheitssystem ausüben können und rasche Anpassungen erforderlich machen.

Die Gründe für die physische und psychische Überbelastung in der Pflege, insbesondere in der Langzeitpflege, lassen sich unter anderem in den vorherrschenden Arbeitsbedingungen wiederfinden. Aus einer Erwerbstätigenbefragung ging hervor, dass bei den empfundenen Belastungen gerade häufiges Arbeiten im Stehen, häufiges Heben und Tragen von schweren Lasten sowie häufiges Arbeiten in gebückter, hockender, kniender oder liegender Stellung oft genannt wurden und insgesamt eine Unzufriedenheit mit den körperlichen Arbeitsbedingungen besteht (Rothgang & Müller, 2020). Auch auf emotionaler Ebene findet sich in dieser Berufsgruppe eine stark empfundene Belastung vor, meist durch häufigen Termin- und Leistungsdruck, sehr schnelles Arbeiten, Zeitvorgaben und das gleichzeitige Durchführen verschiedenartiger Arbeiten. Zusätzlich kann sich auch die Schichtarbeit negativ auf das Wohlbefinden auswirken.

Die Gesamtheit der Einflüsse wirkt sich selbstverständlich auch auf den Körper aus und führt früher oder später zu körperlichen Beschwerden. Die dabei meistgenannten Probleme sind Schmerzen im unteren Rücken, Nacken- und Schulterbereich, Beinen und Füßen und allgemeine Müdigkeit beziehungsweise Mattigkeit oder Erschöpfung (Rothgang & Müller, 2020). Diese Beschwerden führen schlussendlich zu einer erhöhten Anzahl an Arbeitsunfähigkeitstagen im Jahr, was wiederum im Umkehrschluss einen negativen Effekt auf das bereits überlastete Personal ausübt. Im schlimmsten Fall bleibt es nicht bei einer temporären Arbeitsunfähigkeit, sondern der gänzliche Ausstieg aus dem Beruf ist die Folge von beispielsweise bestehenden Schäden des Muskel-Skelett-Systems. Somit ist es nicht ungewöhnlich, dass in der Pflegebranche im Trend ein verstärkter Einstieg in die Frührente, in der Altenpflege beispielsweise 27 % mehr als bei anderen Berufstätigen (Rothgang et al., 2010), zu beobachten ist, was den Pflegenotstand weiter verstärkt.

Ein Ansatz zur Lösung dieses Problems könnte durch die Verbesserung der Arbeitsbedingungen realisiert werden, um eine Entlastung des bestehenden Pflegepersonals zu erlangen. Während ein allgemeiner Personalzuwachs erstrebenswert ist und durch politische

Entscheidungen gefördert werden kann, bergen auch technologische Assistenzsysteme das Potenzial, die bestehenden Pflegeakteure bei ihrer alltäglichen Arbeit zu unterstützen. In einer Online-Umfrage wurde ermittelt, in welchen Bereichen sich Pflegefachpersonen technische Unterstützung vorstellen können (Gliesche et al., 2020a, b). In der Studie wurden 1335 Pflegefachpersonen befragt. Zum perspektivischen Einsatz von Robotik wurden dabei konkrete Szenarien von den Befragten genannt, in denen sie sich robotische Unterstützung vorstellen können. Gefolgt von robotischer Assistenz bei Spielen, Unterhaltung und Motivation zur Bewegung, die bereits in der Praxis angekommen ist, wurde der Bereich Unterstützung bei der Mobilisation und dem Bringen und Anreichen von Materialien am häufigsten genannt. Eine Gesamtübersicht über die Bereiche ist in Abb. 4.1 dargestellt. In vertiefenden Fokusgruppen bestätigten sich die Ergebnisse der Befragung. Zudem wurde dort betont, dass eine körperlich entlastende Robotik besonders erstrebenswert ist. Insgesamt sollen durch die Assistenzrobotik je nach System eine körperliche und/oder sogar eine emotionale Entlastung stattfinden, um die bestehende Lücke zwischen Pflegebedarf und Pflegeangebot durch robotische Assistenzsysteme zu schließen. In der vorliegenden Arbeit beschränken wir uns auf Systeme, welche in erster Linie für die körperliche Entlastung konzipiert wurden.

Neben den noch zu klärenden Fragen hinsichtlich der Funktionalitäten der Assistenzsysteme spielen auch ethische Fragestellungen in diesem Kontext eine äußerst wichtige Rolle (Ethikrat, 2020). Diese Systeme sollen in der Nähe von beziehungsweise im Kontakt mit vulnerablen Personen eingesetzt werden. Für eine sichere Arbeitsweise der Roboter zusammen mit dem Menschen ist die Erfassung der Umgebung durch verschiedenste Sen-

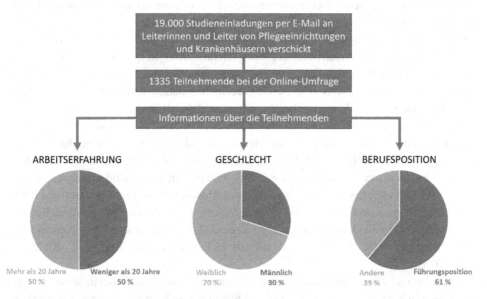

Abb. 4.1 Übersicht der durchgeführten Online-Umfrage zur technischen Unterstützung bei Pflegefachpersonen

sormesswerte notwendig. Unterschiedliche Assistenzsysteme eignen sich unterschiedlich gut für die verschiedenen Pflegesettings und -konstellationen (Nieto Agraz et al., 2022). Gerade bei der ambulanten Pflege und auch der stationären Langzeitpflege handelt es sich um Wohnumgebungen. Hier bringt die Einführung von Robotern das Risiko mit sich, dass es sich um einen tiefen Eingriff in die Privatsphäre handelt. Aufgrund der Sensoren und Kameras ist es möglich, Informationen über den Benutzer und seine Umgebung zu sammeln, was die Gefahr des Diebstahls persönlicher Daten, wie zum Beispiel medizinischer Daten, Bankdaten und so weiter, mit sich bringt (Rueben et al., 2017).

In diesem Kapitel wird zunächst in einem ersten Fallbeispiel auf die Telemanipulation von Assistenzrobotern – also der Steuerung aus der Ferne – zur Unterstützung von zu Pflegenden und Pflegefachpersonen vor Ort eingegangen. Danach wird der aktuelle Forschungsstand bezüglich des Umgangs mit der Privatsphäre in der Telemanipulation vorgestellt. In einem zweiten Fallbeispiel wird beleuchtet, welche Möglichkeiten interaktive Roboter bei der körperlichen Entlastung in der Pflege bieten können, zusammen mit einer Einschätzung darüber, welche Schritte noch getan werden müssen.

4.2   Fallbeispiel 1: Pflegerische Unterstützung durch robotische Telemanipulation

Die Telemanipulation ist ein Gebiet, welches schon lange erforscht wird (Chopra et al., 2008). In der Regel wird die Telemanipulation – im Gegensatz zu einer lokal gesteuerten Manipulation (automatisch oder in Interaktion mit Menschen) – eingesetzt, um in Regionen zu arbeiten, zu denen Personen keinen Zugang haben oder deren Zugang zu gefährlich ist und gleichzeitig die Komplexität der Manipulation beziehungsweise die Sicherheitsanforderung an die Manipulation hoch ist. Beispiele hierfür sind radioaktive (Di Castro et al., 2018) oder extraterrestrische Regionen (Deml, 2004). In der Medizin wird sie eingesetzt, um minimalinvasive Operationen präzise durchzuführen, wie zum Beispiel mit dem Da-Vinci-Roboter (Kim et al., 2002). Telemanipulation wird mittlerweile auch in menschennahen Anwendungen erforscht, wie zum Beispiel in der Pflege, mit dem Ziel, Pflegebedürftige zu unterstützen (Vogel et al., 2018) oder die Pflegenden zu entlasten (Boll et al., 2018). Insbesondere im Bereich der Anwendung eines Telemanipulators in der Telepflege gab es bis 2019 noch keine Untersuchungen (Krick et al., 2019). Damalige Telecare-Systeme umfassten meist Monitoring- und persönliche Interaktionssysteme (Telefon- oder Videokonferenz). Die Interaktion des Manipulators (gesteuert durch den Telepflegenden) kann sowohl mit der pflegebedürftigen Person als auch mit der/dem Betreuer/-in vor Ort oder beiden stattfinden (vgl. Dreieckskonstellation von Nieto Agraz et al., 2022). Eine physische Interaktion fand bis dato nicht statt (van den Berg et al., 2012; Becker, 2013).

Pflegefachpersonen sehen zunehmend die Vorteile neuer Technologien in der Pflege, befürchten jedoch, dass der soziale Teil der Pflege dadurch zu kurz kommt (Sparrow & Sparrow, 2020). Der Einsatz von Robotern als Assistenz in der Pflege wird selbst vom

Deutschen Ethikrat als vielversprechende Möglichkeit gesehen, allerdings nur dann, wenn diese nicht vollständig eigenständig handeln (Ethikrat, 2020). Daher wird hier als Ansatz semi-autonome Robotik betrachtet, um Robotik für die Pflege akzeptabel zu gestalten. Das heißt konkret, dass der Roboter nie allein bei der pflegebedürftigen Person ist, sondern immer kollaborativ mit einem Pflegenden zusammenarbeitet, und dass der Roboter dabei nicht selbstständig entscheidet, sondern von einer Pflegefachperson ferngesteuert wird. Telemanipulation ist besonders geeignet für die ambulante Pflege und für Arbeiten, bei denen eine zweite Pflegefachperson hilfreich ist. Normalerweise kann in diesem Bereich keine Unterstützung hinzugerufen werden, da die Anfahrt von zusätzlichem Personal zu viel Zeit beansprucht und andere Pflegefachpersonen selbst ihren eng getakteten Tourenplan einhalten müssen (Neumeier, 2015). Eine Möglichkeit könnte hier ein Telemanipulationssystem für die ambulante Pflege sein. Dieses muss neben klassischen Aufgaben von Telemanipulationssystemen, wie dem Manipulieren von Objekten, bei der Mobilisation der zu pflegenden Person behilflich sein. Deswegen wird der Manipulator (Roboterarm) neben dem Pflegebett positioniert. Ferngesteuert wird der Roboter aus einer zukünftigen „Pflegedienstzentrale" durch Pflegefachpersonen, welche selbst, zum Beispiel durch körperliche Einschränkungen, nicht mehr am Pflegebett arbeiten können.

Das Anwendungsszenario

Ein mögliches Anwendungsszenario könnte das Folgende sein: Eine Person wird von einer/einem Angehörigen gepflegt und bekommt dabei einmal am Tag Unterstützung von einem ambulanten Pflegedienst. Nun entdeckt die/der Angehörige eine Hautveränderung. Sie oder er ist sich unsicher, wie diese Stelle versorgt werden soll und ruft bei dem Pflegedienst an. Dieser kann sich nun mit einer Kamera, die am Roboterarm montiert ist, selbst ein Bild von der Situation machen und ist nicht auf womöglich ungeeignete Bilder, die die/der Angehörige gemacht hat, oder nur auf Beschreibungen angewiesen. Entscheidet die Telepflegeperson nun, dass eine Versorgung durch den Angehörigen möglich ist, kann diese nun kollaborativ erfolgen. Die räumlich entfernte Expertenperson kann die fachfremde Person anleiten und durch das Anreichen von Pflegehilfsmitteln zum richtigen Zeitpunkt unterstützen. Der Pflegedienst kann somit außerplanmäßige Fahrten zu pflegebedürftigen Personen reduzieren.

Bei alleinlebenden Pflegebedürftigen kann ein solches System den Alltag erleichtern. Beispielhaft ist dieses Szenario: Einer bettlägerigen Person fällt die Fernbedienung unerreichbar aus dem Bett. Normalerweise müsste diese nun auf den Pflegedienst am Abend warten, nun kann sie aber über das robotische System Hilfe anfordern und durch die Telerobotik kann sofort eine Unterstützung unterbreitet werden.

Die Forschung in diesem Bereich erfolgt integrativ, das heißt in enger Zusammenarbeit mit Pflegewissenschaftlerinnen und Pflegewissenschaftlern, Pflegefachpersonen sowie Ethikerinnen und Ethikern. Dadurch soll erreicht werden, dass der pflegerische Alltag, soziale und ethische Aspekte ausreichend reflektiert und somit praxistaugliche Anwendungen entwickelt werden.

Abb. 4.2 Telekollaborative Versorgung einer pflegebedürftigen Person: (**A**) Eine Telepflegefachperson unterstützt aus einer zukünftigen Pflegedienstzentrale einen Pflegenden vor Ort (**B**) durch das Anreichen von Pflegehilfsmitteln

Das System

Im Folgenden wird ein Telemanipulationssystem vorgestellt, welches kollaborative Telepflege ermöglicht. So kann die Versorgung einer pflegebedürftigen Person von der pflegenden Person vor Ort in Zusammenarbeit mit einer entfernten Fachperson durchgeführt werden. Die Unterstützung soll insbesondere durch das Anreichen von Materialien und das Halten der pflegebedürftigen Person zur körperlichen Entlastung der Ortskraft erreicht werden, wie beispielhaft in Abb. 4.2 dargestellt.

Ein solches System bringt einige Herausforderungen mit: So muss dieses zum Beispiel durch technisch ungeschulte Pflegefachpersonen steuerbar sein. Das heißt, es gibt hier hohe Anforderungen an ein gutes Mensch-Roboter-Interaktionsdesign. Die klassische Möglichkeit der Steuerung eines Manipulators mit Joysticks oder Maus und Tastatur wurde in einer Labor-Studie untersucht. Diese betrachtete, welche Form von Eingabegeräten und -konzepten für Pflegefachpersonen geeignet sind, um kleine Assistenzaufgaben, wie das Anreichen von Objekten, zu übernehmen. In der zweistufigen Studie sollten die Testpersonen zwei Aufgaben mit verschiedenen Eingabegeräten durchführen. Die eine Aufgabe war das Anreichen einer Fernbedienung von einem Tisch in das Bett, die andere Aufgabe war das Einstellen einer bestimmten Kameraposition. Abgeleitet wurden die beiden Aufgaben vom oben beschriebenen Anwendungsszenario. In der ersten Stufe wurden dabei von vier Eingabegeräten die zwei vielversprechendsten ausgewählt: Ein haptischer Joystick sowie die Kombination aus Maus und Tastatur. In der zweiten Stufe wurden diese beiden Eingabemodalitäten von 25 Pflegefachpersonen evaluiert. Dabei zeigte sich, dass technisch ungeschulte Pflegefachpersonen nach nur neun Minuten einen robotischen Telemanipulator sicher steuern können und mit diesem kleine Aufgaben innerhalb einer Minute verrichten können. Eine Abhängigkeit vom Alter konnte dabei nicht festgestellt werden. Schwierigkeiten in der Steuerung zeigten sich insbesondere bei Aufgaben, die Bewegungen des Greifers des Roboters durch den Raum und Drehbewegungen erforderten. Eine Trennung dieser beiden Bewegungsarten, so wie es mit dem haptischen Joystick realisiert wurde, zeigte sich als vorteilhaft. Die anschließende Befragung bestätigte, dass der Zugang zu beziehungsweise die Nutzung von einem solchen System gewollt ist und dass dieses als hilfreich und vorteilhaft von den Pflegefachpersonen empfunden wird. Die schnellen Ausführungszeiten gaben auch Hinweise auf ein wirtschaftliches Potenzial dieser Technologie (Gliesche et al., 2020a, b).

Schutz der Privatsphäre

Bei herkömmlichen Telepräsenzsystemen, zum Beispiel Videokonferenzen, ist die Beobachtung passiv, das heißt die/der Nutzer/-in kann nur sehen, was vor der Kamera gezeigt wird. Bei Fernpräsenzsystemen hingegen hat die/der Nutzer/-in die Möglichkeit, die Kamera zu bewegen (aktive Beobachtung), was bedeutet, dass sie/er Zugang zu auswählbaren Perspektiven erhält, wie es beispielsweise bei der robotischen Assistenz mit Telemanipulation der Fall ist. Das kann dazu führen, dass Informationen gezeigt werden, die eigentlich privat bleiben sollen und durch die Kamera nicht angezeigt werden sollten, sodass die Privatsphäre geschützt bleibt (Hubers et al., 2015).

Privatsphäre kann auf unterschiedliche Weise definiert werden: Nach Altmans Theorie kann Privatsphäre als ein Regulierungsprozess verstanden werden, der das Ausmaß der Interaktion mit anderen Individuen durch bestimmte Mechanismen regelt (Altman, 1975). Moore definiert sie als die Kontrolle der nutzenden Person über den Zugriff anderer Personen auf ihre privaten Informationen (Moore, 2003). Für Austin ist sie definiert als Freiheit von „öffentlichen Blicken" (Austin, 2003). Bei der Untersuchung des Schutzes der Privatsphäre im Bereich der Telerobotik gibt es verschiedene Bedenken, die in drei Kategorien unterteilt werden können (Butler et al., 2015):

- Ort: Die verschiedenen Orte im Haus können unterschiedlich stark von der Privatsphäre betroffen sein, zum Beispiel kann das Schlafzimmer als ein privaterer Bereich angesehen werden als die Küche.
- Objekte: Verschiedene Objekte können ein höheres Risiko für die Privatsphäre darstellen als andere, zum Beispiel könnte ein Foto des Haustürschlüssels verwendet werden, um diesen zu kopieren.
- Informationen: Viele Informationen können durch Orte oder Objekte offengelegt werden, wie persönliche Gewohnheiten, medizinische oder finanzielle Aufzeichnungen oder Informationen.

Eine untersuchte und bewährte Methode zur Lösung des Datenschutzproblems bei der Telemanipulation ist die Modifizierung des übermittelten Videosignals, den die/der entfernte Benutzer/-in empfängt (Klow et al., 2019). Durch die Modifizierung kann die/der Benutzer/-in genügend Informationen erhalten, um den Roboter aus der Ferne zu bedienen, aber nicht genug, um Objekte zu replizieren oder sensible Informationen zu sammeln. In Hubers et al. (2015) werden verschiedene Möglichkeiten zur Modifizierung des Videostroms getestet und erläutert, wobei die Autorinnen und Autoren fünf verschiedene Bedingungen für die Videomanipulation anwenden:

- Kontrolle: Es wird keine Manipulation vorgenommen;
- Unschärfe: Anwendung eines Unschärfefilters auf das Objekt und den Bereich, der verborgen werden soll;
- Abstraktion: Ersetzen eines Bereichs oder Objekts durch Abstraktion, ähnlich wie Unschärfe, aber die starken Kanten bleiben erhalten und es ist möglich, die Farbpalette einzuschränken, um einen cartoonartigen Effekt zu erzielen;
- Zensieren: Ersetzen des Objekts oder Bereichs durch schwarze Pixel; und
- Ersetzen: Verändern des Bereichs oder der Objektpixel durch die vom Boden.

In dieser Studie wurde gezeigt, dass eine solche Änderung des Videos den Schutz der Sicherheit verbessert, ohne die Ausführung der Aufgabe zu beeinträchtigen. Die meisten Arbeiten sind theoretisch und versuchen, die Bedenken zu analysieren und zu identifizieren, die bei der Einführung eines Roboters in einer Pflegeumgebung auftreten. Nach der Analyse der Literatur (Rueben et al., 2017) war es möglich, Anforderungen zu identifizieren, die erfüllt werden sollten, um die Privatsphäre zu wahren, wie zum Beispiel:

- Text sollte nicht lesbar sein, damit private Informationen wie persönliche Daten, Bankkonten oder persönliche Gedanken nicht zugänglich sind.
- Geld sollte nicht sichtbar sein, um die finanzielle Situation der nutzenden Person nicht zu zeigen.
- Etiketten sollten nicht lesbar sein: Dazu gehören auch Logos, um zu verhindern, dass die Art der elektronischen Geräte oder Elemente des Hauses gezeigt werden, die teurer sein könnten und daher einen Diebstahl wert sind.
- Fotos sollten nicht identifizierbar sein, um zu vermeiden, dass die Identität der Person und ihrer Familienmitglieder preisgegeben wird. Dies gilt auch für Gemälde, die ebenfalls gestohlen werden könnten.
- Schlüssel sollten nicht sichtbar sein, um zu verhindern, dass jemand eine Kopie fertigt und sich illegal Zugang zum Haus verschaffen kann.
- Die Gesichter unbeteiligter Personen sollten nicht erkennbar sein und es sollten keine nackten Personen zu sehen sein, damit die Intimsphäre der Personen nicht verletzt wird.

Da die Bandbreite der Datenschutzprobleme groß und noch nicht erforscht ist, muss berücksichtigt werden, dass die zu entwickelnde technische Lösung aufgabenabhängig ist. Das bedeutet, dass je nach Aufgabe, bei der der Roboter hilft, die Datenschutzprobleme und -anforderungen zur Erfüllung der Aufgabe unterschiedlich sein werden. So kann es beispielsweise bei einer Greifaufgabe erforderlich sein, Informationen aus der Umgebung oder sowohl aus der Umgebung als auch aus dem Objekt zu schützen. Dies hängt von der Art des zu greifenden Objekts ab. Wenn es sich um ein gewöhnliches Objekt handelt, das keine Bedenken hinsichtlich der Privatsphäre aufwirft, wie zum Beispiel eine Tasse, dann müssen nur die Informationen über die Umgebung geschützt werden. Handelt es sich hingegen um ein Objekt wie eine Medikamentenschachtel, die private Informationen über die Gesundheit der benutzenden Person preisgeben kann, muss auch die darauf angezeigte

Abb. 4.3 Übersicht der Anforderungen und Lösungen zur Wahrung der Privatsphäre bei der Nutzung von Telepräsenzsystemen

Information geschützt werden. Im ersten Fall besteht eine mögliche Lösung darin, nur den Teil des Bildes zu zeigen, in dem sich das Objekt befindet, und alle anderen privaten, sensiblen Elemente auszuschneiden. Im zweiten Beispiel wäre es möglich, nicht nur die Umgebung zu entfernen, sondern auch die Farbe oder die Qualität zu ändern oder sogar eine allgemeine Geometrie des Objekts zu erstellen, sodass es nicht möglich ist, auf die privaten Informationen zuzugreifen. Diese Möglichkeiten zur Wahrung der Privatsphäre sind in Abb. 4.3 zusammen mit den zuvor erläuterten Anforderungen dargestellt.

4.3 Fallbeispiel 2: Physische Entlastung durch kollaborative robotische Assistenz

Körperliche Entlastung in der Pflege ist kein neues Thema. Seit jeher werden einzelne Lösungen am Markt bereitgestellt, die bei gewissen Bewegungsabläufen und Handlungen Unterstützung bieten. Lösungen reichen von Rutschbrettern für den Transfer vom Bett in den Rollstuhl bis zu technisch anspruchsvolleren Systemen wie Patientenliftern. Diese (mechanischen) Produkte beziehungsweise Hilfsmittel sind eher als Insellösungen zu sehen, es werden also lediglich ganz bestimmte Tätigkeiten unterstützt oder völlig übernommen. Aktuell in der Forschung befindliche robotische Assistenzsysteme erheben den Anspruch, eine vielseitigere Unterstützung – durch Integration in ein übergreifendes Versorgungsökosystem – anzubieten und vor allem dadurch einen Mehrwert zu generieren, welcher die höheren Anschaffungskosten wieder ausgleicht. Eines der bekanntesten Forschungsbeispiele für körperliche Unterstützung im Gesundheitssektor ist der sogenannte ROBEAR, dessen Vorversionen noch als RIBA und RIBA-II vorgestellt wurden (Ding et al., 2012; Mukai et al., 2010). Dieser ungefähr 1,4 m hohe mobile Roboter ist mit seinen zwei gepolsterten Armen in der Lage, Menschen mit einem Gewicht von bis circa 60 kg zu tragen. Hierfür fährt er seine vorderen Beine vor dem Hebevorgang aus, um die wirkenden Hebelkräfte beim Tragen zu kompensieren. Weiterhin kann dieses System auch beim Aufstehprozess dienlich sein, indem er als Stütze fungiert und somit bei der Aufstehbewegung Halt gibt. Trotz des vielversprechenden Ansatzes ist der ROBEAR bisher kommerziell nicht erhältlich.

Ein ähnlicher Ansatz wurde von der Forschergruppe um Zhang et al. (2020) verfolgt. In ihrem konzeptionellen Design soll ein mobiler Pflegeroboter auf einer omnidirektionalen Plattform mit zwei Armen als Pflegeunterstützung mit insgesamt 15 Freiheitsgraden dienen. Da es sich bisher nur um ein konzeptionelles Design handelt, stehen Werte wie die maximale Tragekapazität noch nicht fest.

Einen etwas anderen Weg geht die Forschergruppe um Choi et al. (2020). Hier sollen bettlägerige Personen beim Transfer durch ein neuartiges Konzept unterstützt werden. Der Gesamtprozess erinnert stark an die Funktionsweise eines Patientenlifters, allerdings ist zunächst keine Unterlage als tragendes Element vorhanden, diese wird nämlich erst bei Einsatz des Patientenlifters durch einen pneumatischen Wachstumsmechanismus unter die Person gebracht.

Ein weiterer Unterstützungsansatz wird durch Exoskelette bereitgestellt, wie beispielsweise das System HAL (Miura et al., 2018). Exoskelette sind körpernahe Assistenzsysteme, welche entweder aktiv oder passiv die Belastung der Benutzerinnen und Benutzer reduzieren sollen. Das System HAL wird am Rückenstrecker und den Oberschenkeln fixiert und kann die Lumbalbelastung reduzieren, die auch gerade bei pflegerischen Transfer- und Mobilisationsaufgaben eine große Rolle spielt. Trotz der Verfügbarkeit unterschiedlicher Exoskelett-Lösungen am Markt ist die Nutzung in der Praxis im Bereich der Pflege noch nicht die Regel, obwohl unterschiedliche Experimente tatsächlich die Reduzierung der Lumbalbelastung durch diese Art der Assistenz aufzeigen (Miura et al., 2018).

Ein neuer Ansatz neben der vollständigen Übernahme der Aufgabe durch einen Roboter oder den mobilen und tragbaren Ansätzen stellt die Kollaboration zwischen interaktiven Robotern und Pflegenden zur Reduktion der körperlichen Belastung bei Umlagerung und Transfer dar (siehe Abb. 4.4). Hierfür wurden im „Care Laboratory" (Brinkmann et al., 2020) zwei Leichtbauroboterarme mit dem Namen KUKA LBR iiwa7 R800 an einem Pflegebett durch speziell angefertigte Sockel angebracht und um ein Multi-Tiefenkamera-System erweitert (Fifelski et al., 2018), um eine Basis für robotische Unterstützungsszenarien am Bett zu liefern. Die Forschergruppe um Jäger et al., (2014) hat die auftretenden Belastungen beim manuellen Bewegen von pflegebedürftigen Personen untersucht und neun Tätigkeiten mit Transfer im oder am Bett bei unterschiedlichen Arbeitsweisen quantifiziert. Die dabei entstandenen Ergebnisse zeigen auf, dass unabhängig von der Ausführungsart keine der gemessenen Belastungswerte in einem akzeptablen Bereich lagen. Die Autorinnen und Autoren appellieren daran, im besten Fall in einer biomechanisch angemessenen Arbeitsweise zu handeln und wenn möglich die Verwendung von

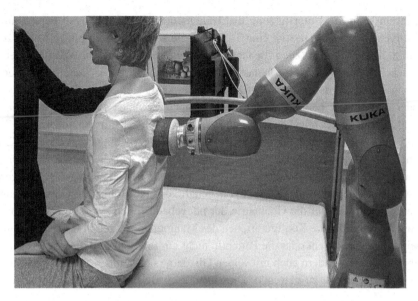

Abb. 4.4 Beispielhaftes Unterstützungsszenario durch einen Roboter in der Pflege: Der Leichtbauroboter stabilisiert beim Sitzen an der Bettkante

Hilfsmitteln zu nutzen, um Überbelastungen präventiv entgegenzutreten. Diese Erkenntnis dient als Motivation für den Einsatz robotischer Assistenzsysteme am Bett.

In einer Pilotstudie wurde die tatsächliche Entlastung durch einen am Bett angebrachten Leichtbauroboterarm (KUKA LBR iiwa7 R800) mithilfe eines Patientensimulators mit einem Gewicht von circa 80 kg quantifiziert (Kowalski et al., 2020). Hier wurde im Kern der Transfer von der Rücken- in die Seitenlage betrachtet, welcher ein essenzieller Teilschritt bei vielen Mobilisations- und Transferaufgaben in der Pflege darstellt (Fifelski-von Böhlen et al., 2020). Dabei wurde eine Kraftmessplatte als Messbasis unter die ausführende Person der Bewegung platziert und zusätzlich die Muskelaktivität mittels Elektromyografie an Oberschenkeln, Gesäß und Rückenstrecker gemessen. Der Hauptvergleich lag darin, die Bewegung mit und ohne die robotische Unterstützung durchzuführen, bei welcher der Roboter durch einen Anwender gesteuert eine drückende Bewegung während der Mobilisation in die Seitenlage auf der Rückseite des Torsos ausübt. Dabei steht die kollaborative Durchführung der Tätigkeit zusammen mit der robotischen Assistenz im Vordergrund, welche beim ROBEAR oder Patientenliftern nicht direkt gegeben ist. In diesem direkten Vergleich zeigte sich, dass die Muskelaktivität des Rückenstreckers (erector spinae) um ungefähr 42 % durch den Einsatz des Roboters bei dieser Teilbewegung reduziert werden konnte. Zusätzlich konnten durch die Zuhilfenahme der Kraftmessplatte die Bodenreaktionskräfte gemessen werden, welche durch den robotischen Einsatz in vertikaler Richtung um ungefähr 78 % reduziert werden konnten. Dabei wird aus den Signalverläufen ersichtlich, dass eine Minimierung der Belastungsspitzenwerte erreicht werden konnte, was sich wiederum positiv auf den Körper auswirkt und den generellen Nutzen aufzeigt.

Weiterhin kann die Unterstützung des Haltens der pflegebedürftigen Person auf der Seite betrachtet werden. Dies ist eine Tätigkeit, die sehr häufig im pflegerischen Alltag vorkommt, da sie Voraussetzung für viele Versorgungen ist, wie dem Waschen oder dem Bettbeziehen. Klassischerweise stehen Pflegefachpersonen dafür Lagerungskissen zur Verfügung. Diese werden jedoch häufig nicht genutzt, da sie umständlich zu gebrauchen sind oder nicht direkt bereitliegen. In der Realität verwenden Pflegefachpersonen eine Hand für das Halten der pflegebedürftigen Person, während sie mit der anderen die Tätigkeit ausführen. Für das Halten kann der Roboter kollaborativ eingesetzt werden. Um die Sicherheit der Personen dabei zu gewährleisten, sollten dabei die Kräfte, die zwischen pflegebedürftiger Person und Roboter wirken, auf möglichst viele Punkte verteilt werden. Dafür wurde in Gliesche et al. (2021a, b) ein neuartiger Algorithmus zur Ganzarmmanipulation entwickelt, welcher die Geometrie der pflegebedürftigen Person und des Roboters nutzt und somit prädiktive Konfigurationen des Manipulators erzeugt. Ganzarmmanipulation heißt, dass der Patient oder die Patientin nicht nur mit dem Endeffektor des Manipulators berührt wird, sondern auch mit seinen Gliedern (siehe Abb. 4.5). Dieser eignet sich auch dafür, Körperteile zu bewegen. Dies kann zum Beispiel bei einem kollaborativen

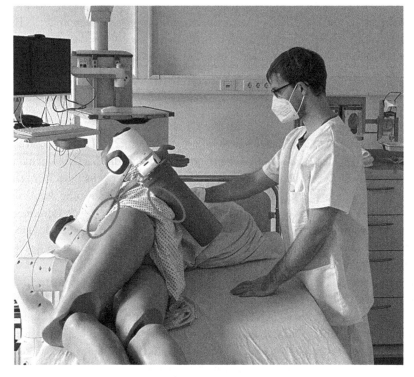

Abb. 4.5 Der Roboter hält die pflegebedürftige Person, während die Pflegefachperson beide Hände für die Versorgung frei hat. Die Kontaktpunkte sind im Bild eingekreist

Verbandswechsel genutzt werden, indem der Roboter das Körperteil, beispielsweise ein Bein, in der optimalen Position für die Pflegefachperson hält.

Für die Pflegenden soll eine körperliche Entlastung erreicht werden, indem diese nun der Tätigkeit mit beiden Händen nachgehen und somit eine gesündere Körperhaltung einnehmen können. Die Entscheidung, wo der Manipulator am besten hält, obliegt dabei einer Pflegefachperson. Hier unterscheidet man zwischen zwei Modalitäten: (1) Die Pflegefachperson vor Ort zeigt die gewünschten Kontaktpunkte zwischen Roboter und pflegeempfangender Person. Der Algorithmus bestimmt basierend auf den vorgegebenen Kontaktpunkten und deren Oberflächennormalen die Roboterkonfiguration so, dass der Manipulator die Person in diesen Punkten tangential berührt und somit hält (Gliesche et al., 2021a, b). (2) Die Remotepflegefachperson legt interaktiv die Ebene fest, in der sich der Roboter um die pflegebedürftige Person legen soll und erhält dabei eine Vorschau der zu erwartenden Konfiguration (Gliesche et al., 2021a, b).

Der gewünschte Kontakt zwischen Roboter und Mensch im Bereich der physischen Mensch-Roboter-Interaktion ist äußerst sicherheitskritisch, umso mehr, wenn diese mit vulnerablen Personengruppen in Kontakt treten. Aus diesem Grunde wird in der Forschung für die prototypische Entwicklung auf Patientensimulatoren zurückgegriffen. Dabei haben Versuche gezeigt, dass das Zurückgreifen auf diese Simulatoren auch eine Abstraktion von der Realität bedeutet (Kowalski et al., 2021). Dafür sind im Kern zwei Eigenschaften der Simulatoren zuständig: die reduzierte Beweglichkeit und die fehlende Körperspannung. Die Simulatoren besitzen aufgrund ihres simplen Aufbaus nicht ansatzweise die Anzahl an Gelenken, die im menschlichen Körper existieren. Zusätzlich verhalten sich die Simulatoren wie einfache Gegenstände; selbst eine minimale Zuarbeit bei der Durchführung von pflegerischen Bewegungen durch leichte Unterstützung ist nicht gegeben. Das hat zur Folge, dass ein Patientensimulator im Vergleich mit einem ebenso viel wiegenden Menschen schwerer zu handhaben ist. Bei einem Simulator mit ungefähr 80 kg Gewicht wurde festgestellt, dass das Drehen von Rücken- in Seitenlage beim Wegdrehen 2,7-mal und beim Zu-sich-Hinziehen 1,28-mal so schwer war wie bei einem vergleichbar viel wiegenden Menschen (Kowalski et al., 2021). Selbst wenn diese Ergebnisse auch nur einen kleinen Ausschnitt zeigen, wird jedoch klar, dass der Schritt von Simulator zu echtem Menschen bei dem aktuellen Stand der Pflegesimulatoren nicht direkt übertragbar ist und einkalkuliert werden muss. Für die Nutzung eines kollaborierenden Roboters direkt an Personen fehlen noch spezifische Standards und Normen. Die aktuell verfügbaren Normen sind für den industriellen Kontext hinsichtlich der Sicherheitsanforderungen gut ausformuliert, beispielsweise in der Norm ISO 10218-2:2011. Auch gibt es umfangreiche Normen für kollaborierende Roboter (ISO/TS 15066:2016) oder Sicherheitsanforderungen für persönliche Assistenzroboter (ISO 13482:2014), diese integrieren aber nicht explizit den relativ neuen Bereich der Pflegerobotik. Gerade bei der körperlich entlastenden Assistenz in der Pflege ist die Übertragung von Kräften auf den menschlichen Körper ein wichtiger Aspekt, welcher weiterer Regelung bedarf. Die Norm für die kollaborierenden Roboter weist eine Liste an Druck- und Kraftgrenzen auf, die je nach Körperregion eines gesunden Menschen variieren. Für die Erstellung einer Norm für die Pflegerobotik gilt es, solch eine Art der Spezifizierung gegebenenfalls krankheits- oder symptomspezifisch zu verfeinern und auf pflegerische Prozesse anzupassen. Sobald diese Richtlinien existieren, wird den Produktentwicklerinnen und -entwicklern auch eine Basis vorgegeben, die bei der Erstellung eines robotischen Assistenzsystems für die Pflege Hilfe bietet.

4.4 Schlusswort und Ausblick

Die Pflege steht unter immensem Druck und es ist laut Prognosen in Zukunft sogar mit einem Rückgang des Pflegefachpersonals und gleichzeitig mit einer Zunahme von Pflegebedürftigen zu rechnen. Hinzu kommt, dass der körperliche Stress in dieser Branche verhältnismäßig hoch ist, wodurch auch im Schnitt die Anzahl der Ausfallzeiten höher liegt und auch ein verfrühter Ausstieg aus dem Beruf aufgrund körperlicher Beschwerden nicht selten vorzufinden ist. An dieser Stelle entsteht ein selbstverstärkender Prozess, da die bereits überlastete Belegschaft durch den immer größeren Arbeitsaufwand und die Reduzierung der Mitarbeiterinnen und Mitarbeiter noch stärkeren Belastungen ausgesetzt ist, welche die Anzahl an verfrühten Berufsausstiegen statistisch gesehen weiter erhöhen. Die Einbringung von Hilfsmitteln zur Reduktion der Belastung kann an dieser Stelle ein geeignetes Mittel sein, um das bestehende Personal zu schützen. Während Hilfsmittel bereits genutzt werden und am Markt verfügbar sind, wird vermehrt Forschung für die potenzielle Verwendung robotischer Assistenzsysteme betrieben. Es muss beachtet werden, dass diese Systeme von Anfang an hinsichtlich einer intuitiven und geeigneten Handhabung ausgelegt werden sowie durch geeignete Schulungen und durch spezialisiertes technisches Personal für die Inbetriebnahme und Wartung der komplexen Technik begleitet werden. Ansonsten würde die Mehrbelastung durch die Verwendung der robotischen Systeme den eigentlichen Mehrwert übersteigen. In anderen Arbeitsdomänen, wie beispielsweise der Chirurgie, konnte in der Vergangenheit bereits aufgezeigt werden, dass diese neue Art der Assistenz einen Mehrwert generieren kann. Das Forschungsfeld konzentriert sich dabei nicht auf einen speziellen Anwendungsfall; es lassen sich vielmehr Ideen für die unterschiedlichen Settings (ambulant, stationär) mit unterschiedlichen Ansätzen finden. Diese reichen von robotischen Fernsteuerungsansätzen (Telemanipulation) mit fachmännischer Unterstützung über große Distanzen über Prinzipien zur Wahrung der Privatsphäre durch solche Hilfsmittel bis hin zur tatsächlich rein körperlich unterstützenden Robotik, die das Bewegen von pflegebedürftigen Personen im Alltag erleichtern soll. Viele dieser Ideen zeigen vielversprechende Ergebnisse in den ersten Testungen und sind in der Lage, eine Entlastung zu erzielen. Die meisten Anwendungen befinden sich jedoch noch im Status eines prototypischen Forschungsdemonstrators und es fehlt noch an Standards und Normen für die Nutzung dieser körpernahen Mensch-Roboter-Interaktionsmethoden. Nach dem Aufzeigen der Wirksamkeit müssen Bemühungen erfolgen, mit dem bereits verfügbaren Wissen tatsächliche Produkte zu entwickeln, die dann wiederum bei der regulären Arbeit in der Pflege genutzt werden können. Letztendlich spielen aber vor allem die Benutzerfreundlichkeit und die Finanzierbarkeit nach der Gewährleistung der Funktion die wichtigsten Rollen für die Akzeptanz und den alltäglichen Nutzen.

Literatur

Altman, I. (1975). *The environment and social behavior: Privacy, personal space, territory, and crowding.* Brooks/Cole Pub. Co.

Austin, L. (2003). Privacy and the question of technology. *Law and Philosophy, 22*(2), 119–166.

Becker, H. (2013). *Robotik in Betreuung und Gesundheitsversorgung* (Bd. 58). vdf Hochschulverlag AG.

Blum, K., Offermanns, M., & Steffen, P. (2018). *Situation und Entwicklung der Pflege bis 2030.* https://www.dkgev.de/fileadmin/default/Mediapool/1_DKG/1.7_Presse/1.7.1_Pressemitteilungen/2019/2019-10-22_PM_Anlage_DKG_zum_DKI-Gutachten_Pflege.pdf

Boll, S., Hein, A., & Heuten, W. (2018). Technologien für eine bedarfsgerechte Zukunft der Pflege. Zukunft der Pflege Tagungsband der 1. Clusterkonferenz 2018, 1.

Brinkmann, A., Fifelski, C., Lau, S., Kowalski, C., Meyer, O., Diekmann, R., et al. (2020). The aal/care laboratory – a healthcare prevention system for caregivers. *Nanomaterials and Energy, 9*(1), 27–38.

Butler, D. J., Huang, J., Roesner, F., & Cakmak, M. (2015, March). *The privacy-utility tradeoff for remotely teleoperated robots.* Proceedings of the tenth annual ACM/IEEE international conference on human-robot interaction (S. 27–34).

Choi, J., Lee, S., Kim, J., Lee, M., Kim, K., & In, H. (2020). *Development of a pneumatically-driven growing sling to assist patient transfer.* In 2020 IEEE/RSJ international conference on intelligent robots and systems (IROS) (S. 8773–8780). IEEE.

Chopra, N., Ferre, M., & Peer, A. (2008). The field of telerobotics [From the guest editors]. *IEEE Robotics & Automation Magazine, 15*(4), 9–9.

Deml, B. (2004). Telepräsenzsysteme: Gestaltung der Mensch-System-Schnittstelle (Doctoral dissertation, Verlag nicht ermittelbar).

Di Castro, M., Ferre, M., & Masi, A. (2018). CERNTAURO: A modular architecture for robotic inspection and telemanipulation in harsh and semi-structured environments. *IEEE Access, 6,* 37506–37522.

Ding, M., Ikeura, R., Mukai, T., Nagashima, H., Hirano, S., Matsuo, K., & Hosoe, S. (2012). *Comfort estimation during lift-up using nursing-care robot – RIBA.* In 2012 first international conference on innovative engineering systems (S. 225–230). IEEE.

Ethikrat, D. (2020). Robotik für gute Pflege. Berlin, Deutscher Ethikrat.

Fifelski, C., Brinkmann, A., Ortmann, S. M., Isken, M., & Hein, A. (2018). *Multi depth camera system for 3d data recording for training and education of nurses.* In 2018 international conference on computational science and computational intelligence (CSCI) (S. 679–684). IEEE.

Fifelski-von Böhlen, C., Brinkmann, A., Kowalski, C., Meyer, O., Hellmers, S., & Hein, A. (2020). *Reducing caregiver's physical strain in manual patient transfer with robot support.* In 2020 5th international conference on automation, control and robotics engineering (CACRE) (S. 189–194). IEEE.

Gliesche, P., Krick, T., Pfingsthorn, M., Drolshagen, S., Kowalski, C., & Hein, A. (2020a). Kinesthetic device vs. Keyboard/mouse: A comparison in home care telemanipulation. *Frontiers in Robotics and AI, 7,* 172.

Gliesche, P., Seibert, K., Kowalski, C., Domhoff, D., Pfingsthorn, M., Wolf-Ostermann, K., & Hein, A. (2020b). Robotic assistance in nursing care: Survey on challenges and scenarios. *International Journal of Biomedical and Biological Engineering, 14*(9), 257–262.

Gliesche, P., Kowalski, C., Pfingsthorn, M., & Hein, A. (2021a). *Geometry-based two-contact inverse kinematic solution for whole arm manipulation.* In 2021 IEEE/RSJ international conference on intelligent robots and systems (IROS 2021).

Gliesche, P., Kowalski, C., Pfingsthorn, M., & Hein, A. (2021b). *Commanding a whole-arm manipulation grasp configuration with one click: Interaction concept and analytic IK method*. In 2021 30th IEEE international conference on robot and human interactive communication (RO-MAN).

Hubers, A., Andrulis, E., Scott, L., Stirrat, T., Zhang, R., Sowell, R., & Smart, W. D. (2015). Using video manipulation to protect privacy in remote presence systems. In *International conference on social robotics* (S. 245–254). Cham: Springer.

Jacobs, K., Kuhlmey, A., Greß, S., Klauber, J., & Schwinger, A. (2020). *Pflege-Report 2019: Mehr Personal in der Langzeitpflege-aber woher?* (S. 336). Springer Nature.

Jäger, M., Jordan, C., Theilmeier, A., Wortmann, N., Kuhn, S., Nienhaus, A., & Luttmann, A. (2014). Analyse der Lumbalbelastung beim manuellen Bewegen von Patienten zur Prävention biomechanischer Überlastungen von Beschäftigten im Gesundheitswesen. *Zentralblatt für Arbeitsmedizin, Arbeitsschutz und Ergonomie, 64*(2), 98–112.

Kim, V. B., Chapman Iii, W. H., Albrecht, R. J., Bailey, B. M., Young, J. A., Nifong, L. W., & Chitwood, W. R., Jr. (2002). Early experience with telemanipulative robot-assisted laparoscopic cholecystectomy using da Vinci. *Surgical Laparoscopy Endoscopy & Percutaneous Techniques, 12*(1), 33–40.

Klow, J., Proby, J., Rueben, M., Sowell, R. T., Grimm, C. M., & Smart, W. D. (2019). Privacy, utility, and cognitive load in remote presence systems. In *International conference on social robotics* (S. 730–739). Springer.

Kowalski, C., Arizpe-Gomez, P., Fifelski, C., Brinkmann, A., & Hein, A. (2020). Design of a supportive transfer robot system for caregivers to reduce physical strain during nursing activities. In *Digital personalized health and medicine* (S. 1245–1246). IOS Press.

Kowalski, C., Gliesche, P., Fifelski-von Böhlen, C., Brinkmann, A., & Hein, A. (2021). *Handling comparison between a human and a patient simulator for nursing care related physical human-robot interaction*. In HEALTHINF (S. 605–612).

Krick, T., Huter, K., Domhoff, D., Schmidt, A., Rothgang, H., & Wolf-Ostermann, K. (2019). Digital technology and nursing care: A scoping review on acceptance, effectiveness and efficiency studies of informal and formal care technologies. *BMC Health Services Research, 19*(1), 1–15.

Miura, K., Kadone, H., Koda, M., Abe, T., Endo, H., Murakami, H., et al. (2018). The hybrid assisted limb (HAL) for care support, a motion assisting robot providing exoskeletal lumbar support, can potentially reduce lumbar load in repetitive snow-shoveling movements. *Journal of Clinical Neuroscience, 49*, 83–86.

Moore, A. D. (2003). Privacy: Its meaning and value. *American Philosophical Quarterly, 40*(3), 215–227.

Mukai, T., Hirano, S., Nakashima, H., Kato, Y., Sakaida, Y., Guo, S., & Hosoe, S. (2010). *Development of a nursing-care assistant robot RIBA that can lift a human in its arms*. In 2010 IEEE/RSJ international conference on intelligent robots and systems (S. 5996–6001). IEEE.

Neumeier, S. (2015). Lokale Verteilung Ambulanter Pflegedienste nach SGB XI in Deutschland auf Basis eines rasterbasierten GIS-Erreichbarkeitsmodells (No. 47). Thünen Working Paper.

Nieto Agraz, C., Pfingsthorn, M., Gliesche, P., Eichelberg, M., & Hein, A. (2022). *A survey of robotic systems for nursing care, Front. Robot. AI – Biomedical robotics*. Submitted on: 09 Dec 2021, Hrsg: Alessandro Freddi Reviewed by: Laura Fiorini, Ioanis Kostavelis. https://doi.org/10.3389/frobt.2022.832248

Rothgang, H., & Müller, R. (2020). Pflegereport 2020. Was ist zu erwarten – was ist zu tun.

Rothgang, H., Iwansky, S., Müller, R., Sauer, S., & Unger, R. (2010). Barmer GEK Pflegereport 2010. Schwerpunktthema: Demenz und Pflege. BARMER GEK Schriftenreihe zur Gesundheitsanalyse, 5.

Rueben, M., Smart, W. D., Grimm, C. M., & Cakmak, M. (2017). *Privacy-sensitive robotics*. In Proceedings of the companion of the 2017 ACM/IEEE international conference on human-robot interaction (S. 425–426).

Sahmel, K. H. (2018). Pflegenotstand – ist das Ende der Menschlichkeit erreicht? *Pflegezeitschrift, 71*(6), 18–22.

Sparrow, R., & Sparrow, L. (2020). In the hands of machines? The future of aged care. *The ethical challenges of emerging medical technologies*, 105–125.

van den Berg, N., Schumann, M., Kraft, K., & Hoffmann, W. (2012). Telemedicine and telecare for older patients – A systematic review. *Maturitas, 73*(2), 94–114.

Vogel, J., Leidner, D., Hagengruber, A., Panzirsch, M., & Dietrich, A. (2018). Das projekt smile. In Cluster-Konferenz Zukunft der Pflege (S. 212–216).

Zhang, L., Wang, S., & Miao, X. (2020). *Innovative structural design and simulation analysis of dual-arm mobile nursing robot*. In 2020 IEEE international conference on artificial intelligence and information systems (ICAIIS) (S. 480–484). IEEE.

Christian Kowalski   Christian Kowalski ist wissenschaftlicher Mitarbeiter an der Carl von Ossietzky Universität Oldenburg in der Gruppe „Robotische Assistenzsysteme" der Abteilung Assistenzsysteme und Medizintechnik. Er ist seit 2021 im vom BMBF geförderten Projekt „AdaMeKoR" tätig und promoviert im Bereich der physischen Mensch-Roboter Kollaboration zur Entlastung bei körperlich anstrengenden Tätigkeiten. Er schloss 2017 sein Masterstudium an der Universität Lübeck im Studiengang Medizinische Ingenieurwissenschaften ab.

Pascal Gliesche   Pascal Gliesche ist seit 2017 wissenschaftlicher Mitarbeiter am OFFIS – Institut für Informatik im Projekt Pflegeinnovationszentrum, welches vom BMBF gefördert wird. Insbesondere beschäftigt er sich mit der Entwicklung von Anwendungen und Algorithmen für den Einsatz von Robotern in der Pflege, welche kollaborativ mit Pflegefachpersonen zusammenarbeiten. Pascal Gliesche studierte an der Christian-Albrechts-Universität zu Kiel Elektro- und Informationstechnik und schloss dieses 2017 mit dem Master of Science ab.

Celia Nieto Agraz   Celia Nieto Agraz ist seit 2020 wissenschaftliche Mitarbeiterin am OFFIS – Institut für Informatik im Bereich Gesundheit im Projekt „BeBeRobot", welches vom BMBF gefördert wird und promoviert zum Thema Privatheit in der Robotik in der Pflege. Sie studierte zuvor an der Universidad Carlos III de Madrid und erlangte dort 2019 ihren Abschluss Master of Engineering im Studiengang Wirtschaftsingenieurwesen.

Andreas Hein   Prof. Dr.-Ing. Andreas Hein studierte und promovierte an der Technischen Universität Berlin im Fach Technische Informatik. Von 1997 bis 2001 war er als wissenschaftlicher Mitarbeiter an der Charité Berlin im Fachgebiet Navigation und Robotik tätig und übernahm dann die Leitung des Geschäftsfelds Medizintechnik im Fraunhofer-Institut für Produktionsanlagen und Konstruktionstechnik. 2003 folgte Prof. Dr.-Ing. Andreas Hein einem Ruf nach Oldenburg und baute die Abteilung Automatisierungs- und Messtechnik als Teil der Technischen Informatik des Departments für Informatik an der Carl von Ossietzky Universität Oldenburg auf. Nach Gründung der Fakultät VI – Medizin und Gesundheitswissenschaften wechselte die Abteilung im Mai 2013 in das Department für Versorgungsforschung, dessen Direktor er seit 2015 ist.

Virtuelle und Erweiterte Realitäten für den Einsatz in der Pflege

Sebastian Weiß, Simon Kimmel, Vanessa Cobus, Susanne Boll und Wilko Heuten

Zusammenfassung

Dieses Kapitel befasst sich mit der Frage, wie Virtual Reality (VR), Augmented Reality (AR), aber auch die Kombination beider, Mixed Reality (MR), im Pflegesektor konstruktiv eingesetzt werden kann. Hierzu werden zunächst die jeweiligen Technologien definiert und vorgestellt. Weiterhin wird der aktuelle Forschungsstand des Pfleginnovationszentrums (PIZ) zu den jeweiligen Themen sowie Bedarfe der Pflege für die Entwicklung der jeweiligen Technologien diskutiert. Der Beitrag endet mit einer Positionsstellungnahme zum Thema „Die Zukunft von AR/VR/MR in der Pflege".

5.1 Einleitung

5.1.1 Projekthintergrund und Motivation

Der sich verschärfende Fachkräftemangel im deutschen Gesundheitswesen wird in den deutschen Medien seit einigen Jahren diskutiert (Brysch, 2019). So stellte eine Studie von Simon im Jahr 2018 fest, dass im Gesundheitswesen bereits circa 100.000 Pflegefachpersonen fehlen, 4700 davon auf Intensivstationen (Simon, 2018). Für diese problemati-

S. Weiß (✉) · S. Kimmel · V. Cobus · S. Boll · W. Heuten
Oldenburg, Deutschland
E-Mail: sebastian.weiss@offis.de; simon.kimmel@offis.de; vanessa.cobus@offis.de; susanne.boll@offis.de; wilko.heuten@offis.de

T. Krick et al. (Hrsg.), *Pflegeinnovationen in der Praxis*,
https://doi.org/10.1007/978-3-658-39302-1_5

sche Situation, die einen drastischen Einfluss auf die gewährleistete Patientensicherheit ausübt (Finlayson, 2021), lassen sich zwei Hauptursachen identifizieren: Zum einen führen der demografische Wandel und die damit einhergehende Multimorbidität dazu, dass die deutsche Gesellschaft einen immer höheren Bedarf an Gesundheitsleistungen hat. Zum anderen resultiert der Pflegeberuf aufgrund seiner schwierigen Arbeitsbedingungen häufig in immenser physischer sowie psychischer Belastung der Pflegenden, was zu einer hohen Personalfluktuation führt (Kühnel et al., 2020).

Das BMBF-geförderte Projekt Pflegeinnovationszentrum untersucht mithilfe diverser qualitativer sowie quantitativer Studien, ob technologische Innovationen unter anderem zu weitreichenden Verbesserungen der Arbeitsbedingungen von Pflegefachpersonen führen können. Ziel des folgenden Beitrags ist es demnach, darzustellen, wie im Rahmen des Projekts wiederholt partizipative Forschungsansätze genutzt wurden, um solche Innovationen im Bereich der Mixed Reality zu identifizieren und zu entwickeln.

Zunächst werden im Folgenden zu Grunde liegende Begrifflichkeiten definiert. Im Anschluss werden die Forschungsvorhaben inklusive der Methodik und der auf verschiedenen Technologien basierenden Lösungsansätze vorgestellt und erläutert. Zusätzlich werden erste Evaluationsergebnisse präsentiert.

5.1.2 Begriffsdefinitionen Augmented Reality/Virtual Reality/ Mixed Reality

Augmented Reality (AR) stellt Ansichten einer physischen Umgebung dar, die durch eine Form von computergeneriertem sensorischem Input ergänzt, erweitert oder eingeschränkt wird (Munnerley et al., 2012). Während der sensorische Input in den meisten Fällen aus virtuellen visuellen Inhalten wie Bildern oder Grafiken besteht, die über die physische Welt gelegt werden, kann AR auch eingesetzt werden, um die Wahrnehmung der Nutzenden mit akustischen oder taktilen Eindrücken anzureichern. Charakteristisch für AR ist außerdem, dass der ergänzende virtuelle Inhalt von Nutzenden in 3D registriert wird; das heißt ein virtuelles Objekt wird von Nutzerinnen und Nutzern wie jedes physische Objekt mit einer festen Position im Raum der realen Umgebung wahrgenommen. Zusätzlich zeichnet sich AR dadurch aus, dass die Technologie Nutzenden die Möglichkeit bietet, mit dem virtuell dargebotenen Inhalt in Echtzeit zu interagieren, zum Beispiel um die Position oder das Aussehen eines virtuellen Objektes zu modifizieren (Azuma, 1997). Zur Darstellung von AR können mobile Endgeräte wie Smartphones und Tablets genutzt werden, welche den Nutzenden das über die eingebaute Kamera aufgenommene Bild auf dem Gerätebildschirm wiedergeben und mit virtuellen Objekten anreichern. Andere Darstellungsmethoden von AR basieren auf brillenähnlichen Head-Mounted Displays (HMDs) oder auf Projektoren, welche jeweils eine Nutzung ohne die Einschränkung der Hände ermöglichen.

Mit Virtual Reality (VR) beschreibt man eine vollständig computergenerierte Umgebung, mit der Nutzende interagieren und in der ihre Entscheidungen einen Einfluss auf eben diese Umwelt haben. Um diese Umgebung zu vermitteln, werden verschiedene Modalitäten genutzt, darunter hauptsächlich die Sinnesorgane zur visuellen, akustischen und haptischen Reizverarbeitung (Jerald, 2015). Um Nutzenden das Gefühl zu vermitteln, sich in der virtuellen Welt präsent zu fühlen, muss ein VR-System bestimmte Voraussetzungen erfüllen. Im Kontext von VR ist die Immersion definiert als „der objektive Grad, zu welchem ein VR-System und eine VR-Applikation Stimuli auf die sensorischen Rezeptoren der Nutzenden auf eine Weise projiziert, die extensiv, passend, umgebend, lebhaft, interaktiv und erzählerisch ist"[1] (Jerald, 2015). So darf möglichst kein zeitlicher Versatz in der grafischen Darstellung von Blickwinkeländerungen vorhanden sein (Matching). Des Weiteren hilft auch eine Storyline (Plot) die Immersion aufrecht zu erhalten. Das subjektive Gefühl, „wirklich dort" zu sein, entgegen dem Wissen, sich physisch an einem anderen Ort aufzuhalten, wird als Präsenz bezeichnet. Präsenz ist ein interner psychologischer Status, der üblicherweise mit Fragebögen untersucht wird (Schubert et al., 2001).

Andererseits müssen sich die Entitäten in einer VR nicht nach den uns bekannten physikalischen Gesetzen richten, da die Umgebung komplett künstlich ist. So kann eine Fortbewegung in der virtuellen Welt nicht nur durch das Gehen einzelner Schritte in der Realität umgesetzt werden, sondern auch durch Teleportation auf Knopfdruck. Aufgrund dieser Möglichkeiten lassen sich mit VR ungeahnte Welten erstellen und explorieren.

Es ist generell nicht möglich, im Einzelnen zu definieren, welches Verhältnis von virtuellen und realen Inhalten den Nutzenden dargeboten werden muss, damit eine Anwendung als AR beziehungsweise als VR klassifiziert werden kann. Dieser Umstand lässt sich mit Hilfe des von Milgram und Kishino (1995) entwickelten Realität-Virtualität-Kontinuums erklären, vgl. Abb. 5.1. Das Kontinuum postuliert, dass alle Anwendungen, die in gewissem Maße eine Mischung aus virtuellen und realen Objekten darstellen, auf einer kontinuierlichen Skala zwischen vollständig realen und vollständig virtuellen Umgebungen angesiedelt werden können. Der Bereich zwischen beiden Extrema wird als

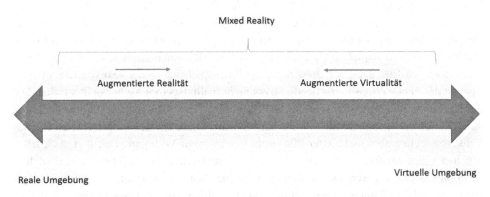

Abb. 5.1 Das Realität-Virtualität-Kontinuum nach Milgram und Kishino

---

[1] Übersetzung der Autorinnen und Autoren. Englisches Original: „Immersion is the degree to which a VR system and application projects stimuli onto the sensory receptors of users in a way that is extensive, matching, surrounding, vivid, interactive, and plot informing" (Jerald, 2015).

Mixed Reality (MR) bezeichnet. Geräte, die den Nutzenden die Möglichkeit bieten, den Grad der dargebotenen Zusammensetzung von Realität und Virtualität nahtlos zu verändern, werden aus diesem Grund als MR-Geräte bezeichnet. Aufgrund der geringen Verbreitung marktfähiger Geräte mit MR-Technologie fokussieren wir uns in diesem Beitrag auf die Technologien VR und AR.

5.2 VR in der Fort- und Weiterbildung in Pflegeberufen

5.2.1 Motivation

Der Pflegeberuf ist ein Beruf mit vielen Facetten und hoher Verantwortung. Je nach Spezialisierung und Aufgabenbereich können Fehlentscheidungen fatale Folgen haben. Die relevanten Fähigkeiten und das nötige Verantwortungsbewusstsein werden in Deutschland während einer dreijährigen Ausbildung vermittelt, in der abwechselnd sowohl schulische als auch praktische Inhalte eine große Rolle spielen (Bundesgesetzblatt, 2018). Im Rahmen der praktischen Ausbildung werden Auszubildende in unterschiedlichen Versorgungsbereichen eingesetzt: in Krankenhäusern, in Pflegeeinrichtungen, in der ambulanten Pflege, in der psychiatrischen Pflege und in der Versorgung von Kindern und Jugendlichen. Das neue Pflegeberufeausbildungsgesetz (Bundesgesetzblatt, 2018) sieht eine generalistische Ausbildung in den ersten zwei Jahren in Theorie und Praxis vor. Im dritten Ausbildungsjahr können Auszubildende eine Vertiefung in der Kinderkranken- oder Altenpflege wählen.

Während der Ausbildung wird unter anderem der Umgang mit kritischen Situationen vermittelt, beispielsweise mit wiederbelebenden Maßnahmen oder mit Erkrankten im Delir. Diese Situationen werden zum Schutz der Erkrankten als Simulation im Klassenzimmer nachgestellt. Bei dieser Art der Simulation kann es vorkommen, dass aufgrund der unrealistischen Umgebung, fehlendem technischen Equipment oder der fehlenden Ernsthaftigkeit des Rollenspiels der gewünschte Grad an Realismus nicht erreicht wird. Auch kann trotz des Einsatzes von zum Beispiel Schauspielenden oder realistischen Pflegepuppen der in der Praxis herrschende Stress nicht realitätsgetreu nachgestellt werden. Da ein Klassenzimmer eine nur ungenügende Abbildung einer Krankenhausstation darstellen kann, kommen sogenannte Skills Labs zum Einsatz. Diese speziell eingerichteten Räumlichkeiten stehen aber nicht jeder Pflegeschule immer zur Verfügung (Weiß et al., 2019). VR bietet eine kontrollierbare und reproduzierbare Simulationsumgebung und ist daher ideal für das Einstudieren auch sicherheitskritischer Abläufe geeignet. Aus diesem Grund befasst sich das PIZ mit der Entwicklung und Darstellung von pflegespezifischen Situationen in VR.

Um Pflegefachpersonen frühestmöglich zu unterstützen, bietet sich der Einsatz der VR-Technologie bereits während der Ausbildung an, um den Unterricht zu komplementieren. Im nächsten Abschnitt möchten wir die Anforderungen an Hard- und Software sowohl vonseiten der Auszubildenden als auch aus Sicht der Lehrenden vorstellen. Im weiteren

Verlauf werden verschiedene Studien vorgestellt, in denen Trainingsszenarien implementiert und ihre Auswirkungen auf Probandinnen und Probanden untersucht wurden.

5.2.2 Anforderungserhebung für Trainingsumgebungen

Die Breite der Einsatzmöglichkeiten von VR erlaubt den Einsatz auch in simulationsbasierten, sicherheitskritischen Trainings. In den vergangenen Jahren gab es bereits Ansätze, insbesondere zu Trainingszwecken, Stress in VR hervorzurufen (Prachyabrued et al., 2019; DeMaria et al., 2010). Diese Ansätze waren jedoch entweder nicht in den Pflegeberuf einzuordnen oder wurden in Machbarkeitsstudien nur prototypisch eingesetzt. Damit ein solches Vorhaben erfolgreich umgesetzt werden kann, muss eine Simulationssoftware eine Reihe von Kriterien und Anforderungen erfüllen. In diesem Abschnitt stellen wir die Ergebnisse einer Anforderungserhebung vor, die im PIZ mit dem Ziel durchgeführt wurde, eine VR-Software zielgruppengerecht gestalten zu können.

Für die Anforderungserhebung wurden gemäß des Human-Centered-Design-Prozesses verschiedene Methoden eingesetzt. In einem ersten Schritt wurden semistrukturierte Interviews mit Lehrenden an Pflegeschulen durchgeführt. Der Interviewleitfaden thematisierte das Wissen der Lehrenden über die Thematik VR und welche Szenarien aus dem Pflegealltag als besonders geeignet angesehen werden, um in VR nachgestellt zu werden. Als Beispiel wurden hier sowohl jene Situationen genannt, die im Unterricht durch Rollenspiele vermittelt werden, als auch solche, die eine sicherheitskritische Komponente inkludieren. Es wurde außerdem gemeinsam mit den Lehrenden erörtert, wie diese in VR nachgebildet werden können und letztendlich welche Möglichkeiten bestehen, die Technologie gewinnbringend im Unterricht einzusetzen. Der zweite Schritt beinhaltete die Durchführung zweier Fokusgruppen mit weiteren Mitarbeitenden aus der Pflegeschulung (zum Beispiel Praxisanleitenden). Neben den Fragestellungen aus dem Interview wurden auch technische Aspekte diskutiert, die zur Wissensvermittlung in VR nötig sind. In den Fokusgruppen wurden auch die finanziellen Möglichkeiten für Anschaffungen und eine hohe Fehlertoleranz des Systems thematisiert.

Lehrende befürworten den Einsatz im Unterricht, setzen aber Möglichkeiten zur Erstellung und Manipulation der Szenarien voraus. Es wurde betont, dass für den Einsatz im Unterricht und zu Hause darauf zu achten sei, einen Kompromiss zwischen dem Immersionsgrad des Systems und dem finanziellen Aufwand zu finden.

Letztlich wurde über einen Zeitraum von 8 Wochen eine Onlinebefragung (n = 11) durchgeführt, um die Anforderungen der Pflegeauszubildenden in Erfahrung zu bringen und die Simulationen an ihre Wünsche, Fähigkeiten und technologischen Kenntnisse anzupassen. Die Umfrage zielte sowohl auf vorhandenes Wissen im Kontext von VR ab als auch auf das Interesse der Auszubildenden, die Technologie im Unterrichtsalltag einzusetzen. Ein weiterer wichtiger Punkt in der Umfrage war der Aspekt, inwiefern die in der Ausbildung üblichen Rollenspiele als hilfreich und realistisch eingeschätzt werden und ob der Einsatz von VR-Brillen diesen Status quo bereichern kann. Die Befragten hatten die Möglichkeit, ihre Antworten als Freitext mit Kommentaren zu ergänzen.

Die Ergebnisse der Onlinebefragung lassen sich thematisch in die Kategorien „Wissensstand", „Szenarien und Realismus", „Einsortierung in den Unterricht" und „Finanzielles" eingliedern.

Einem Großteil der befragten Personen ist die Technologie VR zwar ein Begriff, jedoch gaben nur 27 % an, bereits ein VR-Gerät benutzt zu haben. Knapp die Hälfte der Befragten (47 %) verneinten, VR je genutzt zu haben, haben jedoch gleichzeitig Interesse, die Technologie auszuprobieren. 27 % der Umfrageteilnehmenden haben privat weder ein Gerät genutzt, noch möchten sie dies in Zukunft tun. Im Gegensatz dazu drückten alle Lehrenden in den Interviews und Fokusgruppen den Wunsch aus, VR einzusetzen, da sie sich eine Bereicherung des Unterrichts erhoffen.

Um den geringen Wissensstand im Umgang mit VR zu kompensieren, ist eine niedrige Einstiegsschwelle notwendig. Zusätzlich müssen auch die Auszubildenden in den Unterricht inkludiert werden, die der Technologie mit Desinteresse begegnen. Um die Motivation und den Lernerfolg zu steigern, können Methoden aus dem „Serious-Gaming", also dem Einsatz spielerischer Elemente im Lernprozess, zum Einsatz kommen (Chang et al., 2019).

Entgegen dem geringen Interesse an der privaten Nutzung einer VR-Brille wurde starkes Interesse an einem Einsatz zu Unterrichtszwecken bekundet. 36 % der Befragten können sich eine Unterbringung der Brillen im Klassenzimmer vorstellen (Nein: 18 %, Vielleicht: 45 %). Einen Einsatz zu Lernzwecken in den eigenen vier Wänden können sich sogar 45 % vorstellen (Nein: 18 %, Vielleicht: 36 %). Diese grundlegend positive Einstellung begründet sich in den Möglichkeiten, Szenarien aus der Ich-Perspektive wahrzunehmen und somit einen der Realität näherkommenden Einblick in das Berufsleben zu erhalten, als dies mit klassischem Rollenspiel der Fall ist. Aus Freitextkommentaren wurden ersichtlich, dass manche Auszubildende „die alte Schule bevorzugen" (Teilnehmende Person (TP) #3) oder sich bei der Nutzung im Klassenzimmer „komisch vorkommen" (TP #11).

Noch aufgeschlossener sind die Umfrageteilnehmenden gegenüber der Idee, ein HMD zu Hause einzusetzen. Die durch VR ermöglichte tiefe Immersion in das Unterrichtsmaterial kann Ablenkungen während des Lernprozesses minimieren und somit zu einem konzentrierteren Lernen beitragen. Die Nutzung zu Hause wird positiv bewertet: „Das Gerät kann durch Immersion Ablenkungen während der Erfahrung minimieren" (TP #5) und „Man könne konzentrierter lernen" (TP #6).

Für eine ordnungsgemäße Projektplanung und das korrekte Einbeziehen aller Stakeholder sind diese Anforderungen in zwei Hauptkategorien zusammenzufassen. Auf der einen Seite gibt es organisatorische Anforderungen im Bereich Finanzen und in der Entwicklung verschiedener Szenarien für Einzel- und Multinutzererfahrungen. Diese müssen zusammen mit den Lehrenden entwickelt werden, um die gesetzlichen Vorgaben bezüglich der Unterrichtsinhalte zu erfüllen. Für die mobile Anwendung bieten sich autarke

HMDs an, da sie einen vergleichsweise niedrigen Anschaffungspreis haben und keine externe Peripherie benötigen. Dies erleichtert die Einrichtung der Systeme und verringert das Verletzungsrisiko. Der Einsatz Smartphone-basierter VR verringert den Kostenfaktor weiter, jedoch sind Interaktionsmöglichkeiten und Bewegungsfreiheit dabei stark eingeschränkt.

Auf der anderen Seite stehen die technologischen Anforderungen. Nutzende sollen nur einen geringen Zeit- und Arbeitsaufwand aufbringen müssen, um die korrekte Anwendung des Systems zu erlernen. Das System muss außerdem eine hohe Fehlertoleranz aufweisen. Der Einsatz kabelloser Systeme ist dabei zu empfehlen. Multimodaler In- und Output kann die Immersion erhöhen und auf diese Art und Weise zu einem besseren Lernergebnis beitragen (Weiß et al., 2019, 2020a).

5.3 Einsatz von VR zur Stresssimulation im Pflegekontext

Für die hohe Stressbelastung im Pflegealltag sind verschiedene Stressoren verantwortlich, darunter eine hohe Alarmbelastung (Cobus et al., 2020), emotionale Faktoren (Martín-Del-Río et al., 2018) sowie organisatorische und administrative Hürden (Johnston et al., 2016). So sind beispielsweise der Mangel an Pflegefachpersonal und das daraus resultierende zahlenmäßige Verhältnis von Pflegefachpersonen zu Gepflegten für Burn-out und Fluktuation in der Belegschaft mitverantwortlich. Da sich Stress sowohl auf das Pflegefachpersonal als auch auf die Patientinnen und Patienten negativ auswirkt (Epp, 2012), realisieren wir das von Meichenbaum entwickelte Stressinokulationstraining (SIT) in VR, um die Stressbelastung in der Realität zu verringern (Meichenbaum & Cameron, 1989).

Unter Beachtung der in Abschn. 5.2.2 beschriebenen Anforderungen wurden in Zusammenarbeit mit Lehrkräften einer Pflegeschule mehrere Szenarien definiert. Um den Pflegeunterricht zu komplementieren und Pflegeauszubildende in real anmutender Umgebung besser auf einige stressreiche Situationen vorzubereiten, wurden Stressoren im Pflegeberuf identifiziert und entsprechende Trainings konzipiert und implementiert. In diesem Kapitel stellen wir verschiedene Szenarien sowie ihre Auswirkung auf das Stresslevel unserer Versuchspersonen vor.

Wie eingangs beschrieben, inkludiert das aktuelle Curriculum vieler Pflegeschulen zwar Rollenspiele und Skills Labs, welche jedoch ungenügend realistisch beziehungsweise nicht überall verfügbar sind. Zur Entwicklung unserer stresserzeugenden Simulationen nutzen wir eine zu diesem Zweck erstellte virtuelle Umgebung für Intensivpflege (Weiß et al., 2021). Auswahl und Umsetzung der Szenarien und der darin enthaltenen Aufgaben basieren auf einer mit Praxisanleitenden aus der Pflegeausbildung durchgeführten Fokusgruppe. Die Fokusgruppe bestand aus sieben Lehrkräften aus der Pflegeausbildung und begann mit einer Vorstellung der VR-Technologie und ihrer Möglichkeiten. Die Lehrkräfte konnten dann eine VR-Software ausprobieren, um eine bessere

Vorstellung der Interaktion mit der virtuellen Welt zu bekommen. Auch wurden einige Szenarien diskutiert und für Studien prototypisch implementiert. Die Ergebnisse dieser Fokusgruppe bilden auch die Pflegeaufgaben und pflegetypischen Stressoren ab, die in Studien eingesetzt werden.

5.3.1 Einfluss des Bildrealismus der VR auf die Stressreaktion

Wie in Abschn. 5.2.2 beschrieben, sollte der Kostenfaktor bei der Entwicklung der Software nicht zu hoch ausfallen. Dies kann erreicht werden, indem der Detailgrad bei der Gestaltung einer virtuellen Umgebung niedrig gehalten wird. Die Vermutung liegt nahe, dass dies zulasten der Immersion geht. Um dies zu untersuchen, haben wir in einer Studie die Veränderung der Stressreaktion bei Veränderung des dargestellten Detailgrads der Umgebung untersucht.

Die Teilnehmenden der Studie wurden gebeten, pflegetypischen Aufgaben in einem virtuell nachgestellten Intensivzimmer nachzukommen. Während der Durchführung der Aufgaben wurden die Testpersonen zweierlei Stressoren (Alarmbelastung, Zeitdruck) ausgesetzt. Die durchgeführten Tätigkeiten waren das Aufschreiben eines Vitalparameters von einem Monitor in eine Pflegekurve und der Austausch leerer Medikamentenspritzen in einem Perfusorbaum durch volle Spritzen.

Der grafische Realitätsgrad (Bildrealismus) wurde von Durchgang zu Durchgang variiert, vgl. dazu Abb. 5.2, 5.3 und 5.4. Der höchste virtuelle Realitätsgrad zeigte ein detailreiches Intensivzimmer mit diversen typischen Gerätschaften. Im ersten Abstraktionsgrad wurden sowohl Licht und Schatten entfernt als auch die Gerätschaften durch abstrakte

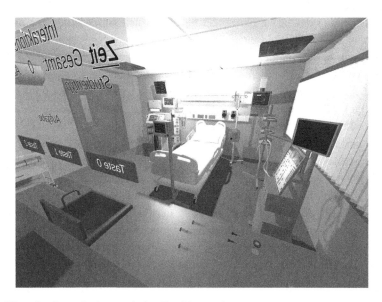

Abb. 5.2 Virtuelles Intensivzimmer: hoher Realitätsgrad

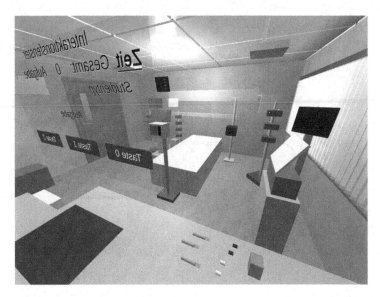

Abb. 5.3 Virtuelles Intensivzimmer: mittlerer Realitätsgrad

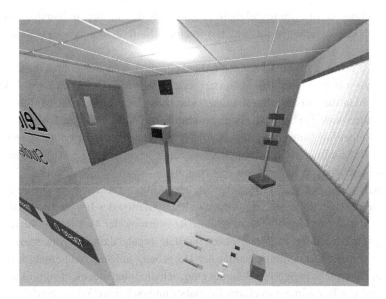

Abb. 5.4 Virtuelles Intensivzimmer: niedriger Realitätsgrad

Formen ausgetauscht, wobei die Farbpalette beibehalten wurde. Die niedrigste Stufe des Detailgrades wurde durch das Entfernen weiterer Objekte realisiert, sodass nur die für die Erfüllung der Aufgaben notwendigen Objekte in ihrer abstrakten Form erhalten blieben. Zusätzlich zu den virtuellen Umgebungen wurde das Experiment auch in einer realen Umgebung durchgeführt, um Vergleichswerte aus einer Laborstudie heranziehen zu können.

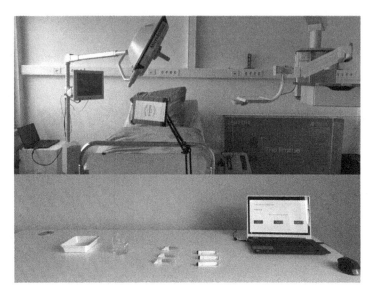

Abb. 5.5 Reallabor: Intensivzimmer mit Studienaufbau

Dadurch konnte in Erfahrung gebracht werden, ob das in den Immersionsstufen entstehende Stresslevel dem gleicht, welches in einem Skills Lab hervorgerufen wird, siehe Abb. 5.5.

Die Studie wurde als Within-Subject-Studie[2] konzipiert, da bedingt durch die COVID-19-Pandemie nur wenige Freiwillige akquiriert werden konnten. Um einen Lerneffekt vorzubeugen, wurden die verschiedenen Immersionsgrade in zufälliger Reihenfolge gezeigt. Teilnehmende wurden gebeten, die oben beschriebenen Aufgaben abzuarbeiten, welche in zufälliger Reihenfolge ausgewählt wurden. Für die Dauer des Experiments wurden verschiedene Vitalparameter der Versuchspersonen aufgezeichnet. Zusätzlich wurden zwischen den Durchgängen Fragebögen ausgehändigt.

Die Analyse der von den Teilnehmenden ausgefüllten Präsenzfragebögen ergab, dass der Grad der erreichten Präsenz durch unsere Manipulation des Immersionsfaktors „Bildrealismus" signifikant beeinflusst wurde. Die Auswertung der Messdaten, die für die Bestimmung des Stresslevels aufgezeichnet wurden, ergab, dass die Stressreaktion nicht signifikant von der Darstellungsqualität der Umgebung abhängt. Außerdem konnten wir feststellen, dass unabhängig vom Realitätsgrad sich die Intensität nicht signifikant von der Reaktion auf das Experiment in einem Reallabor unterscheidet. Wir konnten zeigen, dass eine virtuelle Realität als Trainingsumgebung wirksam Stress auslöst. Dies verringert den Aufwand und damit den Kostenfaktor bei der Entwicklung der VR-Simulationssoftware (Weiß et al., 2021).

---

[2] In einer Within-Subject-Studie werden alle Experimentalkonditionen von einer Testperson durchgeführt, während in einer Between-Subject-Studie jede Testperson nur eine Experimentalkondition durchläuft.

5.3.2 Stressvermittlung in Pflegekontext mittels Storytelling in VR

In einer weiteren Studie stellten wir uns die Frage, ob emotionaler Stress auch durch VR vermittelt beziehungsweise induziert werden kann. Hierzu wurde in einem ersten Schritt anhand der Ergebnisse einer umfangreichen Literaturrecherche ein Interviewleitfaden entwickelt. Mittels dessen wollten wir in Erfahrung bringen, welche Stressfaktoren in der Pflege häufig und in welcher Intensität auftreten, also welche Faktoren die Pflegefachkräfte am stärksten beeinflussen. Basierend auf dem Fragebogen führten wir mit einer Fachgruppe bestehend aus fünf Intensivpflegefachpersonen Interviews durch. Die von den interviewten Personen genannten Stressfaktoren inkludierten unter anderem „inkompetentes medizinisches Personal" und „das Erfüllen der Wünsche der Familie des Patienten". Letzterer ist deswegen kritisch, da die Wünsche der Familie oft nicht mit den eigenen Grundwerten (dem „moralischen Kompass") *vereinbar* sind. Ist dies der Fall, spricht man von „Moral Distress" (deutsch: moralische Verletzung) (Epp, 2012). Insbesondere Pflegefachpersonen sind hiervon betroffen, da sie weniger in die Entscheidung über die Behandlung von Gepflegten involviert sind als das medizinische Personal und ihre Möglichkeiten, nach eigenem Ermessen zu handeln, begrenzt sind.

Auf Basis der Ergebnisse aus den Interviews entwickelten wir ein virtuelles Pflegeszenario, in dem Teilnehmende den Wünschen der Familie wider besseren Wissens und entgegen ihrem eigenen moralischen Kompass nachkommen mussten. Für die Verkörperung der virtuellen, im Szenario vorkommenden Charaktere griffen wir auf die RocketBox-Library (Microsoft, 2020) zu.

Das Szenario ist gemäß der 3-Akt-Struktur (Field, 2000) aufgebaut und informiert im ersten Akt die an der Studie teilnehmenden Pflegefachpersonen über den hoffnungslosen Gesundheitszustand eines Patienten, welcher durch einen männlichen Non-Player Character (NPC, deutsch: Nicht-Spieler-Charakter) dargestellt wird. Mit dem ersten Plotpunkt, welcher den Übergang zwischen dem ersten und dem zweiten Akt markiert, betreten Familienangehörige den Raum und bekräftigen ihren Wunsch, den Patienten „unter allen Umständen" am Leben zu erhalten. Der zweite Akt endet mit einer rapiden Verschlechterung des Gesundheitszustandes des virtuellen Patienten. Der nun folgende dritte Akt hat unterschiedliche Verläufe: (a) die Familie ist nicht anwesend (Level 0), (b) die Familie ist anwesend und verhält sich ruhig beziehungsweise kooperativ (Level 1) oder (c) die Familie ist anwesend und verhält sich aggressiv (Level 2).

Wie in der vorhergehenden Studie nutzten wir zur Feststellung der Änderung des Stresslevels sowohl objektive als auch subjektive Messverfahren. Zum Einsatz kamen:

- der Perceived Stress Questionnaire (PSQ) 20, ein Stressfragebogen in der kurzen Variante des PSQ (Fliege et al., 2001),
- eine Likert-Frage (Skala 1–5), welche auf das minutenaktuelle Stressempfinden der Teilnehmenden abzielt,

- der igroup-Presence-Fragebogen, welcher subjektive Präsenz in VR erhebt (Schubert et al., 2001) und
- Messung von Puls, Atemfrequenz und Hautleitwiderstand.

Sowohl die objektiven als auch die subjektiven Messverfahren zeigen in der Summe eine erhöhte Stressreaktion der Probandinnen und Probanden in den Leveln 1 und 2 im Vergleich zu Level 0. Gleichzeitig konnten wir in den Stufen 1 und 2 eine höhere Präsenz feststellen. Dies kann ein Hinweis darauf sein, dass eine erhöhte emotionale Beteiligung die Präsenz der VR-Nutzenden beeinflusst.

Mit den bisherigen Erkenntnissen unserer Trainings in Bezug auf pflegetypische Stressoren lassen sich Simulationen für die Aus-, Fort- und Weiterbildung erstellen. Beim Einsatz im Unterricht können sie das aktuelle Curriculum ergänzen. Darüber hinaus können sie den eingangs beschriebenen Mangel an Realismus vermindern beziehungsweise dem fehlenden Zugang zu Skills Labs begegnen, da die mobilen VR-Geräte, die der Zielgruppe zur Verfügung stehen, ortsunabhängig für den Unterricht genutzt werden können. VR bietet somit eine tragfähige Ergänzung zum Status quo der Pflegeausbildung.

5.4   AR zur Unterstützung im Pflegealltag

5.4.1   Motivation

Durch die zunehmende Entwicklung der Biosensorik und damit verbundenen Möglichkeiten zur Kontrolle von Vitalzeichen steigt die Häufigkeit akustischer und optischer Alarme auf Intensivstationen, welche nicht nur die Genesung der Patientinnen und Patienten verlangsamen, sondern auch durch häufige Unterbrechungen den kognitiven Stress der Pflegefachpersonen vervielfachen (Cobus, 2021).

Eine wesentliche Aufgabe des Pflegefachpersonals auf einer Intensivstation ist die kontinuierliche Überwachung der lebenswichtigen Körperfunktionen. Um anzuzeigen, dass ein wichtiges Lebenssignal über oder unter einem bestimmten Schwellenwert liegt, lösen mehrere Überwachungsgeräte und gemessene Parameter eine große Anzahl verschiedener dringender Alarme auf sogenannten Patientenmonitoren aus. Täglich ertönen so bis zu 350 Alarme pro erkrankter Person (Ruskin & Hueske-Kraus, 2015). Diese Patientenmonitore sind stationär an jedem Bett positioniert, wodurch das Bestätigen und somit Beenden dieser Alarme häufige Arbeitsplatzwechsel benötigt und somit auch den physischen Stress erhöht.

Diese vermeidbare Mehrbelastung führt zu erheblichem kognitiven Stress und mittelfristig zu einer für die Patientinnen und Patienten gefährlichen Desensibilisierung professionell Pflegender für Alarme (auch Alarm fatigue genannt).

In den Forschungsvorhaben *AlarmRedux* und *opticARe* wurden Methoden und Technologien entwickelt, um Pflegefachpersonen in der Intensivpflege mittels AR zu unterstützen, unter anderem indem Informationen und Alarme an einzelne Personen gerichtet und in jeder Situation dargestellt werden. So sollen unnötige Laufwege sowie Mehrbelastung durch Alarme vermieden werden.

Bei der Entwicklung wurden Personen aus der Zielgruppe in jedem Entwicklungsschritt mit einbezogen, so wurden in der Anforderungsanalyse zum Beispiel Diskussionsrunden oder Interviews durchgeführt oder aber die Prototypen von Pflegefachpersonen evaluiert und bewertet. Das Feedback der Zielgruppe floss dann in die Weiterentwicklung der Prototypen ein. Durch dieses Vorgehen konnten letztendlich beide Forschungsvorhaben zufriedenstellende Ergebnisse liefern.

5.4.2 Multimodale Alarmverteilung zur Reduktion akustischer Alarme

Um der zuvor geschilderten Belastung durch die Häufigkeit akustischer und optischer Alarme sowie der resultierenden „Alarm fatigue" entgegenzuwirken, wurde im Forschungsvorhaben *AlarmRedux* untersucht, wie Alarmsignale gestaltet werden sollten, um einzelne Pflegefachpersonen gezielt und unaufdringlich zu alarmieren. Hierzu wurde zunächst ein Alarmverteilungsmodell aufgestellt, welches auf einem evaluierten Algorithmus basiert und mithilfe einer detaillierten Analyse der Anforderungen an deutsche Pflegeeinrichtungen, wie zum Beispiel einem höheren Pflegeschlüssel oder auch eines leicht abweichenden Arbeitsablaufs, angepasst wurde.

Dieses Alarmverteilungsmodell unterteilt sich in zwei Modi: einem für technische sowie unkritische Alarme und einem für kritische Alarme. Es zielt darauf ab, ausschließlich die zuständige Pflegefachperson bei unkritischen und technischen Alarmen beziehungsweise das behandelnde medizinische Personal bei kritischen Alarmen zu kontaktieren. Weitere Pflegefachpersonen werden erst alarmiert, wenn spätestens nach 60 Sekunden keine Reaktion auf den ersten Alarm erfolgte, siehe Abb. 5.6.

Im nächsten Schritt wurden in iterativen, partizipativen Designstudien Alarmmuster für ein HMD entworfen (Cobus et al., 2019). Diese Muster unterscheiden sich in ihrer Dringlichkeit und werden in drei Stufen eingeteilt: technischer Alarm, unkritischer Alarm und kritischer Alarm. Sie wurden als Vibrationsmuster hinter den Ohren, Lichtmuster im

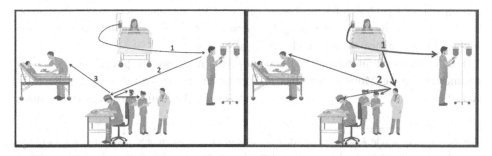

Abb. 5.6 Alarmverteilung auf einer Intensivstation

Abb. 5.7 Kopfgetragener Prototyp mit verschiedenen Modalitäten

peripheren Sichtfeld und akustische Alarme über Knochenschall[3] realisiert und als Alternative zum aktuellen Standard der akustischen Alarme über Lautsprecher geprüft. Diese Technologien wurden in einen kopfgetragenen Prototyp integriert, vgl. Abb. 5.7.

Für die Vibrationsmuster resultierte aus den Designstudien eine einfache, sich wiederholende Vibration für technische Alarme, eine zweifache Vibration für unkritische und eine dreifache Vibration für kritische Alarme. Die Darstellung erfolgte über Vibrationsmotoren an den Bügeln der Brille.

Die Lichtalarme im peripheren Sichtfeld der AR-Brille variierten hinsichtlich ihrer Farbe sowie der Blinkfrequenz und Transition der Helligkeit. So wurden technische Alarme durch ein blaues Pulsieren, die unkritischen Alarme mittels eines gelben Blinkens mit halber Helligkeitsintensität und die kritischen Alarme als rotes, helles und schnelles Blinken dargestellt.

Für die akustischen Alarme wurden die bereits etablierten Alarme gewählt, welche sich mit steigender Dringlichkeit hinsichtlich Tonfrequenz differenzieren. Eine visuelle Darstellung der Alarmmuster ist in Abb. 5.8 zu sehen.

Diese Muster wurden in Laborstudien mit Intensivpflegefachpersonen evaluiert, um ein multimodales Alarmdesign für am Körper getragene Patientenmonitorsysteme abzuleiten. Die Studie wurde mit 12 Intensivpflegefachpersonen in einem Behandlungszimmer einer kooperierenden Intensivstation durchgeführt, siehe Abb. 5.9.

Die Testpersonen führten hierzu Primäraufgaben durch, welche pflegetypische Lasten simulieren: (a) das Mobilisieren einer Pflegepuppe (körperliche Last), (b) das Rechnen von Dreisatz-Aufgaben (kognitive Last) und (c) das Durchführen eines Hand-Auge-

---

[3] Knochenschallleitende Kopfhörer werden hinter den Ohren angebracht und leiten Audiosignale über den Schädelknochen. Die Gehörgänge bleiben frei, andere Geräusche sind weiterhin wahrnehmbar.

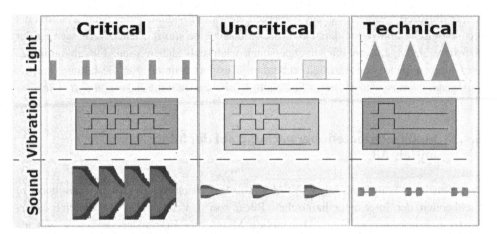

Abb. 5.8 Schematische Darstellung verschiedener Alarmsignale

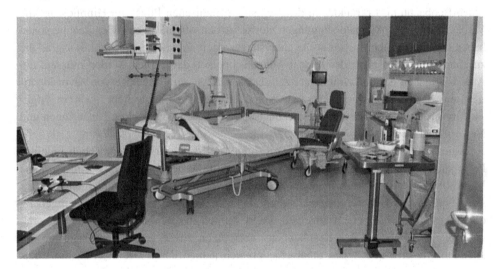

Abb. 5.9 Studienaufbau für *AlarmRedux*

Koordinationsspiels. Während dieser Aufgaben wurden die jeweiligen Alarme eingespielt, welche erkannt und hinsichtlich der Eignung für die Pflege bewertet werden sollten. Hierbei wurden ebenfalls die Fehlerquote und die benötigte Zeit bis zur Identifikation des Alarms gemessen.

Die Ergebnisse zeigten, dass für eine Kurzzeitnutzung die persönliche Alarmierung im Vergleich zum aktuellen Stand der Technik von den Pflegefachpersonen bevorzugt wurde. Anhand der Ergebnisse konnte ein multimodales Alarmmuster abgeleitet werden, welches in die Datenbrille „Google Glass" implementiert wurde. Zur Bestätigung von Alarmen wurden erste berührungslose Interaktionsdesigns entworfen, die in einer Pilotstudie evaluiert worden sind. Zusammenfassend konnte im Rahmen des Forschungsvorhabens *Alarm-*

Redux illustriert werden, dass ein körpergetragenes, individualisiertes Alarmsystem eine technologische Innovation darstellt, dessen Einsatz eine weitreichende Verbesserung der Arbeitsbedingungen von Pflegefachpersonen nach sich ziehen kann. Für anknüpfende Forschungen bietet diese Arbeit außerdem Designrichtlinien zur Gestaltung körpergetragener Alarmsysteme. Dieses Forschungsvorhaben stellt die Basis von *opticARe* dar.

5.4.3 Mobile Patientenüberwachung auf der Intensivstation mittels AR

Im Rahmen der Forschungsarbeit *opticARe* wurde der Einsatz von AR-Anwendungen im Fachbereich der intensivmedizinischen Pflege zur Unterstützung der mobilen Überwachung Erkrankter evaluiert. Das mobile Monitoring Erkrankter stellt eine zeitaufwendige sowie körperlich anspruchsvolle Aufgabe dar (Kimmel et al., 2021). Daher war es Ziel dieses Vorhabens, zu erörtern, welche Potenziale der Einsatz von AR zur medizinischen Beobachtung Erkrankter in der intensivmedizinischen Pflege im Hinblick auf die Verbesserung der Arbeitsbedingungen sowie Arbeitsqualität von Pflegefachpersonen haben könnte. Darüber hinaus sollte analysiert werden, in welchem Abstraktionsgrad die zu überwachenden Daten der Intensivpflegefachperson dargeboten werden müssen, um Arbeitsaufgaben optimal zu unterstützen. Dazu wurden auf Grundlage von zuvor identifizierten Anwendungsszenarien sowie von Anforderungen Nutzender mehrere High-Fidelity-Prototypen[4] realisiert und diese anschließend von potenziellen Nutzerinnen und Nutzern begutachtet.

Insgesamt wurden im Rahmen von *opticARe* drei verschiedene High-Fidelity-Prototypen entwickelt. Alle Prototypen wurden mithilfe der Spiel-Engine Unity in eine Microsoft Hololens v.1 implementiert. Alle drei Prototypen wurden so implementiert, dass sie die benötigten Beobachtungsparameter als virtuelle Erweiterungen in der Umgebung der Intensivpflegefachperson anzeigen. Dazu wurden die Beobachtungsparameter ortsgebunden am Fußende des Krankenbetts über einen zuvor gescannten QR-Code abgebildet. Die drei Prototypen unterschieden sich jedoch darin, wie abstrakt die Überwachungsparameter für die Intensivpflegefachperson dargeboten wurden. Die entsprechend unterschiedlichen Darstellungsformen beziehungsweise Prototypen werden im Folgenden als *großes* (1), *kleines* (2) und *kontextabhängiges* (3) Darstellungsformat beschrieben:

1. Der Prototyp, der die große Darstellungsform anzeigte, wurde an das Design eines traditionellen Patientenmonitors angelehnt (Abb. 5.10).
2. Der Prototyp, der das kleine Darstellungsformat nutzte, zeigte lediglich Parameternamen und -werte sowie Alarmgrenzen und verzichtete dabei auf eine historische Kurvendarstellung (Abb. 5.11). Beide Prototypen (1) und (2) gaben ein visuell und

---

[4] High-Fidelity-Prototypen sind dem finalen Produkt in Aussehen und Interaktion bereits sehr ähnlich.

auditiv wahrnehmbares Alarmsignal aus, falls sich einer der Parameterwerte in einem gesundheitskritischen Bereich befand.

3. Der Prototyp, in dem die kontextabhängige Darstellungsform implementiert war, nutzte ein ähnliches Alarmsystem wie die zuvor beschriebenen Prototypen, wechselte aber zwischen der kleinen und der großen Darstellungsform in Abhängigkeit vom Systemzustand: Befanden sich die angezeigten Parameterwerte in einem nicht gesundheitsschädlichen Bereich, zeigte der Prototyp die kleine Darstellung an, während er bei Über- oder Unterschreitung festgelegter Schwellwerte das größere Darstellungsformat zeigte und einen Alarm auslöste.

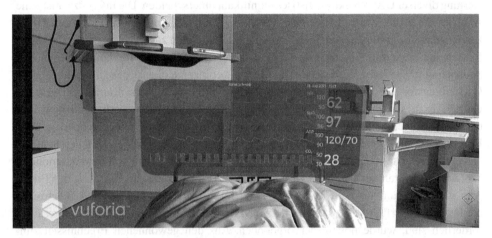

Abb. 5.10 *opticARe*-Monitor. (Große Darstellung)

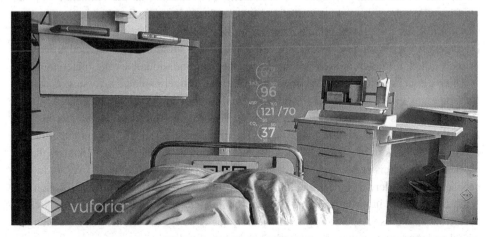

Abb. 5.11 *opticARe*-Monitor. (Kleine Darstellung)

Die drei entworfenen Prototypen wurden im Rahmen einer Online-Befragung einer Evaluation unterzogen. Dabei wurde die User Experience (UX) der drei Prototypen auf Basis
von beispielhaften Nutzungsvideos bewertet und die Teilnehmenden mittels des AttrakDiff-
Fragebogens (Hassenzahl et al., 2003) zu einer präferierten Darstellungsform befragt. Die
Stichprobe bestand aus 45 aktiven oder ehemaligen intensivmedizinischen Pflegefachpersonen. Die Berufserfahrung der Teilnehmenden lag im Durchschnitt bei neun Jahren.
Alle rekrutierten Pflegefachpersonen beantworteten die Fragen zur Bewertung der UX, 39
von ihnen bewerteten zusätzlich die Prototypen im Hinblick auf ihre Präferenz und gaben
qualitatives Feedback.

Die erhobenen Daten konnten verdeutlichen, dass sich die drei Prototypen in ihrer Bewertung diverser UX-Aspekte statistisch signifikant unterscheiden. Die inferenzstatistische
Analyse der Mittelwertunterschiede sowie die Durchführung einer Posthoc-Analyse
zeigten, dass die kontextabhängige Darstellung im Vergleich zu den anderen Darstellungsformen eine bessere UX bietet. Die Analyse der aus den Präferenz-Rankings gewonnenen
Scores lieferte ähnliche Ergebnisse. Die Medianwerte zeigten, dass das kontextabhängige
Darstellungsformat statistisch am häufigsten als präferierte Darstellungsform gewählt
wurde. Aus diesen quantitativen Erkenntnissen sowie den zusätzlich vorliegenden qualitativen Ergebnissen kann geschlussfolgert werden, dass das Intensivpflegefachpersonal die
Kombination aus hoher Navigierbarkeit und erhöhter Datenverfügbarkeit der kontextabhängigen Darstellungsform als am besten geeignet ansieht, um sie während des mobilen
Monitorings erkrankter Personen zu unterstützen. Insbesondere die Fähigkeit des Proto-
typs, die Einschränkung der Sicht des Pflegefachpersonals zu reduzieren und gleichzeitig
die Daten zur Verfügung zu stellen, die zur Verifizierung bestimmter Parameterwerte erforderlich sind, wurde positiv hervorgehoben. Aus den gewonnenen Ergebnissen zum
kontextabhängigen Darstellungsformat lässt sich ableiten, dass die Verwendung von AR
für mobile Überwachungszwecke als zusätzliche Anforderung an die Nutzenden in zukünftigen Forschungsprojekten berücksichtigt werden sollte. Die Ergebnisse der Evaluation mithilfe der Zielgruppe erlauben außerdem Rückschlüsse auf weitere Anforderungen.
Dazu gehört vor allem, dass AR-Systeme, die in mobilen Monitoring-Szenarien eingesetzt
werden sollen, umfangreiche Möglichkeiten der Systemindividualisierung bieten müssen.

Über diese Ergebnisse hinaus identifizierten die Teilnehmenden diverse potenzielle
Vorteile eines Einsatzes von AR für mobiles Vitalmonitoring. Dazu zählen eine mögliche
Verringerung des Gebrauchs von schweren und sperrigen Geräten, eine Steigerung der
Zeiteffizienz und eine erhöhte Sicherheit für Gepflegte. Die Teilnehmenden äußerten jedoch auch Bedenken hinsichtlich der Anwendung von AR-Geräten in der Intensivpflege,
da sie sich beispielsweise vorstellen können, dass das System anfällig für Verbindungs-
abbrüche oder andere technische Fehler ist. Sowohl die angedachten Vorteile als auch die
Nachteile konnten in unserer Online-Studie nicht ausreichend untersucht werden. Nichts-
destotrotz sind diese Aspekte Argumente dafür, das Konzept in zukünftigen Forschungen
eingehender zu untersuchen, insbesondere in In-Situ-Studien.

Das Hauptziel des Forschungsvorhabens *opticARe* war es, zu evaluieren, inwiefern mit
AR das Monitoring der Gepflegten auf Intensivstationen ergänzt werden kann. Die zu-

sammengefassten Ergebnisse zeigen sowohl einen Mehrwert eines AR-Monitorings als auch damit verbundene Forschungspotenziale auf. Basierend auf den diesen Forschungs- ergebnissen könnte zukünftig ein AR-basiertes Überwachungssystem erarbeitet werden, welches einen Beitrag zur Verbesserung der Arbeitsbedingungen des Pflegefachpersonals sowie zur Gewährleistung der Sicherheit der Patientinnen und Patienten leisten könnte.

5.5   Zusammenfassung und Ausblick

Dieses Kapitel zeigt die vielfältigen Potenziale eines Einsatzes virtueller und erweiterter Realitäten in der Pflege auf. Durch Darstellung diverser vom PIZ geförderter Forschungs- vorhaben konnte somit unter anderem die Anwendung von VR zur Fort- und Weiterbildung von Intensivpflegefachpersonen sowie die dafür in Zukunft benötigten Bedarfe dargestellt werden. Darüber hinaus wurden mit der Darlegung der Forschungsprojekte *AlarmRedux* und *opticARe* zwei AR-Anwendungen beispielhaft veranschaulicht. Die Evaluationen der aus diesen Projekten resultierten Prototypen demonstrieren, wie der Einsatz von AR-Tech- nologien in der Intensivpflege potenziell eine Verbesserung der Arbeitsbedingungen und eine Steigerung der Effizienz bewirken kann.

Bei den dargestellten Ergebnissen und Prototypen handelt es sich größtenteils um ex- plorative Forschungsarbeiten. Um die aus diesen Arbeiten abgeleiteten Potenziale auch im Pflegealltag realisieren zu können, sind im Hinblick auf die technologische Entwicklung von VR- und AR-Geräten beziehungsweise VR- und AR-Anwendungen diverse Be- dingungen zu erfüllen. So stellt die zurzeit mit AR-Brillen verbundene eingeschränkte Nutzerfreundlichkeit, die insbesondere aus einem Mangel an Komfort, einem geringen Sichtfeld und einer geringen Akkulaufzeit resultiert, beim praktischen Einsatz dieser Ge- räte eine Hürde dar. Außerdem erfüllen vorhandene Gerätschaften in ihrem derzeitigen Entwicklungsstand nicht die diversen Anforderungen, die an mobiles medizinisches Equipment gestellt werden. Unter anderem ist aufgrund der Bauart der am Markt be- findlichen Geräte eine gründliche Desinfektion nicht zu bewerkstelligen, da die Geräte schwer erreichbare Stellen aufweisen und scharfes Desinfektionsmittel die verwendeten Werkstoffe angreift. Auch ist die Anwendung in Kombination mit Infektionsschutz- kleidung wie Gesichtsmasken und Schutzbrillen auf Dauer nicht möglich. Aus diesen Gründen bedarf es einer spezifisch auf den medizinischen Kontext ausgerichteten, nutzer- zentrierten Entwicklung von AR-Geräten und -Anwendungen. Damit eine solche Weiter- entwicklung auch in einer großen Nutzungsbereitschaft innerhalb des Pflegefachpersonals mündet, sollten diese Entwicklungsprozesse des Weiteren betrachten, wie eine soziale Akzeptanz des Einsatzes von AR-Gerätschaften im medizinischen Bereich erhöht werden kann. Dabei sollte besonders die Perspektive von Gepflegten und ihren Zu- und An- gehörigen mit einbezogen und Designentwürfe an deren Anforderungen angepasst werden.

Auch aus den dargestellten Forschungsergebnissen zum Einsatz von VR in der Fort- und Weiterbildung von Pflegefachpersonal lassen sich Bedingungen für eine erfolgreiche Implementierung ableiten. So fehlt den in diesem Bereich durchgeführten Forschungsprojekten zurzeit häufig eine detaillierte und von Expertinnen und Experten durchgeführte didaktische Planung. Ferner erzeugen heutige VR-Trainingsszenarien bei Trainingsteilnehmenden häufig noch kein ausreichendes Immersionserlebnis. Dies liegt unter anderem daran, dass eine Interaktion mit der Trainingsumgebung häufig nur über Controller und nicht über spezifisch für Medizinanwendungen entwickelte Artefakte möglich ist. Aus diesem Grund sind die Entwicklung und Implementierung von haptischen Displays, die realistische haptische Wahrnehmung erzeugen und medizinspezifische Interaktionen ermöglichen, essenziell. Außerdem muss auch die in dem Bereich eingesetzte Hardware an die im Medizinbereich vorherrschenden Arbeits- und Hygieneschutzmaßnahmen angepasst werden. Zum Beispiel sollte das Equipment leicht zu desinfizieren und auch bei längerer Tragedauer komfortabel sein. Zusätzlich könnten erstellte Anwendungen von einer stärkeren Ausrichtung auf Multi-User-Szenarien profitieren, in denen sowohl die Schulungsteilnehmenden als auch die Schulungsleitung gemeinsam in die virtuelle Realität eintauchen, um so auch kollaborativ zu lösende Arbeitsaufgaben trainieren zu können. Aufgrund der finanziell angespannten Situation im deutschen Gesundheitswesen (Rong et al., 2020, S. 4) wird zudem auch eine weitere Senkung der Anschaffungskosten von VR-Equipment nötig sein, um eine flächendeckende Akzeptanz in medizinischen Schulungseinrichtungen erzielen zu können.

Obwohl die in diesem Beitrag getätigten Darstellungen eine strikte Separierung von AR und VR nahezulegen scheinen, ist zu erwarten, dass durch ein vermehrtes Aufkommen von MR-Devices, die eine nahtlose Anpassung des Anteils an dargebotenen virtuellen und reellen Elementen zulassen, eine noch stärkere Verknüpfung der beiden Technologien stattfinden wird. Da durch diese MR-Devices sowohl VR- als auch AR-Anwendungsszenarien mithilfe eines Gerätes abgebildet werden können, ist zu beachten, dass diese Gerätschaften die zuvor dargestellten Bedingungen zu der erfolgreichen Implementierung von AR sowie von VR vereinen müssen. Ergänzend muss dabei mithilfe eines übergreifenden Plattformdesigns der kollaborative Einsatz von AR und VR im Rahmen eines einzelnen Anwendungsszenarios befähigt werden.

Sollten zukünftige Forschungsprojekte eine Erfüllung dieser vielfältigen Bedingungen ermöglichen, könnte ein Einsatz von MR nicht nur wie in diesem Beitrag dargestellt für die Alarmdistribution, für das Monitoring der Behandelten oder für die Fort- und Weiterbildung von großer Bedeutung sein, sondern zudem auch in anderen medizinischen Kontexten Anwendung finden. Geräte aus dem MR-Spektrum könnten dann beispielsweise die Dokumentation des Gesundheitszustandes erleichtern, zur kollaborativen Erstellung von Diagnosen verwendet werden oder zur leichteren Kommunikation von Diagnoseergebnissen zwischen Behandelnden und Behandelten genutzt werden.

Literatur

Azuma, R. T. (1997). A survey of augmented reality. *Presence: Teleoperators & Virtual Environments, 6*(4), 355–385.

Brysch, E. (2019). Der Pflegenotstand ist ernst. Deutschlandfunk. https://www.deutschlandfunk.de/personalmangel-in-krankenhaeusern-der-pflegenotstand-ist-100.html. Zugegriffen am 25.02.2022.

Bundesgesetzblatt. (2018). Ausbildungs- und Prüfungsverordnung für die Pflegeberufe 2020, 1572–1621.

Chang, T. P., Sherman, J. M., & Gerard, J. M. (2019). Overview of serious gaming and virtual reality. In D. Nestel, J. Hui, K. Kunkler, M. Scerbo, & A. Calhoun (Hrsg.), *Healthcare simulation research*. Springer. https://doi.org/10.1007/978-3-030-26837-4_5

Cobus, V. (2021). *Multimodal alarm distribution system for intensive care units*. OLWIR Oldenburger Verlag für Wirtschaft, Informatik und Recht Oldenburg Computer Science Series.

DeMaria, S., Jr., Bryson, E. O., Mooney, T. J., Silverstein, J. H., Reich, D. L., Bodian, C., & Levine, A. I. (2010). Adding emotional stressors to training in simulated cardiopulmonary arrest enhances participant performance: Emotional stressors in advanced cardiac life support training. *Medical Education, 44*(10), 1006–1015. https://doi.org/10.1111/j.1365-2923.2010.03775.x

Epp, K. (2012). Burnout in critical care nurses: A literature review. *Dynamics (Pembroke, Ont.), 23*(4), 25–31.

Field, S. (2000). *Das Handbuch zum Drehbuch: Übungen und Anleitungen zu einem guten Drehbuch*. Zweitausendeins.

Finlayson, D. (2021). Zeitdruck und Pflegekräftemangel gefährden Patientensicherheit. Krankenhaus-IT. https://www.krankenhaus-it.de/modules/publisher/index.php/item.1012/zeitdruck%20und%20pflegekr%C3%A4ftemangel%20gef%C3%A4hrden%20patientensicherheit.html. Zugegriffen am 27.02.2022.

Fliege, H., Rose, M., Arck, P., Levenstein, S., & Klapp, B. F. (2001). Validierung des „Perceived Stress Questionnaire" (PSQ) an einer deutschen Stichprobe. *Diagnostica, 47*(3), 142–152.

Hassenzahl, M., Burmester, M., & Koller, F. (2003). AttrakDiff: Ein Fragebogen zur Messung wahrgenommener hedonischer und pragmatischer Qualität. In G. Szwillus & J. Ziegler (Hrsg.), *Mensch & Computer 2003. Berichte des German Chapter of the ACM, 57*. Vieweg+Teubner. https://doi.org/10.1007/978-3-322-80058-9_19

Jerald, J. (2015). *The VR book: Human-centered design for virtual reality*. Morgan & Claypool.

Johnston, D., Bell, C., Jones, M., Farquharson, B., Allan, J., Schofield, P., & Johnston, M. (2016). Stressors, appraisal of stressors, experienced stress and cardiac response: A real-time, real-life investigation of work stress in nurses. *Annals of Behavioral Medicine, 50*(2), 187–197.

Kimmel, S., Cobus, V., & Heuten, W. (2021). opticARe – Augmented reality mobile patient monitoring in intensive care units. In Proceedings of the 27th ACM symposium on virtual reality software and technology (S. 1–11). https://doi.org/10.1145/3489849.3489852

Kühnel, M., Ehlers, A., Bauknecht, J., Hess, M., Stiemke, P., & Strünck, C. (2020). Personalfluktuation in Einrichtungen der pflegerischen Versorgung – Eine Analyse von Ursachen und Lösungsmöglichkeiten. Forschungsgesell-schaft für Gerontologie e.V./Institut für Gerontologie an der TU Dortmund.

Martín-Del-Río, B., Solanes-Puchol, Á., Martínez-Zaragoza, F., & Benavides-Gil, G. (2018). Stress in nurses: The 100 top-cited papers published in nursing journals. *Journal of Advanced Nursing, 74*(7), 1488–1504.

Meichenbaum, D., & Cameron, R. (1989). Stress inoculation training. In D. Meichenbaum & M. E. Jaremko (Hrsg.), *Stress reduction and prevention* (S. 115–154). Springer US. https://doi.org/10.1007/978-1-4899-0408-9_5

Microsoft. (2020). *Microsoft rocketbox avatar library*. https://github.com/microsoft/MicrosoftRocketbox. Zugegriffen am 13.02.2022.

Milgram, P., Takemura, H., Utsumi, A., & Kishino, F. (1995, December). Augmented reality: A class of displays on the reality-virtuality continuum. In *Telemanipulator and telepresence technologies* (Bd. 2351, S. 282–292). International Society for Optics and Photonics.

Munnerley, D., Bacon, M., Wilson, A., Steele, J., Hedberg, J., & Fitzgerald, R. (2012). Confronting an augmented reality. *Research in Learning Technology, 20*(Supplement), 39–48.

Prachyabrued, M., Wattanadhirach, D., & ... (2019). *Toward virtual stress inoculation training of prehospital healthcare personnel: A stress-inducing environment design and investigation of an emotional connection* .... on Virtual Reality .... https://ieeexplore.ieee.org/abstract/document/8797705/. Zugegriffen am 13.11.2021.

Rong, O., Maguina, P., Bähner, V., & Grotelüschen, J. (2020). Roland Berger Krankenhausstudie 2020. Roland Berger GmbH (Hrsg.), München.

Ruskin, K. J., & Hueske-Kraus, D. (2015). Alarm fatigue: Impacts on patient safety. *Current Opinion in Anesthesiology, 28*, 685–690.

Schubert, T., Friedmann, F., & Regenbrecht, H. (2001). The experience of presence: Factor analytic insights. *Presence: Teleoperators & Virtual Environments, 10*(3), 266–281.

Simon, M. (2018). Von der Unterbesetzung in der Krankenhauspflege zur bedarfsgerechten Personalausstattung: Eine kritische Analyse der aktuellen Reformpläne für die Personalbesetzung im Pflegedienst der Krankenhäuser und Vorstellung zweier Alternativmodelle (No. 096). Working Paper Forschungsförderung.

Weiß, S., Cobus. V., & Heuten, W. (2019). Bedarfe für Virtual Reality Basierte Stress Trainings in der Pflege. 3. Clusterkonferenz Zukunft der Pflege, 48–51.

Weiß, S., Klassen, N., & Heuten, W. (2021). Effects of image realism on the stress response in virtual reality. In 27th ACM symposium on virtual reality software and technology.

Sebastian Weiß Sebastian Weiß studierte „Medical Systems Engineering" an der Otto-von-Guericke-Universität Magdeburg und erwarb dort 2016 den Master of Science. Am Deutschen Zentrum für Neurodegenerative Erkrankungen war er ein Jahr lang als Technical Lead verantwortlich für die Implementierung verschiedener Virtual-Reality-Experimente. 2017 wechselte er ans OFFIS – Institut für Informatik in die Arbeitsgruppe „Interaktive Systeme" und begann seine Promotion im Bereich der Virtual-Reality-Simulationen für die Pflegeausbildung im Rahmen des Pflegeinnovationszentrums. Weitere Forschungsinteressen liegen in den Bereichen virtueller Labore zur Edukation der Öffentlichkeit sowie Augmented Reality für den Einsatz in der Patientendokumentation.

Simon Kimmel Simon Kimmel ist wissenschaftlicher Mitarbeiter am OFFIS – Institut für Informatik und erforscht neuartige Interaktionsmöglichkeiten und Anwendungsbereiche von Mixed Reality. Er verfügt über einen Bachelor-Abschluss im Fach Wirtschaftspsychologie von der Leuphana Universität Lüneburg und einen Master-Abschluss im Fach „Engineering of Socio-Technical Systems" von der Carl von Ossietzky Universität Oldenburg. Derzeit untersucht er die Nutzung von Virtual Reality als Kommunikationsmittel für pflegebedürftige Personen und deren Angehörige. Dabei exploriert er, wie Multi-Nutzer-Virtual-Reality-Anwendungen um zusätzliche Modalitäten, insbesondere um haptische Reize, erweitert werden können. Damit verfolgt er das Ziel, das Entstehen tiefergehender sozialer Verbundenheit zwischen den Nutzern zu fördern.

Vanessa Cobus Prof. Dr.-Ing. Vanessa Cobus hat im Jahr 2015 ihr Masterstudium im Fach Informatik an der Carl von Ossietzky Universität Oldenburg abgeschlossen. Während des Studiums hat sie sich auf die Entwicklung interaktiver Systeme mit Fokus auf Usability und User Experience spezialisiert. Seit 2013 ist Vanessa Cobus in der Gruppe „Interaktive Systeme" zunächst als wissenschaftliche Hilfskraft und seit 2015 als wissenschaftliche Mitarbeiterin tätig. Im März 2020 hat sie ihre Promotion mit dem Thema Reduktion akustischer Alarme auf Intensivstationen durch am Körper multimodale head-mounted Displays abgeschlossen. 2022 wurde sie für die Professur Digitalisierung und Technik in der Pflege (eCare) an der Jade Hochschule berufen. Ihre Forschungsinteressen liegen in der Entwicklung interaktiver Systeme zur Unterstützung in der Pflege.

Susanne Boll Prof. Dr. Susanne Boll ist Professorin an der Universität Oldenburg und Vorstand im OFFIS – Institut für Informatik. In ihrer Forschung entwirft sie neuartige Interaktionstechnologien, die auf eine respektvolle und nutzbringende Zusammenarbeit von Mensch und Technik in einer zukünftigen automatisierten Welt ausgerichtet sind, und leitet eine Vielzahl von nationalen und internationalen Projekten in diesem Gebiet. Ihre Forschungsfragen der Mensch-Technik-Interaktion sind tief in den gesellschaftlichen Herausforderungen unserer Zeit verankert, beispielsweise in digitalen Technologien für die Gesundheitsversorgung von morgen, im automatisierten Fahren und in cyber-physischen Systemen in der Produktion.

Wilko Heuten Dr. Wilko Heuten studierte und promovierte in Informatik an der Carl von Ossietzky Universität Oldenburg. In seiner Promotion (2008) an der Universität Oldenburg erforschte er neue Methoden zur nicht-visuellen Unterstützung der Navigation und Wegfindung für blinde Menschen. Heute leitet er im Forschungs- und Entwicklungsbereich Gesundheit des OFFIS – Institut für Informatik die Gruppe „Interaktive Systeme". Seine Forschungsinteressen liegen in der nutzerzentrierten Entwicklung und Bewertung neuer alltagsdurchdringender interaktiver Assistenzsysteme für die persönliche Gesundheit. Dr. Wilko Heuten koordinierte und koordiniert europäische und nationale Forschungsprojekte im Bereich der Pflege und Assistenz.

Wie Technologien ihren Weg in die Pflege finden – Rückkoppelungen aus der stationären Langzeitpflege

6

Jeannette Immig, Tanja Dittrich, Jacqueline Preutenborbeck und Marlene Klemm

Zusammenfassung

Das Pflegepraxiszentrum Nürnberg (PPZ Nürnberg) ist eines von vier Pflegepraxiszentren im „Cluster Zukunft der Pflege", die seit 2018 vom Bundesministerium für Bildung und Forschung gefördert werden. Ziel ist es, bedarfsorientierte Pflegetechnologien in die praktische Anwendung zu bringen, um den Alltag von Pflegenden und Pflegebedürftigen zu erleichtern. Hierfür werden Produkte und Dienstleistungen im Echtbetrieb verschiedener Settings auf Faktoren wie beispielsweise Praxistauglichkeit, Akzeptanz und Nutzen sowie organisatorische Rahmenbedingungen hin erprobt. Der folgende Praxisbeitrag beschreibt die Hemmnisse einer nachhaltigen Implementation von Pflegetechnologien in die Praxis. Diese werden durch Erfahrungen ergänzt, die das NürnbergStift als kommunale Einrichtung der stationären Langzeitpflege im Rahmen der PPZ-Nürnberg-Produkterprobungen verzeichnen konnte. Zudem werden theoretische und praktische Maßnahmen beschrieben, die eine Überwindung ebendieser Hürden ermöglichen.

Der Theorie-Praxis-Transfer soll als Orientierungshilfe für Einrichtungen und Beschäftigte vor allem in der stationären Langzeitpflege dienen. Dabei wird aufzeigt, welche Faktoren für eine erfolgreiche Einführung neuartiger Produkte und Technologien in der Pflegeeinrichtung eine Rolle spielen, beziehungsweise welche Voraussetzungen für eine erfolgreiche Implementation gegeben sein sollten.

J. Immig (✉) · T. Dittrich · J. Preutenborbeck · M. Klemm
Pflegepraxiszentrum Nürnberg, Nürnberg, Deutschland
E-Mail: jeannette.immig@stadt.nuernberg.de; tanja.dittrich@stadt.nuernberg.de;
Jacqueline.Preutenborbeck@stadt.nuernberg.de; marlene.klemm@stadt.nuernberg.de

T. Krick et al. (Hrsg.), *Pflegeinnovationen in der Praxis*,
https://doi.org/10.1007/978-3-658-39302-1_6

6.1 Die Technisierung der Pflege nimmt nur langsam an Fahrt auf

Bereits vielfach wurden Daten, Studien und Statistiken vorgelegt, welche die demografische Entwicklung und die damit verbundene wachsende Anzahl der Pflege- und Unterstützungsbedürftigen aufzeigt. Bis 2050 wird sich laut dem Bundesministerium für Gesundheit der Anteil der Pflegebedürftigen nahezu verdoppeln. Der gleichzeitig steigende Bedarf an qualifizierten Fachkräften beziehungsweise formell, aber auch informell Pflegenden stellt hierbei eine ebenso große Herausforderung dar (BMG, 2021; Hülsken-Giesler et al., 2017; Rothgang & Müller, 2021). Um diesem zukünftigen Missstand entgegenzuwirken, werden vermehrt technikinduzierte Lösungswege angestrebt und der Fokus verstärkt auf die Entwicklung und die nachhaltige Implementierung innovativer und vor allem pflegeentlastender und unterstützender Technologien gelegt (Merda et al., 2017, S. 17). Dieser Lösungsansatz sowie auch der des PPZ Nürnberg fokussiert primär die Entlastung und Unterstützung und nicht das Ersetzen von Pflegefach- und Assistenzpersonen.

Die Digitalisierung der Pflege und im Speziellen die Informations- und Kommunikationstechnologien (IKT) stellen vor allem für die professionelle Pflege ein großes Potenzial dar: „Sie bilden die Grundlage für eine individuelle und sichere Patientenversorgung und geben gleichzeitig einen Einblick in das Versorgungsgeschehen für administrative, statistische, politische und (pflege-)forschungsbezogene Zwecke" (Deutscher Pflegerat e.V., 2019, S. 1.). Laut der VDI/VDE Innovation und Technik GmbH sind Informations- und Kommunikationstechnologien „das zentrale Nervensystem der vernetzten Welt. … Informations- und Kommunikationssysteme vernetzen schon heute Milliarden Geräte im Internet der Dinge mit stark steigender Tendenz. Sie vernetzen das Leben der Menschen, vereinfachen Vieles und führen zu Veränderungen unseres Alltags. Unsere Welt funktioniert mit Hilfe riesiger Datenmengen …" (VDI/VDE, 2013).

Im folgenden Kontext umfasst der Begriff „Informations- und Kommunikationstechnologie" Pflegetechnologien und bezieht sich sowohl auf IT-Systeme für die Pflegeplanung und -dokumentation, computergestützte Pflegehilfsmittel, Smart-Home-, Robotik- sowie weitere technische Systeme und Produktdienstleistungen, die eine psychische und/oder physische Entlastung von Pflegenden in ihrem Arbeitsalltag zum Ziel haben.

In Anlehnung an diverse Studien, unter anderem die „ePflege-Studie" im Auftrag des Bundesministeriums für Gesundheit (Hülsken-Giesler et al., 2017), die Studie „Application of digital technologies in nursing practice: Results of a mixed methods study on nurses' experiences, needs and perspectives" (Seibert et al., 2020) oder auch den Forschungsbericht „Pflege 4.0 – Einsatz moderner Technologien aus der Sicht professionell Pflegender" im Auftrag der Berufsgenossenschaft für Gesundheitsdienst und Wohlfahrtspflege (Merda et al., 2017), werden zunächst die Einsatzbereiche (Themen) von IKT-Lösungen für die professionelle Pflege sowie ihre Aufteilung auf die verschiedenen Pflegesettings dargestellt. Außerdem werden zentrale Hemmnisse und Handlungsempfehlungen vorgestellt, die eine Verbreitung von IKT in der Pflegepraxis erschweren beziehungsweise eine Technologie-Implementation unterstützen. Im Praxisteil werden die beschriebenen Hemmnisse aus Theorie und Praxis mit Erfahrungswerten anhand von zwei Projektbeispielen hinterlegt.

Trotz der Vielzahl an (politischen) Bemühungen und Projekten nimmt die Technisierung beziehungsweise Digitalisierung der Pflege in Deutschland nur langsam an Fahrt auf. Neben den Herstellern berichten auch Einrichtungen über die Schwierigkeit, innovative Pflegetechnologien in die alltägliche Praxis zu implementieren (Merda et al., 2017). Das Potenzial vorhandener IKT-Lösungen wird trotz fortschreitender Forschung und Entwicklung insgesamt und vor allem für die stationäre Pflege nur selten genutzt (Seibert et al., 2020; Hülsken-Giesler et al., 2017). Aber woran liegt das?

Im Rahmen der ePflege-Studie (Hülsken-Giesler et al., 2017) wurden insgesamt 217 Projekte identifiziert und analysiert, die IKT im Pflegebereich einsetzen, erproben oder wissenschaftlich erforschen. Die Auswahl der Projekte für die Studie erfolgte auf Grundlage frei verfügbarer Projektbeschreibungen wie zum Beispiel Publikationen und Internetauftritten. Lediglich 31 (14 %) der 217 IKT-Projekte zielen im Speziellen auf Technologien für die professionelle Pflege ab. Mehr als die Hälfte dieser Projekte befasst(e) sich mit dem Thema Dokumentation (hier ist vor allem die (Weiter-)Entwicklung von Pflegedokumentationssystemen und die Förderung einer durchgängigen Pflege- und Betreuungsdokumentation zu nennen), gefolgt von Bildungs-, Beratungs- und Informationsangeboten für Pflegende (Abb. 6.1).

Neben der Tatsache, dass Themen wie die körperliche Entlastung von Pflegefach- und Assistenzpersonen nur 6 von 217 Projekten, das heißt 3 %, der IKT-Projekte darstellen, wird im Folgenden die Aufteilung der IKT-Projekte auf die Handlungsfelder in der Pflege

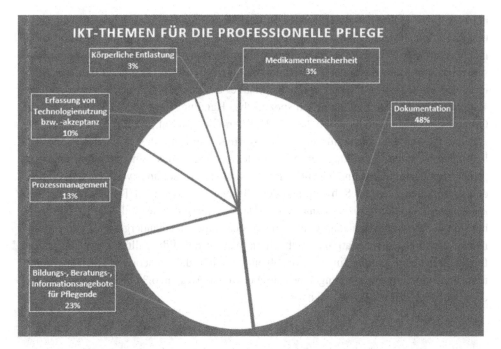

Abb. 6.1 IKT-Themen für die professionelle Pflege. (Eigene Darstellung in Anlehnung an Hülsken-Giesler et al., 2017, S. 20)

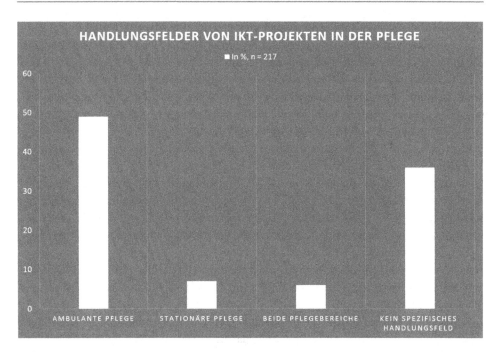

Abb. 6.2 Handlungsfelder von IKT-Projekten in der Pflege. (Eigene Darstellung in Anlehnung an Hülsken-Giesler et al., 2017, S. 21)

betrachtet. Die Hälfte der aktuellen IKT-Projekte legt ihren Fokus auf Unterstützungsleistungen für die ambulante beziehungsweise häusliche Pflege, vor allem die Tourenplanung ist ein relevantes Themenfeld. Aber auch Ambient-Assisted-Living(AAL)-Lösungen, wie sensorbasierte Matratzen oder Fußmatten zur Sturzprävention, zählen zu den Vorreitern unter den digitalen Lösungen. Lediglich 7 % aller erfassten IKT-Projekte adressieren die stationäre Pflege. Der Bereich „Kein spezifisches Handlungsfeld" deckt Themen wie die Grundlagenforschung oder Ähnliches ab (Hülsken-Giesler et al., 2017) (Abb. 6.2).

Eine mögliche Ursache für die bisher geringe Nutzung des Potenzials von IKT-Lösungen im stationären Pflegesetting kann demnach sein, dass Unterstützungsangebote primär für die ambulante und häusliche Pflege existieren beziehungsweise entwickelt worden sind. Zudem liegt der Schwerpunkt der Lösungen weiterhin auf Themen wie der Dokumentation und dem Prozessmanagement. Das NürnbergStift als Teil des PPZ Nürnberg hat sich in den letzten drei Jahren intensiv mit der Frage auseinandergesetzt, warum technische und digitale Innovationen nicht ihren Weg in den Pflegealltag einer stationären Langzeitpflegeeinrichtung finden. Im Folgenden sollen daher theoriebasierende Hemmnisse und Handlungsempfehlungen beschrieben und in Abschn. 6.3 durch Erfahrungen aus dem NürnbergStift ergänzt werden.

6.2 IKT-Implementation: Hemmnisse und Handlungsempfehlungen aus Theorie und Praxis

Vor allem im stationären Pflegesetting findet nur ein Bruchteil der Implementation von (innovativen) Technologien statt. Diese Tatsache wird in der Literatur mit Hilfe einer Vielzahl an Hemmnissen, Barrieren und Modellen begründet, um die Ursache für die erschwerte Implementation zu analysieren und dieser lösungsorientiert zu begegnen (Greenhalgh et al., 2018; Horneber & Schoenauer, 2011, S. 146; Hülsken-Giesler et al., 2017; Merda et al., 2017).

Beispiele für Hemmnisse liefern unter anderem die ePflege-Studie (Hülsken-Giesler et al., 2017, S. 15–47) und die Studie „Application of digital technologies in nursing practice: Results of a mixed methods study on nurses' experiences, needs and perspectives" von Seibert et al. aus dem Jahr 2020 (Seibert et al., 2020, S. 94–103). Stellt man diese beiden Studien hinsichtlich der meistgenannten Gründe für eine Nicht-Nutzung oder Nicht-Einführung von Pflegetechnologien gegenüber und fasst dabei die technologiebezogenen und die nicht technologiebezogenen Gründe der Studie von Seibert et al. (2020) zusammen, lässt sich feststellen, dass die Hauptbarrieren nahezu identisch sind und durch die Erfahrungen im PPZ Nürnberg bestätigt und ergänzt werden können. Für die so identifizierten Hemmnisse werden jeweils theoretische und praktische Handlungsempfehlungen zu ihrer Eindämmung in der Technologie-Implementation abgeleitet.

6.2.1 Produktspezifische Gründe

Produktspezifische Gründe, die eine nachhaltige Implementation verhindern, sind unter anderem eine geringe Benutzerfreundlichkeit oder „User Experience" sowie technische Schwierigkeiten (Seibert et al., 2020, S. 101).

Aus pflegepraktischer Sicht offenbaren sich aber im Gegensatz zu anderen Industriezweigen weitere produktspezifische Implikationen, die es zu beachten gilt. So muss beispielsweise die Oberfläche eines Geräts oder Produkts mit den in der Pflege gängigen Desinfektionsmitteln zu reinigen sein, ohne dass die Oberflächenstruktur des Geräts Schaden nimmt.

Die Partizipation der Pflegepraxis am Entwicklungs- und Erprobungsprozess von Pflegetechnologien ist unerlässlich, um die Ideen und Bedürfnisse der Pflegenden aufzugreifen und umzusetzen. Die Endnutzerinnen und Endnutzer sollten hinsichtlich ihrer Bedürfnisse explizit in den Blick genommen werden, beispielsweise durch den Einsatz einer systematischen Bedarfsanalyse, um ein für sie nutzenstiftendes Produkt zu entwickeln (Hülsken-Giesler et al., 2017, S. 44; Seibert et al., 2020, S. 95; Klawunn et al., 2021, S. 27).

6.2.2   Anlagekosten, Finanzierung und Kundensupport

Die Anschaffung technischer und digitaler Produkte wird maßgeblich durch die Aussicht auf Refinanzierung beeinflusst. Hohe Anlage- und/oder Betriebskosten ohne Refinanzierungsmöglichkeiten führen unter Umständen dazu, dass ein Produkt zwar als nutzenstiftend, aber als nicht finanzierbar eingestuft wird. Von Seiten der Leistungsempfängerinnen und Leistungsempfänger wird zudem angemerkt, dass viele Finanzierungskonzepte der Hersteller intransparent sind und sie deshalb von der Anfrage eines Produkts und somit auch dessen Nutzung abgeschreckt werden (Hülsken-Giesler et al., 2017, S. 101).

Vor dem Hintergrund der Finanzierung über das SGB XI und die damit verbundene Umlage der Investitionskosten auf den Eigenanteil des Pflegebedürftigen sehen sich stationäre Langzeitpflegeinrichtungen mit dem Dilemma konfrontiert, auf der einen Seite nötige Investitionen in technische und digitale Innovationen tätigen zu wollen oder zu müssen, gleichzeitig sehen sie sich in der Pflicht dafür zu sorgen, der finanziellen Belastung durch steigende Eigenanteile zu Lasten des oder der Bewohnenden entgegenzuwirken.

Die Praxiserfahrung zeigt außerdem, dass ein serviceorientierter Kundensupport nach Einkauf des Produkts beziehungsweise während der Implementationsphase wichtig ist, damit dieses auch nachhaltig genutzt wird. Der Hersteller sollte deshalb eine regelmäßige Überprüfung der eingesetzten Technologien gewährleisten und den Anwendenden mit einem zuverlässigen Produkt-Dienstleistungsangebot zur Verfügung stehen.

6.2.3   Mangelndes Wissen über die Wirkung des Technikeinsatzes

Das mangelnde Wissen über die Wirkung der Technik umfasst das nicht vorhandene Knowhow über die Vor- und Nachteile und somit auch den Mehrwert des Produkts/der Dienstleistung. Des Weiteren wird die Tatsache beschrieben, dass die Verlässlichkeit und Wirkung der Technik für Pflegefach- und Assistenzpersonen, Pflegebedürftige und weitere Anspruchsgruppen selten quantifizierbar sind und auch nur schwer nachvollzogen werden können (Hülsken-Giesler et al., 2017, S. 28).

Das Wissen der Anwendergruppe über den Mehrwert eines Produkts ist für eine nachhaltige Implementation von großer Bedeutung. Die Komplexität des Produkts spielt hierbei ebenfalls eine wichtige Rolle. Das NASSS-Framework (Greenhalgh et al. Jahr 2018) liefert einen systematischen Überblick über verschiedene Bereiche (Domänen), die untereinander eine Abhängigkeit aufweisen und aufgrund ihrer Komplexitätsausprägung potenzielle Implementationshürden darstellen. Die Domänen umfassen beispielsweise die Technik, den Nutzen beziehungsweise das Nutzenversprechen oder die Anwendenden. Das Modell zeigt die Nichtnutzung und geringe Nutzung von erfolgversprechenden digitalen Technologielösungen aufgrund von zu großer oder nicht berücksichtigter Komplexität auf. „Je komplexer eine technikbasierte Veränderung, desto weniger offensichtlich der Mehrwert für die Nutzenden und desto unwahrscheinlicher ist eine nachhaltige Etablierung im Gesundheitswesen" (Kunze, 2020 S. 1). Die Studie von Seibert et al. (2020) führt dieses Ergebnis in der Auswertung der technologiebezogenen Gründe für eine Ablehnung der IKT ebenfalls auf.

Auch im NürnbergStift hat sich gezeigt, dass bei der Einführung einer neuen Technologie viele bilaterale Gespräche geführt werden müssen, um den Mehrwert und die induzierte Wirkung des Technologie-Einsatzes zu verdeutlichen.

Um das Wissen auf Seiten der Nutzerinnen und Nutzer auf- und auszubauen, bedarf es daher geeigneter Maßnahmen wie beispielsweise einer umfassenden Beratung und Information, damit Transparenz und Nutzen von IKT-Lösungen vermittelt werden können. Oftmals ist es hilfreich, sich in die spezifische (tangierende) Anwendergruppe (ärztliches Fachpersonal, Pflegefachpersonen, Angehörige, Patientinnen und Patienten/Bewohnende) hineinzuversetzen, um den jeweiligen Nutzen herausarbeiten zu können.

6.2.4 Fehlende Technikakzeptanz und Technikkompetenz bei beteiligten Akteuren

Eine fehlende Technikakzeptanz kann durch einen oder mehrere in diesem Beitrag genannten Bereiche beeinflusst werden, wie unter anderem von der Bedienbarkeit oder der Technikkompetenz. Davis (1989, S. 319) beschreibt in seinem Technology Acceptance Model (TAM), dass eine hohe Technikakzeptanz vor allem von zwei Faktoren abhängig ist:

1. von der wahrgenommenen Nützlichkeit der technischen Lösung (hier ist das Wissen um den Mehrwert beziehungsweise den Nutzen der Technologie im Pflegealltag gemeint, Abb. 6.3) und
2. von der wahrgenommenen Benutzerfreundlichkeit (bedeutet die Technologie kann sicher und einfach angewendet werden) (Davis, 1989, S. 319).

Die beiden von Davis (1989) beschriebenen Faktoren, welche zu einer hohen Akzeptanz der technischen Lösung führen (wahrgenommene Nützlichkeit und wahrgenommene Benutzerfreundlichkeit), werden unter anderem durch Hülsken-Giesler et al. (2017, S. 28–35) bestätigt. So beschreiben Akteure, die an der Online-Studienbefragung teilgenommen haben, dass Produkte stärker akzeptiert werden, die sich intuitiv und somit einfach bedienen lassen, entlasten, mit geringem technischen Aufwand verbunden und nutzenstiftend sind. Als Gründe für eine zu geringe Akzeptanz werden hingegen defizitäre Designs, unzureichende Gebrauchsanweisungen sowie die fehlende Einbindung der Endnutzerinnen und Endnutzer in die Entwicklung genannt.

Ergänzend hierzu verweisen Merda et al. (2017) auf folgende Ängste, die die Technikakzeptanz hinsichtlich des Einsatzes von Technologien beeinflussen:

- Verschlechterung der Beziehung zwischen Pflegefach- oder Assistenzperson und Pflegebedürftiger/-m und folglich Qualitätsverlust in der sozialen Interaktion
- Angst vor Arbeitsplatzverlust

- Befürchtung von Datenmissbrauch
- Angst vor erhöhtem Arbeitsaufkommen

Insbesondere die Angst vor erhöhtem Arbeitsaufkommen lässt sich aus der Praxis bestätigen. So müssen beispielsweise bei der Einführung von Apps unter Umständen Benutzerprofile angelegt und weitere Daten hinterlegt werden. Die Zeit für das Einpflegen beziehungsweise Transferieren von Daten ist im Alltag einer Pflegefachkraft oftmals nicht vorhanden und muss gesondert eingeplant werden.

Im Rahmen der Forschung des „Clusters Zukunft der Pflege" konnte festgestellt werden, dass die Akzeptanz bei Pflegefachpersonen umso höher ausfiel, je weniger eine Technologie den bestehenden, in der Einrichtung vorherrschenden Prozess beeinflusst hat. Vor diesem Hintergrund sollten Prozesse regelmäßig kritisch hinterfragt und gegebenenfalls angepasst werden. Unter Umständen können technische und digitale Produkte dabei unterstützen, Prozessänderungen vorzunehmen, und dazu beitragen, Arbeitsabläufe effizienter zu gestalten. In einem weiteren Schritt sollten die Auswahl und die Implementation einer neuen Technologie ebenfalls partizipativ, das heißt gemeinsam mit den zukünftigen Nutzenden, erfolgen. Klawunn et al. (2021) führen ebenfalls aus, dass sich die Partizipation am Technologieentwicklungs- und Auswahlprozess positiv auf die Technikakzeptanz und -kompetenz auswirkt.

Neben dem Wissen um den Mehrwert des Produkts wird es in Zukunft unerlässlich werden, die professionelle Pflege zu befähigen, „fundiertes, evidenzbasiertes Wissen in Bezug auf innovative Pflegetechnologien anzuwenden, um bei deren Nutzung entsprechende Handlungssicherheit bzw. -kompetenz zu erlangen" (Gockel et al., 2020, S. 8). Zudem wird der Wunsch der Pflege, in den Technologieentwicklungsprozess und in einem weiteren Schritt in den einrichtungseigenen Veränderungsprozess miteinbezogen zu werden, nur realisierbar sein, wenn diese sich antizipierend den neuen Technologien gegenüber positionieren (Gockel et al., 2020, S. 8).

Als Hauptgrund für die geringe Technikkompetenz von Pflegefach- und Assistenzpersonen wurde im Rahmen der PPZ-Erprobungen vor allem die fehlende Zeit genannt, die notwendig ist, um sich mit den Möglichkeiten und der Anwendung von IKT-Lösungen zu beschäftigen. Eine fehlende Technikkompetenz kann die Implementation unter Umständen hemmen, wenn Personen die Funktionalität und den Mehrwert des Produkts nicht beschreiben und somit nicht an Nutzerinnen und Nutzer weitergeben können. Ein weiterer Bereich, der in diesem Zuge genannt werden sollte, ist der geringe Bekanntheitsgrad von verfügbaren technischen Lösungen. Wenige potenzielle Nutzerinnen und Nutzer haben einen Überblick über beziehungsweise Einblick in die aktuell auf dem Markt verfügbaren Technologien.

Auch wird im Rahmen der Generalistik und somit in der Pflegeaus-, -fort- und -weiterbildung Digitalkompetenz und IKT-spezifische Wissensvermittlung ein Thema der Zukunft sein. Neue Formate sind gefragt, die technisches und IT-Knowhow mit pflegerelevantem Wissen verknüpfen. Hierbei sollten nicht nur curriculare Angebote konzipiert werden, sondern insbesondere auch niederschwellige Angebote zur Fortbildung für langjährige Mitarbeitende der stationären Langzeitpflege (Hülsken-Giesler et al., 2017, S. 28–35).

Um Stolpersteine zu identifizieren, Kompetenzen zu fördern und Akzeptanzprobleme zu überwinden, ist die Schulung der Nutzerinnen/Nutzer unerlässlich. Die Praxiserfahrungen im Rahmen der Produkterprobungen des NürnbergStifts im PPZ Nürnberg bestätigen dies: Als pädagogische Weichenstellung werden vor der Einführung einer neuen Technologie gemeinsam mit dem Hersteller Schulungen organisiert und durchgeführt. Ängste und Vorbehalte können hierdurch abgebaut und etwaige Probleme in der Ablauforganisation identifiziert werden. Individuelle Nachschulungen im laufenden Implementationsprozess können, abhängig von der Zielsetzung und der Persönlichkeit der Anwenderinnen und Anwender, die Technikkompetenz und -akzeptanz fördern.

6.2.5 Mangelnde Vernetzbarkeit verschiedener Systeme (Interoperabilität)

Bisher existiert weder eine einheitliche technische Infrastruktur noch existieren allgemeingültige Interoperabilitätsstandards, die eine flächendeckende, fach- und sektorenübergreifende Verbreitung von IKT im Pflegebereich begünstigen. Eine Reihe neuer nutzenversprechender Technologie-Lösungen, sogenannte Insellösungen, können beispielsweise aufgrund fehlender Schnittstellen zu dem meist einrichtungsinternen IT-System und somit zu der sich im Einsatz befindlichen Pflegedokumentation nicht implementiert werden (Hülsken-Giesler et al., 2017, S. 46–53).

Erfahrungen aus der Praxis zeigen, dass eine weitere Voraussetzung für die Nutzung von IKT das Vorhandensein einer funktionierenden, flächendeckenden Internetanbindung ist. Dies stellt manche Einrichtungen, zum Teil aufgrund der vorhandenen baulichen Gegebenheiten (zum Beispiel Altbauten oder zu starke Wände), vor eine große Herausforderung. Um unnötige Arbeitsschritte und Ressourcenverbräuche zu vermeiden, sollten im Vorhinein die vorhandenen beziehungsweise möglichen Schnittstellen zur IT und Haustechnik abgeklärt werden.

Hülsken-Giesler et al. (2017) beschreiben die Notwendigkeit, dass Pflegeeinrichtungen baldmöglichst eine Anbindung zur Telematikinfrastruktur (TI) benötigen, um Zugang zu einer fach- und sektorenübergreifenden Vernetzung zu erhalten. Zudem ist eine enge Zusammenarbeit zwischen Technikentwicklung und Pflege beziehungsweise Pflegewissenschaft notwendig. Mit dem Digitale-Versorgung-Gesetz (DVG) aus dem Jahr 2019 sind erste Maßnahmen bezüglich der Finanzierung zur Einbindung von Pflegeeinrichtungen an die TI (§ 106b DVG) getroffen worden. Des Weiteren soll durch das Digitale-Versorgung-und-Pflege-Modernisierungs-Gesetz (§ 312 Abs. 8 S. 1 DVPMG) von 2021 eine verpflichtende Anbindung an die TI zum 01.01.2024 erfolgen.

6.2.6   Datensicherheit, haftungs- und strafrechtliche Aspekte

Das Thema Datensicherheit wird vielfach als eine zentrale Anforderung an IKT-Lösungen dargestellt (Hülsken-Giesler et al., 2017, S. 40; Seibert et al., 2020, S. 101). Vorbehalte gibt es unter anderem bezüglich Sicherheit und Kontrolle der eigenen sensiblen, gesundheits- und pflegebezogenen Daten, aber auch aufgrund von nicht vorhandenem Wissen über die Datensicherheit, die Datenverarbeitung und dem daraus resultierenden möglichen Datenmissbrauch. Bei der Verwendung nahezu aller IKT werden Daten aufgenommen, verarbeitet oder gespeichert.

In der Praxis hat sich gezeigt, dass der Verweis des Herstellers auf die DSGVO-Konformität seiner Anwendung oftmals nicht ausreichend ist. Zum Schutz der Mitarbeitenden und Pflegebedürftigen ist es aufgrund der bisherigen Erfahrungen aus dem PPZ Nürnberg von großer Bedeutung, bereits in den ersten Gesprächen mit Herstellern ein Datenschutzkonzept anzufordern und dieses von den entsprechenden – einrichtungsbezogenen/unternehmensinternen – Datenschutzabteilungen oder -beauftragten prüfen und freigeben zu lassen. Als minimalste Anforderung sind neben der Einhaltung der Datenschutzgrundverordnung die Nennung des Server-Standortes, eine Beschreibung der benötigten Daten und der Umgang mit diesen (Zugriffsberechtigungen, Speicherung, Löschung etc.) zu nennen. Für den Einsatz von IKT-Lösungen ist es außerdem unerlässlich, haftungs- und strafrechtliche Konsequenzen für den Ernstfall durchzuspielen, Maßnahmen zu verschriftlichen und sich der Konsequenzen eines menschlichen Versagens bei der Anwendung technischer Komponenten oder eines rein technischen Versagens im pflegerischen Versorgungsalltag bewusst zu sein.

6.2.7   Zusammenfassung weiterer relevanter Hemmnisse aus Theorie und Praxis

Abschließend werden weitere, bisher nicht beschriebene Hemmnisse zusammengefasst, die eine nachhaltige Implementation von Pflegetechnologien erschweren können (unter anderem Hülsken-Giesler et al., 2017; Seibert et al., 2020; Merda et al., 2017):

- Zu geringe Weiterentwicklung von Förderpolitik und Forschung
- Fehlende Prozessbegleitung bei der Technologieeinführung
- Unternehmensinterne Prozesse und Gegebenheiten
- Nicht innovationsfreudige Unternehmens-/Führungspolitik
- Nichtbeachtung relevanter Stakeholder
- Abnahme persönlicher Kontakte
- Festhalten an Parallelstrukturen (zum Beispiel schriftliche und digitale Dokumentation)

Insbesondere konnte das PPZ Nürnberg die nicht oder zu späte Einbindung von organisationsspezifischen Gremien, wie Personalrat/Mitarbeitendenvertretung und Datenschutzbeauftragten, wie auch von Angehörigen oder gesetzlichen Betreuerinnen und Betreuern als Hemmnis identifizieren. Damit diese und weitere Aspekte bereits bei dem Technologieentwicklungsprozess und bei dem Auswahlprozess neuer Technologien Berücksichtigung finden, orientiert sich das PPZ Nürnberg insbesondere an den ELSI[+]-Kriterien. Diese umfassen neben den ethischen, rechtlichen und sozialen Implikationen auch pflegepraktische, technische sowie ökonomische Kriterien (Bauer et al., 2018, S. 51–56).

Theorie- und praxisbasierte Hemmnisse der Technologie-Implementation	
Produktspezifische Gründe	Geringe Benutzerfreundlichkeit
	Geringe User Experience
	Keine Beachtung pflegerelevanter Anforderungen (z. B. Hygiene)
Anlagekosten, Finanzierung, Kundensupport	Fehlende Refinanzierung
	Hohe Anlage- oder Betriebskosten
	Fehlender Kundensupport
Mangelndes Wissen über die Wirkung des Technikeinsatzes	Vor- und Nachteile unklar
	Fehlende Aufklärung, Beratung und Information der Nutzenden (Transparenz über Wirkweise und Nutzen von IKT-Lösungen)
Fehlende Technikakzeptanz und Technikkompetenz bei beteiligten Akteuren	Fehlende Nutzer- und Alltagsorientierung
	Fehlende Partizipation der Pflegepraxis am Entwicklungsprozess von Pflegetechnologien
	Fehlende Zeit des Personals
	Fehlendes technisches Knowhow
	Fehlender Marktüberblick über verfügbare Produkte
	Angst vor:
	Verschlechterung der Beziehung zwischen Pflegeperson und Pflegebedürftiger/-m
	Qualitätsverlust
	Datenmissbrauch
	Erhöhtem Arbeitsaufkommen
	Arbeitsplatzverlust
Mangelnde Vernetzbarkeit verschiedener Systeme (Interoperabilität)	Viele Insellösungen
	Fehlende IT-Schnittstellen
	Fehlende IT-Infrastruktur (z. B. WLAN)
Datensicherheit, haftungs- und strafrechtliche Aspekte	Datensicherheit
	Produkt ist nicht DSGVO-konform
	Datenschutzkonzepte fehlen
	Mangelnde Auseinandersetzung mit straf- oder haftungsrechtlichen Aspekten
Weitere identifizierte Hemmnisse	Zu geringe Weiterentwicklung von Förderpolitik und Forschung
	Fehlende Prozessbegleitung bei der Technologieeinführung
	Unternehmensinterne Prozesse und Gegebenheiten
	Nicht innovationsfreudige Unternehmens- /Führungspolitik
	Abnahme persönlicher Kontakte
	Festhalten an Parallelstrukturen (z. B. schriftliche und digitale Dokumentation)
	Nichtbeachtung relevanter Stakeholder wie z. B. Personalrat oder Mitarbeitervertretung, gesetzlicher Betreuerinnen und Betreuer sowie Angehöriger

Abb. 6.3 Theorie- und praxisbasierte Hemmnisse (Eigene Darstellung in Anlehnung an Seibert et al., 2020; Hülsken-Giesler et al., 2017; Merda et al., 2017

6.3   Praxisbeispiele aus dem PPZ Nürnberg – Rückkoppelungen aus der stationären Langzeitpflege

Das NürnbergStift als Teil des PPZ Nürnberg hat seit 2018 mehrere Technologien implementiert. Die Begleitung und die damit verbundene personelle Unterstützung von Seiten des Pflegepraxiszentrums ermöglicht eine detaillierte Dokumentation des Implementationsgeschehens. Diese Dokumentation wurde im Rahmen des PPZ Nürnberg ausgewertet. Als Ergebnis konnte verzeichnet werden, dass all die in der Literatur beschriebenen Hemmnisse (Absch. 6.1) bei verschiedenen Produkt-Implementationen in unterschiedlicher Ausprägung und Anzahl aufgetreten sind. Gleichzeitig können die aufgeführten Maßnahmen in der Praxis zu einem besseren Gelingen der Implementierung beitragen. Anhand von zwei produktspezifischen Praxisbeispielen aus dem PPZ Nürnberg wird im Folgenden der Weg von der Bedarfsermittlung bis zur Implementation in einer kommunalen Altenpflegeeinrichtung beschrieben. Hierbei informieren die Abbildungen über ein Sicherheits- und Notrufsystem (Abschn. 6.3.1) und über eine Kommunikations-App (Absch. 6.3.2). Der dazugehörige Fließtext beschreibt die in der Theorie identifizierten Hemmnisse und die daraus resultierenden Handlungsempfehlungen. Weiter zeigen die Beispiele auf, dass Technologie-Implementationen in einer Einrichtung individuell und produktspezifisch umgesetzt werden sollten, damit auftretende Hemmnisse umgehend berücksichtigt werden können.

6.3.1   Sicherheits- und Notrufsystem

Die wachsende Anzahl von Pflegebedürftigen sowie der Aspekt des Pflegekräftemangels führt zu einer hohen Belastung des Pflegepersonals (Rothgang & Müller, 2021). In persönlichen Gesprächen mit Mitarbeitenden des NürnbergStifts wird häufig der Aspekt „Pflegebedürftige mit Hinlauftendenz und gleichzeitigem kognitiven Abbau" als erschwerend für die tägliche Arbeit genannt. Ergänzend ist hinzuzufügen, dass eine einheitliche Definition von Hinlauftendenz schwierig ist. „Häufig wird nach wie vor auch von ‚Weglauftendenzen' gesprochen. Der Begriff hat eine Wandlung erfahren, weil das Wort ‚Hinlauftendenz' den besseren Anhalt liefert, wie mit diesem Verhalten umzugehen ist. Menschen haben Gründe für das was sie tun. Laufen sie weg, haben sie meist ein Ziel – ein ‚Hin'. Erwägenswert als möglicher Grund ist aber auch eine Flucht aus der Situation vor Ort – ein ‚Weg'" (Gust, o. J., 2022). Besonders Pflegekräfte, welche ihrer Fürsorgepflicht nachkommen, stehen unter erhöhtem Druck, die Beantragung einer freiheitsentziehenden Maßnahme zum Wohle der Bewohnerinnen und Bewohner zu verhindern. Auf Grund dessen suchen sie nach Alternativen, um die Pflegebedürftigen weitgehend vor möglichen Schäden, in diesem Kontext vor allem vor Verlaufen und Unfällen, zu schützen.

Nach eingehender Bedarfsanalyse mit verantwortlichen Pflegefachpersonen, einer Marktrecherche, Sondierungsgesprächen mit Pflegeheimbetreibern und Herstellern hat

Produktkategorie: Sicherheits- und Notrufsystem

Produktbeschreibung: Mittels eines mobilen Sicherheits- und Notrufsystems soll den Pflegebedürftigen ein erweiterter und dennoch geschützter Bewegungsradius ermöglicht werden. Das System zeigt auf unterschiedlichen Kanälen Alarmauslösungen an, sobald eine Bewohnerin oder ein Bewohner mit Hinlauftendenz den individuell festgelegten Bewegungsradius verlässt.

Gesamtprojektdauer: 21 Monate (Zeitraum der pandemiebedingten Schließung von Pflegeeinrichtungen wurde herausgerechnet)

Setting: Zwei Bereiche der stationären Langzeitpflege, Tagespflege

Akteure: Betreuungsgericht, Pflegepersonal, Angehörige/gesetzliche Betreuerinnen und Betreuer, Haustechnik (inkl. Brandschutzbeauftragte), IT-Abteilung

Rückkoppelungen aus der Praxis: Trotz des hohen Aufwands, welche eine derartig große Implementierung mit sich bringt, ist der Nutzen und der Bedarf für solche Systeme gegeben. Der Zugang zu dem System muss niedrigschwellig und die Funktionen leicht in den Pflegealltag integrierbar sein.

Abb. 6.4 Template für Notruf- und Sicherheitssysteme, eigene Darstellung

sich das PPZ Nürnberg für die Erprobung eines mobilen Notruf- und Sicherheitssystem entschieden (Abb. 6.4).

Bei einem ersten Termin mit dem Hersteller vor Ort wurde das Bestandsgebäude besichtigt und ein Erstentwurf für notwendige Umbaumaßnahmen angefertigt. Neben einem erhöhten zeitlichen Aufwand sind hier die Anlagekosten, inklusive der Frage einer Finanzierung (Absch. 6.2.2), zu berücksichtigen. Während die Informationsweitergabe über die Implementation eines Notrufs- und Sicherheitssystems an die ausgewählten Bereiche bei einigen Pflegefachpersonen zum einen Freude (Absch. 6.2.4) hervorrief, hat eben diese Information bei anderen Pflegefachpersonen aufgrund vermeintlich fehlender Technikkompetenz zu großer Besorgnis (Absch. 6.2.4) geführt. Die Umbaumaßnahmen wurden zwischen Hersteller und der eigenen Haustechnik unter Berücksichtigung des Brandschutzes und der Pflegebereiche des NürnbergStifts koordiniert. Aufgrund von kurzfristigen Terminverschiebungen konnten die Pflegebereiche nicht immer frühzeitig über diese informiert werden, was mit einer Abnahme der Technikakzeptanz einherging. Im späteren Verlauf zeigte sich ebenfalls ein Rückgang der Akzeptanz, da aufgrund der veralteten Telefonanlage zusätzlich Smartphones zum Erhalt der durch das System ausgelösten Alarmen angeschafft wurden und mitgeführt werden mussten. Bereits früh in der Projektphase wurde durch die verantwortliche PPZ-Nürnberg-Mitarbeiterin in der Pflegeeinrichtung ein Konzept in Bezug auf „freiheitsentziehende Maßnahmen" für das zuständige Betreuungsgericht erstellt. Hier ist insbesondere zu erwähnen, dass ein solches System durchaus von Betreuungsgerichten als Freiheitsentzug angesehen werden kann und ein enger Austausch mit diesen unabdingbar ist, da die Entscheidung hierüber von Gericht zu Gericht unterschiedlich ausfallen kann. Nach Einverständnis des Betreuungsgerichts konnten Einwilligungserklärungen seitens der Pflegebedürftigen, Betreuenden bzw. Angehörigen eingeholt und die Schulung der Mitarbeitenden geplant werden.

Die pandemiebedingte Schließung von Pflegeeinrichtungen verzögerte die Implementierung. Eine Informationsweitergabe und Abstimmungen bezüglich bewohnerbezogenen Veränderungen mit den Bereichen fanden weiterhin statt, gleichzeitig wurden pseudonymisierte Profile der Bewohnenden angelegt und die erstellten Fragebögen den Pflegefachpersonen zur Einschätzung des Systems zur Verfügung gestellt. Nachdem die Einrichtungen wieder öffnen durften, wurden unterschiedliche Startzeitpunkte zur Implementierung mit den ausgewählten Bereichen vereinbart, so dass eine Begleitung durch das PPZ Nürnberg vor Ort für mehrere Tage möglich war und eine Feinjustierung des Systems erfolgen konnte. Zudem wurde in diesem Zuge das Wissen der Pflegefach- und Assistenzpersonen in Bezug auf die Nutzung des Systems nochmals aufgefrischt. Gerade während dieser ersten Tage sahen Pflegefachpersonen ausgelöste Alarme und auch Fehlalarme als hilfreich an, da sie somit das System besser kennen- und verstehen lernten. Ein Hindernis war jedoch die fehlende Akzeptanz der zwei verschiedenen Alarmauslöser (Alarmknopf zum Tragen unter anderem am Handgelenk sowie eine „klobige" Uhr) seitens der Pflegebedürftigen. Durch eine „empathische" Aufklärung wurde zumindest einer der Alarmauslöser meist schnell von den zu pflegenden Personen akzeptiert. Alle befragten Pflegebedürftigen lehnten die Uhr aufgrund ihrer Größe ab, somit kam diese nicht zum Einsatz.

Updates der Smartphones führten dazu, dass Einstellungen zurückgesetzt wurden und die Hersteller-App anschließend nicht mehr fehlerfrei Alarme meldete. Als mitunter größte Hürde für den Einsatz eines solchen Systems in einem Altbau konnte die fehlende flächendeckende Internetanbindung und somit die Datenübertragungsgeschwindigkeit identifiziert werden. Abschließend ist festzuhalten, dass trotz erkannter Bedarfe der Pflege oftmals vorherrschende Umgebungsbedingungen den Einsatz von Pflegetechnologien erschweren.

6.3.2 Kommunikations-App

Kommunikation ist ein grundlegendes Instrument in der Beziehungsarbeit. Im Kontext des Beziehungsgeflechtes von Mitarbeitenden, Pflegebedürftigen und deren Angehörigen ist häufig ein Defizit erkennbar. Es mangelt an Zeit des Personals und an telefonischer Erreichbarkeit der Angehörigen. Zudem ist der Anlass einer Kontaktaufnahme allzu oft problemorientiert und bietet selten die Möglichkeit, am Erleben des im Seniorenheim lebenden Familienmitgliedes teilzuhaben. Erschwerend kommt hinzu, dass manche Pflegebedürftige ihren Verwandten die persönlichen Erlebnisse nicht immer vollständig wiedergeben können. All dies kann zu einer mangelhaften Transparenz und Teilhabe führen und nicht selten resultieren hieraus angespannte Gesprächssituationen, die letztendlich die Beziehung zwischen den Angehörigen und den Mitarbeiterinnen und Mitarbeitern beeinträchtigen (Abb. 6.5).

Produktkategorie: Kommunikations-App

Produktbeschreibung: Die datenschutzkonforme Kommunikations-App fungiert als digitales Bindeglied zwischen Pflegebedürftigen und Mitarbeitenden in Pflegeeinrichtungen sowie den Angehörigen. Anhand von Foto-, Text-, Sprach- und Videonachrichten wird ein zusätzlicher Kommunikationskanal eröffnet, der durch vielseitige Informationen eine höhere Transparenz des Pflegealltags, eine bessere Kommunikation und gegenseitige Wertschätzung der Stakeholder unterstützen möchte.

Gesamtprojektdauer: 12 Monate

Setting: Zu Beginn zwei Pflegebereiche der stationären Langzeitpflege, im späteren Verlauf Erweiterung um drei Bereiche

Akteure: Pflegepersonal, soziale Betreuung, Bewohnende, Angehörige, gesetzliche Betreuerinnen und Betreuer, IT-Abteilung

Rückkoppelungen aus der Praxis: Eine verständliche und leicht bedienbare Nutzeroberfläche sowie eine niedrigschwellige Integration der App in bestehende Arbeitsprozesse forcieren eine regelmäßige Nutzung der neuen Kommunikationsplattform. Dies fördert einen erhöhten personen- und einrichtungsbezogenen Informationsaustausch, ein wachsendes gegenseitiges Verständnis und Vertrauen sowie eine spürbare Wertschätzung gegenüber den Mitarbeitenden der Einrichtung.

Abb. 6.5 Template für Kommunikations-App, eigene Darstellung

Die im PPZ Nürnberg erprobte Kommunikations-App hat zum Ziel, diesen Kreislauf zu durchbrechen. Unsere Erfahrungen haben gezeigt, dass nicht jeder Mensch einer digitalen Kommunikation offen gegenübersteht. Bei der Angehörigenakquise zur Erprobung der App wurde unter anderem als Ablehnungsgrund genannt, nicht über eine App kommunizieren zu wollen. Auch wurde der Mehrwert der App von einem Teil der Angehörigen hinterfragt, die regelmäßig in die Einrichtung zu Besuch kamen. Diese Einschätzung des Nutzens änderte sich deutlich, als pandemiebedingte Besuchsverbote den Kontakt dramatisch einschränkten. Dies ging auch mit einer deutlich höheren Registrierungsquote einher. Zudem wurde die App neben den ursprünglichen Erprobungsbereichen in der Praxiseinrichtung weiter ausgerollt, um auch anderen Familien die Nutzung zu ermöglichen. Als im späteren Verlauf die Einrichtungen wieder öffnen durften, wurden die Angehörigen hinsichtlich ihrer künftigen Anwendung der Kommunikations-App befragt. Die Mehrheit gab an, aufgrund der deutlich spürbaren Vorteile diese auch in Zukunft nutzen zu wollen. Eine ebenfalls positive Resonanz bei den Mitarbeitenden führte dazu, dass die Kommunikations-App als festes Angebot in der Einrichtung integriert wurde. Schlussfolgernd lässt sich sagen, dass nicht jeder Nutzen im Vorfeld erklärt, erkannt und „verkauft" werden konnte – ein eigenes Erleben ist manchmal hilfreich, da Kommunikation mitunter an Emotionen geknüpft ist. Dies erfordert eine besondere Produktvermarktung, aber wohl auch einen längeren Atem in den Einrichtungen.

Eine weitere Herausforderung der Implementierung waren die technischen Vorausset-zungen zur Anwendung der App, ein Smartphone und eine E-Mail-Adresse, welche be-sonders bei den älteren Angehörigen nicht immer gegeben waren. Hier hat der Hersteller im Rahmen der Weiterentwicklung seines Produkts die Technikhürde der E-Mail-Adresse behoben, indem die Registrierung in der App nun mit einem Benutzernamen und Passwort erfolgen kann. Demzufolge ist die Akzeptanz und das Vorhandensein der notwendigen Technik bei der Zielgruppe zwingend zu berücksichtigen.

Zum Gelingen einer Technikimplementierung in einer Einrichtung tragen maßgeblich die involvierten Mitarbeiterinnen und Mitarbeiter bei. Im Erprobungszeitraum wurde die App vom Personal der sozialen Betreuung eingesetzt, da sie einen großen Anteil zur Ta-gesgestaltung der Pflegebedürftigen beitragen und sich in der Betreuung oft gute Gelegen-heiten für Alltagsimpressionen bieten. Die Beschäftigten wurden hierfür mit Smartphones ausgestattet. Im regulären Pflegealltag wurde das Ziel vereinbart, möglichst ein bis zwei Nachrichten pro Woche des jeweiligen Bewohnenden an die Angehörigen zu versenden. Je nach Teamstruktur und Ausprägung des selbstständigen Arbeitens kann es hilfreich sein, klare Vorgaben und Strukturen, zum Beispiel durch die Festlegung personeller Verant-wortlichkeiten im Wochenplan, zu definieren. Ein anderer Teil der Mitarbeiterinnen und Mitarbeiter ist besonders motiviert, wenn ein Gestaltungsfreiraum in der Anwendung der neuen Technologie gegeben wird. Hier ist die Teamleitung gefragt, die Fähigkeiten und Potenziale jedes einzelnen Mitglieds zu erkennen und zu berücksichtigen. Kriterien, wie eine positive und wertschätzende Team- und Fehlerkultur sowie ein ausgewogenes Ver-hältnis von Führung und Vertrauen, beeinflussen ebenfalls den Verlauf einer Implementie-rung und sollten daher von Beginn an berücksichtigt werden.

6.4   Fazit – Rückkoppelungen aus der stationären Langzeitpflege

Zusammenfassend konnte in der Praxis Folgendes beobachtet werden:

Bei der Implementierung des Notruf- und Sicherheitssystems wurde aus allen sieben beschriebenen Kategorien eine Vielzahl an Hemmnissen und daraus abgeleiteten Hand-lungsempfehlungen identifiziert. Der Hauptteil liegt vor allem im Bereich der Technikak-zeptanz sowie bei dem Aspekt der Finanzierung. Ebenfalls einen großen Einfluss haben unternehmensinterne Bedingungen, wie Umbaumaßnahmen, die Aufklärung/Information der Mitarbeiterinnen und Mitarbeiter und die Involvierung weiterer Stakeholder. Bei der Erprobung der Kommunikations-App wurden ebenfalls Hemmnisse und daraus abgelei-tete Handlungsempfehlungen aus sechs Kategorien identifiziert. Die meisten Hemmnisse sind hierbei der Kategorie „weitere identifizierte Hemmnisse" zuzuordnen. Unternehmen-sinterne Prozesse und Gegebenheiten stellen den Großteil der zu berücksichtigenden As-pekte dar. Während die pandemiebedingte Schließung von Pflegeeinrichtungen bei der Implementation des Notruf- und Sicherheitssystems zu einer Verzögerung führte, konnte der Einsatz der Kommunikations-App eine erhöhte Nachfrage verzeichnen.

Ergänzend zu den beschriebenen Hemmnissen und Empfehlungen aus Theorie und Praxis konnten die Autorinnen als Teil des PPZ Nürnberg weitere Erkenntnisse gewinnen. Um der Gesamtheit der Handlungsempfehlungen gerecht zu werden, ist es hilfreich, einrichtungsbezogene **Produkt-Implementations-Unterstützungs-Faktoren (PIU-Faktoren)** zu identifizieren und daraus Orientierungshilfen abzuleiten. Da es keinen einheitlichen erfolgsversprechenden Weg für eine Technologie-Implementation gibt und zu jeder Zeit unverhoffte Hemmnisse auftreten können, die es zu koordinieren gilt, sollten insbesondere folgende PIU-Faktoren beachtet und auf ihre Relevanz überprüft werden. Die folgende Aufzählung ist nicht an eine Priorisierung geknüpft, sondern gilt lediglich der besseren/einfacheren Übersicht:

1. Bei jeder Implementation gilt es, den Bedarf einer Technologie zu analysieren, den Mehrwert herauszuarbeiten und die Motivation der beteiligten Akteure zu fördern, da Hemmnisse oftmals vom Entwicklungsstand des Produkts abhängig sind.
2. Es bedarf für alle Implementationsvorhaben einer festen Ansprechperson vor Ort. Diese sollte als Schnittstelle zwischen Hersteller, Anwendenden und der Organisation zur Verfügung stehen. Des Weiteren umfasst das Aufgabengebiet der Ansprechpartnerin und des Ansprechpartners, Ängste und Sorgen der Anwendenden zu erkennen und diesen entgegenzuwirken.
3. Die Implementation eines neuen Produkts bedeutet zunächst für alle Beteiligten einen nicht zu unterschätzenden Mehraufwand, bevor eine Arbeitserleichterung verzeichnet werden kann. Es ist daher empfehlenswert, den zu erwartenden Mehraufwand zu kalkulieren und hierfür entsprechende Personalressourcen bereitzustellen.
4. Bei auftretenden Fehlfunktionen des Produkts während der Implementationsphase sollte der Mehrwert der Technologie hinterfragt werden, um eine mögliche Anpassung der Technologie an individuelle einrichtungsspezifische Bedürfnisse durch den Hersteller oder weitere Stakeholder (zum Beispiel IT) zu bewirken.
5. Eine mit dem Hersteller abgestimmte strukturierte Produktschulung der Mitarbeitenden wird ebenfalls als PIU-Faktor betrachtet, da sie als pädagogische Weichenstellung für die implementierende Einrichtung fungieren kann. Hierbei kann ebenfalls identifiziert werden, ob und wann Nachschulungsbedarf erforderlich wird, auf welchem technischen/IT-Kenntnisstand sich die Mitarbeitenden befinden und inwieweit sie fähig sind, den Einsatz der Technologie kritisch zu reflektieren und daraus Handlungsleitlinien abzuleiten.
6. Die Unterstützung der Leitungsebene(n) sowie die Schaffung der infrastrukturellen Voraussetzungen sind weitere wichtige Faktoren. Die Erfahrungen im PPZ Nürnberg haben gezeigt, dass eine negative Einstellung oder eine fehlende Unterstützung der Leitungsebene (zum Beispiel durch direkte Vorgesetze, wie die Bereichs- oder Stationsleitungen) gegenüber der einzuführenden Technologie ausschlaggebend für die Motivation und das Interesse der Mitarbeiterinnen und Mitarbeiter sein kann. Dies kann eine fehlende Akzeptanz fördern und somit zur Nicht-Nutzung der Technologie führen.

Abschließend sei darauf verwiesen, dass das NürnbergStift die beschriebenen Hemmnisse zum Teil gut, zum Teil weniger gut im Rahmen der PPZ-Nürnberg-Erprobungen überwinden konnte. Daraus resultieren viele Erfahrungswerte, die unter Beachtung der ausgeführten Maßnahmen für spätere Projekte als sehr hilfreich erachtet werden. Ermutigen möchten wir andere Einrichtungen der stationären Langzeitpflege, die eine Implementation von IKT-Lösungen in Erwägung ziehen: Da die Implementation neuer technischer und digitaler Produkte vielfältigen Einflussgrößen unterliegt, sind Probleme und Hemmnisse nichts Ungewöhnliches, sie gehören schlichtweg zum Implementationsprozess. Vielmehr gilt es, sie ernst zu nehmen und mit lösungsorientierten Maßnahmen eine nachhaltige Einführung von Technologien zu erwirken.

Literatur

Bauer, C., Bradl, P., Loose, T., Zerth, J., Müller, S., Schneider, M., & Prescher, T. (2018). Entwicklung eines Organisationskonzeptes zur praxisnahen Testung und Evaluation innovativer MTI-Lösungen in verschiedenen Pflegesettings. In S. Boll, A. Hein, W. Heuten, & K. Wolf-Ostermann (Hrsg.), *Zukunft der Pflege. Tagungsbad der 1. Clusterkonferenz 2018* (S. 51–56). BIS-Verlag der Universität Oldenburg.

BMG – Bundesministerium für Gesundheit. (2021). Beschäftigte in der Pflege. http://www.bundesgesundheitsministerium.de/index.php?id=646. Zugegriffen am 09.12.2021.

Davis, F. (1989). Perceived usefulness, perceived ease of use, and user acceptance of information technology. *MIS Quarterly, 13*(3), 319.

Deutscher Pflegerat e.V. (2019). Positionspapier: Digitalisierung in der Pflege. https://deutscherpflegerat.de/wp-content/uploads/2020/02/2019-11-08_Onlineversion_dpr_Digitalisierung_in_der_Pflege_Positionspapier.pdf. Zugegriffen am 09.12.2021.

DVG – Digitale-Versorgung-Gesetz. (2019). Bundesgesetzblatt Teil I Nr. 49, ausgegeben zu Bonn am 18. Dezember 2019. https://www.bgbl.de/xaver/bgbl/start.xav?start=//%5B@attr_id=%27bgbl119s2562.pdf%27%5D#__bgbl__%2F%2F%5B%40attr_id%3D%27bgbl119s2562.pdf%27%5D__1638947657209. Zugegriffen am 08.12.2021.

DVPMG – Digitale-Versorgung-und-Pflege-Modernisierungs-Gesetz. (2021). Bundesgesetzblatt Teil I Nr. 28, ausgegeben zu Bonn am 8. Juni 2021. https://www.bgbl.de/xaver/bgbl/start.xav?start=//%5b@attr_id=%27bgbl121s1309.pdf%27%5d#__bgbl__%2F%2F*%5B%40attr_id%3D%27bgbl121s1309.pdf%27%5D__1638948210421. Zugegriffen am 08.12.2021.

Gockel, J., Westerholdt, S., Landherr, J., Kuntz, S., Strube-Lahmann, S., Schmeer, R., Stricker, B., Schneider, M., Prescher, T., & Wittmann, A. (2020). Cluster „Zukunft der Pflege": Technikbezogene Kompetenzen in der Ausbildungs- und Prüfungsverordnung für die Pflegeberufe. Positionspapier der AG „Wissenstransfer und Qualifizierung" des Clusters „Zukunft der Pflege". In *Pädagogik der Gesundheitsberufe – Die Zeitschrift für den interprofessionellen Dialog. 4/2020* (S. 3–8). hps media.

Greenhalgh, T., Wherton, J., Papoutsi, C., Lynch, J., Hughes, G., Hinder, S., Court, C., Hinder, S., Procter, R., & Shaw, S. (2018). Analysing the role of complexity in explaining the fortunes of technology programmes: Empirical application of the NASSS framework. *BMC medicine, 16*(1), 66.

Gust, J. (o. J.). Empfehlungen für den Umgang mit Hin- und Weglauftendenzen bei Menschen mit Demenz. https://www.demenz-sh.de/wp-content/uploads/2021/05/KD_Hin-Weglauftendenzen_WEB.pdf. Zugegriffen am 30.03.2022.

Horneber, M., & Schoenauer, H. (Hrsg.). (2011). *Lebensräume – Lebensträume, Innovative Konzepte und Dienstleistungen für besondere Lebenssituationen* (S. 146). Kohlhammer.

Hülsken-Giesler, M., et al. (2017). *ePflege. Informations- und Kommunikationstechnologie für die Pflege* (S. 7–47). Bundesministerium für Gesundheit (BMG).

Klawunn, R., Walzer, S., Zerth, J., Heimann-Steinert, A., Schepputat, A., Forster, C., et al. (2021). Auswahl und Einführung von Pflegetechnologien in Einrichtungen der Pflegepraxis. In U. Bettig, M. Formmelt, H. Maucher, R. Schmidt, & G. Thiele (Hrsg.), *Digitalisierung in der Pflege. Auswahl und Einsatz innovativer Pflegetechnologien in der geriatrischen Praxis* (S. 37–70). Medhochzwei.

Kunze, C. (2020). *(Nicht-)Nutzung, Transfer, Verbreitung und Nachhaltigkeit von Gesundheitstechnologien: Deutsche Version des NASSS-Frameworks* (S. 1–4). Hochschule Furtwangen.

Merda, M., Schmidt, K., & Kähler, B. (2017). *Pflege 4.0 – Einsatz moderner Technologien aus der Sicht professionell Pflegender: Forschungsbericht* (S. 11–24). Berufsgenossenschaft für Gesundheitsdienst und Wohlfahrtspflege (BGW).

Rothgang, H., & Müller, R. (2021). Schriftenreihe zur Gesundheitsanalyse – Band 32, Barmer Pflegereport 2021, Wirkungen der Pflegereformen und Zukunftstrends. https://www.barmer.de/presse/infothek/studien-und-reporte/pflegereport/pflegereport-2021-361296. Zugegriffen am 23.03.2022.

Seibert, K., Domhoff, D., Huter, K., Krick, T., Rothgang, H., & Wolf-Ostermann, K. (2020). Application of digital technologies in nursing practice: Results of a mixed methods study on nurses' experiences, needs and perspectives. Digitale Pflegetechnologien: Ergebnisse einer Studie mit Mixed-Method-Design zu den Erfahrungen, Bedarfen und Perspektiven von Pflegefachpersonen. In *Zeitschrift für Evidenz, Fortbildung und Qualität im Gesundheitswesen (ZEFQ)* (S. 94–103). Elsevier.

VDI/VDE Innovation + Technik GmbH, IEGUS – Institut für Europäische Gesundheits- und Sozialwirtschaft GmbH. (2013). Abschlussbericht zur Studie Unterstützung Pflegebedürftiger durch technische Assistenzsysteme. https://vdivde-it.de/de/thema/informations-und-kommunikationstechnologie. Zugegriffen am 09.12.2021.

Jeannette Immig   Jeannette Immig ist seit Juni 2018 als Referentin der Leitung im Pflegepraxiszentrum Nürnberg beschäftigt. Diese Tätigkeit umfasst schwerpunktmäßig den Bereich Public Relations, Social-Media-Marketing, Unternehmenskommunikation und -entwicklung. Als staatlich anerkannte Ergotherapeutin war sie mehrere Jahre in der Geriatrie tätig, unter anderem in den Bereichen Rehabilitation, stationäre Pflege, Demenzbetreuung sowie -versorgung. Berufsbegleitend studierte sie an der FOM Hochschule für Ökonomie und Management Gesundheits- und Sozialmanagement. Ihr Forschungs- und Interessensgebiet liegt vor allem im Bereich der nachhaltigen Implementation von pflegetechnischen Innovationen und in der Mensch-Technik-Interaktion im geriatrischen Kontext.

Jacqueline Preutenborbeck   Jacqueline Preutenborbeck ist seit 2018 als Projektmanagerin im Pflegepraxiszentrum Nürnberg tätig. Sie absolvierte ihr Studium an der Hochschule Coburg als Diplom-Sozialpädagogin (FH). Anschließend arbeitete sie in der Klinik Fränkische Schweiz in Ebermannstadt und wechselte 2002 zum Klinikum Coburg. Ihre Schwerpunkte lagen hier in den Bereichen der geriatrischen Rehabilitation und Palliativstation. 2014 verlagerte sie ihren Lebensmittelpunkt nach Nürnberg und arbeitete bei der Lebenshilfe Nürnberger Land als Leitung der „TENE", bevor sie beim NürnbergStift ihre Tätigkeit aufnahm. Ihr Forschungs- und Interessengebiet liegt auf dem Feld der integrierten Forschung, welche eine ganzheitliche Forschungsperspektive auf die Mensch-Technik-Interaktion impliziert.

Marlene Klemm Marlene Klemm ist seit Juni 2018 Leiterin des Pflegepraxiszentrums Nürnberg. Nach einem sozialen Jahr in einer Behinderteneinrichtung absolvierte sie ein Studium an der Friedrich-Alexander-Universität Erlangen-Nürnberg, an der Universidad Belgrano, Buenos Aires, Argentinien sowie an der Universidad de Extremadura, Cáceres, Spanien mit dem Abschluss Diplom-Sozialwirtin. Nach ihrem Studium arbeitete sie zunächst im Bereich „Customer Retention" bei o2 und im Bereich „Human Resources" bei adidas. Anschließend war sie beim Forum MedTech Pharma e.V. unter anderem als Projektmanagerin für die Themenfelder neurodegenerative Erkrankungen und Pflegeinnovationen zuständig. Ihr Forschungsinteresse liegt insbesondere in der Mensch-Technik-Interaktion sowie der Verknüpfung von Praxis, Forschung und Wirtschaft.

Tanja Dittrich Tanja Dittrich ist seit September 2019 im Pflegepraxiszentrum Nürnberg tätig. Sie absolvierte ihre Ausbildung zur examiniteren Altenpflegerin in einer Pfelgeeinrichtung, welches sich auf demenziellerkrankte Menschen spezialisiert hat. Nach ihrer Ausbildung 2013 wechselte sie in die ambulante Versorung von Pflegebedürftigen. 2015 entschloss sie sich, an der evangelischen Hochschule Nürnberg, berufsbegleitend den Bachelorstudiengang „angewandte Pflegewissenschaften" zu belegen und zu absolvieren. Sie verknüpft ihre Praxiserfahrungen mit der Wissenschaft und gibt diese an KollegInnen vor Ort weiter. Ihr Froschungsinteresse umfasst eine ganzheitliche Forschungsperspektive.

Auswahl und Implementierung von innovativen Technologien für die Pflege – Herausforderungen aus Sicht der Refinanzierung

7

Ursula Deitmerg, Marlene Klemm, Michael Pflügner und Jürgen Zerth

Zusammenfassung

Die Einführung von technischen Innovationen in die Pflege ist im Wechselspiel zwischen den handelnden Akteurinnen und Akteuren im jeweiligen pflegerischen Setting, den organisationalen Rahmenbedingungen und den für das pflegerische Setting konstitutiven institutionellen Kontexten einzuordnen. Am Beispiel von zwei Technologievarianten beim Dekubitusmanagement soll die Bedeutung der handlungsleitenden Kontexte institutioneller und organisatorischer Passung, namentlich auch der Refinanzierung, verdeutlicht werden. Es zeigt sich die hohe Bedeutung, die rahmenden Anreizbedingungen, insbesondere mit Blick auf Finanzierungs- und Kostenteilungs regelungen, bei der Analyse handlungsleitender Faktoren der Technologieimplementierung besonders in den Blick zu nehmen.

U. Deitmerg (✉)
NürnbergStift, Nürnberg, Deutschland
E-Mail: juergen.zerth@ku.de

M. Klemm
Pflegepraxiszentrum Nürnberg, NürnbergStift, Nürnberg, Deutschland
E-Mail: marlene.klemm@stadt.nuernberg.de

M. Pflügner
NürnbergStift, Nürnberg, Deutschland
E-Mail: michael.pfluegner@stadt.nuernberg.de

J. Zerth
Professur für Management in Einrichtungen des Sozial- und Gesundheitswesens,
Katholische Universität Eichstätt-Ingolstadt, Eichstätt, Deutschland
E-Mail: juergen.zerth@ku.de

117
T. Krick et al. (Hrsg.), *Pflegeinnovationen in der Praxis*,
https://doi.org/10.1007/978-3-658-39302-1_7

7.1 Herausforderung: Auswahl und Implementierung von Pflegetechnologien

Die Auswahl und Implementierung innovativer Pflegetechnologien unterliegen vielfältigen Einflüssen mit Blick auf akteursbezogene Annahmefaktoren, Aspekte organisatorischer Akzeptanz bis zu Aspekten gesellschaftlicher Legitimation von Pflegetechnologien
(Brown et al., 2020; Depner & Hülsken-Giesler, 2017; Daum et al., 2017). Gerade den
Zusammenhang zwischen Mikro-, Meso- und Makroebene auch bei gleicher Technologie – etwa Sensormonitoring – gilt es, je nach pflegerischem Setting differenziert zu
betrachten (Schneider et al., 2020, S. 620–621). Exemplarisch können hier praktische
Erfahrungen aus dem Pflegepraxiszentrum Nürnberg (PPZ Nürnberg) herangezogen werden, wo der unmittelbare Vergleich einer Pflegetechnologie zum Dekubitusmanagement
durchgeführt werden konnte, die zunächst in einem akutstationären Setting getestet
wurde und dann in der stationären Altenpflege im Rahmen des PPZ Nürnberg validiert
werden konnte.

Das Erkenntnisinteresse im PPZ Nürnberg orientiert sich bei der Einführung einer
neuen Pflegetechnologie grundsätzlich zunächst an den handelnden Pflegeakteurinnen
und -akteuren, die mit der Pflegetechnologie konfrontiert werden. Hier gilt es, deren Perspektive, Einstellungen und Anreizkonstellationen zu begreifen als auch dann den Blick
auf die arrondierenden Rahmenbedingungen, die durch das pflegerische Setting und die
damit verknüpften, institutionellen Regeln beschrieben sind, zu berücksichtigen. Das Pflegepraxiszentrum Nürnberg arbeitet daher bei der Implementierung neuartiger technischer
und digitaler Produkte mit den sogenannten „ELSI+"-Kriterien. Diese beinhalten die allgemein aus der Literatur bekannten ELSI-Kriterien (ethische, juristische und legalen Implikationen, eingebettet in den sozialen Wirkungsraum), sind aber im Erkenntnisinteresse
des PPZ Nürnberg um pflegepraktische, technische und ökonomische Kriterien erweitert
worden (Bauer et al., 2018).

Wenn eine Technologie in eine organisierte Pflegeumgebung wie in der stationären Altenpflege oder auch in der Akutpflege – ambulante Settings wären dagegen
aufgrund der hohen Heterogenität der Häuslichkeit der Pflegebedürftigen als nicht
„standardisiert"- organisiert zu klassifizieren – eingeführt werden soll, gewinnen die
organisationsbezogenen Kontexte eine wesentliche Bedeutung (Behkami & Daim,
2016). Hier übernehmen die handelnden Akteurinnen und Akteure, die im organisatorischen Kontext einer Einrichtung die innerorganisatorische Implementierung gestalten, im Sinne ihrer Umsetzungsrolle in der Organisation – diese Rollenwahrneh-
mung wird beispielsweise von Hausschild und Chakrabarti (1988) als Promotorenrolle
umschrieben – eine wesentliche Aufgabe. Je nach Stellen- und Rollenzuschnitt lassen sich sowohl fachliche Promotorinnen und Promotoren erwähnen, Pflegefachkräfte bei der Anwendung einer Technologie als auch Machtpromotorinnen und -pro-
motoren, die für die Einführungsentscheidung der Technologie verantwortlich sind

(Zerth et al., 2021, S. 163). So kann es für Pflegefachkräfte als Promotorinnen und Promotoren der Umsetzung beim Vergleich eines Langzeitpflegekontextes mit einem akutstationären Kontext durchaus zu unterschiedlichen pflegerischen und organisatorischen Aspekten kommen, obwohl es sich vordergründig um eine technisch gleichwertige Pflegetechnologie handelt. Neben den akteursspezifischen Aspekten sind darüber hinaus unterschiedliche organisatorische und institutionelle Passungen zu beachten. Gerade in Fällen, wo eine Produktkategorie zwar pflegerisch ähnliche Nutzenversprechen liefern kann, institutionell aber etwa dem akutstationären Bereich der Krankenversorgung nach SGB V zugeordnet ist, kann sich die Anreizsituation deutlich von einer Implementierung in der stationären Altenpflege, die nach SGB XI aufgestellt ist, unterscheiden.[1] Daraus ergeben sich für die Akutpflege im Krankenhaus andere Herangehensweisen und Herausforderungen bei der Implementierung von innovativen Produkten.

Folgend soll beschrieben werden, welche arrondierenden Aspekte aus Sicht der Finanzierung bei der Einführung und Implementierung technischer innovativer Produkte mit Blick auf Patientinnen und Patienten, Gepflegte und Pflegende zu berücksichtigen sind. Ein besonderes Augenmerk gilt beispielsweise dem Vergleich der Rahmenbedingungen zwischen akutklinischem Setting und stationärer Langzeitpflege. Anhand von Fallbeispielen aus dem PPZ Nürnberg werden dabei zunächst im Vergleich von zwei Settings der stationären Langzeitpflege die Anreize zur Investitionsentscheidung betrachtet und hier die Risikoteilung zwischen Einrichtung, Kostenträger und Patientinnen und Patienten/Gepflegten in den Blick genommen. Insbesondere die Frage, welche Eigenanteile etwa die Bewohnenden eines stationären Pflegesettings zu tragen haben, skizziert handlungsleitende Rahmenkontexte, die ein Investitionsentscheider bei der Einführung einer neuen Technologie zu berücksichtigen hat. Dieser finanzielle Rahmen korrespondiert wiederum mit daran anknüpfenden organisatorischen Aspekten. Hier gilt es, nach der Investitionsentscheidung, aber im Idealfall antizipierend bereits bei dieser, sowohl personelle Fähigkeiten und Kompetenzen zur Umsetzung, organisatorische Grundlagen – etwa technische Ausstattung – als auch die dazu passende Integrationsfähigkeit des zugrundeliegenden Produktes – etwa Anforderungen aus dem Medizinprodukterecht – miteinander abzustimmen.

---

[1] Die Finanzierung von Medizinprodukten erfolgt im akutstationären Kontext entweder durch eine separate Vergütung oder muss sich aus der allgemeinen Honorierung speisen. Eine separate Umlage zusätzlicher Kostenbestandteile auf die Nutzenden, Patientinnen und Patienten oder Gepflegten erfolgt im SGB-V-Kontext nicht, jedoch durchaus im Kontext der Pflegeversicherung nach SGB XI.

7.2 Basisbetrachtung: Der Handlungsraum für die Innovationsfinanzierung

7.2.1 Pflegetechnologien als Teil einer organisatorischen Rollenteilung

Eine Technologieeinführung in der stationären Langzeitpflege hat, wie schon eingangs ausgeführt, die mitschwingende finanzielle Komponente, die Refinanzierung. in den Blick zu nehmen. Die Beteiligten und Verantwortlichen für die Implementierung haben bezüglich der Finanzierung sowohl den Verpflichtungen des SGB V als auch des SGB XI und gegebenenfalls noch weiteren Kostenträgerstrukturen Rechnung zu tragen. Dabei gilt es weiterhin, sich den heterogenen Bedarfslagen und Prozessbedingungen in den unterschiedlichen Settings zu nähern (Paquet, 2020, S. 15–19).

Da es sich bei der Technologieimplementierung in der Langzeitpflege um einen besonders sensiblen Bereich handelt, in dem der Spagat zwischen Fürsorge im Sinne von Verantwortung für den Gepflegten oder die Gepflegte und Autonomie im Sinne von Freiheit gemeistert werden muss, gilt es, den genaueren Blick auf die Rolle von Technik im Sinne eines soziotechnischen Systems zu legen. In dieser Hinsicht sollten Technik, Akteurinnen und Akteure sowie Organisation miteinander verknüpft werden, sodass sie ein gemeinsames pflegepraktisches Ziel erfüllen können (Zerth, 2020, S. 602–605).

Eine Untersuchung von Curtis und Brooks (2020) zu Implementierungsfaktoren digitaler Pflegetechnologien in stationären Pflegeeinrichtungen, bei der sowohl Pflegekräfte als auch Einrichtungsleitung, Gepflegte und deren Angehörige befragt wurden, zeigt deren Wahrnehmung zur Einführung von Technologien in der Pflege. Hierbei wurden diese hinsichtlich des zu erwartenden Wirkungseffekts auf die Pflegezeit und die daraus ableitbaren Qualitätseffekte für die Pflege befragt. Auch wenn die Ergebnisse dieser Studie auf professionellen Settings beruhen, lässt sich die Bedeutung von Technologien als integraler Teil einer Interaktionsbeziehung, auch im Sinne des SOK-Modells nach Baltes und Baltes (1990), widerspiegeln. Das SOK-Modell umreißt die Bedeutung des Entwicklungsprozesses von Menschen über die Faktoren Selektion, Optimierung und Kompensation, die dessen Fähigkeit beschreiben, auf spezifische Herausforderungslagen durch eigene Kompetenzen zu reagieren. Mit Blick auf Pflegetechnologien spiegelt sich dies insbesondere in den intraindividuellen Erfahrungen von Nutzenden mit Technologien wider (Schmidt & Wahl, 2016, S. 9–10).

Dabei weisen Schmidt und Wahl (2016) jedoch nicht auf die unmittelbare Beziehungsebene zwischen Gepflegten und Pflegenden (Pflegefachkräften sowie Familienpflegenden) hin, sondern beziehen sich dabei auf die gesellschaftliche Einbettung der Beziehungsebene. Aus einem innovationsökonomischen Blickwinkel, etwa in Anlehnung an mehrdimensionale Implementierungsframeworks, wie etwa dem NASSS-Ansatz (vgl. Kap. 2) (Greenhalgh et al., 2018), wird die Verknüpfung mikrobasierter Fragenstellungen zu Innovation und Implementierung und deren Integration in einen gesellschaftlichen Implementierungskontext adressiert. Nutzen und Wertversprechen sind daher nicht nur auf der individuellen Ebene zu betrachten, sondern diese sind letztendlich für die gesellschaftliche Ebene mitzudenken (Greenhalgh et al., 2018, S. 3). Zusätzlich zum jeweiligen pflegerischen Setting greifen Pflegetechnologien entweder (a) an der direkten Interaktions- und Sorgearbeit Pflege an und sollen beispielsweise helfen, einen pflegerischen Nutzen etwa im Kontext von Mobilisierung, Aktivitäten des täglichen Lebens, Minimierung unmittelbarer pflegerischer Risiken (zum Beispiel Dekubitusprophylaxe) oder der sozialen Kommunikation zu erwirken. Somit steht in erster Linie eine Outcome-Perspektive aus Sicht der oder des Pflegebedürftigen im Raum und eher sekundär die Veränderungen des pflegerischen Prozesses. Es gilt aber (b) auch, die prozessuale Veränderung der direkten Pflege in den Fokus zu rücken: Eine vermeintliche Produkt- oder auch Prozessinnovation ist aus diesem Wirkungszusammenhang mit dem pflegerischen Nutzen beziehungsweise übergeordneten Outcome zu verknüpfen (Zerth et al., 2021, S. 159–161).

Technologien hingegen, die am Aktionsraum der Pflegenden ansetzen, ohne direkt die Sorgebeziehung zu verändern, hier exemplarisch an digitale Dokumentationssysteme oder einen intelligenten Pflegewagen oder Ähnliches gedacht, beeinflussen den vor- oder nachbereitenden Pflegeprozess und sind aus pflegepraktischer Sicht eher als Prozessinnovationen zu kennzeichnen, die nicht direkt die Pflegenden adressieren und somit nur indirekt die pflegerische Qualität beeinflussen (Schneider et al., 2020, S. 618–619). Diese Betrachtung möglicher Wirksamkeitspotenziale von Pflegetechnologien sind beim Blick auf Refinanzierungsüberlegungen zu berücksichtigen. Dies gilt insbesondere, weil eine angebotsseitig gleiche Pflegetechnologie – etwa ein System zum Dekubitus-Monitoring – in unterschiedliche akteursbezogene und settingsbezogene Begründungslogiken geraten kann, abhängig davon, ob diese Teil einer akutstationären Umgebung und damit korrespondierender Vergütungen im Diagnosis-Related-Groups(DRG)-Kontext oder Teil des Finanzierungsmixes in der stationären Langzeitpflege sind. Eine kurze illustrative Kennzeichnung einer Entscheidungssituation im Vergleich der beiden unterschiedlichen institutionellen Settings mag dies verdeutlichen:

Angenommen bei Einführung einer Pflegetechnologie steht ein Entscheidungsträger – etwa eine Geschäftsführung eines Krankenhauses oder eine Einrichtungsleitung in der stationären Pflege – vor der Abwägung, die Investition in eine Pflegetechnologie mit den erlös- und kostenwirksamen Perspektiven der Implementierung abzugleichen. Bei der Investitionsentscheidung greifen dann drei ökonomisch relevante Diskussionspunkte:

1. Abwägung einer Gegenfinanzierung zum Zeitpunkt der Investition
2. Abwägung implizierter Folgekosten in den Leistungserlösen
3. Auswirkungen der Kostenteilung auf die Wettbewerbssituation

Ohne Anspruch auf Allgemeingültigkeit lässt sich somit an einer einfachen Erlös- und Kostenprognose („Deckungsbeitragslogik") verdeutlichen, dass ein Entscheider über die Einführung einer pflegerischen Innovation zum Zeitpunkt der Implementierungsentscheidung die künftige Gegenfinanzierung mit den erwarteten Nettorückflüssen aus den Folgeperioden vergleichen muss. Insbesondere ist die Frage relevant, ob die erwartete, pflegetechnische Innovation erlöswirksam ist. Dies kann durch veränderte Leistungen und/oder Erlösgrößen erzielt werden. Denkbar ist aber auch die Gegenfinanzierung durch eine zu erwartende Reduktion der Prozesskosten bei unveränderten Leistungs- und Erlösgrößen. Von dieser Renditeüberlegung ist die Frage der unmittelbaren Investitionsfinanzierung zum Zeitpunkt der Implementierungsentscheidung zu trennen, das heißt welche unmittelbare Gegenfinanzierung eine geplante Investition nach sich zieht. Ausgehend von diesen Überlegungen unterscheiden sich exemplarisch die stationäre medizinische Akutversorgung von der stationären Langzeitpflege hinsichtlich der Abwägung, ob Leistungen und Erlösbestandteile sich durch den Einsatz von Technologien verändern lassen als auch bezüglich der Finanzierungsverantwortung zum Zeitpunkt der Investitionsentscheidung. Tab. 7.1 zeigt, wie sich die Bedingungen der Refinanzierung mit Blick auf akutstationäre Versorgung und stationäre Pflege differenzieren lassen.

Tab. 7.1 Institutionelle Unterschiede in der Finanzierung. (Quelle: eigene Darstellung in Anlehnung an Holzkämper, 2018, S. 330)

Differentiator	Akutstationäre Versorgung	Stationäre Pflege
Kostenträger und Kostenteilungsregel(n)	Laufende Ausgaben: Gesetzliche Krankenversicherung, private Krankenversicherung und Selbstzahler	Laufende Ausgaben: Pflege (Personalschlüssel, gedeckelt): Soziale Pflegeversicherung und private Pflegeversicherung, zusätzlich Selbstzahlerinnen/Selbstzahler und Sozialkassen („Hilfe zur Pflege")
	Investitionen: Bundesländer und Träger der Einrichtung	Investitionen: Bundesland, Bewohnerinnen und Bewohner, Träger der Einrichtung
Honorierungsregel(n)	Fallpauschale: DRG (Diagnosis Related Groups) mit Zu- und Abschlägen plus Zusatzentgelten (bei Berücksichtigung des Pflegebudgets)	Tagessätze (Pflege, Unterbringung und Verpflegung), zusätzlich eine Investitionsumlage plus Zahlung von Zusatzleistungen
Honorierungserwartung	Prospektiv ausgehandeltes Budget (Vollversorgungsansatz)	Prospektiv ausgehandelte Tagessätze (jedoch lediglich auf Personalinputs nach Pflegegraden ohne Leistungsdefinition in der Pflege/Mitfinanzierung der Behandlungspflege)
Vertragliche Basis	Landeskrankenhausplan, Versorgungsvertrag	Rahmenvertrag, Versorgungsvertrag, Pflegesatzvereinbarung

7.2.2 Innovationsfinanzierung zwischen akutstationärer Versorgung und stationärer Pflege

Fokussiert auf eine beispielhafte singuläre Investitionsentscheidung differenzieren sich die Settings akutstationäre Versorgung und stationäre Altenpflege deutlich. Bei Annahme einer vereinfachten Erlös- und Kostenprognose zum Zeitpunkt der Investitionsentscheidung stellt sich – abhängig von der zugrunde liegenden Wirksamkeitshypothese der Pflegetechnologie – die Frage, ob diese zumindest mittelfristig eine erlössteigernde Wirkung haben kann oder direkt kostensenkend wirkt.[2] Diese Effektivitäts- und Effizienzhypothesen sind abzugleichen mit der Frage nach institutionellen Refinanzierungsmöglichkeiten und der Frage nach Anreizbedingungen der beteiligten Akteurinnen und Akteure, wenn beispielsweise wie in der medizinischen Akutversorgung ein als innovativ angesehenes Medizinprodukt integraler und wesentlicher Bestandteil einer mit dem Einsatz des Produktes verknüpften Untersuchungs- und Behandlungsmethode sein kann (Raddatz, 2020, S. 174–175).

Hier unterscheiden sich Medizinprodukte noch wesentlich deutlicher von Arzneimitteln, die ihren Nutzen weitgehend direkt aus dem Wirkstoff und der Anwendung desselben ziehen (Produktnutzen), wohingegen Medizinprodukte in der Regel Teil der prozessualen Diagnose- und Behandlungsstruktur sind. Ohne auf die spezifischen Regelungen der verschiedenen Bewertungsverfahren von produktbasierten Methoden in der medizinischen Versorgung näher einzugehen, lässt sich aber vereinfacht festhalten, dass Medizinprodukte – in der akutstationären Versorgung – dann eine Chance haben, perspektivisch erlöswirksam gegenfinanziert zu werden, wenn diese untrennbar mit einer neuartigen Untersuchungs- und Bewertungsmethode im Sinne etwa des § 135 SGB V verbunden sind (seit 2012 können auch Hersteller selbst eine Innovationsbewertung beim Gemeinsamen Bundesausschuss nach § 137 e SGB V anstoßen, wenn diese ein hohes Potenzial ihres Produktes für eine Behandlungs- und Untersuchungsmethode sehen). Beim Blick auf die Markteinführung von Medizinprodukten nach den Regularien des SGB V gibt es weiterhin noch die Unterscheidung zwischen dem Verbotsvorbehalt neuer Technologien im stationären Bereich und der Vorgabe eines Erlaubnisvorbehalts für Technologien, die in ein ambulantes (medizinisches) Setting integriert werden. Die stationäre Altenpflege wäre aus Sicht des SGB V ein ambulantes medizinisches Setting, wo die Einführung eines Medizinproduktes nach dem Erlaubnisvorbehalt zu betrachten wäre, da mit Blick auf die ärztliche Versorgung in der stationären Langzeitpflege die niedergelassenen Haus- und Fachärztinnen und -ärzte zuständig sind. Es lässt sich festhalten, dass für ein Medizinprodukt – sollte es als wesentlich für eine neue Untersuchungs- und Behandlungsmethode erachtet werden – mit gewisser Verzögerung eine Anpassung der Vergütung im Einheitlichen

---

[2] Die Verkürzung allein auf die ökonomischen oder finanziellen Aspekte soll andere relevante Wirkfaktoren von Pflegetechnologien, etwa Versorgungssicherheit, Arbeitszufriedenheit und andere, nicht ausblenden.

Bewertungsmaßstab der ambulanten Versorgung oder als Anpassung der DRG-Vergütung im stationären Kontext denkbar ist (Hoffmann & Kersting, 2020, S. 192–196).

Als besondere Zwischenlösung für die Innovationsbewertung im Krankenhaus greifen Erlöszuschläge nach den Neuen Untersuchungs- und Behandlungsmethoden (NUB). Sollte ein Medizinprodukt keinen Beitrag zu einer neuen Methode leisten, sind erlösrelevante Effekte nicht anzunehmen und ein Entscheidungsträger hat die Amortisierung aus beispielsweise durch die Technologie reduzierten Prozesskosten gegenzurechnen. Die für einen Entscheidungsträger notwendige Gegenfinanzierung einer Pflegetechnologie zum Zeitpunkt der Investitionseinführung hängt somit wiederum davon ab, ob diese Technologie Teil der Leistungsfinanzierung nach DRG-gestützten Fallpauschalen oder bei größerer Investition Teil der dualen Investitionsfinanzierung ist.

Die Einführung einer Pflegtechnologie in der stationären Versorgung greift hingegen an einer ganz anderen Logik (vgl. Tab. 7.1) an. Die Gegenfinanzierung über den Kostenträger Pflegeversicherung setzt nur an den direkten Pflegekosten, wiederum in Abhängigkeit vom Pflegegrad-Mix in einer stationären Pflegeeinrichtung, an und finanziert nur unmittelbar den Stellenschlüssel, hingegen keine Leistungskomplexe. Gerade hier wird das sogenannte Teilversicherungsprinzip in der pflegerischen Versorgung ersichtlich (Paquet, 2020, S. 15–16). Da es in der stationären Pflege im Gegensatz zum Krankenhaussektor keine staatliche Bedarfsplanung gibt, sind Investitionsförderungsansätze von Bundesland zu Bundesland sehr heterogen. Auch wenn die Länder grundsätzlich eine Verantwortung für die pflegerische Versorgungsstruktur haben (§ 9 SGB XI), können über landesrechtliche Vorgaben Kostenteilungsansätze greifen, die stärker die Pflegebedürftigen oder die Länder selbst in die Pflicht nehmen. Im Grundsatz gilt daher in der oben skizzierten Abwägungssituation die Herausforderung für eine Einrichtungsleiterin oder einen Einrichtungsleiter, die Finanzierung einer Technologie zu 100 Prozent über die von der oder dem Pflegebedürftigen zu zahlende Umlage in Betracht zu ziehen. Somit entsteht nicht nur eine zusätzliche Belastung für die Pflegebedürftige oder den Pflegebedürftigen – Voraussetzung ist die Genehmigung der Finanzierung der Investition über Umlagen in den Pflegesatzverhandlungen durch die Vertragspartner –, sondern je nach regionaler Lage der Pflegeeinrichtung auch ein wettbewerbliches Problem mit Blick auf die unmittelbare Angebotssituation von Pflegeeinrichtungen. Dies gilt, da Vergütungssätze im Sinne der pflegerischen Versorgung durch die Kollektivvertragsparteien auf Landesebene festgesetzt werden. Wenn nun bei einer Investitionsfinanzierung eine Pflegeeinrichtung diese mit höherer Umlage auf die Klientinnen und Klienten umlagern muss und gleichzeitig die Pflegeeinrichtung beispielsweise an der Bundeslandgrenze gelegen ist, steht diese mit Blick auf die Auswahlmöglichkeiten der Klientinnen und Klienten im Wettbewerb mit den Pflegeeinrichtungen des Nachbarbundeslandes, die unter Umständen günstigere Refinanzierungsbedingungen haben.

Der Einsatz neuer Technologien in der Pflege gelingt somit je nach Sektor in unterschiedlicher Herangehensweise, jedoch mit gleicher Erwartung an eine verbesserte Pflegeanwendung. Im Fall einer kostensenkenden Pflegetechnologie müssen sowohl die Geschäftsführerin oder der Geschäftsführer eines Krankenhauses als auch die Einrichtungsleitung einer stationären Pflegeeinrichtung betriebswirtschaftlich abwägen, ob sich die Investition mit Blick auf veränderte Deckungsbeiträge in Zukunft trägt. Anders ist es, wie schon aufgeführt, wenn mit der Pflegetechnologie eine veränderte Wirkung verknüpft ist, die sich im akutstationären Fall als neue Diagnose- und/oder Behandlungsmethode kennzeichnen lässt. Hier kann ein Krankenhaus kurzfristig eine Zwischenfinanzierung über eine sogenannte NUB erhalten, mittel- bis langfristig ist eine DRG-Anpassung und somit eine zukünftige Abrechnungsposition denkbar, auch wenn hier mehrere Jahre kalkuliert werden müssen. Die Geschäftsführung einer stationären Pflegeeinrichtung steht hingegen unmittelbar vor der Frage, ob sie die zusätzlichen Investitionsaufwendungen in vollem Umfang auf die Pflegebedürftige oder den Pflegebedürftigen weiterleiten will oder sie alternative Kostenteilungsregelungen findet, die etwa durch ergänzende „Side-Payments" wie Spenden oder Querfinanzierungen bei größeren Pflegeunternehmen denkbar sind (Grohs et al., 2014, S. 54 f.).

7.2.3   Zwischenergebnis

Die Finanzierung von Pflegeinnovationen, auch für ein pflegepraktisches gleiches oder ähnliches Problem, basiert institutionell auf sehr unterschiedlichen Rahmenbedingungen, je nachdem ob eine Technologie in der Akutpflege oder in der stationären Langzeitpflege eingesetzt werden soll. Somit sind Hinweise für den Market Access unmittelbar abhängig von der zugrunde liegenden Entscheidung, in welches pflegerische Setting eine Technologie eingeführt werden soll (Point of Access). Daher gilt es, Produkthersteller im Kontext einer Market-Access-Strategie sowohl mit einem dezidierten Grundverständnis über die Bedingungen im direkten pflegerischen Anwendungsfeld (Mikroebene der Pflege) als auch mit den konstitutiven Bedingungen auf der Makroebene, die für das spezifische pflegerische Setting gültig sind, vertraut zu machen.

7.3   Prozessbetrachtung der Einführung von Pflegetechnologien: Fallbeispiele

Die organisationsbezogene Komplexität der Einführung zweier Technologien soll im Kontext einer Technologie für das Wundmanagement interpretiert werden. Einerseits gilt es die Implementierung eines Kaltplasmagerätes zur Wundversorgung in den Blick zu nehmen, andererseits soll eine Antidekubitusmatratze Beachtung finden. Eine adäquate pflegerische Wundversorgung gehört zur Kernaufgabe der Pflege in allen pflegerischen Settings, wobei der Schwerpunkt dieser Betrachtung auf die stationäre Langzeitpflege gelegt wird. Die beiden Fallbeispiele mit Blick auf Wundprophylaxe als auch Wundversorgung können die schwierige Grenzziehung zwischen weitgehend medizinischen Cure- und pflegerischen Care-Bereichen illustrieren. Zur Verdeutlichung der pflegepraktischen Relevanz soll eine kurze Bezugnahme auf die Bedeutung von Wundmanagement in Pflegeheimen erfolgen und das Pflegeproblem des Dekubitus aufgegriffen werden.

Ein Dekubitus zählt zu den am häufigsten auftretenden Wundarten in Pflegeheimen. Laut Expertenstandard ist die Zielsetzung der Pflegemaßnahmen, dekubitusgefährdeten Patientinnen und Bewohnern die Prophylaxe zukommen zu lassen, die eine Dekubitusentstehung verhindert (Büscher et al., 2017, S. 19). Definiert ist ein Dekubitus als „lokal begrenzte Schädigung der Haut und/oder des darunterliegenden Gewebes, typischerweise über knöchernen Vorsprüngen, infolge von Druck oder Druck in Verbindung mit Scherkräften" (Büscher et al., 2017, S. 16).

7.3.1 Pflegetechnologien im Anwendungsfeld des Wundmanagements: Kaltplasma in der stationären Altenpflege

Das erste Anwendungsbeispiel in der Pflege beschreibt die Implementierung eines Kaltplasmagerätes für die Durchführung der Wundtherapie. Die Wirkhypothese im Fallbeispiel knüpft daran an, Kaltplasma als Teil des Wundmanagementprozesses zu verwenden. Kaltplasma, aus teilweise ionisiertem Gas bestehend, bewirkt bei der Wundbehandlung, dass die Zellmembran der Mikroorganismen durchdrungen und die dann frei liegende DNA (Desoxyribonukleinsäure) aus dem Zellkern zerstört wird. Die Abtötung der Keime schließt die multiresistenten ein, wodurch ein breites Wirkungsspektrum zur Desinfektion einer Wunde erreicht wird. Bei spezieller Betrachtung der pflegerischen Tätigkeit geht es bei der Kaltplasmainnovation um die Wundversorgung, die der sogenannten Behandlungspflege zugeordnet ist.

7.3.1.1 Einschub: Die Problematik der Behandlungspflege im Pflegeheim
Zunächst soll in einem kurzen Exkurs die strukturelle Einteilung der Pflegetätigkeit verdeutlicht werden, die sich seit vielen Jahren in zwei Formen der pflegerischen Versorgung, der Behandlungspflege und der Grundpflege, unterscheiden lässt (Blass, 2012).

In Anlehnung an das ambulante Setting ist die Grundlage der Grund- und Behandlungspflege im SGB V Absatz 1 und 2 zu finden. Verschiedene Gesetzestexte greifen die Begriffe und damit verbunden die Differenzierung auf, so ist etwa zu den Leistungen der Grundpflege auch das SGB XI § 4 relevant. Unterschieden werden die beiden Pflegebegriffe nach den ausführenden Tätigkeiten, die nach der Art und dem Umfang bestimmt sind, aber auch hinsichtlich der Berechtigung der Durchführung. Pflegehelferinnen und Pflegehelfer dürfen in Abhängigkeit ihrer beruflichen Qualifikation und nach Ermessen der verantwortlichen Pflegefachkraft Grundpflege ausführen, die sich konkret auf die Leistungsbereiche Körperpflege, Mobilität, Ernährung, vorbeugende Maßnahmen, Kommunikation und die Förderung der Eigenständigkeit beziehen. Die Behandlungspflege ist dagegen durch eine ausgebildete, qualifizierte Pflegefachperson auszuführen, wobei sie eine Durchführungsverantwortung bei Ausübung der medizinischen Maßnahmen entsprechend der ärztlichen Verordnung übernimmt (Gebhardt, 2021). Medizinische Maßnahmen können den Einsatz von Medizinprodukten beziehungsweise Hilfsmitteln betreffen, dem laut Medizinprodukterecht eine Einweisung zum Produkt vorausgehen muss. Pflegehelferinnen und Pflegehelfer agieren im Rahmen der Grundpflege und dürfen Pflegetechniken begrenzt durch die Vorgabe einer Pflegeplanung und erfolgter Einweisung ausführen. Erweiterungen des Tätigkeitsfeldes sind möglich und beziehen sich auf eine niederschwellig anspruchsvolle Behandlungspflege, wie beispielsweise Messung des Blutdrucks oder der

Temperatur, vorausgesetzt die Qualifikation gemäß Pflegeberufegesetz ist vorhanden. Die ärztliche Anordnung muss eingehalten werden, die sich auf die Grundpflege wie auch auf die Behandlungspflege beziehen kann (Cajetan et al., 2019).

Während in der Akutpflege im Krankenhaus die ärztliche Verantwortung von den Klinikärztinnen und -ärzten getragen wird, sind in der stationären Langzeitpflege die Hausärztinnen und Hausärzte der Pflegebedürftigen zuständig (Pramann, 2017). Trotz der vielen ärztlichen Konstellationsmöglichkeiten gilt es im Kontext der stationären Langzeitpflege, die freie Arztwahl aufrechtzuerhalten. Somit sind pro stationärer Pflegeeinrichtung mehrere Haus- und Fachärztinnen und -ärzte tätig, die bereit sind, Patientinnen und Patienten im Sinne einer ärztlichen Behandlungsübernahme zu versorgen und regelmäßig die Einrichtungen zu besuchen. Im Vergleich zur Akutpflege wird deutlich, dass in Pflegeeinrichtungen das medizinische Personal nicht rund um die Uhr präsent ist, sondern dieses mit der bestehenden Zugehörigkeit zum ambulanten Setting nur zu Zeiten der Visiten oder bei besonderen Ereignissen erscheint. Hintergründig steht hier der Gedanke, eine Pflegeeinrichtung wie das eigene Zuhause für die Gepflegten zu betrachten und dies vollumfänglich zu ersetzen, womit das allgemein gültige Wahlrecht einer Hausärztin oder eines Hausarztes für Gepflegte im Rahmen ihrer Versicherung bei Gesundheits- beziehungsweise Krankenkassen wirksam bleibt. Die Pflegeeinrichtung stellt als Dienstleistung keine ärztliche Behandlung vertragsrechtlich zur Verfügung, sondern begrenzt sich in der Regel auf das pflegerische Leistungsangebot. In der Konsequenz können unterschiedlich viele Medizinerinnen und Mediziner für die zahlreichen Pflegebedürftigen bei der interdisziplinären Zusammenarbeit in Pflegeeinrichtungen vertreten sein, die noch durch therapeutisches Personal oder externe Expertise, je nach medizinischer, pflegerischer Empfehlung oder entsprechend dem Wunsch der Pflegebedürftigen, ergänzt werden. Zur Optimierung etablierter Verfahren bei der gemeinsamen Arbeit mit Expertinnen und Experten, wie dies beispielsweise beim Wundmanagement erfolgen kann, entstehen oftmals Kooperationen mit den Einrichtungen.

Mit Blick auf die Einführung einer Pflegetechnologie hat die für eine Investition entscheidungsbefugte Person, etwa die Einrichtungsleitung, die Zusammenarbeit mit der oder dem niedergelassenen Haus-/Fachärztin oder -arzt zu berücksichtigen. Wurde von der Mannigfaltigkeit der Ärzteschaft in Pflegeeinrichtungen zuvor berichtet, so stellt diese ein wichtiges Kriterium bei Investitionsentscheidungen hinsichtlich des ärztlichen Beteiligungsaufwands dar. Im Beispiel der Kaltplasmaanwendung ist der Bedarf für den Einsatz eines Plasmagerätes bei vielen Pflegebedürftigen aufgrund bestehender chronischer Wundsituationen vorhanden und eine Behandlung vielversprechend. Laut Expertenstandard „Pflege von Menschen mit chronischen Wunden" definieren sich Wunden als chronisch, „wenn diese innerhalb von vier bis zwölf Wochen nach Wundentstehung – hier spielen Wundart und Kontextfaktoren eine bedeutende Rolle – unter fachgerechter Therapie keine Heilungstendenzen zeigen" (Büscher et al., 2015, S. 19).

Besonders häufig treten die chronischen Wundarten Dekubitus, diabetisches Fußulcus und Ulcus cruris auf. Die Wundbehandlung gilt als eine komplexe Pflege- und Behandlungssituation, bei der Vorerkrankungen, Verhaltensweisen und Lebenssituationen der Pflegebedürftigen berücksichtigt sowie der Wundstatus kontinuierlich eingeschätzt und beurteilt werden (Büscher et al., 2015, S. 41–51). Aus diesem Grund bieten externe Wundmanagement-Unternehmen ihre ausgebildeten Wundexpertinnen und -experten, die in der Regel über Informationen neuer Therapietechniken verfügen, als Dienstleistung zur Unterstützung des Pflegepersonals den Pflegeeinrichtungen an. In Pflegeeinrichtungen werden Wundversorgungen unterschiedlich oft – täglich oder mehrmals wöchentlich – bei den jeweiligen Pflegebedürftigen durchgeführt, die bezüglich des zeitlichen Pflegeaufwands im Sinne einer Prozessoptimierung bedeutsam sind. Erweitert wird der Zeitaufwand einer reinen Wundversorgung durch begleitende Transaktionen, wie beispielsweise die Dokumentation (Wundbeschreibung und -bericht, Wundfotografie), Fallbesprechungen, Arztkommunikation, Beratungsgespräche, Informations- und Materialbeschaffung. Infizierte Wunden postulieren erweiterte hygienische oder medikamentöse Maßnahmen, beispielsweise Antibiotikagaben und erhalten dadurch einen besonderen Stellenwert. Externe Wundmanagerinnen und -manager übernehmen Teilaufgaben, wobei die Steuerung des gesamten Pflegeprozesses im Verantwortungsbereich der Pflegefachperson verbleibt.

7.3.1.2 Effektivitäts- und Finanzierungshypothesen

Die Effektivitäts- und Effizienzhypothese der Einführung der Pflegetechnologie liegt in der Annahme begründet, dass mit Kaltplasma therapierte Wunden allgemein schneller abheilen und Pflegezeitressourcen für die Einrichtung gewonnen werden. Ebenso können Zeitressourcen der Ärztin oder des Arztes und damit Kosten für Behandlungen reduziert werden. Die Vorteilshypothese für betroffene Gepflegte liegt in einer verbesserten Lebensqualität. Für den Einsatz der Kaltplasmatherapie als ein Erprobungsprojekt einer innovativen Technologie in Pflegeheimen gilt jedoch – nach Zuordnung in die Rubrik der Behandlungspflege – die Zustimmung des betreffenden medizinischen Personals sowie der rechtlichen Betreuung als Voraussetzung. Die Ärztin oder der Arzt muss des Weiteren die Erprobung der Technik in medizinischer Verantwortung aktiv begleiten (Pramann, 2017).

Die Zugehörigkeit zum ambulanten Setting resultiert aus der Inanspruchnahme der medizinischen Leistung einschließlich dem Verbrauch der Verbandsmaterialien im Wundversorgungsbeispiel und ist dementsprechend für den größten Teil der Pflegebedürftigen über die gesetzliche Krankenversicherung im Rahmen einer erstattungsfähigen SGB-V-Leistung zu finanzieren. Das Pflegepersonal hingegen ist insgesamt für die Durchführung der Behandlungspflege und der Grundpflege mit der Pflegefallpauschale abgegolten, die je nach Pflegegrad der Pflegebedürftigen von der Pflegekasse als SGB-XI-Leistung teilrefinanziert wird (Schwinger & Tsiasioti, 2020). Prospektiv müssen zur Entscheidungsfindung des innovativen Technikeinsatzes hinsichtlich der Finanzierung folgende Überlegungen einbezogen werden: Zum einen gilt es, die Übernahme der Kosten für die individuelle Anwendung zu klären, die bei Benutzung der Technik für Einmalmaterialien entstehen, zum anderen stellt sich die Frage nach der Beschaffung und damit verbunden nach dem Betreiber eines Medizinproduktes. Nach Medizinprodukterecht ist der Betreiber für ein Gerät verantwortlich, mit dem Pflichten wie beispielsweise Wartungen, Überprüfungen und Einweisungen festgelegt sind.

Notwendige Arzneimittel oder Materialien lassen sich im Rahmen des ambulanten Settings über ein ärztliches Rezept, speziell ausgerichtet auf die jeweiligen Pflegebedürftigen, verordnen. Das Pflegepersonal organisiert und verwendet die Arzneien oder Materialien im Kontext der stationären Langzeitpflege. Sind bei tieferen oder infizierten Wunden zusätzlich Expertinnen oder Experten involviert, kann der Beschaffungsprozess auch über sie organisiert werden. Medizinische Geräte oder Techniken zur Behandlung lassen sich in gleicher Weise wie Arzneimittel oder sonstige Materialien von der Ärztin oder vom Arzt verschreiben, die dann vom Pflegepersonal fachkundig eingesetzt werden. Für jede Wundversorgung im Beispiel der Plasmaanwendung ist als Verbrauchsmaterial ein Geräteaufsatz (Spacer) notwendig, der aus hygienischen Gründen einmal verwendet werden darf. Erst bei Aufnahme der Kaltplasmaanwendung in die diversen abrechnungsfähigen Leistungsregularien (zum Beispiel über den Hilfsmittelkatalog) der gesetzlichen Krankenversicherung können die Spacer analog zu Arzneimitteln oder Wundauflagen refinanziert werden, das heißt die Voraussetzung für eine Verordnungs- und Erstattungsfähigkeit wäre gegeben. Die Investitionsfrage hinsichtlich einer Geräteanschaffung wird bei vermehrt auftretenden Behandlungsfällen für Pflegeeinrichtungen, ebenso aber auch für Ärztinnen, Ärzte oder Wundmanagementunternehmen, bedeutsam und dies bereits schon zum Zeitpunkt einer noch ausstehenden Erstattungsfähigkeit, um eine schnelle Heilung von Wunden zu erzielen. Spacerkosten sind dann allerdings ebenso wie das Gerät selbst entweder durch die Pflegebedürftigen, das Pflegeheim, die Ärztin oder den Arzt, den Hersteller oder mittels Spenden zu decken. Als Outcome müssten ein optimierter Pflegeprozess in Einrichtungen mit reduziertem Personaleinsatz und eine verbesserte Wundtherapie angenommen werden.

Das Beispiel einer Plasmaanwendung in der Praxis veranschaulicht, dass die Frage einer Implementierung sowohl potenziell langfristig wirksame Kosteneinsparungsoptionen in den Blick nehmen muss als auch die unmittelbare Gegenfinanzierung bei der Implementierung zu betrachten ist. Grundsätzlich können Effektivitätspotenziale für das Pflegepersonal aber auch für die Produkthersteller entstehen, die sich ebenso bei der gesetzlichen Krankenversicherung widerspiegeln. Vereinfachte unbürokratische Finanzierungsoptionen, zum Beispiel spezielle Fördermittel in der Langzeitpflege, könnten dazu beitragen, dass neue Techniken schneller angeschafft und eingesetzt werden und damit gegebenenfalls zur Entlastung der Pflegetätigkeit führen.

7.3.2 Pflegetechnologien als Teil der Wundprävention: Einführung der Druckentlastungsmatratze

Das zweite Beispiel beschreibt die Einführung einer Druckentlastungsmatratze als Intervention zur Wundprophylaxe oder -behandlung. Eine effektive Prävention gilt als Kernaufgabe in der Pflege und bezieht sich vor allem auf Pflegebedürftige, die in der Mobilität oder in der Wahrnehmung beziehungsweise Kognition eingeschränkt sind (Hasseler & Mink, 2021). Ein Risikofaktor für die Entstehung eines Dekubitus ist der Bewegungsmangel, der beispielsweise bei Pflegebedürftigen durch längeres Liegen ohne Positionswechsel auf einer Körperstelle und die dadurch auftretende Druckeinwirkung auf das Körpergewebe vorkommen kann (Büscher et al., 2017, S. 22–28). Zur Unterstützung der regelmäßigen Bewegungsmaßnahmen, die eine Pflegeperson beim Pflegebedürftigen durchführt oder diese anleitet, werden Antidekubitusmatratzen als Hilfsmittel eingesetzt.

Der Begriff Antidekubitusmatratze wird umfassend verwendet und schließt Weichlagerungsmatratzen wie auch Wechseldruckmatratzen ein und bewirkt eine Druckentlastung. Während sich Weichlagerungsmatratzen auf die Verwendung von beispielsweise viskoelastischem Schaumstoff beziehen, bewirken Wechseldruckmatratzen eine sequenzielle, automatische Wechsellagerung, die in unterschiedlichsten technischen Ausführungen erhältlich sind. Die innovative Matratze für diese beispielhafte Darstellung verspricht einen akustisch kaum wahrnehmbaren technischen Antrieb und eine dynamische Wechselbewegung als besonderen Komfort beim Liegen, ohne dass die Lageorientierung der Person stark beeinträchtigt wird. Hierbei ist die Matratze speziell mit viskoelastischem Schaumstoff und der Lattenrost mit Mobilisationseinheiten, die durch eine Pumpe angetrieben werden, ausgestattet. Das System verspricht, weniger manuelle Lagerungssequenzen tätigen zu müssen, womit das Pflegepersonal entlastet und gleichzeitig den Pflegebedürftigen besonders in Ruhe- und Nachtzeiten Druckentlastung sowie Entspannungs- und Schlafmöglichkeit geboten wird.

Die Antidekubitusmatratze kommt als Medizinprodukt der Klasse I (niedrige Risikoeinstufung) zum Einsatz und muss gesetzeskonform über die CE-Kennung und Zulassung durch das Bundesinstitut für Arzneimittel und Medizinprodukte verfügen. Hilfsmittel zählen zu den Medizinprodukten und werden definiert als:

Gegenstände, die im Einzelfall erforderlich sind, um durch ersetzende, unterstützende oder entlastende Wirkung den Erfolg einer Krankenbehandlung zu sichern, einer drohenden Behinderung vorzubeugen oder eine Behinderung auszugleichen. Zu ihnen gehören:

- Seh- und Hörhilfen (Brillen, Hörgeräte)
- Körperersatzstücke (Prothesen)
- orthopädische Hilfsmittel (orthopädische Schuhe, Rollstühle)
- Inkontinenz- und Stoma-Artikel
- andere Hilfsmittel

Hilfsmittel können auch technische Produkte sein, die dazu dienen, Arzneimittel oder andere Therapeutika in den menschlichen Körper einzubringen (zum Beispiel bestimmte Spritzen, Inhalationsgeräte oder Applikationshilfen) (Gemeinsamer Bundesausschuss, 2021).

Sind diese Zugangsvoraussetzungen erfüllt, ist der Einsatz in der stationären Langzeitpflege möglich, wobei sowohl Pflegefachpersonen als auch Pflegehelferinnen und Pflegehelfer die Pflegetechnik nach erfolgter Einweisung nach Medizinprodukterecht bedienen dürfen. Maßnahmen zur Mobilität und zur Prophylaxe, darunter fällt die Durchführung von Lagewechseln der Pflegebedürftigen, zählen zur Grundpflege. Die Pflegefachperson plant und steuert den Pflegeprozess mit der Verantwortung, im Rahmen des Prozesses wirkungsvolle, vorbeugende Maßnahmen zu ergreifen, um eine Dekubitusentstehung von der oder dem Pflegebedürftigen abzuwenden (Büscher et al., 2017, S. 19). Jede Pflegeeinrichtung ist verpflichtet, eigene Hilfsmittel vorzuhalten und sich am nationalen Standard zu orientieren, in dem festgelegt ist: „Die Einrichtung stellt sicher, dass dem Risiko des Patienten/Bewohners entsprechende Wechseldruck- oder Weichlagerungssysteme unverzüglich zugänglich sind" (Büscher et al., 2017, S. 43).

Jede Einrichtung ist also angehalten, geeignete Hilfsmittel bereitzustellen, die als Medizinprodukte zugelassen sind und bezieht diese zum Teil als Eigentümer und Betreiber durch den eigenen Einkauf (Büscher et al., 2017, S. 43–44). Behörden, Heimaufsichten beziehungsweise Fachstellen für Qualitätsentwicklung und Aufsicht (Bezeichnung in Bayern) kontrollieren die Anwendung der Hilfsmittel sowie den Bestand in den Pflegeeinrichtungen auf Qualität und Quantität im Rahmen der regelmäßigen Überprüfungen der Einrichtungen. Die rechtliche Grundlage findet sich in den entsprechenden Landesgesetzen, beispielsweise in Bayern im Pflege-und Wohnqualitätsgesetz Artikel 11. Angenommen, eine Anwendung würde in ungeeigneter Weise erfolgen und eine Pflegebedürftige oder ein Pflegebedürftiger erlitte einen Schaden in Form eines Dekubitus, so könnte dieser haftungsrechtliche Folgen, sowohl für Pflegefachpersonen als auch für eine Einrichtung, hier bei einem Organisationsverschulden, haben. Die Rechte und Pflichten einer Pflegeeinrichtung finden im SGB XI § 11 ihre Rechtsgrundlage. Werden nun die Anschaffungskosten für Hilfsmittel genauer betrachtet, zeigt sich, dass diese auf die Gepflegten in den Einrichtungen als Investitionskosten umgelegt werden. Die Entscheidungsträger der Einrichtungen können bezüglich der Auswahl der Hilfsmittelausstattung die Qualität der Produkte mitbestimmen, wobei die Beschaffung dem Anspruch des Wirtschaftsgebots nach § 12 SGB V gerecht werden muss. Die Art und Weise einer Finanzierung lässt sich, wie zuvor beschrieben, für die Einrichtung durch den Sockel der Investitionskosten realisieren oder on top beispielsweise durch Spendengelder abdecken (siehe Abschn. 7.2.2). Stellt eine Pflegefachperson den Eintritt eines Dekubitus in der ersten Kategorie fest oder droht dieser unmittelbar, so kann der Einsatz einer Matratze als Hilfsmittel personenbezogen von der Ärztin oder vom Arzt verordnet werden. Hier tritt die Leistungsverpflichtung der gesetzlichen Krankenversicherung gemäß SGB V ein. Über Sanitätshäuser kann das Hilfsmittel von den Gesundheits- und Krankenkassen transferiert werden. Finanziert wird die Matratze bei vorliegender Verordnungsfähigkeit über die jeweilige Gesundheits- und Krankenkasse der oder des Pflegebedürftigen, die in diesem Fall als Betreiber und Eigentümer des Medizinproduktes laut Medizinprodukterecht gilt. Besteht die Notwendigkeit des Hilfsmitteleinsatzes nicht mehr, wird die Matratze zurückgeführt (Spitzenverbände der Krankenkassen, Abgrenzungskatalog, 2007, S. 5). Die Abhängigkeit von der Verordnung und damit von den Ärztinnen und Ärzten wird im ambulanten Setting aktuell mit den Richtlinien zur Empfehlung von Hilfsmitteln und Pflegehilfsmitteln durch Pflegefachkräfte gemäß SGB XI § 40 Absatz 6 aufgeweicht. Die Pflegeprofession erhält das Recht, Hilfsmittel zu empfehlen, womit ein Antragsverfahren eingeleitet und eine medizinische Verordnung nicht mehr notwendig ist. Ähnlich sind Empfehlungen zu individuell benötigten Hilfsmitteln, die vom Medizinischen Dienst beispiels-

weise bei der Begutachtung zur Pflegebedürftigkeit einer oder eines Pflegebedürftigen ausgewiesen werden, die mit einem Leistungsantrag gleichgesetzt sind und zum beschleunigten,
entbürokratisierten Genehmigungsverfahren zum Vorteil der bedürftigen Person beitragen.
Diese Regelung trat mit dem Zweiten Pflegestärkungsgesetz in Kraft und findet sich im
SGB XI § 18 Absatz 6a. Die Kostendeckung für den Hilfsmittelbedarf erfolgt durch die
Krankenkassen und das Hilfsmittel wird in diesem Fall der pflegebedürftigen Person und
nicht der Einrichtungsausstattung zugeordnet.

7.4   Pflegepolitische Implikationen

Beide formulierten Fallbeispiele zum pflegerischen Wundmanagement stehen mustergül-
tig für die Bedeutung, Pflegeinnovationen als soziotechnische Innovationen zu betrachten.
Die in den Fallbeispielen beschriebenen Nützlichkeits- und Akzeptanzaspekte nehmen die
akteursbezogene Sicht auf Pflegetechnologien in den Blick, die wiederum von den Bedingungen des pflegerischen Settings und dessen prozessualer Anforderungen und auch
ökonomisch-wirksamer Rahmung geprägt ist (Klawunn et al., 2021). Es verknüpfen sich
somit unterschiedliche Akteurs- und Organisationszusammenhänge und diese bilden ein
Raster für die Betrachtung unterschiedlicher pflegerischer Settings. Im Schwerpunkt des
Beitrags standen bei vordergründig ähnlichen pflegepraktischen Fragestellungen die Herausforderungen unterschiedlicher institutioneller und finanziell-wirksamer Rahmenbedingungen.

Um vor diesem Hintergrund eine systematische Form von Marktzugangsregelungen als
förderliche Struktur für die Innovationsumsetzung zu betrachten und über die Pflegepraxiszentren hierfür Blaupausen zu entwickeln, sind ausreichende und tragfähige Anreiz-,
Finanzierungs- und Geschäftsmodelle für Pflegeeinrichtungen notwendig, die für Investi-
tionsverantwortliche den Anreiz geben können, innovationsträchtige Pflegetechnologien
einzusetzen. Gerade mit Blick auf die stationäre Altenpflege spiegelt sich die institutionelle Trennung zwischen Finanzierungslogiken aus der Kranken- und Pflegeversicherung
wider, die im Setting stationäre Altenpflege parallel zum Tragen kommen.

Exemplarisch zeigt sich dies an der sogenannten Behandlungspflege, die im ambulanten Bereich durch die Ärztin oder den Arzt verordnet und über die Krankenversicherung
als abgrenzbare Vollversicherungsleistung durch einen ambulanten Pflegedienst abgerech-
net werden kann. Im Vergleich dazu gilt diese Logik in der stationären Langzeitpflege jedoch nicht, da dort weitgehend alle Leistungen einer „Teilfinanzierungslogik" zugeordnet
werden und somit die Frage der Beteiligung und Belastung von Pflegebedürftigen ein
kontinuierliches pflegepolitisches Thema ist. Dies gilt, solange nicht ein dezidierter, wieder dem SGB V zuordenbarer Anspruch auf Behandlungspflege unterstellt werden kann.
Darüber hinaus muss die Wettbewerbsverzerrung zwischen formal stationär angebotenen
Leistungen und solchen, die sich aus Sicht des oder der Gepflegten wie stationäre Leistungen ausgestaltet sind und formal, aber ambulant finanziert werden, in den Blick genommen werden.

Die Finanzierung von Investitionen – darunter fallen häufig auch Pflegetechnologien – geraten ebenfalls in diese Anreizproblematik. Gegenwärtig laufen – trotz moderater Investitionszuschüsse durch die Länder im Pflegereformgesetz 2021 – stationäre Einrichtungen Gefahr, dass Pflegetechnologien weiterhin zum größten Teil in die Investitionsumlage fallen, die an die Pflegebedürftige oder den Pflegebedürftigen weitergegeben werden muss. Je nach örtlicher und regionaler Wettbewerbssituation besteht folglich die Risikosituation, Investitionsentscheidungen adäquat zu gewichten. Eine Risikosituation ergibt sich aus Sicht einer Einrichtungsleitung einer Pflegeeinrichtung insbesondere dann, wenn zur Finanzierung einer als notwendig eingeschätzten Investition eine höhere Investitionsumlage – vorausgesetzt wiederum eine Integration derselben in den landesweit vereinbarten Versorgungsvertrag ist möglich – auf die Pflegebedürftigen beziehungsweise deren Angehörige oder unter Umständen auf den übergeordneten Sozialhilfeträger weitergeleitet werden muss.

Beim Blick auf die wachsende Vermischung ambulanter und stationärer Pflegearrangements, das heißt die Verknüpfung medizinischer, sozialer und pflegepraktischer Bedarfslagen, ist letztendlich eine Finanzierung aus einer Hand für die als bedarfsnotwendig gesehenen Pflegeleistungen die wohl belastbare Hypothese zur effektiven und effizienteren Pflegeversorgung. Vorschläge eines Umbaus der Pflege von einem sogenannten Teilleistungssystem zu einer bedarfsorientierten, von konkreten Pflegesettings unabhängigen Pflegestruktur setzen hier als Reformoptionen an.

Fazit

Die Bedeutung von Vergütungs- und Finanzierungsregelungen setzt auch unmittelbar bei der Betrachtung des Market Access von Pflegetechnologien an. Die Fallbeispiele konnten skizzieren, dass die Implementierung ohne eine adäquate Auseinandersetzung der Nachfragerolle, das heißt der zuständigen Verantwortungszuschreibung der Finanzierungsverantwortung, nicht vollständig ist und somit die auch in der Literatur abbildbaren Implementierungsproblematiken unzureichender Geschäfts- und Finanzierungsmodelle wieder aufgreift. Aus Sicht der Pflegepraxiszentren ist die Auseinandersetzung hinsichtlich des Vorhabens einer Implementierung sowohl mit den pflegerischen Settings, den darin wirkenden Pflegenden als auch mit den Herstellern notwendig. Bedeutsam wird bei der Entscheidung, welches pflegerische Setting bei der Einführung einer Pflegetechnologie zu empfehlen wäre, auch der Blick auf die Kosten- und Finanzierungsteilung.

Literatur

Baltes, P., & Baltes, M. (Hrsg.). (1990). *Successful aging: Perspectives from the behavioral sciences.* Cambridge University Press.

Bauer, C., Bradl, P., Loose, T., Zerth, J., Müller, S., Schneider, M., & Prescher, T. (2018). Entwick-lung eines Organisationskonzeptes zur praxisnahen Testung und Evaluation innovativer MTI-Lösungen in verschiedenen Pflegesettings. In S. Boll, A. Hein, W. Heuten, & K. Wolf-Ostermann (Hrsg.), *Zukunft der Pflege. Tagungsbad der 1. Clusterkonferenz 2018* (S. 51–56). BIS-Verlag der Universität Oldenburg.

Behkami, N., & Daim, T. (2016). Methods and models. In T. Daim, N. Behkami, N. Basoglu, O. Kök, & L. Hogaboam (Hrsg.), *Healthcare technology innovation adoption. Electronic health records and other emerging health information technology innovations* (S. 37–81). Springer.

Blass, K. (2012). Altenpflege zwischen professionaller Kompetenzentwicklung und struktureller Deprofessionalisierung. In R. Reichwald, M. Frenz, S. Hermann, & A. Schipanski (Hrsg.), *Zukunftsfeld Dienstleistungsarbeit. Professionalisierung – Wertschätzung – Interaktion* (S. 417–438). Springer Gabler.

Brown, J., Pope, N., Bosco, A. M., Mason, J., & Morgan, A. (2020). Issues affecting nurses' capabi-lity to use digital technology at work: An integrative review. *Journal of Clinical Nursing, 29,* 2801–2819.

Büscher, A., Blumenberg, P., Krebs, M., Moers, M., Möller, A., Schiemann, D., & Stehling, H. (2015). Expertenstandard Pflege von Menschen mit chronischen Wunden. 1. Aktualisierung 2015. Hg. V. Deutschen Netzwerk für Qualitätsentwicklung in der Pflege (DNQP). Osnabrück.

Büscher, A., Krebs, M., Moers, M., Möller, A., Schiemann, D., & Stehling, H. (2017). Expertenstan-dard Dekubitusprophylaxe in der Pflege. 2. Aktualisierung 2017. Hg. v. Deutschen Netzwerk für Qualitätsentwicklung in der Pflege (DNQP). Osnabrück.

Cajetan, M., Danz-Volmer, J., & Steffens, S. M. (2019). *Behandlungspflege für Pflegehelfer* (2. Aufl.). Elsevier.

Curtis, K., & Brooks, S. (2020). Digital health technology: Factors affecting implementation in nursing homes. *Nursing Older People.* https://doi.org/10.7748/nop.2020.e1236

Daum, M., Ploch, U., & Werkmeister, T. (2017) Digitalisierung und Technisierung der Pflege in Deutschland. Aktuelle Trends und ihre Folgewirkungen auf Arbeitsorganisation, Beschäftigung und Qualifizierung. Hg. v. DAA-Stiftung Bildung und Beruf. Hamburg. www.daa-stiftung.de. Zugegriffen am 27.09.2020.

Depner, D., & Hülsken-Giesler, M. (2017). Robotik in der Pflege – Eckpunkte für eine prospektive ethische Bewertung in der Langzeitpflege. *Zeitschrift für medizinische Ethik, 63,* 51–62.

Gebhardt, L. (2021). Grundpflege und Behandlungspflege – Die wichtigsten Unterschiede. https://www.medi-karriere.de. Zugegriffen am 31.03.2022.

Gemeinsamer Bundesausschuss. (2021). Hilfsmittel. https://www.g-ba.de/themen/veranlasste-leistungen/hilfsmittel/. Zugegriffen am 15.12.2021.

Greenhalgh, T., Wherton, J., Papoutsi, C., Lynch, J., Hughes, G., A'Court, C., et al. (2018). Analy-sing the role of complexity in explaining the fortunes of technology programmes: Empirical application of the NASSS framework. *BMC Medicine, 16,* 66. https://doi.org/10.1186/s12916-018-1050-6

Grohs, K., Schneider, K., & Heinze, R. (2014). *Mission Wohlfahrtsmarkt. Institutionelle Rahmenbe-dingungen, Strukturen und Verbreitung von Social Entrepreneurship in Deutschland.* Nomos Ver-lagsgesellschaft.

Hasseler, M., & Mink, J. (2021). Prävention und Gesundheitsförderung in der Langzeitversorgung. In M. Tiemann & M. Mohokum (Hrsg.), *Prävention und Gesundheitsförderung. Springer Refe-rence Pflege – Therapie – Gesundheit* (S. 653–665). Springer.

Hausschildt, J., & Chakrabarti, A. (1988). Arbeitsteilung im Innovationsmanagement – Forschungs-ergebnisse – Kriterien und Modelle. *Zeitschrift Führung und Organisation, 57*(6), 378–389.

Hoffmann, A., & Kersting, T. (2020). Innovationen in der Krankenhausversorgung – NUB-Verfahren und Methodenbewertung. In M. Pfannstiel, R. Jaeckel, & P. Da-Cruz (Hrsg.), *Market Access im*

Gesundheitswesen. Hürden und Zugangswege in der Gesundheitsversorgung (S. 191–208). Springer Gabler.

Holzkämper, H. (2018). *Kompendium Gesundheitsökonomie. Strukturen, Institutionen, Finanzierung*. NWB Verlag.

Klawunn, R., Walzer, S., Zerth, J., Heimann-Steinert, A., Schepputat, A., Forster, C., et al. (2021). Auswahl und Einführung von Pflegetechnologien in Einrichtungen der Pflegepraxis. In U. Bettig, M. Formmelt, H. Maucher, R. Schmidt, & G. Thiele (Hrsg.), *Digitalisierung in der Pflege. Auswahl und Einsatz innovativer Pflegetechnologien in der geriatrischen Praxis* (S. 37–70). Medhochzwei.

Paquet, R. (2020). Struktureller Reformbedarf in der Pflegeversicherung – ein Vierteljahrhundert nach ihrer Einführung. In K. Jacobs, A. Kuhlmey, S. Greß, J. Klauber, & A. Schwinger (Hrsg.), *Pflege-Report 2020. Neuausrichtung von Versorgung und Finanzierung* (S. 3–21). Springer.

Pramann, O. (2017). Umgang mit Medizinprodukten. Was sich für Ärzte und Krankenhäuser ändert. *Deutsches Ärzteblatt* (22), 3–4.

Raddatz, A. (2020). Nutzenbewertung von innovationen Medizinprodukten – Die Grenzen in der Trennbarkeit von Methoden- und Produktbewertung am Beispiel der „kontinuierlichen interstitiellen Glukosemessung mit Real-Time-Messgeräten (rtCGM)". In M. Pfannstiel, R. Jaeckel, & P. Da-Cruz (Hrsg.), *Market Access im Gesundheitswesen. Hürden und Zugangswege in der Gesundheitsversorgung* (S. 169–189). Springer Gabler.

Schmidt, L., & Wahl, H.-W. (2016). Wie verändert Technik das Alter(n) und die Gerontologie? *Angewandte Gerontologie Appliquée* (1), 7–10.

Schneider, M., Besser, J., & Geithner, S. (2020). Technologische Innovationen in der Pflege: von der routinebasierten zur anlassinduzierten Pflege. In M. Pfannstiel, K. Kassel, & C. Rasche (Hrsg.), *Innovation und Innovationsmanagement im Gesundheitswesen. Technologien, Produkte und Dienstleistungen voranbringen* (S. 615–632). Springer Gabler.

Schwinger, A., & Tsiasioti, C. (2020). Zur Organisations- und Finanzierungszuständigkeit von häuslicher Krankenpflege (SGB V) und medizinischer Behandlungspflege (SGB XI). In K. Jacobs, A. Kuhlmey, S. Greß, J. Klauber, & A. Schwinger (Hrsg.), *Pflege-Report 2020. Neuausrichtung von Versorgung und Finanzierung* (S. 39–53). Springer.

Spitzenverbände der Krankenkassen – zugleich handelnd als Spitzenverbände der Pflegekassen. (2007). Abgrenzungskatalog für Hilfsmittelversorgung in stationären Pflegeeinrichtungen (S. 5).

Zerth, J. (2020). Innovation und Imitation – zur Diskussion einer nachhaltigen Implementierung. Eine Betrachtung am Beispiel von technischen Innovationen im Pflegemarkt. In M. Pfannstiel, K. Kassel, & C. Rasche (Hrsg.), *Innovation und Innovationsmanagement im Gesundheitswesen. Technologien, Produkte und Dienstleistungen voranbringen* (S. 597–614). Springer Gabler.

Zerth, J., Jaensch, P., & Müller, S. (2021). Technik, Pflegeinnovation und Implementierungsbedingungen. In K. Jacobs, A. Kuhlmey, S. Greß, J. Klauber, & A. Schwinger (Hrsg.), *Pflege-Report 2021. Sicherstellung der Pflege: Bedarfslagen und Angebotsstrukturen* (S. 157–172). Springer.

Ursula Deitmerg Ursula Deitmerg ist seit 2010 im NürnbergStift im zentralen Qualitätsmanagement tätig. Die Mitarbeit im Pflegepraxiszentrum Nürnberg gestaltet sich seit 2018 als ein Schwerpunkt ihrer Aufgabengebiete. In früherer Zeit absolvierte sie eine Krankenpflegeausbildung, arbeitete viele Jahre im intensivmedizinischen und operativen Bereich und schloss ein Pflegemanagement-Studium an der Evangelischen Fachhochschule Nürnberg als Diplom-Pflegewirtin ab. 2003 lag ihr Lebensmittelpunkt für einige Jahre in Rheinland-Pfalz, wo sie als Pflegedienstleitung für ein Krankenhaus der Regelversorgung und eine Pflegeeinrichtung des gleichen Trägers zuständig war. Ihr Forschungsinteresse gilt im Besonderen den Innovationen zur Entlastung der Pflegepraxis.

Marlene Klemm Marlene Klemm ist seit Juni 2018 Leiterin des Pflegepraxiszentrums Nürnberg. Nach einem sozialen Jahr in einer Behinderteneinrichtung absolvierte sie ein Studium an der Friedrich-Alexander-Universität Erlangen-Nürnberg, an der Universidad Belgrano, Buenos Aires, Argentinien sowie an der Universidad de Extremadura, Cáceres, Spanien mit dem Abschluss Diplom-Sozialwirtin. Nach ihrem Studium arbeitete sie zunächst im Bereich „Customer Retention" bei o2 und im Bereich „Human Resources" bei adidas. Anschließend war sie beim Forum MedTech Pharma e.V. / Bayern Innovativ GmbH unter anderem als Projektmanagerin für die Themenfelder neurodegenerative Erkrankungen und Pflegeinnovationen zuständig. Ihr Forschungsinteresse liegt insbesondere in der Mensch-Technik-Interaktion sowie der Verknüpfung von Praxis, Forschung und Wirtschaft.

Michael Pflügner Michael Pflügner leitete von 2012 bis Mitte 2022 das NürnbergStift, einen städtischen Eigenbetrieb im Bereich der kommunalen Altenhilfe mit Angeboten im ambulanten, (teil-) stationären Bereich. Das NürnbergStift ist Konsortialführer des PPZ Nürnberg. Nach dem Studium der Volkswirtschaftslehre arbeitete er in vielfältigen Leitungsfunktionen bei der Bundesagentur für Arbeit (BA). Nach über zehn Jahren Tätigkeit als Leiter der Abteilungen Arbeitsvermittlung in mehreren Arbeitsagenturen wechselte er 2000 in die Zentrale der BA. Dort war er unter anderem verantwortlicher Leiter der Innenrevision, der Führungsakademie und begleitete den Umbauprozess der BA und die Einführung der Hartz IV- Gesetze. Sein Forschungsinteresse gilt der Nutzbarmachung wissenschaftlicher Erkenntnisse für die betriebliche Praxis.

Jürgen Zerth Prof. Dr. Jürgen Zerth hat seit Oktober 2022 die Professur für Management in Einrichtungen des Sozial- und Gesundheitswesens an der Katholischen Universität Eichstätt-Ingolstadt inne. Von 2012 bis 2022 war er Professor für Wirtschaftswissenschaften (Gesundheitsökonomie) sowie Leiter des Forschungsinstituts IDC der Wilhelm Löhe Hochschule für angewandte Wissenschaften Fürth (ab 2021 SRH Wilhelm Löhe Hochschule), das sich schwerpunktmäßig mit der Bewertung und Implementierungsbegleitung sowie Evaluation von Technologien in der Pflege befasst. Er war von 2000 bis 2010 Geschäftsführer der Forschungsstelle für Sozialrecht und Gesundheitsökonomie an der Universität Bayreuth sowie Lehrbeauftragter etwa an den Universitäten Jena, Bern sowie im Wintersemester 2009/2010 Lehrstuhlvertretung an der FAU Erlangen-Nürnberg. Forschungsschwerpunkte liegen in Fragen angewandter Gesundheitsökonomik, in Aspekten der Evaluation und Wirkungsanalyse sowie in der Technikbewertung und -evaluation in der Pflege.

Schnittstellenoffenheit zwischen Wunsch und Wirklichkeit

8

Stephan Hohndorf und Albert Premer

Zusammenfassung

Aufgrund schneller Innovationszyklen und eines noch jungen Marktes zeigt sich in der Praxis, dass auf Seiten der Hersteller von Assistenztechnologien eine hohe Spezialisierung auf einzelne Problemfelder besteht. Für diese Unternehmen ist es sinnvoll, diesen Fokus zu behalten und sich mit anderen Partnern zu verbinden, mit deren Innovationen man einen umso größeren Mehrwert gewährleisten kann. Nimmt diese Verbindung jedoch erst gemeinsam Fahrt auf, wenn Kundinnen und Kunden Interesse bekundet haben, so kann sich rasch Ernüchterung einstellen. Umso wichtiger ist daher für Hersteller, das Thema Schnittstellen als integralen Bestandteil der Lösungsentwicklung zu sehen. Die Marschrichtung für kooperierende Unternehmen lautet daher, sich dann gemeinsam zu präsentieren, wenn man Synergiepotenziale bereits gehoben hat und bei entsprechender Anfrage sofort in den Startlöchern steht.

Das Autorenteam teilt in diesem Beitrag seine umfangreiche Erfahrung über Hintergründe und Erfolgsfaktoren für gelungene Digitalisierungsprozesse im Bereich der Pflege. Ziel dieses Beitrags ist es, Wunsch und Wirklichkeit sowohl von Herstellern als auch von Nutzerinnen und Nutzern bei der Implementierung von digitalen Lösungen im Bereich der

S. Hohndorf (✉)
Klinikum Starnberg, Starnberg, Deutschland
E-Mail: stephan.hohndorf@klinikum-starnberg.de

A. Premer
Berlin, Deutschland
E-Mail: a.premer@escos-copilot.de

T. Krick et al. (Hrsg.), *Pflegeinnovationen in der Praxis*,
https://doi.org/10.1007/978-3-658-39302-1_8

Pflege anzunähern. Um dieses Ziel zu erreichen, wird in den ersten beiden Abschnitten die Sicht der Hersteller dargestellt. Es werden auch Empfehlungen an diese formuliert, wie beispielsweise das Bilden von Allianzen. In Abschn. 8.3 werden Empfehlungen für Unternehmen dargestellt, die an der Digitalisierung ihrer Prozesse arbeiten.

8.1 Spezialisierung beibehalten, das Große und Ganze im Blick haben

8.1.1 Der digitale Wandel hat die Pflege voll erreicht

Jede und jeder, die/der im Bereich der professionellen Pflege tätig ist, wird sicher regelmäßig auf die eine oder andere Weise auf den digitalen Wandel eben dieser hingewiesen. Und tatsächlich findet diese Digitalisierung momentan mit einem sehr hohen Tempo statt. Über die Gründe dafür lässt sich viel spekulieren, aber sicher sind der gefühlt späte Start der Branche im Bereich der Digitalisierung, der erhebliche Fachkräftemangel sowie aktuell auch die Herausforderungen aufgrund der Corona-Krise treibende Kräfte, die momentan zu dem hohen Innovationsdruck führen.

Dazu kommt, dass der potenzielle Markt der professionellen Pflege und der informellen Pflege ausgesprochen groß ist und zudem schnell wächst. Dies zeigt sehr imposant alleine der Anstieg der zuhause versorgten Personen zwischen 2017 und 2019 um 713.000 Pflegebedürftige, welcher trotz der sich im Rahmen des zugrundeliegenden Erhebungsverfahrens ergebenden Anpassungen aussagekräftig ist (Statistisches Bundesamt [Destatis], 2020, S. 9).

Ein herausragendes Kennzeichen des Marktes mit und rund um die Pflege ist zudem der hohe gesetzliche Regulierungsgrad. Dieser fungiert oft als erhebliche Bremse für den Fortschritt, da die Regulierung meist Rahmenbedingungen schafft, die vor allem technischen Entwicklungen nicht gerecht werden. Ein prominentes Beispiel, in dem dieses Defizit erkannt und adressiert wurde, sind die digitalen Gesundheitsanwendungen mit dem „Fast-Track-Verfahren". Andererseits dient die oft vergesellschaftete Finanzierung aber letztendlich als beträchtlicher Katalysator für Produktentwicklungen, da sich nach Inkrafttreten entsprechender Regulierungen schlagartig ein sehr großes Marktpotenzial ergibt.

Daher verwundert es nicht, dass dieser Markt zurzeit eine enorme Anziehungskraft für neue digitale Produkte entwickelt.

8.1.2 Pflege ist komplex

Demgegenüber steht in der Pflege jedoch ein Anwendungsfeld, welches vor allem aus technischer Sicht eine sehr hohe Komplexität aufweist. Das ist in den vielen Facetten der Pflege begründet, wie beispielsweise den vielen fachlichen Berührungspunkten zu anderen Professionen wie zum Beispiel dem medizinischen Bereich oder der sehr hohen He-

terogenität der Kundinnen und Kunden. Standardisierungen als Grundlage für die Entwicklung neuer digitaler Produkte sind daher schwer. Besonders auch dann, wenn neue
digitale Systeme auf die Lebenswirklichkeiten potenzieller pflegebedürftiger Kundinnen
und Kunden treffen.

Die Pflege stellt sich daher aus technischer Sicht meist wie eine Ansammlung von In-
dividuallösungen mit einem geringen Potenzial an Wiederverwendbarkeit dar. Vielmehr
führt die Komplexität manchmal zu sehr divergierenden Anforderungen, selbst bei gleichen Funktionen. Diese Menge an Anforderungen zu überblicken und zu ordnen, bedarf
ohne Zweifel einer hohen fachlichen Ausbildung und meist viel Erfahrung.

8.1.3   Fokus behalten

Da es sich wie zuvor beschrieben um einen Markt mit raschem technischen Innovations-
fortschritt handelt, verwundert es nicht, dass eine hohe Zahl der Unternehmen, die diesen
betreten, kleine innovative Unternehmen sind. Dass dies branchenübergreifend so ist, hat
beispielsweise Professor Dietmar Harhoff Ph.D. in seinen Forschungsarbeiten zum Thema
Innovation dargestellt.

Für junge Unternehmen ist es überlebenswichtig, schnell erste Produkte zu bieten.
Lange Entwicklungszeiten können sich die wenigsten dieser Unternehmen leisten. Zudem
verfügen junge Unternehmen selten in allen Bereichen eines komplexen Anwendungs-
felds über umfangreiche Erfahrungsschätze. Um diesen Umständen gerecht zu werden, ist
es daher nahezu eine Grundanforderung an Start-ups, sich auf einen kleinen Bereich zu
fokussieren, um dort schnell Domänenkompetenz aufzubauen und rasch mit ersten Produkten Mehrwerte bieten zu können.

Wenn wir daher aktuell auf den Markt digitaler Lösungen für die Pflege schauen, sehen
wir einen nahezu unüberschaubaren Flickenteppich einzelner Produkte.

8.1.4   Was die Kundschaft wirklich will

Als besondere Hürde erweist sich dabei für die Hersteller von digitalen Produkten die
Herausforderung, die Anforderungen der Pflege in ihrem vollen Umfang zu verstehen, da
meist keine umfassende pflegerische Expertise in dem Unternehmen zur Verfügung steht.
Beispielsweise hilft einem mobilen Pflegedienst eine Sturzerkennung herzlich wenig, welche im Sturzfall eine SMS an ein Mobiltelefon sendet. Denn in der Praxis ändern sich
festgelegte Touren, und somit Zuständigkeiten beziehungsweise zugeordnete Mobiltele-
fone, oft tagsüber und somit wäre die Zuordnung von Sturzmeldung zu Mobiltelefon nicht
mehr richtig.

Da es, wie zuvor schon erwähnt, eine Menge an fachlichem Wissen und Erfahrung bedarf, um die Anforderungen der Pflege in Bezug auf das jeweilige Produkt umfassend
kennen zu können, empfiehlt es sich für Hersteller meist, sich auf die technische Entwick-

lung zu spezialisieren und für die Produktentwicklung und den Marktzugang mit Expertinnen und Experten zusammenzuarbeiten.

Sehr oft stellen Hersteller in solchen Kooperationen schnell fest, dass ihr Produkt oft nur ein einzelner Baustein in einer meist viel komplexeren Struktur unterschiedlicher Anwendungen ist. Aber erst ein System, bestehend aus vielen Anwendungen, entwickelt in der Pflege den Mehrwert.

8.1.5 Lösungen bieten

Das Wissen, dass im Kontext von Dienstleistungen erst dann Lösungen entstehen, wenn sie den gesamten Prozess der Dienstleistungserbringung berücksichtigen, führt schnell dazu, dass sich der Bedarf nach Kooperationen ergibt.

Ein solitäres Produkt ist dabei meist keine Lösung, da beispielsweise der Verwaltungsaufwand oder der Schulungsaufwand für Nutzerinnen und Nutzer zu hoch ist. Stellen Sie sich eine Pflegekraft vor, welche auf fünf unterschiedliche Apps geschult werden muss, um die Fülle digitaler Assistenzsysteme in ihrem Arbeitsumfeld bedienen zu können. Besondere Brisanz erfährt dieser Umstand zudem, wenn wir an den Einsatz von Leasingkräften denken, denn diese müssen innerhalb kürzester Zeit in das Arbeitsumfeld eingearbeitet werden. Eine Schulung auf fünf verschiedene Apps ist kaum nachhaltig innerhalb weniger Tage möglich.

Eine weitere wichtige Anforderung an digitale Anwendungen in der Pflege ist, dass sich diese soweit wie möglich in bestehende Prozesse integrieren. Es ist beispielsweise nicht sinnvoll, wenn ein digitales Produkt eine eigene Weboberfläche für die Dokumentation vorhält, da professionell Pflegende bereits eine sehr umfangreiche Dokumentation führen. Dabei ergibt sich einmal mehr die Notwendigkeit, die Stellung des eigenen Produkts im Lösungsumfeld zu kennen.

8.1.6 Schnittstellen erkennen

Unter diesem Gesichtspunkt kommt das Thema Schnittstellen sehr schnell auf. Und gerade in einem so komplexen Marktumfeld wie der Pflege muss diesem Thema eine sehr hohe Bedeutung beigemessen werden. Man muss fast sagen, dass Kooperationen und Schnittstellen überlebenswichtig sind.

Dabei wartet aber ein neuer Fallstrick, der ebenfalls in der Pflege herausragend ist. Während sich in anderen Märkten, wie beispielsweise der Gebäudeautomation, eine überschaubare Anzahl an Standards und Protokollen entwickelt haben, sehen wir im Bereich digitaler Produkte für die Pflege eine enorme Anzahl unterschiedlicher, meist sogar paralleler Standards und Protokolle. So stehen beispielsweise für die Übermittlung von Notrufen über Daten- und Sprachnetze an Hausnotrufzentralen diverse Notrufprotokolle wie SCAIP, RBIP, SIP, RB2000, RB2000E, TTnew+, CPC, BS8521 oder eine Telefonverbindung zur Verfügung. Die gleichen Notrufe müssen aber auch über proprietäre Herstellerprotokolle, wie beispielsweise dem UMO-XML-Interface, in die Leitstellensoftware übertragen werden können. Diese Vielfalt entspringt sicher dem Umstand, dass Hersteller bisher sehr isoliert gearbeitet haben. Zum Beispiel sind die Übertragungsprotokolle für einen aktiven Hilferuf für Lichtrufanlagen nicht mit jenen von Hausnotrufgeräten zu vergleichen.

Dazu kommt, dass neuere Standards, welche versuchen dieses Problem zu lösen, oft noch in den Kinderschuhen stecken. Hier ist beispielsweise HL7 FHIR für den Datenaustausch zwischen Softwaresystemen im Gesundheitswesen zu nennen, der in weiten Bereichen noch nicht den normativen Status erreicht hat, sondern vielmehr noch auf Arbeitsgruppenebene bearbeitet wird.

Darüber hinaus ist auch festzustellen, dass viele Protokolle und Standards den Anforderungen einer digitalen Kommunikation über das Internet kaum mehr gewachsen sind. Durch die bisherige Isolierung der Nutzungen fand kaum Weiterentwicklung statt. Stellvertretend für diese Herausforderung sind die oft synchronen und seriellen Kommunikationsprotokolle von Lichtrufanlagen, welche schwer als Echtzeitanwendungen über das Internet abbildbar sind, da die Struktur des Internets keine Laufzeitzusagen zulässt und die Kommunikation somit nicht garantiert synchron im Sinne der Lichtrufanlage erfolgen kann.

8.1.7 Die Summe ist mehr als die Anzahl der einzelnen Teile

Die Anforderung nach ganzheitlichen Lösungen und nicht nach alleinstehenden Produkten sowie nach den richtigen Schnittstellen macht es daher unabdingbar, schon in der Entwicklung des eigenen Produkts nach Partnern Ausschau zu halten, welche ergänzende Produkte entlang des Dienstleistungsprozesses bieten.

Es empfiehlt sich zudem aus marketingtechnischer Sicht, Lösungen gemeinsam mit diesen Partnern anzubieten. Denn wie bereits erwähnt ist der Markt aktuell stark fragmentiert und kaum überschaubar. Die Vielzahl unterschiedlicher Produkte macht es daher Entscheiderinnen und Entscheidern schwer, sich festzulegen. Zudem ist eine extrem hohe technische Kompetenz erforderlich, um aus Produkten eine Lösung zu machen.

Aus Sicht der Kundinnen und Kunden ist es daher begrüßenswert, wenn Hersteller digitaler Produkte mit bereits fertigen Lösungen gemeinsam auf sie zukommen. Dies würde die Entscheidungsgeschwindigkeit erheblich erhöhen.

8.2 Die Herausforderung für Produktanbieter besteht darin, sich im Zusammenspiel schon vor der ersten Begegnung mit Kundinnen und Kunden der gemeinsamen Passung und Synergiefähigkeit gewidmet zu haben

8.2.1 Was nicht passend ist, muss rechtzeitig passend gemacht werden

Menschen, in deren deutscher Kindheit sich die Verwandtschaft früher auf beide Seiten der Mauer verteilte, teilen möglicherweise folgende Kindheitserinnerung: Die große Freude und Kreativität, die beim Spiel mit Lego® entstand, löste bei der Ostverwandtschaft die Idee aus, dass doch ein Baukasten der Plaspi®-Reihe, dem Lego®-Äquivalent der DDR, eine hervorragende Idee für ein Weihnachtsgeschenk sei. Das beim Auspacken im ersten Moment freudig erregte Kind musste aber rasch feststellen, dass die Dinge zwar ähnlich bunt, aber doch so gar nicht kompatibel waren. Und nicht nur als Kindergartenkind möchte man nicht in die Situation geraten, Dinge nebeneinander statt miteinander nutzen zu müssen, weil sie nicht wirklich zusammenpassen.

Übertragen wir das Gedankenspiel in ein Pflege-Setting: Passen Bausteine zueinander, können Einrichtungen mit entsprechender Weitsicht Synergien nutzen, die aus dem Zusammenspiel beispielsweise einer Pflege-Expertensoftware mit Produkten weiterer Industrieanbieter heraus generiert werden. Das könnte wie folgt aussehen: Aus den Eingaben der Pflegenden in ein Anamnese- und Assessmentformular leitet die Software Risikopotenziale in allen pflegerischen Risikofeldern ab und startet daraufhin automatisch Prozesse. Pflegende werden mit Entscheidungsunterstützung versorgt. Gleichzeitig sinkt der für die Dokumentation erforderliche zeitliche Aufwand. Pflegerische Prozesse aber sind oftmals vielfältig und weisen Schnittmengen zu Prozessen anderer am Behandlungsprozess beteiligter Berufsgruppen auf. Den sich daraus ergebenden zahlreichen Anforderungen kann sich der Hersteller der Pflege-Software nicht wirklich widmen, ohne dass dabei der Fokus auf die Güte des eigenen zentralen Produktes verloren ginge. Es macht daher viel mehr Sinn, diesen Fokus zu wahren und sich mit demjenigen zu verbinden, mit dem zusammen man einen Mehrwert für Kundinnen und Kunden erreichen kann. Im genannten Fall böten sich folgende Gedankenspiele an:

Welche Pflegekraft kennt nicht die Situation, die Antwort von Ärztin oder Arzt auf eine dringende Frage zu benötigen, damit es mit dem eigenen Arbeitsprozess vorangehen kann. Ärztin oder Arzt aber stehen im OP oder stecken in der Notfallambulanz fest und können sich die gerade vom Verband befreite Wunde nicht persönlich auf der Station ansehen. Stellen der Hersteller der Pflegesoftware und der Hersteller eines internen Messenger-Systems aber sicher, dass der Pflegekraft ermöglicht wird, die Ärztin oder den Arzt per Chat auf dem dienstlichen Smartphone zu erreichen, so kann diese/dieser nach Ansicht des brandaktuellen Wundfotos in der Software eine Antwort im Messenger-System senden, die es der Pflegekraft ermöglicht, ohne Verzögerung die nächsten Arbeitsschritte anzugehen. Das Besondere wäre dabei noch, dass dieser Chat-Verlauf nicht verloren geht, sondern der patientenbezogenen Dokumentation zugefügt wird und somit stets nachvollziehbarer Bestandteil der Akte ist und bleibt.

Ein wieder anderes Unternehmen könnte spezielle Handhelds beisteuern, mit denen eine schnelle und sichere Form der Vitalzeichenerhebung gewährleistet ist. Die Werte erscheinen in Echtzeit im System und sind von jedem Rechner der Einrichtung aus einsehbar. Vorbei sind die Zeiten, in denen eine Ärztin oder ein Arzt bei der Visite nicht auf aktuelle Vitalzeichen zurückgreifen kann, weil die Pflegekraft, die sie am Morgen gemessen und auf den Übergabezettel geschrieben hat, noch keinen Zugriff auf die Papierakte hatte, um die Werte dort einzutragen.

Denkt man weiter, so kommt man bei den von der Pflege umgesetzten Prozessen auch rasch zum Thema Medikationsmanagement. Wie wäre es, wenn beispielsweise ein Computer on Wheels (COW) zur Verfügung stünde, auf welchem nicht nur die Pflege-Software läuft, sondern der über die Möglichkeit verfügt, dank eines integrierten Barcode-Scanners das Patientenarmband zu scannen und darüber den Aufruf der richtigen Patientin oder des richtigen Patienten in der Software zu gewährleisten. Dies hat vor allem auch da große Bedeutung, wo es um die exakte Dokumentation von Medikamentengaben geht. Anders als aktuell noch in Deutschland ist in anderen Ländern, wie beispielsweise den Niederlanden, die Sicherstellung der Closed-Loop-Medication bereits gesetzlich vorgeschrieben. Wäre der Wagen daher entsprechend ausgestattet, um diese Anforderung gewährleisten zu können, beispielsweise indem über ihn ein Schubladensystem gesteuert wird, welches immer die patientenbezogene Schublade – und keine andere – öffnet, so wäre ein weiterer Synergieschatz gehoben. Die in den Niederlanden nachgewiesene signifikante Reduzierung von Fehlern im Zuge des Medikationsmanagements (Helmons, 2014, S. 4) wäre auch in deutschen Krankenhäusern zu erwarten.

Man muss sich bei solchen Gedankenspielen nicht nur auf rein technische Symbiosen beschränken. Auch Kodier-Programme können das Projekt-Portfolio aufwerten und umgekehrt von ihm aufgewertet werden. Wissensplattformen erlauben Zugriff auf pflegefachliches und pflegewissenschaftliches Wissen, welches wiederum die Güte der Pflege-Expertensoftware anhebt, wenn es zu sinnvollen Verknüpfungen, beispielsweise bei der Ermittlung von Pflegediagnosen oder der Planung von Maßnahmen, kommt.

8.2.2 Die Zeit langer Schnittstellenanpassungen bedeutet für die Pflege Leerlauf

Die verschiedenen Industriepartner werden keine Schwierigkeiten haben, Use-Cases zu veranschaulichen, die sich im Symbiosefall für Kundinnen oder Kunden realisieren ließen. Diesen aber mit den Use-Cases den Mund wässrig zu machen und sie dann erst einmal während einer nicht selten recht langen Phase der Schnittstellenvorbereitung unter den Industriepartnern warten zu lassen, birgt Gefahren, denn die Motivation für das Projekt muss ja die gesamte Zeit über bei den (künftigen) Nutzerinnen und Nutzern hochgehalten werden.

Zwischenfazit: Entscheiderinnen und Entscheider in den Krankenhäusern scheuen Best-of-Breed-Ansätze oftmals auch, weil dazu ein Überblick über ein sehr großes Feld möglicher Produkte erforderlich ist. Die Lösung für kooperierende Unternehmen lautet daher, sich Kundinnen und Kunden gemeinsam zu präsentieren, wenn man die gemeinsamen Synergiepotenziale bereits gehoben hat.

8.3   Der Prozess der Digitalisierung im Pflegebereich beschreibt keine Einbahnstraße ausgehend von der Industrie in Richtung der Kundin und des Kunden

8.3.1   Die Kundenrolle bringt Anforderungen mit sich

Wer sich eine/einen Handwerker/-in kommen lässt, die/der auf dem Balkon eine Markise anbringt oder in der Küche den neuen Herd mit Induktionskochfeld anschließt, der macht in der Regel die Erfahrung, dass der eigene Part darin besteht, zum vereinbarten Termin zu Hause zu sein, um der/dem Handwerker/-in die Tür zu öffnen und im Nachgang den Boden zu fegen.

Würde man diese Denke der/des Eigenheimbesitzerin/-besitzers in der beruflichen Rolle einer oder eines Projektverantwortlichen im Bereich der Digitalisierung in der Pflege übernehmen, so würde das Projekt mit großer Sicherheit Schiffbruch erleiden. Im Zuge der Digitalisierung der Pflege gilt es, auf Seiten der Kundin oder des Kunden frühzeitig zahlreiche Weichenstellungen vorzunehmen, von denen jede einzelne den Projekterfolg bei Nichtbeachtung gefährden kann. Die bedeutsamsten dieser Weichenstellungen werden im Folgenden näher beleuchtet.

8.3.2   Digitalisierung ist Führungsaufgabe

Der Kalender von Menschen, die als Pflegedirektorin oder Pflegedirektor die Verantwortung für die gesamte Berufsgruppe haben, ist stets überdurchschnittlich reich befüllt. Ein persönliches Einbringen in die konkrete Projektarbeit ist kaum möglich und aber auch nicht unbedingt erforderlich. Ein Schlüssel jedoch für das Gelingen des Projektes ist die Sichtbarkeit an den entscheidenden Stellen des Projektes – will sagen, bei den richtigen Veranstaltungen und in Richtung der entsprechenden Protagonistinnen und Protagonisten. Hierunter fallen zuallererst die Pflegenden selbst. Die späteren Nutzerinnen und Nutzer müssen von Beginn an wahrnehmen, dass die oder der eigene Vorgesetzte voll und ganz hinter dem Projekt steht, Ressourcen bereitstellt und bereit ist, Kämpfe mit (externen) Kritikerinnen und Kritikern auszufechten und dies nicht den Pflegenden selbst zu überlassen. Digitalisierungsprojekte in der Pflege erfordern eine Galionsfigur, in deren Windschatten sich alle Pflegenden auf den Weg machen können. Für die Pflegenden ist es wichtig zu spüren, dass ihnen hier nicht ein Projekt übergestülpt wird, welches die Ökonomie oder die IT initiiert hat. Pflegende reagieren hier verständlicherweise sensibel, wenn sie das Gefühl haben, dass Menschen ihnen vorgeben, was gut für sie ist, die selbst noch nie auch nur einen Tag am Bett gepflegt haben. Selbst wenn das Produkt offensichtlich hervorragend ist, wird das Unternehmen es schwer haben, wenn Pflege eine innere Ablehnungshaltung angenommen hat, weil die Projektinitiierung aus einer aus Sicht der Pflegenden nicht vertrauenswürdigen Richtung kam.

8.3.3 Einbinden der Anwenderinnen und Anwender in die Entscheidung

Die Entscheidung für einen Digitalisierungsschritt löst meist eine ganze Kaskade weiterer Entscheidungen aus. Sind auf der Führungsebene Grundsatzentscheidungen getroffen worden, so kommt bald der Punkt, an welchem aus verschiedenen Anbietern gleicher oder ähnlicher Produkte einer ausgewählt werden muss. An dieser Stelle sind zwingend die Nutzrinnen und Nutzer zu beteiligen, da nur sie das zentrale Kriterium der Alltagstauglichkeit im fordernden Pflegealltag beurteilen können. Nur sie können den Anbietern in einer Weise auf den Zahn fühlen, bei der sich auf Anbieterseite die Spreu vom Weizen trennt. Erstaunlich ist hierbei, dass sich dieser Gedanke in Bezug auf die Pflege erst mühsam durchsetzen musste oder gar noch muss. Dass die Geschäftsführung einen Einkauf für die Pflege tätigt und sich wundert, wenn das gekaufte Gerät oder die gekaufte Software ungenutzt in der Ecke liegt, war und ist keine Seltenheit. Man hat zwar nicht gefragt, ob das „Geschenk" hilfreich ist und in die Prozesse passt, aber die Nichtnutzung wird den Pflegenden als Undankbarkeit ausgelegt und das führt dazu, dass sich Entscheiderinnen und Entscheider künftig zwei Mal überlegen, für Investitionen in der Pflege Geld in die Hand zu nehmen. Für eine Investition im ärztlichen Bereich hingegen scheint dieses Szenario undenkbar. Hier würde man sich hüten, eine Anschaffungsentscheidung ohne den Segen der jeweiligen Ärztin oder des jeweiligen Arztes zu treffen. Es wird deutlich, dass hier jenseits des konkreten Projektes und seines Inhaltes die Chance besteht, etwas für die Aufwertung und die Anerkennung der Berufsgruppe Pflege zu tun, sozusagen in Gestalt des Freilegens eines „Projektzusatznutzens".

8.3.4 Software und Geräte zu deren Bedienung müssen zusammenpassen

Entscheidungen für beispielsweise einen in einer Software abgebildeten, digitalen pflegerischen Workflow bedingen in der Folge weitere Entscheidungen. Auf welchen Devices soll die Software den Nutzerinnen und Nutzern zur Verfügung stehen? Eine schlüssige Entscheidung bei der Softwareauswahl getroffen zu haben, dann jedoch die Device-Frage nicht auch mit großer Sorgfalt zu klären, kann zu dem sprichwörtlichen Niederreißen dessen mit dem Hintern führen, was man sich zuvor mit den Händen mühsam aufgebaut hat.

Pflegerische Settings sind komplex, vielschichtig und multiplen, ständig wechselnden Anforderungen ausgesetzt. Sich hier auf ein Device festzulegen, kann die Pflegenden immobilisieren wie ein Auto mit Sommerreifen seine/seinen Fahrer/-in beim Wintereinbruch. Es gilt auch hier, immer auf alles vorbereitet zu sein, und das kann für eine Einrichtung bedeuten, Pflegenden das Ausschöpfen des gesamten Produktpotenzials dadurch zu ermöglichen, dass dieses auf verschiedenen Devices zur Verfügung steht. Wer bei der Wundversorgung eine Fotodokumentation integrieren möchte, der nutzt am besten das Tablet mit Fotofunktion. Zur Medikationsverabreichung unter dem Closed-Loop-Anforderungsprofil macht ein entsprechender COW mit spezieller Ausstattung zur Medikationsdispensation Sinn. Für andere Zwecke oder auch bei schlicht anderen persönlichen Präferenzen einer heterogenen Berufsgruppe können für bestimmte Arbeitsgänge fest installierte Rechner im Stationszimmer oder Smartphones Sinn machen. In jedem Fall braucht es das Bewusstsein auf Seiten der Kundinnen und Kunden, dass ein zaghaftes Gehen des zweiten Schrittes den Erfolg des ersten gefährden kann.

8.3.5 Einheitlichkeit der Prozesse

Die Pflegedokumentation mit Papier und Stift sowie abteilungsspezifische Standards für jedoch nicht immer abteilungsspezifische Abläufe sind noch in vielen Einrichtungen ein Nährboden für uneinheitliche Prozesse, woraus Probleme verschiedenster Art entstehen. Auch Chefärztinnen und Chefärzte, die es auf „ihrer Station" so und nicht anders wünschen, leisten ihren Beitrag zu dieser unnötigen Arbeitserschwernis für viele Pflegende. Digitalisierung in der Pflege ist für Einrichtungen daher eine große Chance und elegante Möglichkeit, mit der Uneinheitlichkeit von Prozessen aufzuräumen. Eine digitale Pflegesoftware beispielsweise kann zwar in der Regel hausindividuell angepasst werden, wird aber im Aufbau ihrer Formulare und Reports nicht bereichsindividuelle Wünsche integrieren können. Somit sind Einigung und ein gemeinsamer Nenner gefordert, was den Dialog fördern und die Sicht über den eigenen Tellerrand hinaus lenken kann – zwei Dinge, die jedem Prozess guttun.

8.3.6 Betreiben Sie Öffentlichkeitsarbeit – nach innen und außen

Digitalisierungsprojekte in der Pflege sehen, je nach Einrichtungsgröße, oftmals eine fraktionierte Einführung vor. Nicht alle Bereiche gehen zeitgleich ans Netz, sondern werden nacheinander geschult und nehmen nacheinander, beispielsweise im Abstand von ein bis zwei Monaten, die Arbeit mit dem Echtsystem auf. Wichtig aber ist, dass die Information über das Promoten des Projektes alle erreicht, unabhängig davon, an welcher Stelle des Implementierungskonzeptes der jeweilige Bereich an der Reihe ist. Auch müssen neben der Pflege alle anderen Berufsgruppen ins Boot geholt werden, die von dem pflegerischen Digitalisierungsprojekt direkt oder indirekt betroffen sind. Geschieht dies nicht, kann es auf fachlicher und logistischer Ebene zu Versorgungsbrüchen kommen oder zu einem Nichtausschöpfen des Innovationspotenziales des neuen digitalen Produktes. Auch denkbar ist, dass Unkenntnis zu dem Gefühl des „Außen-vor-Seins" führt und so die Saat für Ablehnung und schlechte hausinterne Stimmungsmache gesät ist.

Nach außen gilt es, ein Digitalisierungsprojekt in regionalen wie auch in Fachmedien wirksam zu platzieren, und dies möglichst unter Einbezug von Foto- und Videomaterial der tatsächlichen Orte, an denen die Innovation eingesetzt wird. Auf ein entsprechendes Projekt stolz zu sein, fällt schwerer, wenn statt des eigenen Bereiches und der eigenen Kolleginnen und Kollegen gekaufte Platzhalterfotos zu sehen sind. Damit entsteht weit weniger Identifikation.

8.3.7 Menschen für das Projekt freistellen

In den Teams der IT-Abteilungen vieler Einrichtungen finden sich auch immer wieder Menschen, die ursprünglich in der Pflege tätig waren, später jedoch aus unterschiedlichsten Gründen heraus einen Wechsel in die IT-Abteilung vollzogen haben. Verfügt eine Einrichtung über solche Mitarbeiterinnen und Mitarbeiter, so ist dies eine enorme Ressource für das Erreichen des gewünschten Projekterfolges im Digitalisierungsprozess. IT-Kräfte mit pflegerischem Hintergrund schlagen die Brücke zwischen zwei Bereichen, die sich ansonsten durchaus auch schon einmal fremd sein können. In den Reihen der Pflegenden besitzen solche Menschen eine andere Glaubwürdigkeit. Die Hürde, sie zu kontaktieren, wird als weit niedriger empfunden, da man sich bei ihnen des Verständnisses viel sicherer sein kann, wenn Problematiken auf der IT-Ebene zu Folgen in der Organisation oder Dokumentation der Pflege am Patienten- oder Bewohnerbett führen.

Auch sind sie ein wertvoller und beide Sprachen sprechender Kommunikator zwischen den Pflegenden der Einrichtung und den Mitarbeitern des Unternehmens, welches die Digitalisierungsprodukte bereitstellt. Das Freistellen eines solchen Menschen für ein umfangreiches Digitalisierungsprojekt ist zudem das Signal der Führungsebene an die Nutzerinnen und Nutzer, dass „man es wirklich ernst meint."

8.3.8 Sinnstiftendes Potenzial nutzbar machen

Wer beispielsweise in den Niederlanden Pflegekraft werden möchte und über IT-Affinität verfügt, der kann an der Universität Enschede einen Studiengang absolvieren, der neben der regulären Pflegeausbildung auch Fächer wie Informatik, Sensorik und Produkttechnologie umfasst. Die Idee dahinter ist ein Brückenschlag zwischen klassischer Pflege und technischer Unterstützung in einer Vorreiter- und Motivatoren-Rolle. Vielleicht nicht alle Inhalte, aber doch zumindest den dahinterstehenden Geist können Einrichtungen vermitteln, indem sie zu entsprechenden Digitalisierungsprojekten auch Key-User ausbilden, deren Zuständigkeit weit darüber hinausgeht, den am Schulungstag erkrankten Kolleginnen und Kollegen mal eben nach der Übergabe die wichtigsten Funktionen der neuen digitalen Pflegesoftware zu zeigen. Hier können sich Mitarbeiterinnen und Mitarbeiter einbringen, einen kontinuierlichen Beitrag zur Verbesserung ihres Arbeitsumfeldes leisten und auch ihren Wert als Arbeitskraft steigern.

Zudem tut eine Einrichtung gut daran, die Pflegenden – sowohl die vorhandenen als auch diejenigen, die man künftig als neue Mitarbeiterinnen und Mitarbeiter begrüßen möchte – dafür zu sensibilisieren, dass ein Haus viel besser damit fährt, wenn nicht beispielsweise 5000 € Kopfgeld für Vertragsunterschriften gezahlt wird, sondern die Rahmenbedingungen für alle durch Digitalisierung verbessert werden.

Literatur

Helmons, P. J. (2014). *Medication safety through information technology. A focus on medication prescribing and administering*. Rijksuniversiteit Groningen.
Statistisches Bundesamt (Destatis). (2020). Pflegestatistik 2019, Deutschlandergebnisse.

Stephan Hohndorf Stephan Hohndorf ist examinierter Krankenpfleger und Absolvent des Pflegemanagement-Studienganges an der Katholischen Hochschule Köln. Stephan Hohndorf arbeitete nach dem Krankenpflege-Examen im Jahr 1997 als Pflegekraft und später als Stationsleiter im St. Antonius Krankenhaus Köln-Bayenthal. Nach Erlangung seines Studienabschlusses 2008 folgte eine zehnjährige Tätigkeit als Bereichsleiter in der Pflegedirektion der Katholischen Kranken- und Pflegeeinrichtungen Leverkusen gGmbH. Daneben arbeitete er als freiberuflicher Dozent zum Thema Pflegedokumentation. Es folgten Tätigkeiten in Unternehmen der Healthcare-Branche mit Pflegebezug – NursIT sowie VAR Healthcare –, bevor er im Frühjahr 2022 die Position eines Pflegedienstleiters im Klinikum Starnberg übernahm.

Albert Premer Albert Premer ist seit 2015 Geschäftsführer der escos automation GmbH, einem Hersteller für altersgerechte Assistenzsysteme. Zuvor war er Geschäftsführer des Logistikdienstleisters intertrex GmbH sowie wissenschaftlicher Mitarbeiter an der Beuth Hochschule für Technik Berlin im Bereich der Gebäudeautomation. Die Grundlagen für diese berufliche Entwicklung bilden der Abschluss an der Höheren Technischen Lehranstalt Wien 1 im Fachbereich Elektrotechnik sowie das Studium als Wirtschaftsingenieur an der Fachhochschule Wiener Neustadt. Unterschiedliche ehrenamtliche Tätigkeiten, wie beispielsweise bis 2012 als Vereinsvorstand des Vereins Mama Afrika e.V., welcher sich für Bildungsprojekte in Westafrika sowie gegen die Genitalverstümmelung von Frauen einsetzt, runden sein Tätigkeitsspektrum ab.

Intrarater-Reliabilität subepidermaler Feuchtigkeitsmessung mittels eines mobilen Scanners – Eine Pilotstudie zur Dekubitus-Prophylaxe im PPZ Berlin

Nils A. Lahmann, Anika Heimann-Steinert, Tatjana Strom, Simone Kuntz, Nicole Strutz und Sandra Strube-Lahmann

Zusammenfassung

Trotz vielfältiger Initiative der Implementierung von Richtlinien und Standards und fortlaufender Qualifizierung von Pflegenden kommt es bei – insbesondere in ihrer Mobilität eingeschränkten – Pflegeempfangenden häufig zu Dekubitalgeschwüren. Durch die Analyse der subepidermalen Gewebeflüssigkeit lassen sich Zellschäden in tiefem Gewebe erkennen, die noch weitgehend reversibel sind, wenn entsprechende Interventionen durchgeführt werden. In einer Pilotstudie wurde ein seit kurzem in Deutschland erhältliches Gerät getestet. Im Frühjahr 2021 wurde ein Testgerät von einer geschulten Pflegefachperson auf einer Station des PPZ-Berlin Clinic mit 11 Pflegeempfangenden angewendet. Ziel war es, die Intrarater-Reliabilität der gemessenen Werte bei geriatrischen Patientinnen und Patienten zu bestimmen. Die an der Pilotstudie teilnehmenden Personen wurden drei bis sieben Mal an aufeinanderfolgenden Tagen jeweils am Kreuzbein und an beiden Fersen getestet. Die Testung mittels eines SEM-Scanners PROVIZIOTM (Firma ARJO) umfasste jeweils sechs standardisierte Messungen am Kreuzbein und vier standardisierte Messungen an den Fersen. Anschließend wurde ein „Delta-Wert" ausgegeben, der ab einem Wert über 0,6 ein erhöhtes Risiko, einen Dekubitus zu entwickeln, anzeigt. Die gemessenen Werte wurden dokumentiert und in der

N. A. Lahmann (✉) · A. Heimann-Steinert · S. Kuntz · N. Strutz · S. Strube-Lahmann
Charité Universitätsmedizin Berlin, Berlin, Deutschland
E-Mail: nils.lahmann@charite.de; https://geriatrie.charite.de/metas/kontakt/;
simone.kuntz@charite.de; nicole.strutz@charite.de; sandra.strube-lahmann@charite.de

T. Strom
Evangelisches Geriatriezentrum Berlin (EGZB), Berlin, Deutschland
E-Mail: egzd@jsd.de

T. Krick et al. (Hrsg.), *Pflegeinnovationen in der Praxis*,
https://doi.org/10.1007/978-3-658-39302-1_9

Statistiksoftware SPSS analysiert. Die Pflegefachperson wurde in einem kurzen Interview zu ihren Erfahrungen im Umgang mit dem SEM-Scanner befragt.

9.1 Einleitung

Laut dem „European Pressure Ulcer Advisory Panel" beschreibt Dekubitus „eine lokal begrenzte Schädigung der Haut und/oder des darunterliegenden Gewebes, in der Regel über knöchernen Vorsprüngen, infolge von Druck oder von Druck in Kombination mit Scherkräften. Zwar gelten Druck und Scherkräfte als die primären ursächlichen Faktoren bei der Dekubitus-Entstehung, jedoch spielen weitere Faktoren wie mangelnde Aktivität/ Immobilität, Alter, Inkontinenz oder bspw. der Ernährungsstatus eine vermeintliche oder tatsächliche Rolle, deren Bedeutung jedoch noch nicht abschließend geklärt ist" (EPUAP et al., 2019).

Die Prävalenz von Dekubitus wurde national und international in verschiedenen Settings untersucht und liegt in Krankenhäusern, Pflegeheimen oder bei ambulant betreuten Pflegeempfängern zwischen 5 % und 20 % (Lechner et al., 2017; Shafipour et al., 2016; VanGilder et al., 2017). Am häufigsten entstehen Dekubitus im Bereich des Kreuzbeins und der Fersen (Dube et al., 2021). Je nach Schwere und Art des Dekubitus wird zwischen unterschiedlichen Kategorien beziehungsweise Schweregraden unterschieden (Lahmann et al., 2006). In den internationalen Leitlinien wird Kategorie 1 als „intakte Haut mit nicht wegdrückbarer Rötung eines lokalen Bereichs, gewöhnlich über einem knöchernen Vorsprung" beschrieben. Analog findet sich in der Definition ICD-11 (2018) der Grad 1 als „die Vorstufe eine Hautulzeration. Die Haut bleibt intakt, aber es besteht eine nicht wegdrückbare Rötung eines lokalen Bereichs, gewöhnlich über einem knöchernen Vorsprung." In seiner stärksten Ausprägung (Kategorie 4) ist der Dekubitus definiert als „vollständiger Gewebeverlust mit freiliegenden Knochen, Sehnen oder Muskeln." In der ICD-11 (2018) wird hier noch ergänzt: „Dekubitus mit sichtbarem oder direkt tastbarem Muskel, Sehne oder Knochen als Folge des vollständigen Gewebeverlusts der Haut und des subkutanen Gewebes." Einen Sonderfall stellt die „vermutete tiefe Gewebeschädigung: Tiefe unbekannt" dar, bei diesem besteht ein „livid oder rötlichbrauner, lokalisierter Bereich von verfärbter, intakter Haut oder blutgefüllte Blase aufgrund einer Schädigung des darunterliegenden Weichgewebes durch Druck und/oder Scherkräfte" (EPUAP et al., 2019). Die Pathophysiologie der Dekubitus-Entwicklung deutet darauf hin, dass insbesondere in tiefem Gewebe einzelne druckinduzierte Zell- und Gewebeschäden klinisch weitgehend unsichtbar bleiben (Bates-Jensen et al., 2008). Erst wenn es zu länger anhaltenden Zell- und Gewebedeformierungen kommt, löst dies eine Entzündungsreaktion aus. Diese Beeinträchtigung der Durchblutung sowie die Verminderung der Lymphdrainage der lokal entstandenen Ödeme können dann zu ischämische Schäden führen (Oomens et al., 2015). Der Anstieg der Flüssigkeit des lokalen Gewebeödems wird als die subepidermale Feuchtigkeit (englisch: „subepidermal moisture" [SEM]) bezeichnet (Bates-Jensen et al., 2007). Kommt es bei diesem Biomarker zu Schwankungen, deutet dies auf frühe mikroskopische Zellschäden hin, auch wenn keine sichtbaren Schädigungen auf der Hautoberfläche klinisch sichtbar sind. Seit kurzem stehen Technologien zur Verfügung, die es ermöglichen, die subepidermale Feuchtigkeit nicht invasiv zu messen (Gefen & Ross, 2020). Erste Studien in den vereinigten Staaten und in Irland deuten auf eine hohe Zuverlässigkeit und Validität der Daten hin (Oliveira et al., 2017). Aus diesem Grund wird die Verwendung dieser Tools in internationalen Leitlinien bereits – mit Einschränkungen – empfohlen (EPUAP et al., 2019). Seit kurzen ist die Technologie als Medizinprodukt der Risikoklasse IIa auch in Deutschland erhältlich (ARJO, 2021).

Unklar ist in diesem Zusammenhang, wie zuverlässig die Technologie in speziellen Populationen funktioniert. Bei geriatrischen Patientinnen und Patienten treten insbesondere physiologische Veränderungen der Haut auf (Hawk & Shannon, 2018; Kish et al., 2010). Diese könnten die Zuverlässigkeit dieser neuen Technologie limitieren. Das Ziel des *PPZ- Berlin Clinic* ist es, innovative digitale pflegerelevante Technologien auf ihre Praxistauglichkeit in Deutschland zu untersuchen. Die Vermeidung von Dekubitus hat dabei einen besonders hohen Stellenwert. Ziel dieser Studie am *PPZ Berlin Clinic* war es, die Intrarater-Reliabilität der gemessenen Werte bei geriatrischen Patientinnen und Patienten zu bestimmen, die auf Basis der SEM-Technologie von einem mobilen Scanner gemessen wurden. Darüber hinaus sollte durch die Befragung der anwendenden Pflegefachperson untersucht werden, wie der SEM-Scanner in die pflegerische Versorgung integriert werden kann.

9.2   Methode

9.2.1   Datenerhebung

Während des Lockdowns im Frühjahr 2021 wurde ein Testgerät von einer geschulten Pflegefachperson auf einer Station des *PPZ-Berlin Clinic* an 11 Patientinnen und Patienten getestet. Der Testzeitraum erstreckte sich über zwei Monate. Die jeweiligen Patientinnen und Patienten wurden drei bis sieben Mal an aufeinanderfolgenden Tagen jeweils am Kreuzbein und an beiden Fersen getestet. Die Testung mittels des SEM-Scanners PROVIZIO™ (Firma ARJO) umfasste jeweils sechs standardisierte Messungen am Kreuzbein und vier standardisierte Messungen an den Fersen. In Abb. 9.1 und 9.2 sind die standardisierten Messpunkte verzeichnet. Der Barthel-Index wurde am ersten Untersuchungstag erhoben.

Die an der Studie teilnehmende Pflegefachperson wurde gebeten, ihre Erfahrungen zu aufzuschreiben. Diese wurden im Anschluss an die Studienphase von den Autorinnen und Autoren gesammelt und aufbereitet.

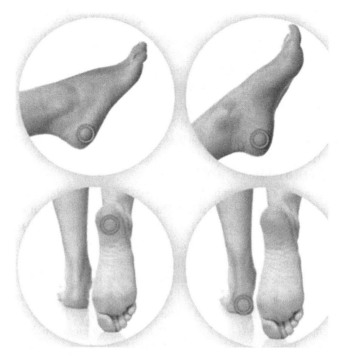

Abb. 9.1 Standardisierte Messpunkte an den Fersen

Abb. 9.2 Standardisierte
Messpunkte am Kreuzbein

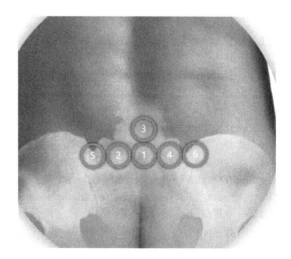

9.2.2   Der SEM-Scanner PROVIZIO™

Bei dem hier untersuchten SEM-Scanner (Abb. 9.3) handelt es sich um ein zugelassenes Medizinprodukt der Klasse IIa, welches durch medizinisches Fachpersonal am Bett einer zu pflegenden Person verwendet werden kann. Ziel des drahtlosen, nicht invasiven Handgerätes ist die Ermittlung von Veränderungen der Haut und des Gewebes. Dazu ermittelt der Scanner mit Hilfe mehrerer lokaler Messungen den Unterschied in den SEM-Werten zwischen potentiell geschädigtem und benachbartem gesunden Gewebe. Dazu untersucht der Scanner die Biokapazität der Haut und des Gewebes, welche unmittelbar mit dem Feuchtigkeitsgehalt des Gewebes in Zusammenhang steht.

Der Scanner wandelt dann die Biokapazität in einen SEM-Wert um, der von 0,1 bis 4,5 (± 0,2) reicht. Dabei werden auf dem Display des Scanners zwei Werte angezeigt: ein individueller Wert für jede Messung und ein SEM-Delta-Score als Differenz zwischen potentiell geschädigtem und gesundem Gewebe. In vorangegangenen klinischen Studien wurde ein SEM-Delta-Score von 0,6 als Cut-off-Wert festgelegt, so dass ein Score kleiner 0,6 ein geringes Risiko und ein Score größer als 0,6 ein erhöhtes Risiko darstellt (Gershon & Okonkwo, 2021; Okonkwo et al., 2020).

9.2.3   Barthel-Index

Der Barthel-Index (Mahoney & Barthel, 1965) erhebt mit seinem 10-Items-Fragebogen die Selbstversorgungsfähigkeit im alltäglichen Leben. Die Items wie zum Beispiel „Essen" oder „Sich waschen" werden, je nach Ausprägung der Selbstständigkeit beziehungsweise dem Unterstützungsbedarf, mit Punkten (mindestens 0 Punkte und maximal 5 beziehungsweise 10 oder 15 Punkte) versehen und zu einem Gesamtscore addiert.

Abb. 9.3   Provizio Scanner der Firma Arjo. (Quelle: arjo.com)

9.2.4　Analyse

Die gemessenen Werte wurden in ein standardisiertes Protokoll übertragen. Anschließend erfolgte die Übertragung der Messwerte in ein SPSS-Data-Sheet der SPSS-Version 25 (Armonk, NY: IBM Corp.). Die Eingabe wurde mehrfach kontrolliert und auf Fehler und nicht vorliegende Plausibilitäten hin geprüft. Die Auswertung erfolgte deskriptiv. Die Mittelwerte und Standardabweichungen der Messungen wurden berechnet und grafisch dargestellt. Zur Bestimmung der Intrarater-Reliabilität wurden die Intraklassenkorrelationskoeffizienten (ICC) bestimmt. Für den Zusammenhang zwischen dem Barthel-Index und den SEM-Delta-Werten wurden Korrelationskoeffizienten nach Pearson berechnet. Die Berechnungen erfolgten mittels SPSS für Windows in der Version 26; die grafische Ausarbeitung erfolgte mittels MS-Excel 365.

9.3　Ergebnisse

Es wurden 11 Patientinnen und Patienten untersucht. Da im Rahmen der Pilotierung die Usability für die Pflegefachpersonen und die Messgenauigkeit im Vordergrund standen, wurden keine demographischen Angaben zu den untersuchten Personen erhoben. Lediglich der, für die Bewertung des Risikogrades, wichtige Barthel-Index wurde am ersten Untersuchungstag erhoben (vgl. Tab. 9.1). Dieser konnte von 9 Patientinnen und Patienten übernommen werden und lag im Mittel bei 23,3 (SD ± 14,5).

9.3.1　Ergebnisse der Messwerte

Es wurden an den drei Prädilatationsstellen Kreuzbein und Ferse rechts/links insgesamt 161 Delta-Werte ermittelt. Dabei wurden zwischen dem ersten Tag der Messung und dem Tag 12 danach bis zu sieben Messreihen je Patientin beziehungsweise Patient durchgeführt. In Abb. 9.4, 9.5, 9.6 und 9.7 sind beispielhaft die Messwerte für Kreuzbein (blau/dunkel), rechte Ferse (orange/hell) und linke Ferse (grau/mittel) von vier Patientinnen und Patienten (Patientinnen beziehungsweise Patienten 1, 2, 7 und 10) aufgeführt. Die X-Achse beschreibt die Anzahl der Tage nach der ersten Messung, die Y-Achse den Delta-Wert, wobei eine Dekubitus-Gefährdung bei einem Delta > 0,6 gegeben ist.

Die Messungen des Delta-Wertes lagen zwischen 0 und 1,8 bei den vier beispielhaft ausgewählten Patientinnen und Patienten. Zur Erläuterung der Werte wird nachfolgend Patientin beziehungsweise Patient 1 (Abb. 9.4) und Patientin beziehungsweise Patient 7

Tab. 9.1 Barthel-Index am ersten Untersuchungstag

Pat.#	1	2	4	5	7	8	10	11	12
Barthel	5	35	45	40	10	30	20	15	10

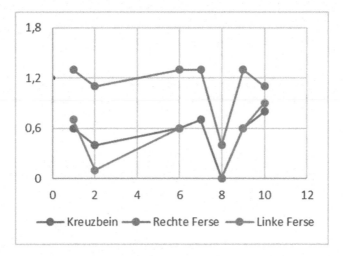

Abb. 9.4 Patient 1

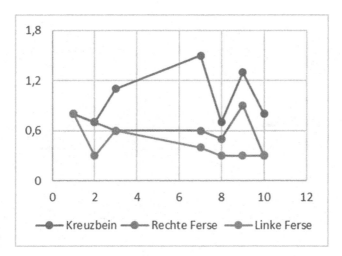

Abb. 9.5 Patient 2

(Abb. 9.6) beschrieben: Bei Patientin beziehungsweise Patient 1 schwanken die Werte für die rechte Ferse leicht um einen Delta-Wert von 1,0 (bis auf eine Ausnahme an Tag 8, wahrscheinlich ein Artefakt), hingegen liegen die Werte für Kreuzbein und linke Ferse nah an dem Schwellenwert von 0,6. Bei Patientin beziehungsweise Patient 7 liegt, bezogen auf beide Fersen, keine Dekubitus-Gefährdung vor, da die Werte kontinuierlich unter 0,6 liegen. Hingegen ist insbesondere zu Beginn und zum Ende der Beobachtungsperiode der Delta-Wert und somit die Dekubitus-Gefährdung am Kreuzbein erhöht.

In Abb. 9.8, 9.9 und 9.10 werden für jede Probandin beziehungsweise jeden Probanden Mittelwert (waagrechter Strich) und Standardabweichung (senkrechter Strich) der Mess-

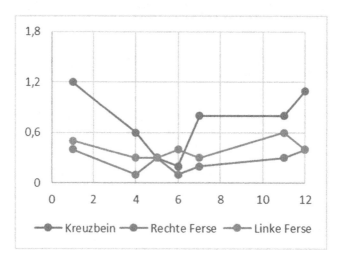

Abb. 9.6 Patient 7

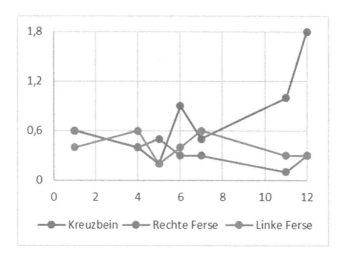

Abb. 9.7 Patient 10

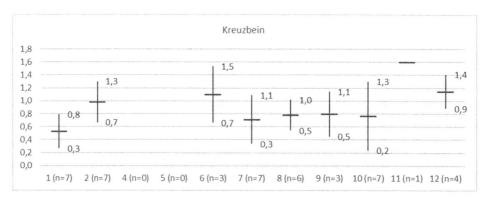

Abb. 9.8 Delta-Werte Kreuzbein; n = 11

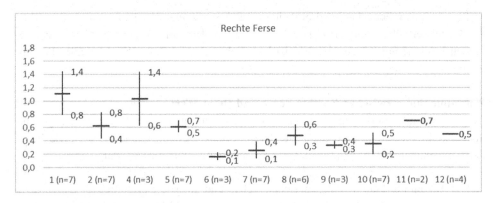

Abb. 9.9   Delta-Werte rechte Ferse; n = 11

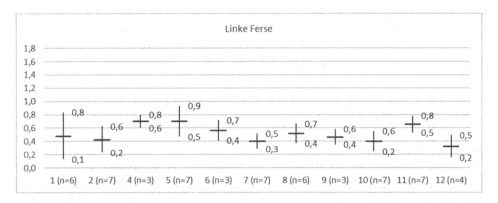

Abb. 9.10   Delta-Werte linke Ferse; n = 11

werte dargestellt. Auf der X-Achse („Horizontale") ist hinter jeder Patientin beziehungsweise jedem Patienten die Anzahl der Messungen verzeichnet (n = x). Analog zu den Abbildungen 1a–1d sind auf der Y-Achse die Delta-Werte angegeben, wobei eine
Dekubitus-Gefährdung bei einem Delta > 0,6 gegeben ist.

Bis auf Patientin beziehungsweise Patient 1 lagen die Mittelwerte (Kreuzbein) aller
Messungen über dem Grenzwert von 0,6. Die höchsten Mittelwerte hatten Patientinnen
beziehungsweise Patienten 12 und 3. Bei der Standardabweichung konnten ebenfalls
große Unterschiede beobachtet werden. Die Spannweite der Standardabweichungen lag
zwischen 0,5 (Patientin beziehungsweise Patient 1) bis 1,1 (Patientin beziehungsweise
Patient 10).

Bei den Patientinnen beziehungsweise Patienten 6 bis 10 und 12 lagen die Mittelwerte
(rechte Ferse) deutlich unter 0,6. Die Spannweite der Standardabweichungen lag oftmals
unter 0,4. Nur bei den zwei Patientinnen beziehungsweise Patienten mit den jeweils
höchsten Messungen (Patientinnen beziehungsweise Patienten 1 und 4) lag dieser Wert bei
0,6 beziehungsweise 0,8. Eine Besonderheit ist bei Patientin beziehungsweise Patient 12
zu beobachten. Alle vier Messungen waren identisch (Wert 0,5), daher sind keine Standardabweichungen eingezeichnet.

Bei der linken Ferse lag bei drei Patientinnen beziehungsweise Patienten (4, 5 und 11) der Mittelwert über dem kritischen Wert von 0,6. Bis auf Patientin beziehungsweise Patient 1 lag die Spannweite der Standardabweichungen des Delta-Werts bei allen Patientinnen und Patienten bei ≤ 0,4 (vgl. Abb. 9.10).

Zusammenhang zwischen Barthel-Score und Delta-Wert
Der am ersten Tag erhobene Barthel-Score wird den gemessenen Delta-Werten gegenübergestellt. Ebenso werden die Delta-Werte von Kreuzbein, rechte Ferse sowie linke Ferse gegenübergestellt. Die bivariaten Korrelationen sind in Tab. 9.2 dargestellt.

Die Anzahl der Fallpaare lag zwischen sieben und elf. Die Korrelation zwischen dem Barthel-Score und dem Kreuzbein-Delta zeigt mit $r = -0,337$ einen mittleren Effekt. Die Korrelationen zwischen dem Barthel-Score und dem Rechte-Ferse-Delta beziehungsweise dem Linke-Ferse-Delta zeigen mit $r = -0,078$ und $r = 0,035$ keinen Effekt. Die gegenübergestellten Delta-Werte von Kreuzbein und rechter Ferse korrelieren mit einem Effekt von $r = -0,546$ stark miteinander. Dahingegen korrelieren die Delta-Werte von Kreuzbein und linker Ferse sowie rechter Ferse und linker Ferse mit $r = 0,346$ und $r = 0,337$ mit einem mittleren Effekt.

Alle Werte waren nicht statistisch signifikant und die Effektstärke ist orientiert nach Cohen (1992) angegeben.

Intrarater-Reliabilität
Für jede/-n Probandin/-en wurde der ICC mit Konfidenzintervallen sowie die statistische Signifikanz für die ersten drei Messungen (eine Messung pro Tag mit drei bis sieben Einzelmessungen) berechnet.

Der Gesamtwert ICC über die ersten drei Messungen lag bei allen Probandinnen und Probanden bei 0,777 (Konfidenzintervall 0,569–0,894) und war statistisch signifikant.

Tab. 9.2 Korrelation Barthel-Score und Delta-Werte

		Barthel-Score	Kreuzbein-Delta	Rechte-Ferse-Delta	Linke-Ferse-Delta
Barthel-Score	Korrelation nach Pearson	1	−0,337	−0,078	0,035
	p		0,460	0,842	0,928
	n	9	7	9	9
Kreuzbein-Delta	Korrelation nach Pearson			−0,546	0,346
	p			0,128	0,362
	n			9	9
Rechte-Ferse-Delta	Korrelation nach Pearson				0,337
	p				0,310
	n				11

Tab. 9.3 ICC

Proband/-in	ICC	Unteres 95 % KI	Oberes 95 % KI	p
1	0,920	0,419	0,998	0,007
2	0,426	−3,165	0,985	0,253
4	0,480	−5,353	0,999	0,238
5	0,444	−5,788	0,999	0,251
6	0,890	0,203	0,997	0,015
7	0,468	−2,865	0,986	0,233
8	0,701	−1,167	0,992	0,105
9	0,737	−0,908	0,993	0,086
12	0,909	0,339	0,998	0,010
Gesamt	0,777	0,569	0,894	0,000

Die Werte der drei Probandinnen/Probanden 1, 6 und 12 lagen über 0,89 und waren statistisch signifikant. Die Werte der Probandinnen/Probanden 2, 4, 5 und 7 lagen unter 0,5 (vgl. Tab. 9.3).

9.3.2 Erste Erfahrungen zur Usability

Laut der, den SEM-Scanner anwendenden, Pflegefachperson konnten folgende Aussagen zu den ersten Erfahrungen gesammelt werden:

- sehr gute Möglichkeit, den Hautzustand täglich zu kontrollieren
- gute Akkulaufzeit („konnte mit dem Gerät über eine Stunde arbeiten")
- erfordert nur wenig Übung/Training
- das Gerät ist leicht, sehr gut transportierbar
- insgesamt geringer Zeitaufwand
- einfache Integration in die bestehende pflegerische Routine

Folgende Hinweise wurden darüber hinaus gegeben:

- Die Messstellen sollten genau markiert werden, um Artefakte bei den Messungen zu reduzieren.
- Insbesondere die Fersen müssen „trocken" sein („frei von Schweiß"), da es sonst zu Fehlmessungen kommen kann.
- Eine automatische Übertragung der Werte in ein digitale (Pflege-)Dokumentation wäre sehr hilfreich und eine zusätzliche Zeitersparnis. Darüber hinaus könnten damit auch weitere Faktoren (Medikation, Pflegeberichte etc.) mit in die Interpretation der Werte einfließen.

9.4   Diskussion

Auch wenn bei vielen Patientinnen und Patienten die Messergebnisse in den deskriptiven
Analysen überwiegend auf einem gleichbleibenden Niveau verblieben, zeigten sich die
Ergebnisse im Hinblick auf die ICCs eher heterogen. Diese waren bei nur drei Messungen
statistisch signifikant, sechs Ergebnisse waren nicht signifikant. Darüber hinaus fehlten
hierzu Ergebnisse bei drei Probandinnen beziehungsweise Probanden. Die Bewertung der
vorliegenden ICCs bei einzelnen Probandinnen/Probanden war gemäß Koo und Li (2016)
recht gut. Laut Cicchetti (1994) wurde die Effektstärke der einzelnen Probandinnen und
Probanden folgendermaßen bewertet: Die Werte der Probandinnen/Probanden 2, 4, 5 und
7 waren gemäß Cicchetti mit < 0,5 *durchschnittlich* und die Werte der Probandinnen/Pro-
banden 8 und 9 *gut* beziehungsweise die Werte der Probandinnen/Probanden 1, 6 und 12
sehr gut.

Das bedeutet, dass die vorliegenden Ergebnisse erst als vorläufig betrachtet werden
können. Aufgrund der besonderen Umstände (die klinische Phase fiel mitten in die Hoch-
phase der Pandemie) waren leider weitere Erhebungen nicht möglich. Hier besteht dringender weiterer Forschungsbedarf, denn prinzipiell hat diese Methode das Potential, eine
neue interessante Ergänzung zur Dekubitus-Risikoeinschätzung zu ermöglichen.

Dabei könnte die Messung der subepidermalen Flüssigkeit an bestimmten Prädilatationsstellen einer generellen Risikoeinschätzung in entscheidenden Punkten überlegen sein.
Denn während bei dem Einsatz einer herkömmlichen Skala die gesamten Patientinnen
beziehungsweise Patienten als gefährdet eingestuft werden, detektiert das Gerät die besonders gefährdeten Stellen. Der Unterschied ließe sich semantisch folgendermaßen festhalten: Nicht „die Patientin beziehungsweise der Patient ist dekubitusgefährdet", sondern
„die Patientin beziehungsweise der Patient hat eine Dekubitus-Gefährdung an der linken
Ferse". Die Interventionen könnten dann viel spezifischer und präziser erfolgen. So müsste
beispielsweise keine regelmäßige Umpositionierung von der linken auf die rechte Seite
erfolgen, wenn lediglich an den Fersen eine Dekubitus-Gefährdung besteht. Auch müssen
dann nicht beide Fersen „freigelagert" werden, wenn die Gefährdung nur an einer Stelle
besteht. Eventuell schränkt man durch eine nicht benötigte Freilagerung die Möglichkeit
der Patientin beziehungsweise des Patienten ein, sich selbst im Bett zu bewegen, zu drehen
und das Kreuzbein zu entlasten.

Die Zusammenhänge zwischen dem Barthel-Index und den Delta-Werten an Kreuzbein
und Fersen sind unterschiedlich. Der negative Zusammenhang zwischen Barthel-Score
und Kreuzbein ist plausibel: Je geringer der Barthel-Score, desto höher ist der Delta-Wert
und desto höher die Dekubitus-Gefährdung. In der vorliegenden Untersuchung fand sich
kein Zusammenhang zwischen Barthel-Score und den Delta-Messungen an den Fersen.

Bei einzeln aufgetretenen Ausreißern handelt es sich mit großer Wahrscheinlichkeit um
Messfehler. Dies ist möglich, wenn nicht an exakt der gleichen Stelle die Messung durchgeführt wurde wie die Male zuvor beziehungsweise danach. Für zuverlässige Ergebnisse
ist daher ein hohes Maß an Standardisierung des Verfahrens notwendig. Im Rahmen der
Pilotierung wurde auch erwogen, die einzelnen Stellen mit einem nicht wasserlöslichen

Stift zu markieren. Sehr deutlich ist zu erkennen, dass die Gefährdung bei den einzelnen Personen an unterschiedlichen Körperstellen unterschiedlich hoch zu sein scheint. Der Delta-Wert verändert sich offensichtlich nicht rapide. Der Abbau der Gewebeflüssigkeit bei diesen sowohl betagten als auch multimorbiden Patientinnen und Patienten, die ja auch insgesamt einen sehr schlechten – also niedrigen – Funktions-Index (Barthel) haben, geschieht sicherlich sehr langsam. Der PROVIZIO™ Scanner ist daher eher weniger geeignet, die unmittelbare Effektivität durchgeführter Interventionen zu überprüfen.

Im Rahmen der Pilotierung wurde von der testenden Person bestätigt, dass der technische Umgang mit dem Gerät sehr einfach und schnell erlernbar ist. Dies ist für die Integration in die pflegerische Praxis sehr wichtig, hindern doch komplizierte Anleitungen oftmals die Integration innovativer Hilfsmittel. Die zum Teil sehr große Bandbreite der Messungen deutet darauf hin, dass der Messprozess sehr stark standardisiert sein muss, um präzise Ergebnisse zu erzielen. Die dafür notwendigen Schulungen müssen daher weniger den technischen Umgang mit dem Scanner in den Vordergrund stellen als vielmehr den Prozess der Messung, insbesondere die Vorbereitung und die eigentliche Durchführung. Zwar konnte in bisher durchgeführten Studien bereits gezeigt werden, dass der Einsatz eines SEM-Scanners durchaus Dekubitus vermeiden kann, indem die Gewebsschädigungen in einem so frühen Stadium erkannt werden, dass diese noch reversibel sind (Gershon & Okonkwo, 2021; Ropper, 2021). In Deutschland wurden diese Studien jedoch bisher nicht durchgeführt. Neben dem Einsatz einer randomisierten Kontrollgruppe muss mit längeren Follow-ups überprüft werden, ob es nicht doch später noch zu einem Dekubitus kommt, wenn potentielle Gewebsschädigungen sehr früh erkannt wurden.

9.4.1 Limitationen

Durch die Beschränkungen auf die ersten drei Messungen sollten deutliche klinische Veränderungen, die das Ergebnis verzerren könnten, reduziert werden. Jedoch kann eine Verzerrung durch eine klinische Veränderung beispielsweise durch eine Erhöhung des Dekubitus-Risikos auch in den ersten drei Tagen nicht ausgeschlossen werden. In diesem Fall ist ein anderer Wert bei der Delta-Ermittlung natürlich erwünscht. Das hätte einen (negativen) Einfluss auf den ICC. Wichtig ist zu erwähnen, dass die Messergebnisse mittels SEM-Scanners im Kontext der Gesamtsituation der Patientin und des Patienten sowie des sich möglicherweise schnell verändernden Zustandes eingeordnet werden müssen. So kann eine anstehende Operation oder die Einnahme bestimmter Medikamente das Risiko deutlich ändern. Die Messung ist für die Hautareale der häufigsten Prädilatationsstellen (Ferse, Kreuzbein) vorgesehen, jedoch können Dekubitus durchaus auch an anderen Stellen auftreten. Das gilt zum einen für die zu berücksichtigenden Dekubitus-Entstehungen durch eingesetzte Hilfsmittel (Tubus, Infusionsleitungen etc.) (Gefen et al., 2020; Kayser et al., 2018) oder zum anderen durch alternative Positionierungsarten der Patientinnen und Patienten, die insbesondere während der Pandemie eine große Rolle gespielt haben (zum Beispiel Bauchlagerung, englisch: „prone position") (Concha et al., 2021). Schließlich ist ebenfalls zu berücksichtigen, dass durch den Einsatz der Technologie der Blick vom Menschen als Ganzes abgelenkt werden kann. Bei der Entwicklung von Dekubitus haben der Allgemeinzustand der betroffenen Person und weitere Faktoren wie beispielsweise der Mobilitätsgrad, der Ernährungszustand oder das Vorliegen einer Inkontinenz eine hohe Bedeutung (Coleman et al., 2014). Hier ist zu berücksichtigen, dass neueste Empfehlungen gerade diese ganzheitliche Betrachtung verstärkt in den Vordergrund stellen (Moore et al., 2019).

9.4.2 Fazit

Neben der allgemeinen klinischen Beurteilung und der Berücksichtigung individueller Risikofaktoren könnte die neue Technologie des SEM-Scanners ein weiterer Baustein sein, um Dekubitus zu vermeiden, indem frühzeitig klinisch unsichtbare Schäden zu einem Zeitpunkt erkannt werden, indem diese noch vollständig reversibel sind. Das bezieht sich insbesondere auf die „tiefe Gewebsschädigung", bei der oberflächlich die Haut lange Zeit noch intakt scheint, während in der Tiefe des Gewebes bereits umfangreiche druckbedingte Schäden vorliegen. Wichtig dafür ist, dass ein solches Gerät zuverlässige Werte liefert. Die Ergebnisse dieser Studie konnten das aufgrund der Limitationen nicht belegen und reichen nicht aus, um eine abschließende Bewertung zur neuen Technologie zu geben. Es besteht weiterer Forschungsbedarf hinsichtlich der Prädiktionskraft der Messung und hinsichtlich der Interrater-Reliabilität. Zeigen sich in diesen Studien eindeutige positive Ergebnisse, könnte durch den Einsatz eines SEM-Scanners das Präventionsmanagement zu Dekubitus individualisiert werden. Der Bedarf an individuellen Präventions- und Therapieangeboten rückt bereits in anderen Bereichen der Medizin und Pflege immer stärker in den Vordergrund (Gupta et al., 2021). Darüber hinaus scheint das vorliegende, getestete Gerät problemlos und schnell in der Anwendung zu sein, was eine Integration in bestehende pflegerische Prozesse erleichtert.

Literatur

ARJO. (2021). *Provizio SEM scanner.* https://www.arjo.com/de-de/products/pressure-injury-prevention%2D%2D-pip/sub-epidermal-moisture/provizio-sem-scanner/. Zugegriffen am 09.10.2022.

Bates-Jensen, B. M., McCreath, H. E., Kono, A., Apeles, N. C., & Alessi, C. (2007). Subepidermal moisture predicts erythema and stage 1 pressure ulcers in nursing home residents: A pilot study. *Journal of the American Geriatrics Society, 55*(8), 1199–1205. https://doi.org/10.1111/j.1532-5415.2007.01261.x

Bates-Jensen, B. M., McCreath, H. E., Pongquan, V., & Apeles, N. C. (2008). Subepidermal moisture differentiates erythema and stage I pressure ulcers in nursing home residents. *Wound Repair and Regeneration, 16*(2), 189–197. https://doi.org/10.1111/j.1524-475X.2008.00359.x

Cicchetti, D. V. (1994). Multiple comparison methods: Establishing guidelines for their valid application in neuropsychological research. *Journal of Clinical and Experimental Neuropsychology, 16*(1), 155–161. https://doi.org/10.1080/01688639408402625

Coleman, S., Nelson, E. A., Keen, J., Wilson, L., McGinnis, E., Dealey, C., et al. (2014). Developing a pressure ulcer risk factor minimum data set and risk assessment framework. *Journal of Advanced Nursing, 70*(10), 2339–2352. https://doi.org/10.1111/jan.12444

Concha, P., Treso-Geira, M., Esteve-Sala, C., Prades-Berengue, C., Domingo-Marco, J., & Roche-Campo, F. (2021). Invasive mechanical ventilation and prolonged prone position during the COVID-19 pandemic. *Med Intensiva (Engl Ed).* https://doi.org/10.1016/j.medin.2021.01.001

Dube, A., Sidambe, V., Verdon, A., Phillips, E., Jones, S., Lintern, M., & Radford, M. (2021). Risk factors associated with heel pressure ulcer development in adult population: A systematic literature review. *Journal of Tissue Viability.* https://doi.org/10.1016/j.jtv.2021.10.007

EPUAP., NPIAP., & PPPIA. (2019). *European Pressure Ulcer Advisory Panel, National Pressure Injury Advisory Panel and Pan Pacific Pressure Injury Alliance. Prevention and Treatment of Pressure Ulcers/Injuries.*

Gefen, A., & Ross, G. (2020). The subepidermal moisture scanner: The technology explained. *Journal of Wound Care, 29*(Sup9a), S4–S9. https://doi.org/10.12968/jowc.2020.29.Sup9a.S4

Gefen, A., Alves, P., Ciprandi, G., Coyer, F., Milne, C., Ousey, K., et al. (2020). An international consensus on device-related pressure ulcers: SECURE prevention. *The British Journal of Nursing, 29*(5), S36–S38. https://doi.org/10.12968/bjon.2020.29.5.S36

Gershon, S., & Okonkwo, H. (2021). Evaluating the sensitivity, specificity and clinical utility of algorithms of spatial variation in sub-epidermal moisture (SEM) for the diagnosis of deep and early-stage pressure-induced tissue damage. *Journal of Wound Care, 30*(1), 41–53. https://doi.org/10.12968/jowc.2021.30.1.41

Gupta, A. K., Venkataraman, M., Anbalagan, N., & Guenin, E. P. (2021). One size does not fit all: the need for individualized treatment based on factors that may affect the therapeutic outcome of efinaconazole 10% solution for the treatment of toenail onychomycosis. *International Journal of Dermatology, 60*(10), 1296–1302. https://doi.org/10.1111/ijd.15739

Hawk, J., & Shannon, M. (2018). Prevalence of skin tears in elderly patients: A retrospective chart review of incidence reports in 6 long-term care facilities. *Ostomy Wound Management, 64*(4), 30–36. Retrieved from https://www.ncbi.nlm.nih.gov/pubmed/29718815

Kayser, S. A., VanGilder, C. A., Ayello, E. A., & Lachenbruch, C. (2018). Prevalence and analysis of medical device-related pressure injuries: Results from the international pressure ulcer prevalence survey. *Advances in Skin & Wound Care, 31*(6), 276–285. https://doi.org/10.1097/01.ASW.0000532475.11971.aa

Kish, T. D., Chang, M. H., & Fung, H. B. (2010). Treatment of skin and soft tissue infections in the elderly: A review. *American Journal of Geriatric Pharmacotherapy, 8*(6), 485–513. https://doi.org/10.1016/S1543-5946(10)80002-9

Koo, T. K., & Li, M. Y. (2016). A Guideline of selecting and reporting intraclass correlation coefficients for reliability research. *Journal of Chiropractic Medicine, 15*(2), 155–163. https://doi.org/10.1016/j.jcm.2016.02.012

Lahmann, N. A., Halfens, R. J., & Dassen, T. (2006). Pressure ulcers in German nursing homes and acute care hospitals: Prevalence, frequency, and ulcer characteristics. *Ostomy/Wound Management, 52*(2), 20–33. Retrieved from https://www.ncbi.nlm.nih.gov/pubmed/16464992

Lechner, A., Lahmann, N., Neumann, K., Blume-Peytavi, U., & Kottner, J. (2017). Dry skin and pressure ulcer risk: A multi-center cross-sectional prevalence study in German hospitals and nursing homes. *International Journal of Nursing Studies, 73*, 63–69. https://doi.org/10.1016/j.ijnurstu.2017.05.011

Mahoney, F. I., & Barthel, D. W. (1965). Functional evaluation: The Barthel index. *Maryland State Medical Journal, 14,* 61–65. Retrieved from https://www.ncbi.nlm.nih.gov/pubmed/14258950

Moore, Z., Dowsett, C., Smith, G., Atkin, L., Bain, M., Lahmann, N. A., et al. (2019). TIME CDST: An updated tool to address the current challenges in wound care. *Journal of Wound Care, 28*(3), 154–161. https://doi.org/10.12968/jowc.2019.28.3.154

Okonkwo, H., Bryant, R., Milne, J., Molyneaux, D., Sanders, J., Cunningham, G., et al. (2020). A blinded clinical study using a subepidermal moisture biocapacitance measurement device for early detection of pressure injuries. *Wound Repair and Regeneration, 28*(3), 364–374. https://doi.org/10.1111/wrr.12790

Oliveira, A. L., Moore, Z., & T, O. C., & Patton, D. (2017). Accuracy of ultrasound, thermography and subepidermal moisture in predicting pressure ulcers: A systematic review. *Journal of Wound Care, 26*(5), 199–215. https://doi.org/10.12968/jowc.2017.26.5.199

Oomens, C. W., Bader, D. L., Loerakker, S., & Baaijens, F. (2015). Pressure induced deep tissue injury explained. *Annals of Biomedical Engineering, 43*(2), 297–305. https://doi.org/10.1007/s10439-014-1202-6

Ropper, R. (2021). The benefits of using a first generation SEM scanner versus an equipment selection pathway in preventing HAPUs. *British Journal of Nursing, 30*(15), S12–S23. https://doi.org/10.12968/bjon.2021.30.15.S12

Shafipour, V., Ramezanpour, E., Gorji, M. A., & Moosazadeh, M. (2016). Prevalence of postoperative pressure ulcer: A systematic review and meta-analysis. *Electronic Physician, 8*(11), 3170–3176. https://doi.org/10.19082/3170

VanGilder, C., Lachenbruch, C., Algrim-Boyle, C., & Meyer, S. (2017). The international pressure ulcer prevalence survey: 2006–2015: A 10-year pressure injury prevalence and demographic trend analysis by care setting. *Journal of Wound, Ostomy, and Continence Nursing, 44*(1), 20–28. https://doi.org/10.1097/WON.0000000000000292

Nils A. Lahmann Prof. Dr. rer. cur. Nils A. Lahmann, MSE, ist habilitierter Pflegewissenschaftler und Epidemiologe. Seit seinem Pflegemanagementstudium (Diplompflegewirt) an der Alice Salomon Hochschule Berlin im Jahr 2000 ist Herr Lahmann an der Charité – Universitätsmedizin im Bereich pflegerische Versorgungsforschung tätig. Seit 2016 ist er stellvertretender Direktor der Forschungsgruppe „Geriatrie" und leitet den Fachbereich Digitalisierung und Pflegeforschung. Im Rahmen der geriatrischen Pflege- und Versorgungsforschung gilt sein besonderes Interesse seither der Entwicklung und Evaluation innovativer Hilfsmittel und gesundheits- und pflegerelevanter IT-Lösungen. Darüber hinaus ist Herr Lahmann seit 2022 berufener Professor für Pflegewissenschaft an der universitären Fakultät Naturwissenschaften der Medical School Berlin (MSB).

Anika Heimann-Steinert PD Dr. Anika Heimann-Steinert studierte, und promovierte im Bereich der Gesundheitswissenschaften. Sie habilitierte 2022 an der Charité Universitätsmedizin Berlin. Seit 2012 arbeitete sie als wissenschaftliche Mitarbeiterin in der Forschungsgruppe „Geriatrie" der Charité – Universitätsmedizin Berlin und leitete von 2017–2021 die interdisziplinär zusammengesetzte Arbeitsgruppe „Alter & Technik". Als Leiterin zahlreicher Projekte vereint sie zwei wesentliche Entwicklungen der Gesellschaft: den demografischen Wandel und die Digitalisierung des Gesundheitswesens. Die Projekte zielen darauf ab, digitale Lösungen für ältere Menschen zu entwickeln, und dabei alle relevanten Steakholder wie pflegende Angehörige, medizinisches und pflegerisches Personal einzubinden. Ziel dabei ist es, die Autonomie älterer Menschen und geriatrischer Patienten zu fördern. Seit 2023 arbeitet sie bei der Gematik in Berlin.

Tatjana Strom Tatjana Strom ist Diplom-Bauingenieurin (1983) und examinierte Altenpflegerin (2001). Des Weiteren absolvierte sie von 2011 bis 2013 die Weiterbildung zur gerontopsychiatrischen Fachkraft (verantwortliche Pflegefachkraft nach § 71 SGB XI). Seit 2011 ist sie im Evangelischen Geriatriezentrum Berlin (EGZB) zunächst als Pflegefachkraft, seit 2018 als Stationsleitung beschäftigt. Seit 2007 ist sie im Rahmen des EGZB in diverse Forschungsprojekte eingebunden, unter anderem im Pflegepraxiszentrum Berlin.

Simone Kuntz Dr. rer. cur. Simone Kuntz ist promovierte Pflegewissenschaftlerin, Diplom-Pflegepädagogin und examinierte Krankenschwester. Frau Kuntz ist seit 2011 als wissenschaftliche Mitarbeiterin an der Charité – Universitätsmedizin Berlin, seit 2016 in der Arbeitsgruppe „Pflegeforschung" der Forschungsgruppe „Geriatrie" tätig. Die Mitarbeit erfolgte unter anderem in Projekten zur Erfassung von Pflegeproblemen sowie Pflege- und Versorgungsqualität im stationären und ambulanten Bereich, Entwicklung und Evaluation innovativer Hilfsmittel und pflegerelevanter IT-Lösungen. Themen waren hier beispielsweise elektronische Behandlungspfade, Mobilisierungsassistenten für Patientinnen und Patienten mit Demenz und deren Angehörige sowie textilbasierte Mikroelektronik zum Monitoring. Frau Kuntz promovierte im Dezember 2020 an der Charité – Universitätsmedizin Berlin.

Nicole Strutz Nicole Strutz, M. Sc., ist als wissenschaftliche Mitarbeiterin und Promovendin in der Arbeitsgruppe „Alter & Technik", Forschungsgruppe „Geriatrie", der Charité – Universitätsmedizin Berlin tätig. Als Studienleiterin forscht sie zu sozialinteraktiven robotischen Systemen für ältere Menschen. Weitere Schwerpunkte liegen im Bereich Forschungs- und Projektmanagement im Kontext digitaler Gesundheitstechnologien und Pflegeinnovationstechnologien. Nach dem Master in Management und Qualitätsentwicklung im Gesundheitswesen war Nicole Strutz als Verfahrensmanagerin am Institut für Transparenz und Qualitätssicherung im Gesundheitswesen sowie als Fachreferentin und Qualitätsmanagerin bei einem bundesweit agierenden Pflegeheimbetreiber tätig.

Sandra Strube-Lahmann Dr. rer. cur. Sandra Strube-Lahmann ist promovierte Pflegewissenschaftlerin und Absolventin des Studiengangs Medizin-/Pflegepädagogik der Charité – Universitätsmedizin Berlin. Nach dem Studium arbeitete sie als Diplompflegepädagogin, als wissenschaftliche Mitarbeiterin im Deutschen Bundestag sowie im Abgeordnetenhaus von Berlin. Zudem war sie als Prüfungsausschussvorsitzende für das Landesamt für Gesundheit und Soziales Berlin tätig. Seit 2017 arbeitet sie als wissenschaftliche Mitarbeiterin, seit 2022 als koordinatorische Leitung der Arbeitsgruppe „Pflegeforschung" (Fachbereich Digitalisierung und Pflegeforschung) der Forschungsgruppe „Geriatrie" der Charité – Universitätsmedizin Berlin. Darüber hinaus ist sie Mitglied der Geschäftsleitung der Akademie der Gesundheit Berlin/Brandenburg e. V. und leitet dort das Zentrum für hochschulische Aus- und Weiterbildung.

Einführungsprozesse technischer Innovationen in den Pflegealltag – Partizipation und Interdisziplinarität im Pflegepraxiszentrum Hannover

Jörn Krückeberg, Daniel P. Beume, Ronny Klawunn und Nicole Hechtel

Zusammenfassung

Im Pflegepraxiszentrum Hannover wird erforscht, wie innovative technische Produkte in den pflegerischen Alltag eines klinisch-stationären Settings integriert werden können. Im Mittelpunkt dieses Kapitels steht das partizipative Einführungskonzept des Forschungsprojekts, durch das Pflegefachpersonen möglichst eng in die Auswahl und Einführung neuer technischer Produkte einbezogen werden sollen. Ziel ist es, Bedarfe, Erfahrungswerte und Sichtweisen aus der Praxis bei der Technikeinführung angemessen berücksichtigen zu können. Gleichzeitig sieht das Einführungskonzept eine systematische Beurteilung möglicher Produkte für die Station vor, die im interdisziplinären Projektteam anhand eines eigens entwickelten Instruments, der strukturierten Entscheidungshilfe, vorgenommen wird. Die Wirkweise dieser Prozesse wird in diesem Kapitel anhand theoriebezogener Überlegungen und praktischer Ergebnisse dargestellt und diskutiert.

J. Krückeberg (✉) · R. Klawunn · N. Hechtel
Medizinische Hochschule Hannover, Hannover, Deutschland
E-Mail: krueckeberg.joern@mh-hannover.de; klawunn.ronny@mh-hannover.de;
hechtel.nicole@mh-hannover.de

D. P. Beume
Hochschule Hannover, Hannover, Deutschland
E-Mail: daniel-peter.beume@hs-hannover.de

10.1 Einleitung: Das partizipative Einführungskonzept für technische Innovationen im Pflegepraxiszentrum Hannover

Die Vielfalt innovativer Pflegetechnologien und technischer Produkte wächst stetig und somit stellt sich für Einrichtungen der pflegerischen Versorgung zunehmend die Frage, welche Produkte für die zu Pflegenden einen gesundheitlichen Vorteil bringen und gleichzeitig Pflegefachpersonen in ihrer Arbeit unterstützen. Die Identifikation, Auswahl und Einführung neuer technischer Produkte ist herausfordernd, da viele unterschiedliche Perspektiven einbezogen, Voraussetzungen geschaffen und Fragen beantwortet werden müssen. Pflegefachpersonen in diesem Zusammenhang aktiv einzubeziehen, ist notwendig, da sie als die zukünftigen Nutzenden die eigenen Bedarfe und die Einführbarkeit technischer Produkte in bestehende Arbeitsroutinen sehr gut einschätzen können. Technikeinführungen, die Pflegefachpersonen nicht einbeziehen, können scheitern, weil diese Faktoren nicht ausreichend berücksichtigt wurden (Sebastião et al., 2021). Oft ist der aktive Einbezug von Pflegefachpersonen für solche Zwecke jedoch zeitlich limitiert, da die Gewährleistung pflegerischer Versorgung an erster Stelle steht. Vor diesem Hintergrund ist der realisierbare Anteil der Einflussnahme auf Entscheidungsprozesse aus Sicht von Pflegefachpersonen zur Einführung von neuen technischen Produkten in den Pflegealltag zu überdenken. Dieses Kapitel leistet dazu einen Beitrag, indem theoriebezogene und praxisrelevante Aspekte, Konzepte und Ergebnisse aus dem Forschungsprojekt Pflegepraxiszentrum Hannover vorgestellt werden.

10.1.1 Das Projekt PPZ Hannover und seine Zielsetzung

Das Ziel des BMBF-geförderten Projekts Pflegepraxiszentrum (PPZ) Hannover ist die Einführung und Erprobung innovativer Pflegetechnologien auf einer unfallchirurgischen Normalstation (hier: Projektstation) der Medizinischen Hochschule Hannover (MHH). Das Projekt ist Teil des „Cluster Zukunft der Pflege" neben drei weiteren PPZ-Projekten sowie dem PIZ (Pflegeinnovationzentrum). Projektbeteiligte sind die MHH als Projektstandort mit der Geschäftsführung Pflege/Pflegewissenschaft, das Peter L. Reichertz Institut für Medizinische Informatik sowie das Institut für Epidemiologie, Sozialmedizin und Gesundheitssystemforschung. Externe Partner sind die Hochschule Hannover (Fakultät V) und die Firma Ergo-Tec GmbH. Ein Schwerpunkt des interdisziplinären Projekts ist die Realisierung eines partizipativen Einführungsprozesses. Durch diesen sollen die Pflegefachpersonen[1] der Projektstation möglichst eng in die Auswahl und Einführung neuer technischer Produkte einbezogen werden, um Bedarfe, Erfahrungswerte und Sichtweisen

---

[1] Der hier verwendete Begriff „Pflegefachpersonen" schließt in der Pflege tätige Personen mit unterschiedlichen beruflichen Qualifizierungen ein. Dazu gehören sowohl Gesundheits- und Krankenpflegerinnen und -pfleger als auch Altenpflegerinnen und -pfleger. Die Projektstation ist als Alterstraumatologiezentrum zertifiziert.

aus der Praxis bei der Technikeinführung angemessen berücksichtigen zu können. Auf Grundlage der verschiedenen Erhebungs- und Analyseergebnisse aus diesem Prozess erfolgt schließlich die Entscheidung für oder gegen die Anschaffung und Einführung thematisierter technischer Produkte.

10.1.2 Das partizipative Einführungskonzept

Das Konzept für den partizipativen Einführungsprozess im PPZ sieht verschiedene, chronologisch angeordnete Verfahrensschritte vor, in denen abwechselnd die Pflegefachpersonen und das Projektteam eine aktive Rolle einnehmen, vgl. Abb. 10.1. Eine ausführliche Beschreibung findet sich auch in Klawunn et al. (2021).

Der erste Verfahrensschritt im Rahmen der Baseline-Erhebung umfasste zu Projektbeginn eine Bedarfserfassung in Form einer Vollerhebung mit allen mitarbeitenden Pflegefachpersonen der Projektstation (Krückeberg et al., 2019). Hierzu wurden Fokusgruppen-Workshops zur Bestimmung von Ansatzpunkten für einen sinnvollen Technikeinsatz durchgeführt. Aus den identifizierten Problembereichen, die sich im pflegerischen Berufsalltag ergeben, wurden Kategorien technischer Produkte abgeleitet (Hechtel et al., 2021). Auf dieser Kategorisierung basiert die kontinuierliche Recherche nach innovativen Produkten für den Einsatz im akut-stationären Pflegesetting. Eine Übersicht über die technischen Lösungen, die im Herbst 2020 und Sommer 2021 behandelt wurden, und deren aktuellen Status im Projekt findet sich in Abschn. 10.1.3. Der auf die Recherche folgende Verfahrensschritt ist die Beurteilung von verfügbaren technischen Produkten (Abschn. 10.2). Dies erfolgt innerhalb des interdisziplinären Projektteams mithilfe eines eigens ent-

Abb. 10.1 Chronologisch angeordnete Verfahrensschritte des partizipativen Einführungskonzeptes

wickelten Erhebungsinstruments, der sogenannten strukturierten Entscheidungshilfe (SEH) (Beume et al., 2021). Dieser Schritt führt zu einer Zustimmung oder Ablehnung aus dem Projektteam und damit zu einer *Vorentscheidung* zur Einführung eines bestimmten Produktes. Das Verfahren folgt der Systematik des Instruments der SEH und soll damit die Transparenz und Nachvollziehbarkeit der Vorentscheidung sicherstellen. Abschn. 10.3 erläutert diesen Verfahrensschritt anhand der aktuellen Version der SEH. Ein weiterer Schwerpunkt dieses Kapitels liegt auf den sogenannten Innovationsworkshops als nächstfolgender Verfahrensschritt des partizipativen Einführungskonzeptes. In Abschn. 10.4 erfolgt eine Darstellung der Workshop-Konzeption in ihren geplanten und aktuell durchgeführten Formen. Die Workshops spielen eine wesentliche Rolle beim Einbezug von Pflegefachpersonen in den Auswahl- und Anschaffungsprozess neuer technischer Produkte. In diesem Rahmen werden angewandte Erhebungsmethoden zu den jeweils vorgestellten und getesteten Produkten dargestellt und die Ergebnisse dieser Erhebungen vor dem Hintergrund der Einführung auf der Station oder der Ablehnung von Produkten diskutiert. Eine abschließende Betrachtung der Vorgehensweise im PPZ-Projekt stellt der Abschn. 10.5 dar.

10.1.3 Beispiele für Pflegetechnik: Produktkategorien und Produkte im PPZ Hannover

Zu verschiedenen Produktkategorien, die in der Bedarfserhebung identifiziert werden konnten (Hechtel et al., 2021), wurden technische Produkte recherchiert, die auf dem Markt erhältlich sind. Die in Tab. 10.1 aufgeführten Produkte stellen eine Auswahl dar und sollen die Bandbreite dieser Produkte aufzeigen. Zur Illustration des Einsatzes der SEH (Abschn. 10.3.1) sowie der Innovationsworkshops (Abschn. 10.4) werden exemplarisch Produkte aus dieser Tabelle genutzt. Alle hier aufgeführten Produkte wurden den Pflegefachpersonen in den Innovationsworkshops im Herbst 2020 und im Sommer 2021 vorgestellt und von diesen getestet und bewertet.

10.2 Die Beurteilung bei der Produktauswahl

Zum Kern einer begründeten Technikauswahl im PPZ Hannover gehört eine Beurteilung, ob das technische Produkt potenziell geeignet ist, um auf der Projektstation genutzt zu werden. Um diese Bewertung durchzuführen, bedarf es zweier Perspektiven, die an unterschiedlichen Punkten innerhalb des partizipativen Einführungskonzeptes ansetzen: die des interdisziplinären Projektteams sowie die von Pflegefachpersonen. Im Forschungsprojekt zeigt sich, dass es notwendig ist, diese beiden Perspektiven der Beurteilung bei der Auswahl technischer Produkte zu verbinden, um eine möglichst reibungslose und erfolgreiche Technikeinführung zu ermöglichen. Der folgende Abschnitt erklärt dies mithilfe einer theoretischen Überlegung.

Tab. 10.1 Vorgestellte Produktbeispiele aus den Innovationsworkshops 2020 und 2021

Produkt-kategorie	Produktname	Firma	Funktion	Zusätzliche Features	Status im Projekt
Bed-Exit-Systeme	Texible Wisbi	Texible GmbH	Sensormatte zur Alarmierung bei Bettausstieg	Alarmierung bei Nässe	abgelehnt
Systeme zur Dekubitus-prophylaxe	SEM-Scanner	Arjo Deutschland GmbH	Feuchtigkeitsmessung in unteren Hautschichten	Datenübertragung ins Pflegedokumentationssystem	Implementierung in Vorbereitung
Emotionale Robotik	inmuRelax	inmutouch. com ApS	Interaktives Klangkissen zur Entspannung	Hygieneüberzug vorhanden	implementiert
Lichtsysteme	Qwiek.up	Qwiek GmbH	Projektion von A/V-Szenarien	Videochat z. B. mit Angehörigen	implementiert
Exoskelette	Japet.W	Japet Medical Devices	Exoskelett zur Entlastung der Lumbalwirbel	n. n.	Implementierung in Vorbereitung
Tracking-systeme	Hypros TTI	Hypros GmbH	Trackingsystem zum Auffinden von Medizingeräten	Temperaturüberwachung in Kühlschränken	implementiert
Kommunikationssysteme	CARE Aufgabenmanagement	Cliniserve GmbH	App zur direkten Kommunikation zwischen Pflegefachpersonen und Patientinnen/Patienten	Integration von Meldungen z. B. bei Türöffnung über Kontaktsensoren	implementiert
Kommunikationssysteme	Funk-Notrufkissen MediPad	AAL Homecare 24	Alarmierungskissen für körperlich stark eingeschränkte Personen	n. n.	implementiert
Desinfektionssysteme	NosoEx	GWA Hygiene GmbH	System zur Erfassung des Desinfektionsmittelverbrauchs	Möglichkeit zur berufsgruppenspezifischen Auswertung	abgelehnt

10.2.1 Die Beurteilung verschiedener Anwendungseffekte

Bei der Nutzung eines neuen technischen Produktes können verschiedene Anwendungseffekte auftreten. Zur Vereinfachung sollen diese Anwendungseffekte zunächst in drei Möglichkeiten aufgeteilt werden – die Möglichkeiten unterscheiden sich, je nachdem ob die Effekte vorhergesehen beziehungsweise erwartet und/oder beabsichtigt sind. Je mehr beabsichtigte Anwendungseffekte im Vorfeld vorhergesehen werden konnten, desto erfolgreicher ist die Technikeinführung. Aus diesem Grund ist eine gute Vorbereitung auf diese drei Möglichkeiten während des Einführungsprozesses entscheidend.

Möglichkeit 1 (erwartet und beabsichtigt) In der ersten Möglichkeit werden potenzielle Anwendungseffekte bei der Techniknutzung zusammengefasst, die aus Sicht der Einführenden beziehungsweise Nutzenden vorhergesehen und beabsichtigt sind. Zumeist entspricht dies der vorgeschlagenen Anwendungsform des Herstellers (siehe hierzu de Zwart, 2015, vgl. ebenfalls den Beitrag von Forster et al. in diesem Band). Ein Beispiel hierfür ist eine automatische Matratze zur Dekubitusprophylaxe, die zu einer geringeren Dekubitusinzidenz führt und dabei Pflegefachpersonen bei der Mobilisierung von Patientinnen und Patienten entlastet. Die Identifikation dieser Anwendungseffekte ermöglicht auch, die Einführbarkeit vor dem Hintergrund vorhandener technischer und organisatorischer Gegebenheiten zu überprüfen.[2]

Möglichkeit 2 (erwartet und nicht beabsichtigt) In der zweiten Möglichkeit werden potenzielle Anwendungseffekte während der Techniknutzung zusammengefasst, die im Vorfeld durch die Einführenden beziehungsweise Nutzenden als problematisch identifiziert werden. Sie sind also erwartet, aber nicht beabsichtigt und werden negativ bewertet.[3] Diese Möglichkeit könnte mit dem Auftreten von Nebenwirkungen bei der Einnahme eines Medikaments verglichen werden (Schüz & Urban, 2020). Im oben genannten Beispiel der Matratze zur Dekubitusprophylaxe könnte es etwa zu einer Verringerung von Kontaktzeiten mit Patientinnen und Patienten kommen – da Pflegefachpersonen befürchten könnten, dass es hierdurch zu Personalkürzungen kommen kann, könnten sie die Nutzung boykottieren. Es ist notwendig, diese möglichen negativen Nebenwirkungen im Vorfeld zu kennen, da sie dann durch geschicktes Vorbereiten verhindert oder abgemildert werden können.

---

[2] Ist für den Einsatz des Produkts beispielsweise eine Vernetzung erforderlich beziehungsweise hat die Einrichtung W-LAN?

[3] Gemäß dieser Definition sind nicht beabsichtigte positive Effekte in der *Möglichkeit 2* ausgeschlossen. Positive nicht beabsichtigte Effekte beim Technikeinsatz sind zwar denkbar, jedoch nur in dem Fall, dass sie zugleich nicht vorhergesehen wurden (im Sinne einer positiven Überraschung), was wiederum mit der *Möglichkeit 3* dieser Betrachtung gleichzusetzen ist.

Möglichkeit 3 (nicht vorhergesehen) Die dritte Möglichkeit umfasst diejenigen Folgen des Produkteinsatzes, die im Vorfeld durch die Einführenden beziehungsweise Nutzenden nicht vorhergesehen wurden (und somit auch nicht beabsichtigt sein können) – diese Effekte können nach ihrer Identifikation sowohl positiv als auch negativ bewertet werden. Da man nicht weiß, welche Effekte zu welchem Zeitpunkt bei dieser Möglichkeit auftreten, ist eine konkrete Vorbereitung darauf nicht möglich. Lediglich durch die genaue Dokumentation vorhergesehener beabsichtigter sowie unbeabsichtigter Effekte kann später überprüft werden, welche Anwendungseffekte nicht vorhergesehen wurden.[4]

Um eine erfolgreiche Technikeinführung zu ermöglichen, sollte die Einführung so gestaltet werden, dass möglichst viele Anwendungseffekte aus *Möglichkeit 1* auftreten. Treten Effekte aus *Möglichkeit 2* auf, ist dies zwar problematisch, jedoch können Nebenwirkungen durch Vorbereiten verhindert oder vermindert werden. Die *Möglichkeit 3* stellt ein Problem dar, da keine Vorbereitung auf unvorhergesehene Folgen stattfinden kann. Jedoch kann die Wahrscheinlichkeit, mit der nicht vorhergesehene Nutzungsfolgen auftreten, mithilfe eines möglichst genauen Wissens über das absehbare Einsatzszenario reduziert werden. Wie kann das gelingen?

10.2.2 Die Rolle von Interdisziplinarität und Partizipation bei der Beurteilung eines technischen Produktes

Um möglichst viele Anwendungsfolgen vorherzusehen, sollte der Blick auf den Ursprung solcher Folgen gerichtet werden:

1. Krankenhäuser oder stationäre Langzeitpflegeeinrichtungen sind als komplexe Systeme zu betrachten, die durch eine Vielzahl beteiligter Personen (Pflegefachpersonen, Patientinnen/Patienten, Ärztinnen/Ärzte etc.), Aufgaben und Arbeitsprozesse charakterisiert sind (Khan, 2012; ursprünglich nach Merton, 1936).
2. Diese stehen in Wechselwirkungen zueinander, die im Vorfeld häufig den Einführenden unbekannt sein können und deshalb nicht immer richtig eingeschätzt werden (ebd.).

Soll ein technisches Produkt als neue Komponente etwa in einer Krankenhausstation eingesetzt werden, können negative Folgen des Einsatzes dadurch eintreten, dass den Einführenden nicht genügend Informationen zur Station, zum Produkt und/oder zu dessen potenziellen Nutzungsformen zur Verfügung standen. Dem müssten die Einführenden begegnen, indem sie sich die verschiedenen Sichtweisen der Systeme (etwa der Kranken-

---

[4] In den nicht vorhergesehenen Folgen des Technikeinsatzes steckt das explorative Potenzial der Untersuchung von Technikeinführungen (de Zwart, 2015), da weder praktische Erfahrungen noch theoretische Abstraktionen (etwa Modelle oder Evidenz) in der Lage waren, das Auftreten dieser Effekte vorherzusehen.

hausstation oder des technischen Produktes) verdeutlichen und entsprechend möglichst viele Informationen über das Interventionsfeld einholen.

Dies wird im Einführungskonzept des PPZ Hannover durch zwei Strukturmerkmale umgesetzt:

1. Durch die Zusammenführung verschiedener wissenschaftlicher Perspektiven zu einer *teambasierten Interdisziplinarität* sollen fachliche Ressourcen gebündelt, Probleme identifiziert sowie Grenzen involvierter Fachdisziplinen erweitert werden (Glänzel & Debackere, 2021; Ledford, 2015). Daran sind zum einen die Pflegewissenschaft, die Medizininformatik, die Public Health Forschung und die ELSI-Forschung[5] beteiligt. Darüber hinaus arbeitet ein Mitarbeiter im Forschungsprojekt gleichzeitig als Pflegefachperson auf der Projektstation und nimmt somit eine konnektive Funktion zwischen Forschungsprojekt und Projektstation ein (Klawunn et al., 2021).
2. Durch die Einbindung pflegepraktischer Perspektiven durch Pflegefachpersonen wird die *Partizipation* von zukünftigen Nutzenden ermöglicht. Diese können mithilfe ihrer Erfahrung, Expertise und Kreativität die Gebrauchstauglichkeit in Frage kommender Produkte einschätzen. Auch können sie durch eine Beteiligung direkt an Entscheidungen zur Einführung technischer Produkte eingebunden werden.

Durch die Zusammenführung dieser Perspektiven wird ermöglicht, viele Informationen über den Kontext der Einführung zu erhalten. So können möglichst viele Anwendungseffekte für ein bestimmtes Produkte vorhergesehen werden, wozu einzelne Perspektiven gegebenenfalls nicht in der Lage gewesen wären.[6] Aus Sicht der Einführungsvorbereitung technischer Produkte gehören also die interdisziplinäre Zusammenarbeit des Forschungsteams und die Partizipation von Pflegefachpersonen zusammen. Um diesen Prozess zu unterstützen, wendet das Projektteam das Instrument der SEH an und es werden Innovationsworkshops zur Einbindung von Pflegefachpersonen durchgeführt.

10.3 Das Instrument der strukturierten Entscheidungshilfe und die Berücksichtigung des Einsatzszenarios

Um in der Produktauswahl des PPZ ein begründetes Auswahlverfahren zu nutzen, wurde durch das Projektteam eine SEH entwickelt (vgl. Abb. 10.2). Bei der SEH handelt es sich um ein tabellarisches Instrument mit rund 30 identifizierten Auswahlkriterien, mit deren

---

[5] Allgemein bezeichnet ELSI *e*thische, rechtliche (im Englischen „*l*egal") und *s*oziale *I*mplikationen, die hier auf den Bereich der Mensch-Technik-Interaktion in der Pflege(-Praxis) bezogen sind.
[6] Das wissenschaftliche Projektteam nimmt neben der Vorbereitung von Produkteinführungen weitere Funktionen ein, etwa die Bearbeitung des Interventionsfeldes vor der Einführung (zum Beispiel technische Ausstattung auf der Projektstation sicherstellen).

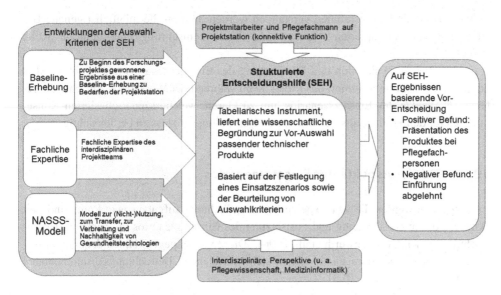

Abb. 10.2   Der Prozess der strukturierten Entscheidungshilfe (eigene Darstellung)

Hilfe sich die für einen Einsatz in Betracht gezogenen Produkte bewerten lassen (Beume et al., 2021).[7] Die Entwicklung der Auswahlkriterien in der SEH stützt sich auf:

- zu Beginn des Forschungsprojekts gewonnene Ergebnisse aus einer Baseline-Erhebung zu Bedarfen auf der Projektstation (Hechtel et al., 2020),
- die fachliche Expertise des interdisziplinär aufgestellten Projektteams, unter anderem auf Gesichtspunkte der Pflegepraxis und der Medizinischen Informatik, Aspekte der Evaluations-, Public-Health-, der ELSI – sowie der pflegewissenschaftlichen Forschung (Beume et al., 2021, S. 23),
- das Modell zur (Nicht-)Nutzung, zum Transfer und zur Verbreitung und Nachhaltigkeit von Gesundheitstechnologien (Greenhalgh & Abimbola, 2019; in der deutschen Übersetzung Kunze, 2020).

Die SEH wird durch das Projektteam regelmäßig in gemeinsamen Workshops angewendet, um Produkte auf ihre potenzielle Eignung für einen Einsatz auf der Projektstation zu überprüfen. Sie wird im Projektverlauf kontinuierlich weiterentwickelt und unter Berücksichtigung neuer (Forschungs-)Erkenntnisse angepasst. In diesem fortschreitenden Nutzungs- und Entwicklungsprozess der SEH wurde deutlich, dass eine dem Beurteilungsprozess vorausgehende und möglichst genaue Definition des Einsatzszenarios eine differenzierte Beurteilung unterstützt. Das hier angesprochene Einsatz-

---

[7] Fällt das mit der Entscheidungshilfe gewonnene Votum positiv aus, werden die beurteilten Produkte im Anschluss den Pflegefachpersonen in den Innovationsworkshops präsentiert und dort von diesen getestet.

szenario kann als Bezugsrahmen verstanden werden, in dem die möglichst genaue Bestimmung von antizipierten Aspekten der Technikeinführung eine zentrale Rolle einnimmt.

In dem für die Diskussion und Bestimmung des Einsatzszenarios innerhalb der SEH dargestellten Bereich bestimmt das Projektteam während der Workshops zunächst die relevanten Aspekte des Einsatzszenarios, um zu klären, welche szenariobasierten Konsequenzen für den Produkteinsatz im weiteren Beurteilungsprozess zu berücksichtigen sind.

10.3.1 Die vier Aspekte des Einsatzszenarios

Im Folgenden werden die vier Aspekte Mensch, Technik, Aufgabe sowie Raum und Zeit skizziert, die in der Beratung und Festsetzung des Einsatzszenarios im Zentrum der Betrachtung stehen (Ammenwerth et al., 2006).[8] Diese vier Aspekte können dabei nicht isoliert voneinander, sondern nur in einem sich bedingenden Betrachtungszusammenhang erfasst werden (vgl. Abb. 10.3).

Der Mensch als Adressantin und Adressat einer technikunterstützenden Pflege
Die Adressatinnen und Adressaten des Technikeinsatzes auf der Projektstation des PPZ können als verschiedene oder auch mehrere Personengruppen betrachtet werden, zum Beispiel Pflegefachpersonen sowie Patientinnen und Patienten, aber auch am Technikeinsatz Beteiligte, die nicht notwendigerweise mit der direkten Nutzung im Zusammenhang stehen, wie beispielsweise anderes Personal.

Beispiel

Bei der Beurteilung emotionaler, tierähnlicher Robotik zur Beruhigung von Patientinnen und Patienten galt es neben diesen und Pflegefachpersonen auch Mitarbeitende der Krankenhaushygiene und -reinigung im Einsatzszenario zu berücksichtigen, da der Roboter nah am Körper genutzt wird. Die Kooperation der unterschiedlichen Personengruppen stellt für eine möglichst reibungslose Nutzung des Produkts im Praxisalltag eine wichtige Voraussetzung dar. ◄

Der Perspektive der Adressatinnen und Adressaten wird in Orientierung an ihren Interessen und Bedürfnissen im Zusammenhang mit der Aufgabe und der Beschaffenheit der Technik, deren Bedienungsanforderungen und erwartbaren Wirkweisen sowie den räumlichen und zeitlichen Umständen des Einsatzes im Beratungsprozess des Einsatzszenarios eine besondere Aufmerksamkeit geschenkt. Dafür werden Praxiskenntnisse der

---

[8] Im FITT-Modell bei Ammenwerth et al. (2006) werden ähnlich definierte Aspekte diskutiert (Nutzende, Gesundheitstechnologie und die zu bearbeitenden klinischen Aufgaben), die in unserer Betrachtung um den Aspekt Raum und Zeit ergänzt werden.

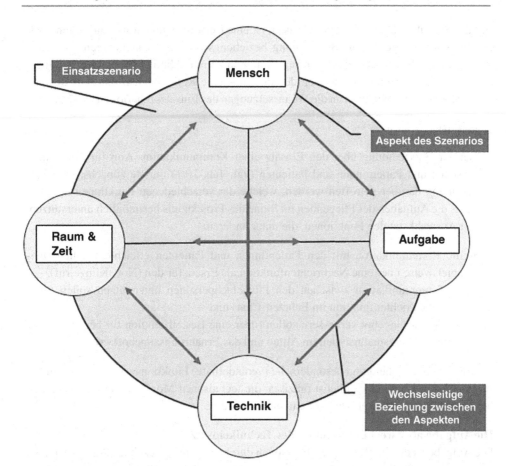

Abb. 10.3 Vier Aspekte des Einsatzszenarios. (Eigene Darstellung)

Mitarbeitenden im Projekt (beispielsweise Pflegefachpersonen) und Erkenntnisse von Untersuchungsergebnissen genutzt.[9]

Die Technik als Mittel zur Unterstützung der Pflege
Mit Blick auf das zu beurteilende technische Produkt im Kontext des Einsatzszenarios stehen hier sämtliche Implikationen der Nutzung im Fokus, zum Beispiel:

- die produktspezifische Funktionsweise und Möglichkeiten ihrer Modifikation,
- eine Einschätzung zur Usability im Praxisalltag,
- die vorauszusetzenden (beispielsweise digitalen) Kompetenzen der Nutzenden für die Anwendung (vgl. den Beitrag von Schmeer et al. in diesem Band)

---

[9]Beispielsweise aus der Baseline-Erhebung des PPZ (Hechtel et al., 2020), aber auch ergänzend auffindbare Studienergebnisse über Erkenntnisse zum Produkt und dessen Einsatz.

Hat das Produkt mehrere Funktionsweisen, ist eine Entscheidung darüber zu treffen, welche Funktion(en) genau zur Bewältigung beziehungsweise zur Unterstützung der Aufgabe(n) durch den Produkteinsatz infrage kommen/kommt. Hierbei können Einstellungsmöglichkeiten von Funktionsweisen des Produkts eine Rolle spielen, um zum Beispiel eine Anpassung der Funktion an die Voraussetzungen des Einsatzszenarios zu ermöglichen.

Beispiel

Bei der Entscheidung über den Einsatz einer Kommunikations-App für Pflegefachpersonen und Patientinnen und Patienten (vgl. Tab. 10.1) musste zunächst eine Entscheidung darüber getroffen werden, welche der verschiedenen Funktionen des Produkts die Aufgaben der Pflegenden im Sinne des Projektziels bestmöglich unterstützen. Zur Auswahl standen Funktionen, die unter anderem

- die Kommunikation mit den Patientinnen und Patienten erleichtern sollen (beispielsweise über eine Nachrichtenfunktion als Ersatz für den (Not-)Klingelruf),
- die Kommunikation zwischen den Pflegefachpersonen unterstützen sollen (über eine Nachrichtenfunktion im Echtzeit-Chat) und
- das Serviceangebot verbessern sollen (über eine Bestellfunktion für beispielsweise Unterstützungsmaßnahmen im Alltag und das Ernährungsangebot). ◄

Mit der Vorentscheidung, besonders die (veränderbare) Funktionsweise der App zu berücksichtigen, kann ein möglichst präzises, die technischen Möglichkeiten und Grenzen berücksichtigendes Einsatzszenario entwickelt werden.

Die Aufgabe als Zweckbestimmung des Technikeinsatzes
Die Aufgabe ist die durch Pflegefachpersonen durchgeführte Tätigkeit im Praxisalltag, die mithilfe des technischen Produkts bewältigt oder unterstützt werden soll.

Beispiel

Bei der oft kraftaufwändigen Aufgabe der Positionierung von Patientinnen und Patienten zur Dekubitusprophylaxe sollen die Pflegefachpersonen in ihrem Arbeitsalltag durch eine die Erkrankten mobilisierende Matratze unterstützt werden. ◄

Dabei ist zu berücksichtigen, dass die *Pflegefachpersonen* durch neue Produkte im Arbeitsalltag nicht immer und sofort unterstützt werden und unmittelbar eine Entlastung erfahren. Mit der Implementierung neuer Produkte kann auch eine Vergrößerung des Aufgabenspektrums einhergehen, welche durchaus eine Ausdifferenzierung und damit eine Steigerung der Komplexität der Arbeitsprozesse nach sich ziehen kann.[10]

---

[10] Oft sollte deshalb gerade zu Beginn der Einführung neuer Produkte antizipiert werden, dass ein zusätzlicher, erhöhter Arbeitsaufwand eintreten kann. Ob der Technikeinsatz mittel- bis langfristig die angestrebte entlastende Wirkung mit sich bringt, bleibt also in einigen Fällen vorerst abzuwarten und muss begleitend überprüft werden.

Zeit und Raum als Bedingung des Technikeinsatzes
Inwiefern die intendierte Techniknutzung durch Pflegefachpersonen umsetzbar ist, muss auch unter Berücksichtigung von Zeit und Raum im Praxisalltag betrachtet werden:

• Welche räumlichen Voraussetzungen stehen zur Verfügung? Das können beispielsweise Lager- und Staukapazitäten für die Produkte auf der Projektstation sein.
• Wann soll das Produkt eingesetzt werden und welche Auswirkungen hat die Einsatzzeit auf den Arbeits- beziehungsweise Stationsalltag? Soll die Technik beispielsweise im Dauerbetrieb oder im Betrieb zu bestimmten Tages-beziehungsweise Nachtzeiten eingesetzt oder soll der neue, technische Arbeitsschritt in bestehende Arbeitsprozesse eingegliedert werden.

Beispiel

Ein Hautscanner soll bei der Aufnahme neuer Patientinnen und Patienten auf der Projektstation zusätzlich zur Beurteilung des Hautzustandes durch Sicht- und Druckkontrolle zur Dekubitusprophylaxe genutzt werden. Der Scanner soll nicht zu einem separaten Zeitpunkt angewendet werden, sondern zum selben Zeitpunkt wie der Arbeitsprozess der bereits durchgeführten Kontrolle. Der zusätzliche zeitliche Aufwand ergibt sich also durch den Einsatz des Scanners an der Patientin/an dem Patienten sowie gegebenenfalls bei der späteren Dokumentation der Werte. ◄

Zeit und Raum des Produkteinsatzes stehen dabei erneut in einem Zusammenhang mit den Menschen, die die Produkte bedienen, warten und gegebenenfalls reinigen und mit den Anforderungen an die Technik und deren Aufgabe, eine Unterstützung beziehungsweise bessere Versorgung der Adressatinnen und Adressaten durch ihren Einsatz zu gewährleisten.

10.3.2 Möglichkeiten und Grenzen der Festlegung eines Einsatzszenarios

Wie bereits erwähnt, müssen bei der Reflexion des Einsatzszenarios technischer Produkte im Stationsalltag alle vier Aspekte gleichermaßen einbezogen werden. Dies stellt in der Praxis an das Projektteam besondere Anforderungen. Werden Aspekte neu bestimmt oder deren vorangegangenen Bestimmungen verändert, hat dies oft Auswirkungen auf andere Aspekte des Einsatzszenarios.

Beispiel

Dies lässt sich am bereits genutzten Praxisbeispiel beim Aspekt Mensch im Einsatzszenario verdeutlichen. Der Umstand der hier zusätzlich zu berücksichtigenden Personengruppe Krankenhaushygiene und -reinigung hat dabei Auswirkungen auf die folgenden Aspekte:

- Mensch: Im Rahmen des Produkteinsatzes muss die Kommunikation und Kooperation mit der neuen Personengruppe Beachtung finden.
- Zeit und Raum: Ein zu etablierender Reinigungsprozess des Plüschfells des Roboters hat Auswirkungen auf die Einsatzplanung möglicher Nutzungszeiten des Produkts durch die Patientinnen und Patienten.
- Aufgabe: Einer möglichen Entlastung der Pflegefachpersonen und Beruhigung der Patientinnen und Patienten durch den Produkteinsatz steht ein erhöhter Arbeitsaufwand und eine eingeschränkte Nutzungsmöglichkeit im Arbeitsalltag gegenüber. ◄

Die Herausforderung einer Folgenabschätzung wird durch den Umstand erschwert, dass die Auswirkungen eines (neuen) Technikeinsatzes im Vorfeld nicht vollständig bekannt sein können, da sich der tatsächliche Umfang der Auswirkungen und Nutzungsweisen erst im Praxisfeld zeigt. Gleichzeitig müssen in der Entwicklung und Einführung der Technik in die Praxis bereits Entscheidungen zur Nutzungsform getroffen werden, die gegebenenfalls spätere, adaptive Anwendungsformen erschweren oder sogar behindern, nach der Einführung aber nur noch schwer bis gar nicht zu verändern sind – dies wird in der Technikfolgeabschätzung auch als Collingridge-Dilemma bezeichnet (nach Collingridge, 1982). Aus diesem Grund bleibt die Festlegung eines Anwendungsszenarios stets eine Annäherung an einen imaginierten Anwendungsfall, der durch bestehende, wissenschaftliche Erkenntnis- und Erfahrungshorizonte ausgelotet werden kann.

10.4 Partizipative Auswahl von Pflegetechnik: die Innovationsworkshops des PPZ Hannover

In den Innovationsworkshops findet die Vorstellung, Testung und Bewertung innovativer technischer Produkte durch die Pflegefachpersonen der Projektstation statt. Die Auswahl der vorgestellten Produkte erfolgt im Vorfeld durch das Projektteam (vgl. Abschn. 10.1.2). Eine erste Beurteilung durch das Projektteam erfolgt mit Hilfe der SEH. Auf Basis dieser Beurteilung und der Ergebnisse aus den in diesem Kapitel beschriebenen Innovationsworkshops erfolgt die Entscheidung, ob ein Produkt auf der Projektstation implementiert oder abgelehnt wird. In diesem Abschnitt wird das Konzept der Innovationsworkshops erläutert und die Ergebnisse zu den Produkten, die in den Innovationsworkshops im Herbst 2020 und Sommer 2021 bewertet wurden, vorgestellt. Anschließend wird anhand zweier Beispielprodukte der Entscheidungsprozess und die Argumentation für beziehungsweise gegen eine Implementierung auf der Projektstation dargelegt.

10.4.1 Das Konzept der Innovationsworkshops

Ablauf und verwendete Erhebungsinstrumente
Die Innovationsworkshops beginnen mit einem Informationsaustausch hinsichtlich des aktuellen Planungstand zu Produkten, die in der vorangegangenen Workshopreihe vorgestellt wurden, und einem Feedback zu den Produkteinsätzen auf der Projektstation. Es folgt eine thematische Einführung zu neuen Produkten, die für einen Praxiseinsatz infrage kommen. Dabei sind die Produkte zum großen Teil vor Ort verfügbar oder werden eingehend über Folienpräsentation, Produktvideos oder Erfahrungsberichte vorgestellt. Anschließend werden die Produkte, soweit sie verfügbar und vor Ort sind, von den Pflegefachpersonen in Hands-on-Sessions getestet. Hierbei werden spontane Anmerkungen und Gedanken zu den Produkten, wie auch die konkrete Beurteilung der Handhabung der Produkte in verschiedenen Arbeitssituationen, erfasst und in Anlehnung an das Think-Aloud-Protokoll dokumentiert. Bei dieser Methode sind die Teilnehmenden aufgefordert, ihre Assoziationen und Gedanken direkt während des Umgangs mit dem Produkt zu verbalisieren (Häder, 2006). Darauf folgt eine leitfadengestützte Diskussion hinsichtlich eines möglichen Einsatzes im pflegerischen Alltag unter Berücksichtigung der unter Abschn. 10.3.1 beschrieben Aspekte des Einsatzszenarios. Die Protokollierung dieser Diskussion erfolgt währenddessen zur kontinuierlichen Reflexion an einem White-Board. Die Analyse dieser Ergebnisse wird mittels inhaltlich-thematischer Zusammenfassungen durchgeführt (Kuckartz, 2016). Ergänzt werden diese Ergebnisse durch eine Bewertung der vorgestellten Produkte anhand eines Fragebogens zur Gebrauchstauglichkeit. Dieses Instrument basiert auf einem Fragebogen, der für die Bewertung der Gebrauchstauglichkeit von Medizinprodukten in innerbetrieblichen Produkttests entwickelt wurde (Müller & Backhaus, 2019). Der Fragebogen wurde durch das PPZ-Projektteam an die Rahmenbedingungen des Projekts angepasst, wodurch der Fokus auf die pflegerische Sicht und einen Einsatz im pflegerischen Arbeitsalltag gelegt werden konnte. Die ursprüngliche Unterteilung in einen feststehenden Fragenteil für alle Produkte und einen zu ergänzenden Fragenteil, der auf die technischen Besonderheiten der verschiedenen Produkte eingeht, wurde beibehalten. Hierdurch ist die Abfrage verschiedener Produkteigenschaften möglich, die in den unterschiedlichen Produktkategorien notwendig wird (Hechtel et al., 2020). Diese Fragebögen werden von den Pflegefachpersonen im Rahmen der Workshops anonym ausgefüllt und mittels deskriptiv-statistischer Berechnungsverfahren ausgewertet.

Bei besonders komplexen Produktkategorien, die zum Beispiel eine technisch aufwendige Installation voraussetzen oder in ihrer Funktion viele unterschiedliche Arbeitsabläufe betreffen, wie beispielsweise Bettplatzsysteme, wird der konkreten Produktvorstellung in den Workshops ein Kreativteil vorangestellt. Hierbei sollen durch die Pflegefachpersonen vor dem Hintergrund denkbarer Einsatzszenarien und einer leitfadengestützten Diskussion konkrete Ausstattungsmerkmale dieser Produktkategorie herausgearbeitet werden, die für einen Einsatz auf der Projektstation als notwendig erachtet werden. Nach Auswertung der Ergebnisse des Kreativteils dienen die identifizierten Ausstattungsmerkmale als Grundlage für die Auswahl eines Produktes, das in einer der nächsten Workshopreihen den Pflegefachpersonen zur Testung und Bewertung vorgestellt wird.

Durchgeführte Innovationsworkshops im Projekt
Die Innovationsworkshops sind als Tagesworkshops in Kleingruppen von drei bis sechs Pflegefachpersonen konzipiert. Es werden mehrere, inhaltlich gleiche Workshops in einem mehrwöchigen Zeitraum durchgeführt, um allen im Schichtdienst arbeitenden Pflegefachpersonen der Projektstation eine Teilnahme zu ermöglichen. Die Tagesworkshops wurden um sogenannte Mini-Workshops mit einer Dauer von ein bis zwei Stunden ergänzt, die zeitlich das Ende des Frühdienstes und den Beginn des Spätdienstes überlagern, so dass Mitarbeitenden beider Dienste die Teilnahme ermöglicht wird. In Zeiten einer stark angespannten Personalsituation werden Mini-Workshops als alternatives Format genutzt, um ein Fortführen des gesamten Konzeptes zu ermöglichen. Bislang wurden vier Workshopreihen mit insgesamt neun Terminen durchgeführt, davon eine Reihe als Mini-Workshops. Insgesamt wurden dabei 15 Produkte vorgestellt und bewertet (Stand Dezember 2021). Im Januar und Februar 2022 fanden die nächsten vier Workshoptermine statt, in denen sechs weitere technische Produkte behandelt wurden.

10.4.2 Ergebnisse der Innovationsworkshops

Produkte für Patientinnen und Patienten mit erhöhtem Betreuungsaufwand
Aufgrund der Heterogenität der Patientinnen und Patienten hinsichtlich Altersstruktur und Vorerkrankungen auf der Projektstation (Krückeberg et al., 2019) wurden technische Produkte ausgewählt, die auf diese besonderen Bedürfnisse ausgerichtet sind und bei einem erhöhten Betreuungsaufwand unterstützen können.

Zum vorgestellten Bed-Exit-System mit Feuchtigkeits- beziehungsweise Nässe-Detektion wurden von den Pflegefachpersonen in der Diskussion unter anderem folgende Punkte angesprochen (Abb. 10.4): Die Verkabelung wurde als problematisch angesehen, da sie eine Verletzungsgefahr für Patientinnen und Patienten darstellen kann. Bezüglich der Nässe-Detektion wurde angemerkt, dass bei Inkontinenz regelmäßige persönliche Kontrollen erfolgen müssen, die durch das Produkt nicht ersetzt werden können. Zudem wurde angemerkt, dass die Nässe-Alarmierung auch bei Wundflüssigkeit oder verschütteten Getränken reagiert. Die Gebrauchstauglichkeit wurde von der Hälfte der Pflegefachpersonen (sieben) als eingeschränkt geeignet bewertet. Drei Pflegefachpersonen bewerteten das Produkt als nicht geeignet, vier als sehr geeignet.
Bezüglich des Produktes zur Unterstützung bei der Dekubitusprophylaxe (Abb. 10.5) wurden unter anderem folgende Punkte diskutiert: Die Aussage des gemessenen Wertes ist unklar, da der Wert in den Pflegestandards und der Pflegedokumentation auf der

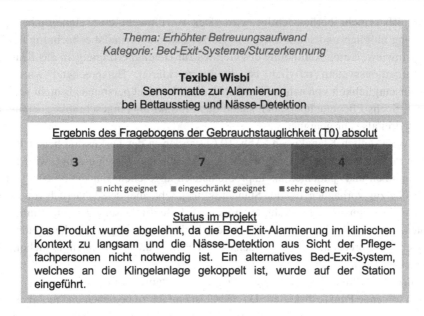

Abb. 10.4 Bed-Exit-System mit Feuchtigkeitsdetektion

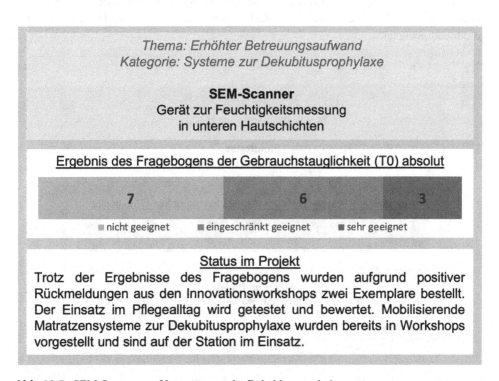

Abb. 10.5 SEM-Scanner zur Unterstützung der Dekubitusprophylaxe

Station bisher nicht berücksichtigt wird. Der Wert macht eine einheitliche Kategorisierung möglich und somit auch eine nutzerneutrale Verlaufsbeobachtung bei Dekubitus. Inwieweit eine Anbindung des Gerätes zur Datenübertragung an das Krankenhausinformationssystem möglich ist, bleibt zu klären. Entsprechend wurde die Gebrauchstauglichkeit von nahezu der Hälfte der Pflegefachpersonen als nicht geeignet bewertet. Sechs Pflegefachpersonen sahen das Produkt als eingeschränkt geeignet an, lediglich drei als sehr geeignet.

Zum vorgestellten Klangkissen (Abb. 10.6) wurden in der Diskussion beispielsweise folgende Punkte thematisiert: Die Geräuschkulisse, die das Kissen erzeugt, wird für die Mitpatientinnen und -patienten als unproblematisch angesehen. Für die Nutzung ist ein Hygieneüberzug vorhanden, der den Standards entspricht, aber dessen Geruch von Pflegefachpersonen als unangenehm wahrgenommen wird. Bei Entlassung der Patientinnen und Patienten, die das Kissen genutzt haben, ist der Bedarf beziehungsweise die Option eines Ersatzes zu besprechen. Die Gebrauchstauglichkeit wurde von allen teilnehmenden Pflegefachpersonen als sehr geeignet bewertet.

Bei der Vorstellung des Licht- und Projektionssystems (Abb. 10.7) wurden im Besonderen folgende Punkte diskutiert: Das Gerät ist einfach zu bedienen und mobil einsetzbar, allerdings sind die Lagermöglichkeiten abzuklären. Am unbedenklichsten hinsichtlich der Störung von Mitpatientinnen und -patienten wäre der Einsatz in Einzelzimmern. Die Gebrauchstauglichkeit wurde von einer großen Mehrheit (14 von 16 Pflegefachpersonen) als sehr geeignet bewertet. Zwei Pflegefachpersonen bewerteten das Produkt als eingeschränkt geeignet.

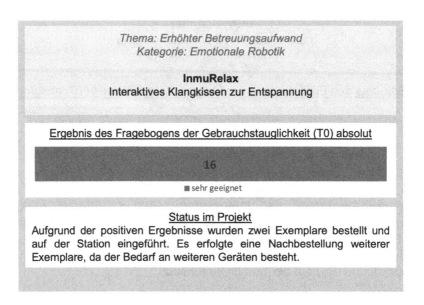

Abb. 10.6 Klangkissen für die Begleitung von Patientinnen und Patienten

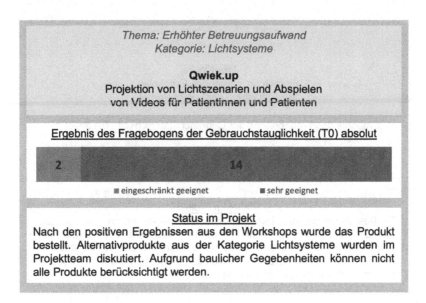

Abb. 10.7 Licht- und Projektionssystem

Produkte, die auf Bedürfnisse von Pflegefachpersonen ausgerichtet sind
Pflegefachpersonen werden in ihrem Arbeitsalltag durch die patientennahe Tätigkeit körperlich stark gefordert, zum Beispiel bei der Positionierung von Patientinnen und Patienten oder aufgrund vieler Laufwege (Krückeberg et al., 2019). Technische Produkte können hierbei in verschiedenen Arbeitssituationen unterstützen (vgl. Tab. 10.1).

Zum vorgestellten Exoskelett (Abb. 10.8) wurden in der Diskussion unter anderem folgende Punkte thematisiert: Man fühlt sich beim Tragen durch das Exoskelett nicht eingeschränkt. Die Außenwirkung auf Patientinnen und Patienten, wie auch Kolleginnen und Kollegen, kann irritierend sein. Die Seitenteile des Exoskeletts können bei patientennahen Tätigkeiten stören. Trotz einiger Ideen zum Einsatzszenario ist es unklar, ob die Anlege- und Umziehzeit in einem günstigen Verhältnis zur Nutzungszeit steht. Die Gebrauchstauglichkeit wurde von acht Pflegefachpersonen als nicht oder eingeschränkt geeignet bewertet. Vier Pflegefachpersonen bewerteten die Gebrauchstauglichkeit als sehr geeignet.
Bezüglich des Trackingsystems (Abb. 10.9) wurden in der Diskussion beispielsweise folgende Themen genannt: Ein Tracking ist bei einer Vielzahl von Pflege- und Medizingeräten im Stationsalltag vorstellbar, wie zum Beispiel bei Perfusoren, Infusionsständern, Motorschienen oder Rollstühlen. Die Frage nach der Desinfektionsmöglichkeit der Sensoren wurde aufgeworfen. Eine Anpassung zur differenzierten Darstellung getrackter Geräte, zum Beispiel mittels einer Filterfunktion, wurde vorgeschlagen. Es wurde die Installation eines Bildschirms auf der Station zur dauerhaften Anzeige getrackter Produkte angeregt. Die Gebrauchstauglichkeit wurde deutlich (15 von 16 Pflegefachpersonen) als sehr geeignet bewertet.

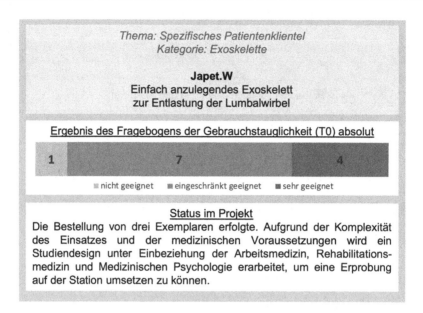

Abb. 10.8 Exoskelett Japet.W

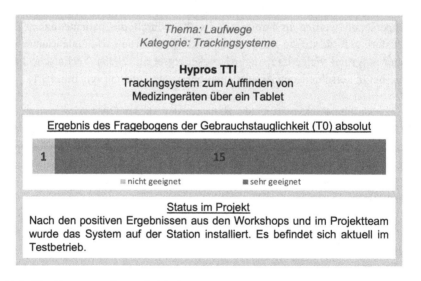

Abb. 10.9 Trackingsystem für medizinische und pflegerische Geräte

Nach Vorstellung der Kommunikations-App (Abb. 10.10) wurden im Besonderen folgende Punkte in der Diskussion benannt: Diese App ist nur für einen gewissen Teil der Patientinnen und Patienten geeignet, da diese über ein eigenes Smartphone mit Daten-Anbindung verfügen müssen (mobile Daten oder kostenpflichtige WLAN-Nutzung der Klinik). Die App könnte von den Patientinnen und Patienten als Service-App missver-

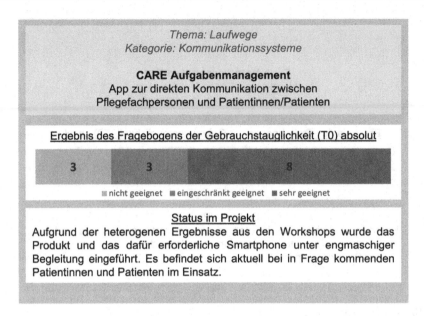

Abb. 10.10 App zur Kommunikation zwischen Pflege und Patientinnen und Patienten

standen werden. Von den Pflegefachpersonen muss zusätzlich ein Smartphone mitgeführt werden, was in verschiedenen Arbeitssituationen stören kann. Die Gebrauchstauglichkeit der Kommunikations-App wurde von drei Pflegefachpersonen als nicht geeignet und weiteren drei als wenig geeignet bewertet. Acht Pflegefachpersonen bewerteten die App hingegen als sehr geeignet.

Zum vorgestellten Funk-Notrufkissen (Abb. 10.11) wurden in der Diskussion folgende Punkte benannt: Das Kissen ist einfach bedienbar und hat keine störende Verkabelung. Es besteht die Möglichkeit, dass das Kissen entwendet wird. Es scheint für ältere oder körperlich stark eingeschränkte Patientinnen und Patienten gut geeignet zu sein, wie auch bei Patientinnen und Patienten, die eine Sitzwache benötigen. Das Kissen wurde hinsichtlich der Gebrauchstauglichkeit von allen Pflegefachpersonen (16) als sehr geeignet bewertet.

Produkt zum Thema Hygiene und Desinfektion
Hygiene und Desinfektion sind übergreifende Themen in der Krankenversorgung. Sie sind somit nicht nur ein wichtiger Bestandteil des Arbeitsalltags von Pflegefachpersonen, sondern auch elementar für eine gute Versorgung von Patientinnen und Patienten.

Nach der Vorstellung des Systems zur Erfassung des Desinfektionsmittelverbrauchs (Abb. 10.12) wurden in der Diskussion verschiedene Punkte genannt. Das reine Tracking der Füllstände wäre unproblematisch. Es werden aber Befürchtungen im Zusammenhang mit einer Kontrollfunktion des Systems genannt, die bei kritischen Ergebnissen dazu führen, dass sich Pflegefachpersonen mit Vorwürfen eines Fehlverhaltens konfrontiert sehen könnten. Die Option der Aufschlüsselung des Desinfektionsverhaltens nach Berufs-

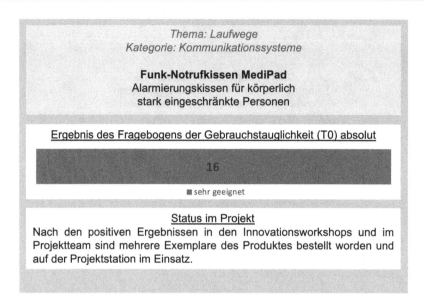

Abb. 10.11 Funk-Notrufkissen

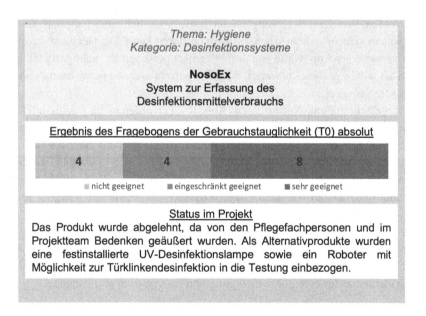

Abb. 10.12 System zur Erfassung des Desinfektionsmittelverbrauchs

gruppen könnte zu einer nicht förderlichen Konkurrenzsituation führen. Der Nutzen für die Pflegefachpersonen wäre unklar. Die Gebrauchstauglichkeit wurde von vier Pflegefachpersonen als nicht geeignet und von weiteren vier als eingeschränkt geeignet bewertet. Acht Pflegefachpersonen bewerteten die Gebrauchstauglichkeit hingegen als sehr geeignet.

10.4.3 Beitrag der Innovationsworkshops zur partizipativen Auswahl pflegetechnischer Produkte

Von den oben genannten neun Produkten wurden sieben Produkte auf der Projektstation implementiert. Bei einigen Produkten waren die Ergebnisse aus den Workshops eindeutig, wie zum Beispiel beim Klangkissen (Abb. 10.6) oder beim Funk-Notrufkissen (Abb. 10.11). Bei anderen Produkten zeigten sich heterogene Ergebnisse in der Bewertung und Diskussion durch die Pflegefachpersonen in den Innovationsworkshops. Zwei dieser Produkte werden im Folgenden beispielhaft und unter Berücksichtigung der Faktoren und Argumente, die zu einer Entscheidung für oder gegen eine Implementierung geführt haben, näher betrachtet.

Bezüglich der Kommunikations-App (Abb. 10.10) wurden folgende Punkte von Seiten des Projektteams im Rahmen des partizipativen Auswahlprozesses kritisch diskutiert: Dadurch, dass im bisherigen Arbeitsalltag kein Smartphone für die Pflegefachpersonen vorhanden war, müssen alle Vor- und Nachteile des obligatorischen Mitführens eines Smartphones mitgedacht werden. Da die Nutzung eines Smartphones im Arbeitsalltag Einfluss auf viele Abläufe hat, ist ein enger Austausch mit den Pflegefachpersonen bei der Einführung erforderlich. Neben der Infrastruktur wie WLAN-Verfügbarkeit sowie Lade- und Lagerungskapazitäten müssen auch Hygienerichtlinien umgesetzt werden. Weiterhin muss den Pflegefachpersonen die Option ermöglicht werden, sich gegen die Nutzung eines Smartphones und der App zu entscheiden, um die Freiwilligkeit der Techniknutzung zu gewährleisten. Die Ergebnisse der Innovationsworkshops zeigen ein diffuses Stimmungsbild, weswegen die Smartphones und die App in einem Bereich der Station testweise eingeführt wurden. Die Patientinnen und Patienten werden von den Pflegefachpersonen über die Möglichkeit der Nutzung dieser App informiert, sofern sie oben genannte Voraussetzungen mitbringen. Nach notwendigen Anpassungen bezüglich des Datenschutzes und des Inhaltes der App wurden die Smartphones und die App auf der gesamten Station eingeführt und befinden sich nun in regelmäßiger Nutzung, die weiterhin begleitet wird (Stand Dezember 2021). Dieses Beispiel zeigt, dass es durch die Ausarbeitung konkreter Einsatzszenarien möglich war, einige Hindernisse im Vorfeld zu identifizieren und darauf ausgerichtete Lösungswege zu entwickeln. Trotzdem war eine Nachbesserung während und nach der testweisen Einführung notwendig, um die Nutzung im pflegerischen Arbeitsalltag umsetzen zu können. Die Nutzung der App auf der gesamten Station wurde wiederum von Seite der Pflegefachpersonen initiiert. Nur durch die enge Begleitung, den Austausch mit den Pflegefachpersonen und deren Einbezug in die Einführung war es möglich, das Produkt in diesem Umfang in den pflegerischen Arbeitsalltag zu integrieren. Aktuell erfolgt eine Bewertung der App im Arbeitsalltag mittels des Fragebogens der Gebrauchstauglichkeit (nach Produkteinführung) und es finden Beobachtungen im Rahmen der Evaluation statt.

Bei dem System zur Erfassung des Desinfektionsmittelverbrauches (Abb. 10.12) wurden vom Projektteam im Rahmen des partizipativen Auswahlprozesses hauptsächlich folgende Punkte diskutiert: Die Einführung dieses Produktes erfordert eine enge Einbeziehung der Abteilung Krankenhaushygiene, was zu Unklarheiten bei den Zuständigkeiten führen kann. Besonders die unterschiedliche Zielsetzung im Projektteam und der Krankenhaushygiene bezüglich der Bewertung der Nutzung im pflegerischen Arbeitsalltag kann zu einer zeitlich vermehrten Beanspruchung der Pflegefachpersonen führen, was eine verminderte Compliance zur Folge haben könnte. Zudem würde die Einführung dieses Produktes auf der gesamten Projektstation erfolgen, wodurch alle Pflegefachpersonen gefordert wären, das System zu nutzen. Auch bei diesem Produkt zeigen die Ergebnisse der Innovationsworkshops ein diffuses Stimmungsbild. Das System wurde daraufhin nicht auf der Projektstation eingeführt. Da aber das Projektziel der Verbesserung der Patientenversorgung durch Innovationen aus dem Bereich Hygiene und Desinfektion unterstützt wird und auch in der Baseline-Erhebung (vgl. Abschn. 10.1.2) als Bedarf identifiziert wurde, werden weitere Produkte dieser Kategorie im Rahmen des Projekts untersucht. Aktuell wird der Nutzen des Einsatzes einer fest installierten UV-Desinfektionslampe in enger Zusammenarbeit mit der Abteilung Krankenhaushygiene eruiert. Zusätzlich wird der Einsatz eines Serviceroboters vorbereitet, der unter anderem über ein Modul zur automatisierten UV-Desinfektion von Türgriffen verfügt. Eine Vorstellung dieser Produkte erfolgt in den Innovationsworkshops im Frühjahr 2022 (Stand Dezember 2021).

Die Beispiele zeigen, dass die im Vorfeld erfolgte Erarbeitung der Einsatzszenarien (vgl. Abschn. 10.3) und die anschließenden Innovationsworkshops eine wichtige Grundlage bei der Auswahl innovativer Produkte bilden. Eine Teilhabe der Pflegefachpersonen am Auswahl- und Entscheidungsprozess für oder gegen pflegetechnische Produkte kann im Rahmen der Innovationsworkshops in bestimmtem Maße realisiert werden, da die verschiedenen Bedürfnisse und Meinungen der Pflegefachpersonen transparent gemacht werden können. Es kann gelingen, die unterschiedlichen Bedürfnisse der einzelnen Pflegefachpersonen zu berücksichtigen. Allerdings können nicht die Vorstellungen aller Pflegefachpersonen bei der Nutzung der Produkte im pflegerischen Arbeitsalltag umgesetzt werden, wenn diese sehr heterogen sind. Durch die Workshops kann es den Pflegefachpersonen aber ermöglicht werden, sich mit technischen Produkten intensiv auseinanderzusetzen und als Berufsgruppe die unterschiedlichen Aspekte der Produkte und deren Einfluss auf den eigenen pflegerischen Arbeitsalltag zu diskutieren. Zusätzlich ist es durch den intensiven Austausch zwischen den Pflegefachpersonen und dem Projektteam in diesen Workshops ebenfalls möglich, die unterschiedlichen Sichtweisen zwischen Pflege-fachpersonen und interdisziplinärem Projektteam zusammenzuführen.

10.5   Fazit

Die im Kapitel dargestellten Verfahrensschritte zum Einsatz der SEH sowie zu den Innovationsworkshops sind Kernelemente des im Rahmen des Projekts entwickelten par-tizipativen Einführungskonzeptes. Dieses Konzept stellt auf dem Weg zu einer technik-unterstützten Pflege ein gewinnbringendes, in seiner Komplexität aber auch aufwendiges Unterfangen dar. Positive Feedbacks im interdisziplinären Projektteam hinsichtlich des etablierten Auswahlverfahrens sowie durch die Pflegefachpersonen, die sich engagiert in den Innovationsworkshops an der Umsetzung technischer Lösungen beteiligen, führen zu einer gemeinsamen, von Motivation getragenen Weiterentwicklung der einzelnen Prozess-schritte. Gerade mit Blick auf die Ressourcen der Pflegepraxis und ein absehbares Ende der Projektlaufzeit wird dabei deutlich, dass die Entwicklung und Entfaltung interdiszipli-närer Forschungsaktivitäten zugunsten einer partizipativ gestalteten Technikeinführung nur in einem geförderten Rahmen realisierbar sind. Interdisziplinarität und Partizipation kann in diesem Zusammenhang auch bedeuten, im Forschungsprojekt gemeinsam darüber nachzudenken, welche Schritte in Zukunft erforderlich und durchführbar sind, um von den Effekten erreichter Ziele auch weiterhin profitieren zu können.

Literatur

Ammenwerth, E., Iller, C., & Mahler, C. (2006). IT-adoption and the interaction of task, technology and individuals: A fit framework and a case study. *BMC Medical Informatics and Decision Ma-king, 6*(3). https://doi.org/10.1186/1472-6947-6-3

Beume, D., Krückeberg, J., Hechtel, N., Schmeer, R., Weiß, M., & Klawunn, R. (2021). Technikaus-wahl für die Pflegepraxis. Entwicklung und Erprobung einer strukturierten Entscheidungshilfe auf der Grundlage integrativer Forschung. In Konferenzband der 3. Clusterkonferenz Zukunft der Pflege. Online-Konferenz, 16.–17. September 2020 (Bd. 1, S. 23–26). Facultas Verlag.

Collingridge, D. (1982). *The social control of technology* (Repr). Pinter.

Glänzel, W., & Debackere, K. (2021). Various aspects of interdisciplinarity in research and how to quantify and measure those. *Scientometrics*. https://doi.org/10.1007/s11192-021-04133-4

Greenhalgh, T., & Abimbola, S. (2019). The NASSS Framework – A synthesis of multiple theories of technology implementation. *Studies in Health Technology and Informatics, 263*, 193–204. https://doi.org/10.3233/shti190123

Häder, M. (2006). *Empirische Sozialforschung – eine Einführung*. VS Verlag für Sozialforschung.

Hechtel, N., Klawunn, R., Mazhari, R., Schmeer, R., & Krückeberg, J. (2020). Wie kann Pflege-technologie bedarfsgerecht und nutzerorientiert ausgewählt werden? In Konferenzband der 64. Jahrestagung der Deutschen Gesellschaft für Medizinische Informatik, Biometrie und Epidemio-logie e. V. (GMDS) 2020 & CEN-IBS 2020. Online-Konferenz, 06.–11. September 2020.

Hechtel, N., Krückeberg, J., Sebastião, M., & Klawunn, R. (2021). Analysing the selection of appropriate technical solutions for nurses in a clinical setting. *Studies in Health Technology and Informatics, 281*, 645–648. https://doi.org/10.3233/shti210250

Khan, A. S. (2012). *Nanotechnology. Ethical and social implications* (Nano and Energy Ser). CRC Press.

Klawunn, R., Dierks, M. D., Krückeberg, J., & Hechtel, N. (2021). Partizipation von Pflegefachpersonen in Technikauswahl und -einführung. *Public Health Forum, 29*(3), 260–264. https://doi.org/10.1515/pubhef-2021-0065

Krückeberg, J., Rutz, M., Hagen, H., & Hechtel, N. (2019, September 16–17). Die Perspektive der Basis – Welche Bereiche in der stationären Pflege können von technischen Innovationen profitieren? In Konferenzband der 2. Clusterkonferenz Zukunft der Pflege. Evangelisches Johannesstift.

Kuckartz, U. (2016). *Qualitative Inhaltsanalyse: Methoden, Praxis, Computerunterstützung* (S. 111–117). Beltz Juventa.

Kunze, C. (2020). (Nicht-)Nutzung, Transfer, Verbreitung und Nachhaltigkeit von Gesundheitstechnologien: Deutsche Version des NASSS-Frameworks. https://opus.hs-furtwangen.de/frontdoor/deliver/index/docId/6230/file/Kunze_2020_NASSS_framework_deutsche_Version.pdf. Zugegriffen am 20.01.2022.

Ledford, H. (2015). How to solve the world's biggest problems. *Nature, 525*(7569), 308–311. https://www.nature.com/articles/525308a

Merton, R. K. (1936). The unanticipated consequences of purposive social action. *American Sociological Review, 1*(6), 894. http://www.jstor.org/stable/2084615

Müller, L., & Backhaus, C. (2019). Entwicklung eines Fragebogens zur Bewertung der Gebrauchstauglichkeit von Medizinprodukten im Beschaffungsprozess. In Gesellschaft für Arbeitswissenschaft e. V (Hrsg.), *Arbeit interdisziplinär analysieren – bewerten – gestalten. 65. Kongress der Gesellschaft für Arbeitswissenschaft (Dresden 2019)*. GfA-Press.

Schüz, B., & Urban, M. (2020). Unerwünschte Effekte digitaler Gesundheitstechnologien: Eine Public-Health-Perspektive. *Bundesgesundheitsblatt, Gesundheitsforschung, Gesundheitsschutz, 63*(2), 192–198. https://pubmed.ncbi.nlm.nih.gov/31950231/

Sebastião, M., Hechtel, N., & Krückeberg, J. (2021). „In den Müll?!" – Ursachenforschung zur Nicht-Nutzung technischer Innovationen in der stationären Pflege. *Das Gesundheitswesen (eFirst), 83*(08/09), 619–623. https://eref.thieme.de/ejournals/1439-4421_2021_08_09#/10.1055-a-1138-0528

Zwart, F. d. (2015). Unintended but not unanticipated consequences. *Theory and Society, 44*(3), 283–297. https://doi.org/10.1007/s11186-015-9247-6

Jörn Krückeberg ist wissenschaftlicher Mitarbeiter am Peter L. Reichertz Institut für Medizinische Informatik der TU Braunschweig und der Medizinischen Hochschule Hannover (PLRI). Nach dem Studium der Sozialpädagogik an der Hochschule Hannover (Fakultät V – Diakonie, Gesundheit und Soziales) mit Abschluss im Fachgebiet Sozialinformatik folgte 2008 die Promotion zum Dr. rer. biol. hum. an der Medizinischen Hochschule Hannover im Fach Medizinische Informatik. Am PLRI begleitet er Forschungs- und Entwicklungsprojekte, unter anderem aus den Bereichen Mensch-Technik-Interaktion und Digitalisierung der Hochschullehre.

Daniel P. Beume ist Sozialpädagoge und Politikwissenschaftler und seit 2019 an der Hochschule Hannover an der Fakultät V – Diakonie, Gesundheit und Soziales als wissenschaftlicher Mitarbeiter tätig. Im Forschungsprojekt Pflegepraxiszentrum Hannover beschäftigt er sich im Rahmen der ELSI-Forschung mit ethischen, rechtlichen und sozialen Aspekten der Mensch-Technik-Interaktion, die bei der Nutzung neuer Technologien im Bereich der Pflege von Relevanz sind. Herr Beume hat an der Evangelischen Hochschule für Soziale Arbeit und Diakonie in Hamburg Sozialpädagogik und an der Universität Hamburg Politikwissenschaft studiert.

Ronny Klawunn M. Sc. in Public Health, ist seit 2019 wissenschaftlicher Mitarbeiter im Institut für Epidemiologie, Sozialmedizin und Gesundheitssystemforschung an der Medizinischen Hochschule Hannover. Er arbeitet unter anderem im Forschungsprojekt Pflegepraxiszentrum Hannover, indem er ethnografisch untersucht, wie technische Erneuerungen in der stationären Krankenhauspflege genutzt und bewertet werden. Darüber hinaus unterrichtet er in verschiedenen Masterstudiengängen die Grundlagen sozialwissenschaftlicher Theorie sowie qualitative Methoden empirischer Sozialforschung. Herr Klawunn hat an der Martin-Luther-Universität Halle-Wittenberg und der Berlin School of Public Health die Fächer Ethnologie, Politikwissenschaften und Public Health studiert.

Nicole Hechtel Dr. med. und B. Sc. in Informatik, ist wissenschaftliche Mitarbeiterin am Peter L. Reichertz Institut für Medizinische Informatik der TU Braunschweig und der Medizinischen Hochschule Hannover. Von 2018 bis 2021 arbeitete sie im Forschungsprojekt Pflegepraxiszentrum Hannover. Seit 2022 ist sie im Forschungsprojekt „EHDEN" tätig, das die Standardisierung von Forschungs- und Versorgungsdaten und deren interoperablen Austausch zum Schwerpunkt hat. Zusätzlich führt sie Lehrveranstaltungen für Medizinstudierende durch. Nicole Hechtel hat Medizin an der Eberhard Karls Universität in Tübingen studiert und war mehrere Jahre ärztlich tätig. Sie hat von 2014 bis 2018 an der Leibniz Universität Hannover und der Technischen Universität Braunschweig Informatik studiert.

Handlungskompetenz – Welche Kompetenzen benötigen Auszubildende der Pflege, um innovative Technologien adäquat einsetzen zu können?

11

Sandra Strube-Lahmann und Simone Kuntz

Zusammenfassung

Der Einsatz von Technologien stellt neue Qualifikationsanforderungen an den Pflegebildungsbereich. Hierauf ausgerichtete curriculare Strukturen helfen, berufliche Handlungskompetenz in Bezug auf den Einsatz technischer Innovationen in der Pflege zu erwerben. Mittels Fragebogen wurden Lernende der Gesundheits- und Krankenpflege zu allgemeinen Technikerfahrungen, zur Einschätzung des Einsatzes innovativer Technik sowie zur Einschätzung notwendiger Kompetenzen/Fähigkeiten Pflegender beim Einsatz innovativer Technologien befragt. Fast alle Befragten befürworten die Integration technischer Lösungen in die Pflegepraxis. Ein sicherer Umgang mit Daten von Pflegeempfangenden hatte in Bezug auf Fähigkeiten und Kompetenzen höchste Priorität. Die im Rahmen der Untersuchung gefundenen Bildungsbedarfe sollten Eingang in bestehende curriculare Strukturen finden. Den akademisch ausgebildeten Pflegefachpersonen kommt dabei eine besondere Bedeutung zu.

11.1 Hintergrund

Der demografische Wandel geht mit zahlreichen Veränderungen in der gesamten Gesundheitsversorgung einher. Dabei ist die Sicherstellung der pflegerischen Versorgung bei bestehendem Mangel an Pflegepersonal eine der größten Herausforderungen (Becka et al., 2020). Da die kontinuierliche Zunahme pflegebedürftiger Menschen gleichzeitig mit einer

S. Strube-Lahmann (✉) · S. Kuntz
Charité Universitätsmedizin Berlin, Berlin, Deutschland
E-Mail: sandra.strube-lahmann@charite.de; simone.kuntz@charite.de

T. Krick et al. (Hrsg.), *Pflegeinnovationen in der Praxis*,
https://doi.org/10.1007/978-3-658-39302-1_11

steigenden Anzahl Pflegebedürftiger einhergeht, die chronisch erkrankt und/oder multi-morbide sind, nehmen Umfang von und Anspruch an die pflegerische Versorgung zu. In-folgedessen werden (hoch-)komplexe Versorgungssituationen neben veränderten Rahmenbedingungen und Zuständigkeiten sowie dem Voranschreiten der Technisierung im Rahmen der pflegerischen Versorgung immer bedeutsamer (Becka et al., 2020; Zöllick et al., 2019). Dabei wird speziell neuen, computergestützten Technologien (beispielsweise Informations- und Kommunikationstechnologien) eine besondere Bedeutung zugespro-chen, um erwartete Versorgungslücken auszugleichen (Hülsken-Giesler et al., 2019). Ins-gesamt führt dies zu neuen und veränderten beruflichen Kompetenzanforderungen (Becka et al., 2020; Zöllick et al., 2019).

Es ist davon auszugehen, dass der Einsatz von technischen Innovationen steigen und perspektivisch fester Bestandteil in der pflegerischen Versorgung sein wird. Denn es ruhen auf der Digitalisierung und dem damit verbundenen Einsatz von technischen Innovatio-nen, wie zum Beispiel von alltagsunterstützenden Assistenz- und Robotiksystemen oder telemedizinischen Anwendungen, große Erwartungen (Trübswetter & Figueiredo, 2019). Auch wenn mit Blick auf den Branchenvergleich der Gesundheitssektor noch als schwach digitalisiert gilt und derzeit langfristige, übergreifende Digitalisierungsstrategien in der Regel (noch) fehlen, ergeben sich durch den Einsatz von technischen Innovationen für die pflegerische Versorgung neue und veränderte Versorgungsmöglichkeiten (Trübswetter & Figueiredo, 2019). So können innovative Technologien dazu beitragen, die Pflege von Menschen individueller und bedarfsgerechter zu gestalten und somit die Lebensqualität und Versorgungssituation der Betroffenen zu verbessern (Gockel et al., 2020). Darüber hinaus hat deren Einsatz das Potenzial, Pflegende im Arbeitsalltag zu unterstützen und zu entlasten. Dabei wird der Einsatz innovativer Technologien zur nachhaltigen Veränderung von Arbeitsprozessen und -inhalten im Bereich der Pflege führen, was explizite Auswir-kungen auf die Qualifikationsanforderungen von Pflegenden hat (Gockel et al., 2020). Die technische Transformation stellt damit neue und veränderte Anforderungen an das ge-samte Aus-, Fort- und Weiterbildungssystem der Pflege (Becka et al., 2020; Zöllick et al., 2019). Hierbei spielen Technikakzeptanz und Technikkompetenz eine tragende Rolle.

In Bezug auf Technikakzeptanz bedeutet dies für die Ausbildung in der Pflege, dass bei Lernenden einerseits das Verständnis für neue Technologien geweckt werden muss. An-derseits gilt es, Barrieren abzubauen und einen sicheren Umgang mit digitalen Medien zu erlernen (BMBF, 2019). An dieser Stelle sei darauf verwiesen, dass Pflegefachpersonen entsprechende Technologien zumeist dann positiv bewerten, wenn sie einen unmittelbaren Mehrwert für den pflegerischen Versorgungsprozess erkennen können (Hülsken-Giesler, 2015a; Hülsken-Giesler, 2015b). Entsprechende Akzeptanzmodelle, wie das Technology Acceptance Model (TAM), verweisen ebenso darauf, indem die „wahrgenommene Nütz-lichkeit" und „wahrgenommene Einfachheit der Bedienung" hier als zentrale Akzeptanz-faktoren benannt wurden (Davis, 1989). Vorbehalte gegenüber technischen Innovationen hingegen sind dann besonders ausgeprägt, wenn die Technologien negativen Einfluss auf die Beziehungsqualität zwischen Pflegenden und Pflegebedürftigen erwarten lassen (Beruf, 2017).

Hinsichtlich Technikkompetenz verweisen Expertinnen und Experten darauf, dass vor allem in der Aus- und Weiterbildung von Pflegefachpersonen Handlungsbedarf in Bezug auf die Förderung von Technikkompetenzen besteht (dip, 2017). So zeigte eine Untersuchung, dass eine stärkere Verortung von Technikkompetenzen in der Pflegeausbildung zur Verbreitung der Entwicklung technischer Innovationen im Pflegebereich führen würde. In einer anderen Analyse wurde deutlich, dass entsprechende Technikkompetenzen unzureichend waren (dip, 2017). Eine Untersuchung von Hübner et al. (2017) gibt hierbei einen Überblick, welche Kernkompetenzen Angehörige von Pflegeberufen für den Einsatz von Informations- und Kommunikationstechnologien benötigen. Insgesamt wurden fünf Berufsfeldern der Pflege Kompetenzfelder zugeordnet, für die entsprechende Kompetenzen vorgehalten werden müssen (Hübner et al., 2017). So wurde deutlich, dass für den allgemeinen Pflegebereich „Pflegedokumentation", „Datenschutz und Datensicherheit", „Informations- und Wissensmanagement in der Patientenversorgung", „Ethik und IT" sowie „Qualitätssicherung und Qualitätsmanagement" zu vermittelnde Kernkompetenzfelder darstellen (Hübner et al., 2017).

Insgesamt erfordert der bedarfsgerechte Einsatz innovativer Technologien (in komplexen Versorgungssituationen) entsprechende Handlungskompetenz. Damit dies in der Pflegepraxis gelingt, müssen Lernende bereits in der Ausbildung in die Lage versetzt werden, zu lernen, technische Innovationen im Rahmen einer (vollständigen) pflegerischen Handlung bedarfsgerecht und individuell sowie adäquat und korrekt auswählen und einsetzen zu können. Handlungskompetent ist eine Person, wenn sie sich in beruflichen, gesellschaftlichen und privaten Situationen sachgerecht und verantwortlich verhalten kann (Thieme, 2020). Dabei setzt sich Handlungskompetenz aus den Kompetenzdimensionen Fachkompetenz, personale Kompetenz und Sozialkompetenz zusammen, wobei jede der Dimensionen Methoden-, Lern- und kommunikative Kompetenz beinhaltet (Thieme, 2020).

Unter Berücksichtigung vorhandener Kompetenzfelder wurde eine Untersuchung durchgeführt. Es erfolgte eine Befragung von Auszubildenden der Gesundheits- und Krankenpflege mit dem Ziel, vorhandene und (weitere) notwendige Kompetenzen aus Sicht der Lernenden zu erfassen. Darüber hinaus sollten vorhandene Fähigkeiten sowie Informationen zu Technikakzeptanz und Technikbereitschaft eingeholt werden.

11.2 Methode

Im Frühjahr 2019 erfolgte eine Befragung von Auszubildenden der Gesundheits- und Krankenpflege, deren Ausbildung einen generalistischen Schwerpunkt hatte.

Datenerhebung
Zunächst wurde die Schulleitung einer Berliner Schule für Gesundheitsfachberufe kontaktiert. Diese erhielt, nach vorangegangener gemeinsamer Absprache, ein Schreiben mit der Bitte um Durchführung einer Befragung. Nach Erhalt einer positiven Rückmeldung durch die Schulleitung wurden vor Ort Informationsflyer verteilt, um mithilfe persönlicher Kon-

takte die Lernenden zu akquirieren. Die Befragung erfolgte mittels papierbasiertem Fragebogen. Dabei wurden die Bögen persönlich in der Einrichtung abgegeben. Nach dem Ausfüllen sollten die Bögen per Brief (frankierter Briefumschlag wurde zur Verfügung gestellt) zurückgesandt werden. Die Daten wurden anonymisiert erhoben, die Fragebögen zur Analyse mit einem Scan-Programm direkt in das Statistikprogramm SPSS übertragen.

Variablen
Neben allgemeinen demographischen Angaben wurde von den Auszubildenden deren grundsätzliche Einschätzung erfragt, inwieweit technische Lösungen sowohl in die pflegerische Praxis als auch in curriculare Strukturen integriert werden sollten. Weiterhin sollten die Auszubildenden folgende Informationen bereitstellen beziehungsweise Information über sich und ihre Einschätzung mitteilen:

- *Allgemeine Technikerfahrungen* wurden anhand einer fünfstufigen Skala von „nie" bis „oft" erfasst und die dazugehörigen Fertigkeiten und Fähigkeiten mittels Skala von 1 (keine Fertigkeiten) bis 10 (sehr gute Fertigkeiten) erhoben. Dabei standen die Techniknutzung, die Selbsteinschätzung technischer Fertigkeiten sowie die Sicherheit im Umgang mit Technik im Fokus.
- *Einschätzung zu möglichen Einsatzszenarios innovativer Technik in die Pflege:* Es wurde ein Beispielszenario beschrieben, um den Einsatz einer Pflegeinnovationstechnologie (PIT) vorstellbar zu machen. Dadurch sollten die Teilnehmenden ein entsprechendes Verständnis entwickeln. Es wurde nach Bekanntheitsgrad und eigenem Einsatz einer PIT gefragt. Schließlich sollte mittels einer zehnstufigen Ratingskala von 1 (nicht sinnvoll) bis 10 (sehr sinnvoll) die Sinnhaftigkeit technischer Innovationen in der Pflege objektiv und präzise eingeschätzt werden.
- *Einschätzung notwendiger Kompetenzen von Pflegenden beim Einsatz innovativer Technologien:* Anhand einer vorgegebenen Auswahl wurden die Auszubildenden gefragt, welche drei wichtigsten Fähigkeiten/Kompetenzen sie ihrer Meinung nach bereits in der Ausbildung erlernen beziehungsweise anbahnen sollten.

Statistische Analyse
Die Daten wurden überwiegend deskriptiv mittels absoluter und relativer Häufigkeiten analysiert. Darüber hinaus wurden Mittelwertvergleiche teilweise durch Konfidenzintervalle ergänzt, um etwaige statistisch signifikante Unterschiede zu untersuchen. Die Auswertung erfolgte mit dem Statistikprogramm SPSS 25, die Abbildungen wurden mittels MS Excel erstellt.

Stichprobe
Abb. 11.1 zeigt die Verteilung der entsprechenden Ausbildungsjahre.

Insgesamt nahmen 39 Lernende an der Befragung teil. 30 Teilnehmende waren weiblichen und acht Befragte männlichen Geschlechts. Eine Person machte hierzu keine An-

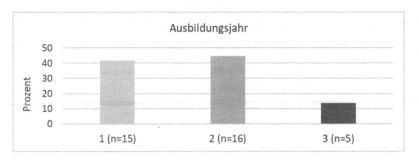

Abb. 11.1 Stichprobe: Geschlechterverteilung und Ausbildungsjahr

Tab. 11.1 Nutzung Smartphone, Tablet und PC (Gesamt n = 39)

Nutzung	Smartphone	Tablet	PC
nie	0	23,7 %	0
fast nie	0	18,4 %	7,9 %
selten	0	13,2 %	7,9 %
gelegentlich	2,6 %	15,8 %	36,8 %
oft	97,4 %	28,9 %	47,4 %

gabe. Die Mehrheit der befragten Personen befand sich im ersten (n = 15) und zweiten Ausbildungsjahr (n = 16). Das Alter der Lernenden lag zwischen 16 und 30 Jahren.

11.3 Ergebnisse

Fast alle Befragten stimmten den Aussagen zu, dass technischen Lösungen sowohl in die pflegerische Praxis als auch in curriculare Strukturen als Ausbildungsinhalte integriert werden sollten. Die Integration in die pflegerische Praxis befürworteten demnach 94,6 %, die Integration in die pflegerische Ausbildung als möglichen Ausbildungsinhalt insgesamt 91,2 %. Um diese Aussagen differenzierter zu betrachten, wurden im Folgenden die allgemeine Technikkompetenz der Auszubildenden sowie deren Einschätzung zu möglichen Einsatzszenarios innovativer Technik in der Pflege und dazu notwendiger Kompetenzen seitens der Pflegenden erfragt.

Allgemeine Technikerfahrungen (Tab. 11.1)
Tab. 11.1 zeigt die Erfahrungen im Umgang mit Technik ganz allgemein anhand der Nutzungshäufigkeit eines Smartphones, Tablets oder PCs. Die meisten der Lernenden nutzten ein Smartphone, gefolgt vom PC. So gaben 97,4 % der Befragten an, das Smartphone oft zu benutzen, 2,6 % nutzten es gelegentlich. Den PC wendeten 47,4 % der Teilnehmenden oft und 36,8 % gelegentlich an. In Hinblick auf die Tabletnutzung gab hingegen die Mehrheit der Befragten an, dieses weniger häufig anzuwenden. So nutzten 23,7 % der Lernenden ein Tablet nie, 18,4 % fast nie und 13,2 % selten. Demnach wird der PC häufiger als ein Tablet benutzt.

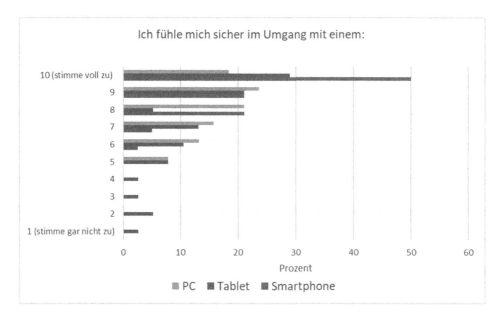

Abb. 11.2 Umgang mit Smartphone, Tablet, PC

Abb. 11.2 wird dargestellt, wie sicher sich die Befragten im Umgang mit Tablet, Smartphone und PC auf einer Skala von 1 (stimme gar nicht zu) bis 10 (stimme voll zu) einschätzen.

Insgesamt fühlten sich die Lernenden im Umgang mit einem Smartphone am sichersten. So stimmte die Hälfte der Befragten voll zu, sicher im Umgang mit einem Smartphone zu sein. Keine/-r der Befragten schätzte sich hierzu im Wertebereich von 1 bis 5 ein. Ebenso stimmte die Mehrheit der befragten Personen zu, sicher im Umgang mit einem PC zu sein. Mehr als 60 % der Befragten sah sich hier im Wertebereich zwischen 8 und 10. Auch wenn fast 30 % der Lernenden angaben, sich sicher im Umgang mit einem Tablet zu fühlen, war sich ein Großteil der Befragten diesbezüglich unsicher.

Einschätzung zu möglichen Einsatzszenarios innovativer Technik in der Pflege
Den Einsatz neuer Pflegetechnologien für bestimmte Pflegephänomene bewerteten die Auszubildenden auf einer Skala von 1 (nicht sinnvoll) bis 10 (sehr sinnvoll), wie in Abb. 11.3 dargestellt.

Alle Mittelwerte (MW) lagen zwischen 8,4 und 7,8, was darauf hinweist, dass Lernende den Einsatz von Pflegetechnologien grundsätzlich bei allen vorgestellten Pflegephänomenen als sinnvoll erachten. Technologien für die pflegerelevanten Themen Dekubitus und Blutzucker wurden hier am höchsten bewertet. Die Verteilung der Konfidenzintervalle zeigt, dass es keine statistisch signifikanten Unterschiede bei der Bewertung der einzelnen Phänomene gibt.

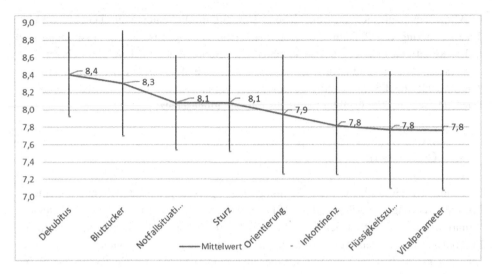

Abb. 11.3 Bewertung des Nutzens innovativer Technologien bei bestimmten Pflegephänomenen. (Mittelwerte und Konfidenzintervalle)

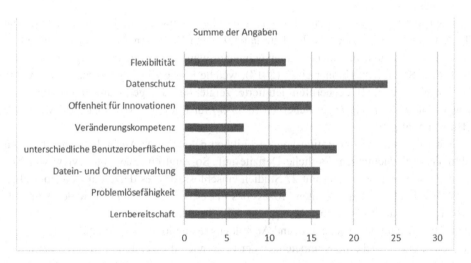

Abb. 11.4 Einschätzung notwendiger Fähigkeiten und Kompetenzen zur Anwendung innovativer Technologien

Einschätzung notwendiger Kompetenzen von Pflegenden beim Einsatz innovativer Technologien

In Abb. 11.4 wird dargestellt, welche drei wichtigsten Fähigkeiten und Kompetenzen die Lernenden ihrer Meinung nach bereits in der Ausbildung erlernen beziehungsweise anbahnen sollten.

Allgemein zeigte sich, dass ein sicherer Umgang mit Patientendaten (Datenschutz) bei der Anwendung von PIT am wichtigsten erscheint und Gegenstand der Ausbildung sein sollte. Kenntnisse bezogen auf unterschiedliche Benutzeroberflächen, ein sicherer Umgang in der Dateien- und Ordnerverwaltung sowie eine allgemeine Lernbereitschaft wurden ebenfalls häufig als wichtig eingeschätzt. Veränderungskompetenz und Flexibilität wurden hingegen eher weniger häufig als relevant eingeschätzt.

11.4 Diskussion

Lernende der Gesundheits- und Krankenpflege können grundsätzlich auf allgemeine Technikerfahrungen zurückgreifen. Hinsichtlich der Nutzungshäufigkeit von Devices (Smartphone, Tablet, PC) fielen diesbezüglich jedoch Unterschiede auf. So zeigten die Ergebnisse, dass Tablets weniger häufig zur Anwendung kamen und gleichzeitig entsprechende Unsicherheit im Umgang mit diesem Device bestand. Im Gegensatz gab es bei Smartphones, die von fast allen Befragten ständig genutzt werden, kaum Unsicherheiten. Das gibt einen Hinweis darauf, dass ein häufiger Umgang mit einer Technologie Unsicherheiten beseitigen kann.

Die Ergebnisse weisen darauf hin, dass ein sicherer Umgang mit Patientendaten für die Teilnehmenden eine hohe Priorität hat, da 63,9 % der Befragten diesen Aspekt am wichtigsten einschätzten. In anderen Untersuchungen wurden vergleichbare Ergebnisse deutlich. Eine Studie von Hübner et al. (2017), welche notwendige Kernkompetenzbereiche für Angehörige aus Pflegeberufen definierte, zeigte, dass Pflegedokumentation (86,8 %) sowie Datenschutz und Datensicherheit (82,3 %) für Pflegende von hoher Relevanz sind (Hübner et al., 2017).

Mit Blick auf die Integration von Technikkompetenzen als Ausbildungsinhalt zeigen aktuelle Untersuchungen deutliche Defizite auf. So zeigt ein Scoping-Review von Nes et al. (2021), welches insgesamt 27 Studien einschloss, dass es derzeit an pädagogischen Modellen fehlt, die den gesamten Prozess des Erwerbs, der Messung sowie der Aufrechterhaltung von technologischer Kompetenz lehr-/lernbar machen (Nes et al., 2021). Vor dem Hintergrund des Anbahnens und Ausbildens technologischer Kompetenzen und Fähigkeiten gilt es auch, die Kompetenzen der Lehrenden diesbezüglich zu verbessern. Insgesamt sollten die Bildungseinrichtungen sicherstellen, dass zukünftige Pflegefachpersonen für ein technologieorientiertes Umfeld vorbereitet sind. Hierbei müssen ihnen die notwendigen Kenntnisse/Fähigkeiten entsprechend vermittelt werden. Bezogen auf die aktuelle Untersuchung, in der deutlich wurde, dass die Befragten allgemeine Kompetenzen zur Techniknutzung vorhalten konnten, wurden wichtige anzubahnende Kompetenzen von den Auszubildenden benannt. Diese geben einen Hinweis darauf, dass es derzeit eine unzureichende Verortung technischer Kompetenzen in den curricularen Ausbildungsstrukturen der Pflege gibt. Dies gilt es, vor dem Hintergrund des Pflegeberufegesetzes (PflBG), neben der grundständigen dreijährigen Ausbildung insbesondere für die hochschulische Qualifikation zu berücksichtigen. So ist im Gesetz klar hinterlegt, dass akademisch ausgebildete Pflegefachpersonen befähigt werden sollen, neue Technologien in das berufliche Handeln übertragen zu können. Hierzu schreibt das Gesetz unter § 37 Absatz 3, Satz 3:

> „Die hochschulische Ausbildung umfasst die in § 5 Absatz 3 beschriebenen Kompetenzen der beruflichen Pflegeausbildung. Sie befähigt darüber hinaus insbesondere *Forschungsgebiete der professionellen Pflege auf dem neuesten Stand der gesicherten Erkenntnisse erschließen und forschungsgestützte Problemlösungen wie auch neue Technologien in das berufliche Handeln übertragen zu können sowie berufsbezogene Fort- und Weiterbildungsbedarfe zu erkennen".* (BMFSFJ. & BMG., 2017)

Es wird hier einerseits deutlich, dass die akademisch ausgebildeten Pflegefachpersonen eine tragende Rolle im gesamten Technisierungsprozess einnehmen, und andererseits, dass sie hinsichtlich der Erfassung entsprechender Lernbedarfe eine bedeutende Funktion haben.

Zur Erfassung technischer Kompetenzen werden standardisierte Instrumente benötigt. Nur eine verlässliche Messung entsprechender Kompetenzen lässt darauf ausgerichteten Aus-, Fort- und Weiterbildungsbedarf differenziert und verlässlich bestimmen beziehungsweise die Wirksamkeit von Bildungsmaßnahmen überprüfen (Saltos-Rivas et al., 2021). Aktuelle Studien zeigen jedoch, dass in Bezug auf die Messung digitaler Kompetenzen in der Hochschulbildung aufgrund der großen Heterogenität der Überprüfungsansätze zum Nachweis der Qualität entsprechender Messinstrumente aktueller Forschungsbedarf besteht. Um eine Standardisierung zu erreichen, bedarf es Untersuchungen, die den Fokus auf entsprechende Messmethoden, unter Berücksichtigung verschiedener Messszenarien, legen. Damit sollte zukünftig einfacher sein, bessere und validierte Instrumente zur Messung digitaler Kompetenzen zu finden (Saltos-Rivas et al., 2021). Hier kann der Blick über das Berufsfeld der Pflege hinaus in andere Branchen hilfreich sein. Ein Beispiel hierfür bietet der Kompetenzindex 4.0 der Fachhochschule des Mittelstands (Brüggemann, 2017). Hier wird die digitale Kompetenz mittels Aussagen gemessen, denen anhand einer mehrstufigen Skala zugestimmt beziehungsweise widersprochen werden kann. Dadurch, dass dieses Instrument nicht branchenspezifisch ist, können auch unterschiedliche Berufsgruppen miteinander verglichen werden, was für eine Positionsbestimmung („wo stehen wir in der Pflege im Vergleich zu anderen Berufsfeldern?") sehr hilfreich sein kann.

Limitationen
Die Ergebnisse basieren auf einer monozentrischen Befragung. Zwar spiegelt die Stichprobe die typische Zusammensetzung bezüglich Alter und Geschlecht wider, jedoch kann nicht abschließend beurteilt werden, inwieweit sich die Ergebnisse auf die Grundgesamtheit aller Auszubildenden der Gesundheits- und Krankenpflege übertragen lassen. Dennoch liefern sie einen Hinweis auf bestehende Kompetenzbedarfe und mögliche Forschungsgegenstände. Darüber hinaus geben sie Anlass für eine Folgeuntersuchung, bei welcher ein Leitfaden bereitgestellt wird, welcher im Fragebogen verwendete Begrifflichkeiten erklärbar machen soll.

Fazit

Die Bereitschaft und das Interesse der Lernenden, sich mit digitalen Technologien auseinander zu setzen, ist hoch. Die im Rahmen der Untersuchung gefundenen Bildungsbedarfe sollten Berücksichtigung und Eingang in curriculare Strukturen finden.

Literatur

Becka, D., Bräutigam, C., & Evans, M. (2020). „Digitale Kompetenz" in der Pflege: Ergebnisse eines internationalen Literaturreviews und Herausforderungen beruflicher Bildung. *Forschung aktuell, 08/2020.* https://www.econstor.eu/bitstream/10419/224129/1/1728800145.pdf. Zugegriffen am 09.10.2002.

Beruf, D.-S. B. u. (2017). *Digitalisierung und Technisierung der Pflege in Deutschland.* Hamburg. https://www.daa-stiftung.de/fileadmin/user_upload/digitalisierung_und_technisierung_der_pflege_2.pdf. Zugegriffen am 09.10.2022.

BMBF. (2019). *Lernen und Beruf digital verbinden Projektband des Förderbereiches „Digitale Medien in der beruflichen Bildung".* Berlin. https://www.qualifizierungdigital.de/qualifizierungdigital/shareddocs/downloads/_medien/downloads/equalification_projektband-a5_2019_web_-bitv-_impressum-323.pdf?__blob=publicationFile&v=1. Zugegriffen am 09.10.2022.

BMFSFJ., & BMG. (2017). *Gesetz über die Pflegeberufe (Pflegeberufegesetz – PflBG).* Berlin. https://www.gesetze-im-internet.de/pflbg/PflBG.pdf. Zugegriffen am 09.10.2022.

Brüggemann, T. (2017). *Kompetenzmatrix 4.0 – Kommunizieren und kooperieren.* Bielefeld. https://www.fh-mittelstand.de/fileadmin/user_upload/Flyer_Kompetenzindex_4.0_ES.pdf. Zugegriffen am 09.10.2022.

Davis, F. D. (1989). Perceived usefulness, Perceived ease of use, and user acceptance of information technology. *MIS Quarterly, 13*(3), 319–340.

dip. (2017). *ePflege – Informations- und Kommunikationstechnologie für die Pflege.* Berlin. Valendar. Köln. https://www.dip.de/fileadmin/data/pdf/projekte_DIP-Institut/BMG_ePflege_Abschlussbericht_final.pdf. Zugegriffen am 09.10.2022.

Gockel, J., Westerholdt, S., Landherr, J., Kuntz, S., Strube-Lahmann, S., Schmeer, R., ... Wittmann, A. (2020). Technikbezogene Kompetenzen in der Ausbildungs- und Prüfungsverordnung für die Pflegeberufe. Positionspapier der AG „Wissenstransfer und Qualifizierung" des Clusters „Zukunft der Pflege". *Pädagogik Gesundheitsberufe, 4/2020,* 1–4. https://uol.de/f/6/dept/humanmed/ag/ausbildung/Positionspapier_Verankerung_Kompetenzen__digitale_Pflegetechnik_PflAPrV_...pdf. Zugegriffen am 09.10.2022.

Hübner, U., Egbert, N., Hckl, W., Lysser, M., Schulte, G., Thye, J., & Ammenwerth, E. (2017). Welche Kernkompetenzen in Pflegeinformatik benötigen Angehörige von Pflegeberufen in den D-A-CH-Ländern? Eine Empfehlung der GMDS, der ÖGPI und der IGPI. *GMDS Medizinische Informatik, Biometrie und Epidemiologie, 13*(1), 1–9.

Hülsken-Giesler, M. (2015a). Technik und neue Technologien in der Pflege. In H. Brandenburg & S. Dorschner (Hrsg.), *Pflegewissenschaft 1.* Hofgrefe.

Hülsken-Giesler, M. (2015b). Technik und Pflege in einer Gesellschaft des langen Lebens – Technikfolgenabschätzung. *Theorie und Praxis, 24.* https://tatup.de/index.php/tatup/article/view/470/806. Zugegriffen am 09.10.2022.

Hülsken-Giesler, M., Daxberger, S., Peters, M., & Wirth, L. M. (2019). Technikbereitschaft in der ambulanten Pflege. *Pflege, 32*(6), 334–342. https://doi.org/10.1024/1012-5302/a000702

Nes, A. A. G., Steindal, S. A., Larsen, M. H., Heer, H. C., Laerum-Onsager, E., & Gjevjon, E. R. (2021). Technological literacy in nursing education: A scoping review. *Journal of Professional Nursing, 37*(2), 320–334. https://doi.org/10.1016/j.profnurs.2021.01.008

Saltos-Rivas, R., Novoa-Hernandez, P., & Serrano Rodriguez, R. (2021). On the quality of quantitative instruments to measure digital competence in higher education: A systematic mapping study. *PLoS One, 16*(9), e0257344. https://doi.org/10.1371/journal.pone.0257344

Thieme. (2020). *I care – Pflege*. Thieme Verlag.

Trübswetter, A., & Figueiredo, L. (2019). Digitalisierung in der deutschen Pflegeausbildung: Potenziale und Herausforderungen des AKOLEP-Projekts. *Pflege, 32*(6), 343–352. https://doi.org/10.1024/1012-5302/a000699. Zugegriffen am 09.10.2022.

Zöllick, J., Kuhlmey, A., Suhr, R., Eggert, S., Nordheim, J., & Blüher, S. (2019). *Akzeptanz von Technikeinsatz in der Pflege – Zwischenergebnisse einer Befragung unter professionell Pflegenden*. Springer Verlag.

Sandra Strube-Lahmann Dr. rer. cur. Sandra Strube-Lahmann ist promovierte Pflegewissenschaftlerin und Absolventin des Studiengangs Medizin-/Pflegepädagogik der Charité – Universitätsmedizin Berlin. Nach dem Studium arbeitete sie als Diplompflegepädagogin, als wissenschaftliche Mitarbeiterin im Deutschen Bundestag sowie im Abgeordnetenhaus von Berlin. Zudem war sie als Prüfungsausschussvorsitzende für das Landesamt für Gesundheit und Soziales Berlin tätig. Seit 2017 arbeitet sie als wissenschaftliche Mitarbeiterin, seit 2022 als koordinatorische Leitung der Arbeitsgruppe Pflegeforschung (Fachbereich Digitalisierung und Pflegeforschung) der Forschungsgruppe Geriatrie der Charité – Universitätsmedizin Berlin. Darüber hinaus ist sie Mitglied der Geschäftsleitung der Akademie der Gesundheit Berlin/Brandenburg e. V. und leitet dort das Zentrum für hochschulische Aus- und Weiterbildung.

Simone Kuntz Dr. rer. cur. Simone Kuntz ist promovierte Pflegewissenschaftlerin, Diplom-Pflegepädagogin und examinierte Krankenschwester. Frau Kuntz ist seit 2011 als wissenschaftliche Mitarbeiterin an der Charité – Universitätsmedizin Berlin, seit 2016 in der Arbeitsgruppe Pflegeforschung der Forschungsgruppe Geriatrie tätig. Die Mitarbeit erfolgte unter anderem in Projekten zur Erfassung von Pflegeproblemen sowie Pflege- und Versorgungsqualität im stationären und ambulanten Bereich, Entwicklung und Evaluation innovativer Hilfsmittel und pflegerelevanter IT-Lösungen. Themen waren hier beispielsweise elektronische Behandlungspfade, Mobilisierungsassistenten für Patientinnen und Patienten mit Demenz und deren Angehörige sowie textilbasierte Mikroelektronik zum Monitoring. Frau Kuntz promovierte im Dezember 2020 an der Charité – Universitätsmedizin Berlin.

Verankerung des Kompetenzbereichs „Digitale Pflegetechnologien" in Bildungsangeboten für Pflegefachpersonen: Erfahrungen aus der Praxis und Implikationen für strukturelle Rahmenbedingungen

12

Jan Landherr, Stefan Westerholt und Julia Gockel

Zusammenfassung

Digitale Hilfsmittel und innovative Pflegetechnologien finden zunehmend den Weg in die Versorgungspraxis. Professionell Pflegende müssen adäquat auf die Digitalisierung von pflegerischen Prozessen vorbereitet werden. Im Rahmen des Projekts Pflegeinnovationszentrum (PIZ) wurden sowohl für die Aus- und Weiterbildung als auch für einen Masterstudiengang im Bereich Pflege Bildungsangebote entwickelt, erprobt und evaluiert. Sie zielen darauf ab, den Auszubildenden grundlegendes Wissen über die Digitalisierung der Gesellschaft und der Gesundheitssektoren zu vermitteln beziehungsweise den Studierenden Spezialisierungsmöglichkeiten im Bereich der Pflegeinformatik und der normativ-ethischen Reflexion zu eröffnen. Um den Themenkomplex „Digitalisierung der Pflege" nachhaltig in die Bildungsgänge zu implementieren, werden entsprechende Qualifizierungsmaßnahmen für Lehrkräfte und Dozierende benötigt und der Kompetenzbereich muss in den Bildungscurricula auf allen Qualifizierungsebenen verankert werden.

J. Landherr (✉)
Hanse Institut Oldenburg, Oldenburg, Deutschland
E-Mail: landherr@hanse-institut-ol.de

S. Westerholt
Hanse Institut Oldenburg, Oldenburg, Deutschland
E-Mail: westerholt@hanse-institut-ol.de

J. Gockel
Carl von Ossietzky Universität Oldenburg, Oldenburg, Deutschland
E-Mail: julia.gockel@uni-oldenburg.de

© Der/die Autor(en), exklusiv lizenziert an Springer Fachmedien Wiesbaden GmbH, ein Teil von Springer Nature 2023
T. Krick et al. (Hrsg.), *Pflegeinnovationen in der Praxis*,
https://doi.org/10.1007/978-3-658-39302-1_12

207

12.1   Einleitung

Derzeit gibt es kaum eine berufliche Branche, die einem so starken Wandel unterworfen ist wie die professionelle Pflege. Branchenspezifische und intraprofessionelle Entwicklungen, wie der aktuelle Fachkräftemangel und die Neuausrichtung der beruflichen Ausbildung, stehen der Digitalisierung des Berufsalltags gegenüber (Mohr et al., 2020). „Digitalisierung" als wichtigste technologische Veränderung dieser Zeit bezeichnet primär die Integration digitaler Technologien in verschiedene Arbeitsprozesse (Lauterbach & Hörner, 2019; Mohr et al., 2020). Als größte Berufsgruppe im Gesundheitswesen verbringt die professionelle Pflege die meiste Zeit direkt mit den Patientinnen und Patienten oder Pflegebedürftigen und ist daher der Bereich, der sich am stärksten verändern muss, um relevante informationstechnologische Fähigkeiten zu integrieren (Benner et al., 2010). Um Pflegefachkräfte aller Versorgungssettings auf eine „High-Touch-High-Tech"-Patientenpflege, also eine Pflege, die den Umgang mit Mensch und Technik integriert, im 21. Jahrhundert vorzubereiten (Hebda & Calderone, 2010), müssen die Curricula der Aus-, Fort- und Weiterbildung parallel zu den technologischen Entwicklungen um digitale Inhalte ergänzt (Gardner & Jones, 2012; DPR, 2019) und ein multiprofessionell ausgerichtetes Mustercurriculum erstellt werden (Kuhn et al., 2019). Digitale Kompetenzen sind nicht länger eine zusätzliche Option, sondern bereits jetzt ein wesentlicher Bestandteil der Arbeitsleistung (Cheeseman, 2011), zum Beispiel bei der Nutzung von Krankenhausinformationssystemen oder der digitalen Pflegedokumentation. Ihre Integration in alle pflegefachlichen Bildungsbereiche stellt sicher, dass professionell Pflegende während ihrer gesamten Ausbildung und beruflichen Entwicklung damit vertraut sind, digitale Technologien anzuwenden (Edwards & O'Connor, 2011).

Welche digitalen Kompetenzen künftig in Pflegeberufen konkret gefordert sein werden, wie deren Entwicklung und Erwerb gelingen kann und welche Maßnahmen dafür ergriffen werden müssen, sind Gegenstand der „Leitlinien Pflege 4.0" (2017). Darin werden fünf Handlungsfelder identifiziert und konkrete Empfehlungen für Politik, Wissenschaft und Wirtschaft ausgesprochen. Während der Ausbildung soll eine allgemeine informationstechnische Grundbildung und der Erwerb spezifischer Medienkompetenzen erfolgen. Aufgrund der schnellen Entwicklung technischer Innovationen lassen sich jedoch die erforderlichen Kenntnisse nicht mehr während der Ausbildung abschließend und umfassend für das gesamte Berufsleben aneignen. Daher bedarf es darüber hinaus eines modularen, zielgruppenorientierten Weiterbildungskonzepts unter Nutzung moderner, digitaler Lehr-/Lernmethoden.

Im Rahmen des Projekts Pflegeinnovationszentrum (PIZ) werden, neben der Entwicklung und Erprobung technischer Innovationen, Bildungsangebote für Pflegefachberufe konzipiert und pilotiert (Boll et al., 2018). Diese Qualifizierungsmaßnahmen sollen Kompetenzen im fachlich-technischen Bereich, in der Kommunikation zur interprofessionellen und sektorenübergreifenden Zusammenarbeit und im Management der notwendigen Prozesse sowie in der kritischen Analyse des technischen Unterstützungsbedarfes und in der Evaluation der Effekte der Technikanwendung vermitteln (Boll et al., 2018). Auf der Ebene der beruflichen Aus-, Fort- und Weiterbildung entwickelt das Hanse Institut Oldenburg – Bildung und Gesundheit gGmbH spezifische Lerneinheiten, die von den Lehrenden in den regulären Unterricht integriert werden können. An der Universität Oldenburg werden im Rahmen der Konzeption und Einrichtung des berufsbegleitenden Masterstudiengangs „Advanced Nursing Practice" Module in den Bereichen der Pflegeinformatik und der ethisch-rechtlichen Reflexion zum Einsatz von Technik in der Pflegepraxis geplant.

12.2 Lerneinheiten für die berufliche Ausbildung zum/zur Pflegefachmann/-frau

Das Hanse Institut Oldenburg entwickelte aus diesem Projektauftrag eine Lerneinheit für die pflegerische Ausbildung. Zunächst wurden mittels Experteninterviews Bedarfe der Praxiseinrichtungen hinsichtlich der zu vermittelnden Kompetenzen erhoben. Im Weiteren wurde untersucht, ob und inwieweit digitale Kompetenzen in den Curricula der Aus- und Weiterbildung der Pflegeberufe auf Bundesebene und in fünf exemplarischen Bundesländern verankert sind. Die Ausbildungs- und Prüfungsverordnung (PflAPrV 01.01.2020) und die daraus abgeleiteten Rahmenpläne der Fachkommission nach § 53 PflBG wurden dahingehend analysiert, ob Kompetenzen, die zur Einführung und Anwendung digitaler Pflegetechniken benötigt werden, im hinreichenden Maße berücksichtigt wurden und diese bereits Einzug in die Curricula der Pflegeschulen gefunden haben. Das Ergebnis war im Sinne der Zielsetzung des PIZ nicht zufriedenstellend. Diese Erkenntnis wurde im Positionspapier der Arbeitsgruppe „Wissenstransfer und Qualifizierung" des „Clusters Zukunft der Pflege" ausführlich beschrieben und diskutiert.

Auf Basis der bisherigen Arbeitsschritte wurde in Kooperation mit drei Pflegeschulen ein didaktisches Konzept mit Lehrinhalten, Lernergebnissen, Methoden, den dazugehörigen Materialien und den Rahmenbedingungen, wie zum Beispiel der Stundenumfang, entwickelt. Die Pilotierung erfolgte ebenfalls in den Pflegeschulen.

Die Lerneinheit (Tab. 12.1) dient der Vermittlung von grundlegenden Kenntnissen zur Digitalisierung und zur Anwendung von digitalen Techniken in der Pflege. Auszubildende zum/zur Pflegefachmann und Pflegefachfrau sollen einen breiten Einblick in heutige und künftige Anwendungen von digitalen Techniken in allen pflegerischen Versorgungsbereichen erhalten. Aufbauend auf diesen Kenntnissen sollen die Auszubildenden den Pflegeberuf reflektieren und zum Beispiel anhand von beispielhaften digitalen Anwendungen im Versorgungskontext ableiten, welche Kompetenzen für diesen Einsatz benötigt werden, wo die eigenen professionellen Grenzen liegen und welche ethischen Konflikte entstehen könnten. Die Lernergebnisse entsprechen Niveau 5 des Europäischen Qualifikationsrahmens (EQR).

Tab. 12.1 Lerneinheit: Den Pflegeberuf im Kontext der Technisierung und Digitalisierung kritisch Reflektieren, 14 Unterrichtseinheiten (UE)

Inhalte	Was gehört zur Digitalisierung?	Technische Entwicklungen im Gesundheitswesen im historischen Kontext
		Trends digitaler Entwicklungen in der Gesellschaft
		Innovative Technologien im Gesundheitswesen und in der Pflege
	Gesellschaftliche und gesundheitspolitische Rahmenbedingungen	Demografische Rahmenbedingungen
		Veränderungen im Datenschutz und in der Arbeitswelt durch die Digitalisierung
		Gesundheits- und berufspolitische Rahmenbedingungen
	Veränderung des Pflegeberufes durch Digitalisierung	Fallbeispiele digitaler Veränderungen des Pflegeberufes in den Bereichen Krankenhaus, ambulante und stationäre Versorgung
	Auswahlkriterien für innovative Pflegetechniken	Auswahl einer digitalen Technik im pflegerischen Arbeitsumfeld anhand eines wissenschaftlich begründeten Auswahlverfahrens der MHH Hannover
Lernergebnisse Niveau 5	**Kenntnisse: Die Auszubildenden …**	… können technische Errungenschaften im Gesundheitswesen benennen und diese zeitlich einordnen.
		… kennen die technischen Entwicklungen in unserer Gesellschaft anhand der folgenden Beispiele: Internet der Dinge, künstliche Intelligenz und digitale Transformation.
		… benennen, in welchen gesellschaftlichen Bereichen ein Wandel durch die Digitalisierung hervorgerufen wird und welche Probleme entstehen können.
		… können den Zusammenhang zwischen der demografischen Entwicklung und den Auswirkungen für die Wirtschaft, die Sozialversicherungssysteme und das Gesundheitssystem erläutern.
		… beschreiben die Chancen der Digitalisierung im Zusammenhang mit den Auswirkungen der demografischen Veränderung.
		… kennen digitale Hilfsmittel für die Pflege aus den folgenden Bereichen: Kommunikation, Robotik, Telecare, Assistenzsysteme und lebenslanges Lernen.
	Fertigkeiten: Die Auszubildenden …	… identifizieren Chancen, Risiken und die Bedeutung digitaler Hilfsmittel in der Pflege.
		… erläutern Positionen zur Digitalisierung in der Pflege aus Politik und Berufspolitik und formulieren eine eigene begründete Meinung.
		… identifizieren Auswirkungen von digitalen pflegerischen Hilfsmitteln auf den Pflegeprozess.
		… können im Kontext der Anwendung eines digitalen pflegerischen Hilfsmittels notwendige pflegefachliche Kompetenzen ableiten.
	Kompetenz: Die Auszubildenden …	… reflektieren die professionellen Grenzen von Pflegefachfrauen und Pflegefachmännern im Kontext digitaler pflegerischer Hilfsmittel.
		… setzen sich mit dem Auswahlprozess digitaler Pflegetechniken auseinander und können begründen, warum Pflegefachpersonen bei der Planung und Implementierung einbezogen werden sollten.

12.2.1 Evaluationsverfahren

Für die Pilotierung wurde ein dreistufiges Evaluationsverfahren entwickelt und implementiert.

12.2.1.1 Bewertung des Lehrmaterials

Das Lehrmaterial wurde durch die Anwenderinnen und Anwender mittels eines Fragebogens am Ende der Einheit bewertet. Die Ergebnisse dieser Evaluation liefern Hinweise auf die Wirksamkeit des didaktischen Konzeptes. Die aus den Rückmeldungen gewonnenen Erkenntnisse fließen in die Überarbeitung der Materialien und Methoden ein.

12.2.1.2 Veränderung der Einstellung zur digitalen Technik in der Pflege

Die Evaluation sollte zeigen, inwieweit sich die Einstellung der Teilnehmenden zur digitalen Technik in der Pflege durch das Absolvieren der Lerneinheit ändert und ob die Lernergebnisse erreicht wurden. Die Fragebögen mit jeweils 14 Fragen, die zu Beginn und am Ende der Lerneinheit beantwortet wurden, teilten sich in drei Ebenen auf:

Mit Fragen wie „Ich weiß, was mit ‚Digitalisierung der Pflege' gemeint ist" und „Digitale Techniken in der Pflege werden in Zukunft meinen Beruf stark verändern" wurde ermittelt, wie die Teilnehmenden bestimmte Sachverhalte bewerten und wie sich diese Bewertungen im Verlauf des Unterrichts verändern.

Aussagen, die mit „Ja" oder „Nein" beantwortet wurden, zum Beispiel „Der Gesetzgeber fördert den Einsatz digitaler Techniken in der Pflege", sollten im Vorher-nachher-Vergleich einen Aufschluss darüber geben, inwieweit es gelungen ist, ausgesuchte Lernziele zu vermitteln.

Die Veränderung der Einstellung zur Digitalisierung wird durch Fragen wie „Ich stehe der Digitalisierung der Pflege misstrauisch gegenüber" beleuchtet.

12.2.1.3 Nachhaltigkeit der Lerneinheit

Um zu erheben, ob die Lerneinheit hinsichtlich des Kompetenzerwerbs nachhaltig ist und auch nach Projektende Anwendung finden wird, wurden leitfadengestützte Interviews mit den beteiligten Lehrenden nach Beendigung der Pilotierung durchgeführt. So wurden Hinweise darüber gewonnen, welche Rahmenbedingungen die Anwendung der Lerneinheit im Ausbildungsalltag fördern. Die Ergebnisse werden in Abschn. 12.2.12.4 vorgestellt.

Für den Leitfaden wurden drei übergeordnete Fragen konzipiert:

- Ist diese Lerneinheit Ihrer Meinung nach geeignet, um die Teilnehmenden auf die Digitalisierung in der Pflege vorzubereiten?
- Wo ließe sich diese Lerneinheit im Curriculum thematisch sinnvoll einbinden?
- Könnten Sie sich vorstellen, diese Lerneinheit auch nach dem Projektende weiter zu nutzen?
- Wenn ja: Welche Rahmenbedingungen würden Sie dabei unterstützen?
- Wenn nein: Unter welchen Bedingungen könnten Sie sich vorstellen, die Lerneinheit trotzdem einzusetzen?

Die Interviews wurden aufgrund der epidemischen Lage zum Teil online durchgeführt, die Dauer betrug zwischen 9 und 15 Minuten. Insgesamt konnten aus drei Pflegeschulen alle sechs am Projekt beteiligten Lehrende, die den Unterricht durchgeführt haben, befragt werden, die Audio-Dateien wurden transkribiert und anonymisiert. Das vorliegende Textmaterial wurde codiert und mit Überschriften versehen, bevor diese in konzeptionelle Kategorien überführt wurden. Die Analyse und Auswertung der Kategorien erfolgte mit MAXQDA.

12.2.2 Erkenntnisse aus dem kooperativen Entwicklungsprozess mit den Pflegeschulen

12.2.2.1 Entwicklungsphase

Die Entwicklung der Lerneinheit wurde unter der Beteiligung der drei kooperierenden Pflegeschulen durchgeführt. Diese haben ab Mitte 2019 mit der Erstellung der Curricula begonnen, die auf der Ausbildungs- und Prüfungsverordnung (PflAPrV) und dem daraus abgeleiteten Rahmenlehrplan des Landes Niedersachsen aufbauen. Die Lerneinheit sollte ebenfalls in die neue Ausbildungsstruktur integriert werden. Daraus leiteten sich folgende Fragen ab:

- Welche in der Anlage 2 der PflAPrV formulierten Kompetenzen bieten einen geeigneten Anknüpfungspunkt für die Lerneinheit?
- Welche curriculare Einheit des Rahmenlehrplans bietet sich für eine Integration der Lerneinheit an?
- Wie viele Unterrichtseinheiten mit jeweils 45 Minuten werden zur Vermittlung der Inhalte benötigt?

Im Entwicklungsprozess stellte sich heraus, dass nicht nur die Frage der thematischen Anbindung der Inhalte relevant ist, sondern auch, ob der vorgegebene Stundenumfang der betreffenden curricularen Einheit überhaupt die Integration eines weiteren Themas zulässt. Da alle Schulen eigene Curricula entwickelten, erfolgte die Einbindung der Lerneinheit letztendlich nicht einheitlich, sondern jeweils dort, wo die Schulen diesem Thema einen inhaltlichen Platz einräumen konnten und die zeitlichen Kapazitäten vorhanden waren. In einem engen Zusammenhang mit der Verortung der Lerneinheit steht auch der geplante Stundenumfang der Lerneinheit. Dieser wurde mit 14–16 Unterrichtseinheiten (jeweils 45 Minuten) festgelegt. Ausschlaggebend für diesen Rahmen waren neben den inhaltlichen Aspekten auch die strukturellen Zwänge der Pflegeschulen, die ein zusätzliches Thema verankern müssen, welches in der Ausbildungs- und Prüfungsverordnung keine entsprechende Gewichtung erfahren hat. Aus der Entwicklungsperspektive hatte die Begrenzung des Stundenumfanges eine erhebliche Auswirkung auf die Anzahl und Tiefe der zu vermittelnden Inhalte zur Folge. In Pretests einzelner Themen fand eine Annäherung an die real benötigte Lernzeit der Auszubildenden statt. Im Ergebnis muss festgehalten werden, dass sich nicht alle Projektziele vollumfänglich umsetzen ließen. So konnte beispielsweise die Entwicklung fachlich-technischer Handlungskompetenzen, etwa durch die praktische Nutzung digitaler Pflegetechnologien, nur eingeschränkt erfolgen.

12.2.2.2 Evaluation der Lehrmaterialien

Die Erkenntnisse aus der Evaluation der Lehrmaterialien sind für die Weiterentwicklung und Verstetigung der Lerneinheit relevant. Die Ergebnisse sind jedoch nur bedingt geeignet, um generalisierte Aussagen über die Güte der Materialien und das didaktische Konzept zu treffen, da diese immer im Kontext der erbrachten Lehre in den Pflegeschulen zu sehen sind und daher vom Projektteam nur bedingt beeinflusst werden können. Es ist beispielsweise denkbar, dass, ähnlich wie bei der Verwendung eines Lehrbuches, nur ausgesuchte Materialien Eingang in den Unterricht finden und das Unterrichtskonzept nicht durchgängig angewendet wird.

12.2.3 Evaluation der Veränderung der Einstellung zur digitalen Technik in der Pflege

Im Folgenden werden exemplarische Evaluationsergebnisse der Pilotierung der Lerneinheit in den drei kooperierenden Pflegeschulen dargestellt.

12.2.3.1 Bewertung von Sachverhalten zum Thema der Digitalisierung in der Pflege

Ein grundlegendes Ziel der Lerneinheit besteht darin, dass die Auszubildenden an das Thema der digitalen Technologien in der Pflege herangeführt werden. Das Verstehen des generellen Mechanismus und der Auswirkung von Digitalisierungsprozessen ist hierfür als erstes Lernergebnis zu betrachten. Mit der Aussage „Ich weiß, was mit ‚Digitalisierung der Pflege' gemeint ist" sollte erhoben werden, wie die Auszubildenden zu den jeweiligen Befragungszeitpunkten ihr eigenes Wissen hinsichtlich dieser Aussage einschätzen (Tab. 12.2).

Schon zum ersten Befragungszeitpunkt gaben 74,6 % der Auszubildenden an, dass sie „eher" wissen, was mit dieser Aussage gemeint ist. Nach Durchführung der Lerneinheit ist eine deutliche Verschiebung festzustellen, indem nun 74,5 % der Auszubildenden meinten, dass sie „voll und ganz" wissen, was unter der „Digitalisierung der Pflege" zu verstehen ist. Das Ergebnis kann dahingehend interpretiert werden, dass durch den Unterricht eine größere Sicherheit in der betreffenden Fragestellung hervorgerufen wurde.

Die zweite Aussage, „Ich habe eine konkrete Vorstellung davon, was die Digitalisierung der Pflege mit meinem Arbeitsplatz macht", konkretisiert die erste Aussage und belegt zudem, inwieweit die Auszubildenden an ihre sich durch den Einsatz der digitalen Technologien verändernden Rollen herangeführt wurden. Um zu erfassen, in welchem Maße sich das Rollenbild der Pflege verändert (Tab. 12.3), muss zunächst vermittelt werden, inwieweit sich die Bedingungen am Arbeitsplatz durch digitale Pflegetechniken wan-

Tab. 12.2 Ich weiß, was mit „Digitalisierung der Pflege" gemeint ist

Antwortkategorien	1. Befragungszeitpunkt vor der Lerneinheit		2. Befragungszeitpunkt nach der Lerneinheit	
trifft voll und ganz zu	7	11,7 %	35	74,5 %
trifft eher zu	47	74,6 %	12	20,5 %
trifft eher nicht zu	9	14,3 %	0	0 %
trifft überhaupt nicht zu	0	0 %	0	0 %
N=	63		47	

Tab. 12.3 Ich habe eine konkrete Vorstellung davon, was die Digitalisierung der Pflege mit meinem Arbeitsplatz macht

Antwortkategorien	1. Befragungszeitpunkt vor der Lerneinheit		2. Befragungszeitpunkt nach der Lerneinheit	
trifft voll und ganz zu	6	9,5 %	26	55,3 %
trifft eher zu	40	63,5 %	19	40,4 %
trifft eher nicht zu	17	27,0 %	2	4,3 %
trifft überhaupt nicht zu	0	0 %	0	0 %
N=	63		47	

deln werden. Erst dann ist eine Reflektion, zum Beispiel über die Veränderung des Verhältnisses und der Kommunikation zwischen Pflegenden und Pflegebedürftigen, möglich. Dieses wurde in der Lerneinheit als ein zentraler Punkt gewichtet und entsprechend umfänglich behandelt.

Insgesamt kann mit der Betrachtung der ersten zwei Aussagen festgehalten werden, dass die konkrete Vorstellung der Auszubildenden, was mit der Digitalisierung der Pflege gemeint ist und inwieweit sich durch diese Prozesse der Arbeitsplatz verändern wird, vor der Pilotierung der Lerneinheit schon vorhanden war und durch den Unterricht deutlich verstärkt werden konnte. Damit ist ein Teilziel der Lerneinheit erreicht, welches darin bestand, den Auszubildenden grundlegende Kenntnisse zur Digitalisierung der Pflege zu vermitteln, und ihnen darauf aufbauend zu ermöglichen, den Pflegeberuf vor dem Hintergrund digitaler Anwendungen zu reflektieren.

12.2.3.2 Vermittlung von konkreten Lernergebnissen

Ob nach der Einschätzung der Auszubildenden ausgesuchte Lernergebnisse erzielt wurden, wurde anhand von Aussagen untersucht, welche konkrete Inhalte der Lerneinheit zum Gegenstand hatten (Tab. 12.4).

Die vorliegende Aussage wurde im ersten Durchlauf von 77,8 % der Auszubildenden mit „Ja" beantwortet, im zweiten Durchlauf von 95,7 %. Auch hier zeigt sich, dass die schon vor der Pilotierung der Lerneinheit vorhandene Vorstellung darüber, in welchen Bereichen digitale Techniken in der Pflege eingesetzt werden, durch den Unterricht verbessert wurde.

Tab. 12.4 Ich weiß, in welchen Bereichen digitale Techniken in der Pflege eingesetzt werden

Antwortkategorien	1. Befragungszeitpunkt vor der Lerneinheit		2. Befragungszeitpunkt nach der Lerneinheit	
Ja	49	77,8 %	45	95,7 %
Nein	14	22,2 %	2	4,3 %
N=	63		47	

Tab. 12.5 Ich möchte einen Einfluss darauf nehmen, welche digitalen Technologien an meinem Arbeitsplatz eingesetzt werden

Antwortkategorien	1. Befragungszeitpunkt vor der Lerneinheit		2. Befragungszeitpunkt nach der Lerneinheit	
trifft voll und ganz zu	15	23,8 %	16	34,0 %
trifft eher zu	29	46,0 %	21	44,7 %
trifft eher nicht zu	17	27,0 %	10	16,7 %
trifft überhaupt nicht zu	2	3,2 %	0	0 %
N=	63		47	

Tab. 12.6 Ich fühle mich gut auf die Digitalisierung in der Pflege vorbereitet

Antwortkategorien	1. Befragungszeitpunkt vor der Lerneinheit		2. Befragungszeitpunkt nach der Lerneinheit	
trifft voll und ganz zu	1	1,6 %	13	27,7 %
trifft eher zu	22	34,9 %	23	48,9 %
trifft eher nicht zu	18	52,4 %	4	21.3 %
trifft überhaupt nicht zu	7	11,1 %	1	2,1 %
N=	41		30	

12.2.3.3 Veränderung der Einstellung zur Digitalisierung in der Pflege

Die Aussage nach dem Wunsch nach Partizipation bei Auswahlprozessen zur Einführung digitaler Technologien ist von besonderer Bedeutung, da das Thema der Einflussnahme auf die Entwicklung, Auswahl und Implementierung innovativer Pflegetechnologien eine besondere Gewichtung erfahren hat (Tab. 12.5). Die Einbeziehung der Pflegefachpersonen ist bei allen Projektschritten, von der Auswahl des Produktes bis zur Implementierung, ein Faktor, der einen wesentlichen Einfluss auf den Erfolg des Einführungsprozesses digitaler Pflegetechnologien hat (Mania, 2021, S. 10).

Zwischen dem ersten und zweiten Befragungszeitpunkt wurde eine deutliche Verschiebung von „trifft eher nicht zu" und „trifft überhaupt nicht zu" hin zur Einforderung dieses Einflusses um 24,4 % festgestellt. In der zweiten Befragung mochten 83,4 % der Auszubildenden einen Einfluss darauf nehmen, welche digitalen Technologien am eigenen Arbeitsplatz eingesetzt werden.

Die letzte Aussage verdeutlicht, dass es durch die Lerneinheit gelungen ist, die Auszubildenden mit dem Thema der Digitalisierung in der Pflege vertrauter zu machen (Tab. 12.6). Während in der ersten Befragung nur 1,6 % voll und ganz zustimmten, auf die

Digitalisierung in der Pflege gut vorbereitet zu sein, stieg der Wert in der zweiten Befragung auf 27,7 % an.

12.2.3.4 Leitfadengestützte Interviews mit den Lehrenden zur Nachhaltigkeit der Lerneinheit

Für die Auswertung der leitfadengestützten Interviews wurde das in Kapitel Abschn. 12.2.3 beschriebene Evaluationsverfahren angewandt. Es konnten 10 Kategorien aus der Datenbasis generiert werden, die Aufschluss darüber geben, unter welchen Bedingungen die Lerneinheit in die bestehenden curricularen schuleigenen Lehrpläne übernommen werden kann, welche Verbesserungsvorschläge umzusetzen wären und wie die Lehrenden die Wirksamkeit im Sinne der Einstellung gegenüber der Digitalisierung der Pflege einschätzen.

Die wichtigsten Aussagen für dieses Kapitel lassen sich wie folgt zusammenfassen:

1. Die Lerneinheit ist nach Aussagen der Lehrenden dazu geeignet, den Auszubildenden grundlegende Kenntnisse und Fertigkeiten in Bezug auf die Digitalisierung der Pflege zu vermitteln. Der zeitliche Umfang ist mit 12–14 Stunden dazu ausreichend. Es wurde kritisiert, dass mit der Lerneinheit vor allem theoretische Auseinandersetzungen gefördert wurden, während keine konkreten Technologien erprobt oder angewandt werden konnten.
2. Die Auszubildenden erkennen den Wert der Digitalisierung für die Pflege und erfahren, durch die in der Lerneinheit eingeräumte Option zum Besuch eines Pflegelabors, Möglichkeiten der Partizipation an Forschungs- und Digitalisierungsprozessen. Vor allem die Inhalte, die nicht direkt mit der Pflege assoziiert sind, führten aber zu Irritationen: Das betrifft zum Beispiel allgemeine Begriffe der Digitalisierung sowie die Auswirkungen auf die Gesellschaft. Gleichzeitig formulierte ein Lehrender, dass die Auszubildenden gerade diesbezüglich nicht gut Bescheid wüssten.
3. Aufgrund der Struktur der Ausbildungs- und Prüfungsverordnung für die Pflegeberufe und der Umsetzung der schuleigenen Curricula bietet sich die Implementierung in Form einer geschlossenen Lerneinheit nur bedingt an. Durch die Bezugnahme auf die curricularen Einheiten der Rahmenpläne für die Pflegeausbildungen und die stärkere Ausrichtung auf Fallbeispiele muss die Digitalisierung stärker als Querschnittsthema und nicht als isolierte Thematik behandelt werden.
4. Die Behandlung von innovativen Pflegetechnologien birgt die Gefahr, dass die Thematik zu sehr in der Zukunft ansetzt, wodurch die Auszubildenden keine Ansatzpunkte zu ihrem Berufsalltag finden.
5. Allgemein kann konstatiert werden, dass die Auszubildenden dem Thema der Digitalisierung offen gegenüberstehen und motiviert waren, ihr Grundwissen zu ergänzen.

Ausgehend von den Aussagen der Lehrenden muss der Schluss gezogen werden, dass, trotz der Ergebnisse aus der quantitativen Erhebung zur Technikeinstellung, die Auszubildenden aufgrund der Ausstattung der Pflegeschulen wenig Möglichkeiten der praktischen

Auseinandersetzung mit konkreten Technologien bekamen. Insgesamt zieht sich durch die Interviews der Tenor, dass mehr Hands-on-Experimente und Unterricht an konkreten Technologien vonnöten sind, um bei den Auszubildenden ein wirkliches Umdenken auszulösen. Dies ist insofern höchst relevant für die Konzeptionierung von Lehrmaterialien, als eine Lehreinheit, die in möglichst breitem Rahmen eingesetzt werden soll, sich nicht an der spezifischen Ausstattung einer Schule orientieren kann. Die Herausforderung besteht darin, eine Technologie zu finden, die für Pflegeschulen erschwinglich ist, in der Zukunft möglichst große Verbreitung an Praxisorten finden wird und an der sich darüber hinaus möglichst viele Aspekte der Digitalisierung der Pflege behandeln lassen.

Mit der Erarbeitung der schuleigenen Curricula wurde den Schulen formelle Freiheit bei der Gestaltung und Gewichtung spezifischer Themenbereiche eingeräumt, die durch die curricularen Einheiten der Ausbildungs- und Prüfungsverordnung für die Pflegeberufe vorstrukturiert sind. Die Implementierung technologiespezifischer Inhalte oder Methoden oblag oder obliegt dabei den Schulen, die ihre eigenen Agenden bei der Umsetzung der schuleigenen Curricula verfolgen und die sich in der Ausstattung mit digitalen Technologien unterscheiden. Umso wichtiger ist es daher, den Pflegeschulen mit ausgewählten und erprobten Unterrichtsmaterialien ein Angebot zu machen, mit dem sie Themen der Digitalisierung der Pflege niedrigschwellig in den Unterricht integrieren können.

12.3 Module im Masterstudiengang „Advanced Nursing Practice" an der Universität Oldenburg

In der Fakultät VI – Medizin und Gesundheitswissenschaften der Universität Oldenburg wird ein berufsbegleitender Masterstudiengang „Advanced Nursing Practice" entwickelt und eingerichtet. Im Rahmen der BMBF-Projekte „Entwicklung berufsbegleitender Bildungsangebote in den Pflege- und Gesundheitswissenschaften – PuG" und „PIZ – Pflegeinnovationszentrum" wurden bereits zahlreiche Module im Lehr-/Lernformat des Blended Learning entwickelt und erprobt. Die Kombination von Online- und Präsenzlehre ist angepasst an die Bedarfe der Zielgruppe berufstätiger Pflegefachkräfte. Für jedes Modul wird themenspezifisches Studienmaterial erstellt, das den Studierenden über das Lernmanagementsystem digital zur Verfügung steht. Der Masterstudiengang wird den Studierenden eine Spezialisierung in den Bereichen „Versorgungskoordination", „Forschung" und „Technik und Pflege" ermöglichen. In letzterem Themenfeld werden zwei Module entwickelt, die im Folgenden näher vorgestellt werden.

12.3.1 Entwicklung

Zu Beginn der Modulentwicklung wurden die Bildungsbedarfe bezüglich Kompetenzen im Bereich Pflege und Technik durch eine qualitative Querschnittsstudie mithilfe von Experteninterviews ermittelt (Gockel, 2018). In die Studienpopulation wurden Pflegende,

Angehörige, Pflegebedürftige, Technologieentwicklerinnen und -entwickler sowie relevante Akteure der Gesundheitsversorgung eingeschlossen. Die Studie ergab, dass mangelndes Grundlagenwissen im Bereich der Informations- und Kommunikationstechnologien sowie fehlende Nutzenerkennung der Anwenderinnen und Anwender in der Praxis Hürden für die Implementierung von Pflegetechnologien darstellen. Weiterhin wurden Bedarfe für interdisziplinäre Lehrangebote und zielgruppenorientierte Online-Formate geäußert.

Um Informationen über den aktuellen Stand hochschulischer Bildungsangebote im Bereich der Pflegetechnologien zu erhalten, wurden zusätzlich zur Bedarfsanalyse die curricularen Inhalte von Studiengängen im Bereich Pflege und Technik im deutschsprachigen Raum untersucht. Hierbei zeigte sich, dass die häufigsten Lerninhalte der circa 50 Bachelor- und Mastermodule im Bereich Information und Kommunikation (IuK) sowie im Themenfeld Nutzen, Chancen und Risiken lagen. Demgegenüber fanden sich kaum Angebote in den zuvor in der Bedarfsanalyse ermittelten Bereichen Beratung zur Techniknutzung sowie Planung und Implementierung.

12.3.2 Struktur

Basierend auf diesen Ergebnissen wurden mit der Methode Constructive Alignment (Biggs & Tang, 2011) zwei Module für den Masterstudiengang entwickelt. Die in den Modulbeschreibungen formulierten Lernergebnisse entsprechen Niveau 7 des Europäischen Qualifikationsrahmens (EQR). Das Modul „Erweiterte Pflegeinformatik" (Tab. 12.7) beinhaltet Grundlagen zu IuK-Systemen, zu IT-gestützter Pflegeplanung und -dokumentation und zum User-centered-Design-Prozess. Die Studierenden setzen sich kritisch mit den Anforderungen an die IT-gestützte Pflegedokumentation und -planung auseinander und sind in der Lage, sich an deren Einführung und Evaluation in ihrer Einrichtung zu beteiligen.

Das anwendungsorientierte Modul „Technik in der Pflegepraxis" legt den Fokus auf Beratung zu Anwendung und Umgang mit Technologien und zu relevanten ethischen Aspekten. Hier bewerten die Studierenden Möglichkeiten und Grenzen technischer Unterstützung und reflektieren die Rolle der eigenen Berufsgruppe und deren Perspektive vor dem Hintergrund sich verändernder Bedarfe, Strukturen und Angebote. Dieses Modul befindet sich derzeit in der Entwicklung und wurde noch nicht pilotiert.

Kernelemente der Lehre sind die modulspezifischen Studienmaterialien, die über das universitätseigene Lernmanagementsystem Stud.IP digital genutzt werden können. Die Module im Umfang von sechs Kreditpunkten sind didaktisch so konzipiert, dass sich asynchrone Online-Phasen im Selbstlernstudium mit synchronen Präsenzveranstaltungen abwechseln. So wird den überwiegend berufstätigen Studierenden ein weitgehend selbstbestimmter Wissenserwerb ermöglicht.

Tab. 12.7 Module im Masterstudiengang „Advanced Nursing Practice"

Inhalte		Allgemeine Grundlagen im Bereich Digitalisierung (Kommunikationsnetze, Datenstrukturen, IT-Sicherheit) und in der Gesundheitsversorgung (E-Health, Telepflege, assistierende Technologien etc.)
		Dokumentationen (Klassifikation, Datenbanken, Eingabemethoden, standardisierte medizinische Dokumentation)
		Grundlagen der Entscheidungsunterstützung (Modellierung von Wissen, Datenstrukturen)
		Prozesskontrolle (Modellierungssprachen, Messen in und Regeln von Prozessen)
		Outcome (objektiv/subjektiv), UCD (User-centered Design)
Lernergebnisse (EQR Niveau 7)	Kenntnisse: Die Studierenden …	… besitzen ein erweitertes Grundverständnis der für das Gesundheitswesen relevanten IuK-Technologien und ihrer Anwendung.
		… sind vertraut mit den wesentlichen Merkmalen der IT-gestützten Pflegeplanungs- und Pflegedokumentationssysteme im Bereich der Patientenversorgung, können diese bedienen und beurteilen.
		… kennen Klassifikationssysteme der Pflege sowie Medizin und können diese anhand ausgewählter Pflegetheorien und -modelle beurteilen und anwenden.
		… sind in der Lage, die grundlegenden Werkzeuge von Prozesskontrollen zu erkennen und diese zu bewerten.
		… identifizieren Bedarfe für IT-basierte Lösungen in der klinischen Entscheidungsfindung und in Versorgungsprozessen.
		… sind in der Lage, die Entwicklung von IT-Werkzeugen basierend auf dem User-centered-Design-Prozess zu begleiten.
	Fertigkeiten: Die Studierenden …	… identifizieren Informations- und Wissensbedarfe in ihrer Einrichtung, wiegen Maßnahmen, die den Austausch befördern, ab und setzen diese fall- und kontextbezogen ein.
		… setzen sich kritisch mit den Anforderungen an die IT-gestützte Pflegedokumentation und -planung auseinander und sind in der Lage, sich an deren Einführung und Evaluation in ihrer Einrichtung zu beteiligen.
	Kompetenz: Die Studierenden …	… reflektieren ihre Rolle als APN bezüglich der Anwendung der erweiterten Pflegeinformatik durch professionell Pflegende.
		… reflektieren kritisch Möglichkeiten und Grenzen zur Integration von IuK-Technologien in der Pflege in ihrer Organisation.

12.3.3 Pilotierung

Nach Abschluss der Erstellung der Studienmaterialien für das Modul „Erweiterte Pflege-
informatik" wurde ein Probedurchlauf mit interessierten Teilnehmenden veranstaltet.
Dazu wurde in mehreren Vorbereitungstreffen mit den Lehrenden die didaktische Umset-
zung der Lerninhalte geplant und die Angebotsstruktur ausgearbeitet. Das 12-wöchige
Modul begann im April und endete Anfang Juli 2021. Aufgrund der anhaltenden Corona-
Pandemie entfielen die zwei geplanten Präsenzphasen von jeweils drei Tagen im Mai und
Juni und wurden durch synchrone Online-Veranstaltungen ersetzt.

Um die Pilotierung anzukündigen und potenzielle Teilnehmende zu rekrutieren, wurden die Informationen auf der Homepage des geplanten Studiengangs veröffentlicht und
der Link im regionalen Netzwerk verteilt. Teilnahmevoraussetzungen waren eine abge-
schlossene dreijährige Pflegeausbildung sowie mindestens ein Jahr Berufserfahrung. Von
den insgesamt neun Teilnehmenden besaßen sechs einen Hochschulabschluss. Weiterhin
besaßen einige Teilnehmende pflegerische Fachweiterbildungen. Zwei Teilnehmende stu-
dierten in einem Masterstudiengang.

12.3.4 Evaluation

Evaluation von Bildungsprozessen bedeutet, dass die durchgeführte Bildungsarbeit regelmäßig mit geeigneten Instrumenten geprüft und bewertet wird. Eine durchgeführte Evaluation gibt Auskunft darüber, ob die Bildungsbedürfnisse der Lernenden richtig erkannt und
Bildungsinhalte in geeigneter Form vermittelt wurden (LQW, 2017). Um den individuellen Kompetenzzuwachs der Teilnehmenden zu erfassen und zu bewerten, wurde ein Modell bestehend aus formativen und summativen Evaluationsmethoden entwickelt, das bereits bei zuvor pilotierten Modulen erfolgreich eingesetzt wurde.

Zu Beginn des Moduls erfolgte eine onlinebasierte Abfrage der Lerneingangsbedin-
gungen. Dabei handelt es sich um Ressourcen, die die Teilnehmenden mitbringen, insbesondere Vorerfahrungen, Wissen, Einstellungen, Bedürfnisse und ihre Erwartungen an das
Modul. Diese Informationen zum „Input" werden den Ergebnissen zum „Output" beziehungsweise zu den „Outcomes" gegenübergestellt. In einer ebenfalls fragebogenbasierten
summativen Endevaluation werden die Teilnehmenden zur Zufriedenheit, zu Veränderungen im Wissen und zum Transfer in den beruflichen Alltag befragt. Die Antwortmöglichkeiten in den Fragebögen beinhalteten Multiple Choice, 6-stufige Likert-Skalen und offene Texteingaben. Der ursprünglich geplante formativ begleitende Teil der Evaluation in
Form von Einzelinterviews der Teilnehmenden während der Präsenzphase musste aufgrund der Corona-Pandemie entfallen. Es wurde jedoch telefonisch eine Rückmeldung der
verantwortlichen Lehrenden eingeholt.

Den Fragebogen der Eingangsevaluation bearbeiteten 10 Teilnehmende (1 Teilnehmende meldete sich im Lauf der Pilotierung ab). Die summative Evaluation hatte 8
Teilnehmende.

12.3.4.1 Ergebnisse der Eingangsevaluation

Die Digitalisierung ist in der beruflichen Praxis aller Teilnehmender Realität. Sie wird überwiegend zur Kommunikation, für internetbasierte Arbeiten und bei softwaregestützten Arbeiten, wie Prozess- oder Terminplanung, genutzt. In der direkten Versorgung spielen vor allem Dokumentationssysteme, elektronische Patientenakte (ePA) und das Monitoring von Vitalparametern eine Rolle. Exoskelette, Roboter, Transport- oder Trackingsysteme werden nicht genutzt. Die **Relevanz der Kompetenzfelder** in der Pflegeinformatik wurde jeweils ähnlich hoch bewertet (Abb. 12.1). Die Robotik wurde als am wenigsten relevant eingeschätzt.

Die **fachlichen Vorkenntnisse** der Teilnehmenden bezogen auf die Modulinhalte lagen überwiegend im Bereich Grundlagen der Computertechnik und Informations- und Dokumentationssysteme. Zur **Motivation,** das Modul zu belegen, wurden folgende Punkte genannt:

- Verbessern der Grundkenntnisse
- Zusammenhänge zwischen Pflege und Informatik verstehen
- Test für ein berufsbegleitendes Studium
- Erweiterung des Wissens zu Digitalisierung im Gesundheitswesen

Die **Erwartungen für die berufliche Entwicklung** waren sehr unterschiedlich:

- fundierte Entscheidungen für die Berufsgruppe treffen können
- neue Beschäftigungsmöglichkeiten erschließen, die Pflege und Informatik verbinden
- sich verändernde Prozesse abschätzen können

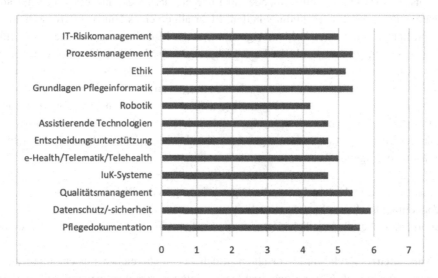

Abb. 12.1 Relevanzeinschätzung unterschiedlicher Kompetenzfelder in der Pflegeinformatik durch die Teilnehmenden. (Ergebnisse aus der Eingangsevaluation)

- Unterstützung bei der Implementierung einer PDMS-Struktur
- Pflege-Bereich mit Hilfe von IT-Lösungen entlasten und revolutionieren

Bezüglich der Lernziele des Moduls möchten die Teilnehmenden die Auswirkungen der digitalen Entwicklungen im Krankenhaus einschätzen und ein Bild davon haben, was Pflegeinformatik beinhaltet und wie es den pflegerischen Alltag bestimmt. Weiterhin wurden folgende Punkte genannt:

- Grundverständnis zur Funktionsweise von Krankenhausinformationssystemen (KIS) und sonstiger Informationssysteme
- Kenntnisse über relevante Datenschutz- und Qualitätsmerkmale bei digitaler Pflegeplanung/-dokumentation und über die digitale Akte
- Überblick über aktuelle sowie zukünftige Assistenzsysteme
- erster Einblick in Schulungsbedarfe/-konzepte hinsichtlich Digitalisierung und IT

Als **Herausforderungen** zur Bewältigung des Moduls wurden geringe Vorkenntnisse, der hohe Anteil an Online-Unterricht und die mangelnde Vereinbarkeit von Beruf und Familie genannt. Der erwartete Zeitaufwand lag bei durchschnittlich 10 Stunden (4–20 Stunden) pro Woche.

12.3.4.2 Ergebnisse der summativen Endevaluation

Die Teilnehmenden gaben an, dass die Lehrveranstaltung inhaltlich nachvollziehbar aufgebaut und die Lernergebnisse überwiegend klar und transparent dargestellt wurden.

Im Gegensatz zu der anfangs geäußerten Einschätzung der eigenen **fachlichen Vorkenntnisse** gaben einige Teilnehmende am Ende an, dass diese nur eingeschränkt ausreichten, um das Modul gut zu durchlaufen. Mehr allgemeines Hintergrundwissen zu IT, wie zum Beispiel zu binären Zahlen, Algorithmen oder Modellierungssprachen, wäre hilfreich gewesen. Insgesamt wurde der Lernerfolg mit durchschnittlich 4,8 von 6 Punkten als relativ hoch angesehen, vor allem während der synchronen (Online-)Veranstaltungen.

Die vielfältigen, eingangs geäußerten **Erwartungen** an das Modul wurden nur bedingt erfüllt: Die Relevanz der Informatikgrundlagen für den beruflichen Alltag wurde kritisch hinterfragt. Viele Teilnehmende wünschten sich mehr praktischen Anwendungsbezug, besonders zu Lösungen für die Versorgung im Krankenhaus. Den Teilnehmenden fehlten unter anderem folgende Themen:

- Austausch mit IT-Unternehmen, die Digitalisierung in der Pflege umsetzen
- Vorstellung moderner Systeme in Kliniken
- Information über die berufliche Zukunft von Studierenden mit dieser Zusatzqualifikation

Der **Kompetenzerwerb** wurde vor allem in den Themenbereichen Entscheidungsunterstützungssysteme und Informations- und Dokumentationssysteme hoch eingeschätzt. Am

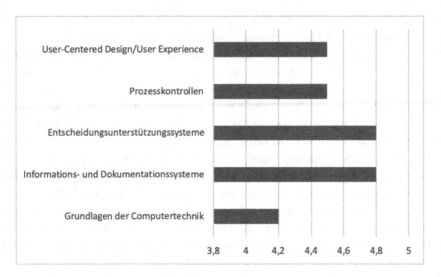

Abb. 12.2 Einschätzung zum Kompetenzerwerb durch die Teilnehmenden. (Ergebnisse aus der summativen Endevaluation)

geringsten fiel der Kompetenzerwerb im Bereich Grundlagen der Computertechnik aus (Abb. 12.2). Dies ist möglicherweise mit dem relativ hoch eingeschätzten Vorwissen der Teilnehmenden zu erklären.

Bei den **Herausforderungen** wurde die Belastung durch mangelnde Vereinbarkeit von Beruf und Familie bestätigt. Die Bearbeitung der Modulinhalte und das Erstellen der Prüfungsleistungen wurde als sehr zeitintensiv wahrgenommen. Weiterhin wurde die Abstimmung mit dem/der Partner/-in in der Projektarbeit als einschränkend empfunden. Die Teilnehmenden hätten die ursprünglich geplanten Präsenzzeiten als sehr hilfreich empfunden. Der tatsächlich geleistete zeitliche Aufwand war niedriger als der erwartete (durchschnittlich 4 Stunden pro Woche).

Positiv wurde die Erreichbarkeit der Dozentin, die Struktur der Themen, sowie die Prüfungsleistungen bewertet. Weiterhin gefiel den Teilnehmenden der (virtuelle) Besuch der Reallabore, bei dem sie sich über aktuelle Innovationen im Bereich der Pflegetechnik informieren konnten.

12.4 Implikationen für die Aus-, Fort- und Weiterbildung

Die Entwicklung und Erprobung von Lehrangeboten im Bereich digitale Pflegetechnologien im Rahmen des Projekts Pflegeinnovationszentrum ermöglichen erste Erkenntnisse dazu, welche Qualifikationen auf welcher Bildungsebene erworben werden und wie die Lerneinheiten inhaltlich und didaktisch aufbereitet werden sollten, um einen aufeinander aufbauenden Kompetenzgewinn zu gewährleisten. Aufgrund eines fehlenden verbindlichen curricularen Rahmens und einer unzureichenden Verankerung technikbezogener Kompetenzen in der Ausbildungs- und Prüfungsverordnung für die Pflegeberufe stellt dieses Vorgehen eine erste Näherung an ein übergreifendes Kompetenzmodell dar.

Neben den strukturellen Hürden durch die fehlende curriculare Verankerung in der Ausbildung und in den Weiterbildungsgängen durch die Deutsche Krankenhausgesellschaft (DKG), die sich in fehlenden Aussagen über thematische Schwerpunkte, inhaltliche Tiefe und Stundenumfang äußern, muss bei der Implementierung digitaler Kompetenzen berücksichtigt werden, dass die Voraussetzungen bei den Lehrenden uneinheitlich sind. Es gibt keine gesetzlich verankerte thematische Bearbeitung des Themas der Digitalisierung in pflegepädagogischen Studiengängen, sodass nicht davon ausgegangen werden kann, dass alle Lehrkräfte diese inhaltliche Spannbreite der Digitalisierung abdecken können. Hinzu kommt, dass auf Seiten der Projektpartner aus dem Bildungsbereich der Wunsch nach einer umfassenden Schulung besteht, damit ein Wissensvorsprung gegenüber den Teilnehmenden von Weiterbildungen und Auszubildenden vorhanden ist. Denn auch die Nutzung von vorbereiteten Lehrmaterialien setzt eine Einarbeitung voraus, damit sich Lehrkräfte nicht „fachfremd" im eigenen Unterricht fühlen.

Aufgrund der heterogenen Vorbildung der Teilnehmenden des Pilotmoduls ist es schwer, einheitliche Lernergebnisse zu formulieren und zu erzielen. Dies liegt zu einem gewissen Teil daran, dass für die Pilotierung keine spezifischen Zugangsvoraussetzungen gefordert waren. Im fertig eingerichteten Master wird das Niveau der Studierenden aufgrund ihres Bachelorabschlusses zwar angeglichen sein. Da es jedoch keine gesetzlich geregelten Vorgaben und Modelle bezüglich digitaler Kompetenzen gibt, wird zukünftig weiterhin die Herausforderung darin bestehen, dem heterogenen fachlichen Vorwissen der Studierenden gerecht zu werden. Für die Teilnehmenden selbst war die Selbsteinschätzung ihrer Vorkenntnisse ebenfalls schwierig, da das Themenfeld wenig klar umgrenzt und definiert ist. Die im Modul behandelten Kapitel stellen lediglich einen ersten groben Überblick über die verschiedenen Bereiche der Pflegeinformatik dar. Für die Informatikstudierenden unter den Teilnehmenden war dies zu „basic". Sie hätten sich mehr strukturierte Arbeit mit Algorithmen gewünscht. Viele Teilnehmende aus der Praxis dagegen erwarteten konkrete Anwendungsszenarien, die sie unmittelbar in ihrem beruflichen Alltag umsetzen können. Auch in einem Masterstudiengang wird es zukünftig herausfordernd bleiben, bei der Vielfalt an Themen und Rollen beziehungsweise Aufgaben der Pflegenden in unterschiedlichen Pflegesettings einen gemeinsamen curricularen Pfad zu finden.

Da die Pflegeinformatik noch eine junge akademische Disziplin ist, stehen auch die Hochschullehrenden – ähnlich wie in den Pflegeschulen – vor der Herausforderung, wie sie ihre Lehre inhaltlich strukturieren und für welches berufliche Aufgabenfeld sie Qualifikationsziele formulieren sollen.

12.5 Fazit

Die Erkenntnisse aus der Entwicklung und Erprobung von Lehreinheiten im Kompetenzbereich „Digitale Pflegetechnologien" fallen im Bereich der beruflichen und der akademischen Bildung naturgemäß unterschiedlich aus. Jedoch lassen sich zwei zentrale gemeinsame Problematiken erkennen: zum einen die fehlende Verankerung dieses Bereichs in den Bildungscurricula auf allen Qualifizierungsebenen und zum anderen parallel dazu eine noch unzureichende Qualifikation der Lehrenden in den entsprechenden Bildungsinstitutionen und in der Praxis.

Das Bündnis „Digitalisierung in der Pflege" hat im Oktober 2021 vier Empfehlungen für den Koalitionsvertrag der 20. Legislaturperiode veröffentlicht. Darin fordern die Beteiligten die Aufnahme digitaler Themen als festen Bestandteil sowohl in die generalistische und akademische Pflegeausbildung als auch in die Curricula der Fort- und Weiterbildung (Bündnis Digitalisierung in der Pflege 2021). Ähnlich wie bereits im Positionspapier der Arbeitsgruppe „Wissenstransfer und Qualifizierung" des Clusters „Zukunft der Pflege" gefordert, soll Digitalisierung als Querschnittskompetenz in alle Ausbildungsbereiche eingebaut werden (Gockel et al., 2020) und zusätzlich ein eigenes Fach für Grundlagen und weiterführende digitale Themen geschaffen werden. Im schulischen Bereich der Ausbildung müssen also die Grundlagen für IuK-Technologien und Pflegeinformatik gelegt und darauf aufbauend berufliche und akademische Weiterbildungsangebote mit unterschiedlicher Ausrichtung und Möglichkeit zur Schwerpunktbildung geschaffen werden. Um der schnellen Entwicklung digitaler Themen Rechnung zu tragen, braucht es ein flexibles, durchlässiges Bildungssystem mit starken interdisziplinären Anteilen, besonders im akademischen Bereich.

Die Implementierung der schulischen und akademischen Lehreinheiten verdeutlicht die besondere Bedeutung der in der Pflegeausbildung tätigen Lehrkräfte. Auch das „Cluster Zukunft der Pflege" und das Bündnis „Digitalisierung in der Pflege" fordern eine flächendeckende, spezifische Weiterbildung dieser Zielgruppe. Kurzfristig können zwar Qualifikationslücken über Fort- und Weiterbildungsmaßnahmen geschlossen werden. Langfristig jedoch muss die Qualifizierung der Lehrenden auch in den berufspädagogischen Studiengängen verankert sein.

Die schnelle Weiterentwicklung digitaler Technologien wird die Pflegeprozesse in allen Settings fundamental verändern. Dies wird zu neuen Tätigkeitsprofilen und Berufsbildern in der Pflege führen. Um die entsprechend benötigten digitalen Kompetenzen nachhaltig und flexibel in der professionellen Pflege zu verankern, bedarf es eines aufeinander abgestimmten, interdisziplinären und durchlässigen Qualifikations- und Berufsmodells und eines nationalen Kerncurriculums für alle Qualifikationsniveaus.

Literatur

Benner, P., Sutphen, M., Leonard, V., & Day, L. (2010). *Educating nurses: A call for radical transformation* (1. Aufl.). Jossey-Bass.

Biggs, J., & Tang, C. (2011). *Teaching for quality learning at university.* McGraw-hill education.

Boll, S., Hein, A., Heuten, W., Kadmon, M., Lindemann, G., Wolf-Ostermann, K., Rothgang, H., & Wiedermann, F. (2018). Pflegeinnovationszentrum. Technologien für eine bedarfsgerechte Zukunft der Pflege. *Zukunft der Pflege. Tagungsband der 1. Clusterkonferenz 2018 „Innovative*

Technologien für die Pflege". https://oops.uni-oldenburg.de/id/eprint/3592. Zugegriffen am 03.02.2023.

Cheeseman, S. E. (2011). Are you prepared for the digital era? *Neonatal Network, 30,* 263–266.

DPR Deutscher Pflegerat e.V. (2019). *Positionspapier: Digitalisierung in der Pflege.* Berlin.

Edwards, J., & O'Connor, P. (2011). Improving technological competency in nursing students: The passport project. *Journal of Educators Online, 8,* 1–20.

Gardner, C., & Jones, S. (2012). Utilization of academic electronic medical records in undergraduate nursing education. *Online Journal of Nursing Informatics (OJNI), 16,* 1702.

Gockel, J. (2018). Erhebung des aktuellen Stands und Bedarfs an technischen Innovationen und technikbezogenen Qualifizierungsangeboten in der Pflege. [Unveröffentlichtes Manuskript]. Fakultät VI – Medizin und Gesundheitswissenschaften, Universität Oldenburg.

Gockel, J., Westerholt, S., Landherr, J., et. al. (2020). Technikbezogene Kompetenzen in der Ausbildungs- und Prüfungsverordnung für die Pflegeberufe. Positionspapier der AG „Wissenstransfer und Qualifizierung" des Cluster „Zukunft der Pflege". In *Pädagogik der Gesundheitsberufe. Die Zeitschrift für den interprofessionellen Dialog (04/2020)* (S. 262–265). Verlag hpsmedia GmbH.

Hebda, T., & Calderone, T. L. (2010). What nurse educators need to know about the TIGER initiative. *Nurse Educator, 35,* 56–60. https://doi.org/10.1097/NNE.0b013e3181ced83d. Zugegriffen am 03.02.2023.

Kuhn, S., et al. (2019). *Wie revolutioniert die digitale Transformation die Bildung der Berufe im Gesundheitswesen?* (careum working paper, 8). www.careum.ch/workingpaper8-lang. Zugegriffen am 03.02.2023.

Lauterbach, M., & Hörner, K. (2019). Erfolgsfaktoren in der Digitalisierung der Ge- sundheitsversorgung. In R. Haring (Hrsg.), *Gesundheit digital. Perspektiven zur Digitalisierung im Gesundheitswesen* (S. 123–142). Springer.

Leitlinien Pflege 4.0. (2017). *Handlungsempfehlungen für die Entwicklung und den Erwerb digitaler Kompetenzen in Pflegeberufen.* Gesellschaft für Informatik e.V. (Hrsg.), Berlin.

LQW. (2017). *QB 5 Qualitätswerkzeug Evaluationsmethoden.* https://www.qualitaets-portal.de/wp-content/uploads/QB-05-Qualitätswerkzeug-Evaluationsmethoden-2017-03-2.pdf. Zugegriffen am 03.02.2023.

Mania, H. (2021). Die Digitalisierung verändert (auch) die Pflege. *Pflege Zeitschrift,* 2021(74), 10–12.

Mohr, J., Riedlinger, I., & Reiber, K. (2020). Die Bedeutung der Digitalisierung in der Neuausrichtung der pflegerischen Ausbildung – Herausforderungen für die berufliche Pflege im Kontext der Fachkräftesicherung. In E. Wittmann, D. Frommberger, U. Weyland (Hrsg.), *Jahrbuch der berufs- und wirtschaftspädagogischen Forschung.* https://doi.org/10.25656/01:20661. Zugegriffen am 03.02.2023.

Jan Landherr Dr. Jan Landherr ist seit 2019 als wissenschaftlicher Mitarbeiter am Hanse Institut Oldenburg tätig und beschäftigt sich in seinen Projekten mit der Digitalisierung der Pflege und dem Bereich Virtual-Reality-Anwendungen aus Sicht der Bildung. Dr. Landherr ist zudem wissenschaftlicher Mitarbeiter in der Arbeitsgruppe „Technische Bildung" des Instituts für Physik der Carl von Ossietzky Universität Oldenburg im Bereich der Lehramtsausbildung und beschäftigt sich dort mit Themen der Technikphilosophie. Das Studium zum Master of Education schloss Dr. Landherr 2012 ab, worauf 2020 die Promotion mit einer Arbeit zur Form- und Funktionsbestimmung von Technik im kapitalistischen Produktionsprozess folgte.

Stefan Westerholt   Stefan Westerholt ist als examinierter Krankenpfleger und Diplom-Pflegewirt zehn Jahre in Krankenhäusern und insbesondere auf geriatrischen Abteilungen tätig gewesen und hat weitere zehn Jahre Senioreneinrichtungen geleitet. Seit 2016 arbeitet er als Lehrkraft in der Aus- und Weiterbildung von Gesundheitsfachberufen mit den Schwerpunkten der Sozialpolitik und der Finanzierung von Gesundheitsdienstleitungen. An der Carl von Ossietzky Universität Oldenburg arbeitete Stefan Westerholt im BMBF-geförderten Projekt mit am Aufbau berufsbegleitender Studiengänge in den Pflege- und Gesundheitswissenschaften. Als wissenschaftlicher Mitarbeiter ist er am Hanse Institut Oldenburg seit 2019 tätig und dort im Rahmen von Projekten mit dem Einsatz von digitalen Techniken in der Pflege und der Bildung betraut.

Julia Gockel   Dr. Julia Gockel ist seit 2015 wissenschaftliche Mitarbeiterin in der Abteilung für medizinische Ausbildung und Ausbildungsforschung an der Carl von Ossietzky Universität Oldenburg. Schwerpunkt ihrer Tätigkeit ist die Entwicklung und die wissenschaftliche Begleitung von Bildungsangeboten im Bereich der Pflege- und Gesundheitswissenschaften, insbesondere die Einrichtung eines berufsbegleitenden Masterstudiengangs „Pflege – Advanced Nursing Practice". Gleichzeitig koordiniert sie den Masterstudiengang Versorgungsforschung, der sich mit zentralen Fragen der Versorgung im Gesundheitswesen befasst und die Studierenden zur Erforschung und evidenzbasierten Weiterentwicklung der Gesundheitsversorgung befähigt. Dr. Gockel studierte Biologie an der Universität Erlangen-Nürnberg und promovierte an der Ludwig-Maximilians-Universität München. Als Postdoc war sie drei Jahre an der University of Oxford und am University College London tätig.

Da wachsen die schon rein! Oder? – Erprobung eines Blended-Learning-Moduls zur Unterstützung des Einsatzes neuer technischer Produkte im Pflegealltag

Regina Schmeer, Brit Rebentisch-Krummhaar, Daniel P. Beume, Ronny Klawunn und Hannah van Eickels

Zusammenfassung

Im vom Bundesministerium für Bildung und Forschung geförderten Forschungsprojekt Pflegepraxiszentrum Hannover wurde ein Blended-Learning-Schulungsmodul entwickelt, dass den Kompetenzerwerb von Pflegenden zum Umgang mit neuen technischen Produkten im Pflegealltag zum Ziel hat. Dieser Beitrag skizziert die Schritte, die notwendig waren, um das Schulungsmodul zu gestalten, durchzuführen und zu evaluieren: Zunächst wurden aus pädagogisch-theoretischen Überlegungen Prinzipien abgeleitet, nach denen das Modul aufgebaut werden sollte. Dann wurde ein erster Prototyp des Schulungsmoduls entwickelt. Inhaltlich stand ist die Versorgung zweier Gesundheitsstö-

R. Schmeer (✉)
Medizinische Hochschule Hannover, Hannover, Deutschland
E-Mail: schmeer.regina@mh-hannover.de

B. Rebentisch-Krummhaar
Medizinische Hochschule Hannover, Hannover, Deutschland
E-Mail: rebentisch-krummhaar.brit@mh-hannover.de

D. P. Beume
Hochschule Hannover, Hannover, Deutschland
E-Mail: daniel-peter.beume@hs-hannover.de

R. Klawunn
Medizinische Hochschule Hannover, Hannover, Deutschland
E-Mail: klawunn.ronny@mh-hannover.de

H. van Eickels
Medizinische Hochschule Hannover, Hannover, Deutschland
E-Mail: vaneickels.hannah@mh-hannover.de

© Der/die Autor(en), exklusiv lizenziert an Springer Fachmedien Wiesbaden GmbH, ein Teil von Springer Nature 2023
T. Krick et al. (Hrsg.), *Pflegeinnovationen in der Praxis*,
https://doi.org/10.1007/978-3-658-39302-1_13

rungen (Dekubitus und Demenz) mithilfe neuer technischer Produkte sowie die Auseinandersetzung mit sozialethischen und rechtlichen Fragen im Fokus. Die Erfahrungen der teilnehmenden Pflegenden am Schulungsmodul wurden nach dem Durchlauf evaluiert und es wird ein Ausblick auf zukünftig notwendige Kompetenzförderung gegeben.

13.1 Hintergrund

Der Einsatz von neuen technischen Produkten in der Gesundheitsversorgung nimmt zu. Pflegende sind damit konfrontiert, dass diese häufig die Arbeitsprozesse und Kommunikationsstrukturen verändern (Becka et al., 2020). Die Benutzung dieser neuen Produkte stellt viele Pflegende vor zusätzliche Herausforderungen. Häufig wird erwartet, dass sich Pflegende neben ihrer originären Arbeit auch in die Anwendungsfunktionen neuer technischer Produkte einarbeiten (Berger et al., 2017). In gewisser Weise funktioniert das auch, weil die überwiegende Zahl der Pflegenden auch in ihrem privaten Umfeld zunehmender Digitalisierung ausgesetzt ist. Um es an einem Beispiel zu verdeutlichen: Eine Person weiß bereits durch die Nutzung eines Smartphones, wie ein Touchpad funktioniert. Allerdings reicht diese Fähigkeit bei Weitem nicht aus. So fordert unter anderem der Verband der Pflegedirektorinnen und Pflegedirektoren der Universitätskliniken und Medizinischen Hochschulen, dass „Pflegefachpersonen … nicht nur Anwender*innen und Nutzer*innen digitaler oder robotischer Systeme sein [sollten], sondern diese auch aktiv mitgestalten, damit sie im klinischen Alltag konsequent eingesetzt werden" (VPU, 2021, S. 5). Deutlich ist jedoch, dass die Förderung der hierfür benötigten Fähigkeiten in den aktuellen gesetzlichen Vorgaben nur unzureichend abgebildet wird und sich eher auf Dokumentationszwecke beschränkt (Gockel et al., 2020) und somit in die Verantwortung der Institutionen der pflegerischen Versorgung verschoben wurde, die nun die Kompetenzförderung übernehmen müssen.

Im Forschungsprojekt Pflegepraxiszentrum Hannover bekamen Pflegende daher die Möglichkeit, mithilfe eines Blended-Learning-Schulungsmoduls ihr Fachwissen und ihre Kompetenz bezogen auf neue technische Produkte für die pflegerische Praxis wissenschaftsfundiert aufzufrischen und zu vertiefen. Gleichzeitig ging es im Modul aber auch um das praktische Ausprobieren und Anwenden der Produkte. Ziel dieses Beitrags ist zunächst, konzeptionell-pädagogische Vorüberlegungen zu skizzieren, die in die Entwicklung des Schulungsmoduls geflossen sind (Abschn. 13.2). Dann werden die praktische Ausgestaltung (Abschn. 13.3) sowie Evaluationsergebnisse (Abschn. 13.4) des ersten Schulungsdurchlaufs vorgestellt und diskutiert. Im Abschluss folgt ein zukunftsgerichteter Ausblick (Abschn. 13.6).

13.2 Pädagogisches Konzept

Lernen kann einerseits als aktiver, andererseits aber auch als passiver Prozess ablaufen und dient im Wesentlichen dem Hinterlassen von Spuren in unserem Gedächtnis. Um diese Spuren nachhaltig abrufen und zielgerichtet anwenden zu können, bedarf es neben dem eigentlichen Lernprozess einer Reihe weiterer Fähigkeiten der Lernenden: die Fähigkeit zur Erinnerung an das Gelernte, zur Wahrnehmung und Bewertung des Gelernten, zur Verknüpfung sowie zur Erkennung von Regelmäßigkeiten. Konstruktivistisch gesehen ist Lernen eine handelnde Auseinandersetzung mit der Welt. Das heißt, dass das Wissen nicht von einer Person auf eine andere Person übertragen werden kann. Jeder von uns macht das aufgenommene Wissen für sich verständlich und begreift individuell dessen Sinnhaftigkeit (Nussbaumer & von Reibnitz, 2008).

Um Lernen und eine damit verbundene Erweiterung der beruflichen Handlungskompetenz zu ermöglichen, waren daher Methoden des Problem-based Learnings, der Handlungsorientierung und des Blended Learnings leitend für die Entwicklung des Schulungsmoduls im PPZ Hannover.

13.2.1 Problem-based Learning (PBL)

Bereits Sokrates bewies, dass selbst scheinbar Unwissende von einer Fragestellung ausgehend schrittweise Lösungen für die schwierigsten Probleme finden können. Das Hinterfragen regt Lernende zum eigenständigen Problemlösen an und lockt verborgene Fähigkeiten heraus. Die Methode des PBL bezeichnet eine pädagogische Strategie mit dem Ziel des Kompetenzerwerbs zu konkreten Handlungssituationen (Heiner & Willems, 2007).

Die Problemlösekompetenz bildet über das Auflösen von möglichst authentisch konstruierten Problemen den Schwerpunkt, wobei die fachliche, soziale, personale und methodische Kompetenz explizit mit einbezogen werden. PBL fördert diese Kompetenzen und zudem die Freude am Lernen und das Entwickeln von effektiven Begründungsprozessen (Nussbaumer & von Reibnitz, 2008).

Charakteristisch für PBL ist eine bestimmte Grundeinstellung zum Lernen. Lernende und Lernbegleitende (Lehrende) begegnen sich als gleichwertige Personen mit Wissen, Verständnis, Gefühlen und Interessen in einem gemeinsamen pädagogischen Prozess, wobei die Ermutigung zum offenen, reflektierten, kritischen und aktiven Lernen ihrem Selbstverständnis entspricht (Schwarz-Goavers, 2002).

Der Ablauf im PBL erfolgt klassisch in vier Prozessschritten (Abb. 13.1).

Das zugrundeliegende Problem ist in der Regel eine unbekannte oder unsichere Situation oder Fragestellung. Die Konstruktion des Problems legt also fest, was gelernt werden muss, um die Situation zu entschlüsseln und die grundlegenden Fakten und Zusammenhänge zu verstehen.

Durch die Anwendung von PBL wird ein Lernprozess nach dem Konzept des Lebenslangen Lernens geschult (Nussbaumer & von Reibnitz, 2008). Der Fokus bei der Entwicklung des Schulungsmoduls lag nach diesem Konzept somit zum einen auf der Anwendbarkeit in der Praxis und zum anderen darin, selbstgesteuert lernen zu können.

Abb. 13.1 PBL-Prozess. (In Anlehnung an Schwarz-Goavers, 2002)

13.2.2 Handlungsorientierung

Auch das Prinzip der Handlungsorientierung fußt auf der konstruktivistischen Didaktik. Wichtig ist hierbei die Schaffung eines ausgewogenen Verhältnisses zwischen kognitiven, affektiven und psychomotorischen Lerninhalten oder, wie Pestalozzi es nannte, das Lernen mit Kopf, Herz und Hand (Pestalozzi, 1801). Im Projekt haben wir bei der didaktischen und methodischen Herangehensweise genau diese Aspekte berücksichtigt. Neben der Auffrischung und Vertiefung von pflegefachlichem Wissen wurde durch die Bereitstellung der neuen technischen Produkte in Verbindung mit dem Fallbeispiel ein affektives Lernen ermöglicht, ebenso wie das tatsächlichen Tun, indem die Produkte ausprobiert und angewendet werden können.

Fallbeispiele oder Case Studies in den unterschiedlichsten Formen sind besonders gut geeignet, um eine Handlungsorientierung zu schaffen (Oelker und Meyer 2020). Daher basieren unsere Modulinhalte auf einer konkreten Handlungssituation (Abschn. 13.3.1). Somit ist es den Pflegenden möglich, sich in eine konkrete Situation hineinzuversetzen und anschließend ihr erworbenes Wissen situationsbezogen anzuwenden.

13.2.3 Blended Learning

Blended Learning ist eine Unterrichtsform mit Anteilen in Präsenz und E-Learning-Angeboten (Graham, 2012). Wipper und Schulz (2021) gehen bei ihrer Legitimation für das Erteilen von Online-Lernaufgaben davon aus, dass ein Erwerb von Wissen nicht ausschließlich auf den rein rezeptiven Lernprozess begrenzt ist. Durch die Vertiefung und Anwendung von Inhalten können Transferkompetenzen, die gerade für den beruflichen Alltag von Bedeutung sind, herausgebildet werden. Folgende Aspekte können den Lernprozess positiv beeinflussen:

Motivation und Emotion
Um Lernenergie freizusetzen, bedarf es eines gewissen Maßes an Motivation und Emotion. Im Wesentlichen sind diese Faktoren von Lernenden durch den Einsatz bestimmter Strategien selbst beeinflussbar. Als Strategien gelten hier beispielsweise die Fähigkeit der eigenen Zielsetzung und „… Lernbemühungen gegebenenfalls gegen konkurrierende Aktivitäten abzuschirmen …" (Wiechmann & Wildhirt, 2015, S. 163).

Soziale Interaktion
Hierbei handelt es sich im Wesentlichen um die Nutzung kooperativer Lernstrategien. Durch den Austausch in einer Gruppe können Ideen und Sichtweisen diskutiert werden. Ein heterogener Wissensstand und Erfahrungsschatz ist dabei hilfreich (Wiechmann & Wildhirt, 2015). Möglich ist dies sowohl in Präsenz wie auch in virtuellen Chats.

Umgang mit Ressourcen
Einer der größten Vorteile des Blended Learnings ist die selbstgesteuerte Gestaltung der Lernzeit. Sie spielt für die effektive Nutzung des Lernangebots eine wichtige und entscheidende Rolle bei der „… aktiven geistigen Auseinandersetzung mit den Lerninhalten …" (Wiechmann & Wildhirt, 2015, S. 164). Persönliche Vorlieben, wie zum Beispiel eine Lernzeit in den Abendstunden, sind dadurch möglich umzusetzen.

Nicht zuletzt gaben genau diese Aspekte den Ausschlag für die Anwendung des Blended Learnings im Projekt. Das folgende Märchen verdeutlicht diesen Prozess sehr anschaulich: Schneewittchen, welche tot in ihrem gläsernen Sarg lag, weil ein vergifteter Apfel in ihrem Hals stecken blieb, wurde von sieben Zwergen getragen. Alle sieben bewegten sich im Gleichschritt, links, zwei, drei, vier, links, … Plötzlich kam einer der Zwerge ins Stolpern. Es war der Anfang einer Kette, an deren Ende die Heilung Schneewittchens erfolgte: Einer stolperte und brachte damit alle aus dem Tritt (aus dem „Trott"), sie wankten, der Sarg fiel hin und zersprang. Durch den Aufprall flog der Apfel aus ihrem Hals, sie schlug die Augen auf und war geheilt (Klemm, 2001).

Diese Darstellung ist ein Beispiel für prozesshafte Veränderungen, welche wir unbewusst im Alltag nur allzu oft selbst auslösen. Häufig können wir den Auslöser solcher Ereignisketten (welche nicht immer glücklich enden) retrospektiv nicht immer nachvollziehen. Lehr- und Lernarrangements wie Problem-based Learning in Verknüpfung mit Blended Learning bieten in ihrer Vielseitigkeit jedem Einzelnen die Möglichkeit, die vertrauten Wege zu verlassen und neue zu entdecken. Entscheidend ist die Bereitschaft, etwas ändern zu wollen und etwas Neues zu wagen.

13.3 Modulbeschreibung

Das Schulungsmodul gliedert sich in insgesamt acht Online-Wocheneinheiten mit je einem Präsenztag zu Beginn und Abschluss des Moduls. Plattform für die Online-Aufgaben ist die E-Learning-Plattform ILIAS. Für die Teilnehmenden sind fünf Arbeitstage zur Teilnahme am Modul eingeplant, von denen zwei für die Präsenztage zu Beginn und Ende des Moduls reserviert sind. Pro Lerneinheit sind 90 Minuten Bearbeitungszeit eingeplant, die sich die Teilnehmenden frei in der jeweiligen Kurswoche einteilen können. Die Teilnehmenden erhalten keine Benotung ihrer Leistungen im Modul, aber ein Feedback und ein Teilnahmezertifikat. Das Modul wurde hauptverantwortlich von drei Mitarbeitenden des PPZ Hannover erarbeitet, die sich die Arbeit inhaltlich schwerpunktmäßig in pflegewissenschaftliche und ELSI-Aspekte aufteilten.[1]

Das Modul besteht inhaltlich aus zwei Themenblöcken:

1. Dekubitus, Positionierung und der Einsatz des Active Mobilisation Systems (AMS) (Woche 1–4)
2. Demenz und der Einsatz emotionaler Robotik am Beispiel der Roboterrobbe Paro (Woche 5–7)

Jeder Themenblock schließt mit einer ELSI[2]-Lerneinheit ab. Dem übergeordneten Lernziel entsprechend sollen die Teilnehmenden dabei für ethische, rechtliche und soziale Konflikt- und Problemlagen sensibilisiert werden, die bei der Einführung und dem Einsatz neuer technischer Produkte im Arbeitsalltag eintreten können und Lösungsansätze im Umgang mit den identifizierten Problemstellungen entwickeln.

Die achte Woche enthält keine neuen Themen und ist als Wiederholungswoche für die Teilnehmenden angelegt.Die Inhalte der einzelnen Wocheneinheiten werden wöchentlich freigeschaltet, sodass Teilnehmende Inhalte vergangener Wochen nacharbeiten, aber inhaltlich nicht vorarbeiten können.

Zur leichteren Orientierung innerhalb des Moduls sind alle Wocheneinheiten gleich aufgebaut. Jede Woche beginnt, wie in Abb. 13.2 dargestellt, mit einer kurzen Einführung, in der die Inhalte und Lernziele der Woche sowie der Bearbeitungszeitraum dargestellt werden.

Anschließend an die Einführung befinden sich die Ordner mit den zwei bis drei Lerneinheiten der Woche. Die Lerneinheiten ähneln sich ebenfalls in ihrem Aufbau. Zunächst erfolgt eine Einführung in das Thema anhand des Fallbeispiels „Herr Demir" (siehe

---

[1] Das Autorinnen- und Autorenteam dankt an dieser Stelle der ehemaligen Mitarbeiterin Jennifer Dismer für konzeptionellen Vorarbeiten und -überlegungen für die Ausgestaltung des Schulungsmoduls.
[2] Allgemein bezeichnet ELSI ethische, rechtliche (im Englischen „legal") und soziale Implikationen, die hier auf den Bereich der Mensch-Technik-Interaktion in der Pflegepraxis bezogen sind.

In dieser Woche kannst du dein Wissen rund um den Einsatz von Paro erweitern und lernst potentielle Fehlerquellen im Umgang mit Paro und deren Behebung kennen.

Am Ende der Woche hast du

- einen Leitfaden für den individuellen Einsatz von Paro erstellt,
- häufige anwendungsbezogene und technische Fehler von Paro kennengelernt und mögliche Maßnahmen zur Fehlervermeidung oder Fehlerbehebung erarbeitet.

Bearbeitungszeitraum: 21.09.21 - 27.09.21

Abb. 13.2 Einführung in Woche 6: Robbe Paro. (Eigene Darstellung)

"Ein Tier für Herrn Demir"
Da Herr Demir weiterhin sehr unruhig ist, überlegst du, ob die Roboterrobbe Paro vielleicht hilfreich für ihn wäre. Bevor du Paro zu ihm bringst, besprichst du zusammen mit deiner Kollegin, was du bei jeder individuellen Nutzung von Paro beachten musst, um Paro den zu Pflegenden näher zu bringen.

Aufgabenziel:
Nach dieser Lerneinheit hast du gemeinsam mit den anderen Teilnehmer*innen eine Entscheidungshilfe für den Stationsalltag entwickelt. Diese sollen dir dabei helfen, in einem Beratungsgespräch entscheiden zu können, ob sich der Einsatz von Paro in der individuellen Versorgung deiner Patient*innen eignet.

Abb. 13.3 Einleitung Lerneinheit 12 (Woche 6): Individuelle Anwendung von Paro prüfen. (Eigene Darstellung)

Abb. 13.3). Anschließend werden Lernziele, Aufgaben und ihre voraussichtliche Bearbeitungsdauer dargestellt (Abb. 13.4). Tipps zum Erledigen der Aufgaben und gegebenenfalls zusätzliche freiwillige Aufgaben erfolgen im Anschluss. Abgeschlossen wird die Einführung durch einen Ausblick auf die Themen der folgenden Lerneinheit.

Unter „Inhalte" finden sich, wie in Abb. 13.5 zu sehen, alle Aufgaben, Lernmodule, Vorlagen und vertiefende Literatur zum jeweiligen Thema.

Die Kommunikation zwischen Teilnehmenden und Kursleitungen erfolgt hauptsächlich per E-Mail über ILIAS. Zusätzlich ist ein wochenunabhängiges Forum als „Briefkasten" eingerichtet, in dem sich die Teilnehmenden beispielsweise melden können, wenn Aufgaben nicht funktionieren oder sie Fragen zu den Lerneinheiten haben. Außerdem stehen die Kursleitungen jeden Mittwochabend ab 20 Uhr per Videokonferenz für ein Gespräch bereit. Dort haben die Teilnehmenden die Möglichkeit, über die Aufgaben zu sprechen und sich bei Fragen oder Schwierigkeiten mit den Kursleitungen oder anderen Teilnehmenden auszutauschen. Die Teilnahme an diesem Gesprächsangebot ist freiwillig.

1. Recherche (15 Minuten)
Suche im Internet und in dem Text über Paro aus der letzten Lerneinheit alle für dich relevanten Informationen heraus, um eine Entscheidung treffen zu können, ob Paro bei Herrn Demir eingesetzt werden kann.
Schreibe deine Gedanken und Ergebnisse in das Forum.

2. Entscheidungshilfe/Algorithmus (15 Minuten)

Hier findet ihr eine Entscheidungshilfe, die euch bei der Entscheidung für oder gegen den Einsatz von Paro unterstützen soll. Ihr findet die Datei sowohl hier verlinkt als auch am Ende dieser Seite unter „Inhalte". Schaut euch die Entscheidungshilfe genau an und diskutiert im Forum, ob in der Entscheidungshilfe alle Aspekte berücksichtigt sind, die euch für die Entscheidungsfindung wichtig erscheinen. Ergänzt fehlende Aspekte gerne in euren Kommentaren.

Abb. 13.4 Aufgabenstellung Lerneinheit 12 (Woche 6): Individuelle Anwendung von Paro prüfen. (Eigene Darstellung)

Abb. 13.5 Inhalte Lerneinheit 13 (Woche 6): Fehlermanagement bei Paro. (Eigene Darstellung)

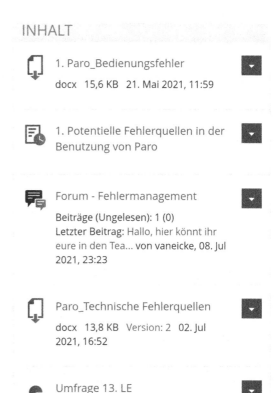

13.3.1 Fallbeispiel

Den roten Faden und die Umsetzung der Handlungsorientierung für das gesamte Schulungsmodul bildet das Fallbeispiel „Herr Demir". Wie bereits in der Darstellung des pädagogischen Konzepts beschrieben, wurden die Modulinhalte mit einer konkreten Handlungssituation gekoppelt, um den Pflegenden zu ermöglichen, ihr erworbenes Wissen situationsbezogen anzuwenden.

Das Fallbeispiel wird im Rahmen des ersten Präsenztages eingeführt und wird in der Einleitung jeder Einheit wieder aufgegriffen, um darzustellen, welche Veränderungen Herr Demir während seines Krankenhausaufenthalts durchlebt und wie die jeweiligen technischen Produkte bei ihm eingesetzt werden können. Zusammengefasst: Herr Demir ist ein 67-jähriger Patient, der nach einem Unfall auf einer unfallchirurgischen Station aufgenommen wird. Er ist aufgrund seiner Verletzungen bewegungseingeschränkt und hat starke Schmerzen. Es ist bekannt, dass er an einer demenziellen Gesundheitsstörung leidet, die aber noch nicht sehr weit fortgeschritten ist. Aufgrund dieser ist er aktuell teilweise örtlich und zeitlich nicht orientiert. Die für ihn ungewohnte Situation auf Station trägt dazu bei, dass er aktuell kognitiv sehr beeinträchtigt ist. Da er medikamentös gut eingestellt zu sein scheint, überlegen die Pflegenden, wie sie Herrn Demir bezüglich der beginnenden Demenz und eingeschränkten Mobilität helfen können.

13.3.2 Ablauf des Schulungsmoduls

13.3.2.1 Erster Präsenztag

Den Auftakt zum Schulungsmodul bildet ein Präsenztag, um sich gegenseitig kennenzulernen, den Erfahrungsstand der Teilnehmenden festzustellen und eine Einführung in die Kursthemen zu geben. Nach einer Vorstellungsrunde setzen sich die Teilnehmenden anhand verschiedener Übungen mit ihrer Haltung gegenüber dem Einsatz von Robotik in der Pflege auseinander. Danach werden die Roboter-Robbe Paro und das Active Mobilisation System (AMS), die im Verlauf des Schulungsmoduls weiterbearbeitet werden sollen, vorgestellt und es wird Zeit zum Ausprobieren der technischen Produkte gegeben. Bei AMS handelt es sich um eine Schaumstoffmatratze in Kombination mit einer Mobilisationseinheit, welche eine automatische und möglichst schmerzfreie Umpositionierung im Bett ermöglicht, insbesondere, wenn eine manuelle Umpositionierung durch Pflegende von der zu versorgenden Person beispielsweise aufgrund von Schmerzen oder eines Delirs abgelehnt wird. Paro hingegen ist ein sozial-interaktiver Roboter in Gestalt einer Robbe. Seine taktile Sensorik ermöglicht es ihm, auf Berührungen mit Bewegungen zu reagieren. Darüber hinaus reagiert er auf Geräusche und kann seinen Namen lernen. Er wird seit 2004 in der Betreuung von Menschen mit Demenz eingesetzt und soll einen beruhigenden Einfluss auf die Patientinnen und Patienten haben (Moyle et al., 2017).

Den zweiten Part des Präsenztages nimmt die Vorstellung und Durchführung einer ethischen Fallbesprechung ein. Im Mittelpunkt der Auseinandersetzung mit ELSI-Themen im

Schulungsmodul steht die Reflexion von Problemstellungen im Praxisalltag im Zusammenhang mit dem Einsatz technischer Produkte wie dem AMS oder Paro. Dabei kann der Einsatz technischer Produkte zur Lösung von identifizierten Problemlagen beitragen oder selbst Ausgangspunkt für Herausforderungen und Probleme im Praxisalltag sein. Um einen adäquaten Umgang mit ELSI-bezogenen Problemstellungen im Arbeitsalltag zu fördern, wird mit den Teilnehmenden der Ansatz einer ethischen Fallbesprechung anhand von realen oder fiktiven Fallbeispielen aus der Arbeitspraxis erprobt. Die Erprobung und Nutzung der Fallbesprechung sollen dabei Entscheidungsprozesse in herausfordernden Situationen der Arbeitspraxis, wie bei der technikunterstützten Versorgung von pflegebedürftigen Menschen, fördern und dazu beitragen, dass erforderlichen Maßnahmen eine fundierte Entscheidung zugrunde liegt. Ziel der ethischen Fallbesprechung ist die gemeinsame Reflexion einer fallspezifischen Problemlage, in der ethische Werte in einem zunächst diametralen Verhältnis zueinanderstehen und in dieser Konfliktsituation als unvereinbar erscheinen können.[3] Durch Beratung der Problemsituation sollen Handlungsempfehlungen dazu beitragen, dass die (ethische) Konfliktsituation aufgelöst oder auf ein vertretbares Maß reduziert werden kann (Wacker, 2011). Zur Vermittlung der Lerninhalte werden dafür in einem Methodenwechsel Lehrgespräche, moderierte Gruppendiskussionen und angeleitete Gruppenübungen genutzt

Den Abschluss des Tages bildet eine Einführung in die Online-Lernplattform ILIAS.

13.3.2.2 Dekubitus, Positionierung und AMS

Schwerpunkt der ersten vier Wochen des Online-Schulungsmoduls ist das Thema Dekubitus-Entstehung, Positionierung und der fachgerechte Umgang mit dem Active Mobilisation System (AMS). In der ersten Woche besteht die Aufgabe für die Pflegenden darin, sich das Thema „Dekubitus: Entstehung, Risikofaktoren und Kategorien" anhand von verschiedenen Übungen zu erarbeiten – weiterführende Literatur wird zur Verfügung gestellt. In der folgenden Woche wird das Thema Positionierung anhand eines Lernmoduls, eines Quiz und durch Austausch im Gruppenforum erarbeitet. Darauf aufbauend wird ebenfalls in der zweiten Woche die korrekte Handhabung des AMS wiederholt. Der Schwerpunkt der dritten Woche liegt auf der Vermeidung von Anwendungsfehlern im Umgang mit AMS und dem Fehlermanagement bei der Anwendung.

Abschluss des Themenblocks „Dekubitus, Positionierung und AMS" bildet eine ELSI-Lerneinheit mit den Themen Fürsorge, Gerechtigkeit und Selbstbestimmung.[4]

---

[3] Ein klassisches Beispiel für eine Konfliktsituation zwischen ethischen Werten in der Pflegepraxis ist in dem Verhältnis von *Sicherheit* und *Privatheit* zu finden. Bei dem Einsatz technischer Produkte mit beispielsweise Überwachungsfunktionen kann hier die Frage formuliert werden, in welchem Maß sich eine Überwachung zugunsten einer erhöhten Sicherheit unter Berücksichtigung einer Beeinträchtigung der Privatsphäre der Patientinnen und Patienten rechtfertigen lässt.

[4] **Fürsorge** (Umgang mit möglichem Ersatz menschlicher Zuwendung durch automatisierte Kontrolle und Positionierung der Patientinnen und Patienten), **Gerechtigkeit** (Entscheidung vor dem Hintergrund einer begrenzten Stückzahl von AMS, die für von Dekubitus bedrohte beziehungsweise betroffene Patientinnen und Patienten zur Verfügung stehen) und **Selbstbestimmung** (Berücksichtigung einer Zustimmung der Patientinnen und Patienten zur Nutzung des AMS im Pflegealltag).

Durch unter anderem Lückentext- und Zuordnungsfragen werden neben Einstiegsaufgaben (zur Auffrischung und Aktivierung des während des Präsenztags vermittelten Wissens) weiterführende Aufgaben formuliert, anhand derer ethische Werte expliziert und in Fallbeispielen ethische Problemstellungen im Hinblick auf den Technikeinsatz des AMS bearbeitet und gelöst werden können.

13.3.2.3 Demenz und emotionale Robotik

Den zweiten Teil des Online-Schulungsmoduls nimmt das Thema Demenz und emotionale Robotik ein. Vergleichbar mit dem ersten Teil des Schulungsmoduls gibt es auch hier zunächst eine inhaltliche Einführung in das Thema „Demenzielle Gesundheitsstörungen" und auch hier haben die Teilnehmenden die Möglichkeit, anhand verschiedener Lernmethoden ihr Wissen zum Thema Demenz zu erweitern oder bereits Bekanntes zu wiederholen. Außerdem haben sie die Möglichkeit, sich im Forum über ihre eigenen Erfahrungen mit Menschen mit Demenz auszutauschen. In den folgenden Lerneinheiten wird der Einsatz emotionaler Robotik in der Pflege diskutiert und Paro wird vorgestellt. Anhand einer vorbereiteten Entscheidungshilfe wird gezeigt, anhand welcher Kriterien die Pflegenden sich für oder gegen den Einsatz von Paro bei Patientinnen und Patienten entscheiden können. Wie bereits bei AMS gibt es auch hier eine Lerneinheit zur Vermeidung von Anwendungsfehlern und auch rundet eine passende ELSI-Lerneinheit das Thema ab. Thematisiert werden Sicherheit, Diskriminierung, Fürsorge und haftungsrechtliche Aspekte.[5]

Ein Schwerpunkt liegt im Bereich des Themas Datenschutz mit dem Ziel der Befähigung, diesen von der Datensicherheit abzugrenzen und seinen allgemeinen rechtlichen Schutzgegenstand im Rahmen der informationellen Selbstbestimmung beim Einsatz technischer Produkte berücksichtigen zu können. In einem weiteren Aufgabenbereich haben die Teilnehmenden Gelegenheit, sich einen ersten Überblick über das Thema haftungsrechtlicher Betrachtungen im Zusammenhang mit dem Einsatz robotischer Systeme am Beispiel von Paro zu verschaffen.

Zur Unterstützung der Bearbeitung der Aufgabenstellungen im Bereich der ELSI-Lerninhalte können die Teilnehmenden in ILIAS themenbezogene Literaturbeiträge, Videos und ein digitales Forum zur Reflexion der ELSI-Thematik sowie von Problem- und Fragestellungen zu den Aufgaben nutzen.[6]

---

[5] **Sicherheit** (Berücksichtigung von Angstzuständen, die durch den Einsatz von Paro ausgelöst werden können), **Diskriminierung** (Umgang mit herabwürdigendem Verhalten durch andere Patientinnen und Patienten durch den Umstand, dass Erwachsene mit einer kuscheltierähnlichen Robotik interagieren), **haftungsrechtliche Aspekte** (Haftungsverantwortung bei Beschädigung von Paro) und **Fürsorge** (Umgang mit Beziehungsabbruch durch Verlust von Paro bei Entlassung der Patientinnen und Patienten).

[6] Verwendete Lernmethoden in den Online-Lerneinheiten: Lernmodul, Quiz, Forumsdiskussion, Praxistransfer, Video, Wiki-Erstellung, Überarbeitung einer vorbereiteten Entscheidungshilfe zur Anwendung von AMS und Paro, Recherche-Aufgaben, grundlegende und vertiefende Literatur.

13.3.2.4 Der zweite Präsenztag

Das Schulungsmodul wird durch einen zweiten Präsenztag abgeschlossen. Im ersten Durchlauf des Schulungsmoduls liegen zwischen erstem und zweitem Präsenztag 10 Wochen, so dass die Teilnehmenden ausreichend Gelegenheit haben, Inhalte nachzuholen, die nicht innerhalb der geplanten acht Wochen erarbeitet werden konnten. Den Abschluss des Kurses bilden Rollenspiele, in denen die Teilnehmenden anhand von 20-minütigen Beratungsgesprächen auf Grundlage von vorbereiteten Fallbeispielen die Gelegenheit haben, ihr erworbenes Wissen, ihre Sensibilisierung für die ELSI-Thematik sowie ihre Problemlösungskompetenz im Zusammenhang mit dem Einsatz technischer Produkte unter Beweis zu stellen. Dabei adressieren die Fragestellungen fall- und produktbezogen Aspekte und Problemstellungen. Die Fallbeispiele bilden verschiedene Situationen ab, die den Pflegenden in ihrem Arbeitsalltag realistisch begegnen können, beispielsweise die Einweisung einer neuen Kollegin in den Umgang mit AMS, die Beratung einer Angehörigen zum Umgang mit Paro oder die Aufklärung eines Patienten hinsichtlich des Nutzens von AMS. Die Beschreibungen der Fallsituationen werden ergänzt durch Informationen zum Handlungsort und eine Charakterisierung der zu beratenden Person (vgl. Tab. 13.1).

Die Teilnehmenden erhalten das jeweilige Fallbeispiel am Abschlusstag und führen das Rollenspiel nach kurzer Vorbereitungszeit mit der Kursleitung durch. Direkt nach Beendi-

Tab. 13.1 Darstellung der Fallsituation

Situation	Du hast heute Spätdienst und bist unter anderem für Herrn Demir zuständig. Da du Herrn Demir in letzter Zeit häufiger betreut hast, hast du festgestellt, dass er positiv auf Paro reagiert. Er wird ruhiger, wenn er mit Paro in Kontakt kommt, wird gesprächiger und behandelt ihn wie ein echtes Haustier. Nachmittags möchtest du ihm Paro bringen. Als du das Zimmer betrittst, siehst du, dass Herr Demir Besuch von seiner Tochter hat. Du begrüßt sie und erklärst ihr, was es mit Paro auf sich hat. Herr Demirs Tochter ist sehr interessiert an Paro und lässt sich seine Funktionen erklären. Erst ist sie misstrauisch gegenüber Paro und seiner Wirkung auf Patientinnen und Patienten. Nachdem sie gesehen hat, wie ihr Vater auf Paro reagiert, glaubt sie, dass Paro eine gute Unterstützung für ihn wäre, wenn er nach Hause entlassen wird. Sie lebt in der Nähe ihrer Eltern und besucht ihre Eltern regelmäßig. Während des Gesprächs seht ihr, dass Herr Demir versucht, Paro mit Kaffee und Kuchen zu füttern. Ihr könnt ihn davon abhalten, so dass Paro nichts passiert. Seine Tochter macht sich Gedanken darüber, was passiert, wenn ihr Vater bei Paro einen Schaden verursachen sollte.
Ort	Patientenzimmer 1 Bett, in dem Herr Demir liegt 1 Stuhl, auf dem die Tochter sitzt
	Tochter von Herr Demir
Alter	37 Jahre
Charakter/ Sonstige Eigenschaften	Besorgt um ihren Vater Kennt sich gut mit Smartphone, Tablet etc. aus Misstrauisch gegenüber emotionaler Robotik

Quelle: eigene Darstellung

gung ihrer Fallsituation bekommen die Teilnehmenden die Möglichkeit zur eigenen Reflexion des Gesprächsverlaufs und erhalten auch von der Kursleitung ein Feedback. Der Präsenztag endet mit einer abschließenden Diskussionsrunde als Teil der Modulevaluation, deren Ergebnisse in Abschn. 13.4 dargestellt werden.

13.4   Evaluation des ersten Moduldurchlaufs: Ergebnisse

In einem ersten Durchlauf konnte das Schulungsmodul getestet und evaluiert werden. Dazu haben fünf professionell Pflegende der Medizinischen Hochschule Hannover im Zeitraum zwischen August und Oktober 2021 das Schulungsmodul durchlaufen und erfolgreich beendet.

Parallel zu dieser Durchführung wurden die Erfahrungen der Teilnehmenden (TN) mithilfe eines zweischrittigen Verfahrens während und nach der Schulung evaluiert. Eine schriftliche Befragung ermöglichte eine anonyme und differenzierte Bewertung der einzelnen Lerneinheiten. Außerdem fand eine Gruppendiskussion als resümierendes Gespräch während der Abschlussveranstaltung statt, um einen individuellen Gesamteindruck und das Meinungsspektrum der TN zu erhalten.

13.4.1 Schritt 1: Schriftliche Onlinebefragung nach jeder Lerneinheit

13.4.1.1 Methodisches Vorgehen

Bei 12 der insgesamt 16 Lerneinheiten wurde eine anonyme, schriftliche Onlinebefragung jeweils am Ende der Einheit durchgeführt. Das Erhebungsinstrument enthielt fünf Fragen bzw. Aussagen, denen zugestimmt oder widersprochen werden konnten (Tab. 13.2). Die Daten werden im Folgenden deskriptiv dargestellt. Die Eröffnungsveranstaltung wurde nicht evaluiert, die ELSI-Lerneinheiten und die Abschlussveranstaltungen wurden im Schritt 2 (siehe unten) miterfasst.

13.4.1.2 Ergebnisse der Onlinebefragung

Die Lerneinheiten wurden von den fünf TN in unterschiedlicher Vollständigkeit bearbeitet. Der Rücklauf der schriftlichen Onlinebefragung lag im Durchschnitt pro Lerneinheit bei zwischen zwei und drei Personen.

Die meisten Lerneinheiten werden (Frage 1) in einer Zeit von „ca. 30–60 Minuten" gelöst, in der Tendenz benötigten die Teilnehmenden zur Bearbeitung mehr von dieser Zeit als weniger. Die Lerneinheiten sind grundsätzlich verständlich formuliert (Aussage 2), Aufgabenziele können gut erreicht werden (Aussage 3) und die TN sind mit den Lerneinheiten zufrieden (Aussage 4) (vgl. Ergebnisdarstellung in Tab. 13.2).

Im freien Antwortfeld zu Anmerkungen, Lob, Kritik und Verbesserungsvorschlägen (Frage 5) wurden insgesamt zwölf Kommentare hinterlassen. Hier wurden positive Kritik

Tab. 13.2 Verwendete Items und Ergebnisse in der schriftlichen Onlinebefragung zu den Modul-Lerneinheiten. (Eigene Darstellung)

Frage / Aussage	Antworten und Ausprägung*
1 Für die Lösung der Aufgaben in dieser Lerneinheit benötigte ich:	mehr als 60 Minuten 9 — ca. 30 - 60 Minuten 19 — weniger als 30 Minuten 2
2 Die Lerninhalte in dieser Lerneinheit waren gut verständlich.	Stimme eher / voll und ganz zu 22 — Stimme gar nicht / eher nicht zu 4
3 Das Aufgabenziel konnte durch das Bearbeiten der Aufgaben erreicht werden.	Stimme eher / voll und ganz zu 22 — Stimme gar nicht / eher nicht zu 4
4 Insgesamt bin ich mit der Lerneinheit:	Sehr / eher zufrieden 22 — Sehr / eher unzufrieden 4
5 Hier kannst du weitere Anmerkungen eintragen, wie zum Beispiel Lob, Kritik, Verbesserungsvorschläge.	[Freitextantwort]

* Im Fragenbogen wurden für die zweite, dritte und vierte Aussage jeweils vier Antwortmöglichkeiten zur Verfügung gestellt. Für die zweite und dritte Aussage „Ich stimme voll und ganz zu ", „Ich stimme eher zu ", „Ich stimme eher nicht zu " sowie „Ich stimme gar nicht zu ". Für die vierte Aussage „Sehr zufrieden ", „Eher unzufrieden ", „Eher zufrieden " sowie „Sehr unzufrieden ". Um eine eindeutigere Tendenz der Ergebnisse in dieser Tabelle darzustellen, wurden hier die positiven und die negativen Antwortausprägungen zusammengefasst.

(etwa zur Gesamtveranstaltung), negative Kritik (etwa Verständlichkeit einzelner Texte) und technische Probleme (das eingesetzte Quiz funktioniert zeitweise nicht) geäußert.

13.4.2 Schritt 2: Gruppendiskussion zum Abschluss des Schulungsmoduls

13.4.2.1 Methodisches Vorgehen

Das zweite Erhebungsverfahren zur Evaluation des Schulungsmoduls fand in Form einer moderierten Gruppendiskussion am Tag der Abschlussveranstaltung statt. Die Gruppendiskussion dauerte eine Stunde und wurde von zwei der Modulverantwortlichen leitfadengestützt moderiert. Zur Ergebnissicherung wurden Aussagen der TN auf Karteikarten protokolliert und zur Kontrolle für alle Beteiligten auf Stellwänden platziert. Die Auswertung dieser Inhalte findet ausschließlich zusammenfassend statt. Die Ergebnisdarstellung folgt hier nicht den Fragen des Leitfadens, sondern fasst positive und negative Aspekte aus Sicht der TN zusammen.

13.4.2.2 Ergebnisse Gruppendiskussion
An der Gruppendiskussion beteiligten sich drei der fünf TN, wobei alle Personen etwa gleich viel sprachen. Eine weitere Person teilte ihre Erfahrung mit dem Modul per E-Mail mit.

Motivation und Grund für die Teilnahme
Drei Personen geben an, sich nicht selbst für das Modul angemeldet zu haben, sondern angemeldet worden zu sein. Weder waren ihnen im Vorfeld Informationen zum Inhalt und Umfang des Moduls bekannt, noch haben sie danach aktiv gesucht. Aus diesem Grund geben die Personen auch keine persönlichen Ziele für ihre Teilnahme an. Eine weitere Person hat sich selber beim Modul angemeldet, erhielt aber vorab ebenfalls nicht ausreichend Informationen zum Modul.

Positive Aspekte
Auf die Frage, was ihnen die Teilnahme am Modul gebracht hat, antworten die TN, dass sie sich die Techniknutzung auf der Station mit der AMS-Matratze (eine der beiden thematisierten technischen Produkte im Modul) nun vermehrt zutrauen. Durch die erworbenen Kenntnisse ist den Teilnehmenden eine Anleitung von anderen Kolleginnen und Kollegen hinsichtlich der Funktionen der Matratze möglich. Die Erprobung am ersten Schulungstag in der Präsenzveranstaltung unterstützt einen praktischen Bezug zum Produkt.

Der Einsatz verschiedener, interaktiver Aufgaben (Quiz, Wiki und Ähnliches) wird positiv hervorgehoben. Fachwissen kann durch die Modulteilnahme aufgefrischt werden. Die Begleitung und Betreuung der beiden Dozierenden wird gelobt; die Angebote für Rückfragen (Forum und Sprechstunde) sind hilfreich. Die Gruppen- und Lernatmosphäre im Modul wird als angenehm beschrieben. Die TN konnten durch die verschiedenen fachlichen Hintergründe von anderen TN (Gesundheits- und Krankenpflegefachpersonen sowie Altenpflegefachpersonen) profitieren. Beim Onlineteil des Moduls wird die freie Zeiteinteilung von manchen positiv hervorgehoben.

Negative Aspekte und Verbesserungsvorschläge
- Das Schulungsmodul wird von allen TN zeitlich als zu lang und im Ablauf als zu unübersichtlich beschrieben. Aufgabenstellungen und Anforderungen wiederholen sich laut den TN. Sie empfehlen eine deutliche Reduzierung der Lerneinheiten im Sinne einer Zusammenfassung mit den wichtigsten Fakten zu den Produkten.

- Mitunter fehlt den TN der Praxisbezug bei den Aufgaben. Die zu bearbeitenden Aufgaben sollten zu Lösungen führen, die man unmittelbar in der Pflegepraxis anwenden kann – positive Beispiele sind Hilfen zur Entscheidungsfindung (wann setze ich ein Produkt ein, wann nicht?) sowie Aufgaben zur Zusammenstellung von Informationen, wie bei einem Wiki.
- Im Verlauf des Moduls ging den TN die Motivation verloren, was gerade zum Ende zu einer Reduktion der investierten Arbeitszeit führt. Die Teilnahmemotivation könnte erhöht werden durch 1) die Thematisierung von mehr als zwei Produkten und 2) die Reduzierung von Inhalten auf ein bis zwei Lerneinheiten pro Produkt. Eine Fokussierung auf Produkte, die im Praxisalltag der TN tatsächlich Anwendung findet, ist zu bevorzugen – so wurde im Modul die Roboterrobbe Paro thematisiert, auf der Station wird jedoch ein anderes Produkt für dieselbe Zielgruppe verwendet.
- Bei der Nutzung der Lernplattform ILIAS gibt es technische Probleme – dies sollte vermieden werden.
- Die drei freien Ausgleichstage zur Bearbeitung des Moduls werden als nicht ausreichend erlebt. Beispielsweise kollidierten Modulfristen mit Arbeitszeiten oder Sprechstundenterminen. Für manche Lerneinheiten wird länger gebraucht als eingeplant. Der Ausgleich sollte die Einteilung von Pflegenden in der Einrichtung/auf der Station berücksichtigen.
- Das Lernen über eine Online-Plattform, gerade das Lesen digitaler Texte und die Bearbeitung von Onlineaufgaben, empfinden die TN unterschiedlich. Manche Personen bevorzugen insgesamt Präsenzlernen (heterogen wahrgenommen). Andere wünschen sich in der Mitte des Moduls eine Präsenzveranstaltung, dies könnte auch die Motivation steigern. Auch ein optionaler Ausdruck von digitalen Modulunterlagen wäre gut.

13.5   Diskussion der Evaluationsergebnisse

13.5.1 Methodische Einordnung und Limitation

Um die Motivation zur Teilnahme an der schriftlichen Befragung zu erhöhen, wäre es beispielsweise möglich, den Fragebogen seltener einzusetzen, etwa nach der Thematisierung eines technischen Produktes. Da nicht rekonstruiert werden kann, welche TN an der Befragung teilgenommen haben, lässt sich keine Aussage ableiten, inwiefern die Antworten lediglich die Sichtweise einzelner Personen darstellen. Durch den geringen Rücklauf beziehungsweise die kleine Anzahl an TN wurde entschieden, die Daten aus Tab. 13.2 zusammengefasst darzustellen. In der Differenzierung wäre bei Fragen 2, 3 und 4 ein größerer Unterschied in der Ausprägung der Variablen erkennbar gewesen.

Die Ergebnisdarstellung der Abschlussdiskussion zeigt eine stärker negativ ausgeprägte Einstellung der TN gegenüber dem Modul. Dies hat auch einen methodischen Grund, da die TN zu ihren negativen Erfahrungen und möglichen Ideen zur Verbesserung befragt wurden. Inwiefern die TN das Modul also überwiegend positiv oder negativ aufgenommen haben, lässt sich nicht zweifelsfrei sagen.

Eine größere Anzahl an TN für das Schulungsmodul hätte hier eine differenziertere Darstellung der Evaluationsergebnisse ermöglicht. Dennoch bieten auch die Rückmeldungen, Erfahrungen und Meinungen der fünf TN einen wertvollen Einblick in potenzielle Verbesserungsmöglichkeiten. So können die Ergebnisse aufgrund der Vergleichbarkeit von Kontextmerkmalen (professionell Pflegende in der direkten Versorgung von Patientinnen und Patienten in einem Krankenhaus) in ähnliche Settings plausibel übertragen werden. Die geäußerten Verbesserungsvorschläge können dabei helfen, eine für Pflegende angepasste Lösung für ein solches Schulungsmodul zu finden.

13.5.2 Inhalt und Praxisrelevanz

Die Teilnehmenden kritisierten die mitunter fehlende Praxisrelevanz in den zu bearbeitenden Aufgaben des Moduls. Hierbei sollte jedoch festgehalten werden, dass durch die Modulteilnahme der Status quo der eigenen Pflegepraxis hinterfragt und zur Selbstreflexion im Pflegehandeln angeregt werden soll. Durch die fallorientierte Auseinandersetzung mit neuen, technischen Produkten soll nicht nur der Umgang mit den Geräten selbst geschult werden. Auch der Anwendungskontext soll von den zukünftig Nutzenden von Pflegetechnik kritisch eingeschätzt werden können (unter anderem Risikoabwägung, Vermeidung unbeabsichtigter Folgen).

Um eine Schulung wie die vorliegende zu gestalten, ist es empfehlenswert, die TN mit Inhalten und Aufgaben zu konfrontieren, die im ersten Moment keinen unmittelbar erkennbaren Praxisbezug aufweisen, da der Kompetenzerwerb daraufhin zielt, mithilfe der Modulteilnahme neue Formen der pflegerischen Praxishandlung anzuregen, womit der Inhalt nicht direkt an die Umsetzbarkeit im aktuellen Handeln gebunden sein muss. Anders ausgedrückt kann es genau das Ziel eines solchen Schulungsmoduls sein, diejenigen Inhalte und Handlungen schulen zu wollen, die bislang in der Praxis noch gar nicht umsetzbar waren (da sie durch den Technikeinsatz erst ermöglicht werden) oder die bislang nicht optimal in das Alltagshandeln integriert waren. Die dabei auftretenden Irritationen von Schulungsteilnehmenden bei der Praxisrelevanz der Schulungsinhalte können in diesem Zusammenhang als Indikator für einen eintretenden Lerneffekt gedeutet werden. Dennoch kann die als fehlend interpretierte Praxisrelevanz durch die TN auch ein Auslöser für Motivationsschwierigkeiten sein oder sogar die Ablehnung der aktiven Teilnahme bedeuten. Die Modulverantwortlichen haben hierbei die Aufgabe, herausfordernde Inhalte zu vermitteln, die zu einer neuen Handlungsweise inspirieren sollen.

13.5.3 Zeit und Umfang

In der Abschlussdiskussion beschreiben die TN den Bearbeitungsaufwand für die Lerneinheiten als zu groß. Vergleicht man diese Ergebnisse mit den Angaben der schriftlichen
Befragung (Frage 1), so liegt die häufigste Bearbeitungszeit zwischen 30 bis 60 Minuten,
was noch unter der von den Modulverantwortlich anvisierten 90 Minuten Bearbeitungszeit
pro Lerneinheit liegt. Diese Diskrepanz könnte etwa in unterschiedlichen Erwartungshal-
tungen liegen: So können die TN den Anspruch haben, Inhalte möglichst schnell aufzunehmen, wohingegen die Modulverantwortlichen Zeit für Reflexionen ermöglichen wollen.

Eine Reduzierung bezüglich der thematisierten technischen Produkte sowie Restruktu-
rierung wird von den Modulverantwortlichen geprüft. Der nicht ausreichende zeitliche
Ausgleich für TN am Modul wird im Zuge dessen ebenfalls adressiert. Aktuelle Weiterent-
wicklungen des Schulungsmoduls im Forschungsprojekt zielen auf die Gestaltung von
Eintagesseminaren nach einem ähnlichen Schema wie oben darstellt ab, jedoch im Umfang fokussierter und auf das Kennenlernen mehrerer technischer Produkte als potenzielle
Unterstützungsmaßnahmen gerichtet.

13.5.4 Technik

Die Teilnehmenden berichten von Problemen mit der verwendeten Lernplattform
ILIAS. Ursachen hierfür könnte 1) die Vielseitigkeit der von den TN genutzten mobilen
Endgeräten sein (etwa verschiedene Browser-Apps, welche die Lernplattform
unterschiedlich darstellen und verarbeiten). 2) Die Lernplattform wurde von den TN nicht
immer als übersichtlich wahrgenommen, dementsprechend sind Fehler im Handling hier
nicht auszuschließen. 3) Auch vonseiten der Modulverantwortlichen können Bedienfehler,
etwa bei der erforderlichen Freigabe von Inhalten, nicht ausgeschlossen werden. Zu prüfen ist in diesem Zusammenhang, ob die Einführung in ILIAS in künftigen Durchläufen
ausführlicher stattfinden sollte.

13.5.5 E-Learning-Komponente

Als Rahmenbedingungen eines erfolgreichen E-Learnings gelten Medienkompetenz (Baacke, 1996) und selbstgesteuertes Lernen; hierzu gehören unter anderem die Analyse des
eigenen Bildungsbedarfs, die Formulierung von eigenen Lernzielen oder die selbststän-
dige Organisation von Lerngelegenheiten (Ehlers, 2002).

Mit Blick auf das Modul haben die TN unterschiedliche Grundvoraussetzungen mit
Blick auf diese Bedingungen. Zwar konnten alle TN das Modul digital bearbeiten, jedoch
wurde die digitale Teilnahme am Modul zwischen selbstverständlich und herausfordernd
wahrgenommen. Hier könnte eine umfangreiche Ausbildung der Lernenden im Sinne einer Kompetenzentwicklung zur Nutzung digitaler Lernangebote mit der Aus-, Fort- und

Weiterbildung professionell Pflegender für neue technische Unterstützungs- und Hilfssysteme kombiniert werden (Ortmann-Welp, 2020). Dazu bedarf es jedoch eines E-Learning-Ansatzes, der den unterschiedlichen Wissens-, Kompetenz- und Erfahrungshintergrund in der Nutzung digitaler Angebote berücksichtigt.

13.6 Ausblick

Es ist zu erwarten, dass der Anteil an neuen technischen Produkten weiter zunimmt. Denn nicht nur der GKV-Spitzenverband fordert die Potenziale der Digitalisierung auszuschöpfen (GKV, 2021). Auch die Expertinnen und Experten des Millennium-Projekts sehen in der Automatisierung die Zukunft und beschreiben für das Jahr 2050 Szenarien der digitalen Transformation der Arbeitswelt und verdeutlichen, dass andere Kompetenzen zukünftig benötigt werden (Daheim & Wintermann, 2015). Allerdings ist oft zu beobachten, dass bei dieser Entwicklung die Effizienzsteigerung der Arbeitsprozesse im Vordergrund steht (Kehl 2018). Damit die Bedarfe der Pflegebedürftigen und Pflegenden und auch das spezielle Umfeld besser berücksichtigt werden, ist es deshalb notwendig, dass neue technische Produkte von Pflegenden nicht nur bedient, sondern auch mitentwickelt werden. Becka et al. (2020) benennen basierend auf ihrem Literaturreview hierfür notwendige Kompetenzen wie Digital Literacy, Anwenderkompetenz, Datenmanagement, analytische, Bewertungs-, reflexive, Gestaltungs- und sozialkommunikative Kompetenz. Die Grundlagen hierfür müssen in Aus- und Fortbildungen und Studiengängen von Pflegenden integriert werden. Beispiele, wie das beschriebene Blended-Learning-Modul zeigen, dass es möglich ist, Pflegenden nicht nur notwendiges Wissen und Fähigkeiten zu vermitteln, sondern sie auch zu einem kritischen Nachdenken über ethische, soziale und rechtliche Fragen zu befähigen.

Um die Angebote zukünftig vergleichbar zu machen, ist es zudem notwendig, diese in den Deutschen Qualifikationsrahmen mit seinen acht Niveaustufen einzubinden (AK DQR, 2011). Dies trägt zu einer Vergleichbarkeit und einer Durchlässigkeit des Kompetenzerwerbs bei.

So wird zukünftig aus einem irgendwie gearteten „Hineinwachsen" in die neue Arbeitssituation ein strukturierter und angeleiteter Kompetenzerwerb der Pflegenden, der sie befähigt, die Zukunft ihrer Arbeit zu gestalten.

Literatur

Arbeitskreis Deutscher Qualifikationsrahmen (AK DQR). (2011). Deutscher Qualifikationsrahmen für lebenslanges Lernen. https://www.dqr.de/dqr/shareddocs/downloads/media/content/der_deutsche_qualifikationsrahmen_fue_lebenslanges_lernen.pdf?__blob=publicationFile&v=1. Zugriffen am 10.12.2021.
Baacke, D. (1996). Medienkompetenz – Begrifflichkeit und sozialer Wandel. In A. von Rein (Hrsg.), *Medienkompetenz als Schlüsselbegriff* (S. 112–124). Klinkhardt.

Becka, D., Bräutigam, C., & Evans, M. (2020). „Digitale Kompetenz" in der Pflege: Ergebnisse eines internationalen Literaturreviews und Herausforderungen beruflicher Bildung. Forschung aktuell: 2020, 08. https://www.iat.eu/forschung-aktuell/2020/fa2020-08.pdf. Zugegriffen am 10.12.2021.

Berger, R., et al. (2017). ePflege- Informations- und Kommunikationstechnologie für die Pflege. https://www.rolandberger.com/publications/publication_pdf/roland_berger_epflege_abschlussbericht.pdf. Zugegriffen am 10.12.2021.

Daheim, C., & Wintermann, O. (2015). 2050. Die Zukunft der Arbeit. https://www.bertelsmannstiftung.de/fileadmin/files/BSt/Publikationen/GrauePublikationen/BST_Delphi_Studie_2016.pdf. Zugegriffen am 10.12.2021.

Ehlers, U. (2002). „Qualität Beim E-Learning: Der Lernende Als Grundkategorie Bei Der Qualitätssicherung". *Medien Pädagogik: Zeitschrift für Theorie und Praxis der Medienbildung, 5*, 1–20.

GKV Spitzenverband. (2021). Positionspapier des GKV-Spitzenverbandes für die 20. Legislaturperiode 2021–2025. https://www.gkv-spitzenverband.de/media/dokumente/service_1/publikationen/20210726_Positionspapier-20Legislaturperiode_barrierefrei.pdf. Zugegriffen am 10.12.2021.

Gockel, J., Westerholt, S., Landherr, J., Kuntz, S., Strube-Lahmann, S., Schmeer, R., Stricker, B., Schneider, M., Prescher, T., & Wittman, A. (2020). Technikbezogene Kompetenzen in der Ausbildungs- und Prüfungsverordnung für die Pflegeberufe. Verlag hpsmedia GmbH. 262–265.: Positionspapier der AG „Wissenstransfer und Qualifizierung" des Clusters „Zukunft der Pflege". Pädagogik der Gesundheitsberufe. *Die Zeitschrift für den interprofessionellen Dialog.* Jahrg. 6 (4), 262–265.

Graham, C. R. (2012). Blended learning systems. In C. J. Bonk & C. R. Graham (Hrsg.), *The handbook of blended learning* (S. 3–21). Wiley.

Heiner, S., & Willens, H. (2007). Wie unterstützt die Online-Lernumgebung CareOL den Lernprozess im Problem basierten Lernen? *Pflegepädagogik, 11*, 653–656.

Kehl, C. (2018). *Technikfolgenabschätzung. Robotik und assistive Neurotechnologien in der Pflege – gesellschaftliche Herausforderungen.* Deutscher Bundestag. Drucksache 19/2790.

Klemm, S. (2001). *Neue heilende Geschichten.* Echter.

Moyle, W., Jones, C., Murfield, J., Thalib, L., Beattie, E., Shum, D., O'Dwyer, S., Mervin, M., & Draper, B. (2017). Use of a robotic seal as a therapeutic tool to improve dementia symptoms: A cluster-randomized controlled trial. *Journal of the American Medical Directors Association, 18*(9), 766–773.

Nussbaumer, G., & von Reibnitz, C. (2008). *Innovatives Lehren und Lernen.* Hogrefe.

Oelker, U., & Meyer, H. (2020). *Didaktik und Methodik für Lehrende in Pflege- und Gesundheitsberufen. Teach the teacher.* Cornelsen.

Ortmann-Welp, E. (2020). *Digitale Lernangebote in der Pflege. Neue Wege der Mediennutzung in der Aus-, Fort- und Weiterbildung.* Springer.

Pestalozzi, H. (1801). *Wie Gertrud ihre Kinder lehrt.* Gessner.

Verband der Pflegedirektorinnen und Pflegedirektoren der Universitätskliniken und Medizinischen Hochschulen Deutschlands (VPU) e.V. & das Netzwerk Pflegewissenschaft und Praxisentwicklung im VPU e.V. (2021). Für eine zukunftsorientierte und innovative klinisch-pflegerische Versorgung. https://www.vpuonline.de/.cm4all/uproc.php/0/2.%20VPU-Kongress/Positionspapier_Ergebnisse%20aus%20dem%202%20VPU%20Kongress.pdf?cdp=a&_=17d57eae298. Zugegriffen am 09.12.2021.

Wacker, M. (2011). Alltägliche Pflegeprobleme. Ethische Lösungsstrategien finden. *ProAlter – Das Fachmagazin*, 54–58.

Wiechmann, J., & Wildhirt, S. (Hrsg.). (2015). *Beltz Pädagogik. Zwölf Unterrichtsmethoden: Vielfalt für die Praxis* (6. Aufl.). Beltz.

Wipper, A., & Schulz, A. (2021). *Digitale Lehre an der Hochschule: Vom Einsatz digitaler Tools bis zum Blended-Learning-Konzept*. Barbara Budrich.

Regina Schmeer   Dr. Regina Schmeer ist Pflegewissenschaftlerin und Pädagogin. Nach ihrer Pflegeausbildung hat sie als Lehrerin an verschiedenen Pflegeschulen gearbeitet, bevor sie Pflegewissenschaft in Cardiff (Großbritannien) studierte. Sie promovierte an der Medizinischen Hochschule Hannover zum Thema Mobile Technologien in der akut-stationären Gesundheitsversorgung. Seit 2011 hat sie verschiedene Projekte mit dem Fokus Pflege und Technologie geleitet; aktuell das Pflegepraxiszentrum Hannover. Zudem ist sie als Leitung der Stabsstelle Pflegewissenschaft mit der Implementierung von evidenzbasiertem Wissen in die Praxis beschäftigt. Sie engagiert sich im Netzwerk Pflegeforschung des VPU e.V. und ist unter anderem noch in der Deutschen Gesellschaft für Pflegewissenschaft aktiv.

Brit Rebentisch-Krummhaar   Brit Rebentisch-Krummhaar, Diplom-Pflegepädagogin, ist seit 2000 als Pflegepädagogin an der Medizinischen Hochschule Hannover tätig. Nach ihrer Ausbildung als examinierte Altenpflegerin hat sie zum Teil in leitender Funktion gearbeitet, bevor sie Pflegepädagogik in Hannover studierte. Ihren Abschluss als NLP-Practitioner hat sie 2011 erworben. Aktuell unterrichtet sie an der Bildungsakademie Pflege junge Menschen in der Ausbildung zur/zum Pflegefachfrau/-mann. Sie bringt ihre umfangreiche Expertise gleichermaßen in der beruflichen wie auch in der hochschulischen Lehre ein. Die Orientierung an den Bedürfnissen des jeweiligen Gegenübers sowie die Nähe zur Praxis sind ihr hierbei sehr wichtig. Sie ist im Expertenbeirat des Pflegepraxiszentrums Hannover tätig und arbeitet freiberuflich als Coach.

Daniel P. Beume   Daniel P. Beume ist Sozialpädagoge und Politikwissenschaftler und seit 2019 an der Hochschule Hannover an der Fakultät V – Diakonie, Gesundheit und Soziales als wissenschaftlicher Mitarbeiter tätig. Im Forschungsprojekt Pflegepraxiszentrum Hannover beschäftigt er sich im Rahmen der ELSI-Forschung mit ethischen, rechtlichen und sozialen Aspekten der Mensch-Technik-Interaktion, die bei der Nutzung neuer Technologien im Bereich der Pflege von Relevanz sind. Herr Beume hat an der Evangelischen Hochschule für Soziale Arbeit und Diakonie in Hamburg Sozialpädagogik und an der Universität Hamburg Politikwissenschaft studiert.

Ronny Klawunn   Ronny Klawunn, M. Sc. in Public Health, ist seit 2019 wissenschaftlicher Mitarbeiter im Institut für Epidemiologie, Sozialmedizin und Gesundheitssystemforschung an der Medizinischen Hochschule Hannover. Er arbeitet unter anderem im Forschungsprojekt Pflegepraxiszentrum Hannover, indem er ethnografisch untersucht, wie technische Erneuerungen in der stationären Krankenhauspflege genutzt und bewertet werden. Darüber hinaus unterrichtet er in verschiedenen Masterstudiengängen die Grundlagen sozialwissenschaftlicher Theorie sowie qualitative Methoden empirischer Sozialforschung. Herr Klawunn hat an der Martin-Luther-Universität Halle-Wittenberg und der Berlin School of Public Health die Fächer Ethnologie, Politikwissenschaften und Public Health studiert.

Hannah van Eickels   Hannah van Eickels, M. Sc. PH, ist seit 2019 wissenschaftliche Mitarbeiterin im Institut für Epidemiologie, Sozialmedizin und Gesundheitssystemforschung und seit 2021 auch im Bereich Pflegewissenschaft an der Medizinischen Hochschule Hannover (MHH). Sie arbeitet unter anderem im Forschungsprojekt Pflegepraxiszentrum Hannover und ist dort vor allem für die Konzipierung und Durchführung von Schulungen für Pflegefachpersonen zuständig. Des Weiteren ist sie in einem Projekt zur Förderung von Gesundheitskompetenz im kommunalen Setting tätig. Frau van Eickels hat an der Johannes-Gutenberg-Universität Mainz und der Aarhus Universitet Ethnologie und Geschichte sowie an der MHH Public Health studiert. Außerdem hat sie eine Ausbildung zur Gesundheits- und Krankenpflegerin absolviert.

Die Evaluation des pflegerischen Nutzens im „Cluster Zukunft der Pflege"

14

Cordula Forster, Jürgen Zerth, Ronny Klawunn, Sandra Witek, Tobias Krick und Anika Heimann-Steinert

Zusammenfassung

Die Frage, welchen Umfang der Terminus „pflegerischer Nutzen" umfasst, nimmt in internationalen, wissenschaftlichen, aber auch in gesundheitspolitischen Diskursen eine besondere Rolle ein. Beispielsweise sehen die Rahmenbedingungen für digitale Pflegeanwendungen (DiPA) unter anderem auch den Nachweis eines „pflegerischen Nutzens" vor. Eine Definition des pflegerischen Nutzens ist sowohl bei DiPA als auch

C. Forster (✉)
dmac Medical Valley Digital Health Application Center GmbH, Bamberg, Deutschland
E-Mail: cordula.forster@mv-dmac.de

J. Zerth
Professur für Management in Einrichtungen des Sozial- und Gesundheitswesens,
Katholische Universität Eichstätt-Ingolstadt, Eichstätt, Deutschland
E-Mail: Juergen.zerth@ku.de

R. Klawunn
Medizinische Hochschule Hannover, Hannover, Deutschland
E-Mail: klawunn.ronny@mh-hannover.de

S. Witek
Universitätsklinikum Freiburg, Freiburg, Deutschland
E-Mail: sandra.witek@uniklinik-freiburg.de

T. Krick
Universität Bremen, Bremen, Deutschland
E-Mail: tkrick@uni-bremen.de

A. Heimann-Steinert
Charité Universitätsmedizin Berlin, Berlin, Deutschland

T. Krick et al. (Hrsg.), *Pflegeinnovationen in der Praxis*,
https://doi.org/10.1007/978-3-658-39302-1_14

für die Bewertung von Pflegetechnologien nur im Ansatz erfolgt. Vor allem bleibt auch unklar, welche Bedingungen an die Nutzenerfassung für Pflegetechnologien gestellt werden können. Die Arbeitsgruppe Evaluation aus dem „Cluster Zukunft der Pflege" stellt daher exemplarisch bisherige Evaluationsansätze und Projekterfahrungen in der Nutzenbewertung von Pflegetechnologien aus individueller, organisationaler und gesellschaftlicher Perspektive vor und bietet damit eine Annäherung an ein Bild des pflegerischen Nutzens von Pflegetechnologien, das eine multiperspektivische Nutzenerfassung anhand eines Bottom-up-Ansatzes vorsieht.

14.1 Hinführung: DiPA und die Relevanz des Nutzennachweises von Pflegetechnologien

Die Digitalisierung im Gesundheitswesen schreitet mit großen Schritten voran. Auch wenn Deutschland im internationalen Vergleich und das Gesundheitswesen innerhalb Deutschlands im Vergleich zu anderen Branchen langsamere Schritte gehen, werden die Chancen der Digitalisierung gesehen und zunehmend genutzt (Baierlein, 2017).

In der Digitalisierung im Gesundheitswesen liegt dabei für die Gesellschaft die Hoffnung, dem demografischen Wandel und dem damit verbundenen Fachkräftemangel zu begegnen (PricewaterhouseCoopers GmbH, 2021). Auf Seiten der Gesundheitspolitik nehmen in den letzten Jahren zudem Bestrebungen zu, Entwicklungen zu revidieren, die mit Blick auf die Umsetzung von Digitalisierung im deutschen Gesundheits- und Pflegebereich als hemmend interpretiert werden können und wo mit Blick auf andere europäische Länder Deutschland in entsprechenden Digitalisierungs-Rankings auf hinteren Plätzen zu finden ist. So gibt es in Deutschland zum Beispiel zwar bereits seit Jahren erfolgreiche Telemedizinprojekte, allerdings wurden diese bislang nur auf regionaler Ebene oder im Rahmen von Selektivverträgen angeboten, überregionale und skalierbare Ansätze fehlten allerdings bislang (Thiel et al., 2018).

Mit Hilfe des „Digitale-Versorgung-und-Pflege-Modernisierungs-Gesetzes" (DVPMG) beispielsweise soll auf politischer Ebene unter anderem die Entwicklung digitaler Gesundheits- und Pflegeanwendungen und deren Erstattung in Deutschland vorangebracht werden (Deutsches Ärzteblatt, 2021). Im Bereich der Pflege bedeutet das, dass digitale Pflegeanwendungen (DiPA) in erster Linie von Familienpflegenden, teilweise mit Unterstützung von professionell Pflegenden, verwendet und beim entsprechenden Wirkungsnachweis auch erstattet werden können (Bundesministerium für Gesundheit, 2023). Unabhängig von der leistungsrechtlichen Kategorie DiPA gilt es, den Blick auf überregionale Initiativen zu richten, wie das Forschungscluster „Zukunft der Pflege", das aus den vier Pflegepraxiszentren (PPZ) Berlin, Freiburg, Hannover und Nürnberg sowie dem Pflegeinnovationszentrum (PIZ) besteht und den Auftrag hat, Pflegetechnologien zunächst unabhängig von einer leistungsrechtlichen Kategorisierung zu erproben und in den Pflegealltag zu implementieren (Offis e.V., 2021).

Trotz zahlreicher Bestrebungen auf politischer und wirtschaftlicher Ebene und einer Vielzahl auf dem Markt befindlicher Lösungen finden in der Praxis nämlich erst eine geringe Anzahl dieser Technologien, die in diesem Beitrag als Pflegetechnologien bezeichnet werden, Anwendung. Als eine Ursache dafür wird an vielen Stellen die fehlende Evidenz zur Effektivität digitaler Lösungen gesehen (Fischer, 2020). Diese ist vor allem damit zu erklären, dass entsprechende Studien mit hohem finanziellen und zeitlichen Aufwand verbunden sind und aufgrund fehlender Definitionen, etwa des pflegerischen Nutzens sowie der Komplexität, die eine Implementierung derartiger Technologien birgt, Schwierigkeiten damit haben, Evidenz nachzuweisen. Die aktuelle Gesetzgebung zu den DiPA zum Beispiel versucht daher für diesen Leistungsbereich eine Art Regeldefinition zu finden, jedoch sind die Vorgaben erst in geringem Umfang mit konkreten Kriterien hinterlegt. Neben Anforderungen an Sicherheit, Funktionstauglichkeit, Qualität der Anwendungen sowie Anforderungen an Datenschutz und -sicherheit muss auf Seiten der Entwicklerinnen und Entwickler der pflegerische Nutzen der Anwendung adressiert werden (Fenkiw, 2021).

Im Rahmen der DiPA wird der pflegerische Nutzen mit dem Pflegebedürftigkeitsbegriff in Verbindung gebracht, indem als Voraussetzung für die Nutzung einer DiPA eine Pflegebedürftigkeit vorliegen muss, mit dem Ziel, Beeinträchtigungen der Selbstständigkeit beziehungsweise Fähigkeiten des oder der Pflegebedürftigen zu mindern oder einer Verschlimmerung der Pflegebedürftigkeit entgegenzuwirken. Ein pflegerischer Nutzen in einem über den DiPA-Ansatz hinausgehenden Anspruch kann allerdings für unterschiedliche Stakeholder entstehen. So können auf einer individuellen Ebene beispielsweise einerseits professionell Pflegende als Pflegefachpersonen (hierzu gehören stationäre und ambulante Altenpflegerinnen und -pfleger sowie Gesundheits- und Krankenpflegerinnen und -pfleger) und Pflegehilfspersonen und andererseits zu Pflegende (darunter fallen Patientinnen und Patienten, Heimbewohnerinnen und -bewohner sowie weitere Pflegeempfangende) oder ihre pflegenden Angehörigen adressiert werden. Diese Gruppen können jeweils und in Abhängigkeit vom Nutzenversprechen der einzelnen Pflegetechnologie unterschiedliche Rollen einnehmen, was auch dazu führt, dass sich der Pflegenutzen für jede dieser Gruppen anders gestalten kann. Diese Rollen umfassen Nutzende, Anwendende und Nutznießende: *Nutzende* interagieren aktiv mit der Technologie, machen sie sich zu Gebrauch und haben einen Vorteil durch deren Einsatz (zum Beispiel Zeitersparnis oder Entlastung). Als Sonderform der Nutzenden können die *Anwendenden* gelten – neben den Eigenschaften der Nutzenden entscheiden sie darüber hinaus, ob und vor allem in welcher Form eine Technologie eingesetzt und bedient wird – sie müssen also eine Entscheidungskompetenz besitzen („bei wem beziehungsweise wann nutze ich es?"). *Nutznießende* schließlich sind Personen, die passiv von der Nutzung der Pflegetechnologie profitieren, aber nicht direkt mit der Technologie interagieren beziehungsweise sie sich zu eigen machen. Diese Rollen sind oftmals nicht klar abgrenzbar: Sie können ineinander übergehen, sind mit der Zeit veränderlich und für jede Technologie neu zu bewerten.

Ein pflegerischer Nutzen kann aber auch für Organisationen entstehen, die Pflegetätigkeiten anbieten und koordinieren sowie aus gesamtgesellschaftlicher Perspektive betrachtet werden.

Ausgehend davon ist eine Nutzenerfassung sinnvoll, die sowohl die individuelle, die organisationale als auch die gesellschaftliche Perspektive in Betracht zieht. Im folgenden Beitrag stellt die Arbeitsgruppe (AG) Evaluation des „Clusters Zukunft der Pflege", die

aus Vertreterinnen und Vertretern aller PPZ und des PIZ besteht, daher eine multiperspektivische Annäherung an den Nutzenbegriff vor. Ausgangspunkt sind dabei die verschiedenen Perspektiven, aus denen das „Cluster Zukunft der Pflege" in bisherigen Projekten den
Nutzen von Pflegetechnologien betrachtet. Somit werden bisherige Evaluationsansätze
und Projekterfahrungen vorgestellt, um einen Nutzen von Pflegetechnologien aus individueller, organisationaler und letztendlich auch gesellschaftlicher Perspektive zu beleuchten und so schließlich ein Bild des pflegerischen Nutzens von Pflegetechnologien zu erhalten, das eine Nutzenerfassung anhand eines Bottom-up-Ansatzes vorsieht.

14.2   Erfahrungen aus dem „Cluster Zukunft der Pflege"

14.2.1 Nutzenbewertung von Pflegetechnologien aus individueller Perspektive

14.2.1.1 Theoretischer Hintergrund

Dieser Abschnitt stellt Überlegungen zu methodischen und theoretischen Aspekten der
Evaluation des Nutzens von Pflegetechnologien aus individueller Sicht der Nutzenden
beziehungsweise Nutznießenden in den Fokus. Dazu werden zunächst die Besonderheiten
des Praxisfelds Pflege und Technologien als Evaluationsgegenstand dargelegt. Daraus
werden wiederum methodische Konsequenzen abgeleitet. Im Anschluss werden Anwen-
dungsbeispiele einer Evaluation des pflegerischen Nutzens aus Sicht von professionell
Pflegenden sowie zu Pflegenden aus dem Forschungscluster „Zukunft der Pflege" vorgestellt. An dieser Stelle soll auf eine Vorarbeit zu diesem Beitrag hingewiesen werden, in
der bereits die Perspektive von professionell Pflegenden bei Fragen der Auswahl und Einführung von Pflegetechnologien thematisiert wurde (Klawunn et al., 2021, S. 43–53).

Zum Evaluationsgegenstand

Bei der Evaluation von Pflegetechnologien erscheint der Evaluationsgegenstand zunächst
klar: Pflegetechnologien sind abgrenzbare Objekte, die in einen bestehenden Kontext,
etwa eine Krankenhausstation oder eine langzeitstationäre Pflegeeinrichtung, implementiert werden. Diese Settings sind dabei mit bestimmten Eigenschaften ausgestattet und die
Pflegetechnologie soll deren Eigenschaften positiv verändern. Das bedeutet, sie soll eine
definierte Wirkung erzielen, die wiederum einen Nutzen auslöst. Da die Wirkung einer
Technologie jedoch nicht unabhängig vom Kontext betrachtet werden kann, in der sie genutzt werden soll, wird hier zunächst der Kontext professioneller Pflege selbst beleuchtet.

Pflege ist geprägt durch eine „doppelte Handlungslogik" (Hülsken-Giesler, 2008): Sie
ist nicht ausschließlich die Anwendung eines rationalen und planbaren Regelwissens
(Hülsken-Giesler, 2008), sondern hat kreative, situative und explorative Aspekte und ist
dadurch eine „Kommunikations-, Beziehungs- und Gefühlsarbeit" (Hülsken-Giesler &
Krings, 2015). Somit ist das pflegerische Handeln auch durch subjektives und empathi-

sches Empfinden gelenkt (Weishaupt, 2006). Technische Hilfsmittel im pflegerischen Handeln werden im Zusammenhang mit dieser doppelten Handlungslogik genutzt, weshalb sich die Sinnhaftigkeit einer Technologie erst im konkreten Anwendungsfall – also im Zusammenspiel der Anwendung rationalen Regelwissens und subjektiven Einschätzens – zeigt. Die Nutzenden sind es, die die vom Hersteller antizipierten und definierten Nutzungsformen in Frage stellen, umdeuten und durch „spezifische Nutzungs- und Aneignungspraktiken" (Lipp & Maasen, 2019, S. 212) in der Praxis verändern. Vor allem in Einrichtungen, in denen professionelle Pflege ausgeübt wird, findet diese Beziehungsarbeit nicht in einem Vakuum statt, sondern wird im Arbeitsprozess strukturiert, das heißt in der Gesamtheit aller lokalen und überlokalen Regeln, Abläufe und Standards (vgl. Nutzenbewertung aus der Mesoebene, Abschn. 14.2.2). Wirken Pflegetechnologien also innerhalb der Beziehung zwischen Pflegenden und zu Pflegenden, so wirken sie sich ebenso auf die Arbeitsstrukturen und -prozesse aus und umgekehrt.

Somit sind die eingesetzte Pflegetechnologie und die Evaluation des pflegerischen Nutzens als Bestandteile einer komplexen Intervention zu verstehen. Der spezifische Nutzen zeigt sich erst im pflegerischen Handeln selbst, welches wiederum mit der Technologie und dem Arbeitsprozess in einer Wechselwirkung steht. Das bedeutet jedoch nicht, dass Ergebnisse einer Evaluation von Pflegetechnologien nicht auch auf andere Settings übertragbar sein können – eine kontextbewusste und -sensitive Forschung ist sogar die Voraussetzung, um einen settingübergreifenden und reflektierten Umgang mit Pflegetechnologien anzuregen und zu ermöglichen (Hülsken-Giesler, 2008, S. 255).

Zur Methodik des pflegerischen Nutzens

Für eine solche Forschung bedarf es einer pragmatischen, das heißt auf die Praxis gerichteten Analyseperspektive, die sich der Kontingenz (prinzipielle Offenheit des Ergebnisses einer Handlung) des Pflegehandelns sowie standardisierbaren und nicht-standardisierbaren Faktoren der Techniknutzung annimmt und diese systematisiert (Greenhalgh & Abimbola, 2019). Methodisch bedeutet diese Festlegung, dass die Erfassung des pflegerischen Nutzens einer Technologie sowohl summative (die abschließenden Effekte) als auch formative (Prozessbegleitung) Aspekte beinhaltet (Höhmann & Bartholomeyczik, 2013). Die Erfassung eines pflegerischen Nutzens von Technologien auf individueller Ebene kann dabei nur durch ein Vorgehen gelingen, das in der Lage ist, die Komplexität und Kontingenz des pflegerischen Handelns selbst abzubilden und zu begreifen. Für ein Evaluationsvorgehen, das an den Prinzipien des Pflegehandelns orientiert und strukturiert und an der Erforschung von Pflegetechnologien interessiert ist, bietet sich eine Methodenkombination (Mixed-Methods) an, die quantitative (zum Beispiel mit einem standardisierten Fragebogen) als auch qualitative (zum Beispiel mittels Interviews) Forschungsansätze kombiniert.

Eine solche Methodenkombination trägt zu einer kontextsensitiven sowie menschen- und nutzungszentrierten Sichtweise bei, da sowohl die Wirksamkeit einer technischen Intervention (also das Ausmaß des Effektes, der durch sie ausgelöst wird) mithilfe standardisierter Verfahren erhoben werden kann (quantitativ), als auch ein Verständnis darüber geschaffen werden kann, wieso ein entsprechender Effekt einsetzt (qualitativ). Hieraus folgt ein methodisch hergeleitetes Verständnis des pflegerischen Nutzens aus individueller Perspektive; dieser kann gleichgesetzt werden mit denjenigen positiven Bewertungen einer Pflegetechnologie, die unter Alltagsbedingungen von den Nutzenden wahrgenommen und im Zuge einer methodisch geleiteten Untersuchung nachgewiesen werden können.

In den Projekten des „Clusters Zukunft der Pflege" werden verschiedene Evaluationsansätze iterativ entwickelt und eingesetzt, um mithilfe unterschiedlicher methodischer Ansätze die Bewertung des pflegerischen Nutzens von Technologien für Nutzende beziehungsweise Nutznießende im oben verstandenen Sinne zu erfassen. Hierbei wurden hauptsächlich Kombinationen aus drei methodischen Ansätzen verfolgt, um pflegerischen Nutzen aus der Perspektive der zu Pflegenden und der professionell Pflegenden zu erfassen oder sich dem pflegerischen Nutzen in anderer Form zu nähern:

- die Selbsteinschätzung der zu Pflegenden (zum Beispiel Patient-reported Outcomes) beziehungsweise der professionell Pflegenden
- die Fremdeinschätzung durch Stakeholder, wie zum Beispiel Angehörige oder weitere Berufsgruppen beziehungsweise in Form teilnehmender Beobachtungen durch Projektmitarbeitende
- die Analyse von Kennzahlen und/oder Gerätedaten

Die Erfahrungen im „Cluster Zukunft der Pflege" haben ebenso gezeigt, dass es grundsätzlich an validierten Instrumenten beziehungsweise standardisierten Methoden zur Erfassung der Perspektive der zu Pflegenden beziehungsweise der professionell Pflegenden beim Einsatz von Pflegetechnologien in verschiedenen Settings mangelt. In der Planung der Projekte war der pflegerische Nutzen aus der Perspektive der zu Pflegenden beziehungsweise der professionell Pflegenden mit „klassischen" Messinstrumenten kaum operationalisierbar. Dementsprechend bedarf es eher alternativen Ansätzen, wie die folgenden Beispiele zur Nutzenerfassung aus der Perspektive der professionell Pflegenden sowie der zu Pflegenden verdeutlichen.

14.2.1.2 Beispiele der Erfassung des Nutzens für professionell Pflegende

Für die Evaluation des pflegerischen Nutzens für professionell Pflegende wäre denkbar, dass zunächst nach einer Produkteinführung qualitative Interviews mit diesen durchgeführt werden. Hier kann etwa erfragt werden, inwiefern die Technologie auf den Arbeitsalltag einen Einfluss hatte, diesen gegebenenfalls veränderte und wie die Nutzung im Allgemeinen empfunden wird (formativ). Im Anschluss kann die Zufriedenheit und die Arbeitsentlastung mit einer Pflegetechnologie mithilfe standardisierter Instrumente (zum Beispiel mittels Fragebogen) erhoben werden, die allen Nutzenden/professionell Pflegenden zur Verfügung gestellt werden (summativ). Parallel kann die Erfassung eines primären Outcomes die subjektiven Einschätzungen der nutzenden Pflegenden kontrastieren, das heißt bestätigen oder widersprechen – so könnte etwa eine Technologie zur Dekubitusreduzierung, die von Pflegenden als Entlastung wahrgenommen wird, keine tatsächlich signifikante Veränderung der Dekubitusinzidenz bei zu Pflegenden im Testzeitraum auslösen. Hier würde sich die Frage anschließen, wie eine solche Diskrepanz zu erklären wäre.

Weitere mit Technologienutzung (potenziell) zusammenhängende Outcomes wurden in einem Review von Krick et al. (2020) zusammengestellt: Als Beispiele können etwa der physische Workload oder die Qualität der Beziehung zwischen Pflegenden und zu Pflegenden genannt werden. Auch sie können einen Schluss auf den pflegerischen Nutzen einer Pflegetechnologie für professionell Pflegende geben, wenn sie mit prozessbegleitenden Indikatoren und Erkenntnissen kontrastiert werden. Auch das Nutzenmodell zur Anwendung von Assistenztechnologien für pflegebedürftige Menschen (NAAM) liefert in diesem Zusammenhang eine Möglichkeit, potenzielle Aspekte des Nutzens auch für professionell Pflegende zu überblicken – dazu zählt die Be- und Entlastung oder der Einfluss auf die Lebensqualität von Pflegenden durch die Anwendung (Lutze et al., 2019).

Im Folgenden werden konkrete Beispiele aus dem Forschungscluster zur Erfassung des pflegerischen Nutzens für professionell Pflegende vorgestellt.

Im PPZ Berlin wurde beispielsweise eine Messserie angelegt, um das Dekubitusrisiko von zu Pflegenden mithilfe eines neuartigen Scanners der subepidermalen Feuchtigkeit (SEM-Scanner (SEM = „sub-epidermal moisture")) zu messen. Um die Nutzungserfahrungen der anwendenden professionell Pflegenden zu erfassen, wurden parallel Interviews durchgeführt mit dem Ziel, die Sichtweise der Anwendenden auf Gebrauchstauglichkeit des Scanners zu erfassen.

Im PPZ Hannover wird eine fokussierte Ethnographie verwendet (unter anderem teilnehmende Beobachtung, Einzelinterviews, Befragungen, Analyse klinischer Routinedaten), die es ermöglicht, verschiedenste technische Produkte durch denselben methodischen Ansatz zu untersuchen und so vergleichbar zu machen. Für das PPZ Hannover stehen vor allem Effekte der Integration der Geräte in den pflegerischen Arbeitsalltag wie etwa Gewöhnung, Ablehnung, Adaption und Akzeptanz im Fokus (Klawunn & Dierks, 2021).

Beim Einsatz des Projektionssystems Qwiek.up im PPZ Freiburg wird ebenfalls die eben genannte Methodologie, aber auch der Ansatz der Grounded Theory, angewandt, mit deren Hilfe theoretische Konzepte aufgebaut werden. Damit wird angestrebt, den Nutzen für zu Pflegende wie professionell Pflegende aus einer Kombination aus Beobachtungen (gegebenenfalls ergänzt durch Videographien), (sofern möglich) Einschätzung der zu Pflegenden, klinischen Messdaten und pflegefachlicher Einschätzung zu erfassen.

14.2.1.3 Beispiele der Nutzenerfassung für zu Pflegende

Der Nutzen einer Pflegetechnologie muss – sofern es sich um eine solche Technologie handelt, die in der unmittelbaren Versorgung eingesetzt wird oder Auswirkungen auf diese haben kann – auch aus der Perspektive der zu Pflegenden betrachtet werden. Die Auseinandersetzung mit dieser Perspektive sollte hierbei stets im jeweiligen pflegerischen Setting erfolgen (zum Beispiel in der stationären und ambulanten Pflege oder in der akuten, rehabilitativen oder Langzeit-Versorgung).

Die Auswahl der methodischen Ansätze ist dabei stark von der Pflegetechnologie, der Population der zu Pflegenden und dem Setting abhängig.

Beispielsweise untersucht das PPZ Freiburg in der Akutpflege den Einsatz von Pflege-technologien in einem Universitätsklinikum. Die Versorgung von stationären und inten-sivstationären Patientinnen und Patienten steht hierbei im Fokus. Die Wirkung des Lärm-managements und des Einsatzes von Lärmampeln (SoundEars) auf Intensivstationen beispielsweise wird unter anderem durch Interviews mit einwilligungsfähigen zu Pflegen-den, Online-Befragungen der Mitarbeitenden und Gerätedaten (Schallpegelmessungen) der Lärmampeln untersucht.

In den Projekten des PPZ Freiburg stehen der Teilnahme der definierten Population der zu Pflegenden (Patientinnen und Patienten mit kognitiven Beeinträchtigungen, Intensivpa-tientinnen und -patienten) eine Vielzahl an Barrieren entgegen. Es zeigte sich zum Bei-spiel in *UNEQ (Untersuchung zum Nutzen des Einsatzes von Qwiek.up als Hilfsmittel für die technikgestützte Betreuung, Beruhigung, Aktivierung und Orientierungsgabe von Menschen mit kognitiven Beeinträchtigungen im Akutkrankenhaus)*, dass der Einschluss durch die in Akutsituationen häufig eingeschränkte Einwilligungsfähigkeit bei gleichzei-tig (noch) nicht hinreichend geklärtem Betreuungsstatus ein limitierender Faktor ist. Diese Erfahrung kann auch im PPZ Berlin geteilt werden, in dem eine Fokussierung auf geriat-rische zu Pflegende erfolgt, von denen eine Vielzahl nicht einwilligungsfähig ist. Auch das PPZ Nürnberg teilt diese Erfahrung beim Einschluss von Personen mit mittelschwerer Demenz in die Erprobung der Tovertafel. Bei dieser Pflegetechnologie handelt es sich um ein sensorgestütztes Spiel, das visuelle Effekte mit interaktiven Elementen verknüpft so-wie zur kognitiven und physischen Aktivierung von Menschen mit Demenz in der statio-nären Langzeitpflege beitragen und dabei insbesondere Anzeichen von Apathie verringern soll. Hierzu werden im Rahmen einer nicht-randomisierten Beobachtungsstudie Effekte – insbesondere Veränderungen bei der Apathie bei den Pflegebedürftigen sowie Einbindung der Gepflegten in kommunikative Aktivitäten und soziale Interaktion – bei Bewohnerin-nen und Bewohnern sowie Pflege- und Betreuungspersonal erhoben.

Die Gesundheitssituation der zu Pflegenden sowie die damit einhergehende Vulnerabi-lität haben des Weiteren nicht nur Einfluss auf die Komplexität der Anwendung von Pfle-getechnologien (nach dem NASSS-Framework von Greenhalgh et al., 2017), sondern ebenso auf die Selbsteinschätzung des pflegerischen Nutzens. Eine akute Erkrankung und eingeschränkte Ressourcen können beispielsweise die Fähigkeiten zur Selbsteinschätzung limitieren.

Diese eingeschränkte Möglichkeit einer Selbsteinschätzung kann die Integration von Stakeholdern (Fremdeinschätzung) erfordern, um indirekt die Perspektive der zu Pflegen-den zu erfassen. So wurde im PPZ Freiburg anhand von Gruppendiskussionen mit profes-sionell Pflegenden und klinischen Kennzahlen in Form der Prävalenz von Stürzen der Nutzen der Anwendung von Actilog Basic S für Menschen mit kognitiver Beeinträchti-gung betrachtet. Die Einstellung dieser Stakeholder gegenüber dem Einsatz der Technolo-gie sollte jedoch im Vorfeld analysiert werden, denn die Technikbereitschaft und -akzep-tanz sowie die Akzeptanz von Veränderungen können die Wahrnehmung des pflegerischen Nutzens für zu Pflegende beeinflussen (Davis, 1989; Kunze, 2020). Besonders wenn der pflegerische Nutzen für Nutzende, Nutznießende oder Stakeholder abweichend bewertet wird (zum Beispiel aufgrund eines Mehraufwands), kann das zu Verzerrungen des wahrgenommen pflegerischen Nutzens der zu Pflegenden führen (Kunze, 2020). Der Einsatz der unterschiedlichen Pflegetechnologien im PPZ Freiburg deutet diesen Zusammenhang an (Marx et al., 2020). Darüber hinaus können soziokulturelle Faktoren („z. B. subjektives Krankheitserleben, soziale Folgen des Gesundheitsproblems, Stigmatisierung" (Kunze, 2020, S. 3)) Einfluss auf die Selbsteinschätzung der zu Pflegenden, aber auch auf den Einsatz einer Pflegetechnologie (in einer Studie) haben.

Neben den oben genannten Beispielen zur Umsetzung von Selbst- und Fremdeinschätzungsinstrumenten können auch Gerätedaten der Technologie selbst sowie klinische Kennzahlen die Erhebung von Daten zum pflegerischen Nutzen unterstützen. Dies erfolgte beispielsweise in der Studie *Integrierte Bettsensorik Mobility Monitor (MoMo) des PPZ Freiburg* in Form der Immobilitätsrate beziehungsweise der Dekubitus-Inzidenz der zu Pflegenden (Schepputat & Ziegler, 2021).

Die Erfahrungen im „Cluster Zukunft der Pflege" zur Erfassung des pflegerischen Nutzens auf Mikroebene, insbesondere aus der Perspektive der professionell Pflegenden und der zu Pflegenden, verdeutlichen sowohl die Komplexität des Praxisfeldes der Pflege als auch den erschwerten Nachweis von „positiven Effekten" in Bezug auf den pflegerischen Nutzen (Kunze, 2020). Ebenso hat sich gezeigt, dass die Methodik der Nutzenerfassung individuell vom Nutzenversprechen der jeweiligen Technologie und letztendlich auch davon abhängig ist, welche Stakeholder des Technologieeinsatzes als Nutzende, Nutznießende und Anwendende der Technologie fungieren.

14.2.2 Nutzenbewertung von Pflegetechnologien aus organisationaler Perspektive: Die Bedeutung eines Matches zwischen Supply-Push und Demand-Pull

Über die Betrachtung des pflegerischen Nutzens aus individueller Ebene hinausgehend ist auch eine Auseinandersetzung mit einer Nutzenbewertung auf einer überindividuellen Ebene zu berücksichtigen. Diese wirft die Frage nach der Einbettung von Pflegebeziehungen in ein korrespondierendes Umfeld der Pflegetätigkeiten auf, bei denen sich persönliche, organisatorische und auch technische Assistenzen auf verschiedene Pflegebedarfe auswirken (Getzen, 2010, S. 228 oder auch Zerth, 2021, S. 63–65). Somit entstehen verschiedene Formen des Zusammenwirkens von Care-Mix-Konstellationen, bei denen Wechselwirkungen von professioneller Pflege und/oder informeller Pflege in diversen Pflegearrangements auftreten können, des Skill-Mixes – somit unterschiedlichen Pflegekompetenzen – und den Herausforderungen eines ebenfalls heterogenen Case-Mixes, womit die Zusammensetzung des Klientels der zu Pflegenden im speziellen Kontext gemeint ist. Pflegetechnologien sind somit als Teil eines soziotechnischen Arrangements (Emery & Trist, 1969) in das organisatorische pflegerische Setting eingebettet, das entweder in loser – beispielsweise durch diverse Formen der ambulanten Pflege – oder gestraffter Form – etwa verschiedene Formen stationärer Pflege – institutionalisiert ist. Zur Bewertung des pflegerischen Nutzens einer Pflegetechnologie gilt es daher, nicht nur die Perspektive der Nutzenden und Nutznießenden der Pflegetechnologie zu betrachten, und zwar mit Blick auf die Nutzenerwartungen sowie die Umsetzung der Erwartungen im Sinne einer Realisierung der akteursbezogenen Bedürfnisbefriedigung, sondern – wie bereits in Abschn. 14.2.1 deutlich wurde – eine Nutzenbetrachtung aus dem Einsatz der Technologie auch aus dem Blickwinkel des organisierten Settings anzustreben. Da ein pflegerisches Setting eine organisatorische Einheit ist, greifen hier theoretische Bezüge wie etwa zur Prinzipal-Agenten-Beziehung. Die Einrichtungsleitung würde wohl im Sinne eines Mehr-Ebenen-Prinzipal-Agenten-Modells (vgl. Besanko et al., 2005) als Agent der institutionellen Trägerschaft etwa einer stationären Pflegeeinrichtung die Entscheidung zur Einführung einer Pflegetechnologie zu treffen haben. Im Umsetzungskontext wiederum wäre die Einrichtungsleitung als Prinzipal für die Pflegenden zu betrachten, wohingegen die Perspektive der Pflegenden als Agenten, etwa mit Blick auf die Akzeptanz einer Technologie, zu erfassen wäre. Eingebettet in das organisatorische Setting und vor allem getragen durch die wachsende Bedeutung professioneller und organisierter Pflege im Care-Mix und die Charakterisierung der Pflegearbeit als Teamproduktion (Bornewasser et al., 2016) entsteht die Notwendigkeit, Nutzenaspekte einerseits aus der Perspektive der Nutzenden sowie Nutznießenden zu betrachten, aber andererseits immer auch den damit zusammenhängenden Dienstleistungscharakter der Pflegetechnologie mitzudenken, nämlich, dass der Nutzen der Pflegetechnologie nicht durch diese allein erfolgt, sondern im Zusammenspiel zwischen dieser mit ihren Anwendenden und den veränderten Routinen, die aus der Nutzung erfolgen (Shaw et al., 2018). Dies entspricht beispielsweise dem Verständnis von Patientinnen und Patienten als Koproduzentinnen und -produzenten von Gesundheit in der Gesundheitswissenschaft und der Gesundheitsökonomie und nimmt auch Bezug zur Idee einer sozialen Produktionsfunktion (vgl. etwa Barros & Martinez-Giralt, 2012, S. 13–158).

Neben der Integration organisationsrelevanter Perspektiven wie der Betrachtung der Pflege als Teamproduktionsbeziehung gilt es aber auch, den pflegerischen Nutzen als individuelle Kategorie in eine abgrenzbare Positionierung zu einem Qualitätsbegriff einzuordnen, der überindividuelle, „durchschnittliche Erwartungen" an das Ergebnis pflegerischen Handelns widerspiegelt, wie es beispielsweise in weiterer Auslegung Dubois et al. (2013) beschreiben. Somit lässt sich aus organisationstheoretischer Sicht der Nutzen aus der Pflegehandlung im Kontext mit dem Technologieeinsatz und adressierten Setting umreißen. Der Settingbezug steht dabei als Proxy für die handelnde Organisation, die pflegepraktische Aufgaben trägt und rahmt (vgl. ähnlich Picot et al., 2012, S. 309).

Diese Betrachtung adressiert jedoch nur die unmittelbare Handlungs- und Aufgabenebene von Pflegetechnologien. Zur Integration von Investitionsentscheidungen sind darüber hinaus zum einen Aspekte eines Organisationsinteresses der Pflegeeinrichtung – auch in Hinblick auf die organisatorische Passung der Technologie in das soziotechnische System – und zum anderen die Frage der Kostenerstattung, letztendlich gesellschaftliche Perspektiven eines pflegerischen Nutzens, zu reflektieren. Vor allem bei letzterem müssen Pflegebeziehungen insbesondere mit wachsender organisatorischer Struktur, wie zum Beispiel in der stationären Altenpflege, auch organisationsökonomische Beziehungsebenen im Sinne einer Prinzipal-Agenten-Struktur berücksichtigen, wie oben bereits in den unter-schiedlichen Aufgaben einer Einrichtungsleitung und von Pflegenden im Zusammenspiel von Investitionsentscheidung und nachfolgender Implementierung beschrieben (in Anleh-nung an Huang & Bowblis, 2018).

So sind dort die professionell Pflegenden zwar meist diejenigen, die die Pflegetechno-logien nutzen, und sowohl die zu Pflegenden als auch wieder die Pflegenden selbst – bei entlastenden Technologien – die Nutzenden beziehungsweise Nutznießenden des Techno-logieeinsatzes. Jedoch sind die Einrichtungen selbst diejenigen, die die Investitionsent-scheidungen hierfür treffen und, falls relevant, eine geeignete Infrastruktur stellen müssen. Daher sollte neben der individuellen auch die organisationale Perspektive beispielsweise von Einrichtungen der stationären Langzeitpflege für die Nutzenbewertung von Inte-resse sein.

Pflegetechnologien sind als Teil einer Assistenz in unterschiedlichen Aspekten der Sor-gearbeit Pflege zu denken und hier können technisch gleiche Technologien in einem gege-benen Setting – etwa einer stationären Pflegeeinrichtung – in verschiedenen Pflegearrange-gements unterschiedlich eingesetzt werden (zum Beispiel Technologien als Teil einer Behandlungspflege nach SGB V und als Teil der Langzeitpflege nach SGB XI). Gleichzei-tig können innerhalb eines institutionellen Pflegearrangements – etwa der ambulanten Al-tenpflege als Sachleistung – unterschiedliche Settingkonstellationen greifbar werden. Pfle-gearrangements beschreiben somit die institutionell-organisatorische Zuordnung von Pflegepersonen und -strukturen zur Abbildung einer pflegerischen Bedarfskonstellation (Care-Mix zu Case-Mix). Das Setting beschreibt hingegen die unmittelbare Gestaltung der Pflegearbeit, die aus der Einordnung in das institutionell-organisatorische Arrange-ment heraus erfolgt.

Pflegetechnologien können je nach Klasse und Art unterschiedlich stark in Aufbau- und Ablauforganisation des jeweiligen soziotechnischen Systems eingreifen, sodass unter Umständen Pflegeprozesse nachhaltig verändert werden, zum Beispiel in Form einer Hin-wendung an anlassbezogene Pflegearbeit (Schneider et al., 2017), und auch die Wirksam-keit und Anwendbarkeit einer Pflegetechnologie stark vom organisationalen Kontext ihres Einsatzes abhängig sein kann. Aus diesem Grund lohnt es sich, bei Evaluationen verschie-dene Settings zu unterscheiden und vor allem in der formativen Evaluation des Pflegetech-nologieeinsatzes spezifische Besonderheiten der Settings mitzuberücksichtigen.

Gerade in Hinblick auf Empfehlungen zu möglichen modellhaften Investitionsent-scheidungen – auch in Hinblick auf die Perspektive eines Market Access für den Herstel-ler – ist zu beachten, inwieweit der nach wissenschaftlichen Kriterien erhobene Nutzen von Technologien in einem Initialsetting auf ein anderes bestimmtes Pflegesetting inner-halb eines phänotypischen Pflegearrangements mit ähnlichen Strukturmerkmalen über-tragbar ist (Schloemer & Schröder-Bäck, 2018). Neben statistischen Unsicherheiten wie Variabilität und Heterogenität aufseiten der in die Erprobungen eingeschlossenen Proban-dinnen und Probanden erschweren gerade die für die Pflege charakteristischen organisati-onsbedingten Unterschiede auf Trägerebene, im Pflegesystem oder in Bezug auf Case- und Caremix eine Übertragbarkeit der Ergebnisse auf andere ähnliche Settings und

Arrangements. Dabei muss zwischen dem Begriff der Anwendbarkeit, unter dem die Implementierungsfähigkeit der Pflegetechnologie zu verstehen ist, und der Transferierbarkeit, die die Replizierung von Studienergebnissen meint (Burchett et al., 2011), unterschieden werden.

Um Aussagen zur Transferierbarkeit des erhobenen pflegerischen Nutzens aus organisationaler Sicht treffen zu können, sollten bei settingübergreifenden Erprobungen daher neben der Wirksamkeitsevaluation auf Individualebene (je nach Anknüpfungspunkt der Pflegetechnologie bei professionell Pflegenden und/oder zu Pflegenden gleichermaßen) auch Gruppenvergleiche zwischen den Erprobungseinrichtungen durchgeführt werden. Diese können anhand von Strukturdatenerhebungen organisationale Unterschiede in der Nutzenbewertung miterfassen und somit in der Auswertung die spezifische organisationale Passung der Pflegetechnologie und mögliche Wechselwirkungen zwischen akteurs-, organisations- und settingbezogenen Kontexten untersuchen.

Im PPZ Nürnberg wird beispielsweise das Arrangement formaler Langzeitpflege untersucht, und darin zwischen den Settings stationäre Pflege, Tagespflege und betreutes Wohnen unterschieden. So wurde beispielsweise der Nutzen einer App zur Kommunikation zwischen professionell Pflegenden im Setting stationäre Pflege und den Angehörigen der zu Pflegenden in einer Einrichtung mit kommunaler Trägerschaft erprobt. Die App wurde jedoch selten genutzt, da nur wenige Angehörige eingeschlossen werden konnten. Mit Blick auf die Frage von struktur- und prozessgleichen Bedingungen, die eine Transferierbarkeit des Ergebnisses auf ähnliche Einrichtungen ableiten lassen, sind hier die Wechselbeziehungen zum Versorgungsauftrag – sei es durch die Ansprüche aus dem Pflegevertrag mit dem oder der Pflegeberechtigten als auch aufgrund der übergeordneten Zuschreibung an die Länder gemäß § 9 SGB XI – der zugrundeliegenden Pflegeeinrichtung aufzuführen. Gerade mit Blick auf Bilder von Daseinsvorsorge sind die Kommunen in der Rolle, zur Gewährleistung pflegerischer Strukturen und Teilhabe beizutragen, auch wenn es hier noch ordnungspolitische Fragen gibt (Schulz-Nieswandt, 2020). Beim Fallbeispiel der Angehörigen-App konnte mit Blick auf die Bewohnendenstruktur festgehalten werden, dass auch aufgrund des kommunalen Versorgungsauftrags der untersuchten Einrichtung der Anteil der alleinlebenden Seniorinnen und Senioren größer war als im durchschnittlichen Fall einer stationären Pflegeeinrichtung. Somit stellt sich die Frage, wie phänotypisch für die Nutzung der Angehörigen-App dann das untersuchte pflegerische Setting wirksam werden kann. Mit Blick auf das Wechselspiel zwischen organisationsseitigen struktur- und prozessähnlichen Konstellationen scheinen Transferierbarkeitsüberlegungen nur dann als sinnvoll, wenn also auch die „nachfrageseitigen" Aspekte, hier der besondere Versorgungsauftrag der Einrichtung, mit in den Blick genommen werden. Trägerschaftsattribute müssen dabei im Kontext mit der soziotechnischen Lage und dem Einzugsbereich der Pflegeeinrichtung gesehen werden. Diese weiterführenden Überlegungen weisen darauf hin, dass die Nutzenbewertung der App durch eine reine Betrachtung ihrer technischen Funktionalität zu kurz greift, sondern die Bedeutung der Passung an das bespielte Setting einen wesentlichen Aspekt der oben formulierten Qualitätserwartung darstellt.

Pflegerischer Nutzen, gerade mit Bezug auf Selbsteinschätzungen von Nutzenden und Nutznießenden, ist vielfältigen heterogenen Zuordnungsphänomenen zugeordnet. Darüber hinaus gilt es aber auch, die Bezugnahme auf die organisatorische Passung als Vor- oder Parallelbedingung einer zielführenden Implementierung einer Pflegetechnologie im Blick zu haben, gerade wenn Pflegetechnologien Teil einer veränderten ablauf- und aufbauorganisatorischen Strategie sind.

14.2.3 Nutzenbewertung von Pflegetechnologien aus gesellschaftlicher Perspektive

Nachdem der pflegerische Nutzen in den vorangegangenen Kapiteln aus verschiedenen Einzelperspektiven betrachtet wurde, widmet sich dieser Abschnitt nun der Betrachtung des Nutzens aus der gesellschaftlichen Perspektive. Die Bestimmung des pflegerischen Nutzens von Pflegetechnologien aus gesellschaftlicher Sicht ist ein in der Wissenschaft bisher unerforschtes Gebiet (Krick et al., 2020). Auch im „Cluster Zukunft der Pflege" wurde der pflegerische Nutzen aus dieser Perspektive bislang noch nicht aktiv durch Studien untersucht. Der vorliegende Abschnitt dient vor diesem Hintergrund der Diskussion, der theoretischen Einordnung und der Beschreibung von Möglichkeiten zur Bestimmung des pflegerischen Nutzens aus gesellschaftlicher Sicht.

Eine Schwierigkeit bei der gesellschaftlichen Betrachtungsweise besteht darin, dass der Einsatz einer Pflegetechnologie im direkten Kontakt mit den (professionell) Pflegenden und zu Pflegenden stattfindet und die Verbreitung der Technologien von individuellen Entscheidungen abhängig ist. Die Nutzenbewertung soll allerdings aus gesellschaftlicher Perspektive stattfinden und nicht aus der individuellen Perspektive. Es handelt sich bei Pflegetechnologien also nicht um Digital-Public-Health- Interventionen, welche auf der Makroebene auf Grundlage einer „theoretisch begründbaren" Wirkungshypothese initiiert wurden und auf der Mikroebene eingesetzt einen individuellen Nutzen auslösen sollen, der zum gesellschaftlichen Nutzen auf der Makroebene beitragen könnte (wie zum Beispiel die Einführung der elektronischen Patientenakte).

Epidemiologische Forschungsansätze, wie die Erfassung von aggregierten Statistiken und Daten (Top-down-Betrachtung) auf der Basis einer durch die Verbreitung der Technologie bestehenden Datenbasis, sind daher (aktuell) zur Bewertung des Nutzens einzelner Pflegetechnologien aus der gesellschaftlichen Perspektive nicht geeignet, da Pflegetechnologien noch nicht in der breiten Masse angekommen sind.

Ein möglicher Ansatz zur Bewertung des Nutzens aus der gesellschaftlichen Perspektive ist die Synthese aus Forschungsdaten verschiedener Einzelstudien (Bottom-up) über eine Pflegetechnologie zu einem Gesamtbild. Hierfür ist eine Vorgehensweise in Anlehnung an etablierte Methoden aus dem Bereich der gesundheitsökonomischen Evaluation denkbar (Gold et al., 1996). Der pflegerische Nutzen aus der gesellschaftlichen Perspektive könnte aus den Einzelnutzen der Pflegetechnologie für alle relevanten Stakeholder auf der Mikro- beziehungsweise Mesoebene zusammengesetzt werden. Konkret würde dieser

Ansatz einer Multi-Stakeholder-Perspektive entsprechen, welche es ermöglicht, alle von der Technologie direkt oder indirekt beeinflussten Stakeholder zu analysieren (Eisman et al., 2021). Einzuschließende relevante Gruppen sind unter anderem die zu Pflegenden, informell und professionell Pflegende, Kostenträger sowie Pflegeeinrichtungen. Der Nutzen der Technologie für einzelne Stakeholder müsste dafür differenziert erfasst und gegenübergestellt werden. Diese Multi-Stakeholder-Perspektive würde es ermöglichen, Nutzenüberschneidungen bei den einzelnen Stakeholdern zu identifizieren (Eisman et al., 2021) und so Technologien mit dem größtmöglichen Gesamtnutzen im Perspektivenvergleich hervorzuheben.

Ein alternativer Ansatz wäre die Nutzung von so genannten „Social-Return-on-Investment"(SRI)- Messungen. Hierfür könnten für einzelne Stakeholder Wirkungen zum Beispiel durch Hilfskonstruktionen – denkbar wäre hier etwa ein monetärer Gegenwert für eine Zeitersparnis, die durch eine Pflegetechnologie erfolgen könnte – wie Proxy-Indikatoren erfasst werden, um eine soziale Rendite (Social Return) der Investition (Anschaffung der Pflegetechnologie) zu bestimmen. Kritisch hierbei ist jedoch, dass es für die Messung und die Analyse der Wirkung bei der SRI-Methode keine angemessenen Standardisierungsmechanismen gibt und die Einordnung nach eigenem Ermessen durchgeführt werden muss (Rauscher et al., 2021). Eine adäquate Berücksichtigung von verschiedenen Nutzerperspektiven hat in Studien über Pflegetechnologien bisher generell noch mit keinem der möglichen Ansätze stattgefunden (Zeeb et al., 2020).

Ein Problem der beiden erwähnten Bottom-up-Vorgehensweisen ist, dass es bei der Messung zu einem Nutzenkonflikt zwischen oder innerhalb einzelner Stakeholder kommen könnte, indem beispielsweise ein hoher Nutzen für eine Gruppe entsteht, jedoch ein „Schaden" für eine andere Gruppe. Bei einer gesamtgesellschaftlichen Einordnung des Nutzens müsste es dann zu einer Abwägung und Priorisierung von verschiedenen Einzelnutzen der involvierten Stakeholder kommen. Diese Priorisierung macht die Nutzenbewertung auf gesellschaftlicher Ebene zu einer ethischen Herausforderung. Um eine solche Nutzenabwägung vornehmen zu können, müssen neben den erwünschten Effekten insbesondere auch nicht intendierte, negative Effekte (Schaden) für die einzelnen Stakeholder erfasst werden. Dazu zählen beispielsweise Beeinträchtigungen der körperlichen oder seelischen Unversehrtheit, Fehlbehandlungen, die Missachtung von Persönlichkeitsrechten oder der Datenmissbrauch (Albrecht, 2016).

Eine weitere Schwierigkeit ist, dass eine tatsächliche Messung von Effekten von Pflegetechnologien zum aktuellen Zeitpunkt nur auf der Mikroebene durchgeführt wurde. Auswertungen auf der Makroebene gibt es bisher noch keine (Krick et al., 2019).

Eine zu diskutierende Herausforderung von Nutzenmessungen auf der Makroebene ist, dass durch die geringe Verbreitung von Pflegetechnologien (Merda et al., 2017) keine bevölkerungsbezogenen Aussagen gemacht werden können, die beispielsweise Ungleichheiten bei der Nutzung aufzeigen könnten. Erste Analysen deuten jedoch bereits darauf hin, dass sich bestehende soziale Ungleichheiten auch bei der Nutzung digitaler Gesundheitsangebote fortsetzen (Cornejo-Müller et al., 2020). Erhebungen, die Aufschlüsse über den Zugang und die Nutzung digitaler Pflegetechnologien nach sozialen Merkmalen geben,

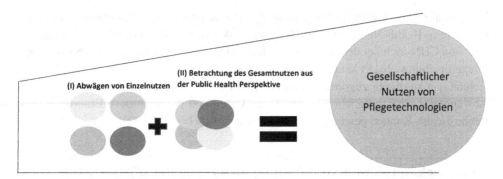

Abb. 14.1 Modell zur gesamtgesellschaftlichen Nutzenbewertung von Pflegetechnologien

sind in Zukunft unabdingbar, um Bewertungen aus der Public-Health-Perspektive vornehmen zu können.

Schüz und Urban (2020) stellen als eine besondere Problematik heraus, dass es bei einer Ungleichverteilung der Gruppen von Nutzerinnen und Nutzern als Konsequenz von unterschiedlichen Gebrauchsmustern verschiedener sozialer Gruppen zu einer Unterrepräsentierung in der Datengrundlage kommen könnte. Wenn auf dieser Datengrundlage Pflegetechnologien (weiter-)entwickelt werden, könnte dies zu einer Verstärkung von Ungleichheitseffekten und weniger wirksamen Interventionen führen. Der Nutzen einer Pflegetechnologie aus der gesellschaftlichen Perspektive würde dadurch geringer ausfallen.

Dieser Beitrag empfiehlt daher zum aktuellen Zeitpunkt eine zweigeteilte Bestimmung des pflegerischen Nutzens von Pflegetechnologien aus der gesellschaftlichen Perspektive (Abb. 14.1):

(I) Das systematische Abwägen und Einordnen von Einzelnutzen verschiedener Stakeholder durch den Vergleich von Schaden und Nutzen aus einer Multi-Stakeholder-Perspektive.

(II) Das Heranziehen von Public-Health- beziehungsweise Public-Health-Nursing- (auch Community-Health-Nursing-)Zielen als handlungsleitendes Paradigma.

Das heißt, dass eine gesellschaftlich nützliche Pflegetechnologie neben direkten positiven Effekten auf der Mikroebene immer auch dazu beitragen sollte, populationsbezogene Ziele von Public Health zu verwirklichen.

Eine Möglichkeit für die Verwendung vorhandener Zieldimensionen von Public Health beziehungsweise Public Health Nursing bietet ein von der Weltgesundheitsorganisation (WHO) veröffentlichter Kriterienkatalog, welcher zehn Zieldimensionen von Public Health darstellt (Nationale Akademie der Wissenschaften Leopoldina, Acatech, 2015). Dieser Kriterienkatalog wurde bereits im Zusammenhang von Digital-Public-Health-Bewertungen diskutiert (Zeeb et al., 2020). Die definierten Zieldimensionen sind jedoch sehr allgemein und gegebenenfalls nur in Teilen für die Bewertung des gesellschaftlichen Nutzens von Pflegetechnologien geeignet. Ein alternativer Ansatz wäre die direkte

Bezugnahme auf Public-Health-Nursing-Zieldimensionen. Eine Bewertung nach den Community-Health-Nursing(CHN)-Hauptzielen der WHO (2010) oder den „Kernaufgaben" von CHN nach der deutschen Agnes-Karll-Gesellschaft für Gesundheitsbildung und Pflegeforschung (2018) kämen hier beispielsweise in Frage. Der Beitrag einer Pflegetechnologie zu diesen zugrundeliegenden Zielen muss dann durch die Auswertung und Abwägung der bestmöglichen vorhandenen Daten und die diskursive Einordnung im Public-Health-Kontext geschehen (in Anlehnung an Köbberling, 2009).

14.3 Rekapitulation: Annäherung an ein Bild des pflegerischen Nutzens im „Cluster Zukunft der Pflege"

Ausgehend von den hier geschilderten Projekterfahrungen und Evaluationsansätzen der Pflegepraxiszentren sowie den theoretischen Überlegungen aus gesamtgesellschaftlicher Sicht ergibt sich für die AG Evaluation des „Clusters Zukunft der Pflege" folgende Annäherung an den Begriff des pflegerischen Nutzens einer Pflegetechnologie.

1. Der pflegerische Nutzen einer Pflegetechnologie kann aus Sicht eines Nutzenden sowie Nutznießenden der Pflegetechnologie als das positive Ergebnis der Bewertung des wahrgenommenen Effekts einer technologiegestützten Intervention unter Alltagsbedingungen in Bezug auf eine individuelle Bedarfs- und Assistenzlage der Sorge interpretiert werden.
2. Der pflegerische Nutzen einer Pflegetechnologie kann aus Sicht der Einrichtung der Pflegeversorgung oder der gesellschaftlichen Sicht als das positive Ergebnis der Bewertung des beobachteten oder erwartbaren Effekts einer technologiegestützten Intervention unter Alltagsbedingungen in Bezug auf eine definierte Bedarfs- und Assistenzlage der Sorge interpretiert werden.

Dabei sind positive Wirkungen und negative Folgen beziehungsweise Schadensrisiken der Intervention miteinander abzuwägen (in Anlehnung an Meyer, 2014). Anders als die Wirksamkeit (beziehungsweise Effektmessung), die eine (hinreichend) kausale Beziehung zwischen der Intervention (hier mithilfe einer Pflegetechnologie und in einem definierten Setting) und einem definierten Ergebnis (wie einem pflegerischen Outcome) beschreibt, stellt der Nutzenbegriff eine Hinwendung zu einer akteursbezogenen Abwägung und Interpretation dar. Die Nutzenerfassung sollte dabei im hier vorliegenden Verständnis neben quantitativen auch qualitative Instrumente berücksichtigen. Der Nutzenbegriff kann daher von einem normierten Outcome dahingehend unterschieden werden, dass ein normierter Outcome einen standardisierten Effekt auf eine Zielgruppe definiert, dabei aber notwendigerweise standardisierte Instrumentarien zur Messung eines Endpunktes definiert werden müssen. In die Nutzenabwägung kann ebenso ein Vergleich mit alternativen Methoden zur Erreichung des gleichen Ziels einbezogen werden. Gleichwohl verschwimmen Outcome- und Nutzenbegriff und lassen sich eindeutig vom Wirksamkeitseffekt abgrenzen.

Wesentlicher Orientierungspunkt für den pflegerischen Nutzen einer Pflegetechnologie ist, dass dieser aus verschiedenen gleichermaßen relevanten Perspektiven – der individuellen, der organisationalen und der gesellschaftlichen Perspektive – betrachtet werden kann. Für eine umfassende Nutzenbewertung müssen idealerweise Bewertungen aus der Perspektive aller involvierten Stakeholder erfolgen und in die Gesamtbewertung miteinbezogen werden – und auch divergierende Interessen der Gruppen müssen berücksichtigt werden.

14.4   Implikationen für den wissenschaftlichen und politischen Diskurs

In Hinblick auf die zunehmende Bedeutung von Pflegetechnologien und deren Nutzennachweis für ihre Erstattbarkeit, beispielsweise in Hinblick auf die DiPA, wird deutlich, dass ein pflegerischer Nutzen multiperspektivisch gesehen werden und von einer akteursbezogenen Abwägung aus erfasst werden muss. Dabei können die Rollen der Anwendenden und Nutzenden nicht grundsätzlich professionell Pflegenden beziehungsweise zu Pflegenden zugeschrieben werden, sondern abhängig von der Technologie und deren intendiertem Einsatz individuell gedacht werden. Da der Nutzen einer Pflegetechnologie dabei nicht nur aus der Technik selbst, sondern aus dem Zusammenspiel von Technik, Anwendenden und Setting entsteht, geht die Nutzenerfassung nach Beantwortung der Frage, für wen durch den Einsatz ein Nutzen entstehen soll, über standardisierte Outcome-Messungen auf individueller Ebene hinaus und macht Mixed-Methods-Ansätze sowie die Berücksichtigung organisationaler Besonderheiten unumgänglich.

Dabei erweist sich ein Bottom-up-Ansatz als sinnvoll, der als Grundlage den jeweiligen Nutzen aus individueller und organisationaler Perspektive betrachtet und diese auf gesamtgesellschaftlicher Ebene zusammenfasst und mit Public-Health-Zielen verbindet.

Um den pflegerischen Nutzen, so wie ihn die AG Evaluation in diesem Beitrag versteht, in Zukunft besser erfassen und im Sinne des vorgeschlagenen Bottom-up-Ansatzes zur Ermittlung der gesellschaftliche Perspektive verknüpfen zu können, sind zum aktuellen Zeitpunkt noch einige Schritte notwendig.

Zunächst muss die existierende Forschung zum pflegerischen Nutzen von Pflegetechnologien aus individueller und organisationaler Perspektive für unterschiedliche Stakeholder ausgeweitet und auf einem breiteren Evidenzniveau als bisher durchgeführt werden (Huter et al., 2020). Eine strikte Hierarchisierung empirischer Methoden ist vor dem Hintergrund einer Methoden*ergänzung* bei der Erfassung des pflegerischen Nutzens kritisch zu prüfen. Diese Daten bilden dann die Grundlage der Nutzenabwägung aus der gesellschaftlichen Perspektive. Hierbei ist insbesondere darauf zu achten, dass bei der Erstellung der Datengrundlage relevante populationsbezogene Ziele aus der angewandten Perspektive von Public Health und CHN mitgedacht und darauf bezogene Outcome-Parameter mit erhoben werden.

Parallel sollten Methoden zur Bewertung des Gesamtnutzens von Pflegetechnologien mit Bezug zu relevanten Public-Health-(Nursing-)Zielen (weiter-)entwickelt werden, die es ermöglichen, Aussagen zum Nutzen von Pflegetechnologien auf der gesellschaftlichen Ebene zu treffen. Die aktuellen Public-Health-Nursing-Ziele haben noch zu wenig Bezug zu digitalen Technologien.

Unabhängig von Public-Health-Zielen müssen zudem in Hinblick auf die Transferierbarkeit von Studienergebnissen zum pflegerischen Nutzen allerdings auch Fragen der organisationalen Passung der Pflegetechnologien berücksichtigt werden.

Literatur

Agnes-Karll-Gesellschaft: (2018). Community health nursing in Deutschland – Konzeptionelle Ansatzpunkte für Berufsbild und Curriculum .

Albrecht, U.-V. (2016). Gesundheits-Apps und Risiken. In U.-V. Albrecht (Hrsg.), *Chancen und Risiken von Gesundheits-Apps (CHARISMHA)* (S. 176–192). Medizinische Hochschule.

Baierlein, J. (2017). Grad der Digitalisierung im Gesundheitswesen im Branchenvergleich – Hinderungsgründe und Chancen. In M. Pfannstiel, P. Da-Cruz, & H. Mehlich (Hrsg.), *Digitale Transformation von Dienstleistungen im Gesundheitswesen II* (S. 1–11). Springer Gabler. https://doi.org/10.1007/978-3-658-12393-2_1

Barros, P., & Martinez-Giralt, X. (2012). *Health economics. An industrial organization perspective.* Routledge.

Besanko, D., Régibeau, P., & Rockett, K. (2005). A multi-task prinical-agent approach to organizational form. *The Journal of Industrial Economics, 53,* 437–467.

Bornewasser, M., Frenzel, S., & Tombeil, A.-S. (2016). Ansatzpunkte zur Bestimmung der Produktivität von Dienstleistungen im Krankenhauskontext. In M. Pfannstiel, C. Rasche, & H. Mehlich (Hrsg.), *Dienstleistungsmanagement im Krankenhaus. Nachhaltige Wertgenerierung jenseits der operativen Exzellenz* (S. 47–70). Springer Gabler.

Bundesministerium für Gesundheit. (2023). Digitale–Versorgung–und–Pflege–Modernisierungs–Gesetz (DVPMG). https://www.bundesgesundheitsministerium.de/service/gesetze-und-verordnungen/guv-19-lp/dvpmg.html. Zugegriffen am 04.02.2023

Burchett, H., Umoquit, M., & Dobrow, M. (2011). How do we know when research from one setting can be useful in another? A review of external validity, applicability and transferability frameworks. *Journal of Health Services Research & Policy, 16*(4), 238–244.

Cornejo Müller, A., Wachtler, B., & Lampert, T. (2020). Digital divide-social inequalities in the utilisation of digital healthcare. *Bundesgesundheitsblatt, Gesundheitsforschung, Gesundheitsschutz, 63*(2), 185–191.

Davis, F. D. (1989). Perceived usefulness, perceived ease of use, and user acceptance of information technology. *MIS Quarterly, 13*(3), 319. https://doi.org/10.2307/249008

Deutsches Ärzteblatt. (2021). Bundestag beschließt weiteres Digitalisierungsgesetz. https://www.aerzteblatt.de/nachrichten/123659/Bundestag-beschliesst-weiteres-Digitalisierungsgesetz. Zugegriffen am 19.08.2021.

Dubois, C. A., D'Amour, D., Pomey, M. P., Girard, F., & Brault, I. (2013). Conceptualizing performance of nursing care as a prerequisite for better measurement: A systematic and interpretive review. *BMC Nursing, 12,* 7. https://doi.org/10.1186/1472-6955-12-7

Eisman, A. B., Quanbeck, A., Bounthavong, M., Panattoni, L., & Glasgow, R. E. (2021). Implementation science issues in understanding, collecting, and using cost estimates: A multi-stakeholder perspective. *Implementation Science, 16*(1), 75.

Emery, F. E., & Trist, E. L. (1969). *Systems thinking.* Penguin Books.

Fenkiw, F. (2021). DiPA-Leitfaden: digitale Anwendungen für die Pflege. https://quickbirdmedical.com/dipa-leitfaden-digitale-pflege-anwendungen/. Zugegriffen am 29.09.2021.

Fischer, F. (2020). Digitale Interventionen in Prävention und Gesundheitsförderung: Welche Form der Evidenz haben wir und welche wird benötigt? *Bundesgesundheitsblatt – Gesundheitsforschung – Gesundheitsschutz, 63*(6), 674–680. https://doi.org/10.1007/s00103-020-03143-6

Getzen, T. (2010). *Health economics and financing* (4. Aufl.). Wiley.

Gold, M. R., Siegel, J. E., Russel, L. B., & Weinstein, M. C. (1996). *Costeffectiveness in health and medicine*. Oxford University Press.

Greenhalgh, T., & Abimbola, S. (2019). The NASSS framework – A synthesis of multiple theories of technology implementation. *Studies in Health Technology and Informatics, 263*, 193–204. https://doi.org/10.3233/SHTI190123

Greenhalgh, T., Wherton, J., Papoutsi, C., Lynch, J., Hughes, G., A'Court, C., Hinder, S., Fahy, N., Procter, R., & Shaw, S. (2017). Beyond adoption: A new framework for theorizing and evaluating nonadoption, abandonment, and challenges to the scale-up, spread, and sustainability of health and care technologies. *Journal of Medical Internet Research, 19*(11), e367. https://doi.org/10.2196/jmir.8775

Höhmann, U., & Bartholomeyczik, S. (2013). Komplexe Wirkungszusammenhänge in der Pflege erforschen: Konzepte statt Rezepte. *Pflege & Gesellschaft, 18*(4), 293–312.

Huang, S. S., & Bowblis, J. R. (2018). The principal-agent problem and owner managers: An instrumental variables application to nursing home quality. *Health Economics, 27*, 1653–1669.

Hülsken-Giesler, M. (2008). *Der Zugang zum Anderen*. V&R unipress – Universitätsverlag Osnabrück.

Hülsken-Giesler, M., & Krings, B. J. (2015). Technik und Pflege in einer Gesellschaft des langen Lebens. *Einführung in den Schwerpunkt. Technikfolgenabschätzung, Theorie und Praxis, 24*(2), 4–11.

Huter, K., Krick, T., Domhoff, D., Seibert, K., Wolf-Ostermann, K., & Rothgang, H. (2020). Effectiveness of digital technologies to support nursing care: Results of a scoping review. *Journal of Multidisciplinary Healthcare, 13*, 1905–1926.

Klawunn, R., & Dierks, M. L. (2021). Ethnografische Feldforschung als vielversprechender Ansatz zur Evaluation technischer Innovationen in der stationären Pflege – ein Ansatz aus dem Pflegepraxiszentrum Hannover. Konferenzband zur 4. Clusterkonferenz „Zukunft der Pflege".

Klawunn, R., Walzer, S., Zerth, J., Heimann-Steinert, A., Schepputat, A., Forster, C., Müller, S., Dierks, M.-L., & Krick, T. (2021). Auswahl und Einführung von Pflegetechnologien in Einrichtungen der Pflegepraxis. In U. Bettig, M. Frommelt, H. Maucher, R. Schmidt, & G. Thiele (Hrsg.), *Digitalisierung in der Pflege: Auswahl und Einsatz innovativer Pflegetechnologien in der geriatrischen Praxis* (S. 37–70). Medhochzwei Verlag.

Köbberling, J. (2009). Effectiveness, benefit and necessity: making an attempt at a scientific definition. *Zeitschrift fur Evidenz, Fortbildung und Qualitat im Gesundheitswesen, 103*(5), 249–252.

Krick, T., Huter, K., Domhoff, D., Schmidt, A., Rothgang, H., & Wolf-Ostermann, K. (2019). Digital technology and nursing care: A scoping review on acceptance, effectiveness and efficiency studies of informal and formal care technologies. *BMC Health Services Research, 19*(400), 1–15.

Krick, T., Huter, K., Seibert, K., Domhoff, D., & Wolf-Ostermann, K. (2020). Measuring the effectiveness of digital nursing technologies: Development of a comprehensive digital nursing technology outcome framework based on a scoping review. *BMC Health Services Research, 20*(1), 243. https://doi.org/10.1186/s12913-020-05106-8

Kunze, C. (2020). (Nicht-)Nutzung, Transfer, Verbreitung und Nachhaltigkeit von Gesundheitstechnologien: Deutsche Version des NASSS-Frameworks. https://opus.hs-furtwangen.de/frontdoor/index/index/docId/6230. Zugegriffen am 19.08.2021.

Lipp, B., & Maasen, S. (2019). Roboter in der Pflege als sozio-technisches Verschaltungsproblem. Theoretische Angebote der Technikforschung an die Pflege(wissenschaft). *Pflege & Gesellschaft, 24*(3), 206–218.

Lutze, M., Glock, G., Stubbe, J., & Paulicke, D. (2019). *Digitalisierung und Pflegebedürftigkeit – Nutzen und Potenziale von Assistenzsystemen.* CW Haarfeld GmbH.

Marx, H., Jobst, S., Ziegler, S., Walzer, S., Pfeil, J., Klie, T., Moeller-Bruker, C., König, P., Kunze, C., Kugler, C., & Feuchtinger, J. (2020). Herausforderungen der Technikeinführung innovativer Pflegetechnologien in den Pflegealltag in Akutkliniken am Beispiel eines audiovisuellen Projektorsystems zur Betreuung von Patient*innen mit kognitiven Beeinträchtigungen. 3. Clusterkonferenz „Zukunft der Pflege", 16./17. September, Nürnberg.

Merda, M., Schmidt, K., & Kähler, B. (2017). Pflege 4.0 – Einsatz moderner Technologien aus der Sicht professionell Pflegender. Forschungsbericht. Hamburg: Berufsgenossenschaft für Gesundheitsdienst und Wohlfahrtspflege (BGW).

Meyer, T. (2014). Erfolg, Effekt, Outcome, Nutzen oder Wirkung? *Begriffe und Konzepte im Diskurs gesundheitsbezogener Handlungswissenschaften, Pflege & Gesellschaft, 19*(4), 293–351.

Nationale Akademie der Wissenschaften Leopoldina, Acatech. (2015). *Public Health in Deutschland – Strukturen, Entwicklungen und globale Herausforderungen.* Leopoldina.

Offis e.V. (2021). Cluster Zukunft der Pflege. https://www.cluster-zukunft-der-pflege.de/. Zugegriffen am 19.08.2021.

Picot, A., Dietl, H., Franck, E., Fiedler, M., & Royer, S. (2012). *Organisation. Theorie und Praxis aus ökonomischer Sicht* (6. Aufl.). Schäfer Poeschel.

PricewaterhouseCoopers GmbH. (2021). Digitalisierung im Gesundheitswesen – Künstliche Intelligenz und Big Data sind die Schlüsseltechnologien der Zukunft. https://www.pwc.de/de/gesundheitswesen-und-pharma/digitalisierung-im-gesundheitswesen.html. Zugegriffen am 29.09.2021.

Rauscher, O., Schober, C., & Millner, R. (2021). *Social Impact Measurement und Social Return on Investment (SROI)-Analyse.* Wirtschaftsuniversität Wien.

Schepputat, A., & Ziegler, S. (2021). Hightech für die Dekubitusprophylaxe. Online-Portal für professionell Pflegende. https://www.bibliomed-pflege.de/pi/artikel/42531-hightech-fuer-die-dekubitusprophylaxe. Zugegriffen am 29.11.2021.

Schloemer, T., & Schröder-Bäck, P. (2018). Criteria for evaluating transferability of health interventions: A systematic review and thematic synthesis. *Implementation Science, 13*, 88. https://doi.org/10.1186/s13012-018-0751-8

Schneider, M., Besser, J., & Zerth, J. (2017). Individualisierung durch Digitalisierung am Beispiel der stationären Pflegeversorgung – Organisations- und informationsökonomische Aspekte. In M. Pfannstiel, P. Da-Cruz, & H. Mehlich (Hrsg.), *Digitale Transformation von Dienstleistungen im Gesundheitswesen II* (S. 205–226). Springer Gabler. https://doi.org/10.1007/978-3-658-12393-2_1

Schulz-Nieswandt, F. (2020). Pflegepolitik gesellschaftspolitisch radikal neu denken. Gestaltfragen einer Reform des SGB XI, Berlin: Kuratorium Deutsche Altenhilfe.

Schüz, B., & Urban, M. (2020). Unerwünschte Effekte digitaler Gesundheitstechnologien: Eine Public-Health-Perspektive. *Bundesgesundheitsblatt – Gesundheitsforschung – Gesundheitsschutz, 63*(2), 192–198.

Shaw, J., Agarwal, P., Desveaux, L., Palma, D. C., Stamenova, V., Jamieson, T., Yang, R., Bhatia, R. S., & Bhattacharyya, O. (2018). Beyond „implementation": Digital health innovation and service design. *Npj Digital Medicine, 1*, 48. https://doi.org/10.1038/s41746-018-0059-8

Thiel, R., Deimel, L., Schmidtmann, D., Piesche, K., Hüsing, T., Rennoch, J., Stroetmann, V., Stroetmann, K. & Kostera, T. (2018). #SmartHealthSystems – Digialisierungsstrategien im Internationalen Vergleich. https://www.bertelsmann-stiftung.de/de/publikationen/publikation/did/smart-healthsystems. Zugegriffen am 29.09.2021.

Weishaupt, S. (2006). Subjektivierendes Arbeitshandeln in der Altenpflege – die Interaktion mit dem Körper. In F. Böhle & J. Glaser (Hrsg.), *Arbeit in der Interaktion – Interaktion als Arbeit: Arbeitsorganisation und Interaktionsarbeit in der Dienstleistung* (S. 85–106). VS Verlag für Sozialwissenschaften.

WHO. (2010). *A framework for community health nursing education.* WHO.

Zeeb, H., Pigeot, I., & Schüz, B. (2020). Digital Public Health – ein Überblick. *Bundesgesundheitsblatt – Gesundheitsforschung – Gesundheitsschutz, 63*(2), 137–144.

Zerth, J. (2021). Weiterentwicklung der Pflege in einem sektorübergreifenden Kontext – integrierende Pflegeinfrastrukturen. In S. Spitzer & V. Ulrich (Hrsg.), *Intersektorale Versorgung im deutschen Gesundheitswesen. Gegenwart und Zukunft – Analyse und Perspektiven* (S. 62–74). Kohlhammer.

Cordula Forster Cordula Forster ist seit 2022 als Projektmanagerin am dmac (Medical Valley Digital Health Application Center) tätig, mit Fokus auf gesundheitsökonomischer Evaluation und der Einführung digitaler Pflegeanwendungen. Sie schloss 2016 ihren Bachelor in Management im Gesundheits- und Sozialmarkt an der Wilhelm Löhe Hochschule in Fürth ab. 2019 erwarb sie ihren Master of Science in Gesundheitsökonomie an der Universität Bayreuth und war anschließend als wissenschaftliche Mitarbeiterin am Forschungsinstitut IDC angestellt, wo sie primär für das Pflegepraxiszentrum Nürnberg tätig war und sich hauptsächlich mit der Implementierungsforschung bei digitalen Pflegetechnologien in der stationären Pflege und mit angewandter Gesundheitsökonomie beschäftigte.

Jürgen Zerth Prof. Dr. Jürgen Zerth hat seit Oktober 2022 die Professur für Management in Einrichtungen des Sozial- und Gesundheitswesens an der Katholischen Universität Eichstätt-Ingolstadt inne. Von 2012 bis 2022 war er Professor für Wirtschaftswissenschaften (Gesundheitsökonomie) sowie Leiter des Forschungsinstituts IDC der Wilhelm Löhe Hochschule für angewandte Wissenschaften Fürth (ab 2021 SRH Wilhelm Löhe Hochschule), das sich schwerpunktmäßig mit der Bewertung und Implementierungsbegleitung sowie Evaluation von Technologien in der Pflege befasste. Er war von 2000 bis 2010 Geschäftsführer der Forschungsstelle für Sozialrecht und Gesundheitsökonomie an der Universität Bayreuth sowie Lehrbeauftragter etwa an den Universitäten Jena, Bern sowie im Wintersemester 2009/2010 Lehrstuhlvertretung an der FAU Erlangen-Nürnberg. Forschungsschwerpunkte liegen in Fragen angewandter Gesundheitsökonomik, in Aspekten der Evaluation und Wirkungsanalyse sowie in der Technikbewertung und -evaluation in der Pflege.

Ronny Klawunn M. Sc. in Public Health, ist seit 2019 wissenschaftlicher Mitarbeiter im Institut für Epidemiologie, Sozialmedizin und Gesundheitssystemforschung an der Medizinischen Hochschule Hannover. Er arbeitet unter anderem im Forschungsprojekt Pflegepraxiszentrum Hannover, indem er ethnografisch untersucht, wie technische Erneuerungen in der stationären Krankenhauspflege genutzt und bewertet werden. Darüber hinaus unterrichtet er in verschiedenen Masterstudiengängen die Grundlagen sozialwissenschaftlicher Theorie sowie qualitative Methoden empirischer Sozialforschung. Herr Klawunn hat an der Martin-Luther-Universität Halle-Wittenberg und der Berlin School of Public Health die Fächer Ethnologie, Politikwissenschaften und Public Health studiert.

Sandra Witek Sandra Witek ist seit 2020 als wissenschaftliche Mitarbeiterin im Pflegepraxiszentrum Freiburg tätig. Sie ist primär für das Forschungsprojekt „Silent Intensive Care Unit (Silent ICU)" verantwortlich, das sich mit der Implementierung und Evaluation von stationsbezogenen Lärmmanagement befasst. Sandra Witek hat ihre Ausbildung zur Gesundheits- und Krankenpflegerin (2012) im Ortenauklinikum absolviert. Danach wechselte sie an das Universitätsklinikum Freiburg und war dort bis 2019 auf der neurologischen Intensivstation tätig. Parallel dazu schloss sie 2017 an der Albert-Ludwigs-Universität Freiburg den Bachelor of Science in Pflegewissenschaft ab. 2021 hat sie den Master of Science in Pflegewissenschaft an der Albert-Ludwigs-Universität erworben.

Tobias Krick Tobias Krick ist wissenschaftlicher Mitarbeiter in dem vom BMBF geförderten Verbundprojekt Pflegeinnovationszentrum an der Universität Bremen. Er hat einen Abschluss in Public Health – Gesundheitsversorgung, -ökonomie und -management, M. A., und promoviert aktuell zum Thema „Evaluation und Bewertung von digitalen technologischen Innovationen in der Pflege". Außerdem ist er Gründer und Geschäftsführer der Firma Healthcare Innovations Network (Healthcare iNNK). Dort vernetzt er Startups, Krankenhäuser, Krankenkassen, Forschung und Wissenschaft sowie Investorinnen und Investoren. Darüber hinaus ist er Gastgeber des Podcasts „Healthcare out-of-the-box", Speaker, Autor in verschiedenen Fachzeitschriften und Büchern und aktiver Teil der Healthcare-Community in verschiedenen Social-Media-Kanälen. Mehr „Out-of-the-box"-Denken und mehr Wertschätzung sind seine Themen.

Anika Heimann-Steinert Dr. Anika Heimann-Steinert studierte und promovierte im Bereich der Gesundheitswissenschaften. Seit 2012 arbeitet sie als wissenschaftliche Mitarbeiterin in der Forschungsgruppe „Geriatrie" der Charité – Universitätsmedizin Berlin. Innerhalb der Forschungsgruppe leitet sie seit 2017 die interdisziplinär zusammengesetzte Arbeitsgruppe „Alter & Technik". Als Leiterin zahlreicher Projekte vereint sie zwei wesentliche Entwicklungen der Gesellschaft: den demografischen Wandel und die Digitalisierung des Gesundheitswesens. Die Projekte zielen darauf ab, digitale Lösungen für ältere Menschen zu entwickeln, und dabei alle relevanten Steakholder wie pflegende Angehörige, medizinisches und pflegerisches Personal einzubinden. Ziel dabei ist es, die Autonomie älterer Menschen und geriatrischer Patienten zu fördern.

Nutzenbewertung von Pflegetechnologien: Die Relevanz, pflegebedürftige Personen als zentrale Perspektive zu beteiligen

Maxie Lutze

Zusammenfassung

Pflegebedürftige sollten bei der Entscheidungsfindung im Pflegewesen beteiligt werden, vor allem wenn sich diese direkt auf sie auswirkt wie bei der Nutzung digitaler Pflegeanwendungen. Im Rahmen des Health Technology Assessments (HTA) besteht Konsens über die Relevanz einer stärkeren Zentrierung auf Patientinnen und Patienten, die in diesem Artikel auf Pflegebedürftige übertragen wird. Internationale Reviews zeigen verschiedene Beteiligungsmöglichkeiten in Entscheidungsprozessen, testen und diskutieren diese. Das dreigliedrige Ziel dieses Beitrags besteht darin, darzustellen, (1) wo die Beteiligung Pflegebedürftiger im Rahmen der Nutzenbewertung von digitalen Pflegetechnologien im Jahr 2022 in Deutschland steht, (2) was Pflegebedürftige in den Prozess der Nutzenbewertung einbringen können und welcher Mehrwert für den Prozess selbst und für weitere Akteure daraus resultiert sowie (3) wie ein Vorgehen für eine partizipative Nutzenbewertung gestaltet sein kann, das auf Pflegebedürftige ausgerichtet ist.

15.1 Einleitung und Hintergrund

Für eine erfolgreiche Umsetzung der Bestrebungen, Digitalisierung und Pflegetechnologien für unterschiedliche Zielgruppen und Anwendungsbereiche in der Pflege zur Anwendung zu bringen, gewinnen die Themen Nutzenbewertung und Evaluationsvorhaben stetig

M. Lutze (✉)
Institut für Innovation und Technik (iit) in der VDI/VDE Innovation + Technik GmbH, Berlin, Deutschland
E-Mail: lutze@iit-berlin.de

© Der/die Autor(en), exklusiv lizenziert an Springer Fachmedien Wiesbaden GmbH, ein Teil von Springer Nature 2023
T. Krick et al. (Hrsg.), *Pflegeinnovationen in der Praxis*,
https://doi.org/10.1007/978-3-658-39302-1_15

an Bedeutung. Deutlich wird das in Bereichen wie dem Prozess zur Zulassung digitaler Gesundheitsanwendungen (DiGA) (Brönneke et al., 2020, S. 81–146), der Arbeit des „Clusters Zukunft der Pflege"[1] und auch der Studien und Stellungnahmen des GKV-Spitzenverbands (unter anderem Lutze et al., 2019; GKV-Spitzenverband, 2021; Gregor-Haack et al., 2021).

Die Ausgestaltung von Nutzenbewertungen und die damit angestrebte Wissensgenerierung über die Effekte von Pflegetechnologien für Pflegebedürftige ist dabei abhängig von der Zielstellung, von der Rolle und Perspektive, die im Pflegebereich betrachtet wird, etwa die Systemebene wie Politik oder Verwaltung, von der Organisationsebene und von der Perspektive von Fach- oder Assistenzpersonen, pflegebedürftigen Personen oder Angehörigen sowie der Industrie. Aus der Beteiligungs- und Partizipationsforschung ist bekannt, dass Bürgerinnen und Bürger im Vergleich zu Institutionen und Akteuren, die in festgelegten Zuständigkeitsstrukturen arbeiten, Problemstellungen holistischer betrachten (Rosa et al., 2021) und ihre Perspektive somit auch einen Beitrag zur Nutzenbewertung leisten kann. Als Zielgruppe und Nutzende von digitalen Pflegetechnologien ist es daher angezeigt, sie zentral in den Prozess der Nutzenbewertung zu involvieren. Das fordern auch europäische Patientenvertretungen (o. V., 2018).

Das Anliegen des Wissenschaftsjahrs 2022, das unter dem Titel „Nachgefragt!" zu Jahresbeginn gestartet ist, verdeutlicht, welche Relevanz der Beteiligung von Bürgerinnen und Bürgern in Forschung und Politik zugeschrieben wird. Inwieweit Pflegebedürftige und weitere Akteure des Pflegewesens sich in Deutschland in Themenbereichen zur Versorgung oder im Schnittfeld Digitalisierung beteiligen (können), wurde bislang wenig untersucht und ist auf den ersten Blick auf Websites potenziell relevanter Institution und Gremien nicht erkennbar. Die Ambitionen des Bundesministeriums für Gesundheit, nach dem Vorbild des DiGA-Prozesses ein Verzeichnis für digitale Pflegeanwendungen (DiPA) einzurichten, beteiligt Pflegebedürftige beziehungsweise ihre entsprechenden Vertretungen nicht systematisch. Der derzeit laufende Rechts- und Verordnungsprozess zur Diskussion der Bewertungskriterien für die Zulassung einer DiPA, einschließlich des pflegerischen Nutzens für pflegebedürftige Menschen, findet entsprechend ohne sie statt. Pflegebedürftige können nicht nur zu der Wirksamkeit einer Pflegetechnologie beitragen und davon profitieren, sondern müssen gegebenenfalls auch den potenziellen Schaden tragen. Deshalb ist ihre Perspektive und ihr Urteil bei der Bewertung digitaler Pflegetechnologien von zentraler Bedeutung.

Für die Definition von Kriterien für die Nutzenbewertung von Pflegetechnologien stehen bereits zahlreiche Evaluationsframeworks zur Verfügung (Krick, 2021; Hirt et al., 2021), die dafür herangezogen werden können. Im Hinblick auf die Beteiligung von Pflegebedürftigen im Prozess der Nutzenbewertung ist es zielführend, ein Modell zu identifizieren, das die Perspektive pflegebedürftiger Menschen adäquat aufgreift und abbildet. Der Artikel verfolgt entsprechend der Ausgangslage folgende drei Ziele:

---

[1] Das „Cluster Zukunft der Pflege" wird vom Bundesministerium für Bildung und Forschung gefördert, www.cluster-zukunft-der-pflege.de.

1. Wo steht die Beteiligung Pflegebedürftiger im Rahmen der Nutzenbewertung von Pfle-getechnologien in Deutschland im Jahr 2022?
2. Was könnten pflegebedürftige Personen in den Prozess der Nutzenbewertung einbrin-gen? Und: Welchen Mehrwert bietet die Beteiligung Pflegebedürftiger für den Prozess der Nutzenbewertung von Pflegetechnologien und wie profitieren weitere Akteure?
3. Welche Möglichkeiten bietet ein Framework, das auf die Perspektive Pflegebedürftiger ausgerichtet ist, bei der partizipativen Nutzenbewertung?

15.2 Beteiligung und Partizipation: Abgrenzung und aktuelle Situation in Deutschland

15.2.1 Das Konzept der Beteiligung von Pflegebedürftigen und Öffentlichkeit

In Forschung, Verwaltung, Politik und anderen Bereichen wird eine Vielzahl von Begrif-fen zur Beschreibung der Interaktion mit der Öffentlichkeit verwendet. Dazu zählen Betei-ligung, Engagement und Partizipation, die teilweise gleichbedeutend verwendet werden. In Anlehnung an das National Institute for Health Research (National Institute for Health Research (NIHR), 2021) wird in diesem Artikel der Begriff Beteiligung genutzt, der in der Tab. 15.1 abgegrenzt wird.

Pflegebedürftige Personen können über unterschiedliche Personen(kreise) oder Organi-sationen an den Gestaltungs- und Entscheidungsprozessen beteiligt werden. Sie können

Tab. 15.1 Begriffsabgrenzung: Beteiligung, Partizipation und Öffentlichkeit (eigene Darstellung)

Beteiligung	Forschung und Arbeiten, die „mit" oder „von" Personen der Öffentlichkeit durchgeführt werden, und nicht „über" oder „für" sie. Es ist eine aktive Partnerschaft zwischen Pflegebedürftigen/Patientinnen und Patienten, Personen des Versorgungsgeschehens und der Öffentlichkeit mit Forschenden, die die Forschung beeinflusst und formt, z. B. Ermittlung von (Forschungs-) Prioritäten, als Mitglieder eines Beirats oder eine Lenkungsgruppe, Kommentierung und Entwicklung von Informations- und Forschungsmaterialien. Im Englischen wird dies auch als Patienten- und Öffentlichkeitsbeteiligung bezeichnet.
Partizipation	Teil der freiwilligen Beteiligung von Bürgerinnen und Bürgern am politischen Leben im weitesten Sinne, um dadurch Einfluss auf Entscheidungen zu nehmen (Thurich, 2011).
Öffentlichkeit bzw. Bürgerinnen und Bürger	(Potenziell) Pflegebedürftige/Patientinnen und Patienten, Angehörige und Personen sind eingeschlossen, die Gesundheits- und Sozialdienste in Anspruch nehmen, sowie Personen aus bestimmten Zusammenschlüssen und Organisationen, die diese Personen vertreten. Eingeschlossen sind auch Menschen mit erlebter Erfahrung mit einem oder mehreren Gesundheitsproblemen, unabhängig davon, ob sie aktuell betroffen sind.

über (1) Vertretungen Pflegebedürftiger, als (2) Individuen mit Laienstatus (Pflegebedürftige, Angehörige, andere Bürgerinnen und Bürger) sowie als (3) Individuen mit Expertenstatus, also Pflegebedürftige, die von einem spezifischen Pflegeproblem betroffen sind oder Erfahrungen im Umgang mit einer bestimmten Technologie haben, auftreten. Vertretende Organisationen repräsentieren dabei einen größeren Personenkreis, aggregieren unterschiedliche Perspektiven und können zum Beispiel relevante Evidenzen zusammenstellen. Sie können auch Individuen mit Expertenstatus nominieren, die ihre Erfahrungen und Perspektiven vortragen. Pflegebedürftige oder Bürgerinnen und Bürger mit Laiensichtweise bringen eine allgemeinere Sichtweise ein. Denkbar ist ferner auch eine indirekte Vertretung, zum Beispiel durch Pflegende, etwa weil Pflegebedürftige aufgrund ihrer gesundheitlichen Verfassung dazu nicht in der Lage sind.

Zu den Bereichen der Beteiligung in Prozessen des Health Technology Assessments werden allgemein unter anderem folgende gezählt: Aufwerfen von Fragen und Themen, die Priorisierung von Anfragen, die Entwicklung von Empfehlungen oder die Verbreitung der Ergebnisse (Abelson et al., 2016). Bezogen auf den Nutzenbewertungsprozess können die Mitgestaltung von gesetzlichen Regelungen, Kriterien der Nutzenbewertung, Bewertung der Studienergebnisse und Zulassung, Preisverhandlung und -festsetzung, die Refinanzierung sowie die Informationsverarbeitung/Dissemination eine Rolle spielen.

Neben verschiedenen Formen der Beteiligung wie Beiräte, Konsensuskonferenzen, Planungszellen, Bürgerjurys und dem Technikfolgenabschätzungsdiskurs unterscheidet sich die Beteiligung auch hinsichtlich des Einflussgrades der Vertretungen oder Individuen in Beteiligungsprozessen. Der Kooperationsverbund Gesundheitliche Chancengleichheit (2021) differenziert sechs Stufen, wobei in (1) Information, (2) Anhörung und (3) Einbeziehung als Vorstufen der Partizipation, (4) Mitbestimmung und (5) Entscheidungskompetenzen als Stufen der Partizipation sowie (6) Selbstorganisation als Stufe, die über Partizipation hinausreicht, unterschieden wird.

15.2.2 Aktuelle Situation der Beteiligung Pflegebedürftiger in Deutschland

Unterschiedliche Entwicklungen der letzten Jahre legen nahe, dass Pflegebedürftige zunehmend als (aktive) Akteure oder Partner im Pflegewesen betrachtet werden sollen. So werden beispielsweise mit dem zugrundeliegenden Verständnis des geltenden Pflegebedürftigkeitsbegriffs (GKV-Spitzenverband, o. J.) oder digitalen Angeboten wie der elektronischen Patientenakte (Bundesministerium für Gesundheit, o. J.) pflegebedürftige Personen in den Mittelpunkt gerückt.

Bereits 1978, also vor über 40 Jahren, wurde mit der Alma-Ata durch die Weltgesundheitsorganisation (WHO) der Grundsatz geprägt, dass es zugleich Recht und Pflicht von Bürgerinnen und Bürgern ist, sich bei der Planung und Umsetzung von Gesundheitsleistungen zu beteiligen (Weltgesundheitsorganisation, o. J.). In Deutschland wurde im Jahr 2003 mit dem Gesundheitsmodernisierungsgesetz die gesetzlichen Grundlagen für die Wahrnehmung der Interessen der Patientinnen und Patienten sowie der Selbsthilfe chronisch kranker und behinderter Menschen durch Patientenvertreterinnen und -vertreter gemäß § 140 f SGB V geschaffen. Damit wurde die Möglichkeit zur Beteiligung von Patientenvertreterinnen und -vertretern bei Fragen der gesundheitlichen Versorgung auf der Bundes-, Landes- sowie regionalen Ebene gesetzlich geregelt (Nationale Kontakt- und Informationsstelle zur Anregung und Unterstützung der Selbsthilfe (NAKOS), 2015).

Damit besteht die Möglichkeit, sich in Gremien der gesundheitlichen Versorgung einzubringen und Einfluss auf die Diskussionsverläufe zu nehmen. Die Bereiche der Beteiligung richten sich nach dem Verantwortungs- und Wirkungsfeld der Gremien und können neben Versorgungsangeboten HTA-Prozesse, Leistungskataloge, Zulassungen und die Qualitätssicherung einschließen. Der Grad des Einflusses, den Patientenvertretungen nehmen können, variiert und lässt sich unterteilen in Anhörung (Stellungnahme im Entscheidungsprozess), Beratung (Diskussion in Gremien) und Entscheidung (mit Stimmrecht). Abb. 15.1 zeigt eine Übersicht der Gremien, in denen eine Patientenbeteiligung auf Bundesebene und in den Ländern laut Gesetz möglich ist.

Im Hinblick auf die Nutzenbewertung von Pflegetechnologien stellt sich die Frage, ob und an welchen Stellen Anliegen Pflegebedürftiger vertreten sind, um konkrete Versorgungsprobleme optimal zu adressieren und eien gelingende Digitalisierung in der Pflege zu fördern. Anhand von Studien, grauer Literatur, den Webangeboten der Institutionen und eine Kurzkonsultation von drei § 118 SGB XI-Verbänden wurde der aktuelle Stand zu Beteiligungsmöglichkeiten im Bereich und Digitalisierung von der Autorin nachvollzogen, wobei sich der Findungsprozess sehr aufwendig gestaltete und über die Portale der Institutionen und Gremien kaum oder nur umständlich Beteiligungsmöglichkeiten erschlossen werden konnten. Die Tab. 15.2 unterstreicht, dass Beteiligungsmöglichkeiten punktuell vorhanden sind, die Rolle Pflegebedürftiger und ihrer Vertretungen in den Gremien, in denen Digitalisierung im Gesundheits- und Pflegewesen verhandelt wird, bislang aber nicht legitimiert ist.

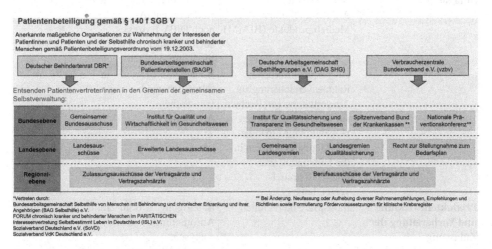

Abb. 15.1 Beteiligungsmöglichkeiten für Patientinnen und Patienten gemäß § 140 f SGB V. (Quelle: in Anlehnung an NAKOS 2015)

Tab. 15.2 Beteiligungsumsetzung: Vertretung in Gremien des Gesundheits- und Pflegewesens und Einflussgrad

Bereich	Institution/Gremium	Einflussgrad von Öffentlichkeit	Beteiligung von Pflegevertretungen
Forschungs- und Entwicklungsprojekte	Bundes-, Landesministerien, Projektumsetzung, teilweise in Maßnahmegestaltung	Von beratend bis Co-Creation, in Wirksamkeits- und Evaluationsstudien	Abhängigkeit von Fördermaßnahme
Entwicklung Gesetze, Rechtsverordnungen z. B. DVG, DVPMG	Bundesgesundheitsministerium (BMG)	Stellungnahme/ Anhörung	ja
Technologiebewertung/ Technikfolgenabschätzung	DIMDI, HTA-Kuratorium	Entscheidung	nicht eindeutig
Technologiebewertung/ Technikfolgenabschätzung	Institut für Qualität und Wirschaftlichkeit im Gesundheitswesen (IQWiG), Kuratorium	Anhörung, Beratung	nicht eindeutig
Schaffung digitaler Versorgungsstrukturen und -angebote	Gemeinsamer Bundesausschuss (GBA), Heil- und Hilfsmittel	beratend, kein Stimmrecht	ggf. als Expert:innen
	Gematik, Beirat	beratend Anhörung, Stellungnahmen	ja
	Kassenärztliche Bundesvereinigung (KBV), Fachbeirat Pflege, speziell Entwicklung Pflegerischer Informationsobjekte (PIO)	nicht vorhanden	ja
	Krankenkassen	nicht vorhanden, punktuell umgesetzt	nicht eindeutig
Zulassung	Bundesinstitut für Arzneimittel und Medizinprodukte (BfArM)	nicht vorhanden, weder im DiGA- noch DiPA-Prozess; auch nicht bei Medizinprodukten	nein
	GKV-Spitzenverband; Rahmenvereinbarung zur Ausgestaltung von Rechten auf Versorgung z. B. mit Hilfsmitteln; Aufnahme von Medizinprodukten in das Hilfsmittel- und Pflegehilfsmittelverzeichnis	Beratend, schriftliche und mündliche Anhörungen	ja
Produktentwicklung und Vorbereitung der Zulassung	Industrie/Unternehmen	Beteiligung, z. B. in Anforderungsanalysen, Produkttestungen, Zulassungsstudien	individuell

Quelle: eigene Darstellung

Deutlich wird, dass es auch durchaus Überschneidungen bei den Patienten- und Pflegebetroffenenvertretungen gibt, da etwa die BAG Selbsthilfe beide Gruppen vertritt. Inwiefern damit die Beteiligung Pflegebedürftiger und sie vertretender Organisationen auch im GBA erfolgt, kann nicht abgeleitet werden und ist vermutlich von den behandelten Themen abhängig. Strukturelle Unterschiede bestehen u. a. darin, dass es für die Patientenvertretung im GBA eine offizielle Stabsstelle gibt, für das BfArM allerdings nicht. Vergleichbare Strukturen für die Mitarbeit der Pflegebedürftigenvertretung im Qualitätsausschuss Pflege gibt es ebenfalls nicht. Eine Forderung, welche die § 118er-Verbände seit einiger Zeit erheben (BAGSO, 2017). Eine strukturierte Involvierung Pflegebedürftiger beziehungsweise der Bürgerinnen und Bürger in Entscheidungsfindungen ist nicht vorhanden. Ob außerhalb oder im Digitalisierungsbereich, die Kompetenz zur Mitgestaltung und Mitentscheidung wird ihnen damit nicht zugeschrieben. Wenn sie beteiligt sind, nehmen sie vielfach eine beratende Rolle ein, haben in den Verfahren kein Stimmrecht und sind insbesondere im Bereich der digitalen Pflege an wesentlichen Entscheidungen nicht beteiligt. Nur in ausgewählten Fällen werden ihre Erfahrungen und Kenntnisse einbezogen.

Aus den Interviews geht hervor, dass die gematik im Bereit Pflegebetroffenenverbände bei Grundsatzfragen (§ 317 SGB V) beteiligt und auch Anfragen im Hinblick auf die Barrierefreiheit an die § 118er-Verbände zur Mitwirkung stellt. In die DiGA/-PA-Prozesse sind diese lediglich über die Schiedsstelle und damit in die Preisverhandlung eingebunden. Eine durchgehende prozessbegleitende Involvierung ist nicht gegeben. Am weitreichendsten ist die Beteiligung im GBA zumindest für Patientenvertretungen und auch beim IQWiG, wo Bürgerinnen und Bürger Themen für HTA-Prozesse vorschlagen und darüber abstimmen können. Die Entscheidungen über die Aufnahme von Medizinprodukten in das Hilfsmittelverzeichnis können mit Patientenvertretungen beraten werden, finden dann aber ebenso ohne Pflegebedürftige statt wie die Nutzenbewertung digitaler Gesundheitsanwendungen (DiGA) oder künftig auch digitaler Pflegeanwendungen (DiPA), die das Bundesinstitut für Arzneimittel und Medizinprodukte (BfArM) prüft. Die Behörde des Bundesgesundheitsministeriums (BMG) legt dabei Kriterien zugrunde, die das Ministerium per Rechtsverordnung festgelegt hat beziehungsweise festlegen wird (Gregor-Haack et al., 2021). Der Nutzenbewertungsprozess ist damit bislang zwischen Wissenschaft und Verwaltung verortet. Dabei verfolgt die Wissenschaft das Ziel, im Rahmen einer Evaluation objektive Daten und Erkenntnisse zu gewinnen, um den Nutzen zu erheben. Das Verwaltungshandeln umfasst die Festlegung der Bewertungskriterien und die Bewertung der darüber generierten Evidenz sowie die Zulassung. Der hybride Prozess für die Bewertung lässt dabei jedoch unter anderem die Perspektive Pflegebedürftiger und Angehöriger sowie ihrer Vertretungen und auch die der Pflegeprofession außen vor. Das Selbstbestimmungsrecht der Pflegebedürftigen bezieht sich demnach primär auf die Einwilligung in eine Versorgung, ohne Einfluss- und Gestaltungsmöglichkeiten in der Pflegeversorgung zu bieten. Die weiter oben angesprochene neue Rolle pflegebedürftiger Menschen im System wird damit in der Praxis kaum realisiert. Erwähnenswert ist außerdem, dass – Ausnahme des IQWiG bei der Themensondierung – keine Individuen beziehungsweise Laiinnen und Laien, etwa Bürgerinnen und Bürger, in die Prozesse einbezogen werden, wie es in anderen Nationen zum Beispiel in Großbritannien seit 1999 der Fall ist. Inwieweit Patientenvertretungen jedoch die heterogenen Patientenpopulationen repräsentieren können, ist fraglich.

15.3 Qualitäten und Effekte von Pflegebedürftigen in der Nutzenbewertung

Wird der Anspruch verfolgt, Pflegebedürftige stärker zu beteiligen, ist es erforderlich, die Chancen, Herausforderungen und Grenzen der Einbindung zu erörtern. Im Folgenden wird deshalb betrachtet, welche Qualitäten Pflegebedürftige einbringen können, die für ihre Einbindung sprechen, und welcher Mehrwert daraus für die Nutzenbewertung von Pflegetechnologien sowie für weitere daran beteiligte Akteure resultieren kann.

15.3.1 Was bringen pflegebedürftige Menschen in den Prozess der Nutzenbewertung ein?

Als betroffene Personen können Pflegebedürftige oder entsprechende Vertretungen die Perspektive des Erlebens, also Erfahrungswissen über das Leben mit konkreten Einschränkungen der Selbstständigkeit, die zu einer Pflegebedürftigkeit führen, ebenso wie Aspekte zur Lebensqualität, zur pflegerischen Versorgung, zu Pflegedienstleistungen sowie zu Forschungsfragen einbringen. Mit dieser Sichtweise können sie auch zur Definition von Zielkriterien sowie relevanten Outcomes beitragen (Wortley et al., 2016). Somit kann eine Reflexion folgender Fragen und Bereiche erfolgen: Ist eine Dimension oder ein Zielkriterium für eine bestimmte Gruppe Pflegebedürftiger relevant, oder ist sie eher für Forschende oder Klinikerinnen und Kliniker wichtig? Wie konzeptualisieren Pflegebedürftige eine konkrete oder multiple Einschränkung der Selbstständigkeit? Ist die resultierende Ergebnismessung für eine Gruppe Pflegebedürftiger geeignet? Erfassen die Zielkriterien die Variabilität der Ausprägungen, von denen Pflegebedürftige betroffen sein können?

Pflegebedürftige können nicht nur zum Nutzen und zu der Wirksamkeit einer Pflegetechnologie beitragen und davon profitieren, sondern müssen gegebenenfalls auch den potenziellen Schaden tragen. Deshalb ist ihre Perspektive und ihre Beurteilung des Verhältnisses von Nutzen und Schaden bei der Nutzenbewertung relevant (Mühlbacher & Juhnke, 2016). Zusätzlich dazu können sie Wahrnehmungen, Bedürfnisse oder Einstellungen und Präferenzen zu ihrer Versorgung und Pflegebedürftigkeit einbringen, die für die Beurteilung digitaler Pflegetechnologien relevant sind. Bei der Bewertung von Technologien kann die Darstellung von Ereignissen oder Situationen (kognitiv), in denen die jeweiligen Technologien zum Einsatz kommen, ebenso wie von Gefühlen dazu (affektiv) bedeutsam sein. Sie können darüber hinaus den Inhalt (zum Beispiel Dimensionen der Erfahrung oder des Gesundheitszustands) als auch den Prozess der Versorgung oder der pflegerischen/gesundheitlichen Veränderungen umfassen sowie mögliche Verbesserungen und Folgen. Von besonderer Relevanz können hier auch die Urteile basierend auf Wertvorstellungen und -maßstäben über die Bedeutung der gemessenen erwünschten und unerwünschten Effekte sein. Damit können Präferenzen von Pflegebedürftigen und auch der Prioritätensetzung hilfreich sein.

Zusätzlich geht es um ethische Aspekte, die Pflegebedürftige über ihre Sichtweisen in den Prozess mit einbringen können, wie die Gewährleistung der Relevanz der Ziele, der erforderliche Aufbau von Kapazitäten zur Stärkung Pflegebedürftiger, Achtung von Autonomie und Gerechtigkeit.

Ausgehend davon, dass Pflegebedürftige in der Regel von ihrer persönlichen Situation, ihrer Erfahrung und ihren situationsspezifischen Erkenntnissen ausgehen, bringen sie zudem eine holistische Sichtweise in den Bewertungsprozess ein, die weder an Sektoren noch an Gesetzesbüchern orientiert ist (Rosa et al., 2021).

Eine Öffnung der Sichtweise auf die Evidenzgenerierung, und damit auch eine bessere Berücksichtigung von gesellschaftlichen und epidemiologischen Veränderungen, wird durch die Beteiligung Pflegebedürftiger gestärkt. Die Erforschung der Forschungsvalidität des Konzepts der patientenberichteten Outcomes (Patient-reported Outcome Measures, PROM) werden zukünftig auch von Bedeutung sein (EIT Health, 2020).

Grenzen der Beteiligung resultieren aus pflegebezogenen Eigenschaften von Personen, wie beispielsweise aus demenziellen Veränderungen Pflegebedürftiger, und darüber hinaus auch aus der bislang fehlenden Legitimation der Beteiligung von Individuen in der Nutzenbewertung.

15.3.2 Welchen Mehrwert bietet die Einbindung von Pflegebedürftigen?

Der Mehrwert der Beteiligung von Pflegebedürftigen kann sich in unterschiedlichen Phasen sowie Bereichen niederschlagen und verschiedene Effekte nach sich ziehen. Letztere können zum Beispiel im Hinblick auf (1) die Zufriedenheit von Pflegebedürftigen, (2) die Prozesse und andere Akteure sowie (3) die Wirkung von Pflegetechnologien resultieren.

Die Zufriedenheit von Pflegebedürftigen kann sich auf den Prozess der Beteiligung beziehen, welcher im Optimalfall auch die Wirkung von Pflegetechnologien positiv beeinflussen kann. Durch die Beteiligungsmöglichkeit ergibt sich für Pflegebedürftige ein Zugang zu Gestaltungs- und Entscheidungsprozessen, was das Autonomieempfinden und den Einfluss der Teilnehmenden gegenüber formellen politischen Institutionen fördern kann. Auf diese Weise kann es gelingen, die Interessen und Rechte pflegebedürftiger Personen wirksam in den Prozess der Nutzenbewertung und Digitalisierung einzubringen. Die Möglichkeit, Wertvorstellungen in den Prozess einzubringen und deren Relevanz im Rahmen der Digitalisierung und Nutzenbewertung zu erörtern, kann respektive darin münden, dass Bürgerinnen und Bürger (Mühlbacher & Juhnke, 2016) die Prozesse und den Nutzen digitaler Entwicklungen stärker akzeptieren. Adäquate Beteiligungschancen können ferner den Abbau der Diskriminierung bestimmter Personen(gruppen) und Patientinnen und Patienten gegenüber technologischen Entwicklungen befördern und stärken. Positive Auswirkungen auf die Zufriedenheit können ferner aus dem Gefühl der Informiertheit resultieren und der Chance, Strukturen und Abläufe in der ambulanten und stationären Versorgung (Patient Journey) mitzugestalten.

Aus Studien der Evaluation des HTA-Diskurses geht darüber hinaus hervor, dass auch Prozesse und Akteure von der Beteiligung Pflegebedürftiger und von Bürgerinnen und Bürgern profitieren (unter anderem Loeber et al., 2011), die ihrerseits positiv auf die Wirkung von Pflegetechnologien wirken können. Die Beteiligung kann zu einer Verbesserung der Wissensbasis in der Technikbewertung führen (Hennen, 1999) und durch die Berücksichtigung der Präferenzen Pflegebedürftiger die (wissenschaftliche) Evidenz aufwerten (Mühlbacher & Juhnke, 2016). Denn mit der Integration der Patientenpräferenzen in die Entscheidungsprozesse geht eine Verbesserung des Wissens über Patientenbedürfnisse und -bedarfe sowie über konkrete Versorgungsprobleme einher. In der Folge erhöhen sich die Chancen, dass die Inanspruchnahme von Pflegetechnologien sowie Anforderungen an die Gestaltung und Struktur von Abläufen in der ambulanten und stationären Versorgung (Patient Journey) wie auch die Adhärenz und Compliance befördert werden und somit unter Umständen auch ein langfristiger Beitrag zur klinischen Wirkung geleistet werden kann (Mühlbacher & Juhnke, 2016). Diese partizipatorischen Strategien befördern wiederum eine Verbesserung der Effektivität und Qualität von Behandlung und Pflege. In der Konsequenz steigt die Wahrscheinlichkeit, Potenziale der Digitalisierung für Pflegebedürftige optimal zu nutzen.

Analog zu anderen Gesundheitstechnologien (Institut für Qualität und Wirtschaftlichkeit im Gesundheitswesen (IQWiG), 2009) kann auch die Kosten- und Nutzenbewertung zum Zweck der Festsetzung eines Erstattungsbetrages von der Beteiligung Pflegebedürftiger bei der Nutzenbewertung profitieren. Das trifft auch auf die Preisbildung zu, die das Verhältnis des Preises zum Nutzen und zu positiven Versorgungseffekten berücksichtigt. Beteiligung und Transparenz bei der Preisermittlung kann folglich dazu beitragen, dass die Ressourcen der Pflegeversorgung effizienter eingesetzt werden und sich akzeptanzsteigernd auswirken.

Erhalten Pflegebedürftige auch die Möglichkeit, ihre Perspektiven und Einschätzungen erfahrungsgestützt einzubringen, kann sich ihre Beteiligung auch auf deren Informiertheit auswirken und damit die Fähigkeit gestärkt werden, über den persönlichen Nutzen einer Anwendung entscheiden zu können. Ohne diese Partizipation resultiert eine Informationsasymmetrie, die es Pflegebedürftigen erschwert oder gar unmöglich macht, eine rationale Entscheidung zu treffen, etwa bei der Abwägung von Nutzen, Schaden und Ressourcen. Im Ergebnis würde die Entscheidung an Dritte, also Ärztinnen und Ärzte, Kostenträger und Institutionen der Selbstverwaltung übertragen werden, was dem Anspruch „Pflegebedürftige stehen im Mittelpunkt" entgegensteht.

Wird der Beteiligungsprozess angemessen gestaltet, wird damit auch der verbreiteten Wahrnehmung begegnet, dass Pflegebedürftige und ihre Angehörigen ebenso wie beruflich Pflegende nicht in Entscheidungsfindungen einbezogen werden. Damit können Auswirkungen auf die Bewusstseinsbildung, die Formung von Einstellungen und die Initialisierung von Handlungen einschließlich eines gesundheitsbezogenen und politikorientierten Lernens gefördert werden. Im Optimalfall erwächst daraus eine Stärkung der Identifikation mit dem Gesundheitssystem (Prognos AG, 2011). Darüber hinaus können die Beziehungen zwischen am Evaluations- und Bewertungsprozess beteiligten Gruppen, deren Leben und Arbeit im Allgemeinen nicht miteinander verbunden waren, über bestehende Lücken und Grenzen hinweg (Vermittlungseffekt) etabliert werden (Loeber et al., 2011). Nicht zuletzt kann damit beeinflusst werden, inwieweit die Leistungen oder Ansprüche von Akteuren und Personenkreisen, die nicht an dem Prozess beteiligt sind, als gültig angesehen werden (Loeber et al., 2011). Davon kann nicht nur die Qualität, sondern auch die

Legitimität der letztendlich zu treffenden Entscheidungen profitieren. Die zusätzliche Arena für Beteiligung dient als solche sowohl Prozessen der Sinnstiftung als auch der Willensbildung in Kontext der Gesundheits- und Pflegegestaltung. Nicht zuletzt kann durch die Beteiligung Pflegebedürftiger auch die Verbreitung des Themas in der Öffentlichkeit gefördert werden.

15.4 Vorgehensweisen zur Einbindung in die Nutzenbewertung

Sollen Pflegebedürftige strukturiert bei der Nutzenbewertung beteiligt werden, stellt sich die Frage nach geeigneten Vorgehensweisen und Instrumenten wie Frameworks. Hirt et al. (2021) und Krick (2021) stellen fest, dass die Anzahl an Frameworks, die Evaluationen und Nutzenbewertungen zugrunde gelegt werden können, international angestiegen ist, was eine Herausforderung für Akteure wie Wissenschaftlerinnen und Wissenschaftler in diesem Umfeld darstellt. Deshalb hat Krick (2021) in einer strukturierten Analyse von Evaluationsframeworks Kriterien entwickelt, die bei der Orientierung zu deren Anwendungsbereichen und der Auswahl Hilfestellung geben sollen. Im Folgenden soll ein Framework zur Nutzenbewertung aus der Perspektive Pflegebedürftiger vorgestellt werden, welches in Beteiligungsprozessen bei der Nutzenbewertung zur Anwendung kommen kann. Dabei handelt es sich um das Nutzenmodell zur Anwendung von Assistenztechnologien für pflegebedürftige Menschen (NAAM), das im Rahmen einer Studie des GKV-Spitzenverbands (Lutze et al., 2019) entwickelt wurde. Im Sinne von Krick (2021) wird eine Bewertung des Frameworks vorgenommen, die das Anliegen verfolgt, einen Überblick zu geben, wie sich das NAAM in die Framework-Landschaft einordnet, und um darzustellen, welche Gütekriterien zugrunde liegen.

15.4.1 Nutzenmodell zur Anwendung von Assistenztechnologien für pflegebedürftige Menschen (NAAM)

Das Modell wurde entwickelt, um den Nutzen von Pflegetechnologien für pflegebedürftige Menschen strukturiert zu beurteilen. Die Grundlage für die Modellgestaltung bilden Modelle und Instrumente verschiedener Disziplinen, Erkenntnisse aus Expertenworkshops und fünf Fallstudien sowie eine umfangreiche Studienanalyse. Das NAAM (Abb. 15.2) umfasst drei Ebenen, elf Kategorien und 35 Aspekte. Es bietet damit einen strukturierten Ansatz, um den Nutzen von Pflegetechnologien für pflegebedürftige Menschen zu identifizieren, zu beschreiben, und neues Wissen darüber zu generieren. Es ist nicht zu verwechseln mit einer „Checkliste" von Kriterien, die erfüllt sein müssen, um den betriebswirtschaftlichen Nutzen zu beziffern oder in das Hilfsmittelverzeichnis aufgenommen zu werden.

Die Beschreibung des Nutzens erfolgt entlang von drei Betrachtungsebenen: (1) der individuellen Ebene aus Sicht der Pflegebedürftigen, (2) der Struktur- und Prozessebene, bezogen auf das unmittelbare Umfeld Pflegebedürftiger, sowie (3) die Nutzungsbedingungen.

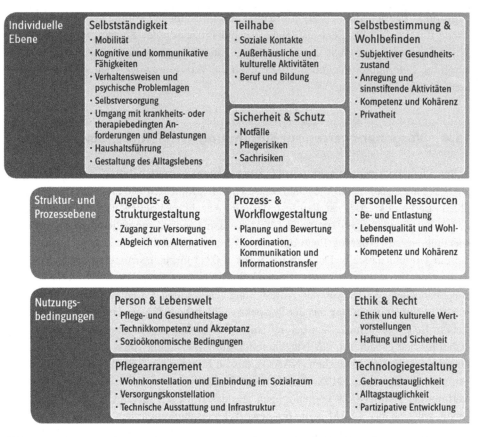

Abb. 15.2 Nutzenmodell zur Anwendung von Assistenztechnologien für pflegebedürftige Menschen (NAAM). (Quelle: eigene Darstellung)

Innerhalb dieser drei Ebenen werden relevante Aspekte in Kategorien zusammengefasst, die der Einschätzung des Nutzens einzelner Pflegetechnologien dienen und einen Vergleich unterschiedlicher digitaler Anwendungen ermöglichen. Das NAAM ist anwendbar auf unterschiedliche Pflegetechnologien und Personengruppen. Es ist als Evaluationsinstrument für Forschende und interdisziplinäre Anwendergruppen sowie Akteure aus Wirtschaft, Pflegepraxis und Politik zu verstehen. Das NAAM kann nicht nur zur Bewertung von Pflegetechnologien, die bereits käuflich erwerbbar sind, zum Einsatz kommen, sondern auch bei der Entwicklung von Studiendesigns zur Nutzenerhebung oder bei der Ideenfindung für die Gestaltung neuer Pflegetechnologien. Bei seiner Anwendung empfiehlt sich die Betrachtung und Beschreibung aller Kategorien und Aspekte. Aufgrund der funktionsseitigen Heterogenität von Pflegetechnologien müssen jedoch nicht alle Aspekte der Kategorien Selbstständigkeit, Teilhabe sowie Sicherheit und Schutz auf der individuellen Ebene für eine tiefergehende Beschreibung einbezogen werden. Ausgehend von der Aspektbeschreibung ist anschließend eine Operationalisierung der Ziele des Technologieeinsatzes erforderlich.

15.4.2 Verortung und Bewertung des NAAM

In seiner Analyse betrachtet Krick (2021) 18 auf Englisch publizierte Evaluierungsframe-works und identifiziert unterschiedliche Evaluierungsbereiche und Zielkategorien sowie verschiedene Evaluierungsperspektiven und Erfolgsdefinitionen. Für die nähere Beschreibung von Stärken und Schwächen der Evaluierungsframeworks werden elf Qualitätskriterien definiert, anhand derer im Folgenden auch das NAAM bewertet wird. Das NAAM wurde für die Untersuchung von Pflegetechnologien entwickelt und ist diesbezüglich als technologieübergreifend einzustufen. Im Hinblick auf die von Krick (2021) definierten Technikkategorien ist es anwendbar für Informations- und Kommunikationstechnologien, Sensortechnologien sowie Technologien für Gesundheit (und Pflege). Es erscheint nach kursorischer Überprüfung denkbar, dass auch Telemedizin/telemedizinische Betreuung sowie digitale Gesundheit mögliche Anwendungsfelder sind. Das NAAM unterscheidet sich von den 18 betrachteten Frameworks, da es einen Fokus auf die Perspektive pflegebedürftiger Personen legt und dabei auch die Perspektive informell und professionell Pflegender, das Pflegesetting und weitere Faktoren des Pflegesystems einbezieht. In den universell angelegten Frameworks wird diese Individualperspektive teilweise neben anderen, aber nicht primär, aufgegriffen. Mit dieser Ausrichtung des NAAM soll seine Anwendung folgende Zwecke erfüllen: Hilfe und Anleitung für Forschende (Design- und Evaluierungsprozess) geben sowie einen Beitrag zur Qualität und Entwicklung der Technologie leisten, Bewertung der Leistung/des Erfolgs einer Technologie (Ergebnisse, Auswirkungen, Fehler, Unzulänglichkeiten) unterstützen, Ergebnisse vergleichbar machen und Hilfe bei der Entscheidungsfindung geben. Birgt eine untersuchte Technologie einen Nutzen für pflegebedürftige Menschen, ist das zentrale Erfolgskriterium erfüllt.

> **Übersicht**
> - Beschreibung des Zwecks (und der angesprochenen Frage(n))
> - Beschreibung des Anwendungs-Settings (universell, durch Aspekte erfasst)
> - Beschreibung der Technologie(-bereiche)
> - Klarheit/Komplexität der Illustration (trotz gewisser Komplexität)
>   – Visualisierung von Verbindungen und Beziehungen innerhalb des Rahmenwerks (da sehr allgemein)
> - Transparente Definitionen von Begriffen und Schlüsselkonzepten
> - Konkrete Anwendungsstrategie und Gebrauchsanweisung
>   – Anleitung zur Interpretation der Ergebnisse
> - Transparenz des Entwicklungsprozesses
> - Überlegungen zu den Grenzen des Rahmens (Abgrenzung vorhanden, nicht vollumfänglich)
> - Übertragbarkeit des Frameworks, z. B. Einstellungen, Technologien, Fragestellungen (Abgrenzung, nicht vollumfänglich)

Die Stärken- und Schwächenanalyse anhand der Qualitätskriterien soll im Folgenden ein Verständnis darüber erzeugen, wie sich das NAAM in die Framework-Landschaft einordnet. Im Vergleich zu den anderen lässt sich das NAAM mit 9 erfüllten und 2 nicht erfüllten Kriterien in das vordere Drittel der untersuchten Frameworks einordnen. Ähnlich wie die Mehrzahl der 18 Frameworks weist das NAAM eine Lücke bei der Interpretation der Ergebnisse auf. Außerdem sind trotz eines Hinweises auf die Abhängigkeiten zwischen den Ebenen des Frameworks diese nicht detailliert beschrieben.

Bezogen auf die von Krick (2021) analysierten Evaluationsbereiche und Perspektiven erreicht das NAAM einen hohen Abdeckungsgrad. Es nimmt Bezug auf die Dimensionen (1) Fokus, (2) Produkt/Technologie, (3) Objektiv/Wert/Wirkung, (4) Individuell, (5) Organisation und (6) Ethik. Nicht umfassend, aber in Bezug auf die Perspektive Pflegebedürftiger durchaus fundiert, werden auch die Dimensionen Gesellschaft und Wirtschaft adressiert. Die Strategie-Dimension ist nicht integriert. Im Ergebnis der Analyse ist festzustellen, dass es sich bei dem NAAM um ein umfangreiches Modell handelt, das zahlreiche Dimensionen berücksichtigt, um für die Bewertung von Pflegetechnologien für Pflegebedürftige zur Anwendung zu kommen. Somit kann es in unterschiedlichen Phasen der Nutzenbewertung – beginnend bei der Kriteriendefinition bis hin zur Bewertung selbst – Anwendung finden.

15.5   Beteiligung im DiPA-Prozess und Rolle des NAAM

Die geplante Zulassung von digitalen Pflegeanwendungen (DiPAs) stellt ein potenzielles Anwendungsfeld für die Beteiligung Pflegebedürftiger im Prozess der Nutzenbewertung dar. DiPAs können auf mobilen Endgeräten oder als browserbasierte Webanwendung genutzt werden. Nach § 40a SGV XI müssen sie einen pflegerischen Nutzen aufweisen, der sich bei Pflegebedürftigen niederschlägt. Dabei muss der pflegerische Nutzen wesentlich durch die digitale Hauptfunktion erreicht werden. DiPAs dienen dazu, Beeinträchtigungen der Selbstständigkeit oder der Fähigkeiten von Pflegebedürftigen zu mindern und einer Verschlechterung der Pflegebedürftigkeit entgegen zu wirken. Sie werden von pflegebedürftigen Personen selbst oder in Interaktion mit Angehörigen beziehungsweise dem Pflegedienst genutzt. Das Digitale-Versorgung-und-Pflege-Modernisierungs-Gesetz (2021) (DVPMG) bildet die rechtliche Grundlage für DiPAs. Die für 2021 angekündigte Rechtsvorschrift, in der unter anderem eine Definition des pflegerischen Nutzens und das Prüf- und Zulassungsverfahren dargestellt werden soll, ist bislang noch nicht veröffentlicht.

Mit dem DVPMG ist das BfArM Zulassungsbehörde von DiPAs. Das Bundesinstitut soll ein Verzeichnis erstattungsfähiger DiPAs führen und auch ergänzende Unterstützungsleistungen festlegen, die den pflegerischen Nutzen einer DiPA befördern sollen und durch Dritte, Angehörige oder auch Pflegedienste erbracht werden können (Bundesministerium für Gesundheit (BMG), 2021). Möglichkeiten der Beteiligung sollen hingegen entlang des gesamten Prozesses bestehen: (1) bei der Ausgestaltung der Rechtsvorschrift, insbesondere der Kriterienextraktion, aber auch der Definition von ergänzenden Unterstützungsleistungen, (2) bei der Entwicklung des Zulassungsverfahrens, (3) bei der Bewertung der Studien mit dem Ziel der Zulassung sowie bei der Preisverhandlung und -festlegung, (4) bei der Kosten-/Nutzenbeurteilung, Preisbildung und Refinanzierung, (5) bei der Re-Evaluierung und (6) beim Transfer. Wie in Abschn. 15.4.1 ausgeführt, könnte das NAAM mit den drei Evaluationsebenen eine strukturierte Bewertung durch Pflegebedürftige und Vertretungen unterstützen, wobei diese die unterschiedlichen Anforderungen wie folgt adressieren:

Die **individuelle Ebene** bezieht sich auf die pflegebedürftige Person und umfasst deren (mögliche) Ziele und Bedürfnisse. Diese können durch den Einsatz von Assistenztechnologien unterstützt werden, um dadurch die Selbstständigkeit zu erhalten oder wiederzugewinnen. Im Rahmen des DiPA-Prozesses steht sie für den pflegerischen Nutzen, den Pflegebedürftige objektiv oder subjektiv erfahren können. Die **Struktur- und Prozessebene** umfasst Kategorien und Aspekte, die die Wirkung von Assistenztechnologien auf Prozesse und Strukturen betrachten. Damit werden Ziele zusammengefasst, die in Bezug auf die Gestaltung der pflegerischen Versorgung einen Mehrwert darstellen können und im DiPA-Prozess sowohl für die Beschreibung positiver Versorgungseffekte als auch für die Betrachtung relevanter ergänzender Unterstützungsleistungen nützlich sein können. Die **Nutzungsbedingungen** umfassen Kategorien und Aspekte, die beeinflussen, ob sich der potenzielle Nutzen einer Assistenztechnologie entfalten kann. Im Fokus stehen Bedingungen der individuellen Ebene und die Frage, welche dieser Bedingungen beeinflussen, ob eine Pflegetechnologie einen individuellen Nutzen entfaltet. Im DiPA-Prozess ist diese Analyse für die Erhebung ergänzender Unterstützungsleistungen bedeutsam. Der hier integrierte Aspekt „partizipative Entwicklung" bei der Technologiegestaltung verweist außerdem darauf, dass Beteiligung nicht allein im Bewertungsprozess, sondern im gesamtem Entwicklungs- und Lebenszyklus von Pflegetechnologien bedeutsam ist, also bei der Technikentwicklung, bei ihrer Implementierung im Pflegesetting und bei der Diffusion.

15.6 Fazit

Die Orientierung auf Pflegebedürftige und auf ihre Beteiligung ist wichtiger Bestandteil in einer Gesamtstrategie zur Digitalisierung, damit diese gelingen kann. Diese Orientierungsstrategie kann vertrauensfördernd wirken sowie Ergebnisse verbessern. Pflegebedürftige, ihre Vertretungen und die Öffentlichkeit sollten bei der Entscheidungsfindung im Pflegewesen systematisch beteiligt werden, insbesondere dann, wenn sich diese direkt auf sie auswirkt, wie es etwa im Hinblick auf die Nutzung von DiPAs der Fall ist. Sie sind es bislang aber nicht. Um auf politischer Ebene Pflegebedürftige stärker an gesundheitspolitischen Entscheidungsprozessen zu beteiligen, erscheint eine gesetzliche Verankerung zielführend, die grundsätzlich eine Beteiligung bei Digitalisierungsfragen im Gesundheitswesen verfolgt. Das geht einher mit einem Begründungserfordernis, wenn Pflegebedürftige nicht beteiligt oder vertreten sind beziehungsweise sein können. Eine systematische Patientenbeteiligung dort zu gewährleisten, wo Prozesse und Entscheidungen für die Digitalisierung im Gesundheitswesen getroffen werden. Dies hätte Anpassungskonsequenzen für verschiede Gremien und Institutionen beziehungsweise Regularien, beispielsweise in der gematik, dem BfArM, der Verfahrensordnung zur Erstellung der medizinischen beziehungsweise pflegerischen Informationsobjekte (M/PIO) durch die KBV. Dies kann unter anderem durch mehr Transparenz sowie die Beteiligung an themenbezogenen Arbeitsgruppen erfolgen. Auch in Forschungsvorhaben sollte die Beteiligung weiterhin frühzeitig und im gesamten Prozess gefördert werden. Dabei gilt es, geeignete und gegebenenfalls neuartige, partizipative sowie trans-und interdisziplinäre Forschungs- und Beteiligungsformate anzuwenden. Damit sich die beschriebenen Qualitäten von Pflegebedürftigen (Abschn. 15.3) und der Mehrwert für Prozesse und Akteure (Abschn. 15.3.1) entfalten können, sind folgende Aspekte und Rahmenbedingungen zu berücksichtigen:

- Umfassende Beteiligungsstrategie, bei deren Gestaltung der Pflegesektor, Pflegebedürftige, Angehörige und sie vertretende Organisationen einbezogen werden
- Erweiterung der rechtlichen Grundlage (Dierks, 2019), auch für digitale Themen
- Klare Kommunikation und Transparenz, wer sich wie und in welcher Form, woran beteiligen kann
- Ansätze, um Pflegebedürftige zu befähigen und zu stärken sowie die Unterstützung von Zielgruppen, die besonders davon profitieren können, etwa multimorbide, chronisch erkrankte, und pflegebedürftige Menschen, die Pflege- und Gesundheitsdienstleistungen stark in Anspruch nehmen.
- Ressourcenausstattung der überwiegend ehrenamtlich Beteiligten im Hinblick auf finanzielle (z. B. Reisekosten), personelle und personenbezogene Kapazitäten fördern (Norburn & Thomas, 2020) als Voraussetzung dafür, dass sie sich aktiv und wirkungsvoll einbringen können, wie beispielsweise durch Fach- und Prozesswissen, Selbstbewusstsein oder Artikulationsfähigkeit infolge von Empowerment-Prozessen.

Am Anfang könnten zunächst kleinere Beteiligungspiloten geschaffen werden, um die Beteiligung von unterschiedlichen Personenkreisen, etwa Vertretungen und Individuen, zu erproben. Dabei erscheint es sinnvoll, sowohl professionelle und systemerfahrene Pflegebedürftige als auch ehrenamtliche und gegebenenfalls themenbezogene Pflegebedürftige zu beteiligen. Bereits in der Erprobungsphase ist es relevant, Schulungskonzepte und Lernplattformen einzubinden, da nicht jede Person, die beteiligt ist, die vielfach nötigen technischen Kenntnisse besitzt. Beispielgebend können dafür existierende Beteiligungsprozesse im Gesundheitswesen sein sowie internationale Erfahrungen, etwa aus Großbritannien (Norburn & Thomas, 2020).

Literatur

Abelson, J., Wagner, F., DeJean, D., Boesveld, S., Gauvin, F.-P., Bean, S., et al. (2016). Public and patient involvement in health technology assessment: A framework for action. *International Journal of Technology Assessment in Health Care, 32*(4), 256–264. https://doi.org/10.1017/S0266462316000362

BAGSO (2022). Mehr Mitbestimmung in der Pflege. https://www.bagso.de/fileadmin/user_upload/bagso/03_Themen/Pflege/Qualitaet/Forderungspapier_Fuer_mehr_Mitbestimmung_in_der_Pflege.pdf, Abfrage vom 24.03.2023

Brönneke, J. B., Debatin, J. F., Hagen, J., Kircher, P., & Matthies, H. (2020). *DiGA VADEME-CUM. Was man zu Digitalen Gesundheitsanwendungen wissen muss.* (1. Aufl.) MWV.

Bundesministerium für Gesundheit. (Hrsg.). (o. J.). Die elektronische Patientenakte (ePA). www.bundesgesundheitsministerium.de/elektronische-patientenakte.html. Zugegriffen am 18.01.2022.

Bundesministerium für Gesundheit (BMG). (Hrsg.). (2021). Konzertierte Aktion Pflege. Zweiter Bericht zum Stand der Umsetzung der Vereinbarungen der Arbeitsgruppen 1 bis 5. Berlin. www.bundesgesundheitsministerium.de/fileadmin/Dateien/3_Downloads/K/Konzertierte_Aktion_Pflege/KAP_Zweiter_Bericht_zum_Stand_der_Umsetzung_der_Vereinbarungen_der_Arbeits-gruppen_1_bis_5.pdf. Zugegriffen am 22.01.2022.

Bundestag. (2021). Gesetz zur digitalen Modernisierung von Versorgung und Pflege. DVPMG. www.bgbl.de/xaver/bgbl/start.xav?startbk=Bundesanzeiger_BGBl&jumpTo=bgbl121s1309.pdf. Zugegriffen am 05.01.2022.

Dierks, C. (2019). Brauchen wir mehr Patientenvertretung in Deutschland? Analyse und Ausblick. *Bundesgesundheitsblatt – Gesundheitsforschung – Gesundheitsschutz, 62*(9), 1113–1119. https://doi.org/10.1007/s00103-019-02994-y

EIT Health. (2020). *Implementing value-based health care in Europe. Handbook for pioneers.* https://eithealth.eu/wp-content/uploads/2020/06/Implementing-Value-Based-Healthcare-In-Europe.pdf. Zugegriffen am 20.01.2022.

GKV-Spitzenverband. (2021). Stellungnahme des GKV-Spitzenverbandes vom 08.04.2021. zum Entwurf eines Gesetzes zur digitalen Modernisierung von Versorgung und Pflege. www.gkv-spitzenverband.de/media/dokumente/presse/p_stellungnahmen/210409_GKV-SV_SN_DVPMG.pdf. Zugegriffen am 06.01.2022.

GKV-Spitzenverband. (Hrsg.). (o. J.). Pflegebedürftigkeitsbegriff. www.gkv-spitzenverband.de/pfle-geversicherung/pv_grundprinzipien/pflegebeduerftigkeitsbegriff/s_pflegebeduerftigkeitsbegriff.jsp. Zugegriffen am 18.01.2022.

Gregor-Haack, J., Busse, T., & Hagenmeyer, E.-G. (2021). Das neue Bewertungsverfahren zur Erstattung digitaler Gesundheitsanwendungen (DiGA) aus Sicht der gesetzlichen Krankenversicherung. *Bundesgesundheitsblatt – Gesundheitsforschung – Gesundheitsschutz, 64*(10), 1220–1227. https://doi.org/10.1007/s00103-021-03401-1

Hennen, L. (1999). Participatory technology assessment: A response to technical modernity? *Science and Public Policy, 26*(5), 303–312. https://doi.org/10.3152/147154399781782310

Hirt, J., Lantzsch, H., Panteli, D., & Balzer, K. (2021). Methodische Anforderungen an die Evaluation digitaler Gesundheitsanwendungen (DiGA). 22. Jahrestagung des EbM-Netzwerks 2021. Deutsches Netzwerk Evidenzbasierte Medizin e.V. Online-Kongress, 25.02.2021. www.research-gate.net/publication/349590294_Methodische_Anforderungen_an_die_Evaluation_digitaler_Gesundheitsanwendungen_DiGA. Zugegriffen am 29.01.2022.

Institut für Qualität und Wirtschaftlichkeit im Gesundheitswesen (IQWiG). (Hrsg.). (2009). Entwurf einer Methodik für die Bewertung von Verhältnissen zwischen Nutzen und Kosten im System der deutschen gesetzlichen Krankenversicherung. Institut für Qualität und Wirtschaftlichkeit im Gesundheitswesen (IQWiG). www.iqwig.de/methoden/09-03-18_entwurf_methoden_kosten-nutzen-bewert.pdf. Zugegriffen am 28.01.2022.

Kooperationsverbund Gesundheitliche Chancengleichheit, Geschäftsstelle Gesundheit Berlin-Brandenburg e.V. (2021). Kriterien für gute Praxis der soziallagenbezogenen Gesundheits-förderung des Kooperationsverbundes Gesundheitliche Chancengleichheit. (4. Aufl.) Hrsg. v. Kooperationsverbund Gesundheitliche Chancengleichheit, Geschäftsstelle Gesundheit Berlin-Brandenburg e.V. www.gesundheitliche-chancengleichheit.de/fileadmin/user_upload/pdf/Good_ Practice/21-08-30_Broschuere_Good_Practice-Kriterien_neu_barrierefrei_01.pdf. Zugegriffen am 29.01.2022.

Krick, T. (2021). Evaluation frameworks for digital nursing technologies: Analysis, assessment, and guidance. An overview of the literature. *BMC Nursing, 20*(146), 1–19. https://doi.org/10.1186/s12912-021-00654-8

Loeber, A., Griessler, E., & Versteeg, W. (2011). Stop looking up the ladder: Analyzing the impact of participatory technology assessment from a process perspective. *Science and Public Policy, 38*(8), 599–608. https://doi.org/10.3152/030234211X13111546663296

Lutze, M., Glock, G., Stubbe, J., & Paulicke, D. (2019). Digitalisierung und Pflegebedürftigkeit. Nutzen und Potenziale von Assistenztechnologien. GKV-Spitzenverband. Berlin (Schriftenreihe Modellprogramm zur Weiterentwicklung der Pflegeversicherung, 15).

Mühlbacher, A. C., & Juhnke, C. (2016). Patienten- und Bürgerpartizipation in der Entscheidungs-findung im Gesundheitswesen insbesondere bei der Bewertung von Arzneimitteln. *Zeitschrift für Evidenz, Fortbildung und Qualität im Gesundheitswesen, 110–111*, 36–44. https://doi.org/10.1016/j.zefq.2015.12.001

National Institute for Health Research (NIHR). (Hrsg.). (2021). *Briefing notes for researchers – Public involvement in NHS, health and social care research.* www.nihr.ac.uk/documents/briefing-notes-for-researchers-public-involvement-in-nhs-health-and-social-care-research/27371. Zugegriffen am 22.01.2022.

Nationale Kontakt- und Informationsstelle zur Anregung und Unterstützung der Selbsthilfe (NA-KOS). (Hrsg.). (2015). Grundlagen der Patientenbeteiligung nach § 140 f SGB V. Erfahrungen einbringen, Interessen vertreten. (2. Aufl.) Nationale Kontakt- und Informationsstelle zur Anre-gung und Unterstützung der Selbsthilfe (NAKOS). Berlin (Patient und Selbsthilfe, 1). www.na-kos.de/data/Materialien/2015/NAKOS-Patient-und-Selbsthilfe.pdf. Zugegriffen am 25.01.2022.

Norburn, L., & Thomas, L. (2020). Expertise, experience, and excellence. Twenty years of patient involvement in health technology assessment at NICE: An evolving story. *International Journal of Technology Assessment in Health Care, 37*(1), 1–7. https://doi.org/10.1017/S0266462320000860

O. V. (2018). Patientenverbände fordern mehr Mitsprache im HTA-Prozess ein, in: www.aerzte-zeitung.de/Politik/Patientenverbaende-fordern-mehr-Mitsprache-im-HTA-Prozess-ein-224621.html. Abfrage vom 9.10.2022.

Prognos AG. (Hrsg.). (2011). Patienten- und Bürgerbeteiligung in Gesundheitssystemen. Gute Pra-xis in ausgewählten Gesundheitssystemen. Bericht. Prognos AG. Düsseldorf. https://www.vfa.de/download/patienten-und-buergerbeteiligung-in-gesundheitssystemen.pdf. Zugegriffen am 28.01.2022.

Rosa, A. B., Kimpeler, S., Schirrmeister, E., & Warnke, P. (2021). Participatory foresight and re-flexive innovation: Setting policy goals and developing strategies in a bottom-up, mission-oriented, sustainable way. *European Journal of Futures Research, 9*(1), 216. https://doi.org/10.1186/s40309-021-00171-6

Thurich, E. (2011). *pocket politik*. Demokratie in Deutschland, Bundeszentrale für politische Bildung.

Weltgesundheitsorganisation. (o. J.). Erklärung von Alma-Ata. www.euro.who.int/__data/assets/pdf_file/0017/132218/e93944G.pdf. Zugegriffen am 05.01.2022.

Wortley, S., Tong, A., & Howard, K. (2016). Community views and perspectives on public engagement in health technology assessment decision making. *Australian Health Review, 41*(1), 68–74. https://doi.org/10.1071/AH15221

Maxie Lutze Maxie Lutze leitet die Gruppe „Demografischer und Sozio-digitaler Wandel". Als Informatikerin und M. Sc. Human Factors berät und forscht sie im Bereich Demografie, Cluster und Zukunftsforschung am Institut für Innovation und Technik (iit) in der VDI/VDE Innovation + Technik GmbH. Bei der Beschäftigung mit Innovationssystemen und Implikationen der Digitalisierung liegt ihr Fokus auf der Untersuchung von Pflegeinnovationen etwa der Nutzenbewertung, dem Zusammenspiel von Technologie, Organisation und Qualifikation sowie dem Wandel von Arbeits- und Versorgungsstrukturen. In diesen Themenfeldern leitet sie Studien, veröffentlicht Fachbeiträge und berät Ministerien, Stiftungen und Pflegeverbände. Bei der Gestaltung von Innovationsförderung gilt ihr Interesse der Entwicklung von Förder- und Partizipationsformaten.

Zum generalisierten Misstrauen gegenüber der Technisierung der Pflege

16

Hironori Matsuzaki

Zusammenfassung

Dieses Kapitel befasst sich mit den Fragen, wie im Bereich der Pflege ein Hemmnis für technologische Innovationen entsteht und wie die Einführung und Nutzung assistiver Technologien dadurch dauerhaft behindert werden kann. Ergebnisse der Fokusgruppeninterviews zeigen, dass Reaktionen der Pflegenden auf die technologischen Innovationsbemühungen oft durch ein Oszillieren zwischen Offenheit und Skepsis gekennzeichnet sind. Viele Pflegende zeigen sich einerseits offen gegenüber technischen Hilfsangeboten, solange deren Funktionsweisen im Einklang mit ihren ethisch-normativen Vorgaben stehen. Sie äußern aber andererseits große Besorgnis darüber, dass der zunehmende Technologieeinsatz zwangsläufig mit vielen Zusatzbelastungen und für sie unakzeptablen Veränderungen der Pflegepraxis einhergeht. Aus dieser Ambivalenz entwickelt sich eine Kritikkultur, die verstärkt durch Dissens im klinischen Umfeld als ein generalisiertes Misstrauen gegenüber dem Technisierungsschub institutionalisiert wird.

16.1 Einführung

Die Innovationsbemühungen im Bereich der Pflege stoßen häufig auf eine allgemeine Zurückhaltung gegenüber der Technisierung beziehungsweise Digitalisierung der Pflegearbeit, welche als Problem eines generalisierten Misstrauens bezeichnet werden kann. Diese

H. Matsuzaki (✉)
Carl von Ossietzky Universität Oldenburg, Oldenburg, Deutschland
E-Mail: hironori.matsuzaki@uni-oldenburg.de

Erkenntnis geht auf Ergebnisse einer empirischen Studie[1] zurück, die der Frage nachgeht, wie die normativ-institutionellen Strukturen in der Pflegepraxis die Einführung und Nutzung assistiver Technologien nachhaltig beeinflussen. Des Weiteren befasst sich die Studie mit der Fragestellung, ob und wie die gegenseitige Wissensvermittlung zwischen Technikentwicklung und Techniknutzung gelingt und wenn nicht, woran diese scheitert. In diesem Rahmen konnte wiederholt beobachtet werden, dass im klinischen Umfeld eine allgemeine Unzufriedenheit gegenüber der Technisierung der Pflege vorgebildet ist und dass dies die Annäherung von beiden Bereichen in mehrfacher Hinsicht behindert. Aufseiten der befragten Pflegenden wird daran festgehalten, dass der aktuelle Technisierungsschub die Gefahr beinhaltet, eine Entmenschlichung von Pflege herbeizuführen. Die Technisierung der Pflege wird dabei unter anderem mit Sorge vor Benachteiligungen bei der zukünftigen Pflegepraxis betrachtet (zum Beispiel Wegfallen von Arbeitsplätzen und Verlust der Vertrauensbeziehung mit Betroffenen). Vor dem Hintergrund solcher generalisierten Ansichten entsteht eine „Kritikkultur" im Praxisfeld der Pflege, die eine skeptische Haltung oder ablehnende Reaktionen gegenüber praktischen Technikerprobungen hervorruft und mit nachteiligen Auswirkungen auf die Innovationsbemühungen einhergeht.

Der vorliegende Beitrag widmet sich der Analyse dieser Spannungslage mit Fokus auf die generalisierte Misstrauenshaltung, die sich als eine Erscheinungsform der feldimmanenten Handlungsorientierung begreifen lässt. Es wird besonders aufseiten der professionell Pflegenden festgehalten, dass eine „gute" Pflegebeziehung die Bildung und Aufrechterhaltung eines wechselseitigen Vertrauens mit den zu Pflegenden voraussetzt. Die Hypothesen hierzu lauten: 1. Pflegende befürchten, dass das Vertrauen in der Pflegebeziehung unter bestimmten Umständen in ein Misstrauen umschlägt und dass die Technisierung der Pflegepraxis einen solchen Umschlag befördern kann; 2. Aus dieser Sorge entwickelt sich eine Kritikkultur, die verstärkt durch ethisch-normative beziehungsweise organisationale Konflikte im pflegerischen Handlungsfeld als ein generalisiertes Misstrauen institutionalisiert wird. Ausgehend von dieser Annahme wird eine auf heterogene Normorientierungen des Feldes fokussierte Analyse vorgenommen, um einerseits die praktische Relevanz der Normen- und Interessenkonflikte für den Umgang mit neuen Technologien näher zu beleuchten und andererseits zu untersuchen, worauf das Phänomen des generalisierten Misstrauens zurückzuführen ist.

16.2 Daten und Methodik

Als Datengrundlage für die Analyse dienten drei Fokusgruppeninterviews, die mit Fachkräften der stationären und ambulanten Pflege durchgeführt wurden. Die ersten zwei Fokusgruppeninterviews fanden in einem Institut für pflegerische Ausbildung statt; das dritte

---

[1] Die Studie wird als Teil des Arbeitspakets 1.4 „Ethik und Verantwortung" im Rahmen des Verbundprojekts „Pflegeinnovationszentrum" durchgeführt. Das Verbundprojekt wird vom Bundesministerium für Bildung und Forschung (BMBF) unter dem Förderkennzeichen 16SV7819K gefördert.

Interview wurde im Rahmen eines Kongress-Workshops durchgeführt. Die Interviews hatten im Durchschnitt eine Dauer von circa 1,5 Stunden. Die Gruppe bestand jeweils aus 7 bis 8 Personen. Die Befragten waren mit wenigen Ausnahmen Fachkräfte der stationären Pflege aus unterschiedlichen Arbeitsumfeldern (vornehmlich Intensivstation). Die einzelnen Interviews wurden gemäß dem eigens entwickelten Leitfaden und ohne Bezug auf konkrete Technikbeispiele durchgeführt. Der Fokus lag dabei – neben der Identifikation allgemeiner Technikbedarfe – auf möglichen normativen Konflikten sowie auf praktischen Herausforderungen im Umgang mit neuen Pflegetechnologien. Zu jedem Interview wurden Interviewprotokolle erstellt, die etwa konkrete Abläufe der Interaktion beschreiben und deshalb als Teile des Datenmaterials zu verstehen sind. Interviewprotokolle beinhalten sowohl Informationen, Beschreibungen und Aussagen über ein Untersuchungsfeld als auch über die Art der Beobachtung. Die darin enthaltenen Informationen wurden ebenfalls kodiert und, wenn es sich als notwendig herausstellte, in die Analyse mit einbezogen. Als ein zusätzliches Datenmaterial wurde ein Fokusgruppeninterview mit Technikentwicklerinnen und Technikentwicklern in der im Folgenden dargestellten Untersuchung verwendet. Für die im Text zitierten Interviews gilt: PK ist die Abkürzung für Pflegekraft; TE steht für Technikentwicklerin/Technikentwickler.

Methodisch orientiert sich die vorliegende Studie an einer theoriegeleiteten Version der Grounded Theory (Corbin & Strauss, 1990). Dabei werden zunächst eigene theoretische Konzepte ausgearbeitet und als Grundannahmen expliziert, die die Orientierung in der empirischen Forschung leiten sollen. Das heißt nicht nur die Datenerhebung, sondern auch die Datenauswertung (mehrstufige Kodierungen, Ausarbeitung theoretischer Auffassungen) erfolgt entsprechend dieser Referenzpunkte. Mit diesem Vorgehen wird einerseits die Reflexivität der eigenen Forschung abgesichert und andererseits eine fokussierte Analyse über den Forschungsgegenstand geleistet.

Als Ausgangspunkt für die Entwicklung der Beobachtungsperspektive diente unter anderem das Theorem des Perfektionsparadoxons von Technik (Lindemann et al., 2020).[2] Diesem liegt die folgende Annahme zugrunde. Keine Technik lässt sich so perfekt gestalten, dass sie nur und ausschließlich diejenige Nutzung zulässt, die ihre Entwicklerinnen und Entwickler für möglich halten. Jede Technik wird produziert, um benutzt zu werden. Entstandene Technik hat aber noch keinen eindeutig fixierbaren Sinngehalt. Wenn man die Praxis der Techniknutzung näher betrachtet, wird deutlich, dass sie vielmehr der ständigen Neuinterpretation durch kreative Nutzungen unterliegt. Der praktische Nutzungssinn neuer Technologien wird zudem durch die Orientierung an normativ-institutionellen Rahmenbedingungen im jeweiligen sozialen Feld maßgeblich mitbestimmt (Lindemann, 2014). Das, was ein technisches Artefakt für die Akteurinnen und Akteure im Nutzungsfeld praktisch ausmacht, liegt nicht in dem Artefakt selbst, sondern es wird erst in der Anwendung festgelegt (Adorno, 1987; Bijker, 1992; Lindemann, 2017).

Daraus lässt sich eine These ableiten: Das, was im Rahmen der Technikentwicklung als gut, angemessen, erstrebenswert oder funktional angesehen wird, kann in anderen Kreisen

---

[2] In diesem Beitrag werden die Begriffe „Technik" und „Technologie" als Synonym verwendet.

als schlecht, unangemessen oder dysfunktional gedeutet werden. Dieses Prinzip gilt nicht zuletzt auch für den Technikgebrauch in der Pflege. Kennzeichnend für die Arbeitsprozesse der Pflege ist ein komplexes, oft technisch vermitteltes Zusammenspiel verschiedener Akteurinnen und Akteure, Organisationen, Professionen und formaler Anforderungen. Es handelt sich um ein soziales Feld, in dem unterschiedliche Normen, Präferenzen und Handlungsorientierungen aufeinandertreffen. Da je nach Kreis der Beteiligten verschiedene Perspektiven und Interessen vertreten werden, kann es dort zu recht heterogenen, teilweise miteinander unvereinbaren Interpretationen von Technik kommen. Daraus ergeben sich oft latent bleibende, aber dennoch wirksame Konflikte, die sowohl konkrete praktische Formen von Techniknutzung als auch das Gelingen oder Scheitern der Technikentwicklung maßgeblich bestimmen.

Diese Erkenntnis hat wichtige Konsequenzen für die sozialwissenschaftliche Technikforschung im Pflegekontext. Wenn es um die Frage nach Technikakzeptanz geht, besteht ihre Aufgabe unter anderem darin, empirisch zu ermitteln, wie institutionell-normative Vorgaben in komplexen sozio-technischen Zusammenhängen des Nutzungsfelds praktisch wirksam sind. Wer lehnt aus welchen Gründen bestimmte Technologien ab? Welche ethisch-normativen Bedenken sind vorhanden? Welche konkreten Erfahrungen werden in die Urteilsbildung über technische Unterstützungen einbezogen? Solche Fragen leiteten die Fokusgruppeninterviews sowohl im Verlauf der Datenerhebung als auch in der Materialanalyse bezüglich der aktuellen Konfliktlage zwischen Technikentwicklung und Techniknutzung.

16.3 Fallanalyse: Norm der Fürsorge und Relevanz der Vertrauensbildung

Im Folgenden werden die durch Auswertungen des Datenmaterials identifizierten Aspekte erläutert, die der Entstehung eines Misstrauens gegenüber der Technisierung zugrunde zu liegen scheinen. Der Fokus der Analyse liegt auf relevanten normativen Konflikten sowie auf praktischen Herausforderungen im Umgang mit neuen Pflegetechnologien. Diese werden aus der Sicht potenzieller Nutzerinnen und Nutzer (Fachkräfte der stationären Pflege) ermittelt und in Anlehnung an einen soziologischen Ansatz analysiert, der Normenkonflikte als empirisches Phänomen begreift und deren Auswirkungen auf die praktische Implementierung neuer Technologien untersucht (Lindemann, 2017; Lindemann et al., 2020).

16.3.1 „Anwalt der zu Pflegenden" – Norm der Fürsorge

Es stellt sich heraus, dass bei den befragten Pflegefachpersonen die Norm der Fürsorge für Patientinnen und Patienten im Mittelpunkt steht. Zugrunde liegt das Gebot „Aegroti salus suprema lex" (das Wohl der Patientin/des Patienten ist höchstes Gesetz), das im Selbstverständnis der professionellen Pflege fest verankert ist. Eine entscheidende Rolle spielt dabei das Selbstbild der Pflegekräfte, auf das in den Gruppendiskussionen explizit Bezug genommen wird. Danach verstehen sich die Pflegenden als „Anwalt der zu Pflegenden" – also als diejenigen, die als Interessenvertreterinnen beziehungsweise Beschützer der Pflegebedürftigen auftreten, die sie betreuen.

> Da muss man sich als Pflegekraft ganz deutlich positionieren und sagen: ‚So funktioniert das hier nicht.' Also, da ist man ja auch irgendwie ein Stück weit der Anwalt des Patienten. Also, so sieht man sich. Man ist ja derjenige, der acht Stunden am Patienten verbringt und das einschätzen kann, was der braucht und was der will und was der nicht will. (PK15)

Diese Auffassung ist insofern von besonderer Bedeutung, als sie nicht nur der pflegerischen Arbeitspraxis zugrunde liegt, sondern auch daraus wichtige Kriterien für die Bewertung von technischen Hilfsangeboten abgeleitet werden. Das gilt beispielsweise für das Unbehagen der Befragten über das Vordringen neuer Techniken, das mehrfach zum Ausdruck gebracht wird. Der Umgang mit neu eingeführten Techniken wird häufig als Zusatzbelastungen verstanden, die viel Aufwand, IT-Kenntnisse und Know-how erfordern und deshalb viel von der Zeit rauben, die sonst für die Beziehungsarbeit am Patientenbett vorgesehen wird.

> Man ist mit so viel anderen Dingen gerätschaftsmäßig beschäftigt, dass man eigentlich auf das Wesentliche gar nicht mehr kommt. (PK12)

Das, was hier unter „das Wesentliche" verstanden wird, macht einen Kern der Pflege aus, der sich nicht in technologische Programme übersetzen lässt. Dazu gehören beispielsweise fürsorgliche Handlungen wie Austausch von leiblichen Erfahrungen und Erlebnissen – also „eine an den Grundbedürfnissen hilfebedürftiger Menschen ansetzende Beziehungsarbeit, [die] neben wissenschaftlich-fachlichen Anforderungen ebenso spezifisch emotionalen Anforderungen zu genügen hat" (Remmers, 2018, S. 167).

In diesem Zusammenhang wird wiederholt das Misstrauen der Befragten gegenüber der Leitungsebene geäußert.

> Ich glaube, das Gefährliche ist immer, dass man mit jeder Technik sagt: ‚Okay, dadurch kann man Personal einsparen', und ich glaube, dass man durch keine Techniken Personal einsparen kann. Man kann uns entlasten und … ganz viel erleichtern, aber man darf niemals sagen: ‚Okay, wir schaffen die und die Geräte an, und dadurch sparen wir viel Pflegekräfte.' Und ich glaube, das ist so ein bisschen die Angst, weil häufig sagt man: ‚Gut, dann schaffen wir das an und das, dann seid ihr entlastet, dann sparen wir noch mal drei Pflegekräfte ein.' Aber der Fokus ist eigentlich, dass wir viel zu wenig sind und dass man uns in erster Linie entlasten sollte und nicht entlassen sollte für die Geräte. (PK13)

Für sie liegt es auf der Hand, dass eine technologische Rationalisierung der pflegerischen Arbeitsvorgänge nicht primär zu ihrer Entlastung fortgeführt wird, sondern dafür, die Begrenzung finanzieller Belastungen zu erzielen. Aus eigener Erfahrung hegen sie die Befürchtung, dass man angesichts der Logiken von Kostenökonomie und planender Verwaltung eher dazu neigt, mit neuen technischen Möglichkeiten Personalkosten einzusparen, statt die Pflegefachkräfte zu entlasten.

Die Skepsis der Pflegekräfte gegenüber der Technisierung geht nicht nur auf ihre Annahme über zusätzliche Belastungen zurück, sondern hängt teilweise auch mit dem Bild
zusammen, das sie sich von modernsten Technologien machen. Beispielsweise wird die
autonome Sprachassistenz in den Gruppendiskussionen unter Pflegenden als eine Technik
gedeutet, die dafür geeignet ist, die Fachkräfte mehr oder weniger von der repetitiven
Handarbeit zu befreien und sie auf diese Weise bei der Zeiteinsparung zu unterstützen. In
diesem Kontext wird zudem auf das Potenzial hingewiesen, dass die Einführung von
Sprachassistenz nicht nur zur Entlastung des Fachpersonals dient, sondern zur Systemati-
sierung von Patientenbeobachtung und möglicherweise auch zur Erhöhung der Patientensicherheit beitragen kann.

> Und ich find die Idee wirklich gut. Also, 'n Alexa am Patientenbett is' 'ne gute Idee auch für
> den Patienten, der nicht g'rade klingeln kann, sondern sagt: ‚Hilfe, ich brauch 'ne Schwester.'
> Und schwupps geht der Klingelalarm los. (PK3)

Mit einer technisch vermittelten Fernkommunikation kann man die räumliche Distanz gut
überbrücken, weshalb es möglich sein wird, auch in akuten Situationen schnell erreichbar zu
sein und entsprechende Maßnahmen zu ergreifen. Das Ausschöpfen dieser Möglichkeit
komme daher auch dem Interesse der Patientinnen und Patienten entgegen, die besonders
pflegebedürftig sind und oft sofortige Hilfe benötigen. Der Nutzen von „Alexa am Patientenbett" wird aber nicht im Sinne einer Informationsbasis dafür wahrgenommen, pflegerische
Probleme einzuschätzen, den Prozess der Behandlung zu planen und Wirkungen der durchgeführten Maßnahmen zu interpretieren beziehungsweise zu beurteilen. Es scheint für die befragten Fachkräfte ausgeschlossen zu sein, Alexa nach Auskünften über aktuelle Änderungen
im Körper der zu pflegenden Person zu fragen oder sich bei ihr fachlichen Rat über angemessene Pflegemaßnahmen einzuholen. Solche Nutzungsmöglichkeiten werden in den durchgeführten Gruppendiskussionen schließlich nicht thematisiert. Das impliziert, dass die Übertragung von Verantwortung auf diese Entität nicht als angemessen begriffen wird. Auch die Idee,
Roboter als Surrogate für Vertrauenspersonen in der Pflegebeziehung einzusetzen, wird in der
Regel mit simplen Aussagen wie „sie sind doch Maschinen" (PK17) zurückgewiesen.

In diesem Kontext wird auch vor dem Risiko gewarnt, dass die zunehmende Abhängigkeit von Technik mit einer „Reduzierung des klinischen Blicks" (PK14) einhergehen kann.[3]

---

[3] Der „klinische Blick" erinnert an den Terminus, den Michel Foucault (1973) für seine Analyse zum
Verhältnis von Wissen und Macht in der modernen Medizin prägt, um die Deutungs- und Hand-
lungshoheit der klinischen Forschungsmedizinerinnen und Forschungsmediziner deutlich zu machen. In der vorliegenden Analyse wird das Wort jedoch als ein „In-vivo-Code" einbezogen, der von
den Befragten selbst benutzt wird, und weist keine direkte Verbindung zu diesem Begriff auf. In der
Gruppendiskussion beziehen sich die Teilnehmenden darauf vorwiegend im Sinne der Patientenbeobachtung, einer Basisaufgabe, die vielen pflegerischen Prozessen zugrunde liegt, aber im Unterschied zur ärztlichen Einschätzung wenig an medizinischen Befunden orientiert ist. Kompetente
Patientenbeobachtung wird ihrem Verständnis nach erst durch den „klinischen Blick" ermöglicht,
der ein gutes Fachwissen voraussetzt und auf Erfahrungswerten beruht.

Ich glaube schon, dass vieles von der Dokumentation 'ne Vereinfachung wäre, wenn man es irgendwie digitalisieren könnte. Aber ich glaube, wenn man alles digitalisiert, dass man vieles sich auch sehr einfach macht. Also, das ist, glaub' ich, nicht nur in der Pflege so, sondern ja auch im Allgemeinen. Man sieht's jetzt immer wieder bei den Autos: Spurhalteassistent, Müdigkeitsassistent. Bald muss man selber gar kein Auto mehr fahren, und ich glaube, dass das in der Hinsicht beim Patienten auch einen wichtigen Stellenwert einnimmt; den Patienten zu sichten und sich nicht auf die Technik zu verlassen. (PK13)

Deutlich wird ihre Befürchtung, dass der „klinische Blick", verstanden hier als die Fähigkeit zur professionellen Patientenbeobachtung, im Zuge der Automatisierung schrittweise verloren gehen kann. Für die Pflegenden, die sich als Anwalt der zu Pflegenden begreifen, bedeutet dies eine unakzeptable Entwicklung. Denn es kommt dadurch schließlich zu einer Gefährdung der Patientensicherheit.

Nur es ist ja auch so, man kann sich ja nicht immer auf die Technik verlassen. Also, wenn ich dann diesen klinischen Blick nicht mehr habe und den Patienten mir dazu nicht angucken kann, dann kann ich das natürlich immer schön wegklicken und ich mach es dadurch ruhiger. Aber es ist für den Patienten eigentlich nur gefährlicher. (PK11)

Auch in diesem Zusammenhang beanstanden die Befragten, dass die zunehmende Automatisierung in der Pflege zu einer Situation führt, in der mehr Gewicht auf die Technikpflege als auf die Patientenpflege gelegt wird.

Ja, mit noch mehr Geräten hab' ich irgendwann Angst, dass wir Geräte pflegen und nicht mehr den Menschen … Weil Personal knapp ist, fängt man irgendwann an, wirklich nur noch Symptomatik auf [einem] Monitor zu pflegen. (PK15)

Für die Mehrheit der befragten Fachkräfte gilt: Je mehr neue Geräte, desto mehr Anpassungsbedarf (inklusive Schulungen zur Bedienung der Geräte), desto weniger Zeit für Patientinnen und Patienten. Ihnen werden durch die Einführung neuer Geräte vermehrt spezifische Anforderungen herangetragen. In den Interviews wird mehrfach darauf hingewiesen, dass der Tendenz nach immer mehr solcher technischen Produkte eingeführt werden, die nicht intuitiv anwendbar sind und/oder einen sensiblen Umgang erfordern. Die Handhabung dieser Produkte stellt für die Pflegenden eine Herausforderung dar, die neben der regulären Versorgung der Patientinnen und Patienten mit zusätzlichem Zeitaufwand verbunden ist.

Es geht einfach unter. Also solche Patienten, die [dann] nicht ganz so viel Aufwand haben, auch … über Geräte überwacht werden. Und so was [nimmt] nun mal viel Zeit in Anspruch … Die laufen so nebenbei mit und [sie] bekommen nicht die Aufmerksamkeit, die ihnen geschuldet wird [die Stimme wird leiser]. Also, das ist einfach so. (PK13)

Dies führt zu einer Fokussierung auf das Technische, die in bestimmten Situationen – insbesondere für die Sicherstellung der Sicherheit – unvermeidbar zu sein scheint. Das, was sich daraus ergibt, ist mit ihren ethisch-normativen Standards nicht vereinbar.

Also Angst macht ja letztendlich, dass wir nachher letztendlich nicht mehr den Menschen in den Fokus setzen, sondern dass wir nur noch nach Zahlen und – äh – das, was wir so sehen können, die Technik, die uns sehr begeistert, dass wir [dann] nur noch danach arbeiten und … diesen ethischen Aspekt ganz nach hinten klappen, weil – äh – der/wir gucken ja letztendlich auf ganz andere … Das Bild, was der Patient eigentlich bietet, ist vielleicht ein ganz anderes. (PK12)

Abgeleitet aus eigenen Erfahrungen in der Pflegepraxis werden hier Befürchtungen vor einer weiteren Zuspitzung der ethisch problematischen Situation geäußert. Die technisch verursachte Zunahme des Arbeitsanfalls hat zur Folge, dass unter Umständen wenig Aufmerksamkeit auf die körperliche wie psychische Verfassung der zu Pflegenden gerichtet wird. Damit wird eine paradoxe Konsequenz deutlich. Gerade durch den Einsatz von Technologien, mit deren Hilfe praktische Herausforderungen in der Pflegearbeit bewältigt werden sollen, entstehen neue problematische Situationen. Dazu gehört unter anderem eine erhöhte Fehlerhäufigkeit in der Patientenversorgung, die durch die Ablenkung auf technische Systeme herbeigeführt wird.[4]

Über solche nicht-intendierten Folgen hinausgehend äußern die Befragten mehrmals ihre Sorge über eine riskante Entwicklung, die sich beim täglichen Pflegearrangement bereits anzubahnen scheint. Der reduzierte Kontakt zu den zu Pflegenden kann ihrer Ansicht nach auch dazu führen, dass die hilfebedürftigen Menschen immer stärker verdinglicht werden und dadurch möglicherweise unvorhergesehenen Gefahren ausgesetzt werden.

[Es] geht einfach nur darum, dass es funktioniert. Das is' wie bei [Name eines deutschen Autoherstellers], dass alle Autos produziert werden … Patient hat bei uns … in den Normalfällen für die Geschäftsführung und auch für die Pflegedienstleitung mittlerweile keinen Namen mehr. Er is' eine Nummer. (PK11)

Eine solche Lage widerspricht dem Gebot, das die Pflegenden ihrer normativen Orientierung zugrunde legen: Achtung und Wahrung der Menschenwürde. Die Erfüllung dieser Vorgabe spielt auch für die praktische Seite ihres Berufsalltags eine besonders wichtige Rolle. Denn deren Verletzung kann zum Verlust von Vertrauen und zu Abwehrreaktionen derjenigen führen, die gepflegt und geschützt werden sollen. In einer Gruppendiskussion wird dazu hervorgehoben, dass eine gute Pflege nur auf Basis wechselseitigen Vertrauens erfolgen kann. Ein Indiz dafür liegt dann vor, wenn „der Patient entweder ‚Danke!' sagt oder sagt: ‚Ich hab mich hier gut aufgehoben gefühlt!'" (PK6). Der Aufbau und die Aufrechterhaltung einer Vertrauensbeziehung mit Pflegebedürftigen stellt, wie unten gezeigt wird, für die Befragten einen wichtigen Teil dessen dar, was ihre Professionalität ausmacht und nicht automatisiert werden kann. Es erscheint ihnen bedenklich, dass immer mehr Technologien in den Bereich der interpersonellen Pflegebeziehung eindringen, weil der würdevolle Umgang mit den zu Pflegenden dadurch beeinträchtigt werden kann.

---

[4] Im pflegewissenschaftlichen Diskurs zum Verhältnis von Pflege und Technik wird bereits mehrfach auf dieses Problem hingewiesen, vgl. dazu zum Beispiel Manzei 2009; Friesacher 2010; Schlauch und Spellerberg, 2016.

Aus dem Gesagten geht hervor, dass für die befragten Fachkräfte die Norm der Fürsorge im Zentrum der Abwägungsregeln und Handlungskriterien steht und deshalb auch
ihrer Bewertung von Pflegetechnologien zugrunde liegt. Es handelt sich um ein Prinzip,
das allen Dingen vorangestellt wird und als eine rechtfertigende und interpretationslei-
tende Grundlage dient. Vor dem Hintergrund dieser Norm wird die allgemeine Tendenz
zur Technisierung der Pflege in den Fokusgruppeninterviews überwiegend mit Skepsis
betrachtet. Die derzeitige Entwicklung wird dahingehend interpretiert, dass sie unterschiedliche, für die Qualitätssicherung in der Pflegepraxis eher nachteilige Konsequenzen
mit sich bringen könnte (Einsparung von Personal statt Entlastung, Zunahme von Komplexität der Arbeitsorganisation, Verlust der professionellen Kompetenz und so weiter).

> Ich glaub', das Problem ist auch wieder mit dem Pflegemangel, ne? Ich meine, umso mehr
> Technik, umso mehr meint man, dass man nicht mehr so viel Pflege braucht, und wenn man
> jetzt 'n super Personalschlüssel hätte, bräuchten wir, glaub' ich, nur die Hälfte der Geräte, die
> wir [heutzutage] haben … Ich hab Angst davor, dass umso mehr Technik kommen wird, umso
> mehr Innovationen es geben wird, dass dann gesagt wird: ‚Gut, dann braucht man nicht mehr
> so viele Pflegekräfte.' (PK11)

> Ich glaube, es gibt schon Bereiche, wo wir an einer Patientenversorgung Sachen abgeben
> müssen, langfristig, weil wir werden … auf 'ner Unfallchirurgie in den nächsten … zehn,
> fünfzehn Jahren keinen festen Personalschlüssel bekommen, und das Live-Geschäft, was wir
> da jetzt haben, beispielsweise ist, dass ich zwei Leute auf der Station habe. Die schaffen die
> Krankenbeobachtung g'rade nicht. Das heißt, es wird jetzt auch nicht gelebt, und das ist das
> Problem, was wir haben. Wir müssen da halt diskutieren drüber, wie kommen wir zu einem
> Stand, dass die Pflegekraft wieder mehr Pflege macht, aber gleichzeitig uns nicht wegrationa-
> lisieren. Ich will jetzt nicht die Stellen weg und auch nicht die Qualität der Leistung. (PK6)

Noch entscheidender erscheint jedoch ihre Angst vor einem möglichen Verlust an Vertrauen bei denjenigen, die sie betreuen. Diese Angst ist zwar meistens nur implizit vorhanden, spielt dennoch eine zentrale Rolle, wenn es um ihre Stellungnahme zur Technisierung
der Pflegearbeit geht. Die Pflegekräfte verstehen sich primär als Anwältin/Anwalt der zu
Pflegenden und beurteilen von diesem Standpunkt ausgehend Nutzen und Risiken technischer Innovationen. Das wird unter anderem daran deutlich, dass viele der vorgebrachten
Argumente mit Bezug auf die Verantwortungsübernahme für Patientinnen und Patienten
und mit der Relevanz der Beziehungsarbeit begründet werden. Für die Pflegekräfte stellen
diese Aspekte ein Kernelement ihrer Arbeit dar, das nicht durch Technik substituiert werden kann.

16.3.2 Oszillieren zwischen Offenheit und Skepsis

Ein weiterer wichtiger Befund ist, dass Reaktionen der Pflegenden auf die technologischen Innovationsbemühungen oft durch ein Oszillieren zwischen Offenheit und Skepsis
gekennzeichnet sind. Obwohl sie den steigenden Technikeinsatz zwischen Pflegekräften

und Pflegebedürftigen wiederholt in Frage stellen, äußern sie sich zu bestimmten Arten der technischen Lösung zustimmend.

Viele der Pflegenden zeigen sich offen gegenüber technischen Unterstützungen, solange deren Funktionsweisen im Einklang mit ihren ethisch-normativen Vorgaben stehen – das heißt der Norm der Fürsorge nicht widersprechen. Ihre Offenheit hängt aber wohl auch damit zusammen, dass im Bereich der Pflege technische Aspekte längst bis auf die kleinste Routine durchgedrungen sind und dass der Großteil der Arbeit ohne technische Unterstützungen praktisch kaum mehr vorstellbar ist (Friesacher, 2010; Hülsken-Giesler, 2010). Digitalisierung beziehungsweise Automatisierung der Pflege wird vor diesem Hintergrund nicht generell abgelehnt, sondern bei bestimmten Anwendungen positiv bewertet, mitunter auch als notwendig erachtet. Dies gilt, wie später gezeigt wird, insbesondere für solche Produkte, die intuitiv anwendbar sind und zur Schaffung von Zeit für Patientenfürsorge zu dienen scheinen. Technische Unterstützungssysteme werden auch dann begrüßt, wenn sie dafür gemacht sind, die bisher durch andere Techniken erzeugten Probleme zu lösen.[5]

Die Einführung neuer Technologien wird außerdem als sinnvoll und erleichternd gedeutet, wenn es um die Verbesserung von Kommunikation im klinischen Arbeitsalltag geht. Die Befragten sind sich darüber einig, dass ihre alltägliche Arbeitskommunikation zurzeit – einerseits als Folge der aus dem chronischen Personalmangel resultierenden Überlastung, andererseits durch den technisch induzierten Anpassungszwang – dauerhaft beeinträchtigt wird und sich bei vielen Aspekten als verbesserungsbedürftig erweist. Eine Technik, die für reibungslose Abläufe von Kommunikation sorgt oder es den Pflegenden ermöglicht, ihre Hände bei der Arbeit freizuhaben, sei deshalb willkommen. Als Beispiel für eine solche Lösung wird die Möglichkeit von Sprachsteuerung anhand des sogenannten Smart Speakers diskutiert.

> Was bei uns immer so störend is': Also wir haben ja die digitale Fieberkurve, und wenn wir dann morgens zum Beispiel den Durchgang machen und die Patienten wecken … Die erzählen dann, wie sie geschlafen haben, und du tippst da quasi die Temperatur und alles ein und guckst gar nicht mehr den Patienten an … Also, das find ich immer so ein bisschen störend, und wenn wir die ganzen […] und alles eintragen müssen. Da wär's quasi wie so eine, ja wie so ein Siri, wenn man sagen könnte [lacht]: ‚So Siri, gib mal ein 37,5', oder so. Also, das würde mir helfen. Dann habe ich nämlich die Zeit am Patienten. (PK3)

---

[5] Im Zusammenhang mit dem Problem der „alarm fatigue" (Tanner, 2013; Simpson & Lyndon, 2018) verweisen manche Befragte auf einen zusätzlichen Bedarf an technischen Unterstützungen. Wünschenswert wäre ein solches System, das Fehlalarme beziehungsweise überflüssige Alarme automatisch erkennt und diese als irrelevante Meldungen herausfiltert: „Es gibt ja technisch schon neue Entwicklungen dahingehend, dass [es] Systeme gibt, die Alarme, die … keine Alarme sind, … rausfiltern. Ähm, das wär' natürlich 'n Fortschritt, wenn es sowas gäbe, weil die meisten Alarme sind tatsächlich Fehlalarme durch Fehlableitungen und sonstiges, und da ham wir gehört, [es] gibt Systeme, die das schon erkennen, und das wär eine große Hilfe für die tägliche Belastung" (PK14).

Die Befragten betrachten dabei autonome Sprachassistenz als potenziell nützlich für die stationäre Pflegepraxis, weil diese ihrer Ansicht nach dabei hilft, manuelle, oft zeitaufwendige Arbeitsschritte zu eliminieren und dadurch Zeit für Face-to-Face-Kommunikation mit Patientinnen und Patienten zu gewinnen. Besonders deutlich wird hier, dass der direkte Kontakt mit den zu Pflegenden für die professionelle Orientierung der Pflegenden einen hohen Stellenwert hat. Zugrunde liegt das Verständnis, dass das Erleben von Anteilnahme und Anerkennung für das Wohlbefinden eines Menschen von elementarer Bedeutung ist und dass dies primär durch emotionale Zuwendung am Patientenbett vermittelt werden soll. Entsprechend diesen Anforderungen soll ausreichend Zeit für persönliche Kommunikation am Patientenbett gewährleistet werden, damit der Austausch von Gefühlen und Emotionen mit den Betroffenen gefördert werden kann.

> Dann wirklich, der Patient hat auch wirklich das Gefühl, ich interessiere mich auch für ihn …
> Ja genau, also das würde mir auch ganz viel … ein gutes Gefühl wiedergeben, weil ich gucke
> wieder den Patienten an und ich arbeite quasi nicht alles ab, um alles dann einzutippen, und
> dann ‚ja, bis nachher' zu sagen. (PK3)

Die Zeitersparnis durch Sprachsteuerung ist den Befragten zufolge nicht nur deshalb von Vorteil, weil ihnen damit die Möglichkeit geboten wird, eine intensivere Beziehungsarbeit mit Patientinnen und Patienten zu leisten. Für das Umsetzen einer würdevollen Versorgung halten sie es auch für erforderlich, sich dauerhaft die Nähe zu ihren Schützlingen zu sichern. Wenn sie mehr Zeitressource zur Verfügung hätten, würden sie diese auch dazu nutzen wollen, die Zustände der Patientin/des Patienten hautnah zu erleben und sich von deren kleinsten Änderungen (durch Beobachtung von Mimik, Gestik, Stimmungslage oder vegetativen Symptomen) zu überzeugen.

> Also, das würde mir helfen … Man hat dann wirklich die Zeit, wieder am Patientenbett zu
> stehen und man guckt den Patienten wieder an [lacht] … Das ist natürlich auch Krankenbe-
> obachtung. (PK3)

Die Pflegerin bezieht sich hier wieder auf die Bedeutung des „klinischen Blicks" im pflegerischen Handeln und betont, dass eine kompetente Pflege nicht nur ein breites Fachwissen und praktische Berufserfahrungen voraussetzt, sondern immer auf der unmittelbaren Patientenbeobachtung fußt. Damit vertritt sie die Ansicht, dass es solche Phänomene gibt, die für die Diagnostik und Einschätzung von entscheidender Relevanz sind, und dass diese nicht anhand technischer Messungen von Vitaldaten, sondern nur mit eigenen Augen erfasst werden können.

Bei der Pflege handelt es sich um einen stark ausdifferenzierten Dienstleistungsbereich mit verschiedenen Tätigkeiten. Hierzu gehören auch die Aufgaben für die tägliche Versorgung der zu Pflegenden zur Befriedigung ihrer Grundbedürfnisse – wie Brote schmieren, Urinbeutel entleeren und so weiter. Die Übernahme von solchen stark routinierten, aber dennoch zeitraubenden Tätigkeiten wird von den Befragten als besonders entlastend empfunden.

Zum Beispiel ja Essen vorbereiten … weil wir haben halt viele Patienten … Das Brot ge-
schmiert haben müssen und auch noch kleine Häppchen und das würde dann auch schon ei-
niges erleichtern. (PK2)

Hierzu kommen allerdings auch kritische Stimmen zu Wort, wenn es etwa darum geht, die
Aufgaben im Bereich der Körperpflege an autonome Maschinen zu delegieren. Die Idee
für eine Automatisierung von Routineaufgaben stößt auf besonders starke Ablehnung,
wenn deren Anwendung als erster Schritt zur Übergabe von Beziehungsarbeit an die Maschinen interpretiert werden.

Ich finde den Gedanken furchtbar, im Bett zu liegen und von einem Roboter aus dem Bett
geholt zu werden … Und ich würde das schrecklich finden, wenn unsere Patienten aus dem
Haus gehen und ich habe nicht ‚Tschüss!‘ gesagt, ‚Bis nächstes Mal!‘, und ich habe nicht
diesen persönlichen Kontakt oder so. (PK7)

Die Befragten äußern, wie oben gesehen, große Besorgnis darüber, dass der Einsatz neuer
Technologien zwangsläufig mit vielen Zusatzbelastungen und für sie unakzeptablen Veränderungen der Pflegepraxis einhergeht. Sie sind fest davon überzeugt, dass eine Verding-
lichung der Pflegebedürftigen unvermeidbar sein wird, wenn die aktuelle Entwicklung
weiter fortgesetzt wird.[6] Solche Kritiken basieren generell auf ihren Erfahrungen bei der
Techniknutzung im Berufsalltag. Wenn es allerdings um spezielle Assistenzsysteme (wie
zum Beispiel Roboter zur Mobilisierungshilfe) geht, kreisen einige Argumentationen um
stark abstrakte und teilweise spekulative Erwägungen, die dem Mangel an Erfahrungswissen mit diesen Technologien geschuldet sind. Eines steht jedoch fest: Wenn eine Techniknutzung zwischenmenschliche Interaktion zu beeinträchtigen scheint, stellt dies eine Gefährdung ihrer Vertrauensbeziehung zu den zu Pflegenden dar und ist insofern nicht
akzeptabel.

16.3.3 Eine Kritikkultur als Folge der Norm- und Interessekonflikte

Ergebnisse der Fokusgruppeninterviews zeigen auch, dass Norm- und Interessenkonflikte
zwischen unterschiedlichen Stakeholdern in den Phasen der Einführung und im Betrieb
neuer Technologien problematische Konsequenzen haben können. In manchen Interview-
situationen wird explizit darauf hingewiesen, dass die normativen Perspektiven der Pflegekräfte häufig mit den Wertmaßstäben und Handlungslogiken der anderen sozialen Gruppen in Konflikt geraten. Als ein Beispiel dafür wird die betriebswirtschaftliche Logik der
Krankenhausleitung angeführt, die den Befragten zufolge mit der Norm der Fürsorge
kaum vereinbar ist und die Optimierung ihrer Pflegearbeit eher erschwert.

---

[6] Die Sorge vor einer dystopischen Zukunft der Pflege ist auch ein zentrales Thema in der ethischen
Debatte zur Pflegerobotik, vgl. Sparrow und Sparrow 2006; Sparrow 2016; sowie Coeckelbergh
2016 mit einer Gegenposition dazu.

Wir erleben das ganz häufig. Wir haben eine Intensivstation mit Weaning-Schwerpunkt, also Abtrainieren der Beatmung … Wenn der jetzt noch zehn Beatmungsstunden mehr hat, dann kriegen wir noch mal soundso viel mehr Geld, obwohl der Patient da überhaupt nicht davon profitiert … Es ist nur ausschlaggebend, wie viel kommt letztendlich bei den Patienten dabei rum, wenn wir den entlassen, wie viel Geld hat der uns gebracht. (PK13)

Es hat nichts damit zu tun, dem Patienten zu helfen, sondern es hat einfach nur damit zu tun, ich bau jetzt 15.000 Euro in diesen Patienten ein … [Seufzend] Ach, das ist schlimm. (PK9)

Anhand dieser Aussagen wird deutlich, dass die befragten Fachkräfte in den Handlungslogiken der Leitungsebene normative Prinzipien („Norm der Wirtschaftlichkeit") erkennen, die mit ihrer eigenen Orientierung („Norm der Fürsorge für pflegebedürftige Menschen") weitgehend nicht übereinstimmen und darin auch einen wesentlichen Beitrag für zahlreiche Konflikte im Prozess der technischen Erneuerung sehen. Der ökonomische Sachzwang, der durch die Profitorientierung entsteht, ist für sie insofern problematisch, als daraus auch ein unreflektierter dysfunktionaler Technikeinsatz resultieren kann; zwecks höherer Kosteneffizienz wird eine Vielzahl von Medizin- und Pflegegeräten beschafft, die aus Sicht der Pflege für die praktische Arbeit ineffektiv und unbrauchbar sind. Den Befragten zufolge ist es für die Klinikleitung weniger von Belang, durch neue technische Möglichkeiten die Qualität der stationären Arbeitsorganisation zu verbessern. Vielmehr gehe es der betrieblichen Seite darum, Einsparungspotenziale durch die im Markt erhältlichen neuen Produkte auszuschöpfen und auf diese Weise die betrieblichen Kosten zu reduzieren.

Im Kontext der Digitaltechnologien zur Dokumentation von Vitalparametern lässt sich ein ähnliches Phänomen beobachten. Die Arbeitskommunikation zwischen den Fachkräften wird auch dadurch erschwert, dass je nach Station unterschiedliche technische Geräte und Methoden für Dokumentation angewendet werden. Diese Vielfalt kommt teilweise dadurch zustande, dass es je nach Generation unterschiedliche Vorstellungen darüber gibt, welche Formen und Arten der Dokumentation angemessen sind.

Da gibt's Konflikte. Zum Beispiel würde ich das sehr gerne in meinen Abteilungen schon umsetzen wollen, hab' aber Chefärzte, die sagen: ‚Nö, das will ich nicht.' … Ich hab einen, der sagt: ‚Öh, ich bin hier noch Oldschool; ich will, dass mit Papier abgearbeitet wird.' … Der verweigert sich einfach und sagt: ‚Das könnt ihr dann einsetzen, wenn ich in Rente bin.' (PK4)

Neben solchen generationsbedingten Unterschieden wird kritisch angemerkt, dass es organisationale Hindernisse für die Einführung und Etablierung neuer Technologien gibt. Besonders problematisch ist, dass es in vielen Fällen an einem übergreifenden Konzept für Praxis- und Organisationsgestaltung fehlt, das für die Erreichung einer höheren Arbeitseffizienz durch technische Lösungen unabdingbar ist. Hierzu bemängeln die Befragten, dass sie bei der Planung und Entscheidung über einzuführende Technologien kaum Spielraum haben, obwohl sie genau diejenigen sind, die sich mit relevanten Rahmenbedingungen und praktischen Erfordernissen auskennen und mögliche Nutzen und Risiken gut einschätzen können. Deshalb werden – so ihre Überzeugung – tendenziell solche Geräte angeschafft, die ihrer Ansicht nach kaum praktischen Nutzen bringen. Im Regelfall geschieht dies, ohne dass eine rationale Erklärung gegeben wird, zu welchen Zwecken diese technischen Lösungen eingeführt wurden beziehungsweise warum sie unter verschiedenen Optionen ausgewählt wurden.

In diesem Zusammenhang zeigt sich auch, dass der Sinn, den eine Technik in der Praxis haben wird, erst in konkreten Anwendungskontexten festgelegt wird. Das wird deutlich, wenn man darauf einen Blick wirft, welche normativen Vorgaben zur Orientierung vor der Technikeinführung herangezogen werden oder in die Technikbewertung einfließen. Eine digitale Dokumentationstechnologie kann beispielsweise dazu entwickelt worden sein, um Arbeitsvorgänge in einer Pflegeeinrichtung zu vereinfachen. Es gibt jedoch keine Garantie dafür, dass die in ihr eingeschriebenen sozio-technischen Skripte auch in der Anwendung unverändert rezipiert werden. Vielmehr kann dieselbe Technologie verschiedene Deutungen zulassen, die dann Norm- und Wertekonflikte im Praxisfeld hervorrufen. Das ist insbesondere der Fall, wenn deren Nutzung eher dazu zu führen scheint, dass die Erbringung von Pflegeleistungen (dazu gehört nicht zuletzt die Gewährleistung eines Mindestniveaus an Sicherheiten und Fürsorge für Patientinnen und Patienten) beeinträchtigt wird und damit auch die Vertrauensbeziehung zwischen Pflegenden und Pflegebedürftigen gefährdet wird.

Aus diesem Sachverhalt heraus scheint sich im klinischen Umfeld eine Kritikkultur etabliert zu haben, die sich durch eine allgemeine Zurückhaltung der professionell Pflegenden gegenüber Innovationsbemühungen auszeichnet. Folgen der Technisierungsprozesse in der Pflege werden hier oft mit einer negativen Voreingenommenheit betrachtet und beurteilt, die in der Sorge vor unerwünschten Entwicklungen in Zukunft zum Ausdruck kommt. Das bedeutet allerdings nicht eine prinzipielle Ablehnung technischer Unterstützungsangebote. Bei näherem Hinsehen wird deutlich, dass die Fachkräfte sich nur dann entschieden gegen die Durchsetzung technischer Innovationen aussprechen, wenn diese zu Lasten des Patientenwohls wichtige Ressourcen zu binden scheinen. Das Misstrauen der Pflegefachkräfte ist insofern generalisiert, als es meistens kategorial auf Individuen beziehungsweise Gruppen bezogen ist und sich letzten Endes gegen die Dynamiken des „Innovationsregimes" (Rammert et al., 2016) richtet, denen sie sich oft hilflos gegenübergestellt sehen.

Innerhalb dieser Kritikkultur werden auch die Technikentwicklerinnen und Technikentwickler aufgrund ihrer Orientierung an für sie perfekte Veränderungen einer Pflegepraxis in die bestehenden Norm- und Interessenkonflikte hineingezogen. Sie stoßen dann immer wieder auf technikkritische Deutungen, die kommunikative Blockaden verursachen und sich damit auch auf die Ermittlung authentischer Technikbedarfe in der Pflegepraxis nachteilig auswirken. Ergebnisse aus der anderen eigenen Studie zum Verhältnis zwischen Technikentwicklung und Techniknutzung, die im Rahmen des oben genannten Forschungsprojekts durchgeführt wurde, zeichnen ein entsprechendes Bild. Dabei wird deutlich, dass neue technische Unterstützungsangebote häufig auf Barrieren eines generalisierten Misstrauens stoßen, die ihnen den Einzug in die Pflegepraxis verwehren oder erschweren. Die Standardsichten, die dahinterstehen, lauten:

> Meine häufigsten Sätze [sind]: ‚Das is' ja totaler Quatsch – das hat keine Zukunft.' Und …: ‚Ich möchte nicht von noch 'nem technischen Geräte abhängig sein.' … Das sind diese Standardsätze, die man halt häufig hört. (TE7)

Es handelt sich den Befragten zufolge um eine zentrale Herausforderung, mit der sie im Austauschprozess mit potenziellen Techniknutzerinnen und Techniknutzern dauerhaft konfrontiert sind. Diese Lage ist auch ihrer Einschätzung nach primär darauf zurückzuführen, dass im Bereich der Pflege eine Kritikkultur gegenüber der Technisierung der Pflegearbeit vorherrscht. Im Gruppengespräch werden weitere Argumente herangeführt, die als typische Erscheinungsformen dieser Kritikkultur erlebt werden:

> Das is' dann immer – ähm – häufig die Ansicht … Ja, dass sie nicht das sehen, dass sie unterstützt werden, sondern diese Angst eben: ‚Ich werde ersetzt durch Technik.' (TE7)

> ‚Technik ist entmenschlichend.' … Das erste [Argument], das man mir immer um die Ohren haut. (TE2)

> Das is' so. Das is' wie dieses …: ‚Wir brauchen keine neue Technik, wir brauchen mehr Pfleger.' Das is so. (TE7)

Für die Entwicklerseite gelten solche Aussagen als Totschlagargumente, die von vornherein offene Diskussionen und Wissensaustausche blockieren. Vor dem Hintergrund des generalisierten Misstrauens ist es ein schwieriges Unterfangen, den Adressatinnen und Adressaten neuer Technikprodukte deutlich zu machen, worin Vorteile und Nutzen dieser Produkte liegen und wie sie davon profitieren können:

> Da kann man auch noch so lange erklären, dass man … [dadurch] den Aufwand irgendwie dramatisch reduziert und sie viel mehr Zeit haben, sich wirklich um die Patienten zu kümmern … Irgendwie dringt das immer nicht durch und ich weiß nicht warum. (TE2)

Die Teilnehmenden des Fokusgruppeninterviews zeigen einerseits Verständnis für die Unzufriedenheit der Pflegenden, insofern als sie nur zu gut wissen, dass viele Fachkräfte der professionellen Pflege chronisch unter hohen Belastungen stehen und dass die betriebliche Seite trotzdem für zusätzliches Personal „kein Geld ausgeben" (TE3) will beziehungsweise kann. Die Befragten stehen aber andererseits den oben zitierten Argumenten kritisch gegenüber und betrachten die Ansichten der Pflegenden teilweise als unbegründet. Sie sind sich zwar dessen bewusst, dass „mehr Pfleger" eine von Pflegefachpersonen mehrheitlich gewünschte Lösung darstellt. Eine solche Entwicklung ist jedoch für die Befragten unrealistisch, weil es gegenwärtig kaum beziehungsweise nicht möglich zu sein scheint, die dafür notwendigen finanziellen Ressourcen schnell zu beschaffen. Man kann auch nicht ohne Weiteres eine Menge an neuen Fachkräften anstellen, denn sie lassen sich „einfach nicht auf Bäumen züchten" (TE2). Für die Befragten steht fest, dass die Pflegenden aufgrund ihrer normativen Orientierung (Festhalten an der „Norm der Fürsorge für zu Pflegende") nicht in der Lage sind, dieser Realität ins Auge zu sehen, und dass sie deshalb mitunter kein offenes Ohr für die Ansichten, Vorschläge, Angebote und so weiter haben, die von Entwicklerseite kommen.

16.4 Fazit

Ergebnisse der Fokusgruppeninterviews zeigen, dass im Bereich der professionellen Pflege unterschiedliche Norm- und Interessenkonflikte und organisationale Dissense bestehen, die eine Kritikkultur gegenüber der Technisierung hervorbringen. Einflüsse, die diese Kultur auf die Einführung und Nutzung neuer Technologien haben wird, können – je nachdem, welche Betrachtungsposition eingenommen wird – unterschiedlich gedeutet werden. Für die Pflegenden spielt die Norm der Fürsorge beim Interpretations- und Entscheidungsprozess für/gegen technische Hilfsangebote eine maßgebliche Rolle. Das heißt ihre Bewertung richtet sich primär danach, ob sie durch die Technik darin unterstützt werden, sich an der Norm der Fürsorge zu orientieren und mit den zu Pflegenden eine gemeinsame Basis des Vertrauens zu entwickeln und zu pflegen. Ihre normative Orientierung gerät aber häufig in Widerspruch zu Wertmaßstäben anderer Professionen (Profitorientierung der Krankenhausleitung, aus Entwicklersicht verfolgte Perfektionierung der Technik und so weiter), wodurch Unstimmigkeiten in der Praxis zur Technikimplementation ausgelöst werden. Derartige Konflikte sind insofern problematisch, als dass sie einerseits oft mit einem dysfunktionalen Technikeinsatz einhergehen und andererseits dadurch auch – zumindest aufseiten der Pflegenden – eine Generalisierung der Misstrauenshaltung gegenüber den Innovationsbemühungen erfolgen kann. In der Folge kann ein Legitimationsdruck entstehen, der die Beteiligten zu Routinen wechselseitiger Zuschreibungen und damit zu einer verzerrten Wahrnehmung der jeweils anderen Seite verleitet.

Literatur

Adorno, T. W. (1987). Über Technik und Humanismus. In H. Lenk & G. Ropohl (Hrsg.), *Technik und Ethik* (S. 22–30). Reclam.
Bijker, W. E. (1992). The social construction of flourescent lighting, or how an artifact was invented in its diffusion stage. In W. E. Bijker & J. Law (Hrsg.), *Shaping technology/building society. Studies in sociotechnical change* (S. 75–102). MIT Press.
Coeckelbergh, M. (2016). Care robots and the future of ICT-mediated elderly care: A response to doom scenarios. *AI and Society, 31*(4), 455–462.
Corbin, J., & Strauss, A. (1990). Grounded theory research: Procedures, canons and evaluative criteria. *Qualitative Sociology, 13*(1), 3–21.
Foucault, M. (1973). *Die Geburt der Klinik. Eine Archäologie des ärztlichen Blicks.* Fischer.
Friesacher, H. (2010). Pflege und Technik – eine kritische Analyse. *Pflege & Gesellschaft, 15*(4), 293–313.
Hülsken-Giesler, M. (2010). Technikkompetenzen in der Pflege. Anforderungen im Kontext der Etablierung Neuer Technologien in der Gesundheitsversorgung. *Pflege & Gesellschaft, 15*(4), 330–352.

Lindemann, G. (2014). *Weltzugänge: Die mehrdimensionale Ordnung des Sozialen*. Velbrück.

Lindemann, G. (2017). Rekursive Technikentwicklung: Über die Automatisierung kommunikativer Steuerung. *Soziale Welt, 68*(2–3), 261–278.

Lindemann, G., Fritz-Hoffmann, C., Matsuzaki, H., & Barth, J. (2020). Zwischen Technikentwicklung und Techniknutzung: Paradoxien und ihre Handhabung in der ELSI-Forschung. In B. Gransche & A. Manzeschke (Hrsg.), *Das geteilte Ganze: Horizonte Integrierter Forschung für künftige Mensch-Technik-Verhältnisse* (S. 133–151). Springer VS.

Manzei, A. (2009). Neue betriebswirtschaftliche Steuerungsformen im Krankenhaus. Wie durch die Digitalisierung der Medizin ökonomische Sachzwänge in der Pflegepraxis entstehen. *Pflege & Gesellschaft, 14*(1), 38–53.

Rammert, W., Windeler, A., Knoblauch, H., & Hutter, M. (2016). Die Ausweitung der Innovationszone. In W. Rammert, A. Windeler, H. Knoblauch, & M. Hutter (Hrsg.), *Innovationsgesellschaft heute: Perspektiven, Felder und Fälle* (S. 3–13). Springer VS.

Remmers, H. (2018). Pflegeroboter: Analyse und Bewertung aus Sicht pflegerischen Handelns und ethischer Anforderungen. In B. Oliver (Hrsg.), *Pflegeroboter* (S. 161–179). Springer Gabler.

Schlauch, A., & Spellerberg, A. (2016). Ethische, rechtliche und soziale Aspekte der Mensch-Technik-Interaktion in der Altenpflege am Beispiel der ambienten Vitaldatenerhebung. In VDE (Hrsg.), *Zukunft Lebensräume*, Tagungsband zum 9. AAL-Kongress, Frankfurt/Main, 20.–21. April 2016 (S. 153–161). VDE.

Simpson, K., & Lyndon, A. (2018). False alarms and overmonitoring: Major factors in alarm fatigue among labor nurses. *Journal of Nursing Care Quality, 34*(1), 66–72.

Sparrow, R. (2016). Robots in aged care: A dystopian future? *AI & Society, 31*(4), 445–454.

Sparrow, R., & Sparrow, L. (2006). In the hands of machines? The future of aged care. *Minds and Machines, 16*(2), 141–161.

Tanner, T. (2013). The problem of alarm fatigue. *Nursing for Women's Health, 17*(2), 153–157.

Hironori Matsuzaki   Hironori Matsuzaki ist Techniksoziologe und seit 2007 als wissenschaftlicher Mitarbeiter am Institut für Sozialwissenschaften, Carl von Ossietzky Universität Oldenburg, tätig. Seit 2017 erforscht er im Rahmen des BMBF-geförderten Projekts Pflegeinnovationszentrum ethisch-normative Herausforderungen bei der Einführung und Nutzung innovativer Technologien in der Pflege. Herr Matsuzaki studierte Germanistik (Diplom) an der Kyoto University of Foreign Studies und Soziologie und Kunstwissenschaft (Magister Artium) an der Technischen Universität Berlin. Seine Forschungsschwerpunkte umfassen Wissenschafts- und Technikforschung, Innovationsforschung, Soziologie der Pflege, Philosophische Anthropologie sowie Rechtssoziologie.

Forschung, Ethik, Formalismus: Forschungsethische Überlegungen in Innovationsprojekten zum Technikeinsatz in der Pflege

Isabel Schön, Johanna Pfeil, Christine Moeller-Bruker, Sven Ziegler und Thomas Klie

Zusammenfassung

Forschung an und mit Menschen bedarf einer angemessenen ethischen Reflexion und des Schutzes der Teilnehmenden und ihrer Rechte, insbesondere bei vulnerablen Gruppen wie Personen mit kognitiven Beeinträchtigungen. Hierzu haben sich, mitunter historisch begründet und mit dem Ziel einer „Good Clinical Practice", im Bereich der medizinischen Forschung formalisierte Strukturen und Prozesse etabliert. Diese werden auch in „benachbarten" Disziplinen wie etwa der Pflegewissenschaft aufgegriffen und adaptiert. Dieses Kapitel greift das Spannungsfeld „Ethik – Formalismus" am Beispiel des Forschungsprojektes UNEQ auf, in dem ein audiovisuelles Projektionssystem in der Pflege von Personen mit kognitiven Beeinträchtigungen zum Einsatz kommt. Es werden Vorgehensweisen, die der Wahrung ethischen Handelns dienen, skizziert, dabei auftretende Herausforderungen dargestellt sowie mögliche Konsequenzen für die Forschungspraxis diskutiert.

I. Schön · J. Pfeil (✉) · T. Klie
AGP Sozialforschung im FIVE - Forschungs- und Innovationsverbund an der Evangelischen Hochschule Freiburg e.V., Freiburg, Deutschland
E-Mail: isabel.schoen@agp-freiburg.de; johanna.pfeil@agp-freiburg.de; thomas.klie@agp-freiburg.de

C. Moeller-Bruker
Freiburg, Deutschland
E-Mail: Christine.Moeller-Bruker@eh-freiburg.ekiba.de

S. Ziegler
Universitätsklinikum Freiburg, Freiburg, Deutschland
E-Mail: sven.ziegler@uniklinik-freiburg.de

17.1 Hinführung

Im Forschungsprojekt „Untersuchung zum Nutzen des Einsatzes von Qwiek.up als Hilfsmittel für die technikgestützte Betreuung, Beruhigung, Aktivierung und Orientierungsgabe von Menschen mit kognitiven Beeinträchtigungen im Akutkrankenhaus" (UNEQ) zeigte sich, wie formalisierte forschungsethische Richtlinien beziehungsweise datenschutzrechtliche Vorgaben Einfluss auf Design, Durchführung und Ergebnisse einer Studie nehmen können.[1] Qwiek.up ist ein mobiles audiovisuelles Projektionssystem, das speziell für Personen mit kognitiven Beeinträchtigungen entwickelt wurde und als solches in der Praxis, insbesondere in Pflegeheimen, bereits eingesetzt wird. Die Nutzung des audiovisuellen Projektionssystems wurde im PPZ Freiburg u.a. durch teilnehmende Beobachtungen begleitet. Hierzu wurde von den beteiligten Akteuren ein umfangreicher formalisierter Vorlauf mit allen Beteiligten für erforderlich gehalten, der insbesondere aus den Leitlinien eines Informed Consent entsteht und die wissenschaftliche Erkenntnis beeinflusst: Zwar sind Beobachtungen zu Forschungszwecken immer zu einem gewissen Grad künstlich geschaffene Situationen. In der vorliegenden Studie evozierten diese in Folge der aufwändigen Anbahnungsprozesse im Kontext der Rahmenbedingungen der Intensivstation jedoch ein „Event", das fern von der Technologie-Nutzung in ihren alltäglichen Kontexten lag und einen entsprechenden Einfluss auf die Beobachtungssituationen hatte. Auch die ausführlichen und auf viele juristische Rahmenbedingungen verweisenden Datenschutzerklärungen können entgegen ihrer Intention Misstrauen erregen oder abschreckend wirken.[2] Insgesamt zeigen die Projekterfahrungen, dass das aufgestellte Erfordernis einer schriftlichen Einwilligung Hürden aufbaute und teils zu Verzerrungen und blinden Flecken geführt hat, und zwar von der Gewinnung von Teilnehmenden über die Beobachtungssituation bis hin zur Auswertung.

   Hohe formalisierte ethische Hürden waren dabei nicht in der technischen Innovation, sondern im Forschungskontext begründet: Dieser führt regelhaft sowohl zur Einbindung der Ethik-Kommission als auch zur als verbindlich vorgesehenen ELSI-Forschung.[3] Die-

---

[1] Wir danken Gesa Lindemann für wertvolle Anregungen und Diskussionen zum Thema der Formalisierung sowie für den Austausch zu Erfahrungen mit informierter Einwilligung in ethnographischen Projekten. Ebenso danken wir Helga Marx und Stefan Walzer, die maßgeblich am UNEQ-Projekt und den damit verbundenen methodischen Reflexionen beteiligt sind. Unser Dank gilt außerdem Rudolf Korinthenberg, dem Vorsitzenden der Ethik-Kommission der Universität Freiburg – er hat uns durch seine Gesprächsbereitschaft und Offenheit wertvolle Einblicke in die Arbeit dieser Ethik-Kommission ermöglicht.

[2] Wenngleich „Abschreckung" kein primäres Ziel von Informationsmaßnahmen in Forschungsprojekten sein dürfte, so sollte mit Blick auf die historische Entwicklung der Good Clinical Practice (vgl. zum Beispiel Vijayananthan & Nawawi, 2008) durchaus bedacht werden, dass Bestandteil dessen ist, mögliche negative Konsequenzen offenzulegen.

[3] In den Richtlinien des Bundesministeriums für Bildung und Forschung (BMBF, 2016) zur Durchführung des Wettbewerbs „Zukunft der Pflege: Mensch-Technik-Interaktion für die Praxis", in dessen Rahmen das PPZ Freiburg verortet ist, ist hierzu formuliert: „Nicht-technische Forschungsfragen zu ethischen, rechtlichen und sozialen Implikationen (ELSI), die sich aus der avisierten Anwendung der Technologien ergeben, müssen gemäß dem Ansatz einer integrierten Forschung zwingend in den Projekten berücksichtigt werden."

ser Beitrag beschreibt dieses Problemfeld, leuchtet es reflektierend aus und diskutiert alternative Handlungswege. Die Betrachtungen beziehen sich dabei auf Erfahrungen im spezifischen Umfeld der pflegewissenschaftlichen Forschung im Akutkrankenhaus, insbesondere auf Intensivstationen.

17.2   Das UNEQ-Projekt im PPZ Freiburg

Ein Krankenhausaufenthalt ist gerade für Patientinnen und Patienten mit kognitiven Beeinträchtigungen mit hohen gesundheitlichen und emotionalen Belastungen verbunden (Kirchen Peters & Krupp, 2019; Fogg et al., 2018; Motzek et al., 2017; Riedel & Linde, 2016; Motzek et al., 2015). Der im Pflegepraxiszentrum Freiburg eingesetzte mobile Videoprojektor Qwiek.up soll durch Abspielen audiovisueller Module beruhigend, entspannend oder aktivierend wirken und somit Wohlbefinden und soziale Teilhabe fördern können. Thematische Module, wie beispielsweise „Waldspaziergang" oder „Unterwasserwelt", können flexibel und großflächig an die Zimmerdecke oder -wände projiziert werden.[4] Im Pflegepraxiszentrum Freiburg (PPZ Freiburg)[5] wurde der Einsatz von Qwiek.up im UNEQ-Projekt seit März 2021 auf verschiedenen Intensivstationen des Universitätsklinikums Freiburg getestet. Die Forschung zu ethischen, rechtlichen und sozialen Implikationen des Technikeinsatzes war dabei integraler Bestandteil. Die Studie folgte einem ethnographisch orientierten Studiendesign, das in erster Linie teilnehmende Beobachtungen sowie ergänzende Videographien und Befragungen von Pflegenden und Patientinnen und Patienten vorsah. Ethnographische Forschung ermöglicht es, den Technikeinsatz nicht isoliert, sondern mit Blick auf dessen Funktion innerhalb einer sozialen (Pflege-)Situation und der organisationalen Rahmenbedingungen des Akutkrankenhauses zu analysieren (Hitzler, 2007; Lindemann, 2002; zur fokussierten Ethnographie/Videographie Knoblauch, 2001). Für die ELSI-Forschung zum Technikeinsatz bietet dieser offene Ansatz großes Potenzial: Ethisch möglicherweise relevante Fragestellungen können aufgedeckt werden, da der Blick auf Kontexte des Einsatzes geöffnet und hierdurch verhindert wird, dass ethische Bedenken vorschnell auf den Technikeinsatz beziehungsweise das Produkt Qwiek.up zurückgeführt und Fragen somit (zu) eng gefasst werden. „Aus einer soziologischen Perspektive ergeben sich relevante Differenzen zwischen unterschiedlichen Techniken erst aus den sozio-technischen Konstellationen, in denen sie entwickelt bzw. angewandt werden" (Lindemann et al., 2020, S. 134). So verändert eine neue Technologie nicht per se die Interaktionen zwischen Patienten beziehungsweise Patientinnen und Pflegenden, sondern steht immer im Zusammenhang mit den Kontextfaktoren des Einsatzes, wie beispielsweise Routinen der Station oder dem professionellen Selbstverständnis der Pflegenden.

---

[4]Ausführliche Informationen über Anwendungsfelder des Qwiek.up sind unter www.qwiek.eu/forschung-qwiekup zu finden (zuletzt geprüft am 26.11.2021).
[5]In dem vom BMBF im Rahmen des Clusters „Zukunft der Pflege" geförderten PPZ Freiburg werden von den Partnern Universitätsklinikum Freiburg, Universität Freiburg (Institut für Pflegewissenschaft), Hochschule Furtwangen und AGP Sozialforschung innovative Technologien in der Akutpflege im Pflegesetting des Universitätsklinikums erprobt.

17.3   Implikationen formalisierter ethischer Anforderungen an Forschung am Beispiel des UNEQ-Projektes

Dem ethnographischen Ansatz standen in diesem Forschungssetting allerdings auch Hürden gegenüber. Anhand des Forschungsprojektes UNEQ möchten wir beispielhaft darstellen, wie formal(isiert)e forschungsethische beziehungsweise -rechtliche Vorgaben Einfluss auf Design, Durchführung und Ergebnisse der Studie nehmen können.

Dieser Einfluss wurde bereits im Vorfeld der Studie deutlich. Hier gab es die Überlegung, im Rahmen einer Pilotstudie teilnehmende Beobachtungen durchzuführen, mit dem Ziel, für die Hauptstudie Fragestellungen, Zielgrößen, Personengruppen und Einsatzbereiche zu erarbeiten und zu präzisieren. Für die Durchführung einer Pilot*studie* gelten am Universitätsklinikum Freiburg allerdings die gleichen formalen Anforderungen, inklusive der Einholung eines Ethikvotums bei der zuständigen Ethik-Kommission, wie für eine große Studie, was mit Blick auf den Umfang, die Ressourcen und die genannten Ziele einer Pilotierung unverhältnismäßig erschien. Anstelle einer Pilot*studie* wurde daher (an anderer organisationaler Stelle) eine sogenannte Gebrauchstauglichkeitstestung[6] im Sinne eines Qualitäts- und Entwicklungsprojektes durchgeführt, die eine Qualifikationsarbeit (Bachelor of Science), einfache Dokumentationsbögen und Hospitationen beinhaltete. Für solche Qualitäts- und Entwicklungsprojekte ist die Ethik-Kommission formal nicht zuständig und ein Votum war nicht erforderlich.[7] An dieser Stelle wird deutlich, dass hier nicht der Einsatz von Technik (bei vulnerablen Personen) oder die Technologie selbst die Notwendigkeit eines Ethikvotums begründet, sondern die organisationale Verortung und somit die *formale* Unterscheidung, ob Forschung (am Menschen) im engeren Sinne betrieben wird oder nicht.

Besonders zum Tragen kamen die forschungsethischen Vorgaben während der Erhebungsphase. Für die teilnehmenden Beobachtungen ist im Sinne der Good Clinical Practice (GCP)[8] eine dokumentierte Einwilligung (Informed Consent) der beobachteten

---

[6] Mit einer Gebrauchstauglichkeitstestung ist ein Verfahren gemeint, mit dem eine grundsätzliche Einsetzbarkeit einer Technologie im interessierenden Praxissetting inklusive entsprechender Nutzungsoptionen und -grenzen im Sinne eines ersten „Ausprobierens" eruiert werden. Die Erkenntnisse können als Entscheidungsgrundlage für die Konzeption von Studien (auch Pilotstudien), aber auch für das Management genutzt werden.

[7] Zum Zuständigkeitsbereich der Ethik-Kommission der Albert-Ludwigs-Universität Freiburg entsprechend landesrechtlicher Regelungen siehe deren Satzung: https://www.uniklinik-freiburg.de/fileadmin/mediapool/10_andere/ethikkommission/pdf/21-10-29-satzung.pdf (zuletzt geprüft am 26.11.2021).

[8] Die international anerkannte Leitlinie der GCP (The International Council for Harmonisation of Technical Requirements for Pharmaceuticals for Human Use, 2016) regelt Qualitätsanforderungen in klinischen (Arzneimittel-)Studien und soll unter anderem den Schutz von Studienteilnehmenden sicherstellen. Mit Blick auf die internationale und interdisziplinäre Vergleichbarkeit wird ihre Anwendung auch in klinischen Studien der Pflegewissenschaft diskutiert (vgl. zum Beispiel König, 2014).

Personen erforderlich. In der Praxis wurde diese Anforderung wie folgt realisiert: Die Study Nurse des Projektes besuchte die teilnehmenden Stationen täglich und nahm mit in Frage kommenden Patientinnen und Patienten sowie Pflegenden Kontakt auf. Erste Informationen über Qwiek.up, die Studie und die Beobachtungen wurden zur Verfügung gestellt; Informationen über (etwaige) sich beteiligende Patientinnen und Patienten und eine grundsätzliche Zustimmung zur Studienteilnahme wurden – sofern möglich – eingeholt. Potenzielle Teilnehmende wurden über die Studie aufgeklärt, indem ein entsprechendes Informationsschreiben gemeinsam besprochen wurde. Dieses enthielt entsprechend Artikel 13 der Datenschutz-Grundverordnung (DSGVO) Informationen über die Studie und den Ablauf der Beobachtungen, über Qwiek.up sowie insbesondere Hinweise auf die Freiwilligkeit der Teilnahme, Pseudonymisierung sowie Datenschutz- und Beschwerderechte. Patientinnen und Patienten mit kognitiver Beeinträchtigung erhielten außerdem ein Informationsschreiben und eine Einwilligungserklärung in gekürzter Form und leichter Sprache. Nach in der Regel mindestens einem Tag Bedenkzeit erfolgte sodann die Einholung der informierten Zustimmung über eine schriftliche Einwilligungserklärung. Je nach Einwilligungsfähigkeit von Patientinnen und Patienten wurde die Zustimmung von einer gesetzlichen Betreuungsperson beziehungsweise Angehörigen erbeten. Die Terminfindung für die Beobachtung erfolgte daraufhin in enger Absprache mit dem beziehungsweise der zuständigen Pflegenden. Kamen weitere Pflegende, Ärztinnen beziehungsweise Ärzte oder Therapeutinnen beziehungsweise Therapeuten während der Beobachtung in die Situation hinein, wurden Einwilligungen zur Studienteilnahme gegebenenfalls nachgeholt.

Dieses Vorgehen generierte verschiedene Herausforderungen. Zunächst war der Aufwand im Verhältnis zu den tatsächlich stattfindenden Beobachtungen sehr hoch. So wurde in den elf Projektmonaten bei den fünf Mal pro Woche durchgeführten Stationsrundgängen auf vier teilnehmenden Intensivstationen mit den Pflegenden vor Ort die Eignung von Patientinnen und Patienten zur Teilnahme an der Studie besprochen. 285 Patientinnen und Patienten kamen grundsätzlich für eine Teilnahme in Frage, woraus 52 Einwilligungen hervorgingen. Schließlich kamen 22 teilnehmende Beobachtungen zustande. Die geringe Anzahl resultierte erstens aus dem beschriebenen aufwändigen Prozess, der in der Regel zwischen drei und fünf Tage erforderte. Zudem sind gerade im Intensivbereich nur wenige Personen selbst in der Lage, eine informierte Einwilligung zu geben und aufgrund der meist akuten Erkrankung ist häufig eine gesetzliche Betreuung (noch) nicht eingerichtet und/oder eine entsprechende Vorsorgevollmacht liegt nicht vor. Angesichts der kurzen Liegedauern wird das verbleibende Zeitfenster, in dem die Einwilligung eingeholt und eine Beobachtung durchgeführt werden kann, sehr eng. Zweitens konnten bereits vereinbarte Beobachtungen nicht stattfinden, da sich der gesundheitliche Zustand der Patientinnen und Patienten rasch veränderte und beziehungsweise oder zum vereinbarten Termin ungeplant diagnostische oder therapeutische Maßnahmen anstanden.

Darüber hinaus zeigte sich folgendes Problem: Die Vielzahl zitierter Paragraphen und die Menge formalisierter Informationen – beispielsweise zum Beschwerderecht in den Informationsschreiben – können auch Studienteilnehmende ohne kognitive Beeinträchtigung überfordern und desinteressiert oder sogar misstrauisch werden lassen (vgl. auch

Bosk, 2010, S. 140–141). Beispielsweise hatten sich mehrere Personen im Aufklärungsge-spräch durchaus interessiert an der Technik und einer potenziellen Studienteilnahme ge-zeigt, eine Zustimmung allerdings in dem Moment abgelehnt, als das Informationsmate-rial und die Einwilligungserklärung thematisiert wurden. Gründe, die dabei genannt wurden, waren etwa, dass die Beschäftigung damit zu anstrengend sei oder dass sie im klinischen Versorgungsprozess schon so viele Dokumente unterschrieben hätten, sodass sie dafür jetzt „keinen Kopf" mehr hätten.

Vor allem aber bezogen sich forschungsethische Einschränkungen bei UNEQ auf inhalt-liche Fragen. Ein zentrales Forschungsinteresse war die Beobachtung von Rahmenbedin-gungen und Entscheidungswegen beim Einsatz des audiovisuellen Projektionssystems und die Frage, welche Funktion die Technologie innerhalb der „Institution Krankenhaus" ein-nimmt. Hierfür sollte unter anderem beobachtet werden, wie es in einer konkreten Situation zum Einsatz von Qwiek.up kommt, wer beziehungsweise was zur Entscheidung beigetra-gen hat und welche Ziele und Kriterien ausschlaggebend waren. Durch den Prozess der Einwilligung und die damit verbundenen Abläufe fiel die Anwesenheit der Beobachtenden auf den Stationen häufig mit dem jeweiligen Qwiek.up-Einsatz zusammen; beides wurde von Pflegenden offenbar als eine Einheit gesehen. Inwieweit die Beobachtungen die An-wendungsweise von Qwiek.up beeinflussten, ist dabei nur zu erahnen. Sicher ist jedoch, dass die Beobachtungen beziehungsweise die Anbahnung derselben ein „Event"[9] triggerten und den spezifischen Einsatz von Qwiek.up auslösen konnten. So berichtete eine Beobach-terin folgende Szene beim Betreten der Station: „Direkt am Eingang der Station treffe ich auf Frau Schnabel, die sagt ‚Ah-wegen dem Qwiek.up und Herrn Maurer.' Erst daraufhin wird das audiovisuelle Projektionssystem geholt und wie besprochen bei dem Patienten eingesetzt."[10] Die Situation wurde anlässlich der Beobachtung zu Forschungszwecken her-beigeführt. Zwar ist die Herstellung wissenschaftlicher Daten immer von einer gewissen „Künstlichkeit" geprägt (Schirmer, 2009, S. 170–171). Dennoch wird hier deutlich: Die Beobachtungssettings schienen sich (zumindest teilweise) deutlich von der alltäglichen An-wendung in der Krankenhaus-Praxis zu unterscheiden. Dies zeigte sich insbesondere dann, wenn Pflegende zu Beginn der Beobachtung äußerten, dass sie Qwiek.up nicht unbedingt eingesetzt hätten – und es dennoch taten, anscheinend um die Beobachtung zu ermögli-chen. Umgekehrt kam es aufgrund des aufwändigen Anbahnungsprozesses aber auch vor, dass sich die Beobachtungssituationen (erst) ergaben, wenn Qwiek.up bereits lief, wodurch sich die Initiierung und entsprechende Entscheidungswege der Beobachtung entzogen. Durch die Erzählungen von Pflegenden und die dokumentierte Anzahl der Einsatzstunden

---

[9] Events können, wenn auch in anderem Zusammenhang stehend, mit Hitzler (2011, S. 13) „... als aus unserem zeitgenössischen Alltag herausgehobene, raum-zeitlich verdichtete, performativ-inter-aktive Ereignisse mit hoher Anziehungskraft ..." verstanden werden. Gerade mit Blick auf die Her-aushebung aus dem Alltag wird die Problemstellung deutlich, die entsteht, wenn genau dieser Alltag im Fokus stehen soll.

[10] Alle in diesem Beitrag aufgeführten Namen von Personen, die an den Beobachtungen teilgenom-men haben, sind Pseudonyme.

der Geräte ist bekannt, dass es eine Vielzahl an alltäglichen Einsatzszenarien geben muss, die nicht beobachtet werden konnten – insbesondere morgens zu Zeiten der Visite und abends zum Einschlafen. Ausdifferenzierte, diverse Handlungslogiken und Routinen sind aufgrund dieser blinden Flecken nur noch schwer nachvollziehbar. Auch die direkte Nachfrage im Hinblick auf Entscheidungswege, die in die Beobachtung eingebettet werden konnten, führte nur bedingt zu den gewünschten Erkenntnissen, da die Auskunft der Pflegenden, so ist zu vermuten, gegenüber einem Mitglied des Forschungsteams anders ausfällt als beobachtete Routinen.[11] Die Auswahl von Patientinnen und Patienten für den Qwiek.up-Einsatz für Pflegende verlief zudem teils routiniert und war daher nicht mehr explizierbar. Das formalisierte Einwilligungsverfahren störte somit das Phänomen, das eigentlich untersucht werden sollte: das „alltägliche Ganze".[12]

Eine weitere Folge des Erfordernisses der schriftlichen Einwilligung war, dass bestimmte Patientengruppen als mögliche Teilnehmende ausschieden. Spezifisch im Setting Intensivstation kommt es häufig vor, dass zum Beispiel eine Person nicht (vollständig) einwilligungsfähig ist *und* keine Vorsorgevollmacht vorliegt oder eine gesetzliche Betreuung (noch) nicht bestellt ist. In diesen Fällen konnte für die Erhebung personenbezogener Daten keine rechtlich wirksame informierte Zustimmung gegeben werden – die Personen konnten nicht in die Studie aufgenommen werden.[13] Sehr häufig ist es vorgekommen, dass Patientinnen und Patienten aufgeklärt wurden, die Intensivstation aber wieder verlassen hatten, bevor eine Beobachtung stattfinden konnte. Der Einsatz des audiovisuellen Projektionssystems bei Patientinnen und Patienten mit sehr kurzer Verweildauer konnte entsprechend schlechter beobachtet werden. Bereits durch den Prozess der Gewinnung von Teilnehmenden wurde daher ein ganzer Gegenstandsbereich ausgeblendet.

Die Festlegung forschungsethischer Standards sowie institutionalisierter Prozesse zu deren Gewährleistung sind ohne Zweifel wichtig und sollen hier nicht prinzipiell in Frage gestellt werden. Insgesamt zeigen die geschilderten Erfahrungen jedoch, dass die Notwendigkeit einer schriftlichen Einwilligung im dargestellten Projekt – vom Forschungsteam als probates Mittel anerkannt – zu erheblichen Einschränkungen, Verzerrungen und blinden Flecken führte, und zwar von der Gewinnung der Teilnehmenden bis hin zur Auswertung der Forschungsergebnisse.

---

[11] Honer (2011, S. 31, Herv. i. Orig.) weist hierzu passend auf die Notwendigkeit der Differenzierung zwischen Darstellungen und Erfahrungen hin, und die Gefahr, dass Forschende „… Darstellungen von Erfahrungen nicht zunächst einmal als Darstellungen von Erfahrungen, sondern sogleich und vor allem als Darstellungen von Erfahrungen … deuten."

[12] Eine Forschungsrichtung, die das Miterleben des Alltags in den Mittelpunkt stellt, ist die lebensweltliche Ethnographie (vgl. zum Beispiel Honer, 2011; Hitzler & Eisewicht, 2016): Dies äußert sich zum Beispiel darin, dass nicht von einer teilnehmenden Beobachtung gesprochen wird, sondern von beobachtender Teilnahme, also einer „existenziellen Perspektivübernahme" (Honer, 2011, S. 60) und somit eines Erlebbarmachens des Alltags.

[13] Zwar gäbe es das Konstrukt einer nachfolgenden Einholung der Einwilligung, allerdings ist bei vielen Patientinnen und Patienten auf Intensivstationen unklar, ob und wann sie wieder hinreichend zustimmungsfähig sind und auch die nachfolgende Klärung des rechtlichen Status ist mit (un)verhältnismäßigem Aufwand verbunden.

17.4 Der Forschungskontext verpflichtet, nicht die technische Innovation

Besonders augenfällig werden diese Einschränkungen und Verzerrungen, wenn man das Verfahren bei den Beobachtungen dem regulären Einsatz gegenüberstellt: Qwiek.up ist im Handel frei erhältlich und wird bereits in Pflegeheimen verwendet. Im Krankenhaus könnten zum Beispiel Pflegedienstleitungen das Gerät ebenso ohne ethische Prüfung einsetzen – lediglich datenschutzrechtliche Aspekte würden geprüft beziehungsweise eingefordert (diesen kommt beidem audiovisuellen Projektionssystem jedoch nur eine nachgeordnete Rolle zu). Auch auf den beteiligten Stationen wird das audiovisuelle Projektionssystem, unabhängig von der Beobachtung, als Hilfsmittel in der Routineversorgung verwendet. Obwohl im Zuge dessen natürlich Überlegungen über die Art und Weise des Technologie-Einsatzes erfolgen, bezieht sich der hier in Rede stehende Prozess der Gewinnung, Information und Einwilligung von Teilnehmenden lediglich auf die Forschungstätigkeiten, das heißt auf die teilnehmende Beobachtung und die Verarbeitung der Daten – und nicht auf den Einsatz von der Technologie an sich. An dieser Stelle entsteht ein Kontrast zwischen formal-ethischen Anforderungen an Forschung einerseits und andererseits der (angenommenen, aber nicht umfassend beobachtbaren) von ganz pragmatischen Überlegungen und Entscheidungen geprägten Realität des Stationsalltags. *(Hohe) formal-ethische Anforderungen sind somit nicht in der technischen Innovation, sondern im Forschungskontext begründet.* Sobald eine Technologie im Rahmen eines Forschungsprojektes eingesetzt wird, erfolgt eine umfassende ethische Prüfung. Das betrifft nicht nur die Einbindung von Ethik-Kommissionen: Auch die ELSI-Forschung wird zum Bestandteil der Studie.

Vor allem aber verweist dies auf ein formalisiertes Verständnis von Ethik in Forschungskontexten. Dieses soll im Folgenden näher beschrieben werden. Ein wichtiger Bezugspunkt ist dabei die Arbeit der zuständigen Ethik-Kommission.

17.5 Kennzeichen einer „formalisierten Ethik"

Ethische Reflexion, die von festgelegten Verfahren, Ordnungen und Gremien geprägt ist, kann als „prozedurale Ethik" bezeichnet werden (Guillemin & Gillam, 2004). Von „Formalismus" beziehungsweise „formal-ethischen" Anforderungen ist in diesem Beitrag dann die Rede, wenn die inhaltliche Reflexion über den Technikeinsatz hinter in der Regel eher kleinteiligen formalrechtlichen Aspekten der Forschungskonzeption *zurücksteht*. Charles Bosk (2010) trägt mit seiner Betrachtung der Entwicklung und Ausbreitung der Bioethik zu einem Verständnis formalisierter Prozesse bei: Ethische Fragestellungen sind demnach prinzipiell „essentially contested total social conflicts" (S. 134, nach Gallies „essentially contested concepts"), somit Konflikte zwischen Interessen und Prinzipien, die nie abschließend geklärt werden können, da es keinen allgemeingültigen Maßstab dafür gibt. Diese Konflikte können einerseits die Gestalt eines „Spektakels" annehmen, das kollektive öffentliche Aufmerksamkeit auf sich zieht. Oder sie werden als organisationale

Routine in ein Set bürokratischer Verfahren gegossen, das den Konflikt der verschiedenen Interessen standardisiert auflösen soll. Ethik-Kommissionen und die Verfahren, die oben beschrieben wurden, sind in letztere Kategorie einzuordnen.

17.5.1 Institutionalisierung durch Ethik-Kommissionen

In einer historischen Perspektive ist auch die Bedeutung der schriftlichen Einwilligungen zu verstehen. Bosk (2010) schildert die Prozesse, die dazu führten: Als relevant benennt er unter anderem (gerichtliche) Auseinandersetzungen in den USA zwischen Ärztinnen und Ärzten und Patientinnen und Patienten oder deren Angehörigen, in denen zum Beispiel der Willensausdruck der Patientinnen und Patienten für oder gegen eine Behandlung zur Debatte stand. Eine Gerichtsentscheidung des US-Supreme Courts führte zu folgender Auffassung: Wenn es um ernste und konsequenzenreiche Entscheidungen wie das Beenden einer medizinischer Behandlung gehe, seien angemessene Verfahren erforderlich, um diese Entscheidungen zu legitimieren: mindestens eine schriftliche Dokumentation, bestenfalls sogar offiziell beglaubigt. Diese Art von Prozess entlaste diejenigen Personen, die die Entscheidung im Einzelfall ausführen, und verhindere vorschnelle, gegebenenfalls die Autonomie einschränkende oder schädigende Maßnahmen.

Gerade für den Forschungskontext sind darüber hinaus Studien, in denen der Wille der Probandinnen und Probanden sowie deren Autonomie missachtet wurden und es zu folgenreichen Schädigungen kam, ein treibender Faktor für die Relevanz der informierten Einwilligung (Bosk, 2010, S. 136–141).[14] Van den Daele und Müller-Salomon (1999) machen darauf aufmerksam, wie wichtig vor diesem Hintergrund die Institutionalisierung von Kontrollmechanismen ist. In der universitären Forschung tätige Medizinerinnen und Mediziner haben qua Profession gelernt, autonom das Ziel der Wissensgenerierung verfolgen zu können. Sie sollten dabei die eigene Standesethik inkorporiert haben und eigeninitiativ sowie prospektiv mögliche Schädigungen von Probandinnen und Probanden antizipieren und entsprechend unterlassen.[15] Doch die Vielzahl der Skandale bestätige, dass das Überlassen der Verantwortung an die Forschenden keine Garantie für ein angemessenes ethisches Handeln sei; solche Situationen bedürfen vielmehr der Kontrolle. Ethik-Kommissionen, die an den Universitäten angesiedelt sind, sind vor diesem Hintergrund der Wissenschaftsfreiheit das Mittel der Wahl, um einerseits eine gewisse Autonomie der Institution beizubehalten und andererseits der Öffentlichkeit zu versichern, dass Kontrolle stattfindet (vgl. Van den Daele & Müller-Salomon, 1999, S. 14–26).

---

[14] Hella von Unger und Dagmar Simon (2016) zeichnen nach, dass die Entwicklung von Ethik-Kommissionen in Deutschland stark von den Debatten und der Etablierung von IRBs (Institutional Review Boards) in den USA geprägt wurde.

[15] Die Inkorporierung der im Feld der Wissenschaft(en) geltenden Standards (die Dispositionen des Feldes akkumulieren zum wissenschaftlichen Habitus) behandelt prominent Bourdieu, zusammengefasst nachlesbar bei Barlösius (2012).

Die forschungsbezogene Bioethik, die Ethik-Kommissionen im klinischen Kontext prägt, basiert dabei maßgeblich auf einer Prinzipienethik, die es ermöglicht, besonders schwierige, moralisch beladene Themen durch Abwägungen in den Diskurs der Forschung aufzunehmen. Ethische Probleme werden dabei auf Dilemma-Situationen reduziert, was eine Bearbeitung mit Hilfe standardisierter Verfahren ermöglicht (vgl. Schuchter & Heller, 2016, S. 142–143; Bosk, 2010, S. 135). Die prospektive Einhegung ethischer Probleme erleichtert deren Bearbeitung auch bei hohem Arbeitsaufkommen. „The principlist approach to structuring prospective review of research was intended to assure that the research met minimal ethical standards. In practice, minimal ethical standards rested on two determinations: (1) the adequacy of consent practices and (2) the risk-benefit-ratio to the participating research subject" (Bosk, 2010, S. 140). Diese Standards wurden breit akzeptiert – und mehr als das: Sie wurden derart durchgehend praktiziert, dass sie mechanistisch angewendet und auf weitere Bereiche, beispielsweise die Sozialforschung, ausgedehnt wurden. Bosk (2010) geht sogar so weit, dieser Bioethik vorzuwerfen, mittlerweile lediglich als PR-Abteilung der Forschungseinrichtungen – im Sinne einer Ethik als „Feigenblatt" (vgl. Pfeil et al., 2020) – zu fungieren. Sie prüften nur noch oberflächlich die Einwilligungserklärungen und kämen ihrem ursprünglichen Zweck nicht mehr nach (vgl. Bosk, 2010, S. 135).[16]

Vor dem Hintergrund der von Van den Daele und Müller-Salomon (1999) hervorgehobenen Notwendigkeit der Kontrolle bleibt es aus unserer Sicht unerlässlich, selbstkritisch zu hinterfragen, ob das Misstrauen gegenüber den Mechanismen der Ethik-Kommissionen nicht auch und gerade aus dem Selbstverständnis autonomer Forschender resultiert und eine Abwehr gegen Eingriffe von außen darstellt. Dieser Frage muss allerdings an anderer Stelle nachgegangen werden. In diesem Beitrag soll es vielmehr darum gehen, den Einfluss formalisierter Verfahren auf jene Forschungsvorhaben exemplarisch herauszuarbeiten, die sich in ihrer disziplinären und methodischen Verortung sowie den damit einhergehenden Fragestellungen von „klassischen" medizinischen Studien unterscheiden, für die die genannten Formalia entwickelt wurden.

Die Auswirkungen der Tradition der Ethik-Kommissionen in den biomedizinischen Fachbereichen lässt sich auch anhand der Praktiken und der Zusammensetzung der Ethik-Kommission der Universität Freiburg illustrieren. Im Gespräch mit deren Vorsitzendem wurde deutlich, dass hier insbesondere der in der Deklaration von Helsinki eingeschriebenen Prinzipienethik der Biomedizin praktische Relevanz zukommt. Der Informed Consent nimmt dort einen sehr großen Stellenwert ein. Dies schlägt sich in der Überprüfung jeglicher Informations- und Einwilligungsschreiben durch die Ethik-Kommission nieder. Die Fokussierung auf die *Schreiben* kann allerdings nur im Ansatz erfassen, wie Vertrauen und informierte Einwilligung mit den tatsächlichen Teilnehmenden einer Studie hergestellt werden (mehr dazu im letzten Abschnitt).

---

[16] Solche Kritik wurde auch von weiteren Vertreterinnen und Vertretern der Sozialwissenschaften, insbesondere Wissenschaftlerinnen und Wissenschaftlern mit qualitativem Forschungsschwerpunkt, geäußert (zusammenfassend von Unger & Simon, 2016).

17.5.2 Medizin-Ethik trifft Pflegewissenschaften

Ganz in Übereinstimmung mit den Empfehlungen und übergeordneten Regularien sind im Gremium Medizinerinnen und Mediziner sowie klinische Wissenschaftlerinnen und Wissenschaftler besonders stark vertreten[17]. Dies ist insbesondere vor dem Hintergrund relevant, dass zur Kontrolle durch die Ethik-Kommission nach medizin-ethischem Verständnis auch die Überprüfung der Qualität der Forschungsvorhaben gehört. Qualitative Forschungsvorhaben-Qualitative Forschungsvorhaben, wie eine ethnographische Studie aus den Pflegewissenschaften, sind in diesem Zusammenhang eher exotisch. Denn hier lässt sich meist nicht, wie es klinische Wissenschaftlerinnen und Wissenschaftler gewohnt sind und als Qualitätsmerkmal verstehen, das Outcome und damit der Benefit der Studie (für Patientinnen und Patienten und andere) im statistischen Sinne benennen (vgl. auch von Unger & Simon, 2016, S. 10–11). Dieser methodische Fokus ist – wie bereits dargelegt wurde – mit Blick auf die historischen Ursprünge der Ethik-Kommissionen verständlich. Dennoch geht damit eine Engstellung einher, die im Falle einer pflegewissenschaftlich-qualitativen Herangehensweise hinderlich sein kann und wie oben beschrieben in einem (auch antizipierten) Anpassungsprozess potenziell zu methodisch-inhaltlichen blinden Flecken führt. Die steigende Offenheit gegenüber qualitativen Forschungsvorhaben zeigt sich darin, dass es in der Ethik-Kommission der Universität Freiburg inzwischen Bestrebungen gibt, Vertreterinnen und Vertreter weiterer Disziplinen als Mitglieder aufzunehmen (zum Beispiel aus Psychologie und Pflegewissenschaften). Dies ist ein wichtiger Schritt im Sinne einer Prozessethik (vgl. dazu Schuchter et al., 2021, o. S. nach Krainer & Heintel, 2010), sich den neuen Anforderungen anzupassen.

Bereits Bosk (2010, S. 141–142) bemerkt, dass es problematisch ist, standardisierten Verfahrensweisen aus dem klinisch-medizinischen Kontext auf die Sozialwissenschaften – in denen wir die betreffende Studie und viele weitere pflegewissenschaftliche Forschungsprojekte verorten – auszudehnen, da Forschung hier nach anderen Kriterien funktioniert. So schildert er, dass es in den Sozialwissenschaften beispielsweise Situationen gibt, in denen eine schriftliche, unterschriebene Einwilligungserklärung die Anonymität der Probandinnen und Probanden und die Vertraulichkeit der Forschungssituation so sehr beeinträchtigt, dass sie gänzlich den Bemühungen um ethisches Handeln entgegenstehen. Die Vulnerabilität der Probandinnen und Probanden wird dadurch erhöht, nicht geschützt.

Wie sich am Beispiel der UNEQ-Studie zudem zeigt, wirft dieses formalisierte Vorgehen Fragen der Verhältnismäßigkeit auf: Auf Basis der Annahme, dass forschungsethische Anforderungen die Selbstbestimmung und den Schutz vulnerabler Personen (zum Beispiel Patientinnen und Patienten) adressieren, wird deutlich, dass es bisweilen an einer trennscharfen Differenzierung fehlt, worauf sich die forschungsethischen Aktivitäten genau beziehen (sollen). Es stellt sich beispielsweise die Frage, ob die mit Beobachtungen oder auch Interviews verbundenen Risiken mit aus Arzneimittelstudien (für deren Zweck Richtlinien wie die der Deklaration von Helsinki primär entwickelt wurden) entlehnten Strategien adäquat bearbei-

---

[17] Die Zusammensetzung einer Ethik-Kommission ist in der jeweiligen Satzung festgehalten. Dabei muss sie den Anforderungen des Arzneimittelgesetzes, des Medizinprodukterecht-Durchführungsgesetzes sowie des Medizinproduktegesetzes für den Fall der in diesen Zuständigkeitsbereich fallenden Prüfungen erfüllen können.

tet werden können. Eine unreflektierte Übernahme im formalisierten Prozess kann aus unserer Sicht sogar zu einer (antizipatorischen) Konstruktion ethischer Implikationen führen, die bestimmte Aspekte überbetonen und andere außer Acht lassen oder überdecken.

17.5.3 Grenzen der formalisierter Ethik-Kontrollen

Bereits der Anlass der Einbindung einer ethischen Beratung durch die Ethik-Kommission ist meist formaler Art. Häufig sind es gesetzliche oder berufsständische Regularien oder Publikationspläne, die eine Einbindung notwendig machen, siehe zum Beispiel die Deklaration von Helsinki (WMA, 2013) oder den Ethikkodex der Gesellschaft für Pflegewissenschaft (DGP, 2016). Wie häufig mit einem Antrag auch das Ziel einer inhaltlichen Beratung verbunden ist, kann an dieser Stelle nicht geklärt werden. Auf Basis unserer Erfahrungen finden Beratungen allerdings eher *vor* einem Formalantrag statt, wobei nicht selten auch auf Expertise außerhalb der Ethik-Kommission zurückgegriffen wird. Hier drängt sich die Frage auf, inwieweit es Wissenschaftlerinnen und Wissenschaftlern bei der Konsultation von Ethik-Kommissionen und ähnlichen Institutionen um eine tiefgreifende ethische Reflexion geht, oder inwiefern es ihnen um die *Darstellung* geht, *dass man ethisch handelt*.[18] Dies ist keine irrelevante Frage, entscheidet sich daran doch konkret, ob die Antragstellung an die Ethik-Kommission als Anstoß für Eigenverantwortlichkeit und eigenes ethisch reflektiertes Handeln dient, ob sie primär als formale Anforderung – ohne weiterführende Konsequenz für das eigene Handeln – „abgearbeitet" wird oder ob sie gar zu Umgehungs- oder Vermeidungspraktiken führt.

So schwingen beispielsweise schon bei der Formulierung von Fragestellungen Überlegungen mit, ob ein Forschungsvorhaben unter den formalen Kriterien der Ethik-Kommission überhaupt durchführbar ist. Es kommt bisweilen dazu, dass von einem direkten Einbezug von Personen mit kognitiver Beeinträchtigung in Forschungsprojekten mit Blick auf die oben dargelegten Aufwände abgesehen wird – woraus allerdings neue ethische Problemstellungen entstehen können. *Letztlich können formale ethische Hürden somit entweder Garant oder mögliches Hindernis für ethisches Handeln sein.*

17.6 Heuristik alternativer Handlungswege

Zielführend sind die Einbindung der Ethik-Kommission und der Umgang mit formalen ethischen Anforderungen jedoch dann, wenn sie – über formale Anforderungen hinaus – eigenverantwortlich und im Einzelfall erwogen und begründet werden müssen. Dies erfordert eine prozessbegleitende Reflexion ethischer Aspekte. Ethik ist dann kein Formalismus mehr, der nach außen verlagert beziehungsweise an Institutionen abgegeben werden kann, sondern intrinsisch motivierte Arbeit, die in einem Denk- und Entwicklungsprozess

---

[18] Dabei stellt die Darstellung eine Notwendigkeit dar, um Forschung zu legitimieren; bei Publikationen und Mittelanträgen wird das Votum einer Ethik-Kommission häufig eingefordert.

nach je angemessenen Lösungen strebt. In der Diskussion um schriftliche Einwilligungen zeigt sich das beispielsweise darin, dass forschungsethische Hürden, die eine ethische Reflexion anstoßen und die Selbstbestimmung vulnerabler Personengruppen schützen sollen, nicht auf eine Formalität reduziert werden, sondern auf den anthropologisch-ethischen Hintergrund dieser Anforderungen verweisen. Für ergänzende Wege, die das Ziel verfolgen, eine situationsangemessene, adaptierte Form der Identifikation (Welche Sachverhalte sind potenziell ethisch bedenklich?) und Reflexion (Wie sollte dort moralische Sensitivität umgesetzt werden?) ethischer Fragestellungen in der Forschung zu suchen, könnte es in besonderer Weise produktiv und zielführend sein, diese anhand von Überlegungen aus der Anthropologie zu ermitteln und zu begründen. Hannah Arendt etwa betont, dass die Bedingtheit, die Bezogenheit eines jeden Menschen zum Kern menschlicher Existenz gehört. Der Mensch kann nur mit anderen Menschen gemeinsam leben, sein Menschsein konstituiert sich erst im Gegenüber (vgl. Arendt, 2013, S. 33). Legt man dieses Menschenbild forschungsethischen Reflexionen zugrunde, treten neue Fragen in den Vordergrund. Die kritische Reflexion forschungsethischer Vorgaben soll dann nicht dazu dienen, strategische „Schlupflöcher" zu finden oder ethisch sinnvolle Restriktionen der Forschungsfreiheit zu umgehen. Vielmehr geht es darum, darüber nachzudenken, wie forschungsethische Prinzipien auf eine wirksame, reflektierte und der jeweiligen Situation beziehungsweise dem Menschen angemessene Art umgesetzt werden können. Schuchter und Heller (2016, S. 148 f.) kritisieren beispielsweise, dass der Fokussierung auf Einwilligungserklärungen ein Bild autonomer Individuen zugrunde liegt, die grundsätzlich rational und in ihrem eigenen Interesse Verträge abschließen können. Doch dieses Bild des rationalen, autonomen Individuums ist (auch ohne Fokussierung auf kognitiv beeinträchtigte Personen) grundsätzlich eine Vorstellung, die außer Acht lässt, dass Entscheidungen oft nicht allein, sondern innerhalb von Beziehungsgeflechten getroffen werden. Zum Beispiel stellt eine Beteiligung an einem Forschungsprozess nicht unmittelbar eine (potenzielle) *Beeinträchtigung* einer (vulnerablen) Person dar, die ausschließlich durch genau definierte Prozesse kontrolliert werden kann. Stattdessen ist es möglich, dass sich die Beteiligung – je nach individueller Situation – auch positiv auswirkt. Im hier zugrunde gelegten Projekt bekundete etwa der Sohn und gesetzliche Betreuer eines potenziellen Probanden, dass er sich über *jegliche* Zuwendung, die sein Vater erhalte, freue – *auch* in Form einer Beobachtung.[19]

Bei einem solchen Verständnis von Ethik stehen nicht die formalen Hürden, sondern ein „Ongoing Consent" (zum Beispiel McKeown et al., 2009; Sankary & Ford, 2019), die situative Sensibilität und Vertrauen im Vordergrund. Diesem Prinzip folgend wird die Einwilligung der Studienteilnehmenden im Forschungsprozess immer wieder durch Begleitung und Beobachtung der Forschenden abgesichert und somit über die gesamte Datenerhebung hinweg als kontinuierlicher Prozess organisiert. In der bestehenden Konstitution und Praxis formal-ethischer Prozesse findet dieses Prinzip allerdings wenig Platz. Die institutionelle Anforderung, die Einhaltung ethischer Kriterien im Vorfeld zu prüfen, passt zu dem standardisierten Vorgehen (klassischer) klinischer Studien – sie stößt bei offeneren

---

[19] Auf mögliche positive Auswirkungen durch die Teilnahme an Forschungsprojekten über die direkte Wirkung von Therapien hinaus wurde bereits mehrfach hingewiesen (vgl. z. B. Grace, 2014).

Ansätzen qualitativer Forschungsvorhaben, denen nicht standardisierbare Interaktionen inhärent sind, allerdings an ihre Grenzen.

Wie deutlich gemacht wurde, haben formale ethische Anforderungen erheblichen Einfluss auf die Ausgestaltung und die Durchführung von Forschungsprojekten, die über den wünschenswerten Schutz vulnerabler Personen hinausgehen. Wenn sie dazu führen, dass Forschungsprojekte nicht durchgeführt werden, bestimmte Personengruppen nicht einbezogen werden (können) oder durch inhaltliche blinde Flecken und Verzerrungen im Feld ethisch relevante Fragestellungen nicht beantwortet werden können, möchten wir einen Beitrag zum Diskurs zur Weiterentwicklung der derzeitigen Praxis leisten.

Die Erfahrungen haben gezeigt, dass ein reflektierter Umgang mit der prozeduralen Ethik erforderlich ist. Bei Bedarf ist es notwendig und ratsam, auf Kommissionen zuzugehen und Alternativen zu den üblichen Herangehensweisen zu finden. Dadurch kann deren beratende Funktion, auf die bereits Unger und Simon (2016) verweisen, stärker zur Geltung kommen. Dabei würde es möglich, dass Aspekte, die bei der formalisiert gehaltenen Rückmeldung der Ethik-Kommissionen unsichtbar bleiben (zum Beispiel Reflexionen über gesamtgesellschaftliche Zusammenhänge), stärker in den Vordergrund treten. Beispielsweise wäre es vorstellbar, geeignete Verfahren abzustimmen, um sich im Rahmen eines begleitenden Ansatzes situativ und kontinuierlich der Zustimmung interessierender Personen zu vergewissern. Dies würde den Ansatz des Ongoing Consents von einer eher randständigen und ergänzenden Rolle ins Zentrum der Überlegungen rücken. Ein solches Vorgehen appelliert natürlich zum einen an die Forschenden, könnte aber durch zu entwickelnde Kontrollverfahren und kontinuierliche (externe) beratende Begleitung ergänzt werden. Möglich wäre, dies beispielsweise in einer Art Review-Board zur Supervision während des Forschungsprozesses zu realisieren (vgl. zur begleitenden Supervision zum Beispiel Richards & Schwartz, 2002 oder die Anwendung ethischer Fallbesprechungen im Forschungskontext Ziegler et al., 2015). Ein weiterer Ansatz könnte eine *integrierte Ethik* im Sinne kontinuierlich begleitender ELSI- Forschung sein, die mit positiven Impulsen handlungsleitend und kontinuierlich die Forschung mitgestaltet.[20] Dadurch würden inhaltliche und formale Strategien der ethischen Reflexion zusammengeführt. Eine weitere Überlegung wäre, Dokumentationsverfahren so zu gestalten, dass die Persönlichkeitsrechte aller beforschten Personen – gegebenenfalls auch ohne individuelle schriftliche Einverständniserklärungen – gewahrt werden können.

Wie das Verständnis ethischer Fragestellungen als „essentially contested total social conflict" (Bosk, 2010, S. 134) zeigt: Eine abschließende Auflösung ethischer Konflikte ist nicht möglich, die Notwendigkeit der ständigen, situativen Aushandlung ist ethischen Fragestellungen inhärent. Ziel sollte es somit sein, gemeinsam mit allen bisher und potenziell zukünftig Beteiligten – hier sei die zunehmende Bedeutung der Pflegewissenschaft expli-

---

[20] „Integration meint dann, ein Bewusstsein davon haben zu können und eine Praxis zu gewinnen, welche [den] (vermeintlichen) Verlust an Einheitlichkeit anerkennt und produktiv wendet" (Gransche & Manzeschke, 2020, S. 5).

zit erwähnt – nach neuen Verfahren zu suchen, die die nötigen Sicherheiten garantieren und gleichzeitig Wege eröffnen, aufgezeigte Schwachstellen zu beseitigen. In diesem Sinne würde Forschungsethik nicht nur mit der Lupe, sondern ebenso mit dem Weitwinkelobjektiv betrieben werden.

Literatur

Arendt, H. (2013). *Vita activa. Oder Vom tätigen Leben*. Piper.

Barlösius, E. (2012). Wissenschaft als Feld. In S. Maasen (Hrsg.), *Handbuch Wissenschaftssoziologie* (S. 125–135). Springer VS.

Bosk, C. L. (2010). Bioehtics, raw and cooked: Extraordinary conflict and everyday practice. *Journal of health and social behaviour, 51*, 133–146. https://doi.org/10.1177/0022146510383839

Bundesministerium für Bildung und Forschung – BMBF. (2016). Bekanntmachung: Richtlinien zur Durchführung des Wettbewerbs „Zukunft der Pflege: Mensch-Technik-Interaktion für die Praxis". Bundesanzeiger vom 24.08.2016. https://www.bmbf.de/bmbf/shareddocs/bekanntmachungen/de/2016/08/1237_bekanntmachung.html. Zugegriffen am 22.03.2022.

DGP – Deutsche Gesellschaft für Pflegewissenschaft. (2016). Ethikkodex Pflegeforschung der Deutschen Gesellschaft für Pflegewissenschaft. https://dg-pflegewissenschaft.de/wp-content/uploads/2017/05/Ethikkodex-Pflegeforschung-DGP-Logo-2017-05-25.pdf. Zugegriffen am 05.12.2021.

Fogg, C., Griffiths, P., Meredith, P., & Bridges, J. (2018). Hospital outcomes of older people with cognitive impair-ment: An integrative review. *International Journal of Geriatric Psychiatry, 33*, 1177–1197.

Grace, P. J. (2014). Research ethics: Advanced practice roles and responsibilities. In P. J. Grace (Hrsg.), *Nursing ethics and professional responsibility in advanced practice* (S. 197–239). Jones & Bartlett Learning.

Gransche, B., & Manzeschke, A. (2020). Das geteilte Ganze. Einleitende Überlegungen zu einem Forschungsprogramm. In B. Gransche & A. Manzeschke (Hrsg.), *Das geteilte Ganze* (S. 1–31). Springer VS.

Guillemin, M., & Gillam, L. (2004). Ethics, reflexivity, and „ethically important moments" in research. *Qualitative Inquiry, 10*(2), 261–280.

Hitzler, R. (2007). Ethnographie. In R. Buber & H. H. Holzmüller (Hrsg.), *Qualitative Marktforschung. Konzepte – Methoden – Analysen* (S. 207–218). Gabler.

Hitzler, R. (2011). *Eventisierung: drei Fallstudien zum marketingstrategischen Massenspass*. VS Verlag für Sozialwissenschaften.

Hitzler, R., & Eisewicht, P. (2016). *Lebensweltanalytische Ethnographie – im Anschluss an Anne Honer*. Beltz Juventa.

Honer, A. (2011). *Kleine Leiblichkeiten: Erkundungen in Lebenswelten*. VS Verlag für Sozialwissenschaften.

Kirchen Peters, S., & Krupp, E. (2019). Demenzsensibilität in Akutkrankenhäusern: Warum die Umsetzung so schwierig ist, und wie sie dennoch gelingen kann. *Zeitschrift für Gerontologie und Geriatrie, 52*, 291–296.

Knoblauch, H. (2001). *Fokussierte Ethnographie. Sozialer Sinn, 2*, 123–141.

König, P. (2014). Die Anwendung von Good Clinical Practice Guidelines als neuem Qualitätsstandard in der Pflegeforschung am Beispiel einer randomisierten kontrollierten Studie mit dem Titel: Effekte eines pflegerischen Beratungs- und Anleitungsprogramms zur Prophylaxe von oraler Mukositis bei der Therapie mit 5-FU-haltigen Chemotherapeutika bei Patienten mit soliden Tumoren. Dissertation. Vallendar: Philosophisch-Theologische Hochschule Vallendar. https://kidoks.bsz-bw.de/files/231/Koenig_Endfassung_28052014.pdf. Zugegriffen am 30.11.2021.

Lindemann, G. (2002). *Die Grenzen des Sozialen: zur sozio-technischen Konstruktion von Leben und Tod in der Intensivmedizin*. Fink.

Lindemann, G., Fritz-Hoffmann, C., Matsuzaki, H., & Barth, J. (2020). Zwischen Technikentwicklung und Techniknutzung. In B. Gransche & A. Manzeschke (Hrsg.), *Das geteilte Ganze*. Springer VS. https://doi.org/10.1007/978-3-658-26342-3_7

McKeown, J., Clarke, A., Ingleton, C., & Repper, J. (2009). Actively involving people with dementia in qualitative research. *Journal of Clinical Nursing, 19*, 1935–1943.

Motzek, T., Büter, K., Marquardt, D. (2015). Auswirkungen gestalterischer Interventionen auf Menschen mit kognitiven Einschränkungen im Akutkrankenhaus: Studienprotokoll. Das Gesundheitswesen 77 – A386.

Motzek, T., Büter, K., Mächler, K., Junge, M., & Marquardt, G. (2017). Orientierungsschwierigkeiten, behaviorale und psychiatrische Symptome bei Patienten mit kognitiven Einschränkungen im Krankenhaus. *HeilberufeScience, 8*, 46–51.

Pfeil, J., Ziegler, S., Moeller-Bruker, C., & Klie, T. (2020). Lessons learnedIEthische Evaluation von Technik in der Pflege von Personen mit kognitiver Beeinträchtigung. *Pflegerecht, 9*, 222–227.

Richards, H. M., & Schwartz, L. J. (2002). Ethics of qualitative research: are there special issues for health services research? *Family Practice, 19*, 135–139.

Riedel, A., Linde, A.-C. (2016). Herausforderndes Verhalten bei Demenz als wiederkehrender Anlass ethischer Reflexion im Krankenhaus. *Internationale Zeitschrift für Philosophie Psychosomatik, 14*, o.S.

Sankary, L. R., & Ford, P. J. (2019). Ongoing consent in situations of cognitive vulnerability. Special considerations in implanted neural device trials. In M. A. Cascio & E. Racine (Hrsg.), *Research involving participants with cognitive disability and differences ethics, autonomy, inclusion, and innovation* (S. 3–14). Oxford University Press.

Schirmer, D. (2009). *Empirische Methoden der Sozialforschung*. Wilhelm Fink.

Schuchter, P., & Heller, A. (2016). Von der klinischen zur politischen Ethik. Sorge – und Organisationsethik empirisch. In F. Großschädl & J. Platzer (Hrsg.), *Entscheidungen am Lebensende. Medizinethische und empirische Forschung im Dialog* (S. 141–161). Nomos.

Schuchter, P., Krobath, T., Heller, A., & Schmidt, T. (2021). Organisationsethik. *Ethik Med, 33*, 243–256. https://doi.org/10.1007/s00481-020-00600-3

The International Council for Harmonisation of Technical Requirements for Pharmaceuticals for Human Use (ICH). (2016). Integrated addendum to ICH E6(R1): Guideline for good clinical practice ICH E6(R2). https://database.ich.org/sites/default/files/E6_R2_Addendum.pdf. Zugegriffen am 20.11.2021.

Unger, H. v., & Simon, D. (2016). Ethikkommissionen in den Sozialwissenschaften – Historische Entwicklungen und Internationale Kontroversen. In RatSWD Working Paper Series, 253. Rat für Sozial- und Wirtschaftsdaten (RatSWD). https://doi.org/10.17620/02671.23

Van den Daele, W., & Müller-Salomon, H. (1999). *Die Kontrolle der Forschung am Menschen durch Ethik-Kommissionen*. Ferdinand-Enke-Verlag.

Vijayananthan, A., & Nawawi, O. (2008). The importance of good clinical practice guidelines and its role in clinical trials. *Biomedical Imaging and Intervention Journal, 4*, e5.

WMA. (2013): *WMA Deklaration von Helsinki – Ethische Grundsätze für die medizinische Forschung am Menschen*. World Medical Association, bereitgestellt durch Bundesärztekammer. https://www.bundesaerztekammer.de/fileadmin/user_upload/downloads/pdf-Ordner/International/Deklaration_von_Helsinki_2013_20190905.pdf. Zugegriffen am 5.12.2021.

Ziegler, S., Treffurth, T., & Bleses, H. M. (2015). Entsprechen dem mutmaßlichen Willen? Ethische Anforderungen bei der Einbindung von vulnerablen Personen (am Beispiel von Personen mit Demenz) in wissenschaftlichen Projekten zur Beforschung emotionsorientierter Pflege und Betreuung mit robotischen Assistenzsystemen. *Pflege und Gesellschaft, 20*, 37–52.

Isabel Schön Isabel Schön ist wissenschaftliche Mitarbeiterin bei AGP Sozialforschung und forscht dort zu ethischen und sozialen Aspekten des Technikeinsatzes in der Aktutpflege sowie zu Sorgearrangements in der häuslichen Pflege. Sie studierte Soziologie und Sprachwissenschaft des Deutschen an der Albert-Ludwigs-Universität Freiburg.

Johanna Pfeil Johanna Pfeil ist seit 2018 wissenschaftliche Mitarbeiterin bei AGP Sozialforschung, wo ihre Arbeitsschwerpunkte in qualitativen Forschungsmethoden sowie in der Auseinandersetzung mit ethischen und sozialen Implikationen des Technikeinsatzes in der Pflege liegen. Sie studierte Soziologie und Betriebswirtschaftslehre an der Albert-Ludwigs-Universität Freiburg.

Christine Moeller-Bruker Dr. phil. Christine Moeller-Bruker war bis Januar 2022 Geschäftsführerin bei AGP Sozialforschung Ihre Arbeits- und Forschungsschwerpunkte liegen im Themenfeld Palliative Care, in der Reflexion ethischer und sozialer Implikationen des Technikeinsatzes in der Pflege sowie in Fragen zur Teilhabe bei Behinderung. Christine Moeller-Bruker hat Soziale Arbeit in Freiburg und La Paz/Bolivien studiert und in Wien promoviert.

Sven Ziegler Sven Ziegler ist Projektkoordinator im Pflegepraxiszentrum Freiburg am Universitätsklinikum Freiburg. Sein Forschungs- und Arbeitsschwerpunkt liegt im Einsatz neuer Technologien in der Pflege. Er ist examinierter Krankenpfleger und hat Pflegemanagement an der Hochschule Fulda sowie Public Health an der Universität Bielefeld studiert.

Thomas Klie Prof. Dr. Thomas Klie war bis 2021 Rechts- und Verwaltungswissenschaftler an der Evangelischen Hochschule Freiburg und ist seitdem Gastprofessor an der Universität Graz. Er leitet das Institut AGP Sozialforschung sowie das Zentrum für zivilgesellschaftliche Entwicklung in Freiburg und Berlin. Er arbeitet als Rechtsanwalt, ist seit Jahrzehnten als Sozialexperte mit der deutschen Gesundheits- und Pflegepolitik beschäftigt und in der Politikberatung tätig.

Orte und Zeit für ethische Reflexionen im Pflegealltag und die Möglichkeit von FreTiP

Elena Loevskaya, Katrin Grüber und Tobias Kley

Zusammenfassung

Im Pflegealltag von Pflegeeinrichtungen oder Krankenhäusern tauchen immer wieder ethische Fragestellungen auf. Sie sind allerdings oft schwierig zu identifizieren und zu explizieren. Außerdem bietet die tägliche Praxis in der Regel kaum Zeit und Raum für ethische Reflexion. Der Bedarf dafür ist allerdings da, insbesondere, weil die fortschreitende Digitalisierung und Technisierung zu prinzipiell neuen Situationen führen kann; für Pflegende, zu Pflegende und mitunter Angehörige.

Genau hier setzt FreTiP (Fragen zur ethischen Reflexion von digitalen Technologien in der Pflegepraxis) an. Es wurde vom Institut Mensch, Ethik und Wissenschaft im Rahmen des Projektes Pflegepraxiszentrum (PPZ) Berlin entwickelt, das vom Bundesministerium für Bildung und Forschung (BMBF) gefördert wird.

Das Instrument soll dabei unterstützen, eine strukturierte Reflexion über ethische und andere Aspekte bezüglich Pflege und Technik in den Pflegealltag zu integrieren.

E. Loevskaya (✉) · K. Grüber
Institut Mensch, Ethik und Wissenschaft gGmbH, Berlin, Deutschland
E-Mail: loevskaya@imew.de; grueber@imew.de

T. Kley
Evangelisches Johannesstift Altenhilfe gGmbH, Berlin, Deutschland
E-Mail: tobias.kley@jsd.de

T. Krick et al. (Hrsg.), *Pflegeinnovationen in der Praxis*,
https://doi.org/10.1007/978-3-658-39302-1_18

18.1 Einleitung

In den letzten Jahren ist das Bewusstsein dafür gewachsen, dass ethische Reflexion nicht nur medizinisches Handeln betrifft und Aufgabe des medizinischen Personals ist, sondern auch pflegerisches Handeln berührt, sodass die Reflexion zu den Aufgaben der Pflegenden gehört und als Bestandteil der professionellen Pflege angesehen wird (Fölsch, 2021; Barandun Schäfer et al., 2015; Staudhammer, 2018b). Das Handeln und Entscheidungen der in der professionellen Pflege tätigen Personen sollen sich nach berufsethischen Grundsätzen ausrichten. Sie sind in konkreten Situationen durch individuelle moralische Überzeugungen und Wertvorstellungen geprägt (Fölsch, 2021, S. 237 f.; Riedel & Linde, 2018, S. 84).

Der Bedarf an ethischer Reflexion bei den in der Pflege tätigen Personen wächst stetig, weil es „aufgrund situativ divergierender moralischer und fachlicher Bewertungen – wiederholt [zu] Handlungs- und Entscheidungsunsicherheiten" (Kohlen et al., 2019, S. 285) kommt. Kohlen et al. (2019) fassen dies folgendermaßen zusammen:

> In der Konsequenz bedeutet das, dass jede Entscheidung im Rahmen professioneller Pflege, d. h. auch in der Gesundheitsförderung und Prävention wie auch in der Begleitung am Lebensende, bewusst und verantwortungsvoll einem ethischen Abwägungs-, Reflexions- und Begründungsprozess zu unterziehen ist. (S. 285)

Die zunehmende Digitalisierung und Techniknutzung in Krankenhäusern und Pflegeeinrichtungen bringt neue ethische Herausforderungen mit sich, weil durch den Einsatz der Technik neue Fragestellungen auftreten (Jannes & Woopen, 2019). Dies erhöht den Bedarf an strukturierterer ethischer Auseinandersetzung. Hierbei ist es für Pflegende wichtig, nicht auf Konflikte zu warten, sondern insbesondere dann in Entscheidungsprozesse über die Techniknutzung einbezogen zu werden, wenn sie die Technik nutzen werden. Schließlich werden die technischen Anwendungen mit großer Wahrscheinlichkeit auf ihre Arbeitsabläufe Einfluss nehmen und diese gegebenenfalls dauerhaft verändern. Also ist es sinnvoll, dass die Pflegenden an jeder Phase der Technikimplementierung in Entscheidungen mit einbezogen werden und Gestaltungsmöglichkeiten haben. In folgendem Interviewzitat werden die Vorteile der Partizipation aus Sicht von Pflegenden beschrieben:

> *Nicht, dass neue Sachen eingeführt werden, die auf höherer Ebene entschieden werden, sondern wirklich mit denen [gemeinsam entschieden wird], die an der Basis mit diesem Material, mit dieser Technologie, zusammenarbeiten müssen. Es ist gut, dass man diesbezüglich die Pflege mit einbezieht, weil die müssen damit arbeiten und zurechtkommen.*[1]

Es ist aber offen, welche Möglichkeiten Pflegende haben, ihre ethischen Kompetenzen zu erweitern, um ethisch reflektierte Entscheidungen treffen zu können, wann, wo und wie Pflegende „ihr intuitives moralisches Verständnis" (Fölsch, 2021, S. 237) erfassen, reflek-

---

[1] Hier und weiter werden, falls nichts weiter angegeben, Zitate aus Gruppendiskussionen im Rahmen der FreTiP-Testung im Theodor-Fliedner-Haus Berlin verwendet.

tieren und begründen können und wie Pflegende bei Entscheidungs- und Gestaltungsprozessen mitgestalten beziehungsweise mitentscheiden können.

18.1.1 Ethische Reflexionsprozesse

Strukturierte ethische Reflexionsprozesse sind in der Pflegepraxis nicht selbstverständlich und nur selten ein fester Bestandteil der Institutionskultur (Schütze, 2011). Sie finden nur dann statt, wenn sie in bestimmten Situationen objektiv notwendig beziehungsweise erforderlich sind oder subjektiv notwendig erscheinen. Objektiv notwendige Situationen sind weittragende ethische Konflikte, bei denen ein Ethikkomitee eingeschaltet wird, um eine Lösung zu finden. Eine ethische Auseinandersetzung kann auch durch den Anstoß von außen erforderlich sein (zum Beispiel durch ethische Begleitforschung im Rahmen eines Forschungsprojektes). Es treten auch Situationen auf, in denen (mindestens) eine Person innerhalb einer Organisation den Bedarf an einer strukturierten ethischen Reflexion sieht, beispielsweise dann, wenn es zu ethischen Konflikten kommt, in denen verschiedene Werte und Perspektiven aufeinandertreffen oder in denen die institutionellen Rahmenbedingungen, in denen Pflegende eingebunden sind, mit ihren Vorstellungen einer guten Pflege nicht übereinstimmen (Riedel & Linde, 2018, S. 32).

Strukturierte ethische Reflexionsprozesse sollen es unter anderem den Beteiligten ermöglichen, auch schwer identifizierbare ethische Aspekte beziehungsweise Fragestellungen zu erkennen und zu benennen. Sie sind dann schwer identifizierbar, wenn sie selbstverständlich scheinen oder mit anderen Aspekten, wie zum Beispiel dem Nutzen einer Technologie, rechtlichen Schranken, Effizienz etc., verwoben sind (Grüber & Loevskaya, 2020a; Grüber & Loevskaya, 2020b).

18.1.2 Ethische Kompetenz

Die ethische Kompetenz der professionell Pflegenden ist durch mehrere Aspekte gekennzeichnet. Hierzu gehören das normativ-ethische Basiswissen der Wertorientierung sowie dessen Transfer in die Pflegepraxis. Weitere Aspekte sind die Fähigkeit, ethisch herausfordernde Situationen zu erkennen, zu analysieren und zu reflektieren, Diskussions- und Urteilsfähigkeit, Bereitschaft zu Konfliktbearbeitung und Kompromissfindung sowie Verantwortungsbewusstheit (Riedel und Linde, S. 84).

18.1.3 FreTiP

Im Rahmen des Projektes Pflegepraxiszentrum Berlin für digitale geriatrische Assistenz (PPZ Berlin) entwickelt das Institut Mensch, Ethik und Wissenschaft (IMEW) das Instrument für eine strukturierte ethische Reflexion „Fragen zur ethischen Reflexion von digitalen Technologien in der Pflegepraxis" (FreTiP). Es wird in einer engen Zusammenarbeit mit der Praxis entwickelt. Drei Vektoren unserer Arbeit stellen die Entwicklungsgrundlage von FreTiP dar: Zum einen haben wir eine umfassende Literaturstudie durchgeführt, derer Fokus insbesondere auf Erfahrungen und Daten aus der Praxis lag. Zum anderen haben wir unsere eigenen empirischen Untersuchungen durchgeführt: Dies waren teilnehmende und nicht teilnehmende Beobachtungen in allen drei Settings, Interviews mit Projektpartnern sowie Gruppendiskussionen mit den praktisch tätigen Pflegenden. Schließlich ist die Entwicklung von FreTiP eng an seine Testung im praktischen Umfeld geknüpft: Die Ergebnisse der Testungen fließen unmittelbar in seine Modifikation und Weiterentwicklung ein.

Das Instrument soll in der Praxis, das heißt in Kliniken, Pflegeeinrichtungen und im häuslichen Kontext, dabei unterstützen, ethische Reflexionsprozesse über die Nutzung von technischen Anwendungen möglichst nah am Pflegealltag zu ermöglichen. Das Instrument zielt im Besonderen darauf ab, durch eine umfassende Situations- und praxisorientierte Reflexion eine Entscheidungshilfe für konkrete Alltagssituationen zu bieten. Durch die Vermittlung von Grundlagen der Ethik (theoretisch-ethischen Inhalten) eignet sich FreTiP jedoch ebenso dazu, die ethischen Kompetenzen der Beteiligten zu steigern und sie zu einer argumentativ begründeten Entscheidungsfindung zu befähigen.

Bevor wir das Instrument vorstellen, werden die Möglichkeiten ethischer Reflexion in Bezug auf Orte und Zeit im Pflegealltag erläutert. Wir beantworten damit folgende Frage: Wie lässt sich der Pflegealltag in Bezug auf Orte und Zeit für ethische Reflexion beschreiben und was kann FreTiP dabei leisten?

18.2   Orte für ethische Reflexion in der Pflegepraxis

Ethische Reflexion im pflegerischen Alltag, sei es in der Akut- oder Langzeitpflege, findet im Wesentlichen auf zwei unterschiedlichen Ebenen statt. Auf der Ebene der Organisation agieren Ethikgremien, zum Beispiel hauseigene oder externe Ethikkomitees, die in der Regel nach einer bestimmten Vorgehensweise arbeiten. Die andere, individuelle beziehungsweise interpersonelle Ebene betrifft ethische Überlegungen, die entweder individuell stattfinden oder zwischen Pflegenden am Arbeitsplatz und im Pflegealltag ausgetauscht werden.

18.2.1 Die Ebene der Organisation

Auf der Organisationsebene gewinnt die Rolle der ethischen Reflexion in der Pflegepraxis zunehmend an Bedeutung. Dies zeigt sich an der gestiegenen Anzahl unterschiedlicher Strukturen für ethische Reflexionen im Gesundheitswesen: Neben den bereits fest etablierten klinischen Ethikkomitees (KEK) und Ethikkomitees für die stationäre Altenhilfe (EKA) haben auch palliative Versorgungsstrukturen entsprechende Angebote (Alt-Epping, 2021; Sauer et al., 2012). Hinzu kommen Ethik-Arbeitsgruppen, Ethik-Konsile, ethische

Gesprächskreise und Ethik-Cafés (Alt-Epping, 2021) sowie Netzwerke für den ambulanten Bereich (Sauer et al., 2012). In besonders herausfordernden Situationen wird das Angebot der ethischen Fallbesprechung in Anspruch genommen (Alt-Epping, 2021).

Ethikkomitees sind als Orte für ethische Reflexion gedacht: „Die Kernaufgabe Klinischer Ethik besteht darin, in einem Krankenhaus die Möglichkeiten für einen qualifizierten Austausch über Moral in den alltäglichen Handlungen und Entscheidungen mitzugestalten" (Woellert, 2019, S. 739). KEKs und EKAs haben drei unterschiedliche Aufgabenkomplexe: ethische Beratung, Schulung und Entwicklung von institutionsbezogenen Handlungsleitlinien (Woellert, 2019, S. 739).

Kohlen (2019) kritisiert, dass die Mitglieder der klinischen Ethikkomitees oft zu weit von der Praxis entfernt seien:

> Ein problematischer Aspekt ist, dass die Pflege in den KEKs vor allem durch die Pflege in leitenden Positionen (Pflegemanagement) vertreten ist und weniger durch die Pflegenden, die ihre Arbeit in Patientennähe leisten (Pflegepraxis). Die im Management tätigen Pflegekräfte mögen zusätzliche Sichtweisen in die Diskussionen einbringen, aber es besteht die Gefahr, dass die Perspektive der Pflegenden verloren geht, wenn sie in den KEKs nicht adäquat repräsentiert sind. Da Pflegedienstleister keinen unmittelbaren Kontakt mit den Patient*innen haben und nur über schriftlich festgehaltenes Fallwissen, jedoch nicht über Patient*innen- und Personenwissen verfügen, ist die Chance gering, dass Patienten- und Personenwissen zur Geltung kommt. (S. 337)

Befragungen im Rahmen des PPZ-Projektes zeigen verschiedene Wirkungen der Ethikkomitees von Pflegeeinrichtungen. Einerseits werden sie in konkreten Situationen um Rat gefragt und geben Hilfestellungen. Sie wirken aber auch indirekt als „moralische Instanz", indem ihre Haltung antizipiert wird. „Ich würde nie eine Kamera befürworten. Allein vom Ethikkomitee würde so etwas nie bewilligt werden."

An anderer Stelle wird betont, das Ethikkomitee könne nicht alle Bedürfnisse nach ethischer Auseinandersetzung abdecken. So seien Zeitmangel der Pflegenden und die Forderung der/des Patientin/-en nach Aufmerksamkeit zwar ein ethisches Problem. Das Ethikkomitee sei allerdings nicht gefragt worden „…, weil Ethikkomitee kann keine Antwort geben: Was soll ich machen, wenn ich keine Zeit habe?" Es erscheint aber auch nicht in allen Fällen notwendig, das Ethikkomitee einzuschalten: „… wir gehen nicht immer gleich zum Ethikkomitee, ne, man versucht es ja erstmal so intern auch mal zu klären und zu fragen, wie sieht der andere das? Und da kommen meistens dann ja auch schon gute Lösungen bei raus."

18.2.2 Die ethische Reflexion auf der individuellen beziehungsweise interpersonellen Ebene

Die individuelle sowie interpersonelle ethische Reflexion wurde ebenfalls im Rahmen unserer Arbeit von professionell Pflegenden thematisiert und deren Bedeutung hervorgehoben. Der kollegiale Austausch am Arbeitsplatz sowie die individuellen Überlegungen und Überzeugungen stellen eine wichtige Ebene der ethischen Reflexion dar, da die Pflegenden täglich mit Situationen konfrontiert werden, die zum Teil eine sofortige Entscheidungsfindung benötigen und somit herausfordernd für die Pflegeperson sein können.

Auf dieser Ebene der ethischen Reflexion befindet sich der Raum für Fragen, Formulierung beziehungsweise Anwendung der Handlungsmaximen, Hilfestellung bei situationsbezogenen Entscheidungen sowie retrospektive Reflexion zum Teil außerhalb des Berufsalltags.

- Raum für Fragen: Pflegende erkennen einmalige und wiederkehrende ethisch problematische beziehungsweise konfligierende Situationen und bringen diese im Rahmen des kollegialen Austausches unmittelbar am Arbeitsplatz zur Sprache: „Wie kann ich dem denn trotzdem die Aufmerksamkeit geben, obwohl ich eigentlich jetzt nicht kann?"
- Formulierung und Anwendung der Handlungsmaximen: Pflegende entwickeln und tauschen ihre grundsätzliche beziehungsweise übergeordnete berufsethische Einstellung aus, die als Prinzip formuliert wird und als Handlungsmaxime fungiert: „… Ich pflege so, wie ich auch gepflegt werden möchte."
- Hilfestellung bei situationsbezogenen Entscheidungen: Durch die individuelle und interpersonelle ethische Reflexion wird eine Entscheidung bezüglich einer als ethisch herausfordernd erkannten Situation getroffen: „Dann stelle ich halt alles andere, was so an Dokumentation ist oder so, eher nach hinten, damit derjenige dann die Aufmerksamkeit von mir bekommt."
- Retrospektive Reflexion: Pflegende reflektieren und analysieren ihre Handlungen rückblickend, auch außerhalb der Arbeitszeit und ziehen daraus Konsequenzen: „Aber dann denkt man sich dann doch nochmal so zurück und lässt ja den Dienst Revue passieren und denkt sich, da wärst du gern nochmal hingegangen, oder da wird nochmal eine Wunschäußerung getätigt …, [auf] die man dann doch vielleicht nach Dienstschluss eingeht …"

18.3   Zeit für ethische Reflexion im Pflegealltag

Der Faktor Zeit beeinflusst die Bereitschaft, strukturierte ethische Reflexion in den Pflegealltag mit seinen vielfältigen Frage- und Aufgabenstellungen zu integrieren. Der Zeitmangel der Pflegenden als Folge knapper Personalressourcen in der Akut- als auch der Langzeitpflege stellt eine erhebliche Hürde dar (Staudhammer, 2018a). Hinzu kommt, dass die pflegerischen Abläufe sehr eng getaktet sind und wenig Gestaltungsflexibilität lassen. Dies wirft die Fragen auf, wann die ethische Reflexion stattfinden soll beziehungsweise kann und wie ihr gegenüber den anderen Aufgaben eine ausreichend hohe Priorität eingeräumt wird, dass sie sie in den Pflegealltag mit seinen vielfältigen Frage- und Aufgabenstellungen integriert wird.

Insbesondere vor diesem Hintergrund wird deutlich, dass die Organisation von und Teilnahme an einem strukturierten Verfahren zu ethisch relevanten Entscheidungsfindungen Motivation und gewisse Leistungsfähigkeit erfordert. Dies gilt umso mehr, wenn die ethische Reflexion zwar als genuiner Teil der pflegerischen Tätigkeit beansprucht wird, in der Praxis jedoch immer wieder als zusätzliche, aber nicht prioritäre Aufgabe erscheint (Kohlen et al., 2019).

Dabei kann eine rechtzeitige Auseinandersetzung mit ethischen Fragestellungen nicht nur Zeit in Anspruch nehmen, die in einer konkreten Situation an anderer Stelle fehlt. Längerfristig kann auch Zeit gespart werden: Zum Beispiel steigert strukturierte ethische Reflexion ethische Kompetenzen der Beteiligten, was letzten Endes dazu führt, dass ethische Herausforderungen früher erkannt und effektiver gemeistert werden können:

> Nach außen wird … eher der Zeitaspekt einer Fallbesprechung als Hürde genannt, wenngleich klar sein dürfte, dass ein ungeklärter Dissens bzw. Konflikt möglicherweise deutlich mehr Zeit in Anspruch nimmt als eine moderierte Fallbesprechung. (Alt-Epping, 2021, S. 146)

18.4   Zwischenfazit

Die individuelle Reflexion beziehungsweise ein kollegialer Austausch am Arbeitsplatz findet parallel zur beziehungsweise während der unmittelbaren Arbeit statt, ist also ein Teil des Pflegealltags. Hingegen finden strukturierte ethische Reflexionen eher außerhalb des Pflegealltags statt. Orte dafür sind bisher unter anderem KEKs oder EKAs sowie externe ethische Beratungsangebote. Die Formate für ethische Reflexionsprozesse sind für unterschiedliche Situationen geeignet. Es gibt keine allein „richtige" Art der Reflexion.

Wir gehen allerdings davon aus, dass der Bedarf der Pflegenden nach ethischer Reflexion nicht immer gedeckt wird. Dies gilt insbesondere dann, wenn es sich nicht um ethische Konfliktsituationen handelt, sondern es darum geht, das eigene Handeln auf der Grundlage der jeweils relevanten normativen Anforderungen, seien es die berufsständischen oder die der Organisation, zu reflektieren und Situationen zu antizipieren. Dies gilt umso mehr in Bezug auf die Einführung digitaler Anwendungen, da deren Nutzung neue ethische Herausforderungen mit sich bringen kann. Dies betrifft sowohl das berufliche Selbstverständnis der Pflegenden als auch das Wohlergehen der Zu-Pflegenden. Dies gilt insbesondere dann, wenn es um solche Technologien geht, die die Aufgaben der Pflegenden (teilweise) übernehmen: „Hier stellt sich erneut die Frage, inwieweit der menschliche Kontakt und somit eine Verschlechterung der Lebensqualität mit einer Reduktion der menschlichen Pflege einhergeht" (Jannes & Woopen, 2019).

Hier kann es sinnvoll sein, eine Brücke zwischen dem Reflexionsprozess und dessen Ergebnis (zum Beispiel Entscheidung) zu bauen, um diesen Prozess argumentativ zu untermalen und unterschiedliche Perspektiven sowie getroffene Entscheidung für alle Beteiligten nachvollziehbar und artikulierbar zu machen:

> Jeder hat einen anderen Blick auf die Sache. Zusammenzukommen und sich jeden Blickwinkel anzuhören, ist sehr spannend und soll helfen, die Technik angepasster zu machen, damit wirklich viele Belange damit abgedeckt werden können.

Um diese Ziele zu erreichen, braucht es die ergänzende Möglichkeit zu ethischer Reflexion auf einer Zwischenebene. Gemeint ist damit ein Ort, der in Verbindung zum Pflegealltag steht, aber ein anderes Setting hat und der weniger formal ist als die Ethikgremien. Das Instrument FreTiP setzt da an, wo es weder genügt, sich „privat" auszutauschen, noch notwendig ist, Gremien wie das KEK oder EKA anzurufen, damit sie in Bezug auf Entscheidungen in konkreten Situationen beraten oder Leitlinien erstellen. Insbesondere ermöglicht es die Beteiligung von Pflegenden aus der Praxis, die bisher in Ethikkomitees vermisst wird.

18.5 Unser Vorschlag: FreTiP

18.5.1 Andere Instrumente für ethische Reflexion

Die Idee, ein partizipatives Instrument sowohl zur proaktiven als auch zur evaluativen ethischen Reflexion in Bezug auf Mensch-Technik-Interaktion im Kontext des Gesundheitswesens zu entwickeln, ist selbstverständlich nicht neu. Bereits Ende des letzten Jahrhunderts haben die Forschenden der interdisziplinären Forschungsgruppe Sentha (Seniorengerechte Technik im häuslichen Alltag) die Entwicklung einer Methode zur Konzeption von altersgerechter Technik begonnen, die 2003 fertiggestellt wurde. Inzwischen gibt es verschiedene Instrumente für ethische Reflexionsprozesse über die Anwendung von digitalen Technologien, wobei MEESTAR (Modell zur ethischen Evaluierung soziotechnischer Arrangements) wohl das bekannteste ist.[2] Die Instrumente unterscheiden sich in Bezug auf Zielsetzungen, Beteiligte, zeitlicher und inhaltlicher Aufwand, Zielgruppe und Umfeld der Techniknutzung, Methoden, Phase der Techniknutzung beziehungsweise -entwicklung, die zugrunde liegenden ethischen Konzeptionen etc. Sie sind unterschiedlich anspruchs- und voraussetzungsvoll.

Angesichts der Vielfalt mag es auf den ersten Blick als überflüssig erscheinen, ein weiteres Instrument zu entwickeln. Infolge der Literaturstudie zu den bestehenden Instrumenten sowie Bedarfsanalysen in Bezug auf ethische Reflexion im Pflegealltag durch empirische Untersuchungen haben wir bestimmte Ansprüche an das Instrument formuliert, bei denen wir davon ausgehen, dass die anderen Instrumente sie nicht in ausreichendem Maße erfüllen. FreTiP hingegen soll insbesondere möglichst niedrigschwellig und flexibel angewandt werden können. Dies betrifft sowohl den (zeitlichen) Aufwand als auch die Inhalte, die an die jeweiligen Bedarfe in Bezug auf verschiedene Phasen (Technikimplementierung und -nutzung) angepasst werden können.

Im Folgenden wird das Instrument vorgestellt.

---

[2] Darüber hinaus gibt es eine große Anzahl an verschiedenen Instrumenten für ethische Reflexion im Gesundheitswesen ohne Bezug zur Technik (vgl. Grüber & Loevskaya, 2020a).

18.5.2 FreTiP: Allgemeine Beschreibung

FreTiP ist ein Instrument, das die strukturierte ethische Reflexion über Pflege und Technik im Pflegepraxisalltag ermöglichen und unterstützen sowie eine durchdachte und wohl begründete Entscheidungsfindung fördern soll. FreTiP besteht im Wesentlichen aus Fragen und beinhaltet neben genuin (technik-)ethischen Aspekten auch andere Kategorien, die ethische Beurteilung beeinflussen können. Dies sind beispielsweise Fragen zu (institutionellen) Rahmenbedingungen, Zweck und Vorteilen der Technologie sowie Fragen zu technischer Sicherheit. Eine besondere Berücksichtigung finden Perspektiven und Interessen von verschiedenen Akteurinnen und Akteuren, das heißt von Pflegenden, Zu-Pflegenden und Angehörigen, wenn diese nicht identisch sind und daraus resultierende mögliche Interessenkonflikte bei einer Entscheidungsfindung abgewogen werden sollen. Auch die individuelle Haltung zu ethischen Fragen sowie die institutionelle Kultur wird bei FreTiP expliziert, da dieses Themenfeld bei der ethischen Urteilsfindung meist implizit ist und nicht bewusst eine Rolle spielt.

Anhand von FreTiP wird eine (intern) moderierte Gruppendiskussion vorbereitet und durchgeführt, deren Ergebnis (bei entsprechender Zielsetzung) eine begründete Entscheidung darstellt, die auch für diejenigen, die nicht beteiligt waren, nachvollziehbar wird.

Diese Entscheidung kann sowohl ein „Ja" oder „Nein" als auch ein „Wie" der Nutzung einer bestimmten technischen Anwendung darstellen. Es kann verhandelt werden, ob unter Berücksichtigung ethischer und anderer Gesichtspunkte eine Technologie eingeführt werden soll, wie sie in bestehende Prozesse eingebunden werden soll, oder wie Prozesse verändert werden sollen. Die Zielsetzung einer Diskussion muss jedoch nicht unbedingt mit einer Entscheidungsfindung verknüpft werden: Anhand von FreTiP kann beispielsweise diskutiert werden, in welchen Situationen beziehungsweise für welche Personengruppe eine Anwendung sinnvoll ist.

Zu dem Zeitpunkt der Verfassung dieses Artikels befindet sich FreTiP in der ersten Testungsphase, deren Zweck ist, die Effektivität von FreTiP zu beurteilen. Das IMEW führt Gruppendiskussionen zu den, im Rahmen des Projektes getesteten, Technologien mit den Pflegepersonen auf der Grundlage von FreTiP durch und evaluiert deren Ergebnisse. Die zweite Testungsphase sieht vor, dass die Vorbereitung und Durchführung der Diskussion durch Teilnehmende eigenständig übernommen werden. Dadurch wird die Praktikabilität in Bezug auf Niedrigschwelligkeit sowie Aufwand evaluiert.

18.5.2.1 Anforderungen an FreTiP und seine Aufgaben
FreTiP soll folgende Anforderungen erfüllen
Praxisorientiert und -basiert
Das wohl bekannte Problem der Übertragung der theoretischen Kenntnisse auf die Praxis betrifft auch die Anwendung angelernter ethischer Kompetenzen (Woellert, 2019). FreTiP richtet sich an die Praxis, das heißt es wird so praxisorientiert gestaltet, dass es möglichst gut in der Praxis genutzt werden kann. Die Entwicklung erfolgt *praxisbasiert,* weil Bedarfe und Erfahrungen aus der Praxis zugrunde gelegt werden. Dazu haben wir von An-

fang an nicht nur empirische Daten aus der Praxis gesammelt, sondern auch selbst empirische Untersuchungen durchgeführt (siehe unten). Des Weiteren wird FreTiP in verschiedenen Phasen seiner Entwicklung in der Praxis getestet und durch die in der Praxis tätigen Pflegenden evaluiert.

Bottom-up
FreTiP wurde so gestaltet, dass diejenigen Personen, die unmittelbar mit pflegebedürftigen Menschen arbeiten, befähigt und bestärkt werden, strukturiert ethisch zu reflektieren und für die Ergebnisse begründet zu argumentieren.

Niedrigschwellig
Der letztgenannte Anspruch ist nur dann erfüllbar, wenn die Nutzung des Instrumentes für alle interessierten Personen zugänglich und ohne Vorkenntnisse möglich ist. FreTiP verzichtet auf komplexe Konzeptionen, ethische Fachtermini und umfassende theoretische Erläuterungen. Auch für die Vorbereitung und Durchführung einer Diskussion müssen keine speziellen Kenntnisse vorliegen.

Ohne externe Unterstützung/Schulung anwendbar
FreTiP stellt alle notwendigen Tools zur Verfügung, um es selbstständig vorbereiten und anwenden zu können.

Flexibel in Bezug auf Inhalt und Aufwand
FreTiP berücksichtigt eine Vielfalt an möglichen Aspekten sowohl der Technologien als auch des Settings oder der Situation. Verschiedene Fragenkomplexe und Themenbereiche innerhalb dessen sind nicht aufeinander aufgebaut, was ermöglicht, nur diejenigen zu bearbeitenden Fragen für die Diskussion auszuwählen, die für die entsprechende technische Anwendung sowie Zielsetzung der Diskussion wirklich relevant sind.

Attraktiv
Wie bereits erwähnt, ist das Interesse an Ethik im Pflegeberuf insgesamt vorhanden. Ein weiterer Anspruch an FreTiP ist, diesem Interesse seitens der Pflegenden gerecht zu werden und diesen zu ermöglichen, strukturierte ethische Reflexion einerseits kompetent und produktiv und anderseits flexibel und lebendig zu gestalten.

FreTiP hat folgende Aufgaben
Evaluation der Anwendung in der Pflegepraxis
Anhand von FreTiP kann eine technische Anwendung, die sich bereits in der Nutzung befindet, aus ethischer Perspektive analysiert werden. Anhand dieser Analyse kann festgestellt werden, ob eine neue Entscheidung über die Nutzung dieser Technologie oder über die Art und Weise der Nutzung getroffen werden muss. Diese Situation kann sich beispielsweise dann ergeben, wenn eine Person (oder auch mehrere Personen) ethisch problematische Aspekte der Techniknutzung vermutet, diese aber nicht genau erkennen beziehungsweise nicht artikulieren kann.

Entscheidungen über Anschaffung beziehungsweise Anwendung in der Pflegepraxis
FreTiP kann eingesetzt werden, wenn in einer Klinik, in einer stationären Pflegeeinrichtung oder in einer ambulanten Betreuungssituation entschieden werden soll, ob eine digitale Anwendung angeschafft und eingeführt werden soll.

Gestaltungsmöglichkeiten von digitalen Lösungen in der Pflegepraxis
Sowohl in Bezug auf eine bestimmte Anwendung als auch die Technologie insgesamt spielt für die ethische Beurteilung nicht nur die Art dieser Technologie, sondern die Art der Nutzung eine Rolle. Mit FreTiP kann beispielsweise besprochen werden, in welchen Situationen, in welchem Umfang, bei welcher Person etc. die Nutzung einer konkreten technischen Anwendung wünschenswert beziehungsweise ethisch vertretbar ist. Diese Überlegungen sind zu verschiedenen Zeitpunkten relevant, wenn entschieden werden soll, ob beziehungsweise welche Technik eingesetzt werden soll und wenn es anschließend darum geht, wer sie nutzt beziehungsweise an welchen Stellen sie genutzt wird.

Sensibilisierung und Schulung
FreTiP ist außerdem dafür geeignet, die in der Pflege tätigen Personen für Ethik im Zusammenhang mit Technik und Pflege zu sensibilisieren und die Kompetenzen zu ethischer Reflexion zu vermitteln. Zum einen beinhaltet FreTiP Abschnitte, die ethisch-theoretische Inhalte vermitteln, zum anderen werden ethische Werte expliziert und deren Bedeutung durch Beispiele veranschaulicht. Letztlich werden ethische Kompetenzen durch die Anwendung von FreTiP insofern erweitert, dass dadurch Methoden der strukturierten ethischen Reflexion sowie der Übertragung dieser Ergebnisse auf die Entscheidungsfindung angeeignet werden (können).

18.5.2.2 Aufbau und Inhalt von FreTiP
FreTiP stellt eine sowohl inhaltliche als auch methodische Hilfestellung zur ethischen Reflexion dar. Inhaltlich ist FreTiP in unterschiedliche Themenbereiche mit Fragenkomplexen aufgeteilt. **Allgemeine Fragen** bieten eine Möglichkeit zur Reflexion über die gegebenen Rahmenbedingungen der Nutzung einer Technologie und der Selbstreflexion in Bezug auf das Berufsverständnis. Die **Fragen zur Technologie** dienen dazu, Aspekte der konkreten technischen Anwendung wie Zweck, Aufgabe sowie Vor- und Nachteile zu verdeutlichen. Anschließend bieten verschiedene Fragenkomplexe zu **ethischen Werten und Prinzipien** die Möglichkeit, über konkrete ethische Fragestellungen in Bezug auf eine technische Anwendung zu diskutieren. Angebotene Fragen betreffen pflege- und technikethische Begriffe wie Selbstbestimmung, Privatheit, Gerechtigkeit, Teilhabe etc.

Methodische Hilfestellungen bieten eine allgemeine Anleitung zur Nutzung von FreTiP, die unter anderem auch kurze theoretische Abschnitte zu Grundlagen der Ethik beinhaltet und einen „Methodenkoffer", der eine Art Schritt-für-Schritt-Anleitung darstellt. Des Weiteren wird eine Arbeitsvorlage zum Drucken oder Kopieren zur Verfügung gestellt. Sie kann unter anderem dafür eingesetzt werden, eine Entscheidung, die nach dem Reflexionsprozess gefällt wird, strukturiert und detailliert zu begründen.

18.5.3 Möglichkeiten von FreTiP in Bezug auf Orte und Zeit für ethische Reflexion

Die oben beschriebene Ausgangssituation in der Pflegepraxis – bestehendes Interesse an Ethik seitens der Pflegenden und begrenzte Möglichkeiten in Bezug auf Orte und Zeit im Pflegealltag – wurde bei der Entwicklung von FreTiP ebenso berücksichtigt. Es wird angestrebt, dass das Instrument niedrigschwellig, das heißt ohne externe Unterstützung und in jedem Personenkreis, angewandt werden kann. Ein möglichst geringer organisatorischer Aufwand soll Orte für die ethische Reflexion nahe am Pflegealltag schaffen.

FreTiP wurde im Vergleich zu anderen Instrumenten zur ethischen Reflexion als „zeitsparend" konzipiert: Das „Kennenlernen" des Instrumentes und die Aneignung der Methoden mag zwar eine gewisse Zeit in Anspruch nehmen; wir gehen aber davon aus, dass nicht alle das Instrument kennenlernen müssen, sondern dass dies die Aufgabe von wenigen Personen innerhalb der Organisation ist. Auch ist davon auszugehen, dass bei einer Wiederholung der Anwendung die Vorbereitung wesentlich weniger zeitaufwendig verlaufen wird als beim ersten Mal. Besonders entscheidend: Die Durchführung selbst lässt sich auf einen kurzen Zeitabschnitt begrenzen. Entsprechend unserer Erfahrung im Rahmen der Testung von FreTiP ist es auch möglich, eine Gruppendiskussion innerhalb einer Stunde durchzuführen. Dadurch, dass Fragenkomplexe nicht aufeinander aufgebaut sind, können je nach der zur Verfügung stehenden Zeit nur die Fragen beziehungsweise Fragenkomplexe vorgenommen werden, die für die konkrete Situation und Zielsetzung besonders relevant sind. Des Weiteren ist die bereits erwähnte Annahme zu bedenken, dass eine rechtzeitige und strukturierte Auseinandersetzung mit einer ethisch relevanten Situation (in diesem Fall der Nutzung einer bestimmten technischen Anwendung) längerfristig das Konfliktpotenzial verringert und sich dadurch auch auf den Zeitaspekt positiv auswirken kann.

18.6 Fazit

Zusammenfassend ist Folgendes festzuhalten: Der Bedarf an strukturierter ethischer Reflexion unter professionell Pflegenden ist gegeben und steigt stetig. Dies liegt vor allem daran, dass die Rahmenbedingungen, die ihr Handeln prägen, sich erheblich und rasch ändern. Neben den rechtlichen Rahmenbedingungen und organisatorischen Neuregelungen gehören dazu eine stärkere Technisierung und Digitalisierung. Aus diesen Änderungen resultieren immer wieder neue ethisch zu reflektierende Situationen und Handlungsunsicherheiten. Auf der gesellschaftlichen und organisationalen Ebene wird auf diesen Bedarf durch die Erschaffung verschiedener ethik-bezogener Strukturen zwar reagiert, jedoch können diese nicht den ganzen Bedarf nach ethischer Reflexion abdecken. Insgesamt ist in der Praxis zu beobachten, dass diese sehr vielfältigen Angebote immer mehr an Bedeutung gewinnen. Die zunehmende Nutzung der Technik in der Pflege steigert den Bedarf an strukturierter ethischer Reflexion innerhalb dieser Berufsgruppe, da Pflegende am meisten mit den neuen Technologien arbeiten werden und deren Arbeitsprozesse am stärksten von der Technologie beeinflusst und verändert werden. Ausgehend davon bedarf es strukturierter Formate der ethischen Reflexionsprozesse, die durch einen geringen zeitlichen Aufwand in den Arbeitsalltag integrierbar sind.

Das vom IMEW im Rahmen des PPZ-Berlin-Projektes entwickelte Instrument FreTiP soll eines dieser Formate ermöglichen und vorhandene institutionelle ethik-bezogene Strukturen und Prozesse ergänzen. Im Rahmen der empirischen Untersuchungen wurde deutlich, wie wichtig Niedrigschwelligkeit, allgemeine Zugänglichkeit und Anwendungsflexibilität sind und dass ethische Reflexion für die Pflegenden einen hohen Stellenwert hat:

> Also … Reflexion ist ja im Pflegeberuf und Pflegealltag sehr wichtig und sollte auch eigentlich immer jeden Tag erfolgen, also nochmal Reflexion und Eigenreflexion.

Diese Ansprüche wurden bei der Entwicklung des Instrumentes berücksichtigt. Das Instrument setzt praxisnah an, und soll es den Pflegenden ermöglichen, ethische Reflexionsprozesse in den Pflegealltag zu integrieren.

Außerdem bietet FreTiP nicht nur Hilfestellung im Fall der Notwendigkeit einer strukturierten ethischen Reflexion, sondern verschafft den Pflegenden weitere Vorteile: Erstens setzt FreTiP genau bei den Bedürfnissen und dem Blickwinkel der Pflegenden an und berücksichtigt auch ihre Interessen. Zweitens stärkt FreTiP die Rolle von Pflegenden bei Entscheidungsfindungen, indem es die Teilnahme an Prozessen erleichtert und ihre ethische Kompetenz stärkt.

Literatur

Alt-Epping, B. (2021). Was leistet klinische Ethikberatung? *Forum, 36*(2), 145–149.

Barandun Schäfer, U., et al. (2015). Ethische Reflexion von Pflegenden im Akutbereich – eine Thematische Analyse. *Pflege, 28*(6), 321–327.

Fölsch, D. (2021). *Ethik in der Pflegepraxis: Anwendung moralischer Prinzipien auf den Pflegealltag* (4., überarb. Aufl.). facultas.

Grüber, K., & Loevskaya, E. (2020b). Konkrete Fragen für die Pflegepraxis. 3. Clusterkonferenz „Zukunft der Pflege". Kann digital Pflege?

Grüber, K., & Loevskaya, E. (2020a). *Instrumente für die ethische Reflexion über Technik im Alter.* IMEW-Projekt, Selbstverlag IMEW.

Jannes, M., & Woopen, C. (2019). *Ethische Herausforderungen der digitalen Technik in der Pflege.* In: Zentrum für Qualität in der Pflege (2019): *Report – Pflege und digitale Technik* (S. 76–83). Berlin.

Kohlen, H. (2019). Ethische Fragen der Pflegepraxis im Krankenhaus und Möglichkeiten der Thematisierung: Internationale Erfahrungen aus drei Dekaden. *Ethik in der Medizin, 31*(4), 325–343.

Kohlen, H., Giese, C., & Riedel, A. (2019). Pflege und Ethik. Aktuelle Herausforderungen. *Ethik in der Medizin, 31*(4), 283–288.

Riedel, A., & Linde, A.-C. (Hrsg.). (2018). *Ethische Reflexion in der Pflege.* Springer.

Sauer, T., Bockenheimer-Lucius, G., & May, A. T. (2012). Ethikberatung in der Altenhilfe. In *Ethikberatung in der Medizin* (S. 151–164). Springer.

Schütze, L. (2011). Strukturierte ethische Reflexion ist keine Nebensache. *Heilberufe, 63*(5), 46–47.

Staudhammer, M. (2018a). Konflikt- und Spannungsfelder in der Pflege. In *Prävention von Machtmissbrauch und Gewalt in der Pflege* (S. 95–116). Springer.

Staudhammer, M. (2018b). Selbstreflexion – Die eigenen Handlungskompetenzen erweitern. In *Prävention von Machtmissbrauch und Gewalt in der Pflege* (S. 155–164). Springer.

Woellert, K. (2019). Das Klinische Ethikkomitee: Ziele, Strukturen und Aufgaben Klinischer Ethik. *Bundesgesundheitsblatt – Gesundheitsforschung – Gesundheitsschutz, 62*(6), 738–743.

Elena Loevskaya Elena Loevskaya ist Absolventin des Masterstudiengangs Religion und Kultur an der theologischen Fakultät der Humboldt-Universität zu Berlin und zur Zeit Promotionsstudentin in Bereich der angewandten Ethik. Elena Loevskaya arbeitet seit Mai 2018 am Institut Mensch, Ethik und Wissenschaft, zunächst als wissenschaftliche Hilfskraft und seit Oktober 2020 als wissenschaftliche Mitarbeiterin.

Katrin Grüber Katrin Grüber ist promovierte Biologin. Seit 2001 leitet sie das Institut Mensch, Ethik und Wissenschaft. Von 1990 bis 2000 war Katrin Grüber Mitglied des Landtags NRW. In den Jahren 1990 bis 1995 war sie Vorsitzende des Landtagsausschusses Mensch und Technik und von 1995 bis 2000 dessen Vizepräsidentin.

Tobias Kley Tobias Kley ist evangelischer Diakon, Diplom-Sozialpädagoge/Sozialarbeiter, Diplom-Marketing-Betriebswirt und Public-Relations-Berater. Er leitete viele Jahre die Unternehmenskommunikation des Evangelischen Johannesstifts mit Hauptsitz Berlin. Als Public-Relations-Thema befasste er sich seit 2013 mit der Frage von Digitalisierung in der Pflege. Seit 2017 ist er in die Praxis gewechselt und begleitet seitdem in unterschiedlichen Positionen Digitalisierungsprojekte überwiegend in der stationären Langzeitpflege. Er ist Prokurist mehrerer Gesellschaften der Sparte Pflege und Wohnen – Region Berlin-Brandenburg der Johannesstift Diakonie gAG und Verbundkoordinator des Pflegepraxiszentrums Berlin, einem vom BMBF geförderten Verbundprojekt.

Das kePPModel – Kennzahlbasiertes Prä-Post-Modell zur gesundheitsökonomischen Betrachtung von Pflegeprozessen

19

Uwe Bettig und Kathrin Knuth

Zusammenfassung

Im Teilprojekt der Alice Salomon Hochschule (ASH) des PPZ Berlin wird die Einführung von Pflegeinformationstechnologien (PIT) gesundheitsökonomisch begleitet. Ziel war die Entwicklung eines Bewertungsmodells, das einen Vergleich vor und nach PIT-Intervention in Pflegekernprozesse ermöglicht und auch Kennzahlen berücksichtigt, die die Arbeitszufriedenheit und Expertise beruflich Pflegender abbilden. Das kePPModel, das dieser methodische Beitrag vorstellt, beinhaltet die kernprozessbezogenen Kennzahlen Mitarbeitendenzufriedenheit, Prozessqualität, Prozesszeit, Prozesshäufigkeit, Prozesskosten und Termintreue sowie die einrichtungsbezogenen Kennzahlen Störfaktoren, Belastungsfaktoren und Präsentismus-/Absentismusquoten. Das Mixed-Method-Design zur Analyse der Pflegekernprozesse und zur Kennzahlerhebung wird aus Gründen der Vergleichbarkeit für die Prä- und Post-Erhebung gleichermaßen angewendet. Das Modell lässt sich sowohl bei der Etablierung von PIT als auch bei anderen Prozessinterventionen anwenden.

19.1 Einleitung

Das PPZ Berlin integriert modulare intelligente Pflegeinformationstechnologien (PIT) in verschiedenen Settings der geriatrischen Pflege. Die ASH Berlin begleitet diesen Prozess gesundheitsökonomisch und betrachtet dabei relevante Pflegekernprozesse im Vorher-Nachher-

U. Bettig (✉) · K. Knuth
Alice Salomon Hochschule Berlin, Berlin, Deutschland
E-Mail: bettig@ash-berlin.eu; kathrin.knuth@ash-berlin.eu

© Der/die Autor(en), exklusiv lizenziert an Springer Fachmedien Wiesbaden GmbH, ein Teil von Springer Nature 2023
T. Krick et al. (Hrsg.), *Pflegeinnovationen in der Praxis*,
https://doi.org/10.1007/978-3-658-39302-1_19

Vergleich. Veränderungen in Prozessabläufen und -kosten sollen dabei identifiziert werden. Als Voraussetzung für die Betrachtung wurden Kernprozesse analysiert und bis in die kleinsten Teilprozesse hinein so dargestellt, dass eine Visualisierung der Veränderung durch PIT möglich ist (Bettig & Knuth, 2021, S. 99). Der Prä-Post-Vergleich soll kennzahlbasiert erfolgen. Dabei sollen die Prozesse in ihrer Gesamtheit gewürdigt werden. Neben ökonomisch relevanten Kennzahlen werden Kennzahlen abgebildet, die Arbeitszufriedenheit, -belastung und die Expertise der pflegenden Mitarbeitenden betreffen. Das Modell, das in diesem methodischen Beitrag detailliert vorgestellt wird, wurde für die Intervention von Pflegetechnologien in Pflegekernprozesse entwickelt, lässt sich aber auch auf jede andere komplexe Prozessintervention anwenden.

19.2 Kennzahlen als Messgröße für Prozesseffektivität und -effizienz

Basierend auf einer systematischen Online-Public-Access-Catalogue(OPAC)- und Datenbank-Literaturrecherche wurden relevante Kennzahlen für Prozesseffektivität und -effizienz identifiziert. Nach Blonski (2003, S. 96) lässt sich Prozesseffektivität anhand von Kennzahlen abbilden, die Kundenzufriedenheit betreffen. Er definiert die Kennzahlen Prozessqualität, Prozesszeit, Termintreue und Prozesskosten als Standardmessgrößen. Zapp et al. (2000, S. 83) betrachten zudem die Prozesszeit im Pflegesektor im Zusammenhang mit der Prozesshäufigkeit. Hinweise für den Einfluss des Arbeitsumfeldes auf die Arbeitszufriedenheit liefert eine Analyse von Aiken et al. (2008, S. 204–205). Hier zeigen sich signifikante Auswirkungen des Pflegeumfeldes auf die Arbeitszufriedenheit. Pflegekernprozesse setzen „konkrete pflegerische Leistungen" um (Maucher et al., 2022, S. 142). Darin begründet liegt ein Augenmerk auf der prozessbezogenen Zufriedenheit der Mitarbeitenden. Durch die Expertise Pflegender wird so die Kennzahl Kundenzufriedenheit im Hinblick auf die Wirksamkeit von Prozessen ersetzt. Neben diesen sechs prozessbezogenen Kennzahlen sind die Kennzahlen Störfaktoren, Belastungskennzahlen und Präsentismus-/Absentismusquoten relevant (Wieland et al., 2009, S. 287; Aiken et al., 2002, S. 1987; Galliker et al., 2020, S. 239; Maucher et al., 2022, S. 143). Diese Kennzahlen agieren prozessübergreifend und einrichtungsspezifisch (Maucher et al., 2022, S. 143). Das kePPModel vereint diese neun Kennzahlen (K), die im Rahmen der Prä-Post-Analyse betrachtet werden sollen. Tab. 19.1 gibt einen Überblick.

Tab. 19.1 kePPModel-Kennzahlen. (Quelle: eigene Darstellung)

Die kePPModel-Kennzahlen	
prozessbezogen	einrichtungsbezogen
K1 Prozesszeit	K7 Störfaktoren
K2 Termintreue	K8 Belastungskennzahlen
K3 Prozesshäufigkeit	K9 Präsentismus-/Absentismusquoten
K4 Zufriedenheit der Mitarbeitenden	
K5 Prozessqualität (Perspektive der Mitarbeitenden)	
K6 Prozesskosten	

Im Folgenden werden zunächst die sechs prozessbezogenen Kennzahlen beschrieben, deren Auswahl begründet und Erhebungsmethoden im Hinblick auf Anwendbarkeit im zu untersuchenden Bereich analysiert.

K1 Prozesszeit
Die Prozesszeit ist Bestandteil der Prozesskostensatzberechnung und hat unmittelbaren Einfluss auf die Kennzahl Prozesskosten. Individuelle Prozesszeiten können extrem variieren (Zapp et al., 2000, S. 85; Kran, 2003, S. 40). In der Literatur findet in diesem Zusammenhang der Begriff „externer Faktor Patient" Verwendung, der ethisch kritisch zu sehen ist und in diesem Beitrag deshalb keine Verwendung findet. Neben den verschiedenen gesundheits- und altersbedingten Zuständen von Pflegeempfangenden, haben auch pflegende Mitarbeitende an verschiedenen Tagen unterschiedliche Verfassungen, die Prozessabläufe beeinflussen können. Auch muss ein Zusammenhang zwischen Prozesszeit und individuellem Verhältnis zwischen Pflegeempfangenden und Pflegeperson diskutiert werden. Die Aussage einer Pflegeexpertin während eines Gruppengesprächs (Prä-Datenerhebung):

> […] die Pflegegrade werden angeguckt. Aber der eine Mitarbeiter kann einfach mit dem besser. Und dann braucht er nur fünf Minuten. […] Und der andere Mitarbeiter hat große Schwierigkeiten mit dem, kommt vielleicht zum gleichen Ziel, braucht aber zwanzig Minuten. […], also Standards ja, Qualitätssicherung ja, Protokolle – alles gar kein Thema. Aber wo Menschen sind, wird gemenschelt […] auf der Bewohnerseite wie auf der Mitarbeiterseite. (Transkript ASHT03200304H PPZ Berlin 2020, P3, S. 12)

Zudem sind nicht bei jedem Prozessablauf ausnahmslos alle Teilprozesse und Tätigkeiten nötig und können wegfallen. Als Erfassungsmethoden für Prozesszeiten eignen sich Befragungen, Zeitmessungen oder Multimoment-Zeitmessverfahren, die auch als orientierende Zeitstudien bezeichnet werden. Diese analytischen Verfahren zur Ermittlung von Arbeitszeiten werden unter dem Begriff REFA-Methoden zusammengefasst (Zapp et al., 2000, S. 83). Zeitmessungen sind für die Pflege jedoch nicht immer zweckmäßig, da die Pflegeprozesse Intimität und Privatsphäre der Pflegeempfangenden betreffen, die für Beobachtende nicht immer sichtbar beziehungsweise solche Beobachtung ethisch problematisch sind (Zapp et al., 2000, S. 84). Eine Möglichkeit der Erfassung von Prozesszeiten ist neben der Fremdaufschreibung durch (nicht teilnehmende) Beobachtende die Selbstaufschreibung durch Pflegende. Zapp et al. (2000, S. 89) sehen bei der Methode der Selbstaufschreibung den Vorteil, dass die Aufschreibung in Verantwortung von Sachkundigen erfolgt. Als Nachteile der Selbstaufschreibung aus der Erinnerung an Prozesse werden Schätzfehler angegeben. Die sofortige Aufschreibung der Zeiten hat ständige Unterbrechungen der Arbeitsabläufe zur Folge (Zapp et al., 2003, S. 89). Rechnende Zeitstudien, die Zeiten für kleinste Arbeitsabläufe, wie zum Beispiel das Greifen von Gegenständen, zeitlich erfassen und addieren, sind für den Bereich Pflege nur bedingt geeignet. Dies ist insbesondere darauf zurückzuführen, dass durch verschiedene Allgemeinzustände von Pflegeempfangenden individuelle Zeiten der Pflegekernprozesse extrem variieren können (Zapp et al., 2000, S. 85; Kran, 2003, S. 40).

K2 Termintreue

Der Begriff Termintreue wird bisher in der Literatur als Kenngröße überwiegend im Bereich Logistik, Lieferungen und -zeiten betreffend, verwendet. Im Rahmen der Literaturrecherche und -analyse im vierten Quartal 2020 konnte er im Zusammenhang mit den Bereichen Pflege und Medizin nicht aufgefunden werden. Auch Studien, die Termintreue als Kennzahl bei pflegerischen Interventionen untersuchen, wurden bei der Recherche nicht gefunden. Für die gesundheitsökonomische Evaluation im PPZ Berlin wurde die Kennzahl Termintreue auf die Gegebenheiten in der Pflege angepasst. Als Besonderheit ist hierbei zu berücksichtigen, dass die Durchführung von Pflegekernprozessen nur eingeschränkt terminiert erfolgt. Vielmehr entscheiden die Pflege(fach)kraft und/oder die Pflegeempfangenden aufgrund der individuellen Situation oder des akuten Zustandes der/des Pflegeempfangenden, wann die Durchführung eines Pflegekernprozesses notwendig ist.

K3 Prozesshäufigkeit

Neben der Prozesszeit hat die Prozesshäufigkeit direkten Einfluss auf die Prozesskosten. Zudem stellt die Prozesshäufigkeit vor dem Hintergrund, dass Prozesse durch den Einsatz von PIT individueller durchgeführt werden können, eine aussagekräftige Vergleichskennzahl dar. Im PPZ-Berlin-Projekt wird erwartet, dass sich durch den Einsatz von PIT die Häufigkeit bestimmter Teilprozesse ändert, da der Zeitpunkt der Notwendigkeit durch PIT konkretisiert wird. So könnten zum Beispiel durch die Anwendung von Blasenfüllstandssensoren WC-Gänge – sofern dem keine Wünsche von Pflegeempfangenden entgegenstehen – nur zum und genau zum benötigten Zeitpunkt durchgeführt werden. Gleiches gilt für den Wechsel von Inkontinenzmaterialien bei Einsatz von Feuchtigkeitssensoren. Wie auch bei der Kennzahl Prozesszeit, eignen sich für die Datenerhebung neben Befragungen orientierende Zeitstudien, wie Prozessbeobachtungen, in deren Rahmen die Häufigkeit von Arbeitsabläufen, Prozessen und Teilprozessen gezählt werden kann (Zapp et al., 2000. S. 84). Greiling (2008, S. 113) merkt an, dass Horváth und Renner zur Ermittlung der Prozessmengen im Sinne der Häufigkeit gleicher Prozesse ein Beobachtungszeitraum von wenigstens einem Jahr zugrunde legen. Dieser Zeitraum und die dafür benötigten personellen Ressourcen stehen jedoch in der Praxis nicht immer zur Verfügung und sind auch für eine Umsetzung im PPZ Berlin nicht realistisch.

K4 Zufriedenheit der Mitarbeitenden (prozessbezogen)

Der Begriff Mitarbeitendenzufriedenheit wird als multidimensionales Konstrukt definiert, welches als Ergebnis einzelner Betrachtungsebenen gesehen werden kann (Stefanie, 2005, S. 14; Maucher et al., 2022, S. 148). Thematisiert werden dabei unter anderem Arbeitsinhalte, die Prozesse inkludieren und sich als Dimension in Instrumenten zur Ermittlung der Arbeitszufriedenheit, wie im Job Description Index (JDI) von Smith (1969) oder dem Arbeitsbeschreibungsbogen (ABB) von Neuberger und Allenbeck (1997), finden. Argumente für den Einfluss von organisatorischen Prozessen auf die Zufriedenheit von Mitarbeitenden gibt Bamberg (2018, S. 16 f.). Er stellt fest, dass bessere Prozesse auf Normalstationen in Krankenhäusern die Zufriedenheit von Mitarbeitenden erhöhen und die persönlich empfundene Arbeitsbelastung senken. Daraus ergibt sich ein Zusammenhang zwischen Störfaktoren, Belastungskennzahlen und der Arbeitszufriedenheit im Kontext von Prozessoptimierung (Maucher et al., 2022, S. 148). Auch steht die Arbeitszufriedenheit im Zusammenhang mit Präsentismus und Absentismus (Lohaus & Habermann, 2018a, S. 93). Ein geeignetes Instrument, mit dem sich eine prozessbezogene Zufriedenheit von Beschäftigten vergleichbar messen lässt, war in der analysierten Literatur nicht aufzufinden.

K5 Prozessqualität (Perspektive der Pflegenden)

Der Begriff Prozessqualität geht auf Donabedian (1966, 1980, S. 721) und dessen Differenzierung von Qualität in die Bereiche Struktur-, Prozess- und Ergebnisqualität zurück. Diese Dimensionen beziehen sich auf die Arbeitsablauforganisationen und berücksichtigen weder verschiedene Anforderungen noch verschiedene am Arbeitsablaufprozess beteiligte Akteurinnen und Akteure. Eine Möglichkeit, sich der Messung von Prozessqualität im Pflegesetting zu nähern, wäre laut Hensen (2018, S. 5) die Untersuchung von Indikatoren, die sich auf pflegerische Prozessqualität beziehen. Studien zur Prozessqualität in der Pflege, wie zum Beispiel Yamamoto-Mitani et al. (2020, S. 6–8), beziehen Indikatoren wie Harnwegsinfektionen, Dekubitus und Sturzgeschehen ein. Die Einbeziehung solcher Indikatoren in den Prä-Post-Vergleich der gesundheitsökonomischen Evaluation im PPZ Berlin würde statistische Erhebungen in den zu untersuchenden Zeiträumen auf der Modellstation/dem Modellwohnbereich voraussetzen und war deshalb nicht geeignet. Studien, die die Qualität von Pflegekernprozessen im Zusammenhang von gesundheitsökonomischen Evaluationen in Pflegesettings untersuchen, wurden nicht gefunden.

K6 Prozesskosten

Die Kosten eines Hauptprozesses ergeben sich in der Regel durch die Bildung der Summe der Kosten aller Teilprozesse. Die Kosten für diejenigen Teilprozesse, die mehreren Hauptprozessen zugeordnet werden können, werden laut Greiling (2008, S. 112) auf die Hauptprozesse aufgeteilt. Im Bereich Pflege ist dieses Vorgehen gesondert zu prüfen, da bestimmte Teilprozesse, wie die Patientenbeobachtung oder -kommunikation, allen zu untersuchenden Hauptprozessen zugeordnet werden und jeweils mehrfach oder stetig während eines Prozessablaufs durchgeführt werden. Diese Teilprozesse fanden bisher bei der Bemessung von Pflegezeiten wenig bis keine Beachtung, sind jedoch – vor dem Hintergrund der durch die dafür aufgewendete Zeit verursachten Kosten für alle Hauptprozess zu berücksichtigen. Für eine Prozesskostenanalyse eignet sich das Modell nach Peter Horváth. Insbesondere die Schritte „Hypothesenbildung über Hauptprozesse und Kostentreiber" und „Tätigkeitsanalyse und Ableiten von Teilprozessen und Messgrößen" haben auch im Hinblick auf die Prozessanalyse besondere Relevanz (Zapp & Bettig, 2002, S. 281; Zapp et al., 2010, S. 147 f.; Horváth & Mayer, 1993, S. 20). Geeignete Instrumente für die Tätigkeitsanalyse sind laut Zapp und Bettig (2002, S. 282) Dokumentenanalysen oder Befragungen von Mitarbeitenden. Für Tätigkeiten im Rahmen von Prozessabläufen verwenden Autorinnen und Autoren diverse Begriffe, wie Teilprozesse, Transaktionen oder

Aktivitäten (Greiling, 2008, S. 109). Im Folgenden werden ausschließlich die Begriffe Tätigkeiten und Teilprozesse verwendet. Relevant für die Berechnung sind leistungsmengeninduzierte (lmi) Prozesskosten, deren Höhe in Abhängigkeit der Kostentreiber durch den Teilprozess verursacht wird. Sie berechnen sich aus den aufgewendeten Sachkosten und den Personalkosten. Leistungsmengenneutrale (lmn) Kosten (Gemeinkosten) sind hingegen nicht relevant, da diese Kosten von der Durchführung eines Teilprozesses unabhängig entstehen, wie zum Beispiel Mietkosten (Zapp & Bettig, 2002, S. 277). Lmn Kosten können dennoch Einfluss auf Prozesskostensätze haben, da Personalminutenkosten Gemeinkosten enthalten können. Der Prozesskostensatz gibt die durchschnittlichen Kosten einer Prozessdurchführung an. Für die Errechnung werden die lmi Prozesskosten pro Tag durch die Prozessmenge, also die Häufigkeit der Prozessdurchführungen pro Tag, dividiert (Zapp & Bettig, 2002, S. 285).

$$Prozesskostensatz = \frac{Prozesskosten\,lmi\,pro\,Tag}{Prozessmenge\,bzw.Prozessh\ddot{a}ufigkeit\,pro\,Tag} \qquad (19.1)$$

Ergänzt werden die sechs prozessbezogenen Kennzahlen durch die prozessübergreifenden, einrichtungsbezogenen Kennzahlen Störfaktoren und Belastungskennzahlen, die Prozessabläufe und deren Effektivität und Effizienz beeinflussen, sowie durch die Präsentismus-/Absentismusquoten, die in engem Zusammenhang mit den Belastungskennzahlen stehen (Galliker et al., 2020, S. 240; Dietz & Scheel, 2017, S. 12). Im Folgenden wird die Relevanz diese Kennzahlen näher betrachtet.

K7 Störfaktoren
Zu den wichtigsten Stressoren am Arbeitsplatz gehören Faktoren, die zu häufigen Unterbrechungen von Arbeitsprozessen führen, diese behindern oder stören (Wieland et al., 2009, S. 287). Eine von Zander et al. (2014, S. 227) durchgeführte Regressionsanalyse ergab signifikante Zusammenhänge hinsichtlich inadäquater Organisation und Einteilung der Pflegearbeit und hoher emotionaler Erschöpfung sowie Rationalisierungen von Pflegetätigkeiten. Matzke (2018, S. 133–134) kommt, wie auch Aiken et al. (2012, S. 5), zu dem Ergebnis, dass in einer schlechten Arbeitsumgebung mit ineffizienten Arbeitsabläufen die Einstellung von mehr Personal keinen Effekt auf die Pflegequalität hat. Störfaktoren haben einen nicht unerheblichen Einfluss auf andere Kennzahlen, wie die Pflegequalität und die Arbeitszufriedenheit. Jedoch findet das Arbeitsumfeld professionell Pflegender und dessen Auswirkung auf die Pflegequalität bislang nur selten Beachtung (Matzke, 2018, S. 133–134).

K8 Belastungskennzahlen
Belastungskennzahlen ermöglichen die Betrachtung der anderen Kennzahlen im Bedingungskontext. Zum Beispiel haben Personalzahlen Einfluss auf die Zufriedenheit der Mitarbeitenden. In Krankenhäusern mit einem hohen Verhältnis von Pflegeempfangenden zu

Pflegenden haben die Pflegenden ein höheres Risiko, unter Arbeitsunzufriedenheit zu leiden, schlussfolgern Aiken et al. (2002, S. 1987) im Ergebnis einer Untersuchung. Die Wahrscheinlichkeit, dass das Pflegepersonal Bedenken hinsichtlich der Qualität der Patientenversorgung äußert, ist laut Aiken et al. (2008, S. 224–225) in Krankenhäusern mit besserem Pflegeumfeld und besserer Personalausstattung um 42 % bis 69 % geringer als in Krankenhäusern mit schlechterem Pflegeumfeld und schlechterer Personalausstattung. Dabei sei die Wahrscheinlichkeit, dass Pflegeempfangende in Krankenhäusern mit einer durchschnittlichen Arbeitsbelastung von 8 Patientinnen und Patienten pro Pflegekraft sterben, 1,26-mal höher als in Krankenhäusern mit einer durchschnittlichen Arbeitsbelastung von 4 zu 1. Auch bei einer Befragung von Zúñiga et al. (2015, S. 863) standen Faktoren des Arbeitsumfelds, Arbeitsstress und die Rationierung der Pflege in signifikantem Zusammenhang mit der Qualität der Pflege. Stressfaktoren am Arbeitsplatz betreffend sank die Wahrscheinlichkeit einer hohen Pflegequalität bei Stress aufgrund hoher Arbeitsbelastung.

K9 Präsentismus-/Absentismusquoten
Studien haben ergeben, dass Präsentismus schwerwiegende Folgen für Patienten-Outcomes haben kann und bei beruflich Pflegenden häufiger vorkommt als in anderen Berufsgruppen (Freeling et al., 2020, S. 2). Folge von Präsentismus ist unter anderem das vermehrte Auftreten von Absentismus. Zu diesem Ergebnis kommen laut Lohaus und Habermann (2018a, b, S. 120) die Autorinnen und Autoren einer Vielzahl untersuchter Studien zu diesem Thema. Wenn negative Gefühle und dysfunktionale Beanspruchungen im Arbeitsleben überwiegen, so hat dies einen negativen Einfluss auf die Gesundheit, die Effizienz und die Motivation von Beschäftigten (Wieland et al., 2009, S. 289–290). In der Regel werden Präsentismus und Absentismus als sich ergänzende Phänomene angesehen (Lohaus & Habermann, 2018b, S. 150). Präsentismus führt nach dieser Betrachtungsweise im Vergleich zu Absentismus zu mehr negativen Auswirkungen und deutlich höheren Kostenschätzungen (Kigozi et al., 2017, S. 497, 499; Galliker et al., 2020, S. 239; Skagen & Collins, 2016, S. 170). Betrachtet man die Phänomene aber getrennt, sind aus Unternehmenssicht Absentismuskosten höher als Präsentismuskosten (Lohaus & Habermann, 2018b, S. 150). Höhere Kosten durch Präsentismus entstehen für die Beschäftigten zum Beispiel durch Aufwendungen für Medikamente (Lohaus & Habermann, 2018b, S. 146 f.). Neben weiteren Faktoren scheinen eine hohe Arbeitsbelastung, Überlastung und Zeitdruck am Arbeitsplatz Motivation für Präsentismus zu sein (Galliker et al., 2020, S. 240; Dietz & Scheel, 2017, S. 12; Institut DGB-Index Gute Arbeit GmbH, 2019, S. 8; Lohaus & Habermann, 2018a, S. 110). Galliker et al. (2020, S. 246) weisen auf einen Zusammenhang zwischen Arbeitsbelastung und Arbeitsorganisation hin. Bei der Analyse dreier empirischer Studien, die den Einfluss verschiedener Faktoren auf die Gesundheit von Beschäftigten untersuchten, zeigte sich eine deutlich höhere Präsentismusquote bei Beschäftigten auf dysfunktionalen Arbeitsplätzen im Vergleich zu optimalen Arbeitsplätzen (Wieland et al., 2009, S. 293).

19.3   Prozessanalyse und -darstellung als Grundlage für die Kennzahlerhebung

Die Analyse und Darstellung der zu untersuchenden Pflegekernprozesse ist Grundlage für die Erhebung der prozessbezogenen Kennzahlen. Als Basis für die Analyse und Darstellung der Prozesse wurde das Horváth-Modell zur Prozesskostenanalyse herangezogen (Zapp & Bettig, 2002, S. 281; Zapp et al., 2010, S. 147 f.; Horváth & Mayer, 1993, S. 20). Die Hypothesenbildung erfolgte in tabellarischer Form auf der Grundlage einer Tätigkeitsanalyse. Tätigkeiten sind kleinste Einheiten der Teilprozesse. Die Tätigkeitsanalyse erfolgte zunächst deduktiv als Analyse idealtypischer Tätigkeiten auf der Basis von Literatur und Expertenstandards, im zweiten Schritt folgte die induktive Analyse auf der Grundlage von Prozessbeobachtungen und Befragungen (Bettig & Knuth, 2021, S. 94 f.; Maucher et al., 2022, S. 139, S. 144). Die so vervollständigten Hypothesentabellen waren Grundlage für die Prozessdarstellungen nach Bettig und Knuth (2021, S. 96 f.).

19.4   Methodik

Die Methodik zur Datenerhebung und -auswertung wird im Folgenden kennzahlbezogen erläutert. Für Kennzahlen, für die im Rahmen der durchgeführten Literaturanalyse kein, im Hinblick auf die Erreichung der Zielsetzung des Prä-Post-Vergleichs im PPZ Berlin, geeignetes Instrument aufgefunden werden konnte, wurden Instrumente entwickelt und diese im Folgenden beschrieben.

K1 Prozesszeit und K3 Prozesshäufigkeit
Als analytisches Verfahren der REFA-Methode wurde eine orientierende Zeitstudie aufgenommen und auf das Setting geriatrische Pflege übertragen; es erfolgten eine Fremdaufschreibung durch externe Beobachtende sowie die Selbstaufschreibung durch sachkundige Pflegende (Zapp et al., 2000, S. 83–86). Für die geriatrische Pflege sind Zeitmessungen, insbesondere für Prozesse, die die Privatsphäre von Pflegeempfangenden betreffen, aus ethischen Gründen ungeeignet. Vor diesem Hintergrund sind diese Prozesse zudem für Fremdaufschreibende zumeist nicht beobachtbar (Zapp et al., 2000, S. 84). Um sich dennoch den Prozesszeiten anzunähern, wurden Zeiten aus einem diskreten Abstand, zum Beispiel vor der Zimmertür wartend, aufgenommen und per Fremdaufschreibung durch externe Beobachtende dokumentiert. Als Beobachtungszeitraum empfiehlt Greiling (2008, S. 113) wenigstens ein Jahr für die Ermittlung von Prozesshäufigkeiten. Dieser Zeitraum war vor dem Hintergrund des Projektfortschritts für die vorliegende Untersuchung nicht umsetzbar. Die Prozessbeobachtungen wurden deshalb durch andere Erhebungsmethoden ergänzt. Um (trotz durch Modellwohnbereiche/-station bedingtem kleinen n) bei der Berechnung der Prozesskostensätze Variationen der Prozesszeiten einzubeziehen, wurden drei Allgemeinzustände von Pflegeempfangenden (guter Allge-

meinzustand, hochgradig Pflegebedürftig, Demenzerkrankung) berücksichtigt. Aus allen bei Prozessbeobachtungen, Selbstaufschreibungen und der schriftlichen Befragung erhobenen Zeiten wurden je Kernprozess durchschnittliche Werte ermittelt. Aufgrund der enormen Arbeitsbelastung der beruflich Pflegenden im zu untersuchenden Bereich wurden unmittelbar nach erfolgter Tätigkeit ausgeführte Selbstaufschreibungen als unzumutbar eingeschätzt, sodass eine nachträgliche Selbstaufschreibung durch Teilnehmende an Gruppengesprächen erfolgte. Um die Datenmenge zu erhöhen und auch nichtbeobachtbare Prozesse zu berücksichtigen, wurden auf der Grundlage der Prozessdarstellungen weitere Pflegende zusätzlich via Fragebogen schriftlich befragt.

K2 Termintreue
Die Beurteilung der Termintreue wurde mittels Index vorgenommen. Der Begriff Termintreue wurde für die Anwendung auf Pflegekernprozesse definiert. Demnach gibt die Termintreue der Durchführung von Pflegekernprozessen mittels Index an, wie oft die Durchführung des jeweiligen Kernprozesses zum benötigten Zeitpunkt erfolgt. Dabei gibt der kleinstmögliche Termintreueindex (TI) = 0 die bestmögliche Termintreue (kann immer genau zum benötigten Zeitpunkt erfolgen), der größtmögliche Index TI = 3 die absolute Terminuntreue (kann nie zum benötigten Zeitpunkt erfolgen) an. Der TI ist aufgrund der kleinen Stichprobe, die durch die begrenzte Zahl an Beschäftigten auf der Modelstation/ dem Modellwohnbereich bedingt ist, als Vergleichsgröße für genau diesen jeweiligen Arbeitsbereich zu verstehen und nicht repräsentativ. Um den TI berechnen zu können, wurden Mitarbeitende (n = x) dazu befragt, wie oft Sie den jeweiligen zu untersuchenden Pflegekernprozess zum benötigten Zeitpunkt durchführen (können). Die vier Antwortoptionen wurden jeweils mit einem Faktor (kleinster Faktor = 0, größter Faktor = 3) gleichgesetzt, der die Grundlage für die Berechnung des Index bildet: A (immer zum benötigten Termin) = Faktor A (FA) = 0; B (überwiegend zum benötigten Termin) = Faktor B (FB) = 1 und so weiter (Maucher et al., 2022, S. 148). Der TI wurde berechnet, indem der jeweilige Faktor mit der Anzahl der jeweiligen Nennungen (AdN) multipliziert und die Produkte addiert wurden. Die Summe wurde durch die Anzahl der befragten Mitarbeitenden dividiert (Maucher et al., 2022, S. 148):

$$TI = \frac{FAxAdN + FBxAdN + FCxAdN + FDxAdN}{n} \qquad (19.2)$$

K4 (prozessbezogen) Zufriedenheit der Mitarbeitenden und K5 Prozessqualität (Perspektive der Mitarbeitenden)
Analog zu K2 erfolgten die Erhebungen der prozessbezogenen Zufriedenheit und Prozessqualität durch schriftliche Befragung der Mitarbeitenden kooperierender Praxiseinrichtungen. In gleicher Weise wurde im Hinblick auf den Prä-Post-Vergleich ein Zufriedenheitsindex (ZI) und der Prozessqualitätsindex (PI) berechnet. Der ZI zeigt an, wie zufrieden

die Pflegenden mit den Abläufen der jeweiligen Pflegekernprozesse in ihrem direkten Arbeitsbereich (zum Beispiel auf der Modellstation) sind. Der PI gibt an, wie oft es aus Sicht der Pflegenden möglich ist, einen Pflegekernprozess in sehr guter Qualität durchzuführen. Zusätzlich wurde erfragt, welche Teilprozesse überwiegend nicht oder nie in sehr guter Qualität durchgeführt werden können. Die Perspektive der Pflegeempfangenden wird durch den Index nicht abgebildet.

K6 Prozesskosten

Für die Prozesskostenanalyse wurde das Modell nach Peter Horváth herangezogen (Zapp & Bettig, 2002, S. 281; Zapp et al., 2010, S. 147 f.; Horváth & Mayer, 1993, S. 20). Die Datenerhebung für die Prozesskostenanalyse und -berechnung erfolgte via Dokumentenanalyse, Prozessbeobachtung, Gruppendiskussionen und Selbstaufschreibung. Die für die Berechnung zugrunde gelegten Sachkosten ergaben sich aus den durchschnittlichen Kosten für aufgewendetes Material und Anschaffungskosten für Geräte, wobei Abschreibungszeiträume berücksichtigt wurden. Für die Zahlen zum Personaleinsatz, den Material-, Anschaffungs- und weiteren Kosten im Berechnungszeitraum sowie den Nutzungszeiträumen wurden von den Einrichtungen zur Verfügung gestellte Dokumente analysiert und zuständige Mitarbeitende befragt. Einrichtungsgegenstände, Stromkosten und sonstige Overheadkosten gehören nicht zu den lmi Kosten und wurden nicht berücksichtigt. Laut Zapp und Bettig (2002, S. 284) können Prozesskosten auf der Grundlage von Vorjahreswerten oder auf der Grundlage analytischer Planung berechnet werden. Die der Berechnung der Kostensätze zugrunde gelegten Personalkosten errechnen sich aus den Personalminutenkosten von Pflegefachkräften und Pflegehilfskräften (jeweils Stammpersonal und Leasing), die Gemeinkosten beinhalten, und der durchschnittlichen Anzahl an Vollzeitkräften pro Tag. Für die Prozesskostensätze wurden die durchschnittlichen Personalminutenkosten unter Berücksichtigung der Qualifikation mit der durchschnittlichen Dauer eines Prozessdurchlaufs multipliziert und dann mit den durchschnittlichen Sachkosten für einen Prozessdurchlauf addiert. Einige Materialkosten, wie Blutzuckerteststreifen, gehen in vollstationären Pflegeeinrichtungen nicht zu Lasten der Einrichtung, sondern werden personenbezogen verordnet, sodass Sachkosten in den Settings variieren. Aufgrund des erhöhten Zeit- und Materialaufwandes für einen Prozessdurchlauf bei infektiösen Pflegeempfangenden wurden Kostensätze für infektiöse und nicht infektiöse Pflegeempfangende differenziert betrachtet.

K7 Störfaktoren, K8 Belastungskennzahlen und K9 Präsentismus-/ Absentismusquoten

Die Identifikation der Störfaktoren erfolgte im Rahmen der Auswertung der Beobachtungsprotokolle und Gruppendiskussionen, die von den Wissenschaftspartnern des PPZ Berlins durchgeführt wurden. Die Faktoren wurden nach übergeordneten Bereichen geclustert, in einer Tabelle zusammengefasst und im Anschluss in einem Ishikawa-Diagramm dargestellt. Ein solches Fischgrätendiagramm zeigte sich für die Visualisierung von Störfaktoren als besonders geeignet (Blonski, 2003, S. 25; Maucher et al., 2022, S. 149). Dabei war es zunächst nicht relevant, ob die Störfaktoren mit dem beziehungsweise durch den Einsatz von PIT tangiert wurden (Maucher et al., 2022,S. 150). Neben den Personalzahlen, den Fallzahlen, dem Case Mix Index (CMI) beziehungsweise dem durchschnittlichen Pflegegrad und der Bettenauslastung wurden durch pflegende Beschäftigte empfundene subjektive Belastungsfaktoren in K8 einbezogen, die qualitativ im Rahmen von Gruppengesprächen erhoben wurden (Maucher et al., 2022, S. 150 f.). Die Auswertung erfolgte kategorienbildend und zusammenfassend inhaltsanalytisch. Die Erhebung und Analyse weiterer Belastungskennzahlen erfolgte auf der Basis der von den kooperierenden Praxiseinrichtungen zur Verfügung gestellten Dokumente. Als Vergleichsjahr wurde das Vorjahr der Prä-Erhebung festgesetzt. An die Erhebung und Analyse von Präsentismus- und Absentismusquoten muss besonders sensibel herangegangen werden, denn sie stehen in engem Zusammenhang mit der Arbeitszufriedenheit und sehr persönlichen Faktoren, wie der Selbstfürsorge, dem Fürsorgebedürfnis oder einem Verantwortungsbewusstsein gegenüber verschiedenen Personengruppen, wie dem Arbeitgeber, Kolleginnen und Kollegen, Pflegeempfangenden und der eigenen Familie (Ross et al., 2017, S. 272; Docherty-Skippen et al., 2019, S. 112; Lohaus & Habermann, 2018b, S. 35; Lohaus & Habermann, 2018a, S. 93 f.). Somit wird die Grenze zwischen Privatsphäre und Arbeitssphäre überschritten. Es ist angezeigt, solche Erhebungen in enger Abstimmung mit Personal- beziehungsweise Betriebsräten durchzuführen (Mauer et al., 2022, S. 148). Die Datenerhebung im PPZ Berlin ist in einer Praxiseinrichtung von der Vertretung der Mitarbeitenden aufgrund des hohen Grades der Sensibilität der Daten abgelehnt worden. In einer anderen Einrichtung konnte der zugesagte Datenschutz nicht gewährleistet werden. Da Rückschlüsse auf Einzelpersonen hätten gezogen werden können, wurden die Präsentismus-/Absentismusfragen aus der Auswertung ausgeschlossen.

Prozesswürdigung
Für die prozessbezogenen Kennzahlen K1 bis K6 liegen somit Zahlen vor, die einen Prä-Post-Vergleich bei Einführung von PIT ermöglichen. Die prozessübergreifenden Kennzahlen K7 bis K9 ermöglichen im Prä-Post-Vergleich die Betrachtung der prozessbezogenen Kennzahlen im einrichtungsspezifischen Kontext, der Veränderungen unterliegt. Diese Veränderungen können zum Beispiel die Arbeitsorganisation (sowohl im direkten Arbeitsumfeld als auch innerhalb der Einrichtung), den Arbeitsablauf je Schicht oder personelle Veränderungen betreffen. Dadurch können sie einen direkten und/oder indirekten Einfluss auf einzelne Kennzahlen, Prozessabläufe und die Arbeitsmotivation haben. Je mehr Kennzahlen erhoben, ausgewertet und nach der PIT-Intervention in Pflegekernprozesse verglichen werden können, desto umfassender erfolgt die Würdigung der jeweiligen Prozesse in ihrer Gesamtheit.

19.5 Das kePPModel in Schritten (vorläufige Version)

Vor dem Hintergrund der von besonderen Belastungen geprägten Situation der Pflege, wo Beschäftigte oft bis an ihre körperlichen und psychischen Belastungsgrenzen und darüber hinaus arbeiten, waren Ziele für die Entwicklung des KePPModels einerseits die Würdigung der Prozesse in ihrer Gesamtheit, andererseits die bestmögliche Schonung personeller (pflegerischer) Ressourcen unter zeitgleicher Einbeziehung pflegerischer Expertise. Die Betrachtung sollte in der Gesamtschau erfolgen und der jeweilige Kontext der Kennzahlen berücksichtigt werden. Zudem sollte die Erhebung vorausschauend und strukturiert erfolgen. Dabei war es das Ziel, auf der einen Seite eine hinreichende Menge an Daten zur Verfügung zu haben und auf der anderen Seite unter den einzelnen Erhebungsmethoden jeweils mehrere Kennzahlen zusammenzufassen. Tab. 19.2 gibt einen Überblick über die Erhebungsmethoden und Kennzahlen. K1 Prozesszeit und K3 Prozesshäufigkeit stehen als Voraussetzungen für die Berechnung von K6 Prozesskosten in der entsprechenden Zeile in Klammern. Zusätzlich aufgeführt ist die Identifizierung von Teilprozessen und Tätigkeiten als Voraussetzung für Prozessdarstellungen. Abb. 19.1 zeigt das gesamte Modell im Überblick.

19.5.1 Schritt A – Die Prä-Erhebung

Die Prä-Erhebung, die vor PIT-Intervention in die Kernprozesse erfolgte, erfüllte zwei Funktionen. Einerseits diente sie der Prozessanalyse, andererseits der Erhebung von

Tab. 19.2 Kennzahlen und Erhebungsmethoden. (Quelle: eigene Darstellung)

Kennzahlen K	Prozessbeobachtung (Fremdaufschreibung)	Gruppen-diskussion	Selbstaufschreibung	Schriftliche Befragung	Dokumenten-analyse
Identifikation von Teilprozessen/Tätigkeiten	x		x		x
K1 Prozesszeit	x		x	x	
K2 Termintreue		x		x	
K3 Prozesshäufigkeit	x		x	x	
K4 Prozesszufriedenheit		x		x	
K5 Prozessqualität (Pflegeperspektive)		x		x	
K6 Prozesskosten	x (Material, K1, K3)		(K1, K3)	(K1, K3)	x
K7 Störfaktoren	x	x			
K8 Belastungskennzahlen		x			x
K9 Präsentismus-/Absentismusquoten				x	

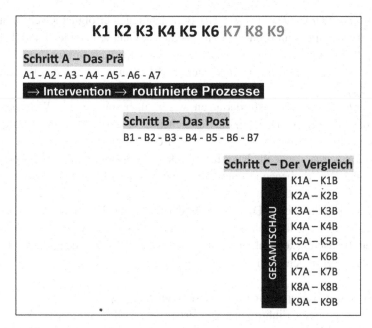

Abb. 19.1 Das kePPModel im Überblick. (Quelle: eigene Darstellung)

Kennzahlen. Als Vergleichsjahr für Belastungskennzahlen und Sachkosten sollte das Jahr vor Intervention herangezogen werden. Die Corona-Pandemie verzögerte den Projektverlauf, sodass die Etablierung der PIT zwei Jahre nach dem Vergleichsjahr (Prä) liegen wird, was im späteren Prä-Post-Vergleich berücksichtigt werden muss.

Schritt A1: Analyse von Literatur und Expertenstandards
Ziele: Expertenstandards und Literatur wurden mit dem Ziel der Identifikation von Teilprozessen und Tätigkeiten analysiert, die den relevanten Hauptprozessen zugeordnet wurden.

Ergebnisse: Die Ergebnisse wurden in Hypothesentabellen zusammengefasst, die im weiteren Verlauf durch erhobene Daten ergänz wurden und als Grundlage für die Prozessdarstellungen dienten.

Schritt A2: Prozessbeobachtung
Ziele: Ziele der Prozessbeobachtungen waren die Analyse der für den Prä-Post-Vergleich relevanten Kernprozesse und die Datenerhebung für die folgenden Kennzahlen: Störfaktoren, Belastungskennzahlen, Prozesszeit (-dauer), Prozesshäufigkeit und Prozesskosten (hier Materialverbrauch und Personaleinsatz).

Erhebungsinstrumente: Ein leitfragengestütztes, tabellarisches Beobachtungsprotokoll, das durch Fremdaufschreibung sowohl Daten zu Kennzahlen als auch Tätigkeiten für die Prozessanalysen abbildet, wurde entwickelt und verwendet (Bettig & Knuth, 2021, S. 96).

Art und Dauer der Beobachtungen: Die Beobachtungen erfolgten jeweils von Dienst-beginn bis Dienstschluss im Früh- und im Spätdienst, nicht teilnehmend und diskret. Die Anzahl der Beobachtungen war je Einrichtung unterschiedlich (minimal zwei, maximal sieben) und richtete sich nach den Angeboten der Einrichtungen und den Ressourcen der Beobachtenden.

Herausforderungen: Herausforderungen waren insbesondere die Wahrung der In-timsphäre der Pflegeempfangenden, die hinreichende Vorabinformation aller Beschäftig-ten unterschiedlicher Professionen, die an den Beobachtungstagen in den beobachteten Bereichen tätig waren, sowie die Koordination der Termine durch die Einrichtungen.

Auswertung: Die erhobenen Daten wurden in eine Excel-Tabelle übertragen, in der die Daten aller Erhebungsmethoden zusammengeführt wurden.

Ergebnisse: Die erhobenen Daten dienten der Prozessanalyse, bildeten die Grundlage für die visuellen Prozessdarstellungen und flossen in die Auswertung der Kennzahlen Störfaktoren, Belastungskennzahlen, Prozesszeit (-dauer), Prozesshäufigkeit und Prozess-kosten (Materialverbrauch und Personaleinsatz) ein.

Schritt A3: Gruppengespräche und Selbstaufschreibung

Ziele: Ziel war es, unter Einbringung von Erfahrungswissen, subjektiver Wahrnehmung und persönlicher Einschätzung von Pflegeexpertinnen und -experten kompetente Aussa-gen zu den Kennzahlen Störfaktoren, prozessbezogene Arbeitszufriedenheit, Belastungs-kennzahlen, Prozesszeit (-dauer), Termintreue, Prozesshäufigkeit und Prozessqualität zu erhalten. Im Rahmen der Selbstaufschreibung sollten zudem im Rahmen der Prozessana-lyse weitere Tätigkeiten/Teilprozesse identifiziert werden.

Erhebungsinstrumente: Während moderierter, themengeleiteter Gruppendiskussionen wurden die Teilnehmenden eingeladen, auf einem vorbereiteten Selbstausfüllerbogen für relevante Kernprozesse per Selbstaufschreibung Angaben zu Tätigkeiten und ausgewähl-ten Kennzahlen zu machen.

Art und Dauer der Gruppendiskussionen: Es erfolgten je Einrichtung zwei Gruppen-diskussionen mit jeweils vier bis sechs Pflegenden, die Dauer betrug – je nach Redebereit-schaft der Teilnehmenden – ein bis zwei Stunden. Zusätzlich standen zwei Gruppendis-kussionstranskripte eines anderen Wissenschaftspartners zur Verfügung und konnten im Hinblick auf relevante Daten für ausgewählte Kennzahlen ausgewertet werden.

Herausforderungen: Herausforderungen waren pandemiebedingte Kontaktbeschrän-kungen und das Ausweichen-Müssen auf neue beziehungsweise in diesem Zusammen-hang ungewohnte Formate, wie das Telefonformat. Bei Diskussionen vor Ort war es eine Herausforderung, dass nicht immer eine ruhige Umgebung vorausgesetzt werden konnte, sondern die Gespräche im Arbeitsbereich stattfanden. Das war verbunden mit häufigen Unterbrechungen und Störungen, zum Beispiel durch Telefonklingeln oder die Rufanlage. Eine Teilnehmende stand so unter zeitlichem Druck, dass sie ihre Arbeit am PC während der gesamten Gruppendiskussionen nur für eigene Redebeiträge unterbrach.

Auswertung: Die Diskussionen wurden transkribiert. Die Transkripte wurden inhaltsanalytisch ausgewertet, Kernaussagen zusammengefasst und den jeweiligen Kennzahlen zugeordnet.

Ergebnisse: Die erhobenen Daten flossen in die Auswertung der Kennzahlen Störfaktoren, Belastungskennzahlen, Prozesszeit (-dauer), Prozesshäufigkeit, Terminтreue und Prozessqualität ein. Die Daten für die Prozessdarstellungen wurden vervollständigt.

Schritt A4: Prozessdarstellung
Ziele: Entwicklung einer hierarchisch strukturierten, visuellen Darstellungsform von Kernprozessen, die es erlaubt, Prozesse gleichzeitig in der Gesamtheit als auch bis in die kleinsten Ebenen und zudem in ihrer Veränderbarkeit abzubilden (Bettig & Knuth, 2021, S. 99).

Datenerhebung und -auswertung: Die Datenerhebung erfolgt im Rahmen der Schritte A1 – A3.

Ergebnisse: Ergebnis waren Prozessdarstellungen, die als Voraussetzung für die Entwicklung des Erhebungsinstrumentes für Schritt A5 für jeden relevanten Pflegekernprozess dienten. Hierarchieebenen in den Darstellungen sind die Hauptprozessebene als übergeordnete Ebene, Teilprozesse, die den Hauptprozessen zugeordnet sind (Teilprozessebene), und Tätigkeiten, die den Teilprozessen zugeordnet sind (Tätigkeitsebene). Später wurde den Darstellungen eine Zuständigkeits-/Qualifikationsebene zugefügt. Aufgebaut sind die Darstellungen im Bausteinprinzip, sodass durch Verschiebung, Ergänzung, farbliche Kennzeichnung oder Wegfall von Bausteinen kleinste Veränderungen in Prozessen abgebildet werden können (Bettig & Knuth, 2021, S. 99; Maucher et al., 2022, S. 146).

Schritt A5: schriftliche Befragung
Ziele: Ziel der schriftlichen Befragung war es, die Expertise Pflegender zu nutzen, um die Gesamtheit der Teilprozesse abzubilden. Zum einen sollten die Daten der Beobachtungen ergänzt und Daten zu denjenigen Haupt- und Teilprozessen erhoben werden, die nicht beobachtbar waren. Zum anderen sollten Daten für die Kennzahlen Prozesszeit/-dauer, Häufigkeit, Prozessqualität, Terminтreue, Zufriedenheit mit Prozessabläufen und Präsentismus-/Absentismusquoten für alle zu analysierenden Pflegekernprozesse erhoben werden.

Erhebungsinstrumente: Die schriftliche Befragung erfolgte mittels Papierfragebögen, die auf der Grundlage der Prozessdarstellungen zu jedem relevanten Pflegekernprozess entwickelt und mit der jeweiligen Mitarbeitendenvertretung abgestimmt wurden.

Art und Dauer der Befragung: Die schriftliche Befragung erfolgte je Setting und Modellarbeitsbereich über einen Zeitraum von drei Wochen. Es wurde dem Zufall überlassen, welche/welcher Mitarbeitende den Fragebogen zu welchem Kernprozess erhielt. Im Setting vollstationäre Pflege bearbeiteten die Mitarbeitenden aufgrund der geringeren Anzahl Pflegender mehrere Fragebögen (Zufallsprinzip).

Auswertung: Die Daten wurden in die Statistiksoftware SPSS übertragen und von dort aus in die Excel-Tabelle überführt, die *die Daten aus allen Erhebungsmethoden zusammenfasst.*

Ergebnisse: Die erhobenen Daten flossen in die Auswertung der Kennzahlen Prozesszeit/-dauer, Häufigkeit, Prozessqualität, Termintreue und Zufriedenheit mit Prozessabläufen ein.

Schritt A6: Dokumentenanalyse
Ziele: Ziel der Dokumentenanalyse war die Extraktion kennzahlenrelevanter Daten.

Art der Dokumente: Von den Einrichtungen zur Verfügung gestellte Dokumente enthielten erforderliche Daten zu Personaleinsatz und Personalkosten je Berufsgruppe (Pflegefachkräfte und Pflegehilfskräfte, jeweils Stammpersonal und Leasing), Sachkosten, Fallzahlen (Jahreslieger gesamt), Bettenauslastung sowie der durchschnittlichen Fallschwere (CMI) beziehungsweise dem durchschnittlichen Pflegegrad.

Herausforderungen: Eine Herausforderung bestand einerseits darin, aus den Einrichtungen in einem angemessenen Zeitraum Dokumente zu beschaffen, die relevante Daten aus relevanten Zeiträumen enthielten. Andererseits gab es Herausforderungen für einzelne Einrichtungen, die entsprechenden Dokumente, zum Beispiel aus konzernübergreifenden Abteilungen oder von externen Unternehmen, wie Lieferanten, zu beschaffen.

Auswertung: Die Dokumente enthielten überwiegend Daten zu den Kennzahlen Prozesskosten und Belastungskennzahlen und wurden dahingehend analysiert, benötigte Daten aus dem Material zu extrahieren, zum Beispiel für Kernprozesse relevante Sachkosten aus Gesamtbestelllisten, da relevante Zahlen nicht immer für die zu untersuchenden Bereiche gesondert dokumentiert wurden und zur Verfügung standen.

Ergebnisse: Im Ergebnis lieferte die Analyse Belastungskennzahlen und Daten für die Prozesskostenberechnung.

Schritt A7: Zusammenführung und Gesamtauswertung
Ziele: Ziel war die Zusammenführung, Gesamtauswertung und Aufbereitung aller erhobenen Daten je Kennzahl.

Ergebnisse: Die zusammengeführten Daten waren ausgewertet, die Prä-Kennzahlen dargestellt und für den Vergleich vorbereitet.

19.5.2 Schritt B – Die Post-Erhebung

Die Post-Erhebung der Kennzahlen kann erfolgen, wenn die PIT-Intervention in Pflegekernprozesse erfolgt ist und PIT im Modellbereich des jeweiligen Settings so etabliert sind, dass die Pflegenden routiniert damit arbeiten. Die Post-Erhebung erfolgt im Wesentlichen analog zur Prä-Erhebung. Die Schritte A2 – A7 werden als Schritte B2 – B7 wiederholt. Das Vergleichsjahr für Belastungskennzahlen und Sachkosten ist das Jahr der Intervention. Schritt A1 wird nicht analog wiederholt, sondern wird ersetzt durch B1, wo eine Datenerhebung im Rahmen von Workshops mit Pflegenden erfolgen soll.

Schritt B1 Workshops
Ziele: Ziel ist die Identifikation aller durch den Einsatz von PIT verursachten Veränderungen in den Pflegekernprozessen.

Erhebungsinstrumente: Die Datenerhebung erfolgt im Rahmen von noch zu konzipierenden Workshops mit Pflegenden. Anhand der Prozessdarstellungen werden, basierend auf den Arbeitserfahrungen mit PIT im Pflegealltag, Veränderung in den Prozessen identifiziert und schriftlich festgehalten.

Art und Dauer der Workshops: Pflegende analysieren gemeinsam mit Wissenschaftlerinnen und Wissenschaftlern die Pflegekernprozesse im Rahmen von partizipativen Workshops. Die Dauer der Workshops und die Anzahl der teilnehmenden Pflegenden richtet sich nach den Möglichkeiten der Einrichtungen.

Ergebnisse: Ergebnisse sind die Darstellung der Pflegekernprozesse nach PIT-Einsatz. Die Darstellungen müssen im Anschluss an Schritt B3, gegebenenfalls durch Ergebnisse der Datenerhebungen aus den Schritten B2 und B3, ergänzt werden.

19.5.3 Schritt C – Der Vergleich

Nach Abschluss der Post-Erhebung werden die Kennzahlen mit den Ergebnissen aus der Prä-Erhebungen verglichen. Im Ergebnis wird Aufschluss darüber erwartet, wie durch PIT Pflegeprozesse in ihrer Gesamtschau verändert werden. Dabei liegt neben den ökonomischen Auswirkungen das Augenmerk auf der Zufriedenheit der Mitarbeitenden mit den Arbeitsprozessen. Zudem wird ein Aufschluss darüber erwartet, welche sekundären Folgen der PIT-Einsatz für Teilprozesse haben wird. Verändert der PIT-Einsatz Kernprozesse auch an Stellen, wo keine Veränderung erwartet oder erwünscht wurde? Gibt es Prozessveränderungen, die nicht gezielt gewünscht wurden, sondern als unerwartete Nebenwirkung auftreten? Welche Folgen hat das? Auch werden im Ergebnis des Vergleichs Grundlagen für Konzepte zu Regelfinanzierungen in den einzelnen Settings vor dem Hintergrund der verschiedenen Finanzierungslogiken nach SGB V und XI erwartet. Nicht zuletzt wird erwartet, dass durch den Vergleich Hinweise für die Weiterentwicklung von Technologien abgeleitet werden können.

19.6   Grenzen des Modells und Implikationen für die Praxis

Mit dem kePPModel ist für die Praxis ein Instrument entstanden, das einen direkten kennzahlbasierten gesundheitsökonomischen Vergleich vor und nach einer grundlegenden Prozessintervention ermöglicht, dabei Prozesse in ihrer Gesamtheit würdigt und zudem die

Zufriedenheit von Mitarbeitenden in den Fokus nimmt. Doch das Modell weist auch Grenzen auf. Abgebildet werden ausschließlich vorab definierte Pflegeprozesse, die als Kernprozesse im Kontext einrichtungsspezifischer Kennzahlen stehen. Nicht betrachtet wird die Einbettung in den Pflegeprozess in Phasen, der von den Autorinnen als kontinuierlicher Problemlösungsprozess mit fortlaufend neu angepasster Zielorientierung definiert wird und somit Merkmale eines Managementprozesses aufweist (Fiechter & Meier, 1993, S. 31; Hojdelewicz, 2018, S. 40; Krohwinkel, 1993, S. 28; Maucher et al., 2022, S. 139). Zudem steht die Erhebung wesentlicher Kennzahlen in Abhängigkeit von der Zurverfügungstellung von Dokumenten durch die Praxiseinrichtungen oder durch Stellen, die den Praxiseinrichtungen übergeordnet sind, zum Beispiel auf Konzernebene und/oder gar durch Fremdunternehmen. Die Kontrolle der Datengüte und -vollständigkeit liegt demnach außerhalb der Wissenschafts- und Praxispartner. Das Modell ist zwar im Zusammenhang mit der Implementierung von Pflegetechnologien entwickelt worden, lässt sich aber auch bei allen anderen Interventionen in Kernprozesse anwenden, die diese grundlegend verändern. Es ermöglicht eine strukturierte Datenerhebung, die vorausschauend die Expertise Pflegender einbezieht. Wenngleich durch Anwendung des Modells der Zeitaufwand für Pflegende so gering wie möglich gehalten wird, muss bei der Erhebung der Kennzahlen das erwartete Ergebnis in Relation zum Zeitaufwand gesetzt werden. Im Arbeitsbereich Pflege ist eine Mehrbelastung der am Forschungsprozess beteiligten Pflege(-fach)personen, die durch die Datenerhebung zusätzlich zur regulären, von besonderen Belastungen geprägten, beruflichen Situation entsteht, trotz gleichzeitiger Bereitschaft zur Partizipation nicht zu unterschätzen.

Literatur

Aiken, L. H., Clarke, S. P., Sloane, D. M., Sochalski, J., & Silber, J. H. (2002). Hospital nurse staffing and patient mortality, nurse burnout, and job dissatisfaction. *Journal of the American Medical Association, 288*, 1987–1993.

Aiken, L. H., Clarke, S. P., Sloane, D. M., Lake, E. T., & Cheney, T. (2008). Effects of hospital care environment on patient mortality and nurse outcomes. *The Journal of Nursing Administration, 38*, 223–229.

Aiken, L. H., Sermeus, W., Van den Heede, K., Sloane, D. M., Busse, R., McKee, M., Bruyneel, L., Rafferty, A. M., Griffiths, P., Moreno-Casbas, M. T., Tishelman, C., Scott, A., Brzostek, T., Kinnunen, J., Schwendimann, R., Heinen, M., Zikos, D., Sjetne, I. S., Smith, H. L., & Kutney-Lee, A. (2012). Patient safety, satisfaction, and quality of hospital care: Cross sectional surveys of nurses and patients in 12 countries in Europe and the United States. *BMJ, 344*, 1–14, e1717. https://doi.org/10.1136/bmj.e1717

Bamberg, C. (2018). Gut und schlecht organisierte Stationen – Auswirkungen auf die Mitarbeiterzufriedenheit. In C. Bamberg, N. Kasper, M. Korff, & R. Herbold (Hrsg.), *Moderne Stationsorganisation im Krankenhaus* (S. 13–17). Springer.

Bettig, U., & Knuth, K. (2021). Prozessdarstellung als Grundlage für die gesundheitsökonomische Betrachtung. In U. Bettig, M. Frommelt, H. Maucher, R. Schmidt, & G. Thiele (Hrsg.), *Digitalisierung in der Pflege. Auswahl und Einsatz innovativer Pflegetechnologien in der geriatrischen Praxis* (S. 91–109). Medhochzwei-Verlag.

Blonski, C. E. (2003). Der kontinuierliche Verbesserungsprozess in der Hauswirtschaft. In H. Blonski & M. Strausberg (Hrsg.), *Prozessmanagement in Pflegeorganisationen. Grundlagen – Erfahrungen – Perspektiven* (S. 94–106). Schlütersche GmbH & Co. KG Verlag.

Büscher, A., Blumberg, P., Krebs, M., Moers, M., Schiemann, D., Stehling, H., & Stomberg, M. A. (2017). Expertenstandard Dekubitusprophylaxe in der Pflege. 2. Aktualisierung. Schriftenreihe des Deutschen Netzwerks für Qualitätsentwicklung in der Pflege. Hochschule Osnabrück.

Dietz, C., & Scheel, T. (2017). Leadership and presenteeism among scientific staff: The role of accumulation of work and time pressure. *Frontiers in Psychology, 8*, 1885.

Docherty-Skippen, S. M., Hansen, A., & Engel, J. (2019). Teaching and assessment strategies for nursing self-care competencies in Ontario's nursing education programs. *Nurse Education in Practice, 36*, 108–113.

Donabedian, A. (1966). Evaluating the quality of medical care. *The Milbank Memorial Fund Quarterly, 1966*(44), 166–206.

Donabedian, A. (1980). *The definition of quality and approaches to its assessment.* Health Administration Press.

Fiechter, V., & Meier, M. (1993). *Pflegeplanung. Eine Anleitung für die Praxis.* RECOM.

Freeling, M., Rainbow, J. G., & Chamberlain, D. (2020). Painting a picture of nurse presenteeism: A multi-country integrative review. *International Journal of Nursing Studies, 109*, 103659.

Galliker, S., Nicoletti, C., Feer, S., Etzer-Hofer, I., Brunner, B., Grosse Holtforth, M., Melloh, M., Dratva, J., & Elfering, A. (2020). Quality of leadership and presenteeism in health professions education and research: A test of a recovery-based process model with cognitive irritation and impaired sleep as mediators. *Psychology, Health & Medicine, 25*(2), 239–251.

Greiling, M. (2008). *Prozessmanagement – Der Prozesskostenmanager für die Patientenversorgung. Praktischer Begleiter für die Bewertung von klinischen Leistungen.* Baumann Fachverlag.

Hensen, P. (2018). Qualität und Qualitätsmessung in der Pflege – Theoretische Grundlagen und methodische Zugänge. In K. Jacobs, A. Kuhlmey, S. Greß, J. Klauber, & A. Schwinger (Hrsg.), *Pflege-Report 2018* (S. 3–14). Springer.

Hojdelewicz, B.-M. (2018). *Der Pflegeprozess. Prozesshafte Pflegebeziehung* (2. Überarbeitete. Aufl.). facultas Verlags- und Buchhandels AG.

Horváth, P., & Mayer, R. (1993). Prozesskostenrechnung, Konzeption und Entwicklung. *KRP Kostenrechnungspraxis*, (Sonderheft 2), 20–21.

Institut DGB-Index Gute Arbeit GmbH. (2019). DGB Index Gute Arbeit. Der Report 2019. Arbeiten am Limit. Themenschwerpunkt Arbeitsintensität. https://index-gute-arbeit.dgb.de/veroeffentlichungen/jahresreports/++co++caa19028-1511-11ea-81ba-52540088cada. Zugegriffen am 15.11.2021

Kehres, E. (2010). Kosten- und Leistungsrechnung in Krankenhaus. In J. Hentze & E. Kehres (Hrsg.), *Krankenhauscontrolling. Konzepte, Methoden und Erfahrungen aus der Krankenhauspraxis* (S. 95–127). W. Kohlhammer.

Kigozi, J., Jowett, S., Lewis, M., Barton, P., & Coast, J. (2017). The estimation and inclusion of presenteeism costs in applied economic evaluation. A systematic review. *Value in Health, 20*(3), 496–506.

Kran, B. (2003). *Prozesskostenrechnung in der stationären Altenhilfe.* Münster.

Krohwinkel, M. (1993). *Der Pflegeprozess am Beispiel von Apoplexiekranken: Eine Studie zur Erfassung und Entwicklung ganzheitlich-rehabilitierender Prozesspflege.* Nomos Verlagsgesellschaft.

Lohaus, D., & Habermann, W. (2018a). Studien zu mit Präsentismus zusammenhängenden Faktoren. In D. Lohaus & W. Habermann (Hrsg.), *Präsentismus: Krank zur Arbeit – Ursachen, Folgen, Kosten und Maßnahmen* (S. 79–130). Springer.

Lohaus, D., & Habermann, W. (2018b). Bedeutung von Präsentismus. In D. Lohaus & W. Habermann (Hrsg.), *Präsentismus: Krank zur Arbeit – Ursachen, Folgen, Kosten und Maßnahmen* (S. 23–38). Springer.

Matzke, U. (2018). Personalgewinnung und -bindung im Wandel. In A. Simon (Hrsg.), *Akademisch ausgebildetes Pflegefachpersonal: Entwicklung und Chancen* (S. 115–135). Springer.

Maucher, H., Bettig, U., Knuth, K., Dehe, N., Matulenski, S. (2022). Pflegemanagement im Krankenhaus. In U. Bettig, H. Maucher, & B. Spitz (Hrsg.), *Praxiswissen Pflegebudget im Krankenhaus (S. 105 - 159).* Medhochzwei-Verlag.

Neuberger, O., & Allerbeck, M. (1997). Arbeitszufriedenheit. Zusammenstellung sozialwissenschaftlicher Items und Skalen (ZIS). https://doi.org/10.6102/ZIS2

Ross, A., Bevans, M., Brooks, A. T., Gibbons, S., & Wallen, G. R. (2017). Nurses and health-promoting behaviors: Knowledge may not translate into self-care. *AORN Journal, 105*(3), 267–275.

Schiemann, D., Moers, M., Blumberg, P., & Schemann, J. (2006). *Expertenstandard Förderung der Harnkontinenz in der Pflege einschließlich Kommentierung und Literaturanalyse. Sonderdruck: Schriftenreihe des Deutschen Netzwerks für Qualitätsentwicklung in der Pflege.* Hochschule Osnabrück.

Schmidt, S. (2020). *Expertenstandards in der Pflege – eine Gebrauchsanleitung* (4. Aufl.). Springer.

Skagen, K., & Collins, A. M. (2016). The consequences of sickness presenteeism on health and wellbeing over time: A systematic review. *Social Science & Medicine, 161*, 169–177.

Smith, P. C., Kendall, L. M., & Hulin, C. L. (1969). *The measurement of satisfaction in work and retirement: A strategy for the study of attitudes.* Rand McNally.

Stefanie, W. (2005). Mitarbeiterzufriedenheit und Kundenzufriedenheit. Eine mehrebenenanalytische Untersuchung der Zusammenhänge auf Basis multidimensionaler Zufriedenheitsmessung. Dissertation. Mannheim: Universität Mannheim.

Wieland, R., Winizuk, S.; & Hammes, M. (2009). Führung und Arbeitsgestaltung – Warum gute Führung allein nicht gesund macht. *Arbeit: Zeitschrift für Arbeitsforschung, Arbeitsgestaltung und Arbeitspolitik, 18*(4), 282–297.

Yamamoto-Mitani, N., Saito, Y., Futami, A., Takaoka, M., & Igarashi, A. (2020). Staff nurses' evaluation of care process quality and patient outcomes in long-term care hospitals: A cross-sectional questionnaire survey. *International Journal of Older People Nursing, 15*(4), 12334.

Zander, B., Dobler, L., Bäumler, M., & Busse, R. (2014). Implizite Rationierung von Pflegeleistungen in deutschen Akutkrankenhäusern – Ergebnisse der internationalen Pflegestudie RN4Cast. *Gesundheitswesen, 76*, 727–734.

Zapp, W., & Bettig, U. (2002). Die Bedeutung der Prozesskostenrechnung für eine Gestaltung von Prozessen. In W. Zapp (Hrsg.), *Prozessgestaltung im Krankenhaus* (S. 275–299). Economica.

Zapp, W., Funke, M., & Schnieder, S. (2000). *Interne Budgetierung auf der Grundlage der Pflegeversicherung. Ergebnisse eines anwenderorientierten Forschungsprojektes in der stationären Altenhilfe.* Krankenhausdrucke-Verlag Wanne-Eickel GmbH.

Zapp, W., Bettig, U., Karsten, E., & Oswald, J. (2010). Prozesslenkung. In W. Zapp (Hrsg.), *Prozessgestaltung in Gesundheitseinrichtungen. Von der Analyse zum Controlling* (2. Vollst. überarb. u. erw. Aufl., S. 121–170). Economica.

Zúñiga, F., Ausserhofer, D., Hamers, J. P., Engberg, S., Simon, M., & Schwendimann, R. (2015). Are staffing, work environment, work stressors, and rationing of care related to care workers' perception of quality of care? A cross-sectional study. *Journal of the American Medical Directors Association, 16*(10), 860–866.

Uwe Bettig   Prof. Dr. Uwe Bettig ist seit 2007 Professor für Betriebswirtschaft und Management gesundheitlicher und sozialer Einrichtungen an der Alice Salomon Hochschule Berlin. Er studierte Betriebswirtschaft in Einrichtungen des Gesundheitswesens an der Fachhochschule Osnabrück sowie Public Health an der Universität Bielefeld und promovierte zum Dr. of Public Health. Von 2014 bis 2018 war er Rektor der Hochschule und mehrere Jahre Leiter eines Pflegestudiengangs. Vor seiner Ernennung zum Professor war er in einem Schwerpunktkrankenhaus in Sachsen-Anhalt tätig. Seine Forschungsschwerpunkte liegen in den Bereichen Existenzgründungen/Social Entrepreneurship, Personalmanagement und Digitalisierung. Schwerpunkte in der Lehre sind Controlling von Gesundheitseinrichtungen und Rechnungswesen.

Kathrin Knuth   Kathrin Knuth, M. Sc., ist seit 2016 an der Alice Salomon Hochschule (ASH) Berlin und seit 2018 als wissenschaftliche Mitarbeiterin im ASH-Team des Verbundprojekts Pflegepraxiszentrum Berlin tätig, welches Teil des bundesweiten Clusters „Zukunft der Pflege" ist. Sie ist Absolventin des Masterstudiengangs Management und Qualitätsentwicklung im Gesundheitswesen mit dem Schwerpunkt Forschung und Qualitätsentwicklung der ASH Berlin und war zweifache Stipendiatin der Stiftung „Begabtenförderung berufliche Bildung" des BMBF. Zuvor war sie als Einsatzleitung einer ambulanten Pflege in einem Modellprojekt der Krankenkassen und mehr als 25 Jahre als beruflich Pflegende tätig. Forschungsschwerpunkte liegen in den Bereichen Prozessmanagement, kennzahlbasierte ökonomische Evaluationen und Digitalisierung.

Ist die Bedeutung von Innovationsnetzwerkwerken in der Medizintechnik eine Blaupause für die Begleitung und Verbreitung von Pflegeinnovationen?

Raphaela Wallner, Marlene Klemm und Jörg Traub

Zusammenfassung

Innovationsnetzwerke bieten großes Potenzial, um praxistaugliche Lösungen interdisziplinär zu finden und nachhaltig umzusetzen. Sowohl die Nutzerakzeptanz als auch die Wirtschaftlichkeit sind Grundvoraussetzungen, dass eine Idee zu einer tragbaren Innovation wird. Insbesondere neue regulatorische Rahmenbedingungen, die digitale Transformation und der Pflegefachkräftemangel bergen Risiken und Unsicherheiten, zeigen aber auch den Bedarf und die Chancen für neue Wege auf. Während die Medizintechnikbranche im Auf- und Ausbau von Innovationsnetzwerken bereits eine Vorreiterrolle einnimmt, gibt es im Setting Pflege noch Nachholbedarf. Der Beitrag untersucht, inwieweit bestehende Innovationsnetzwerke auf die Pflege übertragen werden können, welche Besonderheiten und Komplexitäten in der Pflege für Netzwerke bestehen und welche strukturellen und organisatorischen Aspekte – speziell von Innovationen in der Pflegebranche – zum Tragen kommen.

R. Wallner (✉)
Pflegepraxiszentrum Nürnberg, Bayern Innovativ GmbH, Nürnberg, Deutschland
E-Mail: raphaela.wallner@bayern-innovativ.de

M. Klemm
Pflegepraxiszentrum Nürnberg, NürnbergStift, Nürnberg, Deutschland
E-Mail: marlene.klemm@stadt.nuernberg.de

J. Traub
Forum MedTech Pharma e.V., Bayern Innovativ GmbH, Nürnberg, Deutschland
E-Mail: joerg.traub@medtech-pharma.de

T. Krick et al. (Hrsg.), *Pflegeinnovationen in der Praxis*,
https://doi.org/10.1007/978-3-658-39302-1_20

20.1   Bedeutung von Innovationsnetzwerken

Innovationsnetzwerke sind im Kontext dieses Beitrages ziel- und themenorientierte formale Zusammenschlüsse von mehreren rechtlich unabhängigen Unternehmen und Organisationen. Die Praxis zeigt, dass die Ziele der Netzwerkbildung – je nach Branche – sehr unterschiedlich sein können. Ziele von Medizintechnik-Netzwerken sind in der Regel, Trends zu identifizieren und Herausforderungen der Branche strukturiert zu erfassen. Dazu werden verschiedene Akteurinnen und Akteure zusammengebracht, um das Wissen von Expertinnen und Experten zu bündeln und für das Netzwerk, zum Vorteil aller im Netzwerk Agierenden, zugänglich zu machen. Der Zusammenschluss und der gebündelte Zugang zu der Expertise aus unterschiedlichen Teilbereichen der Gesundheitsbranche sind die Basis für eine erfolgreiche Translation von der Idee zur Marktakzeptanz. Dazu gehört eine frühzeitige Evaluierung der Marktchancen, die Entwicklung einer Umsetzungsstrategie auf Basis der Erfahrungen der Netzwerkakteurinnen und -akteure sowie die konsequente und nachhaltige Implementierung. Die Akteurinnen und Akteure zeigen neue Trends auf, eruieren Bedarfe und Herausforderungen, bieten Lösungen mit einem tiefen Verständnis für diese und geben Einblicke in den Status quo des Marktumfeldes. Somit ist die Translation einer Idee sowie deren Implementierung und die Marktdurchdringung durch den Zusammenschluss im Netzwerk realisierbar. Zusammenfassend ist das Kernelement von Innovationsnetzwerken ein möglichst breit gefächertes Wissen durch verschiedene Expertinnen und Experten in den unterschiedlichen Phasen des Innovationssystems, wodurch ein tiefes, kollektives Verständnis des Gesamtsystems entsteht (Schier & Heinrich, 2020, S. 434).

Netzwerkorganisationen können sowohl regional als auch überregional aktiv sein. Sie können sich in Vereinen, Verbänden und Institutionen organisieren – mit dem Ziel, gemeinsam die komplexe Umsetzung von der Idee bis zur Marktdurchdringung zu meistern. Dies kann zum Beispiel eine horizontale Integration von großen Konzernen bis zu kleinsten Firmen und Start-ups in einem Themenbereich sein oder eine vertikale Integration mit komplementärer Expertise und Spezialisierungsfeldern entlang einer Anwendungs- oder Technologiedomäne. Anwendungsorientierte Netzwerke sind in der Gesundheitsbranche zum Beispiel medizinische Fachgesellschaften, während sich technologiebasierte Netzwerke auf wissenschaftlich-technische Disziplinen fokussieren. Weniger auf einzelne Themen spezialisierte Innovationsnetzwerke können auch den gesamten Innovationsprozess im Gesundheitswesen abdecken, häufig mit Allianzen zu anderen anwendungs- und technologieorientierten Netzwerken. In Netzwerkorganisationen tauschen sich unterschiedliche Akteurinnen und Akteure mit ähnlichen Interessen oder Zielen aus und initiieren gemeinsame Aktivitäten in Form von Veranstaltungen, strategieunterstützenden Maßnahmen, Formulieren von Forderungen an die Politik, gemeinsamen Projekten oder Netzwerktreffen. In der Regel organisieren sich solche Gemeinschaften, um die Wirtschaftsleistung und die Gesellschaft zu stärken.

Regionale Netzwerke fokussieren sich in erster Linie auf die Standortentwicklung, um diese nachhaltig zu fördern und auszubauen. Die Aktivitäten der Mitglieder eines Netzwerkes können dabei vielschichtig sein und sind vom losen Austausch bis hin zu gemeinsamen Projekten und Kooperationen unter Verwendung und Nutzung gemeinsamer Ressourcen, zum Beispiel für die Produktion oder für den Export, denkbar.

Neben den Netzwerkorganisationen für Innovationen gibt es auch andere aktive Netzwerke, zum Beispiel durch Alumni-Vereinigungen an Hochschulen, die einen vertrauensvollen, nicht auf die Anwendungen oder Technologie bezogenen Austausch ermöglichen. Diese Netzwerke sind seit mehreren Jahrhunderten fester Bestandteil unserer Gesellschaft und wurden bis dato nur selten wissenschaftlich historisch betrachtet (Ferguson, 2018).

20.1.1 Vorteile von Innovationsnetzwerken im Gesundheitswesen

Um einen Wettbewerbsvorteil in einem komplexen und auch geschlossenen Markt wie dem Gesundheitsmarkt zu erreichen, können sich Firmen, Institutionen und andere Organisationen mit komplementären Strukturen zu einer Netzwerkorganisation zusammenzuschließen. So gibt es zum Beispiel Netzwerkorganisationen im Gesundheitswesen entlang der klinischen Versorgung und der medizinischen Fachdisziplinen, Netzwerkorganisationen entlang der Produktion und der Herstellung von Medizinprodukten, Netzwerkorganisationen mit dem Fokus auf Biotechnologie und pharmazeutischen Produkten oder Netzwerke im Bereich der Digitalisierung des Gesundheitswesens. Als Teil solcher Netzwerke genießen Einzelakteurinnen und -akteure viele Vorteile. In erster Linie ist es der Austausch von Wissen und Erfahrungen sowie der Auf- und Ausbau gemeinsamer Infrastrukturen, von denen Organisationen innerhalb eines Netzwerkes profitieren. Im Gesundheitswesen sind der Rechtsrahmen und die regulatorischen Hürden sehr komplex und benötigen Expertenwissen. Zudem zeichnet sich der Zugang zum Markt, die Marktdurchdringung und die Erstattung durch regionale Unterschiede aus. Dies ist hochkomplex und benötigt daher ein weiteres Netzwerk an Expertinnen und Experten. Die gemeinsame Nutzung von Ressourcen und Wissen schafft einen Vorteil bei der Umsetzung. Bei der Innovation im Gesundheitswesen ist neben Nachhaltigkeit und Qualität auch die Komponente Geschwindigkeit, oft auch als „Time-to-Market" beschrieben, entscheidend für den dauerhaften Erfolg eines Produktes.

20.1.2 Herausforderungen von Innovationen im Gesundheitswesen

Die speziellen Herausforderungen von Innovationen reichen von der Forschung und Entwicklung, über die Produktion und Skalierung bis hin zur Vermarktung. Speziell bei der Entwicklung und Markteinführung von Innovationen sind gemeinsame Bestrebungen – organisiert von Netzwerkorganisationen – von großem Vorteil.

Eine Innovation bedeutet, eine Neuerung erfolgreich am Markt zu platzieren. Die Bedeutung eines Innovationssystems, unter anderem aus der Perspektive von Netzwerkorganisationen in der Medizintechnik, wurde bereits beschrieben (Schier & Heinrich, 2020).

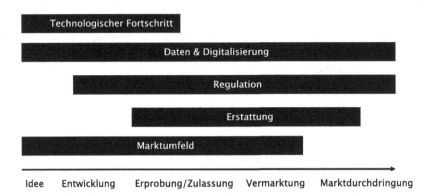

Abb. 20.1 Herausforderungen im Innovationsnetzwerk in der Gesundheitsbranche und deren Bedeutung in den jeweiligen Projektphasen von der Idee bis zur Marktdurchdringung. (Quelle: eigene Darstellung nach Schier und Heinrich, 2020, S. 420)

Wir betrachten im Folgenden die Herausforderungen von Innovationen aus der Perspektive des eigentlichen Ziels, der Etablierung am Markt.

Im Einzelnen können die Herausforderungen im Innovationsprozess im Gesundheitswesen, wie in Abb. 20.1 dargestellt, in fünf Bereiche eingeteilt werden, die im Folgenden näher beschrieben werden.

Technologischer Fortschritt
Die industrielle Gesundheitswirtschaft ist ein Bereich mit einem besonders hohen Anteil an Forschung und Entwicklung. Hier zu nennen sind neue medizinische Produkte, Verbesserung von Medizinprodukten sowie die Forschung und Entwicklung von neuen Prozessen und Verfahrenstechniken. Ebenfalls ist die universitäre und außeruniversitäre Forschung in der Biotechnologie und der Medizintechnik sowie im Bereich Diagnostik und Digital Health besonders breit aufgestellt. Die besondere Bedeutung des technologischen Fortschritts spiegelt sich auch in dem stetig wachsenden Anteil der Patentanmeldungen wider. Das Europäische Patentamt verzeichnete 2020 die meisten Anmeldungen in der Medizintechnikbranche, während die Arzneimittel- und Biotechnologiebranche den größten Zuwachs erfuhr (Europäisches Patentamt, 2021).

Daten und Digitalisierung
Aufgrund der Verwendung von Daten und Modellen entwickelt sich die Gesundheitsbranche von einer eminenzbasierten Medizin zu einer evidenzbasierten Medizin. Die automatische Interpretation von Daten mit heuristischen Ansätzen oder mit lernbasierten Algorithmen des maschinellen Lernens wird oft als künstliche Intelligenz bezeichnet. Ein Beispiel, das die Dimensionen der Digitalisierung in einer medizinischen Disziplin beschreibt, ist die Chirurgie. Sie hebt hervor, dass der Prozess von Expertinnen und Experten begleitet werden muss (Wilhelm et al., 2019). Die Komplexität der digitalen Transformation erfordert einen ganzheitlichen Ansatz, unter anderem durch Netzwerkorganisatio-

nen mit verschiedenen Expertinnen und Experten mit dem Ziel, dass die Digitalisierung eine Unterstützung und Qualitätssicherung in der Chirurgie bietet.

Regulatorische Anforderungen an die Produktsicherheit
In der gesamten Gesundheitsbranche ist ein großes Maß an Sicherheitsanforderungen für Produkte und Services erforderlich. Diese sollen die technische Sicherheit der Lösungen für die Anwendung an Patientinnen und Patienten gewährleisten. In der Medizintechnik ist dies mit der CE-Kennzeichnung der Produkte nach dem rechtlichen Rahmen der MDR-Verordnung (2017/745) gegeben. Die Einhaltung der Normen und Verordnungen erfordert spezialisiertes Wissen und Erfahrung, die speziell bei neuer Lösung oft nur mit externen Expertinnen und Experten und einem Netzwerk abbildbar sind.

Marktumfeld
In der Gesundheitsbranche verändert sich das Marktumfeld von Produkten immer mehr in Richtung lösungs- und prozessorientierter Ansätze. Entscheidend ist dabei nicht das einzelne Produkt, sondern das Ergebnis in der Diagnose beziehungsweise Therapie. Speziell die Digitalisierung und Sensorik ermöglichen telemedizinische Verfahren für eine Diagnose, Therapie, aber auch die Pflege in der häuslichen Umgebung.

Ein Querschnittsthema und eine der größten Herausforderung über alle Bereiche ist die Finanzierung der Innovation. Entlang des Innovationsprozesses nimmt das Risiko des Scheiterns einer Innovation ab und die Sicherheit der Akzeptanz einer Lösung am Markt zu (siehe Abb. 20.2). Von der Forschung bis zur Marktskalierung/-penetration von Innovationen nimmt das Risiko asymptotisch über die Zeit ab, während der Finanzierungsbedarf vor allem in den Phasen der Validierung, dem Markteintritt und der Marktskalierung steigt (Kollmann et al., 2020). Dem gegenüber steht die Entwicklung des Umsatzes, der in einem

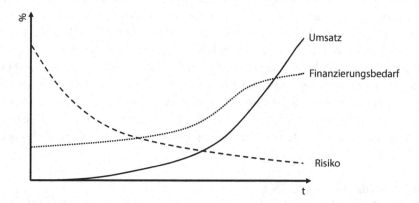

Abb. 20.2 Von der Forschung bis zur Marktskalierung/-penetration von Innovationen nimmt das Risiko asymptotisch über die Zeit ab, während der Finanzierungsbedarf steigt. (Quelle: Eigene Darstellung)

idealen Vorhaben exponentiell steigt und bei einer Marktsättigung in ein lineares, moderates Wachstum übergeht.

20.2 Einblicke in Netzwerke aus der Medizintechnik

In der Medizintechnik gibt es viele Netzwerke mit regionalem und überregionalem Fokus. Wir beschränken uns in der Darstellung auf drei beispielhafte Netzwerke aus Süddeutschland und erheben daher keinen Anspruch auf Vollständigkeit. Es gibt weitere Netzwerke und Cluster im Bereich Medizintechnik in Deutschland sowie in Österreich, der Schweiz, in weiteren europäischen Ländern und weltweit, die jeweils auf Länder, Landes- und Kommunenebene aktiv sind. Wir stellen ebenfalls eine Allianz von mehreren Netzwerken vor, die die überregionale Vernetzung durch gemeinsame Aktivitäten zum Ziel hat.

Die kontinuierliche Netzwerk-Weiterentwicklung sowie die Einhaltung europäischer Exzellenz-Standards werden mit Vergabe des Silver-Labels der European Cluster Excellence Initiative (ECEI) zertifiziert. Das Forum MedTech Pharma erhielt diese Auszeichnung 2021 zum dritten Mal in Folge und wurde damit bis Dezember 2023 im Portfolio „Health and medical science" rezertifiziert. Das Medical Valley wurde mit dieser Auszeichnung bis Mai 2023 rezertifiziert (VDI/VDE, 2022).

Beispiel 1: Forum MedTech Pharma e. V.
Das Forum MedTech Pharma e. V. ist ein in Deutschland aktives Netzwerk für die Umsetzungen von Innovationen in der Gesundheitsbranche mit Fokus auf die Medizintechnik, das auch über die Landesgrenze hinaus mit internationalen Netzwerkorganisationen kooperiert. Der gemeinnützige Verein zeichnet sich besonders durch die interdisziplinäre und sektorenübergreifende Perspektive aus, die sich sowohl in der breiten thematischen Schwerpunktsetzung als auch in der Diversität der Mitgliederstruktur spiegelt. Das Netzwerk hat die Aufgabe, durch seine Vernetzungsangebote alle Akteurinnen und Akteure der Branche dabei zu unterstützen, Innovationen erfolgreich in der Gesundheitsversorgung zu etablieren. Aufgegriffene Themen orientieren sich stets an aktuell identifizierten Chancen und Herausforderungen, die gemeinsam mit den Mitgliedsinstitutionen entwickelt werden. Die Werkzeuge zur Vernetzung beinhalten unter anderem die Konzeption und Organisation von Fachevents und Expertenkreisen, die individuelle Beratung und Betreuung von Mitgliedsinstitutionen, die Vermittlung von Wissenstragenden aus einem Expertenpool, eine Informationsdrehscheibe für Öffentlichkeitsarbeit und branchenspezifische Stellungnahmen sowie die Beteiligung in Projektkonsortien (Forum Medtech Pharma, 2022).

Beispiel 2: Medical Valley EMN e. V.
Das Medical Valley Europäische Metropolregion Nürnberg-Erlangen (MV-EMN) ist ein international führendes regionales Cluster in Nordbayern im Bereich Medizintechnik und Gesundheitswirtschaft. Hier sind sowohl regionale Partnerorganisationen und Stadtent-

wickler als auch klinische Versorgungseinrichtungen, hochspezialisierte Forschungsein-richtungen, zahlreiche international führende sowie heranwachsende Unternehmen und Start-ups aktiv. Mit dem Ziel, gemeinsam Lösungen für die Herausforderungen der Ge-sundheitsversorgung von heute und morgen zu finden, kooperieren diese eng mit weltweit renommierten Einrichtungen. Diese außergewöhnliche regional fokussierte Dichte bietet in Kombination mit der internationalen Markt- und Wettbewerbsposition einzelner Akteu-rinnen und Akteure Voraussetzungen, die eine schnelle Entwicklung von Produkten, Pro-zessen und Dienstleistungen und somit Innovationen in der Gesundheitsbranche ermög-licht (Medical Valley EMN, 2022).

Beispiel 3: MedicalMountains GmbH
Die MedicalMountains GmbH ist ein Netzwerk für Medizintechnik und bringt durch Wis-sens- und Technologietransfer, Qualifizierungsangebote sowie Kooperationen Akteurin-nen und Akteure zusammen, um Innovation voranzutreiben. Damit stärkt MedicalMoun-tains die Spitzenpositionierung des Medizintechnik-Standortes in und um die Region Tuttlingen, aber auch die des Standortes Deutschland nachhaltig. Die MedicalMountains GmbH vertritt die Anliegen der Medizintechnikbranche auf regionaler und nationaler Ebene mit europäischer Sichtbarkeit und setzt sich für sinnvolle Rahmenbedingungen ein. Durch Positionspapiere und den regelmäßigen Dialog erhält die Stimme jedes einzelnen Partners mehr Gewicht gegenüber Politik, Behörden und Verbänden. Gleichermaßen un-terstützt das Netzwerk bei neuen Herausforderungen, indem wichtige Informationen ein-gespielt werden und pragmatische Lösungsansätze für die Akteurinnen und Akteure ent-wickelt werden. Mit Fokussierung auf gegenwärtige und relevante Inhalte der medizintechnischen Entwicklung wird jede einzelne Netzwerkorganisation in ihrer Arbeit gestärkt (MedicalMountains, 2020).

Die MedTech Cluster Alliance D-A-CH – Medizintechnik weitergeDACHt
Die Medtech Cluster Alliance D-A-CH ist ein Zusammenschluss von Clusterorganisatio-nen, Netzwerken und Initiativen der Medizintechnikbranche aus der D-A-CH-Region, das heißt aus Deutschland, Österreich und der Schweiz. Die Allianz besteht derzeit aus zehn deutschen, fünf österreichischen und einer Schweizer Partnerorganisation und erschließt damit eine Innovations- und Wirtschaftsregion mit mehreren tausend Medizintechnik- be-ziehungsweise Forschungspartnern sowie zahlreichen klinischen Einrichtungen. Zentrales Anliegen der Allianz ist die überregionale Vernetzung von Unternehmen, Universitäten, Forschungseinrichtungen, Gesundheitsversorgenden und Investierenden aus dem Gesund-heitsbereich, um die Innovationskraft der D-A-CH-Region zu steigern und den Wirt-schaftsraum in seinen Wertschöpfungsketten gegenüber zukünftigen Krisen widerstands-fähiger zu machen. Zudem sollen gemeinsame Themen, wie Positionspapiere, mit dem Zusammenschluss ein besseres Gehör gegenüber der Politik, Behörden und Verbänden haben, um die Innovationsdynamik und Wirtschaftskraft der Branche zu stärken (Leuthold et al., 2021).

20.3 Besonderheiten der Pflege in Bezug auf technische Pflegeinnovationen

Die vielschichtigen Herausforderungen von der Forschung und Entwicklung bis hin zur Etablierung am Markt sind von einzelnen Vorhaben nicht zu bewältigen. Die Herausforderungen können in Netzwerkorganisationen gemeinsam mit unterschiedlichen Partnerorganisationen und Stakeholdern in den Phasen des Innovationsystems fokussierter und mit höherer Erfolgswahrscheinlichkeit zum Ziel führen. Eine ähnliche Komplexität von der Idee bis zur Vermarktung existiert auch bei Pflegeanwendungen. Bis dato noch weitgehend unstrukturiert und unorganisiert werden im Folgenden die Relevanz von Netzwerken im Bereich Pflegeinnovationen, vor allem im Kontext der Komplexität des Marktzugangs, der Nutzerakzeptanz und der Erstattung beschrieben. Hier unterstützen Netzwerke aktiv, um strukturell und organisatorisch die richtigen Entscheidungen zu treffen und umzusetzen. Für neue und junge Netzwerke ist es wichtig, sich an den Erfolgsfaktoren von etablierten Netzwerken zu orientieren (Drewello et al., 2015).

Als Beispiel ist hier anzuführen, dass aus dem Expertenkreis Pflegeinnovationen, der durch das Netzwerk Forum MedTech Pharma im Jahr 2015 ins Leben gerufen wurde und seither koordiniert wird, das Verbundprojekt PPZ Nürnberg entstanden ist. Das PPZ Nürnberg testet und erprobt technische und digitale Innovationen im Pflegealltag auf Praxistauglichkeit.

Das Bundesministerium für Bildung und Forschung (BMBF) hat damals das neue „Cluster Zukunft der Pflege" gestartet. Das PPZ Nürnberg wurde im Zuge dieser Fördermaßnahme als eines von vier Pflegepraxiszentren gegründet. Die Fördermaßnahme gehört zum Forschungsprogramm „Technik zum Menschen bringen".

Analogien zur Medizintechnik bestehen unter anderem in den Herausforderungen der regulatorischen Hürden und Zulassungen. Pflegetechnologien werden ähnlich wie Lösungen in der Medizintechnik am Menschen, also am Patienten/an der Patientin oder am/an der zu Pflegenden, angewendet. Dies bedeutet die Einhaltung regulatorischer Anforderungen und den Nachweis der technischen Sicherheit unter Berücksichtigung der vorgeschriebenen Normen.

Eine weitere Herausforderung besonderer Komplexität ist die Vergütung von Innovationen. Ähnlich der Vergütung im stationären Sektor, die nach dem Dualen Finanzierungssystem – unterschiedliche Finanzierungen von Investitionen und Behandlungskosten nach dem SGB V – geregelt ist, wird auch in der Pflege verfahren. Hier gibt es ebenfalls Investitionen in die Infrastruktur sowie Pflegevergütung, die im SGB XI geregelt sind, jedoch keine Verpflichtung der öffentlichen Hand zur Investitionskostenförderung. In diesem Fall kann der Betrag den Pflegebedürftigen nach Maßgabe des § 82 SGB XI gesondert berechnet werden. Es ist wichtig, hier in einem Netzwerk mit Expertinnen und Experten die richtige Strategie für eine dauerhaft finanzierbare Lösung zu entwickeln und umzusetzen.

Die Möglichkeiten der digitalen Transformation sind analog zur Medizintechnik ebenfalls vielfältig. In den Bereichen Sensorik und Telekonzil wie auch im medizinischen Bereich verlagert sich die Pflege zunehmend in die häusliche Umgebung. Im stationären

Umfeld kann die Digitalisierung der Prozesse entlastend wirken. Nicht die Technologie selbst, sondern die personellen und organisatorischen Bedingungen zur Umsetzung digitaler Prozesse und zur Ermöglichung von Schulungen, Aus- und kontinuierlichen Weiterbildungen stellen eine Herausforderung dar. Für eine einzelne Person oder auch Einrichtung ist die Komplexität dieser Änderungsprozesse sehr zeit- und kostenintensiv. Diese Prozesse können in einem Verbund beziehungsweise Netzwerk gemeinsam mit anderen Einrichtungen, Herstellern und mit wissenschaftlicher Begleitung realisiert werden. Eine Skalierung, aber auch Amortisierung der Ressourcen und Kosten ist somit möglich.

20.3.1 Herausforderungen in der Praxiserprobung von Pflegeinnovation

Je nach Setting ergeben sich bei der Erprobung von Pflegeinnovationen unterschiedliche Anforderungen an den Praxiseinsatz. Die Akutversorgung im Krankenhaus unterliegt anderen Rahmenbedingungen als die stationäre Langzeitpflege. Pflegepraktische Implikationen müssen je nach Setting aus unterschiedlichen Blickwinkeln vorab betrachtet werden. So ergeben sich bei der Einführung und Erprobung neuartiger Technologien in der Vorbereitungsphase viele Aspekte, die es zu klären gilt: Neben der Frage nach Nutzen und eventuellen Risiken für Pflegende und Gepflegte betrachtet das Pflegepraxiszentrum Nürnberg (PPZ Nürnberg) hierbei ethische, rechtliche und soziale Faktoren genauso wie pflegepraktische, ökonomische und technische (ELSI+) Kriterien (Bauer et al., 2018, S. 51–56). Entsprechend dem technischen Komplexitätsgrad sind vorbereitende Maßnahmen unterschiedlich kostenintensiv und zeitaufwändig. Bei der Einführung einer Technologie handelt es sich um eine komplexe Intervention in das Gesamtgefüge eines Arbeitsprozesses (Obser & Schroll-Würdig, 2020, S. 20). Daher ist es empfehlenswert, mit verschiedenen Akteurinnen und Akteuren in einem Netzwerk zusammenzuarbeiten und kritische Fragen gemeinsam mit pflegepraktischen, rechtlichen und wissenschaftlichen Expertinnen und Experten zu beantworten.

Verwiesen sei an dieser Stelle auf die „Zielfragen und Erfolgskriterien zur Einführung einer neuen Technologie" aus dem Projektbericht Viarro (Obser & Schroll-Würdig, 2020, S. 26–32). Nach der vorbereitenden Phase und der Klärung aller relevanten Fragen zur Technikimplementierung stellt die Informationsphase mit Schulung der Multiplikatorinnen und Multiplikatoren eine wichtige pädagogische Weichenstellung dar. Die Einbindung aller relevanten Stakeholder wie Pflegender, Gepflegter, Angehöriger, von Ärztinnen und Ärzten, der IT, des Datenschutzes, der Personalvertretung und des Managements ist vor dem Hintergrund eines Change-Management-Prozesses zu betrachten. Motivation und Akzeptanz spielen als Erfolgsfaktoren eine entscheidende Rolle. Zudem ist die Implementierung neuer Technologien mit einem hohen zeitlichen und personellen Aufwand verbunden, für deren Umsetzung oftmals keine Ressourcen zur Verfügung gestellt werden. Pflegeeinrichtungen riskieren vor diesem Hintergrund gegebenenfalls gute Produkte zu beschaffen, deren Implementierung aber nicht engmaschig zu begleiten. Geringe Fallzahlen und nicht klar kontrollierbare Settings erschweren die Nutzenbewertung, sodass Evaluations- und Feedbackschleifen während der Implementierung und Anwendung unter Einbezug aller beteiligten Akteurinnen und Akteure für eine nachhaltige Technikimplementierung hilfreich sind und durch einen sehr guten Kundensupport seitens des Herstellers ergänzt werden sollten. Die Einführung neuer Technologien stellt für den Leistungserbringer einen komplexen Prozess dar, welcher als Bestandteil eines sozialen Arrangements gesehen werden muss und der Beeinflussung nicht kontrollierbarer Faktoren unterliegt (Obser & Schroll-Würdig, 2020, S. 20). Interdisziplinäre Netzwerke, die die speziellen Bedürfnisse und Herausforderungen der Pflegebranche kennen, können dabei helfen, kritische Erfolgsfaktoren vorab zu definieren, und während des Implementierungsprozesses unterstützend zur Seite stehen.

20.3.2 Unterstützung des Transfers von Pflegetechnologien am Beispiel von Expertenkreisen

Mit dem Format „Expertenkreise" des Forums MedTech Pharma werden thematisch eng fokussierte Expertengespräche zu wichtigen Technologie- oder Anwendungsthemen angeboten. Dies kann als eine Vorstufe einer dedizierten Netzwerkorganisation betrachtet werden, die noch nicht die Bedeutung einer selbstständigen Organisation hat. Die Besetzung des Experten-Panels erfolgt transdisziplinär und auf persönliche Einladung. Zielgröße für die bisherigen Gesprächsrunden ist ein Kreis von rund zehn bis zwanzig Vertreterinnen und Vertretern aus Wirtschaft, Wissenschaft und Anwendung. Sofern dies inhaltlich sinnvoll ist, werden im Rahmen dieses Formates die Entstehung von Projektideen und die Bildung neuer Projekt-Konsortien gezielt gefördert. Das Format wird stets strategisch weiterentwickelt und auf zusätzliche Themenbereiche und Herausforderungen ausgeweitet. Dabei werden Schwerpunktthemen der unterschiedlichen Teilbereiche innerhalb der Medizintechnik und Gesundheitswirtschaft aufgegriffen. In der Vergangenheit hat dieser Expertenkreis für Pflegetechnologien mit den interdisziplinären Partnern das Konsortium PPZ Nürnberg hervorgebracht und als Teil des „Clusters Zukunft der Pflege" erfolgreich Innovationen im Pflegealltag untersucht.

Zusammen mit weiteren Netzwerkpartnern wurde in 2021 ein Positionspapier im Rahmen des Expertenkreises Pflegeinnovationen ausgearbeitet, das eine Stellungnahme zu der bevorstehenden Einführung der digitalen Pflegeanwendungen darstellt und auf mögliche praxisrelevante Korrekturen in der Implementierung und Umsetzung hinweist (Dittrich et al., 2021).

20.4 Zukunftsvorstellungen und Handlungsempfehlungen für Innovationsnetzwerke in der Pflege

Dauerhaft einsetzbare Lösungen in der Pflege müssen alle vorab beschriebenen Kriterien in einem höchsten Maße erfüllen, um eine erfolgreiche Marktdurchdringung durch die breitflächige Integration in den Pflegealltag zu erreichen. Zum einen müssen die Lösungen von höchster Qualität sein und die regulatorischen und gesetzlichen Auflagen erfüllen. Zum anderen muss eine Finanzierung und Erstattbarkeit nach SGB V oder SGB XI erfüllt sein und sowohl für die Pflegeeinrichtung als auch für den Hersteller der Produkte und den Service ein dauerhaftes und nicht defizitäres oder von individuellen Einmalförderungen abhängiges Geschäftsmodell darstellen. Der pflegerische Nutzen und der Nutzen beziehungsweise die Entlastung der Pflegekraft muss ebenfalls untersucht und hinreichend erprobt werden. All dies erfordert eine komplexe Infrastruktur und die Einbindung von zahlreichen Expertinnen und Experten, Praxiszentren sowie Spezialistinnen und Spezialisten. Hierzu ist die Weiterentwicklung von losen Gruppierungen und Expertenkreisen zu einer Netzwerkorganisation erforderlich. Analog zu den Netzwerken in der Medizintechnik kann dies in einem Innovationsnetzwerk für Pflegeinnovation abgebildet werden, das von der Idee und der Wissenschaft über die Entwicklung, Erprobung und Zulassung bis hin zu der Marktdurchdringung alle Stufen des Innovationsprozesses einbindet. Diese basieren auf verschiedenen technologischen Ansätzen wie zum Beispiel in der Sensorik, der Digitalisierung, der mechanischen Aktorik zum Beispiel durch intelligente Betten oder Exoskelette und für verschiedene Anwendungsbereiche wie die Intensivmedizin, die Reha sowie die ambulante und stationäre Altenpflege.

Da Innovationsnetzwerke häufig keine externe Finanzierung haben, sondern von den Eigenmitteln der Partner getragen werden, ist es im Kontext der relativ jungen Branche, die in der Regel nicht mit üppigen Ressourcen ausgestattet ist, auch eine herausfordernde Aufgabe, die Finanzierung solcher Netzwerke sicherzustellen durch ein klares Werteversprechen mit dem Ziel, nachhaltige und dauerhafte Lösungen für die Verbesserung der Pflegequalität und die Entlastung der Pflegekräfte zu fördern.

20.5   Fazit

Innovationsnetzwerke sind ein vertrauensvoller Zusammenschluss von Organisationen in einem Themenbereich mit dem Ziel, Lösungen, Produkte und Services von der Idee bis in den Markt zu bringen. Dies ist vor allem in Marktsegmenten mit hoher Komplexität ein wichtiges Instrument, um die Erfolgswahrscheinlichkeit für den Markterfolg bereits in frühen Phasen zu bestimmen und auf dem Weg der Umsetzung durch Expertinnen und Experten zu begleiten. In der Gesundheitsbranche, vor allem in der Medizintechnik und der Biotechnologie, gibt es bereits etablierte Innovationsnetzwerke, die seit vielen Jahren Innovationsvorhaben stimulieren, initiieren und begleiten (Forum MedTech Pharma, 2022; Medical Valley, 2022; MedicalMountains GmbH, 2020).

Als Teil der Gesundheits- und Pflegewirtschaft weist der Pflegebereich viele Analogien zur Medizintechnik auf. Dies betrifft sowohl die Komplexität der Technologien als auch die Herausforderungen in der Regulation, in der Implementierung, in der Nutzerakzeptanz, im Nachweis des Pflegenutzens und in der Vergütung. Im Beitrag wurde dargestellt, dass Innovationsnetzwerken in der Pflege zukünftig ein besonderer Stellenwert zuzuordnen ist. Zum einen, um mit einem Zusammenschluss von Expertinnen und Experten verschiedener Organisationen die beste Lösung für die Zukunft der Pflege zu realisieren, zum anderen, um gesellschaftlichen Herausforderungen in der Pflege interdisziplinär und lösungsorientiert zu begegnen.

Abschließend kann die Frage des Titels „Ist die Bedeutung von Innovationsnetzwerken in der Medizintechnik eine Blaupause für die Begleitung und Verbreitung von Pflegeinnovationen?" mit Ja beantwortet werden. Voraussetzung dafür ist die Einführung von Erstattungsmodellen, die die pflegespezifischen Herausforderungen, zum Beispiel in der Technik, Entwicklung, Zulassung und hinsichtlich der rechtlichen Rahmenbedingungen, erfüllen. Dabei spielen Marktakzeptanz und -durchdringung sowie die Einbindung von Expertinnen und Experten im Netzwerk eine wesentliche Rolle.

Literatur

Bauer, C., Bradl, P., Loose, T., Müller, S., Prescher, T., Schneider, M., & Zerth, J. (2018). Entwicklung eines Organisationskonzeptes zur praxisnahen Testung und Evaluation innovativer MTI-Lösungen in verschiedenen Pflegesettings. In S. Boll, A. Hein, W. Heuten, & K. Wolf-Ostermann (Hrsg.), *Zukunft der Pflege. Tagungsbad der 1. Clusterkonferenz 2018* (S. 51–56). BIS-Verlag der Universität Oldenburg.

Dittrich, T., Gladow, T., Hilke, S., Klemm, M., Krick, T., Neeb, D., Piereth, AK., Ristok, H., Walliser-Zott, H., Wallner, R., Wolff, D., Würdig, J., & Zerth, J. (2021). Digitale Pflegeanwendungen – Pflegerischer Nutzen. Thesenpapier. https://www.bayern-innovativ.de/services/asset/pdf-dokumente/forum-medtech-pharma/thesenpapier-dipas.pdf. Zugegriffen am 28.03.2022.

Drewello, H., Kiehlmann, F., & Schwörer, N. (2015). Qualitätsmanagement in Cluster- und Netzwerkinitiativen. Europäisches Kompetenz- und Forschungszentrum Clustermanagement (Hrsg.). https://irf.fhnw.ch/handle/11654/8231. Zugegriffen am 31.03.2022.

Europäisches Patentamt. (2021). *Erfindungen im Gesundheitswesen sind wesentlicher Treiber bei europäischen Patentanmeldungen 2020.* https://www.epo.org/news-events/news/2021/20210316_de.html. Zugegriffen am 21.12.2021.

Ferguson, N. (2018). *Türme und Plätze: Netzwerke.* Propyläen Verlag.

Forum Medtech Pharma e.V. (2022). https://www.medtech-pharma.de/. Zugegriffen am 31.03.2022.

Kollmann, T., Jung P. B., Kleine-Stegemann, L., Ataee, J., & de Cruppe, K. (2020). Deutscher Startup Monitor 2020 – Innovation statt Kriese. Bundesverband Deutsche Startups e.V. (Hrsg.). https://duepublico2.uni-due.de/servlets/MCRFileNodeServlet/duepublico_derivate_00072754/Deutscher_Startup_Monitor_2020.pdf. Zugegriffen am 31.03.2022.

Leuthold, S., Neuhäuser, L., & Wallner, R. (2021). MedTech Cluster Alliance bündelt Kräfte aus 16 Regionen für eine stärkere internationale Wettbewerbsfähigkeit der D-A-CH Region. Presseinformation. https://medtech-pharma.de/wp-content/uploads/2022/03/2021-12-07_Pressemitteilung-MedTech-Cluster-Alliance-D-A-CH.pdf. Zugegriffen am 30.03.2022.

Medical Valley EMN e.V. (2022). *Das Medical Valley Ökosystem.* https://www.medical-valley-emn.de/ueber-uns/das-fuehrende-innovationscluster/. Zugegriffen am 31.03.2022.

MedicalMountains GmbH. (2020). *MedicalMountains Tuttlingen: Zusammenbringen, was Innovationskraft verspricht.* https://medicalmountains.de/ueber-uns/. Zugegriffen am 31.03.2022.

Obser, G., & Schroll-Würdig, J. (2020). Innovationen für die Pflegepraxis – Projektbericht zur Entwicklung und Erprobung eines Virtual Reality Spiels für Menschen in Pflegeeinrichtungen des NürnbergStift. https://www.ppz-nuernberg.de/wp-content/uploads/VIARRO-Projektbericht-2020_Screen.pdf. Zugegriffen am 31.03.2022.

Schier, M., & Heinrich, B. (2020). Dynamische Innovationsnetzwerke als Erfolgsfaktor. In M. A. Pfannstiel, K. Kassel, & C. Rasche (Hrsg.), *Innovationen und Innovationsmanagement im Gesundheitswesen* (S. 417–436). Springer. https://doi.org/10.1007/978-3-658-28643-9_24

VDI/VDE Innovation + Technik GmbH. (2022). *ECEI Silver Label*. https://cluster-analysis.org/silver-label/?country=3f8fad2bf336441c9fdceb26268534e6. Zugegriffen am 31.03.2022.

Wilhelm, D., Kranzfelder, M., Ostler, D., Stier, A., Meyer, H. J., & Feussner, H. (2019) Digitalisierung in der Chirurgie. Was Chirurgen darüber denken und was sie wissen – Ergebnisse einer Onlineumfrage. *Der Chirurg*, 01/2020.

Raphaela Wallner Raphaela Wallner arbeitet als Projektmanagerin Technologie im Spezialisierungsfeld Gesundheit bei der Bayern Innovativ GmbH. Hierbei ist sie vor allem für die Förderung von innovativen Medizintechnik-Projekten beim Projektträger Bayern zuständig. Darüber hinaus verantwortet sie das Thema Pflegeinnovationen bei der Bayern Innovativ. Ihr Bachelorstudium hat sie in Gesundheitspädagogik an der Pädagogischen Hochschule in Freiburg, ihr Masterstudium in Medical Process Management an der Friedrich-Alexander-Universität Erlangen-Nürnberg absolviert. Während und nach ihrem Studium arbeitete sie in unterschiedlichen Gesundheitsfeldern und machte sich dort mit den Abläufen und Prozessen des Gesundheitswesens vertraut.

Marlene Klemm Marlene Klemm ist seit Juni 2018 Leiterin des Pflegepraxiszentrums Nürnberg. Nach einem sozialen Jahr in einer Behinderteneinrichtung absolvierte sie ein Studium an der Friedrich-Alexander-Universität Erlangen-Nürnberg, an der Universidad Belgrano, Buenos Aires, Argentinien sowie an der Universidad de Extremadura, Cáceres, Spanien mit dem Abschluss Diplom-Sozialwirtin. Nach ihrem Studium arbeitete sie zunächst im Bereich „Customer Retention" bei o2 und im Bereich „Human Resources" bei adidas. Anschließend war sie beim Forum MedTech Pharma e.V. / Bayern Innovativ GmbH unter anderem als Projektmanagerin für die Themenfelder neurodegenerative Erkrankungen und Pflegeinnovationen zuständig. Ihr Forschungsinteresse liegt insbesondere in der Mensch-Technik-Interaktion sowie der Verknüpfung von Praxis, Forschung und Wirtschaft.

Jörg Traub Dr. Jörg Traub leitet das Spezialisierungsfeld Gesundheit bei der Bayern Innovativ GmbH und ist Geschäftsführer des Forums MedTech Pharma e.V., einem gemeinnützigen Verein und Netzwerk für Innovation in der Gesundheitsbranche. Zuvor war er mehr als 15 Jahre in der Gesundheits- und Medizintechnikbranche tätig. Als Unternehmer hat er mehrere Innovationen aus den Bereichen intraoperative Navigation, Bildgebung und Robotik auf ihrem Weg aus der Universität über die klinische Validierung und Produktzulassung in den Markt begleitet. Jörg Traub hat sein Diplom 2003 und seine Promotion 2008 an der Informatikfakultät der TU München abgeschlossen – mit der Vertiefung Medizininformatik, medizinische Bildverarbeitung, Navigationssysteme und Augmented Reality.

Forschungs- und Entwicklungsprojekte in der Pflege erfolgreich planen und umsetzen – Voraussetzungen und Gelingensbedingungen am Beispiel des Einsatzes von künstlicher Intelligenz

21

Dominik Domhoff, Kathrin Seibert, Lea Bergmann, Sarah Theune, Felix Bießmann, Daniel Fürstenau, Matthias Schulte-Althoff und Karin Wolf-Ostermann

Zusammenfassung

Forschungs- und Entwicklungsprojekte im Themenfeld Technik und Pflege sind mit der Herausforderung konfrontiert, bedarfsgerechte Technologien unter Einbezug und Berücksichtigung vielfältiger Akteure und Rahmenbedingungen zu entwickeln, zu

D. Domhoff (✉) · K. Seibert · K. Wolf-Ostermann
Institut für Public Health und Pflegeforschung, Universität Bremen, Bremen, Deutschland

Leibniz Science Campus Digital Public Health, Bremen, Germany
E-Mail: ddomhoff@uni-bremen.de; kseibert@uni-bremen.de; wolf-ostermann@uni-bremen.de

L. Bergmann · S. Theune
Verband für Digitalisierung in der Sozialwirtschaft e.V., Halle, Deutschland
E-Mail: l.bergmann@vediso.de; s.theune@vediso.de

F. Bießmann
Berliner Hochschule für Technik, Berlin, Deutschland
E-Mail: felix.biessmann@bht-berlin.de

D. Fürstenau
Department of Business IT , IT University of Copenhagen, Kopenhagen, Dänemark

Institut für Medizinische Informatik, Charité - Universitätsmedizin Berlin, Berlin, Deutschland
E-Mail: daniel.fuerstenau@charite.de

M. Schulte-Althoff
Department Wirtschaftsinformatik, Freie Universität Berlin, Berlin, Deutschland

Institut für Medizinische Informatik, Charité - Universitätsmedizin Berlin, Berlin, Deutschland
E-Mail: matthias.schulte-althoff@fu-berlin.de

erproben, zu implementieren und zu evaluieren. Ein geringer Digitalisierungsgrad in Pflegeeinrichtungen, die Integration pflege- und bezugswissenschaftlicher Konzepte mit Bedeutung für die Pflegeprozessgestaltung oder die Rekrutierung von und die Kommunikation mit Studienteilnehmenden sind dabei wiederkehrende, im Forschungsprozess zu bearbeitende, Heraus- und Anforderungen. Wesentliche Faktoren können bereits in der Auswahl von Projekten zum Tragen kommen und den langfristigen Erfolg des Projektes prägen. Dieser Beitrag präsentiert Voraussetzungen und Gelingensbedingungen unter Berücksichtigung der Perspektive der beteiligten Akteure auf Basis der Ergebnisse einer Mixed-Methods-Studie des Sondierungsprojektes zu künstlicher Intelligenz in der Pflege.

21.1 Einleitung

Die Digitalisierung der Pflegepraxis zeigt sich aktuell als viel diskutiertes Thema auf allen Ebenen der pflegerischen Versorgung (Weber, 2021). Durch den Gesetzgeber wurden Fördermöglichkeiten und Rahmenbedingungen geschaffen, um die Einbindung innovativer Technologien in der Pflege voranzutreiben. Darunter etwa das Gesetz zur digitalen Modernisierung von Versorgung und Pflege (Digitale-Versorgung-und-Pflege-Modernisierungs-Gesetz – DVPMG) und die darin ausgewiesenen digitalen Pflegeanwendungen oder die im SGB XI befristet vorgesehene Bezuschussung von Pflegeeinrichtungen zur Einführung digitaler Anwendungen. Formuliertes Ziel dieser Bemühungen ist häufig die Unterstützung und Entlastung der professionellen Pflege in Anbetracht eines bestehenden Fachpersonenmangels und eines Anstiegs des gesellschaftlichen Pflegebedarfes aufgrund des demografischen Übergangs. Ebenso werden technische Innovationen sowohl in der professionellen als auch in der informellen Pflege mit dem Ziel entwickelt, die Versorgung zu verbessern. In allen Fällen werden jedoch der bedarfsgerechten Entwicklung der Technologien und dem Nachweis eines pflegerischen Nutzens eine hohe Bedeutung zugewiesen (Lutze et al., 2019; Seibert et al., 2020). In Verbindung mit einer bisher nur gering ausgeprägten Verbreitung digitaler Lösungen in der Pflege existieren viele Einsatzszenarien von neuen Technologien im Kontext von pflege- und gesundheitswissenschaftlichen Forschungsprojekten oder in informationstechnischen Projekten in Forschung und Entwicklung (FuE) (vgl. Vetter & Cerullo, 2021). Eine Übersicht über laufende und vergangene Forschungs- und Entwicklungsprojekte, die professionell Pflegende adressierten, zeigt etwa 30 Projekte mit Beginn zwischen 2016 und 2020 (BAuA, 2021), eine Befragungsstudie identifizierte 49 Forschungsprojekte zu digitalen Assistenzsystemen für die Pflege im Zeitraum von 2015 bis 2020 (Schley et al., 2021), jeweils nur bezogen auf Deutschland. Die stark überwiegende Mehrheit davon wurde durch öffentliche Forschungsförderung unterstützt. Hinzu kommen eine Vielzahl von Projekten, die Empfangende von Pflegeleistungen in allen Settings aber auch pflegende Angehörige im Fokus haben – oder die im Rahmen von privatwirtschaftlicher Forschung stattfinden.

21.2   Problemstellung

Der Pflege, insbesondere Einrichtungen der Langzeitpflege und der häuslichen Pflege, aber auch der informellen Pflege, wurde in den vergangenen Jahren wiederholt eine geringe Adaption neuer Technologien attestiert (Vetter & Cerullo, 2021). Doch auch die verstärkte Forschungsförderung auf diesem Gebiet erreicht nur zu einem geringen Grad eine Verstetigung der Vorhaben. Entsprechende Erfahrungen aus Forschungs- und Entwicklungsprojekten wurden bisher vor allem unsystematisch in Form von Nebenbefunden berichtet. In der bisherigen Arbeit des Clusters *Zukunft der Pflege* und in vorhergehenden Forschungsarbeiten der Autorinnen und Autoren dieses Beitrags wurden im Themenfeld Pflege und Technik wiederkehrend identische Problemfelder benannt: Besonders prominent ist die Herausforderung für die professionelle Pflege, dezidiert Personal zur Begleitung von Forschungsprojekten in der Praxis bereitstellen können, bedingt durch die hohe Arbeitsbelastung in den Einrichtungen. Eine hohe Personalfluktuation sowohl in der direkten Versorgung als auch im Management verstärkt diese Problematik (Aerny-Perreten et al., 2015; Lapane et al., 2007). Die dringend notwendige und auch geforderte Partizipation der Zielgruppen an der Entwicklung von neuen Technologien (Evans et al., 2018; Fuchs-Frohnhofen et al., 2018) gerät damit häufig ins Hintertreffen. Dabei wird gerade von Seiten der Pflegenden der Zusammenarbeit mit den Entwickelnden zum Zwecke einer bedarfsgerechten Entwicklung von Lösungen eine hohe Bedeutung zugemessen. Andererseits berichten Akteure der Pflegepraxis jedoch häufig das Gefühl einer unzureichenden ernsthaften Berücksichtigung der späteren Anwendenden im Entwicklungsprozess und einer mangelhaften Kommunikation zwischen beiden Gruppen auf einer gemeinsamen fachlichen Ebene (Bräutigam et al., 2017).

Ebenso werden rechtliche Rahmenbedingungen als Hindernisse im Kontext von Forschung und Entwicklung in der Pflege beschrieben. Allen voran stellen Fragen des Datenschutzes Forschungsprojekte vor Herausforderungen, wenn mit neuen Technologien neue Formen der Datenerhebung, der Datenverarbeitung und der Datenverwertung notwendig sind, oder etabliert werden sollen. Trotz Berücksichtigung entsprechender Fragestellung in der Projektplanung zeigen sich an dieser Stelle wiederholt unerwartete Probleme oder Verzögerungen, die sich hinderlich auf Forschungsvorhaben auswirken. Vergleichbare Herausforderungen erwachsen auch aus dem reformierten Medizinprodukterecht (Lenarz & Requardt, 2020, S. 18–21).

Bisher wurde der Blick in der Forschung besonders auf die Implementation der technischen Lösungen – beziehungsweise deren Ausbleiben – in der alltäglichen pflegerischen Versorgung geworfen (Greenhalgh & Abimbola, 2019; Greenhalgh et al., 2017; Kunze, 2020), weniger jedoch auf die Gestaltung des Prozesses in Forschungs- und Entwicklungsprojekten selbst. Dieser Beitrag stellt am Beispiel von FuE im Themenfeld künstliche Intelligenz (KI) in der Pflege Bedingungen und Faktoren dar, deren Berücksichtigung und Einhaltung bei Projektplanung und -durchführung aus Perspektive von Expertinnen und Experten aus Pflegewissenschaft, Pflegepraxis und KI-Forschung und -Entwicklung dazu beitragen können, erfolgreiche Forschungsvorhaben zu befördern, und die Grundlagen für eine Verstetigung bieten können.

21.3   Vorgehen

Das Sondierungsprojekt zu künstlicher Intelligenz in der Pflege (SoKIP) hatte zum Ziel, Bedarfe, Anwendungsszenarien, Voraussetzungen sowie Rahmen- und Gelingensbedingungen für FuE zu explorieren, um Potentiale für den Einsatz von KI in der Pflege zu erschließen. Neben der Darstellung des aktuellen Standes der wissenschaftlichen Literatur zum Themenfeld fand ein Stakeholderprozess mit Expertinnen und Experten aus relevanten Disziplinen statt. Darunter waren insbesondere Leitungspersonen aus der Pflege, Vertreterinnen und Vertreter der Träger von Pflegeeinrichtungen, Pflegefachpersonen, Pflegewissenschaftlerinnen und Pflegewissenschaftler, Entwicklerinnen und Entwickler und Expertinnen und Experten aus dem Bereich Ethik und Recht.

Der empirische Teil der Studie umfasste ein sequenzielles Mixed-Methods-Design (Cresswell, 2014). Dieses bestand aus einem Online-Workshop in Form eines World Cafés mit 21 Teilnehmenden, in dem Bedarfe, Anwendungsbereiche und Schwerpunkte für FuE zu KI in der Pflege sowie Gelingensbedingungen von Forschungsprojekten ermittelt wurden. Dem schlossen sich leitfadengestützte Interviews mit insgesamt 14 Expertinnen und Experten an, in denen die zuvor identifizierten Aspekte insbesondere um wissenschaftliche Perspektiven vertieft sowie eingeordnet wurden. Ferner wurden die identifizierten Bedarfe und aussichtsreichen Anwendungsbereiche in einer Online-Befragung mit 53 Teilnehmenden quantitativ priorisiert und bewertet. Schließlich lösten 80 Personen in Gruppen unter Nutzung von KI-Methoden praktische Herausforderungen mit Daten aus dem Pflegebereich in einem Datathon, einem eintägigen Online-Wettbewerb. Abb. 21.1 zeigt die Elemente und den Verlauf der SoKIP-Studie. Die Datenerhebungen fanden im Zeitraum von Juni bis September 2020 statt. Vertiefende Literaturrecherchen zu ausgewählten Aspekten ergänzten die empirischen Ergebnisse.

Abb. 21.2 systematisiert die aus SoKIP hervorgegangenen Ergebnisse entlang von fünf zentralen Kategorien und verweist auf vorbestehende Instrumente und Rahmenwerke, die FuE-Projekte in der Pflege in der Planung und Durchführung unterstützen können. Neben der Auseinandersetzung mit regulatorischen, prozessualen und technischen Voraussetzun-

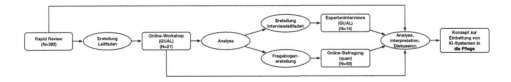

Abb. 21.1 Elemente und Verlauf der SoKIP-Studie

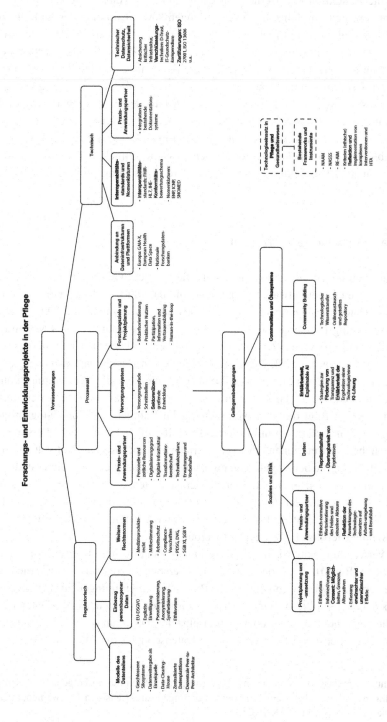

Abb. 21.2 Überblick über die Voraussetzungen und Gelingensbedingungen von Forschungs- und Entwicklungsprojekten in der Pflege

gen stehen die Reflektion und Berücksichtigung von Gelingensbedingungen in Zusammenhang mit sozialen und ethischen Fragstellungen sowie Communities und Ökosystemen im Vordergrund. Weitere Ergebnisse und das genaue Vorgehen des Projektes wurden in einem Konzept zur Einbettung von KI-Systemen in der Pflege (Wolf-Ostermann et al., 2021) veröffentlicht. Im Folgenden werden die Erkenntnisse aus Online-Workshop und Interviews mit Expertinnen und Experten entlang der in Abb. 21.2 gezeigten Kategorien zusammengefasst, eingeordnet und um relevante Diskurselemente ergänzt.[1] Obgleich das Erkenntnisinteresse themenspezifisch auf die Anwendung von KI-Systemen in der Pflege ausgerichtet war, sind die Erkenntnisse auch für die Entwicklung anderer Technologien als KI übertragbar. Dies wird dadurch unterstrichen, dass die Teilnehmenden sowohl auf ihre Vorerfahrungen aus KI-Projekten als auch aus anderen Forschungsprojekten zu Technologien in der Pflege zurückgriffen.

21.4 Regulatorische Voraussetzungen

Eine Vielzahl von neuen Technologien in der Pflege macht Gebrauch von vorliegenden personenbezogenen Daten, etwa aus der Pflegedokumentation, oder erzeugt, verarbeitet und speichert Daten mit Personenbezug, beispielweise im Rahmen von Aktivitäts- oder Vitaldatenmonitoring (Seibert et al., 2021). Besonders Anwendungen des Maschinellen Lernens (ML) sind auf vorhandene Daten angewiesen, mit denen KI-Systeme trainiert werden können (Glauner, 2022). Neben den allgemeinen Regelungen zum Umgang mit personenbezogenen Daten (Artikel 5 ff. DSGVO), unterliegt die Verarbeitung von Gesundheitsdaten noch strengeren Anforderungen (Artikel 9 DSGVO). Laut den Teilnehmenden im SoKIP erfolgt die Datenverarbeitung im Rahmen von Forschungsprojekten üblicherweise auf Grundlage der informierten Einwilligung der betroffenen Personen oder deren gesetzlichen Vertreterinnen oder Vertretern sowie einer Kooperations- und Vertraulichkeitsvereinbarung. In der Projektplanung ist daher bereits in einem frühen Stadium die Machbarkeit unter datenschutzrechtlichen Gesichtspunkten zu prüfen, idealerweise unter Einbezug der Datenschutzbeauftragten der betroffenen Institutionen. Technische Maßnahmen zur Einhaltung des Datenschutzes (zum Beispiel Anonymisierung, Pseudonymisierung oder Synthetisierung) sollten geprüft werden.

Bei der Verwendung von ML in KI-Anwendungen sind weitere Herausforderungen zu berücksichtigen. Bei ML-Komponenten, die aus personenbezogenen Daten lernen, ist zu klären, wie verfahren wird, wenn betroffene Personen Einwilligungen zur Datenverarbeitung zurückziehen. Es sollte etwa möglich sein, zurückzuverfolgen, welche Daten für welche Modelle verwendet wurden, oder gezielt einzelne Datenpunkte vergessen zu lassen (Schelter, 2020). Ebenso wird im Kontext des Datenschutzes die Einhaltung der Zweck-

[1] Soweit nicht anders ausgewiesen oder mit Quellen belegt, stellen die im Folgenden präsentierten Voraussetzungen, Gelingensbedingungen oder Forderungen direkt aus den Datenerhebungen hervorgegangene Erkenntnisse aus SoKIP dar.

bindung der Datennutzung diskutiert, da insbesondere beim *unsupervised learning* und den daraus resultierenden Modellen der Zweck nicht immer bekannt ist, bevor Ergebnisse begutachtet wurden (Gausling, 2020; Niemann & Kevekordes, 2020). Entsprechende Sachverhalte sind dabei hochgradig anwendungsspezifisch und müssen für das Projekt individuell betrachtet werden. Schließlich gibt die DSGVO auch vor, dass eine Entscheidung, die einer betroffenen Person gegenüber „rechtliche Wirkung entfaltet oder sie in ähnlicher Weise erheblich beeinträchtigt" (Art. 22 Abs. 1 DSGVO), immer unter dem Vorbehalt einer menschlichen Intervention stehen sollte, sofern nicht etwa eine ausdrückliche Einwilligung dazu besteht (Gausling, 2020).

Ein zwischenzeitlich vorgelegter Gesetzesvorschlag der Europäischen Kommission zur Regulierung von KI definiert vier Risikoklassen von KI-Anwendungen. Systeme, welche die Gesundheit, Sicherheit oder Grundrechte von Personen betreffen, werden dabei der höchsten zugelassenen Risikoklasse zugeordnet. Entsprechende Produkte würden damit besondere Pflichten, insbesondere in Bezug auf Transparenz des Systems und Rückverfolgbarkeit von Entscheidungen, erfüllen müssen (Heesen et al., 2021).

Ziel sollte sein, eine grundsätzliche Nutzung der Daten bereits in der Planungsphase gewährleisten zu können und Fragen des Datenschutzrechtes zu adressieren. Für die abschließende Klärung sollten im Projektplan Meilensteine eingeplant werden und Auswirkungen eventueller Verzögerungen oder ausbleibender Datenverfügbarkeit auf den Projektverlauf dargelegt werden. Dieses betrifft ebenfalls das Informieren der Studienteilnehmenden und das Einholen von Einwilligungserklärungen von den betroffenen Personen selbst oder von deren Vertretungsberechtigten.

Neben dem Datenschutzrecht kann auch die Vertraulichkeit der zu verwendenden Daten ein Hindernis darstellen. Da in Projektkonsortien die Datennutzenden nicht zwingend den Dateneignern entsprechen, können Geschäftsinteressen einer Weitergabe von Daten gegenüberstehen. Zu berücksichtigen ist dabei neben der rechtlichen Eigentümerschaft auch die faktische Verfügung über die Daten, die nicht zwingend bei den Eigentümerinnen oder Eigentümern liegen muss, sondern bei Dritten, die eine Datennutzung somit verhindern können. Abhängig von der Relevanz der Datennutzung für ein Projekt sollten auch hier bereits in der Planungsphase die Möglichkeiten ausgelotet werden, beispielsweise durch die Abgabe einer Vertraulichkeitserklärung durch die Datennutzenden. In diesem Zusammenhang ist auch eine Analyse des Datenbestandes und die Auseinandersetzung mit möglichen Modellen des Datenteilens und deren datenschutzkonforme Umsetzung zu empfehlen. Überlegungen können dabei von Silosystemen, die das Datenteilen maßgeblich erschweren, bis zu zentralen Datenplattformen oder dezentralen Architekturen (zum Beispiel das Trainieren von KI-Modellen mit Hilfe von Federated Learning) zum Datenaustausch reichen.

Weitere rechtliche Grundlagen können verschiedenste Dimensionen umfassen, beispielsweise das Medizinprodukterecht (unter anderem Medizinprodukterecht-Durchführungsgesetz (MPDG) und Medizinprodukteverordnung (MDR)), die Bestimmungen der Sozialgesetzbücher (insbesondere SGB V und SGB XI) zur Interoperabilität mit Infrastrukturen des Gesundheitswesens, Regelungen zur Informationssicherheit, Regelungen zum Schutz kritischer Infrastrukturen, der Arbeitsschutz oder die Mitbestimmungsrechte von Arbeitnehmerinnen und Arbeitnehmern. Eine situationsbezogene Prüfung und das Darlegen der geprüften oder noch zu prüfenden Rechtsnormen oder Compliance-Vorschriften, inklusive möglicher Hindernisse und Konsequenzen für den weiteren Projektverlauf in Projektanträgen, können zu einer fundierten Bewertung der Erfolgsaussichten seitens der Mittelgeber beitragen. Schließlich ist die Einholung eines ethischen Clearings bei einer zuständigen Ethikkommission dringend zu empfehlen, sofern nicht durch anderweitige Regelungen bereits verpflichtend. Sofern zutreffend, sollte die Studie folgend in einem Studienregister angemeldet werden.

Ergänzend trägt die Berücksichtigung internationaler und fachwissenschaftlicher Ethikkodizes und Richtlinien, wie etwa der Deklaration von Helsinki (WMA, 2013), der Guten Klinischen Praxis (GCP, Good Clinical Practice) (Della-Coletta et al., 2020), der Leitlinien zur Sicherung guter wissenschaftlicher Praxis (Deutsche Forschungsgemeinschaft, 2019) oder des Ethikkodexes Pflegeforschung (DGP, 2016), zur Sensibilisierung für ethisch relevante Problemlagen und zum Schutz von Würde, Rechten, Sicherheit und Wohlergehen tatsächlicher oder potentieller Teilnehmender bei (DGP, 2016).

21.5 Prozessuale Voraussetzungen und translationale Aspekte

Die wesentlichen Grundlagen für den Projekterfolg sehen die Teilnehmenden im SoKIP bei der Planung, der Gestaltung und dem Management von Projekten, insbesondere von Konsortialprojekten.

So sollte zu Beginn jedes Projektes die Festlegung und Abstimmung der Zusammensetzung des Konsortiums stehen. Sofern eine Anwendung oder Erprobung einer Technologie in der Praxis erfolgen soll, sind Anwendungspartner, beispielsweise Pflegeeinrichtungen, als feste Konsortialmitglieder einzuplanen. Besonders im Bereich von Pflegeeinrichtungen ist es ratsam, mehrere Einrichtungen in das Konsortium einzubinden, damit zeitweise Verzögerungen oder Ausfälle in den Einrichtungen nicht zu einer Gefahr für die Projektdurchführung werden. Eine enge Einbindung der Anwendungspartner von Beginn an ist schon deshalb anzustreben, um bereits in der Planungsphase die Bedarfe der Zielgruppe und den erwarteten Nutzen der Technologie in den Mittelpunkt stellen zu können. Ein Hindernis bei der Einbindung von insbesondere kleinen und mittleren Pflegeeinrichtungen stellen dabei aktuelle Regelungen der Forschungsförderung dar, die einen Eigenanteil bei den Praxispartnern voraussetzen, welcher eine Beteiligung für sie ökonomisch unattraktiv macht.

Auch die Pflegewissenschaft, die neben der wissenschaftlichen Begleitung insbesondere auch als vermittelnde Stelle zwischen der Pflegepraxis und den Entwicklerinnen und Entwicklern wirken könne, sollte im Konsortium verankert werden.

Insbesondere in den Praxiseinrichtungen ist für eine gute Ausstattung mit personellen Ressourcen zu sorgen: Einer partizipativen Entwicklung wird von allen Akteuren eine außerordentlich hohe Bedeutung zugewiesen, deren gewissenhafte Umsetzung jedoch mit einem hohen zeitlichen Aufwand der beteiligten Berufsgruppen einhergeht. So wird die Projektkoordination in den Einrichtungen beziehungsweise im Konsortium als Aufgabe einer dezidierten Funktionsstelle gesehen. Die Übernahme durch eine Einrichtungsleitung oder Pflegedienstleitung zusätzlich zu deren originären Aufgaben sei nicht adäquat. Sofern eine Implementierung von neuen Technologien im Projektverlauf vorgesehen ist, müssen auch Ressourcen für einhergehende Veränderung von Arbeitsprozessen und Organisationsstrukturen zur Verfügung stehen. Hier ist über die Einbindung von explizit vergüteten Personen als Transformations- und Innovationsagentinnen und -agenten (TIA) nachzudenken, die als permanente Ansprechpersonen für die Wissenschaft zur Verfügung stehen und für einen zweiseitigen Transfer von Wissenschaft in die Versorgungspraxis, aber auch aus dieser zurück in die Wissenschaft, notwendig sind (vgl. hierzu auch das Konzept von *linking pins* in Verbeek et al. (2020)).

Schließlich ist auch eine Entlastung oder Freistellung des Personals vorzusehen, sofern dieses an Datenerhebungen, Schulungen oder einem Austausch mit den Entwickelnden teilnimmt.

Partizipative Entwicklung wird als Schlüssel für erfolgreiche, bedarfsgerechte und nutzenstiftende Entwicklungen betrachtet (Dust & Jonsdatter, 2008; Kunze, 2017). Partizipationsprozesse sind daher im gesamten Projektablauf beziehungsweise Forschungsprozess zu berücksichtigen. Dies beginnt mit der Einbindung aller beteiligten Disziplinen bereits in der Projektplanung, sollte während der Formulierung der Projektziele fortgesetzt und auch beim weiteren Vorgehen beachtet werden. Vorbereitend können Prozessanalysen oder Fokusgruppeninterviews Hinweise auf konkrete Versorgungsszenarien, auf das Entstehen und die Bedeutung verfügbarer Daten und damit auf die Ausrichtung des Entwicklungsprozesses geben. Der erwartete Nutzen und die Zielgruppe der zu entwickelnden Technologie ist klar zu definieren. Die zugrundeliegenden Rahmenbedingungen des Versorgungssystems mit den üblichen Versorgungspfaden und Schnittstellen zu anderen Institutionen und Sektoren sind ebenso zu berücksichtigen.

Während der Durchführungsphase ist dann ein iterativer Prozess mit engmaschigem Austausch zwischen den Entwickelnden und der Zielgruppe notwendig, sodass Erkenntnisse aus der Pflegepraxis unmittelbar Einzug in die weitere Entwicklung haben können. Dabei ist – abhängig von der zu entwickelnden Technologie – die Einbindung von Pflege(-fach)personen und Pflegebedürftigen anzustreben. Wie etwa in agilen Softwareteams üblich, kann der Austausch zwischen Bedarfen der Pflege und den verschiedenen Kompetenzen eines Entwicklungsteams koordiniert werden durch Produktmanagerinnen und -manager, deren Rolle hier als besonders wichtig hervorzuheben ist (Przybilla et al., 2018). Eine solche Position könnte durch Personen mit Qualifikationen sowohl in der Pflege als auch in der Entwicklung oder Informatik besetzt werden, beispielsweise aus Pflegeinformatik, Digitalisierungsmanagement oder Data Science. Im weiteren Verlauf der Entwicklung wird eine möglichst frühzeitige Erprobung in der Praxis als gute Praxis empfohlen, sodass neben zunächst theoretischen Überlegungen auch Feedback aus der Nutzung von Prototypen noch während der Projektlaufzeit in die Weiterentwicklung eingehen kann. Zur Vermeidung von Frustration während dieses Prozesses sollten die im

Projekt gesetzten Ziele daher realistisch gesteckt sein und Erwartungen transparent im Konsortium kommuniziert werden.

Besonderes Augenmerk sollte auch auf die spezifischen professionellen Rahmenbedingungen in der Pflege gelegt werden. Die Individualität der zu Pflegenden und deren Selbstbestimmung und damit auch deren individuelle Versorgung stellen ein hohes Gut innerhalb der Profession dar (ICN, 2021). Technologien, die in entsprechende Entscheidungsprozesse eingreifen, sollten daher in ihrer Rolle gegenüber den Pflegenden und den zu Pflegenden eingeordnet werden. Es sollte herausgestellt werden, welche Autonomie den Pflegenden obliegt und welche Kompetenzen sie in Verbindung mit der Anwendung der Technologie einbringen. Zum Teil wird hier eine Widersprüchlichkeit zwischen der Fachlichkeit der Pflegenden und der zunehmenden Technisierung des Berufsfeldes gesehen. Es ist daher auch zu prüfen, inwieweit eine Förderung der Technikkompetenz bei der Zielgruppe notwendig ist und wie diese im Projekt befördert werden kann. Eine Maßnahme zur Steigerung der Akzeptanz neuer Technologien kann die Schulung von Multiplikatorinnen und Multiplikatoren in den Einrichtungen sein, welche Hintergründe erläutern und in die Technik einweisen können. Gemeinhin werden dem tatsächlichen Nutzen, der Bedarfsgerechtigkeit und der Bedienungsfreundlichkeit von Geräten von Seiten der Pflegenden sehr hohe Bedeutung zugewiesen, sodass diesen Dimensionen im Entwicklungsprozess besondere Aufmerksamkeit zukommen sollte. Im Kontext von FuE ergibt sich damit ein Spannungsfeld, welches eine frühzeitige Einbindung der Pflegepraxis erfordert, die zugleich jedoch mit hohen Erwartungen an die präsentierten Technologien einhergehen kann.

Das Projektmanagement sollte eine hohe Flexibilität im Projektablauf ermöglichen, nicht nur, um unvorhergesehene Situationen bewältigen zu können, sondern auch, um dem partizipativen Anspruch der Entwicklung gerecht zu werden, welcher gegebenenfalls Aspekte aufwirft, die im Vorlauf noch nicht bekannt waren und daher noch nicht adressiert werden konnten. Die Zeiträume für Feedbackschleifen im Projektverlauf und Iterationen in der Entwicklung sind möglichst kurz zu halten, um entsprechende Situationen frühzeitig erkennen und adressieren zu können. Als fixer Posten sollte hingegen die Verwertung der Ergebnisse bereits ab einer frühen Phase mitgedacht werden. Dies umfasst Überlegungen zur Verstetigung des Vorhabens und zur Markteinführung sowie den Schritten, die auf diesem Weg notwendig sind und im Projekt erfolgen können, wie die Zertifizierung von Produkten.

Eine kontinuierliche Abschätzung des zu erwartenden Nutzens und der Implementierungsaussichten mittels etablierter Instrumente wie dem Nutzenmodell zur Anwendung von Assistenztechnologien für pflegebedürftige Menschen (Lutze et al., 2019), dem NASSS-Framework (Kunze, 2020) oder dem RE-AIM-Framework (Bakken & Ruland, 2009) ist daher geboten. Sowohl die erwünschten wie auch eventuelle unerwünschte Effekte durch die Nutzung einer Technologie sollten dabei in der Vorbereitung diskutiert und im Projektverlauf beobachtet werden. Dies umfasst zum einen die technische Evaluation der Systeme, etwa die Güte der Modelle von KI-Systemen oder das Auftreten zu erwartender Fehler, für die diese typischerweise anfällig sind (Choi, 2021). Für die Messung des vorab definierten erwarteten Nutzens sind üblicherweise quantitative Methoden und Studiendesigns vorzusehen, die aus der pflegewissenschaftlichen und medizinischen Forschung und der Versorgungsforschung stammen. Um den Nutzen einer neuen Technologie gegenüber bestehenden Prozessen oder Verfahren nachzuweisen, ist dabei die Durchführung von experimentellen oder quasi-experimentellen Studien notwendig. Aufbauend auf der klinischen Nutzenbewertung empfehlen sich auch gesundheitsökonomische Evaluationen sowie arbeitswissenschaftliche Analysen. Zur Beschreibung weiterer erwünschter und unerwünschter Effekte stehen auch qualitative Methoden zur Verfügung.

Die benannten Voraussetzungen und Gelingensbedingungen weisen somit nur in geringem Maße für KI-Projekte spezifische Faktoren aus, die jedoch im Zusammenwirken mit anderen Merkmalen, insbesondere im Bereich der sozialen und ethischen Gelingensbedingungen (siehe selbiger Abschnitt), betrachtet werden müssen. So kann beispielweise die geforderte Intervention bei automatisierter Entscheidungsfindung durch Menschen in neuen Systemen lediglich erfolgreich umgesetzt werden, wenn Anwendende eng in die Entwicklung eingebunden sind.

21.6 Technische Voraussetzungen

Die Anforderungen an die technische Infrastruktur und auch die Auseinandersetzung mit technischen Umsetzungsdetails sind aus Perspektive der Befragten Teil jedes FuE-Projektes. Zugleich empfiehlt sich, auch hier vorab Festlegungen zu treffen und die vorhandene Infrastruktur zu bewerten. So wird mit Blick auf die digitale Infrastruktur in Pflegeeinrichtungen von einem starken Nachholbedarf gesprochen. Dementsprechend sind vorab Anforderungen an die Anwendungspartner in Bezug auf die vorhandene beziehungsweise aufzubauende digitale Infrastruktur zu formulieren, beispielsweise die Verfügbarkeit von drahtlosem Netzwerk-/Internetzugang oder das Vorhandensein einer digitalen Pflegedokumentation. Sofern auf vorhandene Daten aus Dokumentationssystemen zurückgegriffen werden soll, ist die vorliegende Struktur der Daten, deren Kontinuität, Menge und Qualität zu beachten. Klassifikationssysteme wie die *European Nursing care Pathways* (ENP), die *International Classification of Nursing Practice* (ICNP) oder die *Systematisierte Nomenklatur der Medizin* (SNOMED) bieten mit strukturierten Daten zu pflegerischen und medizinischen Befunden und Maßnahmen eine deutlich einfachere Auswertungsmöglichkeit als Freitext-Dokumentationen, fanden bisher jedoch nur geringe Verbreitung (Hübner et al., 2015). Zusätzlich ist die Datenqualität zu untersuchen. Abhängig vom Informationssystem und der internen Datenverarbeitung kann es hilfreich sein, automatisierte Verfahren zur Überwachung, aber auch zur Verbesserung der Datenqualität, zu verwenden (Biessmann et al., 2021). Gerade bei der Extraktion von standardisierten Codes konnten sich im Medizinsektor neue KI-Verfahren bewähren (Vu et al., 2020). Ähnliche Verfahren können die Verbesserung der Datenqualität im Pflegebereich deutlich beschleunigen, erfordern allerdings Datenverfügbarkeit und Klärung regulatorischer Fragestellungen. So müssen etwa Freitextfelder oft mit erheblichem Aufwand pseudonymisiert werden. Auch hierfür gibt es seit kurzem skalierbare automatisierte Verfahren (Lohr et al., 2021), deren Einsatz aber rechtlich abgesichert werden muss. Um die Eignung der Daten für das geplante Vorhaben zu beurteilen, ist eine Diskussion mit den in der Versorgung tätigen Personen zu empfehlen, damit ein gemeinsames Verständnis für die Aussagekraft der Daten erarbeitet werden kann und auch etwaige Datenqualitätsprobleme, die schwierig automatisiert behoben werden können, früh im Datenakquiseprozess vermieden werden können.

Für eine auch langfristig erfolgreiche Produktentwicklung wird auch der Implementation von Standards insbesondere aus dem Bereich der Interoperabilität eine hohe Bedeutung zugemessen. Durch die Verwendung von offenen Protokollen und Datenaustauschformaten wird die Einbindung in vorhandene oder zukünftige Infrastrukturen ermöglicht und die Technologie existiert nicht nur als Insellösung. Dies ist besonders mit Blick auf die häufig formulierte Anforderung des sektorübergreifenden Datenaustausches von hoher Relevanz, denn eine fehlende Einbindbarkeit von Insellösungen in bestehende Systeme innerhalb der Einrichtung wird als nachteilig empfunden und kann somit ein Hindernis bei der Markteinführung darstellen. Für den Datenaustausch im Pflegebereich kann auf technische Interoperationalitätsstandards wie FHIR-HL7 (https://hl7.de) oder das IHE-Konformitätsbewertungsschema (https://www.ihe-d.de), zurückgegriffen werden, die auch über den Projektzeitraum und -zweck hinaus zur Vernetzung im Gesundheitswesen beitragen. In diesem Zusammenhang sollten auch die technischen Aspekte des Datenschutzes und der Datensicherheit bereits in der Planungsphase von FuE-Projekten thematisiert werden. Dies umfasst zum einen Standards wie die ISO 27001 oder die ISO 13606, das IT-Grundschutzkompendium und Verschlüsselungsmethoden, aber auch Verfahren wie *anomaly detection* oder *differenzial privacy*. *Anomaly detection* ist ein Verfahren zur Erkennung von Datenpunkten, Ereignissen und Beobachtungen, die vom normalen Verhalten eines Datensatzes abweichen können. *Differenzial privacy* soll verhindern, dass Angreifende unterscheiden können, ob eine bestimmte Person in einer Datenbank enthalten ist oder nicht. Es soll dabei die Genauigkeit von Antworten zu Anfragen an Datenbanken maximiert werden, während die Wahrscheinlichkeit, die zur Beantwortung verwendeten Datensätze identifizieren zu können, minimiert wird.

Eine Auseinandersetzung mit existierenden Initiativen und eine Positionierung in der Vorhabensbeschreibung erscheint daher ratsam. Beispiele für solche Initiativen können Projekte wie „DataLoft" zum Aufbau einer europäischen Dateninfrastruktur *GAIA-X* (https://www.data-infrastructure.eu)*,* der *European Health Data Space* (https://ec.europa.eu/health/ehealth/dataspace_en) ·oder die *Nationale Forschungsdateninfrastruktur für personenbezogene Gesundheitsdaten* (NFDI4H) (https://www.nfdi4health.de)· sein. Darüber hinaus existieren eine Vielzahl von Arbeitsgruppen, die die technologische Entwicklung in Gesundheit und Pflege multidisziplinär bearbeiten, so etwa die *ITU/WHO Focus Group on Artificial Intelligence for Health* oder die *Plattform Lernende Systeme*.

21.7   Soziale und ethische Gelingensbedingungen

Mit Blick auf die sozialen und ethischen Rahmenbedingungen in FuE-Projekten in der Pflege sollten sich zwei Herangehensweisen ergänzen. Zum einen gilt es, auf bestehenden Erfahrungen aus FuE-Projekten aufzubauen, indem ethische und soziale Herausforderungen, die auch das geplante Projekt betreffen könnten, identifiziert und adressiert werden. Für den Bereich der KI-Systeme existieren beispielsweise die Regeln für die Gestaltung algorithmischer Systeme (*Algo.Rules*) (https://algorules.org) , die in einem Projekt der Bertelsmann-Stiftung erarbeitet wurden und „die beachtet werden müssen, um eine gesellschaftlich förderliche Gestaltung und Überprüfung von algorithmischen Systemen zu ermöglichen" (iRights.Lab und Bertelsmann Stiftung, 2019). Solchen formalen Regelwerken liegt dabei zumeist bereits eine normative Wertung inne.

Davon ist die begleitende Forschung zu sozialen und ethischen Fragestellung abzugrenzen. Diese bewegt sich im Forschungsfeld selbst und identifiziert die ethischen Fragestellungen, die sich bei den beteiligten Akteuren ergeben, und thematisiert diese mit Blick auf die Technologieentwicklung und -nutzung. Dieser Forschungsperspektive liegt dabei zunächst keine normative Wertung zu Grunde, sondern sie ergibt sich erst im Verlauf des Forschungsprojektes. Ein etabliertes Instrument hierfür ist das Modell zur ethischen Evaluierung soziotechnischer Arrangements (MEESTAR) (Weber, 2015).

Wiederkehrende Fragestellungen betreffen auch unerwünschte Effekte, wie die Schaffung neuer Ungleichheiten durch neue Technologien in der Pflege. Zunächst wird dies in Bezug auf die Arbeitswelt und die damit einhergehenden Veränderungen im Berufsbild und die mögliche Substitution menschlicher Arbeit und von Arbeitsplätzen durch Maschinen diskutiert (verdi, 2018). Diese Erwartung brächte dabei auch Konsequenzen für die zu Pflegenden selbst mit sich, wenn die menschliche Zuwendung der Pflegenden aus ökonomischen Gründen durch Technik ersetzt und damit zum Standardfall wird. Auch aus diesem Grund ist die Repräsentativität der Personen, mit denen eine neue Technologie erprobt wird, von hohem Interesse. Im Kontext von KI fokussiert sich die Diskussion dabei vor allem auf eine mangelnde Repräsentativität in den Daten, aus denen ein KI-System lernt, mit der Folge, dass für Personengruppen, die in den Daten unterrepräsentiert sind, keine oder schlechtere Ergebnisse erzielt werden. Während in der allgemeinen KI-Forschung hier insbesondere die Dimensionen Geschlecht und Hautfarbe prominent diskutiert werden, sind pflegespezifische Dimensionen bisher weitgehend unbekannt. Denkbar ist hier vor allem eine Unterrepräsentation von Menschen mit Demenz in Trainingsdaten, da diese regelmäßig nur unter hohem Aufwand für Studien zu rekrutieren sind (Bartlett et al., 2018), zugleich jedoch im Bereich Pflege eine hohe Prävalenz bei hoher Heterogenität der begleitenden Symptome aufweisen (van der Linde et al., 2016). In der Konsequenz könnten KI-Systeme, bei deren Entwicklung nicht ausreichend Menschen mit Demenz berücksichtigt wurden, für diese nicht nutzbar sein beziehungsweise für diese keine zuverlässigen Ergebnisse produzieren. Eine vergleichbare Herausforderung bestünde auch für eine Vielzahl unterschiedlicher Versorgungsarrangements in der häuslichen Pflege, die berücksichtigt werden müssten, sofern ein KI-System auf dieses Setting abzielt.

Während davon auszugehen ist, dass zu Beginn des Entwicklungsprozesses vor allem aus ökonomischen Gründen keine Erprobung in einer repräsentativen Population möglich ist, sollten resultierende Einschränkungen in der Übertragbarkeit dargelegt werden. Für den weiteren Entwicklungsprozess sollte dargelegt werden, wie eine repräsentative Datengrundlage für das System beziehungsweise dessen Evaluation geschaffen werden kann. Bei diesen Evaluationen sollte stets auch der Beitrag zu einer (verbesserten) Versorgungsqualität im Sinne von *quality of care*, *quality of work* und *quality of life* berücksichtigt werden.

Für Pflegende ist im Rahmen der Entscheidungsunterstützung durch KI besonders die Nachvollziehbarkeit und Erklärbarkeit von Entscheidungen der KI für eine Anwendung in der Versorgung wichtig. Dabei wird das Konzept des *Human-in-the-Loop*, also die Einbindung von Menschen in den Entscheidungs- und Umsetzungsprozess von algorithmischen Entscheidungen und letztlich die Option, den Vorschlag einer KI nicht umzusetzen, als essenziell für die Pflege erachtet. Nur so können KI-Systeme in Verbindung mit der Bewertung der Ergebnisse durch Pflegende unter Einbezug ihrer Fachlichkeit, Erfahrung und Einschätzung der Situation die beste Wirkung entfalten. Da diese Anwendungsbedingungen essenziell für das Produktdesign sein können, sollten diese bereits ab einer frühen Phase des Projektes mitgedacht werden.

21.8 Communities und Ökosysteme

Neben den vorhabenspezifischen Rahmenbedingungen sollten laut den Teilnehmenden der SoKIP-Studie auch Strukturen für den Wissenstransfer und die Vernetzung von Akteuren und Projekten im Themenfeld geschaffen werden. Dies kann in formalen, projektbezogenen Kooperationen und Netzwerken geschehen, beispielsweise in Einrichtungen wie den Pflegepraxiszentren des Clusters *Zukunft der Pflege*. Diese befördern eine Vernetzung zwischen Pflegeeinrichtungen verschiedener Settings, Wissenschaft und Industriepartnern, indem sie durch die Erprobung unterschiedlicher Technologien praxisnahe Erkenntnisse generieren und diese dann in die pflegerische Ausbildung und die wissenschaftliche Community einbringen.

Stärker auf die Entwicklungsperspektive gerichtet sind Online-Communities, in denen quelloffener Programmcode zur Verfügung gestellt wird mit dem Ziel, dass bereits vorhandene Programme oder Elemente davon nicht nur von anderen Entwicklerinnen und Entwicklern genutzt, sondern von diesen im Rahmen ihrer Arbeiten dann auch erweitert oder verbessert werden (vgl. *GitHub* (https://github.com)). Auch die Verwendung international anerkannter Softwarebibliotheken und Programmiersprachen sollte berücksichtigt werden, um Nischenlösungen zu vermeiden. Durch eine Plattform mit Schwerpunktsetzung auf den Bereich Pflege kann die Interoperabilität in diesem Bereich befördert werden und für wiederkehrende Probleme können zielgerichtete Lösungen angeboten werden.

Auch zivilgesellschaftliche Initiativen fordern die grundsätzliche Offenlegung von Programmcode aus öffentlich geförderten Projekten (https://publiccode.eu/de oder https://paperswithcode.com).·

Schließlich kann auch die Etablierung einer für FuE im Bereich Pflege und Technik spezifischen Frage-Antwort-Plattform (vgl. *StackOverflow* (https://stackoverflow.com)), den niedrigschwelligen Austausch und die Vernetzung im Themenfeld vorantreiben. Besonders durch die vielschichtigen und häufig interdisziplinären Fragestellungen würde es sich hierbei um eine Plattform handeln, die nicht nur auf Entwicklerinnen und Entwickler abzielt, sondern geeignet ist, Fragestellungen aus Perspektive der verschiedenen beteiligten Disziplinen zu erläutern und frei verfügbares Wissen zu sammeln.

21.9   Implikationen und Ausblick

Die Studie SoKIP identifizierte eine Vielzahl von Voraussetzungen und Gelingensbedingungen, die bei Forschungsprojekten im Kontext von Pflege und Technik zu beachten sind, um die Erfolgschancen von Forschungsvorhaben zu erhöhen. Nach unserer Kenntnis ist dies die erste Studie, die im deutschsprachigen Raum Voraussetzungen und Gelingensbedingungen für Forschungsprojekte im Bereich Pflege und Technik mit Fokus auf KI-Projekte empirisch erhob und systematisch aufbereitete. Dabei wurden eine Vielzahl von Aspekten benannt, die nicht allein für FuE-Projekte mit KI-Bezug gültig sind, sondern auch Forschungsprojekte im Themenfeld Pflege und Technik allgemein betreffen. Aufgrund der benannten Hemmnisse ist davon auszugehen, dass diese Aspekte weitergehende, spezifische Voraussetzungen und Gelingensbedingungen maskieren, da sie in der Relevanz hinter prominent benannten Hürden in der FuE im Pflegebereich zurückstehen. Die Ergebnisse können daher, auch mit Blick auf die begrenzte Zahl von 35 Teilnehmenden in Interviews und Workshop, keinen Anspruch auf Vollständigkeit erheben.

Von besonderer Bedeutung erweist sich in der Zusammenfassung die Sicherstellung einer kontinuierlichen Partizipation der Pflegepraxis und der zu Pflegenden, um bedarfsgerechte und nutzenstiftende Lösungen zu entwickeln. Die verfügbaren Ressourcen bei den Anwendungspartnern stellten hier bisher eine große Herausforderung dar und sollten demnach eine starke Rolle in der Projektplanung von zukünftigen Forschungsvorhaben einnehmen.

Dies zeigt sich jedoch auch als ein starkes Hemmnis für entsprechende Projekte. Unter einem persistierenden Fachpersonenmangel in der Pflege stehen Forschungsaufgaben im Arbeitsalltag gegenüber Aufgaben der Versorgung oftmals zurück und auch bei Schaffung dezidierter Funktionsstellen müssen zunächst qualifizierte Mitarbeitende gefunden werden, die diese Aufgaben wahrnehmen. Im Zweifelsfall steht auch die Besetzung solcher Positionen in Konkurrenz zu unbesetzten Stellen in der direkten Versorgung in den Einrichtungen. Da die Gestaltungsmöglichkeiten der Einrichtungen in diesem Hinblick begrenzt sind, bleiben unter den gegebenen Rahmenbedingungen FuE-Projekte in der Pflege deutlich hinter ihren Möglichkeiten zurück. Die notwendigen Maßnahmen zur

Verbesserung dieser Rahmenbedingungen sind dabei vor allem in der Politik zu verorten und betreffen umfassende und grundlegende Verbesserungen in der professionellen Pflege.

Auch in Bezug auf die Finanzierung von neuen Technologien in der Pflege ergibt sich Handlungsbedarf für Politik und Selbstverwaltung. So stellt die Finanzierung von technischen Produkten und der technischen Infrastruktur außerhalb von Förderprojekten viele Pflegeeinrichtungen vor Probleme, da hohe Kosten anfallen, diesen jedoch nur geringe Fördermittel gegenüberstehen oder keine Abrechenbarkeit über die Kranken- oder Pflegeversicherung gegeben ist. Verstetigung und Skalierung der Projekte werden somit deutlich erschwert oder unmöglich gemacht. Notwendig sind daher Konzepte, die sowohl Investitionskosten zur Schaffung digitaler Infrastruktur decken als auch laufende Kosten für Neuanschaffungen, Wartung und Betrieb neuer Technologien in Pflegeeinrichtungen und der Häuslichkeit unterstützen, ohne dabei zusätzliche Belastungen für die Pflegebedürftigen allein zu verursachen.

Ebenso führen jedoch auch die Bedingungen der nationalen Forschungsförderung zu zusätzlichen Herausforderungen im Projektkontext. So ist zum einen auf Grund der zu leistenden Eigenanteile eine Beteiligung von kleinen Pflegeeinrichtungen an Forschungsvorhaben für diese finanziell unattraktiv, zum anderen fehlt auch eine Anschlussfinanzierung, die nach einem FuE-Projekt bis zur Marktreife des Produktes greift. Gerade diese Wechselwirkungen aus Förderlogiken, rechtlichen und sozialen Rahmenbedingungen und dem Projektergebnis können dabei hinderlich auf die nachhaltige Verwertung der Projektergebnisse wirken. Auch wenn entsprechende Forderungen bekannt sind, obliegt es den Forschungsprojekten selbst, diese Rahmenbedingungen in Vorbereitung auf ein Forschungsvorhaben zu eruieren und die möglichen Auswirkungen auf den Projekterfolg einzuschätzen und somit eine Verstetigung der Bemühung von Beginn an mitzudenken.

Die zuvor beschriebenen Voraussetzungen und Gelingensbedingungen stellen die Projektkonsortien dabei bereits in der Planungsphase vor eine Vielzahl von Fragestellungen, die nicht nur eine intensive Auseinandersetzung mit verschiedensten Aspekten notwendig machen, sondern durch die partizipativen Ansätze auch zeitintensiv und ressourcenintensiv sind. Daneben werden vor Projektbeginn bestimmte Fragen nicht zu klären sein, da deren Beantwortung selbst Zweck der Forschung ist oder von Zwischenergebnissen abhängig ist. Auch aus Perspektive der Fördermittelgeber scheint es daher nicht zweckdienlich, sämtliche Überlegungen und Planungen bereits detailliert im Rahmen von Projektanträgen einzufordern, um ein adaptives und agiles Vorgehen im Projekt nicht zu hemmen. In der Forschungsförderung sollte daher verstärkt die Durchführung von Vorstudien zur Bewertung der Umsetzbarkeit und Vorbereitung von Projektvorhaben geprüft werden.

Bei einer solchen Form der Finanzierung ist dann jedoch zu beachten, dass eine eventuelle Hauptstudie im Idealfall nahtlos angeschlossen wird, damit nicht der Verlust der erlangten Expertise etwa durch die Abwanderung von Mitarbeitenden auf Grund von fehlender Finanzierung oder veränderten Rahmenbedingungen seitens des Anwendungssettings droht.

Über einzelne Forschungsvorhaben hinaus ist es nötig, dass sich Initiativen bilden, die eine kontinuierliche Weiterentwicklung der Rahmenbedingungen vorantreiben. Dies betrifft unter anderem die Umsetzung und Weiterentwicklung von Standards zum Datenaustausch, die Erschließung von Datenquellen, die Vergleichbarkeit von technologischen Lösungen (etwa durch Benchmark-Datensätze), die Nutzung von Routinedaten in der Pflege, aber auch die Schaffung von Netzwerken von Pflegeeinrichtungen für Erprobungen und Erfahrungsaustausch und von Beratungsinstanzen für Pflegeeinrichtungen.

Die Ergebnisse der SoKIP-Studie präsentieren eine erste systematische Erhebung für Voraussetzungen und Gelingensbedingungen von FuE-Projekten auf Basis der Erfahrungen der beteiligten Expertinnen und Experten. Eine empirische Prüfung und Gewichtung dieser Faktoren im Hinblick auf die Erreichung von Projektzielen oder die Projektergebnisse steht jedoch bislang aus. Insbesondere die Untersuchung der Zusammenhänge zwischen einzelnen Aspekten und dem Projektziel beziehungsweise dem Projektergebnis und den konkreten Wirkmechanismen könnte dann zu einer gezielteren Steuerung von FuE-Projekten genutzt werden. So wird das Projekt *Prozessentwicklung und -begleitung zum KI-Einsatz in der Pflege* (ProKIP) FuE-Projekte für KI-Systeme in der Pflege zu diesem Zweck begleiten, empirische Erhebungen durchführen und ein Assessmentinstrument für Konsortialprojekte entwickeln (IPP, 2021).

Literatur

Aerny-Perreten, N., Domínguez-Berjón, M. F., Esteban-Vasallo, M. D., & García-Riolobos, C. (2015). Participation and factors associated with late or non-response to an online survey in primary care. *Journal of Evaluation in Clinical Practice, 21*(4), 688–693. https://doi.org/10.1111/jep.12367

Bakken, S., & Ruland, C. M. (2009). Translating clinical informatics interventions into routine clinical care: How can the RE-AIM framework help? *Journal of the American Medical Informatics Association, 16*(6), 889–897. https://doi.org/10.1197/jamia.M3085

Bartlett, R., Milne, R., & Croucher, R. (2018). Strategies to improve recruitment of people with dementia to research studies. *Dementia, 18*(7-8), 2494–2504. https://doi.org/10.1177/1471301217748503

BAuA. (2021). *Aktuelle Forschung zu Pflege und Digitalisierung.* Bundesanstalt für Arbeitsschutz und Arbeitsmedizin. https://www.baua.de/DE/Aufgaben/Forschung/Schwerpunkt-Digitale-Arbeit/Taetigkeiten-im-digitalen-Wandel/Personenbezogene-Taetigkeiten/Forschung-Pflege-Digitalisierung.html. Zugegriffen am 30.11.2021.

Biessmann, F., Golebiowski, J., Rukat, T., Lange, D., & Schmidt, P. (2021). Automated data validation in machine learning systems. *Bulletin of the IEEE computer society technical committee on data engineering.*

Bräutigam, C., Enste, P., Evans, M., Hilbert, J., Merkel, J., & Öz, F. (2017). *Digitalisierung im Krankenhaus. Mehr Technik – bessere Arbeit? Study.* Hans-Böckler-Stiftung.

Choi, C. Q. (2021). *7 revealing ways AIs fail.* https://spectrum.ieee.org/ai-failures. Zugegriffen am 29.11.2021.

Cresswell, J. W. (2014). *Research design: Qualitative, quantitative and mixed methods approaches* (4. Aufl.). SAGE Publications, Inc.

Della-Coletta, A., Katz, T., Kupka, K., Mohan, S., Novak, K. A., Petrizzo, M., & Silvers, S. A. (2020). Toolkit for ICH E6 (R2) Quality risk management for small to medium size companies.

Therapeutic Innovation & Regulatory Science, 54(4), 900–921. https://doi.org/10.1007/s43441-019-00004-6

Deutsche Forschungsgemeinschaft. (2019). *Leitlinien zur Sicherung guter wissenschaftlicher Praxis. Kodex.* Deutsche Forschungsgemeinschaft.

DGP. (2016). *Ethikkodex Pflegeforschung der Deutschen Gesellschaft für Pflegewissenschaft.* Deutsche Gesellschaft für Pflegewissenschaft e.V. https://dg-pflegewissenschaft.de/wp-content/uploads/2017/05/Ethikkodex-Pflegeforschung-DGP-Logo-2017-05-25.pdf

Dust, F., & Jonsdatter, G. (2008). Participatory design. In M. Erlhoff & T. Marshall (Hrsg.), *Wörterbuch Design. Board of International Research in Design.* Birkhäuser. https://doi.org/10.1007/978-3-7643-8142-4_223

Evans, M., Hielscher, V., & Voss, D. (2018). *Damit Arbeit 4.0 in der Pflege ankommt: Wie Technik die Pflege stärken kann* (004). Policy Brief. Düsseldorf: Hans-Böckler-Stiftung. http://hdl.handle.net/10419/233585

Fuchs-Frohnhofen, P., Blume, A., Ciesinger, K.-G., Gessenich, H., Hülsken-Giesler, M., Isfort, M., Jungtäubl, M., Kocks, A., Patz, M., & Weihrich, M. (2018). *Memorandum „Arbeit und Technik 4.0 in der professionellen Pflege".* http://www.memorandum-pflegearbeit-und-technik.de/files/memorandum/layout/js/Memorandum_AuT_Pflege_4_0.pdf. Zugegriffen am 11.10.2022

Gausling, T. (2020). KI und DS-GVO im Spannungsverhältnis. In J. G. Ballestrem, U. Bär, T. Gausling, S. Hack, & S. von Oelffen (Hrsg.), *Künstliche Intelligenz: Rechtsgrundlagen und Strategien in der Praxis* (S. 11–53). Springer Fachmedien Wiesbaden. https://doi.org/10.1007/978-3-658-30506-2_2

Glauner, P. (2022). Künstliche Intelligenz im Gesundheitswesen: Grundlagen, Möglichkeiten und Herausforderungen. In R. Grinblat, D. Etterer, & P. Plugmann (Hrsg.), *Innovationen im Gesundheitswesen: Rechtliche und ökonomische Rahmenbedingungen und Potentiale* (S. 143–160). Springer Fachmedien. https://doi.org/10.1007/978-3-658-33801-5_8

Greenhalgh, T., & Abimbola, S. (2019). The NASSS framework – A synthesis of multiple theories of technology implementation. *Studies in Health Technology and Informatics, 263*, 193–204. https://doi.org/10.3233/SHTI190123

Greenhalgh, T., Wherton, J., Papoutsi, C., Lynch, J., Hughes, G., A'Court, C., Hinder, S., Fahy, N., Procter, R., & Shaw, S. (2017). Beyond adoption: A new framework for theorizing and evaluating nonadoption, abandonment, and challenges to the scale-up, spread, and sustainability of health and care technologies. *Journal of Medical Internet Research, 19*(11), e367. https://doi.org/10.2196/jmir.8775

Heesen, J., Müller-Quade, J., Wrobel, S., Dabrock, P., Decker, M., Damm, W., Grunwald, A., Heine, K., Houdeau, D., Matzner, T., Rost, P., Schauf, T., Zweif, K., Krafft, T., & Pretschkin, M. (2021). *Kritikalität von KI-Systemen in ihren jeweiligen Anwendungskontexten.* : Lernende Systeme – Die Plattform für Künstliche Intelligenz.

Hübner, U., Liebe, J., Hüsers, J., Thye, J., Egbert, N., Hackl, W. O., & Ammenwerth, E. (2015). *IT-Report Gesundheitswesen. Schwerpunkt Pflege im Informationszeitalter.* Schriftenreihe der Hochschule Osnabrück.

ICN. (2021). *Der ICN-Ethikkodex für Pflegefachpersonen.* International Council of Nurses. https://www.dbfk.de/media/docs/download/Internationales/ICN_Code-of-Ethics_DE_WEB_clean.pdf. Zugegriffen am 11.10.2022.

IPP. (2021). *Prozessentwicklung und -begleitung zum KI-Einsatz in der Pflege (ProKIP).* Institut für Public Health und Pflegeforschung. https://www.ipp.uni-bremen.de/projekte/?proj=844. Zugegriffen am 19.11.2021.

iRights.Lab, & Bertelsmann Stiftung. (2019). *Algo.Rules. Regeln für die Gestaltung algorithmischer Systeme.* Gütersloh: Bertelsmann-Stiftung. https://www.bertelsmann-stiftung.de/de/publikationen/publikation/did/algorules. Zugegriffen am 11.10.2022.

Kunze, C. (2017). Technikgestaltung für die Pflegepraxis: Perspektiven und Herausforderungen. *Pflege & Gesellschaft, 22*(2), 130–145.

Kunze, C. (2020). *(Nicht-)Nutzung, Transfer, Verbreitung und Nachhaltigkeit von Gesundheitstechnologien: Deutsche Version des NASSS-Frameworks.* Hochschule Furtwangen. https://opus.hs-furtwangen.de/frontdoor/index/index/docId/623

Lapane, K. L., Quilliam, B. J., & Hughes, C. M. (2007). A comparison of two distribution methods on response rates to a patient safety questionnaire in nursing homes. *Journal of the American Medical Directors Association, 8*(7), 446–452. https://doi.org/10.1016/j.jamda.2007.04.007

Lenarz, T., & Requardt, H. (2020). *Die neue Medical Device Regulation. Auswirkungen, Herausforderungen und Gestaltungsspielräume acatech IMPULS.* acatech – Deutsche Akademie der Technikwissenschaften.

van der Linde, R. M., Dening, T., Stephan, B. C. M., Prina, A. M., Evans, E., & Brayne, C. (2016). Longitudinal course of behavioural and psychological symptoms of dementia: Systematic review. *British Journal of Psychiatry, 209*(5), 366–377. https://doi.org/10.1192/bjp.bp.114.148403

Lohr, C., Eder, E., & Hahn, U. (2021). Pseudonymization of PHI items in German clinical reports. *Studies in Health Technology and Informatics, 281,* 273–277. https://doi.org/10.3233/shti210163

Lutze, M., Glock, G., Stubbe, J., & Paulicke, D. (2019). *Digitalisierung und Pflegebedürftigkeit – Nutzen und Potenziale von Assistenztechnologien Schriftenreihe Modellprogramm zur Weiterentwicklung der Pflegeversicherung* (Bd. 15). GKV-Spitzenverband.

Niemann, F., & Kevekordes, J. (2020). Machine Learning und Datenschutz (Teil 1): Grundsätzliche datenschutzrechtliche Zulässigkeit. *Computer und Recht, 36*(1), 17–25. https://doi.org/10.9785/cr-2020-360110

Przybilla, L., Schreieck, M., Klinker, K., Pflügler, C., Wiesche, M., & Krcmar, H. (2018). Combining design thinking and aigle development to master highly innovative IT projects. Projektmanagement und Vorgehensmodelle 2018.

Schelter, S. (2020). „Amnesia" – Machine learning models that can forget user data very fast. *10th conference on innovative data systems research (CIDR)*, Amsterdam, Netherlands.

Schley, A., Hirt, J., Horstmannshoff, C., Schüssler, S., Lutze, M., Jagoda, F., Häussl, A., Müller, M., & Balzer, K. (2021). Evaluation von digitalen Assistenzsystemen für die Pflege in öffentlich geförderten Forschungsprojekten in Deutschland, Österreich und der deutschsprachigen Schweiz (EvaDigiAssSys): ein Survey. *Pflege und Gesellschaft*, (2), 131–155. https://doi.org/10.3262/P&G2102131

Seibert, K., Domhoff, D., Huter, K., Krick, T., Rothgang, H., & Wolf-Ostermann, K. (2020). Application of digital technologies in nursing practice: Results of a mixed methods study on nurses' experiences, needs and perspectives. *Zeitschrift für Evidenz Fortbildung und Qualität im Gesundheitswesen.* https://doi.org/10.1016/j.zefq.2020.10.010

Seibert, K., Domhoff, D., Bruch, D., Schulte-Althoff, M., Fürstenau, D., Biessmann, F., & Wolf-Ostermann, K. (2021). Application scenarios for artificial intelligence in nursing care: Rapid review. *Journal of Medical Internet Research, 23*(11), e26522. https://doi.org/10.2196/26522

Verbeek, H., Zwakhalen, S. M. G., Schols, J. M. G. A., Kempen, G. I. J. M., & Hamers, J. P. H. (2020). The living lab in ageing and long-term care: A sustainable model for translational research improving quality of life, quality of care and quality of work. *The Journal of Nutrition, Health & Aging, 24*(1), 43–47. https://doi.org/10.1007/s12603-019-1288-5

verdi. (2018). *Einführung von Technik ist gestaltbar.* https://gesundheit-soziales.verdi.de/themen/digitalisierung/++co++11165f1e-1633-11e8-9fc8-525400423e78. Zugegriffen am 24.03.2022.

Vetter, M., & Cerullo, L. (2021). Die tatsächliche Nutzung digitaler Assistenzsysteme in der Altenpflege. Ein Scoping Review. In D. Frommeld, U. Scorna, S. Haug, & K. Weber (Hrsg.), *Gute Technik für ein gutes Leben im Alter? Akzeptanz, Chancen und Herausforderungen altersgerechter Assistenzsysteme* (4. Aufl., S. 161–184). transcript.

Vu, T., Nguyen, D. Q., & Nguyen, A. (2020). A label attention model for ICD coding from clinical text. *Proceedings of the twenty-ninth international joint conference on artificial intelligence (IJCAI)*, Monterey, California, USA.

Weber, K. (2015). MEESTAR: Ein Modell zur ethischen Evaluierung sozio-technischer Arrangements in der Pflege- und Gesundheitsversorgung. In K. Weber, D. Frommeld, A. Manzeschke, & H. Fangerau (Hrsg.), *Technisierung des Alltags – Beitrag für ein gutes Leben?* (S. 247–262). Steiner.

Weber, K. (2021). Gute Technik für ein gutes Leben?! In D. Frommeld, U. Scorna, S. Haug, & K. Weber (Hrsg.), *Gute Technik für ein gutes Leben im Alter? Akzeptanz, Chancen und Herausforderungen altersgerechter Assistenzsysteme* (4. Aufl., S. 11–26). transcript.

WMA. (2013). *Deklaration von Helsinki – Ethische Grundsätze für die medizinische Forschung am Menschen*. World Medical Association.

Wolf-Ostermann, K., Fürstenau, D., Theune, S., Bergmann, L., Biessmann, F., Domhoff, D., Schulte-Althoff, M., & Seibert, K. (2021). *Konzept zur Einbettung von KI-Systemen in der Pflege: Sondierungsprojekt für künstliche Intelligenz in der Pflege*. Universität Bremen. https://media.suub.uni-bremen.de/handle/elib/4699

Dominik Domhoff Dominik Domhoff ist Gesundheitswissenschaftler am Institut für Public Health und Pflegeforschung (IPP) der Universität Bremen und examinierter Gesundheits- und Krankenpfleger. Neben Forschung zu Versorgungsstrukturen pflegebedürftiger Menschen beschäftigt er sich mit innovativen digitalen Technologien wie künstlicher Intelligenz in der Pflege. Seine weiteren Forschungsinteressen sind die Finanzierung von Gesundheitsleistungen und Versorgungsforschung mit Sekundärdaten.

Kathrin Seibert Dr. Kathrin Seibert ist Pflegewissenschaftlerin und forscht seit 2017 am Institut für Public Health und Pflegeforschung der Universität Bremen zu Fragen des Einsatzes und der Wirkung von digitalen Technologien in der Pflege. Nach langjähriger Tätigkeit als Krankenschwester in der Intensivpflege studierte sie Pflegewissenschaft an der Universität Bremen. Sie arbeitete im „Sondierungsprojekt zu KI in der Pflege" mit und ist aktuell für die wissenschaftliche Begleitforschung zur BMBF-Förderlinie „Repositorien und KI-Systeme im Pflegealltag nutzbar machen" tätig. Weitere Forschungsinteressen liegen im Bereich der Analyse der ambulanten medizinischen Versorgungsqualität von Pflegebedürftigen unter Verwendung von Routinedaten des Verbands der Gesetzlichen Krankenversicherung.

Lea Bergmann Lea Bergmann ist beim Verband für Digitalisierung in der Sozialwirtschaft e.V. (vediso) als Referentin tätig. Seit 2020 arbeitet sie in Projekten zum Thema künstliche Intelligenz in der Gesundheits- und Sozialwirtschaft. Lea Bergmann studierte Kommunikationswissenschaft mit Schwerpunkt Psychologie (M. A.) und begleitet innerhalb des vediso Bildungs-, Forschungs- und Öffentlichkeitsmaßnahmen mit konzeptionellem und methodischem Fokus.

Sarah Theune Sarah Theune ist seit 2019 Vorständin des Verbandes für Digitalisierung in der Sozialwirtschaft e.V. (vediso). Seit 2012 beschäftigt sie sich in verschiedenen Leitungsfunktionen mit Fragestellungen der IT und digitalen Transformation in Organisationen der Sozialwirtschaft. Neben der Entwicklung von Bildungs-, Netzwerk- und Innovationsmaßnahmen für die Mitglieder des vediso umfasst dies auch die aktive Mitwirkung an Forschungsprojekten sowie Lobby- und Öffentlichkeitsarbeit für die Belange und Bedarfe gemeinnütziger, sozialwirtschaftlicher Träger für eine gelingende Digitalisierung.

Felix Bießmann Prof. Dr. Felix Bießmann ist seit 2018 Professor für Maschinelles Lernen am Einstein Center Digital Future Berlin und an der Berliner Hochschule für Technik (bis Oktober 2020: Beuth Hochschule für Technik Berlin). Vor seiner Ernennung zum Professor an der Berliner Hochschule für Technik hatte Prof. Bießmann eine Professur für Maschinelles Lernen an der Korea University, Seoul, und die wissenschaftliche Leitung einer Forschungsabteilung bei Amazon inne. Seine Forschungsschwerpunkte liegen auf automatisierbaren und skalierbaren Verfahren zur Überprüfung und Verbesserung von Datenqualität sowie der Auswertung von transparenten Verfahren maschinellen Lernens, insbesondere im Hinblick auf das Vertrauen in Künstliche-Intelligenz-Systeme.

Daniel Fürstenau Prof. Dr. Daniel Fürstennau ist seit 2022 Associate Professor an der IT University of Copenhagen. Gleichzeitig ist er an der Charité – Universitätsmedizin Berlin im Institut für Medizinische Informatik in der Arbeitsgruppe „Digital Transformation and Applications" tätig. Prof. Fürstenau studierte an der Universität Potsdam und der Freien Universität Berlin und war vor seinem Ruf nach Kopenhagen als Doktorand, Postdoc und Juniorprofessor an der Freien Universität Berlin tätig. Seine Forschungsgebiete sind Digital Health und IT-Management.

Matthias Schulte-Althoff Matthias Schulte-Althoff ist wissenschaftlicher Mitarbeiter an der Charité - Universitätsmedizin Berlin und promoviert an der Freien Universität Berlin im Fachbereich Wirtschaftsinformatik. Herr Schulte-Althoff studierte Informatik und Wirtschaftsinformatik an der Christian-Albrecht-Universität zu Kiel und mehrere Monate als Gastwissenschaftler an der University of British Columbia in Vancouver. Seine Forschungsgebiete liegen in den Bereichen Technologienutzung in Plattform und Startup-Ökosystemen mit einem Fokus auf Künstliche Intelligenz.

Karin Wolf-Ostermann Prof. Dr. Karin Wolf-Ostermann leitet die Abteilung Pflegewissenschaftliche Versorgungsforschung am Institut für Public Health und Pflegeforschung (IPP) der Universität Bremen. Sie forscht zu Strukturen, Prozessen und Ergebnissen der Gesundheitsversorgung von Menschen mit Hilfe- und Pflegebedarf sowie zur Wirkung von bestehenden und innovativen Versorgungskonzepten und (digitalen) Technologien. Sie ist Co-Sprecherin des Wissenschaftsschwerpunktes Gesundheitswissenschaften sowie (Teil-)Projektleitung verschiedener Projekte zu KI-Anwendungen im Gesundheitswesen und im Pflegeinnovationszentrum im BMBF-Cluster „Zukunft der Pflege".

Epilog: Impulse für die Zukunft

22

Heinz Rothgang, Tobias Kley und Stefan Walzer

Zusammenfassung

Die Digitalisierung in der Pflege kann als Antwort auf die Herausforderungen durch Demographie, veränderte Familien- und Sorgestrukturen und den Fachkräftemangel gesehen werden. Gleichzeitig können Entwicklungen der Digitalisierung nicht ohne Bezugnahme auf die Gestaltung und Weiterentwicklung von pflegerischer Qualität diskutiert werden. Hier knüpfen die Bewertungen im „Cluster Zukunft der Pflege" an, legen aber auch die Anforderungen an eine Weiterentwicklung von Evaluationsstandards, die Bedeutung der flankierenden politischen Unterstützung und letztendlich einer zielorientierten Qualifizierungsstrategie dar.

Wird über Digitalisierung in der Pflege gesprochen, sind damit häufig explizite und implizite Hoffnungen und Wünsche verbunden. Um diese zu bewerten, muss zunächst eruiert werden, ob und in welchem Umfang in Zukunft von einer (weiteren) Digitalisierung der Pflege ausgegangen werden kann. In den Abschn. 22.1, 22.2 und 22.3 wird auf drei Treiber

H. Rothgang
Universität Bremen, Bremen, Deutschland
E-Mail: rothgang@uni-bremen.de

T. Kley
Haus 48, Evangelisches Johannesstift Berlin, Berlin, Deutschland
E-Mail: tobias.kley@jsd.de

S. Walzer (✉)
Hochschule Furtwangen, Furtwangen, Deutschland
E-Mail: stefan.walzer@hs-furtwangen.de

© Der/die Autor(en), exklusiv lizenziert an Springer Fachmedien Wiesbaden GmbH, ein Teil von Springer Nature 2023
T. Krick et al. (Hrsg.), *Pflegeinnovationen in der Praxis*,
https://doi.org/10.1007/978-3-658-39302-1_22

der Digitalisierung eingegangen, die einzeln und im Verbund eine fortschreitende Digitalisierung als hochplausibel erscheinen lassen. Welche Potenziale hat Digitalisierung aber, um die Situation in der Pflege, für Gepflegte und für Pflegende, zu verbessern? Hierzu geben die in diesem Band versammelten Beiträge zumindest Hinweise, die insbesondere in Abschn. 22.4 noch einmal rekapituliert werden. Bereits im einführenden Beitrag wurde betont, dass positive Effekte nur zu erwarten sind, wenn es gelingt, digitale Technik in ein soziotechnisches System zu integrieren, in dem die Organisation, die Personalressourcen und der Technikeinsatz aufeinander abgestimmt sind, und Technik nicht als Fremdkörper empfunden wird, der etablierte Arbeitsabläufe eher stört als befördert. Abschließend wird in Abschn. 22.5 daher darauf eingegangen, was Technikentwicklerinnen und -entwickler, Anbieter digitaler Pflegeinnovationen, Pflegeeinrichtungen und Krankenhäuser, Aus- und Weiterbilder sowie Forscherinnen und Forscher tun müssen, damit digitale Pflegeinnovationen die in sie gesetzten Hoffnungen erfüllen können.

22.1 Die Digitalisierung in der Pflege als Antwort auf den demografischen Wandel?

Häufig findet die Diskussion um die Digitalisierung in der Pflege im Kontext des demografischen Wandels statt. Dabei wirkt sich die demografische Entwicklung auf Seiten der zu Pflegenden und der Pflegenden sowie auf ihre Organisationen aus. So wird sich die Zahl der Pflegebedürftigen neuesten Berechnungen zufolge bei dem vom Statistischen Bundesamt vorgelegten mittleren Szenario in Bezug auf die Lebenserwartung von 2020 bis 2050 von 4,6 Millionen auf 7,5 Millionen, also um 2,9 Millionen, erhöhen (Rothgang & Müller, 2021). Hieraus resultiert – bei Umsetzung der im Gesundheitsversorgungsweiterentwicklungsgesetz (GVWG) vom Juni 2021 vorgesehenen Personalrelationen in der stationären Langzeitpflege – im selben Zeitraum eine Steigerung der bedarfsnotwendigen beruflichen Pflegenden in der Langzeitpflege um rund drei Viertel, von 660.000 Vollzeitkräften auf 1,148 Millionen Vollzeitkräfte (Rothgang & Müller, 2021: S. 182). Dieser Mehrbedarf von knapp einer halben Million Vollzeitkräften entspricht bei den derzeitigen Teilzeitquoten 662.000 Pflegende. Da die Zahl der Erwerbspersonen gleichzeitig um etwa ein Viertel sinken wird, muss sich der Anteil der Erwerbstätigen, die in der Langzeitpflege arbeiten, – ceteris paribus – verdoppeln.

Im Angesicht dieser divergenten Entwicklung soll Digitalisierung helfen, Ressourcen effizienter einzusetzen. Hierbei steht sowohl die Reduzierung von Wege- und Dokumentationszeiten als auch von personalen Anwesenheiten, beispielsweise durch den Einsatz von Sensorik, im Fokus.

Ein augenfälliges Beispiel für derartige Effekte ist die analoge Lichtrufanlage. In der stationären Langzeitpflege, wie auch im Krankenhaus, erfolgt durch die Rufanlage ein (in den meisten Fällen) unspezifischer Ruf zum pflegebedürftigen Menschen (Klingelknopf). Die Pflegeperson muss, um den Grund des Rufes zu erfahren, zunächst das Zimmer betreten, ohne zu wissen, ob sie für die erwartete Pflege und Betreuung Pflegehilfsmittel, Getränke oder spezielle Gegenstände benötigt. Werden dagegen auf Dashboards, Apps und Ähnlichem Zusatzinformationen wie Vitaldaten oder der konkrete Wunsch nach einem Getränk sichtbar (vgl. Kap. 11), fällt der Weg der Erkundigung weg und die Pflegepersonen können notwendigen Hilfsmittel schon beim ersten Gang mitnehmen. Daraus resultiert Zeitersparnis. So werden beispielsweise im PPZ Berlin verschiedene Sensoren verwendet, die die volle Blase, das volle Inkontinenzprodukt oder das feuchte Bett melden. Entsprechend dieser Information zusätzlich zur Lichtrufanlage ist die Pflegeperson informiert und kann entsprechende Hilfsmittel auf dem Weg zur/zum Pflegedürftigen mitnehmen. In den PPZ Freiburg, Berlin und Hannover wird eine neue Pflegetechnologie eingesetzt, die mithilfe von Sensoren unter der Matratze Bettausstiege erkennen kann. Durch den Anschluss des Systems an die Rufanlage werden Pflegende bei drohendem beziehungsweise erfolgtem Bettausstieg von Menschen mit kognitiven Beeinträchtigungen und zum Beispiel gleichzeitiger hoher Sturzgefahr informiert. Auf diese Weise können Pflegende zeitnah Maßnahmen ergreifen, die das Risiko eines Bettausstiegs reduzieren können.

Derzeit wird die Pflegedokumentation in der Regel am stationären PC, wahlweise am mobilen (großen) Visite-Wagen vorgenommen. Der Weg zum Dienstzimmer beziehungsweise das Mitführen des Visite-Wagens sind Zeitaufwände. Es besteht aber bereits die Möglichkeit, mittels Smart Device per Sprache (beispielsweise im BMBF-Projekt PYSA – Pflegedokumentation mit hybridem Sprachassistent) zu dokumentieren, und es ist davon auszugehen, dass mittelfristig übergreifend in großem Umfang davon Gebrauch gemacht werden wird. Auch sind dann jederzeit am Point-of-Care notwendige Information zum pflegebedürftigen Menschen vorhanden. Wege zum Dienstzimmer, Telefonate zum Abklären etc. können so entfallen.

22.2   Pflegequalität als Treiber der Digitalisierung in der Pflege

Aber nicht nur der immer wieder angeführte demografische Wandel ist ein Treiber der Digitalisierung im Gesundheitswesen. Das Versprechen, für die von Pflegebedürftigkeit betroffenen Menschen positive Effekte in Bezug auf Versorgung, Teilhabe und Selbstbestimmung zu ermöglichen, treibt die Digitalisierung ebenfalls an. Nach ersten Erhebungen scheint beispielsweise der Hautscanner im Beitrag von Lahmann et al. (vgl. Kap. 10) entstehende Dekubitalgeschwüre bereits circa drei Tage vor einem mit dem bloßen Auge sichtbaren Auftreten erkennen zu können. Entsprechend würde so eine pflegefachliche Intervention ermöglicht werden, die die Entstehung dieser chronischen Wunde verhindern kann. An diesem Beispiel wird der potenzielle qualitative Nutzen deutlich. Auch eine bessere Datenverfügbarkeit (am Point-of-Care mittels Smart Device) oder eine schnellere Datenweitergabe im Prozess der Pflegeüberleitung wirken sich sehr wahrscheinlich pflegequalitätsverbessernd aus.

Auch die Verringerung von Unterversorgung, beispielsweise durch Früherkennung, ist ein positiver Aspekt von Digitalisierung in der Pflege. Ein anderer weicher Faktor ist das

Wohlbefinden der Menschen mit Pflegebedarf. Ein Teil der in diesem Buch genannten digitalen Pflegeinnovationen kann dabei helfen, einen längeren Verbleib in der Häuslichkeit zu ermöglichen. Sensoren, die um Hilfe rufen, kritische Vitaldaten, die automatisch übertragen und zum Alarm werden, oder Früherkennung, die eine stationäre Behandlung vermeidet, ermöglichen den Verbleib im bekannten und vertrauten Umfeld und die Einbindung erweiterter Sorge-Netzwerke aus Nachbarinnen, Nachbarn, Angehörigen und Dienstleistenden. So kann die potenzielle Gefahr und damit einhergehend die Motivation für den Umzug in die stationäre Langzeitpflege abgemildert werden, da erst ein höheres Ausmaß an Hilfsbedürftigkeit zur pflegerischen Intervention führt.

Die Betrachtung von Pflegebedürftigen und Pflegenden kann in Bezug auf Digitalisierung nicht losgelöst voneinander geschehen. Auch können die Fragen von Gewinn an Pflegequalität und Effizienz des Pflegeprozesses nicht unabhängig voneinander betrachtet werden, denn in der Regel führt auch durch Digitalisierung im Bereich der pflegerischen Intervention nichts an einer Mensch-Mensch-Interaktion vorbei.

In diesem Band wird über die vielfältigen Möglichkeiten von Digitalisierung geschrieben. So kann der Eindruck entstehen, dass bereits sehr viele digitale Pflegeinnovationen marktverfügbar sind. Dies trifft aber nur zum Teil zu, denn es darf nicht unerwähnt bleiben, dass jenseits der reinen Implementierung und Anwendung von innovativen Technologien viele regulatorische Fragen noch offen sind. Dies zeigt auch die aktuelle Gesetzgebung zu digitalen Pflegeanwendungen (DiPAs), bei der zwar versucht wurde, Vorgaben für diesen Leistungsbereich zu definieren, bei der dezidierte Kriterien, beispielsweise der Bewertung des pflegerischen Nutzens, aber bislang noch fehlen (vgl. Kap. 15). Hinzu kommt, dass die verfügbaren Technologien hinsichtlich ihres Nutzens und ihrer Vorteile gegenüber dem Ist-Zustand der Versorgung nur selten wissenschaftlich untersucht worden sind. Dies sind deutlich hemmende Faktoren für den breiten Einzug in die Pflegewirklichkeit.

Die Chancen von Digitalisierung in der Pflege lassen sich gerade deshalb nicht ohne Abgleich mit den Rahmenbedingungen von Pflegefinanzierung, Zulassungsfragen von technischen Hilfsmitteln sowie dem Datenschutz etc. diskutieren.

22.3 Megatrend Digitalisierung als Treiber für die Digitalisierung in der Pflege

Megatrends sind Entwicklungen, die in vielen Bereichen der Gesellschaft mittels gleicher Art und Weise zu einer umfassenden Veränderung oder Weiterentwicklung führen. In Bezug auf Digitalisierung werden hierbei durch die technische Ermöglichung (bezahlbare Smart Devices, hoher Verbreitungsgrad, schnelle Adaptionsmöglichkeit durch vergleichsweise einfache Programmierung etc.) Prozesse des Alltags (Einkauf, Arbeit, Kommunikation, Dienstleitungen) in eine neue Prozessualität überführt. Durch das Raumgreifen dieses Trends entsteht ein Sog für alle Branchen und Bereiche des täglichen Lebens. Von der Kommunikation bis hin zur Prozessautomation ist Digitalisierung derzeitig einer der entscheidenden Einflussfaktoren bei Veränderungsprozessen. Digitalisierung kann somit zweifelsohne als Megatrend bezeichnet werden (Faber, 2019).

Auch im Bereich des Gesundheitswesens ist dieser Trend inzwischen angekommen und wird dort unter Begriffen wie E-Health und M-Health verhandelt (Krys & Born, 2021). Mit zahllosen Förderprogrammen und dem Versuch, eine digitale Infrastruktur zu schaffen, wird die Digitalisierung im Gesundheitswesen angeschoben. Mit dem Ende 2019 in Kraft gesetzten Digitale-Versorgung-Gesetz (DVG) sowie dem am 9. Juni 2021 in Kraft getretenen Digitale-Versorgung-und-Pflege-Modernisierungs-Gesetz (DVPMG) wurden zudem neue Möglichkeiten zur Refinanzierung digitaler Gesundheitsanwendungen (DIGAs) und digitaler Pflegeanwendungen (DiPAs) geschaffen. Allerdings ist das Bundesinstitut für Arzneimittel und Medizinprodukte (BfArM) im Rahmen seiner derzeitigen Ausstattung und vor dem Hintergrund zum Teil fehlender gesetzlicher Konkretisierungen mit der ihm übertragenen Aufgabe, über die Aufnahme von DiGAs in das DiGA-Verzeichnis zu entscheiden, womöglich überfordert. Dafür spricht, dass derzeit 32 DiGAs Aufnahmen in dieses Verzeichnis gefunden haben (Stand April 2022; https://diga.bfarm. de/de/verzeichnis) – bei deutlich mehr als 100.000 am Markt befindlichen Gesundheits-Apps, die noch nicht geprüft werden konnten. Ein Scoping Review aus dem PIZ zeigt zudem, dass der Nutzen digitaler Pflegeinnovationen durchgehend unbelegt ist (Krick et al., 2019). Soll der Megatrend Digitalisierung in der Pflege zu den gewünschten Effekten führen, müssen die Potenziale digitaler Pflegeinnovationen daher zwangsläufig sorgfältig untersucht werden (vgl. Kap. 2).

22.4   Potentiale und Grenzen digitaler Pflegeinnovationen

Wie die Beiträge in diesem Band gezeigt haben, sind positive Potenziale der Digitalisierung in der Pflege erkennbar. Allerdings ist eine digitale Pflegeinnovation kein Selbstläufer, der ausschließlich Vorteile hat und alle Bedürfnisse befriedigt. Technik kann persönliche Zuwendung nie ersetzen, sondern nur im Verbund mit Pflegenden menschenwürdige Pflege gewährleisten, ganz im Sinne eines Hilfsmittels. Auch dies ist nur möglich, wenn unterschiedliche Voraussetzungen gegeben sind. Pflegebedürftige können nicht nur von der Wirksamkeit einer neuen Pflegetechnologie profitieren, sondern müssen im Zweifelsfall auch den daraus entstandenen Schaden tragen. Solche Entscheidungsprozesse über die Annahme oder Ablehnung von technischen Anwendungen werden in allen Pflegepraxiszentren diskutiert und erforscht. Im PPZ Berlin soll beispielsweise ein selbst entwickeltes Instrument (FreTip) Pflegende bei der ethischen Reflexion auf unterschiedlichen Organisationsebenen unterstützen (vgl. Kap. 18). Veranschaulicht werden können solche Überlegungen mit folgendem Anwendungsfall: Eine Sensormatte zur Mobilitätserfassung bietet das Potenzial, die Pflegenden darin zu unterstützen, dekubitusgefährdete Patientinnen und Patienten druckentlastend zu positionieren. Wird jedoch aufgrund nicht sach- oder problemgerechter Einstellungen kein Signal an die Rufanlage gesendet, erzeugt die Technologie erst eine trügerische Sicherheit und kann letztendlich indirekt zu Gewebeschäden beziehungsweise zur Dekubitusentwicklung beitragen. Hier zeigt sich auch, dass der Frage der Krankenbeobachtung bei der und durch die Nutzung von neuen Pflegetechnologien keine kleinere Rolle zukommen kann und sich daraus stets die Notwendigkeit einer weiterführenden Pflegefachlichkeit ergibt. Die nicht nur theoretische Gefahr für Nutzende und Nutznießende von Technologie zeigt eindrücklich, weshalb ihre Perspektive bei der Beurteilung eine große Relevanz besitzen muss.

Lutze (vgl. Kap. 2) argumentiert in ihrem Beitrag unter der Voraussetzung, Pflegebedürftige auf politischer Ebene an gesundheitspolitischen Entscheidungsprozessen stärker zu beteiligen, dass eine gesetzliche Verankerung zielführend erscheint, die auch eine Integration bei Digitalisierungsfragen im deutschen Gesundheitswesen verfolgt und dadurch Teilhabe mittelbar deutlich stärkt. Zugleich benötigt es nicht nur mehr Partizipation der Nutzenden, sondern auch neue Methoden, um Nutzen überhaupt erst erfassen und beurteilen zu können (Klawunn et al., 2021). Das von Bettig und Knuth (vgl. Kap. 19) entwickelte gesundheitsökonomische Modell erlaubt einen Vergleich der Pflegekernprozesse vor und nach einer Intervention mit einer digitalen Pflegeinnovation, wodurch die Arbeitszufriedenheit und die Expertise pflegender Mitarbeiterinnen und Mitarbeiter abgebildet werden kann. Allerdings ist gerade im Arbeitsbereich Pflege eine Mehrbelastung durch die zusätzlichen Datenerhebungen mit beteiligten Pflegenden nicht zu unterschätzen. Auch im Beitrag von Forster et al. (vgl. Kap. 15) wurden bisherige Evaluationsansätze und Projekterfahrungen vorgestellt, um einen Nutzen von neuen Pflegetechnologien auf individueller, organisationaler und letztendlich auch gesellschaftlicher Ebene zu beleuchten. Hier war es das Ziel, sich einer Definition des pflegerischen Nutzens von Pflegetechnologien aus unterschiedlichen Perspektiven anzunähern. Dieser Beitrag verdeutlicht die Notwendigkeit, pflegerischen Nutzen multiperspektivisch zu sehen und zudem von einer akteursbezogenen Abwägung aus zu erfassen. Das wiederum impliziert, dass evaluative Ansätze über übliche standardisierte Methode hinausgehen und kombinierte Verfahren (beispielsweise Mixed-Methods-Designs) sowie strukturelle und organisationale Faktoren einbinden müssen.

Im PPZ Hannover bekamen Pflegende die Möglichkeit, mithilfe eines spezifischen Blended-Learning-Schulungsmoduls ihre auf digitale Pflegeinnovationen bezogenen Kompetenzen für den Pflegealltag „aufzufrischen" und sich neues Wissen anzueignen (vgl. Kap. 14). Dabei zeigte sich, dass es möglich ist, Pflegenden Wissen und Fähigkeiten von Technologie und Technologiekontext zu vermitteln und sie gleichzeitig zu einer kritischen und konstruktiven Reflexion ethischer, sozialer und rechtlicher Fragen zu ermutigen. Klar wird durch dieses Beispiel allerdings auch, dass der Aufwand für solche zusätzlichen Qualifikationen sehr hoch ist und ein vollumfänglicher zeitlicher Ausgleich für die Pflegenden außerhalb des Forschungsprojektes bisher nicht realisiert werden kann. Die Befragung von Auszubildenden der Gesundheits- und Krankenpflege mit dem Ziel, vorhandene und (weitere) notwendige Kompetenzen für die Nutzung von neuen Pflegetechnologien aus Sicht der Lernenden zu erfassen (vgl. Kap. 12), zeichnet ein digitales Bild der Pflege. Die Daten hier zeigen, dass die Bereitschaft und das Interesse der Lernenden, sich mit Technologien auseinander zu setzen, enorm ist (Seibert et al., 2020). Das PIZ legt aber auch anschaulich dar, dass es zum einen an einer fehlenden Verankerung dieses Bereichs in den Bildungscurricula auf allen Qualifizierungsebenen und zum anderen an ausreichend qualifiziertem Lehrpersonal in den entsprechenden Bildungsinstitutionen und in der Praxis mangelt (vgl. Kap. 13). Kurz- und mittelfristig muss Digitalisierung als „Querschnittskompetenz" in alle Ausbildungsbereiche integriert werden und zusätzlich als eigenständiges Fach für Grundlagen und weiterführende digitalen Themen eingeführt werden. Langfristig wird dabei die Qualifizierung der Lehrenden in den berufspädagogischen Studiengängen eine maßgebliche Rolle spielen.

Bisher wurde der Blick in der Forschung besonders auf die Implementierung der technischen Lösungen – beziehungsweise deren Ausbleiben – in der alltäglichen pflegerischen Versorgung geworfen, weniger jedoch auf die Gestaltung des Prozesses selbst (vgl. Kap. 21 und Kap. 11). Das PPZ Freiburg zeigt anhand eines Teilprojektes hohe formale ethische Kriterien innerhalb von Forschungsprojekten auf, die – zumindest teilweise – unabhängig von der Technologie, allein durch den Forschungskontext begründet werden (vgl. Kap. 17). Der Beitrag von Domhoff et al. macht noch einmal deutlich, dass die verfügbaren finanziellen und personellen Ressourcen bei den unterschiedlichen akut- und langzeitstationären Einrichtungen häufig eine Barriere für eine erfolgreiche Implementierung darstellen (vgl. Kap. 21). Und auch das partizipative Einführungskonzept des PPZ Hannover stellt zwar ein im Sinne einer erfolgreichen Implementierung gewinnbringendes, aber eben auch aufwendiges Unterfangen dar. Gerade der Blick auf die Ressourcen in der Pflegepraxis verdeutlicht, dass die Forderung einer partizipativ gestalteten Einführung von neuen Pflegetechnologien damit schnell zur Makulatur wird. Hier werden Maßnahmen zur Verbesserung dieser Rahmenbedingungen vor allem im Bereich der Politik gesehen. Deitmerg et al. beschreiben mit Blick auf Fallstudien im PPZ Nürnberg detailliert, wie sich eine Pflegetechnologie – als Beispiel kann hier wieder die Sensormatte betrachtet werden – ausschließlich bedingt durch unterschiedliche institutionelle Rahmenbedingungen grundlegend in ihren ökonomischen und pflegeprozessualen Auswirkungen unterscheiden kann, obwohl sie im Krankenhaus, in der stationären Langzeitpflege und im häuslichen Bereich jeweils dasselbe pflegepraktische Probleme adressiert (vgl. Kap. 8).

Eine erfolgreiche Implementierung hängt somit auch entscheidend von einer Auseinandersetzung mit dem pflegerischen Setting ab. Dabei kann gerade der Blick auf die Kosten- und Finanzierungsteilung, vor dem Hintergrund der verschiedenen Finanzierungs- und Vergütungslogiken nach SGB V und XI, möglicherweise bei der Einführung von neuen Pflegetechnologien zu präferierten pflegerischen Settings führen. Dies sind nicht zwingend diejenigen, in denen sich der größtmögliche pflegerische Nutzen entfaltet. Auch das PPZ Berlin begleitet den Implementierungsprozess von digitalen Pflegeinnovationen aus einer gesundheitsökonomischen Perspektive und betrachtet dabei relevante Pflegekernprozesse im Vorher-Nachher-Vergleich (vgl. Kap. 19). Dadurch sollen Veränderungen in Prozessabläufen und -kosten durch die Nutzung der digitalen Pflegeinnovation identifiziert werden. Das Ziel ist, adäquate Aussagen über potenzielle ökonomische Vorteile treffen zu können. Doch ähnlich wie bei der Einführung einer Technologie selbst, ist auch die Evaluation der Einführung im Arbeitsbereich Pflege eine Mehrbelastung für die beteiligten Pflegenden, die durch die Datenerhebung (zum Beispiel Ausfüllen eines Fragebogens, Teilnahme an Gruppendiskussionen etc.) zusätzlich entsteht.

22.5 Notwendige nächste Schritte

Was ist nun notwendig, um die positiven Potenziale digitaler Pflegeinnovationen zu erschließen, gleichzeitig aber Fehlentwicklungen zu vermeiden? Tatsächlich sind bei dieser Frage alle Stakeholder(gruppen) angesprochen.

Für die Technikentwicklerinnen und -entwickler ist es zunächst zentral, sich von einer rein technikbezogenen Sichtweise zu lösen, bei der zunächst technisch anspruchsvolle und für die Entwicklerinnen und Entwickler faszinierende digitale Tools erarbeitet werden, um dann für diese „Lösung" ein „Problem" zu suchen. Derartig technologiegetriebene Entwicklungen gehen aber regelmäßig fehl, da damit nicht die vorhandenen Probleme in der Pflege adressiert werden und die Produkte in der Regel keine Anwendung finden, wenn die Anwendenden darin keinen für sie unmittelbar relevanten Nutzen erkennen können. Hier ist eine Kehrtwende notwendig hin zur partizipativen Entwicklung. Das „Cluster Zukunft der Pflege" ist bereits Ausdruck dieser Kehrtwende. Die Pflegepraxiszentren haben deutlich als Zielformulierung mit auf den Weg bekommen, sich am Nutzen für Pflegebedürftige und Pflegende und auch weitere Stakeholder (hier etwa die Perspektive der Kostenträger oder auch der Gesellschaft als Ganzes) zu orientieren und Gelingensfaktoren für die Implementierung von Digitalisierung in Pflegeprozessen zu evaluieren und zu formulieren.

Für die Anbieter digitaler Pflegeinnovationen ist es zudem wichtig, von Beginn des Entwicklungsprozesses an, also schon bei der Frage, ob eine bestimmte Entwicklung vielversprechend ist, auf die rechtlichen Gegebenheiten des Feldes und die Refinanzierungsmöglichkeiten einzugehen. So scheitern Entwicklungen auch daran, dass Technikanbieter beispielsweise Unterschiede zwischen dem SGB V und dem SGB XI nicht kennen und dann überrascht sind, dass etwa die Aufnahme in das Hilfsmittelverzeichnis für eine Finanzierung aus Sozialversicherungsmitteln notwendig ist. Von Anfang an mitgedacht werden muss auch, welche technische Unterstützung bei der Anwendung dauerhaft gegeben werden muss und wie diese organisiert werden kann.

Für Pflegeeinrichtungen und Krankenhäuser ist die (Weiter-)Qualifikation der eigenen Mitarbeiterinnen und Mitarbeiter die zentrale Stellschraube zur Förderung von Pflegeinnovationen. Bereits in den Curricula für Pflegeberufe sollte der Umgang mit digitaler Technik verankert werden, allerdings ist dies für zeitnahe Entwicklungen unzureichend. Daher muss digitale Weiterbildung höchste Priorität haben. Allerdings kann es hierbei nicht bloß um Schulungen in Bezug auf einzelne digitale Anwendungen gehen. Vielmehr muss die Integration digitaler Pflegeinnovationen in den Alltag im Zentrum der Bemühungen stehen, damit nicht – wie bisher häufig – digitale Hilfsmittel angeschafft, dann aber nicht genutzt werden. Zusätzlich müssen sich Pflegeeinrichtungen und Krankenhäuser aber auch aktiv an der Technologieentwicklung beteiligen. Nur wenn Technology-Push und Demand-Pull zusammenkommen, kann es gelingen, Innovationen zu entwickeln, die sinnvoll in das soziotechnische System (vgl. Kap. 1) integriert werden können und dabei die Versorgungsqualität und die Arbeitszufriedenheit der Mitarbeiterinnen und Mitarbeiter erhöhen.

Ein großes Defizit besteht weiterhin in Bezug auf hochwertige Evaluationen digitaler Pflegeinnovationen im Pflegealltag. Insofern überhaupt Evaluationen vorliegen, beziehen sich diese häufig auf Prototypen oder experimentelle Überprüfungen mit kleinen Fallzahlen, ohne Kontrollgruppen und ohne Verblindung. Hochwertige Evaluationsdesigns kommen dagegen kaum zum Einsatz (Huter et al., 2020). Derartige komplexe Evaluationen vorzulegen, ist eine zentrale Aufgabe für die Wissenschaft. Im PIZ und den Pflegepraxiszentren wurden daher Vorschläge ausgearbeitet, wie derartige Evaluationen durchgeführt werden können und was dabei zu berücksichtigen ist (Huter et al., 2021; Krick, 2021; Krick et al., 2020; Kunze, 2020; Walzer et al., 2022). Allerdings muss hier noch viel Forschungsarbeit geleistet werden. Das gilt auch für einen weiteren Punkt: Eine gelingende Implementierung von Pflegetechnologien wird durch das Zusammenspiel von Technik, Akteuren und Organisation unter den jeweiligen soziotechnischen Rahmenbedingungen beeinflusst – bezieht sich also zunächst auf eine konkrete Einrichtung und Situation. Fortschritt kann aber als ein Wechselspiel zwischen Innovation und Imitation beschrieben werden. Nur wenn erfolgreich evaluierte Innovationen auch ihren Weg in andere Einrichtungen und womöglich auch andere Settings finden, kann es daher zu Verbesserungen in der Fläche kommen. Soll es künftig gelingen, aus singulären Erfahrungen generalisierbare und übertragbare Konzepte zu generieren, die auch von anderen Pflegeorganisationen im stationären, teilstationären und ambulanten Sektor – sowohl innerhalb des jeweiligen Sektors als auch sektorenübergreifend – übernommen werden können, gilt es, bisherige Ansätze strukturiert zu vergleichen und dabei relevante Dimensionen sowie konkrete Outcomes zu identifizieren und zu strukturieren.

Der Politik stellen sich in diesem Kontext vielfältige Aufgaben: Derzeit drängt sich der Eindruck auf, dass das regulative System damit überfordert ist, evidenzbasiert zwischen nutzenstiftenden und nicht nutzenstiftenden Innovationen zu unterscheiden und den Zugang der nutzenstiftenden in den Leistungskatalog der gesetzlichen Krankenversicherung und der sozialen Pflegeversicherung zeitnah zu ermöglichen, gleichzeitig aber eine Finanzierung der nicht nutzenstiftenden Innovationen auszuschließen. Das BfArM (und nicht den Gemeinsamen Bundesausschuss) mit der Bewertung von DIGAs zu beauftragen – obwohl es hier um Mensch-Technik-Interaktionen geht und nicht bloß um „Medizinprodukte" – ist Ausdruck dessen. Womöglich bietet das im Koalitionsvertrag 2021–2025 niedergelegte Vorhaben, die gematik zu einer „digitalen Gesundheitsagentur" auszubauen, hier einen Ansatzpunkt. Voraussetzung dafür ist, dass die Pflege (und hier ist die Berufsgruppe der Pflegenden explizit umfassend gemeint, von Krankenhaus über ambulante Pflege bis zur stationären Langzeitpflege) bei dieser digitalen Gesundheitsagentur überhaupt mitgedacht wird. Regelmäßig klagen Pflegeeinrichtungen darüber, dass zwar die Anschaffung digitaler Innovationen über diverse Fördertöpfe möglich ist, deren Unterhaltung und auch die Integration in pflegerische Prozesse aber in aller Regel nicht mit zusätzlichen Mitteln unterstützt wird. Wie die Entwicklung in anderen Wirtschaftsbereichen

zeigt, ist eine nachhaltige Digitalisierung aber nur möglich, wenn permanente Unterstützungsangebote in den Einrichtungen etabliert und refinanziert werden. Eine Möglichkeit,
dies flexibel zu gestalten, wäre die Schaffung von Digitalisierungsbudgets für Einrichtungen, in deren Rahmen diese freier als bisher über die Nutzung der Mittel verfügen können.
Gleichzeitig sollten hier allerdings auch die Qualitäts- und Evaluationsaspekte mitgedacht
werden und eine begleitende Evaluation oder ein Nutzen- beziehungsweise Qualitätsnach-
weis für die Produkte durchgeführt oder mitgeliefert werden, um eine Finanzierung sinnvoller Produkte zu rechtfertigen. Der dazugehörige Prüfprozess darf allerdings nicht in
einer erheblichen Bürokratisierungssteigerung münden, sondern muss möglichst einfach
gestaltet werden.

Schließlich geht kein Weg daran vorbei, digitale Innovationen auch personell stärker zu
unterstützen. Die im Rahmen der Umsetzung des Pflegeberufegesetzes entwickelten Curricula sind diesbezüglich unzureichend. Entsprechend dem Positionspapier der AG „Wissenstransfer und Qualifizierung" des „Clusters Zukunft der Pflege" müssen die in der
PflAPrV (Pflegeberufe-Ausbildungs- und Prüfungsverordnung) beschriebenen erforderlichen digitalen Kompetenzen für die staatliche Prüfung zur Pflegefachfrau oder zum Pflegefachmann dem zukünftigen Bedarf angepasst und somit deutlich erweitert werden (Gockel et al., 2020). Da die Integration digitaler Innovationen in den Pflegealltag die Conditio
sine qua non ist, wäre schließlich auch die Schaffung neuartiger Personalkategorien, wie
die einer IT-Nurse, erwägenswert.

All diese unterschiedlichen Punkte machen eines klar: Digitale Innovationen in der
Pflege sind komplex. Aus Sicht der Pflegepraxiszentren und des Pflegeinnovationszentrums ist demnach eine intensive Auseinandersetzung sowohl mit den pflegerischen Settings und ihren individuellen ethischen, finanziellen, rechtlichen, sozialen und organisationalen Strukturen als auch mit dem oszillierenden Zusammenspiel all dieser Faktoren
unumgänglich. So sehr digitale Pflegeinnovationen zur Steigerung der Pflegequalität, der
Lebensqualität der zu Pflegenden und der Arbeitszufriedenheit der Pflegenden beitragen
können, bleibt zu beachten, dass solche Technologien in der Pflege stets „nur" Hilfsmittel
bei der Erbringung personennaher Dienstleistungen sein können.

Wir hoffen, mit dem vorliegenden Sammelband erste Antworten auf diese Fragestellungen gegeben und Perspektiven für eine digitale(re) Zukunft der Pflege aufgezeigt zu
haben.

Literatur

Faber, O. (2019). Digitalisierung – ein Megatrend: Treiber & Technologische Grundlagen. In M. Er-
    ner (Hrsg.), *Management 4. 0 - Unternehmensführung Im Digitalen Zeitalter* (S. 3–42). Gabler.
Gockel, J., Westerholt, S., Landherr, J., Kuntz, S., Strube-Lahmann, S., Schmeer, R., Stricker, B.,
    Schneider, M., Prescher, T., & Wittmann, A. (2020). Technikbezogene Kompetenzen in der Aus-
    bildungs- und Prüfungsverordnung für die Pflegeberufe. Positionspapier der AG "Wissenstransfer
    und Qualifizierung" des Clusters "Zukunft der Pflege". In *Pädagogik der Gesundheitsberufe – Die
    Zeitschrift für den interprofessionellen Dialog* (S. 262–265). Verlag hpsmedia GmbH. (4).

Huter, K., Krick, T., Domhof, D., Seibert, K., Wolf-Ostermann, K., & Rothgang, H. (2021). Entwicklung eines Framework zur Unterstützung der Technikentwicklung und Evaluation für innovative Technologien in der Pflege. In J. Zerth, C. Forster, S. Müller, C. Bauer, P. Bradl, T. Loose, et al. (Hrsg.), Kann Digital Pflege? 3. Clusterkonferenz „Zukunft der Pflege" Kann Digital Pflege? 3. Clusterkonferenz „Zukunft der Pflege", September 2020, Konferenzband, Teil 1: Sonderband der Zeitschrift Pflege Professionell – Die Open Source Zeitschriften für den Gesundheitsbereich.

Huter, K., Krick, T., Domhoff, D., Seibert, K., Wolf-Ostermann, K., & Rothgang, H. (2020). Effectiveness of digital technologies to support nursing care: Results of a scoping review. *Journal of Multidisciplinary Healthcare, 13*, 1905.

Klawunn, R., Dierks, M.-L., Krückeberg, J., & Hechtel, N. (2021). Partizipation von Pflegefachpersonen in Technikauswahl und -einführung. *Public Health Forum, 29*(3), 260–264. https://doi.org/10.1515/pubhef-2021-0065

Krick, T. (2021). Evaluation frameworks for digital nursing technologies: Analysis, assessment, and guidance. An overview of the literature. *BMC Nursing, 20*(1), 1–19.

Krick, T., Huter, K., Domhoff, D., Schmidt, A., Rothgang, H., & Wolf-Ostermann, K. (2019). Digital technology and nursing care: A scoping review on acceptance, effectiveness and efficiency studies of informal and formal care technologies. *BMC Health Services Research, 19*(1), 400. https://doi.org/10.1186/s12913-019-4238-3

Krick, T., Huter, K., Seibert, K., Domhoff, D., & Wolf-Ostermann, K. (2020). Measuring the effectiveness of digital nursing technologies: Development of a comprehensive digital nursing technology outcome framework based on a scoping review. *BMC Health Services Research, 20*(1), 1–17.

Krys, C., & Born, D. (2021). Roland Berger trend compendium 2050. Megatrend 2 – Health & Care. Hrsg. von Roland Berger Holding GmbH.

Kunze, C. (2020). (Nicht-) Nutzung, Transfer, Verbreitung und Nachhaltigkeit von Gesundheitstechnologien: Deutsche Version des NASSS-Frameworks. https://opus.hs-furtwangen.de/frontdoor/index/index/docId/6230. Zugegriffen am 15.02.2023

Rothgang, H., & Müller, R. (2021). *Wirkungen der Pflegereformen und Zukunftstrends.* Barmer (Schriftenreihe zur Gesundheitsanalyse, 32).

Seibert, K., Domhoff, D., Huter, K., Krick, T., Rothgang, H., & Wolf-Ostermann, K. (2020). Application of digital technologies in nursing practice: Results of a mixed methods study on nurses' experiences, needs and perspectives. *Zeitschrift für Evidenz, Fortbildung und Qualität im Gesundheitswesen, 158–159*, 94–106. https://doi.org/10.1016/j.zefq.2020.10.010

Walzer, S., Armbruster, C., Bejan, A., Rebekka, A., Christophe, K., & Farin-Glattacker, E. (2022). *NASSS-CAT-D: Leitfaden zum Umgang mit Komplexität in Technologieprojekten im Gesundheitswesen.* https://opus.hs-furtwangen.de/frontdoor/deliver/index/docId/8014/file/NASSS_CAT_D_2022.pdf

Heinz Rothgang Prof. Dr. Heinz Rothgang ist Professor für Gesundheitsökonomie und Leiter der Abteilung Gesundheit, Pflege und Alterssicherung am SOCIUM Forschungszentrum Ungleichheit und Sozialpolitik der Universität Bremen. Seit Januar 2018 leitet er zwei Teilprojekte im von der Deutschen Forschungsgemeinschaft finanzierten Sonderforschungsbereich 1342 „Globale Entwicklungsdynamiken von Sozialpolitik", dessen stellvertretender Sprecher er ist. Er ist Mitglied im Wissenschaftlichen Beirat des Deutschen Zentrums für Altersfragen e.V., im Hauptausschuss des Deutschen Vereins für öffentliche und private Fürsorge, im Wissenschaftlichen Beirat des Wissenschaftlichen Instituts der AOK, sowie Mitglied des Fachbeirats für die Sozial- und Gesundheitsbranche bei der Evangelischen Bank. Von 2006–2017 war er in den Beiräten des Bundesgesundheitsministeriums zur Überprüfung, zur Ausgestaltung und zur Einführung des neuen Pflegebedürftigkeitsbegriffs.

Tobias Kley Tobias Kley ist evangelischer Diakon, Diplom-Sozialpädagoge/Sozialarbeiter, Diplom-Marketing-Betriebswirt und Public-Relations-Berater. Er leitete viele Jahre die Unternehmenskommunikation des Evangelischen Johannesstifts mit Hauptsitz Berlin. Als Public-Relations-Thema befasste er sich seit 2013 mit der Frage von Digitalisierung in der Pflege. Seit 2017 ist er in die Praxis gewechselt und begleitet seitdem in unterschiedlichen Positionen Digitalisierungsprojekte überwiegend in der stationären Langzeitpflege. Er ist Prokurist mehrerer Gesellschaften der Sparte Pflege und Wohnen – Region Berlin-Brandenburg der Johannesstift Diakonie gAG und Verbundkoordinator des Pflegepraxiszentrums Berlin, einem vom BMBF geförderten Verbundprojekt.

Stefan Walzer, Stefan Walzer M. Sc., ist ausgebildeter Gesundheits- und Krankenpfleger. Nach der Ausbildung 2012 arbeitete er in unterschiedlichen Pflegesettings. Es folgte ein Studium in Wirtschaftswissenschaften (B.Sc.) sowie Public and Non-Profit Management (M.Sc.) in Freiburg und Warschau. Seit 2018 ist er als wissenschaftlicher Mitarbeiter im Verbundprojekt Pflegepraxiszentrum Freiburg tätig, welches Teil des vom BMBF geförderten bundesweiten „Cluster Zukunft der Pflege" ist. Seine Forschungs- und Arbeitsschwerpunkte liegen auf der Technikakquise, Konzeptualisierung und Evaluation innovativer Pflegetechnologien im Krankenhaus und der Technikakzeptanz von professionell Pflegenden und zu Pflegenden. Am Institut für Mensch, Technik und Teilhabe (IMTT) der Hochschule Furtwangen übernimmt er Aufgaben als Dozent und in der Betreuung von studentischen Qualifizierungsarbeiten des Studienganges Angewandte Gesundheitswissenschaften.

Printed in the United States
by Baker & Taylor Publisher Services